基于Project的IT项目管理

孙雨生◎编著　　栗思科◎审校

清华大学出版社
北京

内 容 简 介

本书既是一本 Project 最新版本的教材，又是一本 Project 实际应用的参考书。全书共分为 4 篇 12 章，主要讲解了 IT 项目管理的具体内容及基于 Microsoft Project 2010 的 IT 项目管理操作技能，内容包括 IT 项目管理与 Project 2010 的基础知识，基于 Project 2010 的 IT 项目进度计划、资源计划、成本计划的制作、优化及发布，基于 Project 2010 的 IT 项目资源、进度、成本跟踪与控制，以及基于 Project 2010 的 IT 项目信息提取、沟通与协作管理。

本书体系完整、内容翔实、结构清晰、循序渐进，既可作为高等院校管理科学与工程、信息管理与信息系统、计算机科学与技术、电子商务、电子政务、软件工程等专业高年级本科生和研究生教材以及项目管理工程硕士、MBA 相关课程的教材，又可供 IT 项目管理人员和 IT 咨询服务人员参考使用，还可作为各种电脑培训机构的培训教材。

图书在版编目（CIP）数据

基于 Project 的 IT 项目管理/孙雨生编著．—北京：清华大学出版社，2011.12(2024. 2重印)

ISBN 978-7-302-27701-9

I. ①基… II. ①孙… III. ①IT 产业-项目管理-应用软件，Project IV. ①F49 ②TP317

中国版本图书馆 CIP 数据核字（2011）第 276271 号

责任编辑：贾小红
封面设计：张　岩
版式设计：文森时代
责任校对：张彩凤
责任印制：沈　露

出版发行：清华大学出版社
网　　址：https://www.tup.com.cn, https://www.wqxuetang.com
地　　址：北京清华大学学研大厦 A 座　　**邮　　编：**100084
社 总 机：010-83470000　　**邮　　购：**010-62786544
投稿与读者服务：010-62776969, c-service@tup.tsinghua.edu.cn
质量反馈：010-62772015, zhiliang@tup.tsinghua.edu.cn
印 装 者：三河市君旺印务有限公司
经　　销：全国新华书店
开　　本：185mm×260mm　　**印　　张：**23.5　　**字　　数：**613 千字
版　　次：2011 年 12 月第 1 版　　**印　　次：**2024 年 2 月第 6 次印刷
定　　价：69.80 元

产品编号：034800-02

前　言

现实生活中，IT 的影响无处不在。近年来，随着 IT 市场规模的快速增长，以 IT 为基础的各类项目大幅度增加。这些 IT 项目实施的好坏直接决定着企业的经济效益与发展，影响着企业发展新系统、推出新产品或新服务的速度。但多年的统计数据表明，IT 项目的成功率一直不高，大多数 IT 项目都存在超期或超出预算的问题。据调查，只有 37%的 IT 项目在计划时间内完成，42%的 IT 项目在财务预算内完成。另据报道，美国如今开发大型软件的失败率与 5 年前、15 年前，甚至是 25 年前相比，没有明显改善。

分析这些 IT 项目失败的原因，可以发现，有 80%属于非技术因素，其中，管理不善是最主要的原因。这表明，在当前的 IT 项目运作过程中，管理很不到位，其理论、方法、技术及工具并不完善。因此，有必要对 IT 项目管理进行一些系统研究。同时，随着 IT 技术的迅速发展及 IT 项目规模和复杂程度的不断加大，传统的手工式项目管理方式已经无法满足现代 IT 项目管理的要求。为了更加合理、有效地规划和管理 IT 项目，选择优秀的项目规划和管理软件变得日益重要。

在项目管理软件领域，微软公司推出的 Microsoft Project 系列产品应用最为广泛。从最初的 1987 版到最新的 2010 版，Microsoft Project 系列产品从简单的日程管理发展到了今天的复杂项目和投资组合管理。如今，2010 版的企业项目管理解决方案涉及成本管理、资源管理、投资组合管理、流程管理、项目协作和报表等各个方面。

Microsoft Project 2010 包括 3 个版本：Microsoft Project Standard 2010（标准版）、Microsoft Project Professional 2010（专业版）和 Microsoft Project Server 2010（服务器版）。微软信息产品管理部门副总裁 Chris Capossela 表示："Microsoft Project 2010 的发布是近十年来最重要的一次产品发布，其全新、简洁而直观的功能可以帮助各类规模的团队和组织及时、低成本地完成项目。"

Microsoft Project 2010 主要在 4 个方面进行了改进：通过一个共有的用户界面，统一了项目及投资组合管理；在 SharePoint Server 2010 的基础上加强协作，从而有效提升了工作效率；采用用户熟悉的微软 Office Fluent 用户界面和直观设计，增强了用户体验；整合了微软在 PC、手机和浏览器中的相关技术，为该平台带来了可升级性和可转换性。

Project 2010 的功能极其强大，但其操作界面却简单好用。该版本抛弃了之前版本中单调的菜单和工具栏，去除了华而不实的项目向导和冗余的功能配置，只有一个个漂亮而简洁的功能区。同时，从 Project 2010 开始，其界面真正与 Office System 融为一体，这必定带给用户一种全新的感受。

本书特点

本书是一本系统介绍 Project 2010 应用和 IT 项目管理知识的教程，在编写过程中精心设计了丰富的案例和完善的学习流程，以帮助读者快速掌握基于 Project 2010 的 IT 项目管理技能。

- 系统全面

本书通过实例分析和完整的设计过程，由浅入深、图文并茂地介绍了 Project 2010 的操作方法与使用技巧，涵盖了 Project 2010 基础知识、IT 项目计划制定、IT 项目实施控制、IT 项目信息沟通与协作等内容，构筑了一个面向实际应用的知识体系。

- 全程图解

本书采用全程图解的方式进行操作演示，语言通俗，步骤详细。书中的图像做了大量的裁切、拼合和加工，信息丰富，效果精美，轻松易学。

- 案例一致

本书始终以同一个软件开发项目为例，进行基于 Project 2010 的 IT 项目管理介绍，便于读者构建完整的 IT 项目管理知识体系。

- 资源丰富

本书制作了多媒体课件，并提供了书中实例的完整素材文件，便于读者自学和进行实践练习。

内容框架

本书共分为 4 篇 12 章，主要讲解了 IT 项目管理的具体内容以及基于 Project 2010 的 IT 项目管理操作技能，重点是如何利用 Project 2010 进行 IT 项目管理。

第 1 篇是基于 Project 2010 的 IT 项目管理基础，包括第 1～2 章。其中，第 1 章介绍了项目管理和 IT 项目管理的基础知识，包括项目管理的基本现状、发展历程、知识体系、管理过程组、组织结构与认证考试、发展趋势，IT 项目管理的生命周期、过程组、知识体系、成败关键因素、管理模式、技术，IT 项目的启动管理、计划管理、实施管理、控制管理、收尾与后评价管理；第 2 章介绍了项目管理软件 Microsoft Project 2010，具体包括 Project 2010 的功能、系列产品、管理项目流程，Project 2010 中项目模板、视图以及帮助的使用。

第 2 篇是基于 Project 2010 的 IT 项目计划，包括第 3～7 章。其中，第 3 章介绍了基于 Microsoft Project 2010 的 IT 项目计划内容与流程，第 4～6 章介绍了基于 Microsoft Project 2010 的 IT 项目进度计划、IT 项目资源计划和 IT 项目成本计划的制定与完善，第 7 章系统介绍了基于 Microsoft Project 2010 的 IT 项目计划优化及发布。

第 3 篇是基于 Project 2010 的 IT 项目实施及控制，包括第 8～10 章。其中，第 8 章介绍了基于 Microsoft Project 2010 的 IT 项目跟踪流程与控制机制，第 9 章和第 10 章分别介绍了基于 Microsoft Project 2010 的 IT 项目进度和成本的跟踪与控制。

第 4 篇是基于 Project 2010 的 IT 项目信息提取、沟通与协作管理，包括第 11～12 章。其中，第 11 章介绍了基于 Microsoft Project 2010 的 IT 项目信息提取技术，主要包括视图与报表；第 12 章介绍了基于 Microsoft Project 2010 的 IT 项目信息沟通与协作。

读者对象

本书可作为高等院校管理科学与工程、信息管理与信息系统、计算机科学与技术、电子商务、电子政务、软件工程等专业高年级本科生和研究生的教材以及项目管理工程硕士、MBA 相关课程的教材，也可作为 IT 项目管理人员和 IT 咨询服务人员的参考用书，还可作为各种电脑培训机构的培训教材。

编者与致谢

本书由湖北工业大学管理学院孙雨生博士独立策划和编写，并负责调试了本书实例的全部素材文件，制作了配套多媒体课件。任沁参与了第 1 章部分内容的前期编写工作，任沁和仇蓉蓉等参与了本书的多媒体课件制作工作，粟思科负责全书的审校工作。

在本书的编写过程中，笔者参阅了大量的资料与文献，绝大多数已在参考文献中列出，还有部分文献资料限于篇幅没有一一列出，在此谨向所有参考资料的作者表示谢意。本书还得到了国家自然科学基金青年项目“基于语义网格的数字图书馆个性化推荐模型研究”（项目编号：71003032）和湖北工业大学 2009 年度博士科研启动基金项目“基于语义网格的数字图书馆个性化推荐研究”（BSQD0921）的资助。此外，本书编写的过程正值女儿出生至一岁半这一阶段，我的爱人和家人默默承担了照顾孩子的事情，使我能够集中精力创作和校对书稿，为本书的最终完稿做出了贡献，在此一并致谢。

参与本书编写工作的人员还有王治国、冯强、曾德惠、许庆华、程亮、周聪、黄志平、胡松、邢永峰、邵军、边海龙、刘达因、赵婷、马鸿娟、侯桐、赵光明、李胜、李辉、侯杰、王红研、王磊、闫守红、康涌泉、蒋杼倩、王小东、张森、张正亮、宋利梅、何群芬和程瑶等，在此一并表示感谢。

配套资源与服务

本书提供配套课件及书中实例的完整素材文件，如有需要，可以从清华大学出版社网站（www.tup.com.cn）上下载或联系作者索要，我们的邮箱是：china_54@tom.com。

由于本书在框架、体系和内容方面具有一定的探索性和创新性，加之笔者水平有限，因此书中错误和不妥之处在所难免，敬请读者不吝批评指正，以便在再版的时候能及时进行改进。

孙雨生
于湖北工业大学

目　录

第1篇　基于 Project 2010 的 IT 项目管理基础

第 2 篇 基于 Project 2010 的 IT 项目计划

第3篇 基于 Microsoft Project 2010 的 IT 项目实施及控制

第 4 篇　基于 Project 2010 的 IT 项目信息提取、沟通与协作管理

第1篇

基于 Project 2010 的 IT 项目管理基础

随着信息社会和知识经济的发展，创造和运用知识进行创新活动已成为创造社会财富和福利的主要手段，而这些创新活动都需要采用项目和项目管理的方式进行。这种发展趋势正逐渐改变着组织管理方式，使项目管理成为各行各业的热门话题，并受到前所未有的关注。

现代项目管理正朝着规模化、专业化、信息化、泛在化和网络化的方向发展，呈现出全球化、多元化、多层次化和专业化的特点。在这种背景下，项目管理工具的作用日益突出。

Project，作为世界上最流行的项目管理软件之一，被广泛地应用于信息技术、金融、电信、工程、建筑与房地产、软件开发、咨询和投资等众多行业。

本篇包括第 1～2 章，主要讲解项目管理、IT 项目管理与 Project 2010 的基础知识。其中，第 1 章主要介绍项目管理的基础知识，以及 IT 项目的启动管理、计划管理、实施管理、控制管理、收尾管理与后评价管理；第 2 章主要讲解 Project 2010 的基本功能、使用 Project 管理项目的工作流程以及 Project 的项目模板、视图和帮助。

第 1 章 项目管理与 IT 项目管理概述

本章内容提要：

- 项目管理基础知识：基本现状、发展历程、知识体系、管理过程组、组织结构与认证考试、发展趋势。
- IT 项目管理基础知识：生命周期、管理过程组、管理体系和模式，以及成败关键因素。
- IT 项目管理内容：启动管理、计划管理、实施管理、控制管理、收尾管理与后评价管理。

1.1 本章导读

美国《财富》杂志曾预言：项目管理将是 21 世纪的首选职业。美国项目管理专业资质认证委员会主席 Paul Grace 曾断言：“在当今社会，一切都是项目，一切都将成为项目。”这种泛项目化发展趋势正在逐渐改变着组织管理方式，使项目管理成为各行各业的热门话题，受到前所未有的关注。

本章将介绍项目管理的发展历程、现状与趋势；项目管理的知识体系、管理过程组、组织结构与认证考试等；IT 项目管理的生命周期、管理过程组、管理体系和模式、成败关键因素等；IT 项目启动管理、计划管理、实施管理、控制管理、收尾与后评价管理等，使读者初步认识项目管理和 IT 项目管理，形成一个整体的知识框架。

1.1.1 基本状况

项目管理的雏形可上溯到公元前。中国长城和埃及金字塔就是留存至今的人类早期项目管理中的优秀作品，如图 1-1 和图 1-2 所示。也就是说，早在数千年前，四大文明古国的项目管理已经处于一个较高的高度。现代意义上的项目管理是近几十年才发展起来的。美国的“阿波罗”登月计划、中国的“神州七号”载人航天工程和“三峡大坝”水利枢纽工程等都是现代项目管理的成功案例，如图 1-3、图 1-4 和图 1-5 所示。

目前，项目管理已形成了一系列跨越多重管理领域的知识体系。国际两大权威机构——国际项目管理协会（IPMA）和美国项目管理协会（PMI）的项目管理知识体系越来越完善，专业资质认证越来越普及。目前，仅美国就有 100 多所大学开设了项目管理专业或相关课程方案，进行学士、硕士、博士学位教育，中国有关项目管理的研究和学科建设也正在积极进行中，大量的项目管理书籍层出不穷，甚至有些专家根据现代项目管理的广义性提出了创建“项目学”的倡议。这些都是项目管理学科逐渐走向成熟的标志。

图 1-1　中国长城

图 1-2　埃及金字塔

图 1-3　“阿波罗”登月计划

图 1-4　中国“神州七号”载人航天工程

图 1-5　中国“三峡大坝”水利枢纽工程

项目管理的运作模式和行为规范已被许多国家引入支柱产业和领先行业并大量应用，涉及IT、金融、电信、工程、建筑与房地产、软件开发、咨询、投资等众多领域。同时，随着全球经济发展，国际上很多企业都在进行项目化改制运作，对专业项目管理人才的需求不断扩大，这使得项目管理被誉为“21 世纪最热门的管理专业”[1]和“21 世纪的黄金职业”[2]。

1.1.2　市场需求

1．市场空间大

据报道，中国正在变成世界上最大的项目工地。未来 30 年内，我国仅西部开发就需要项目管理人员约 600 万人[3]，而截至 2010 年 9 月，中国仅有 4.5 万人通过了美国项目管理学会的 PMP

认证[4]，2.5 万人通过了国际项目管协会的 IPMP 认证[5]。另据预测，2010—2015 年，中国每年对专业项目管理人才的需求约为 60～70 万[4]，在 2013 年后会遇到项目管理的“人才荒”。项目管理专业人才的短缺已经成为未来中国经济增长必须面对的最大问题之一。

巨大的供需差异使得项目管理人才热急剧飙升，项目管理人才已成为中国目前最紧缺的人才之一，尤其是资深项目管理人才，百余家企业以高薪争聘项目管理人员的场面屡见不鲜。为此，《国家中长期人才发展规划 2010—2020 年》将项目管理人才列入国家急需人才的目录。

2. 名企云集

需求项目管理人员的企业中，“大牌”随处可见。如上海通用汽车有限公司、施耐德电气中国研发中心、交通银行太平洋信用卡中心、中国平安保险集团、英华达（上海）科技有限公司等名企纷纷招聘项目管理系统工程师、流程与项目管理专员、项目管理专员等相关职位。

3. 行业覆盖面广

需求项目管理人员的企业覆盖了制造、IT、建筑、金融等多个行业，其中，制造业、IT 业和建筑业提供了更多机会。制造业主要集中在汽车、电子等领域，IT 业主要集中在移动通信、计算机等领域，建筑业主要集中在工程设计、施工监理等领域，金融业主要集中在银行、保险等领域，服务业主要集中在会展、市场研究等领域[3,6]。

1.1.3 薪资水平

据统计，美国从事项目管理工作的初级人员的年薪约为 4.5～5.5 万美金，中级人员约为 6.5～8.5 万美金，高级人员约为 11～30 万美金。高额年薪以及良好的就业前景，使得项目管理师成为超越 MBA 的“黄金职业”。另据不完全统计，国内目前普通职位的项目经理年薪多在 10 万元左右，拥有 PMP 证书的从业人员平均年薪已达 32 万元左右，尤其在建筑、金融、软件行业，高级项目经理年薪甚至超过 50 万元，成为名副其实的金领阶层[3,6]。

作为国内最大的项目管理专业网站和会员机构、最具权威的项目管理者专项薪资问卷调查机构——中国项目管理者联盟先后对国内 2004—2007 年的项目经理薪资水平进行了连续调研，并发布了相关成果报告。从该机构最后一次发布的《2007 年中国项目经理人薪资调查报告》大致可看出目前中国项目经理人的薪资水平及今后走势[2]。

此次调查从项目管理者年龄、行业、地区、企业性质、学历、所参与项目规模、相关项目证书、项目管理经验年限、项目角色以及参加项目管理培训的天数等 20 个环节，对影响项目管理者薪酬的相关数据进行了收集。其中，年龄在 30～40 岁的参与者占总人数的 49.14%，20～30 岁的占 44.26%；调查对象主要来自 IT 软件、生产制造和工程设计行业；且多来自于北京、上海、广州三地及周边地区（占调查总数的 80%以上），如表 1-1 所示。

表 1-1 《2007 年度中国项目经理人薪资调查问卷》参与者所占比例

行　业		地　区		职　位	
IT 软件	32.56%	北京及周边	30.76%	项目组成员	9.75%
生产制造	14.03%	广州及周边	19.65%	项目技术负责人	13.65%
工程设计	16.05%	上海及周边	30.16%	项目经理	63.39%
房地产	8.85%	武汉及周边	5.78%	项目总经理	9.90%
通信与网络	13.35%	重庆及周边	6.53%	项目高层	3.30%

从地区来看，上海及周边地区在平均年薪、平均项目奖金、平均期望收入方面均表现出最高数值，如表 1-2 所示。从行业来看，金融业、生产制造业以及房地产业的项目管理者平均年薪名列前三，如图 1-6 所示。从项目类别来看，市场与销售类、研发与设计类的项目管理者平均年薪排列前两位，如图 1-7 所示。IT 软件、生产制造、工程设计 3 大行业项目管理者的目前薪资与期望薪资对比如图 1-8 所示。

表 1-2　2007 年不同地区项目管理者平均薪资调查数据表

城　　市	平均年薪（万元）	平均项目奖金（万元）	平均期望收入（万元）
上海及周边	14.91	3.68	23.66
北京及周边	11.48	2.49	20.08
广州及周边	11.16	2.45	20.53
沈阳及周边	9.55	1.92	18.34
重庆及周边	8.40	2.49	17.78
武汉及周边	7.65	1.96	15.42
西安及周边	6.23	1.70	15.08

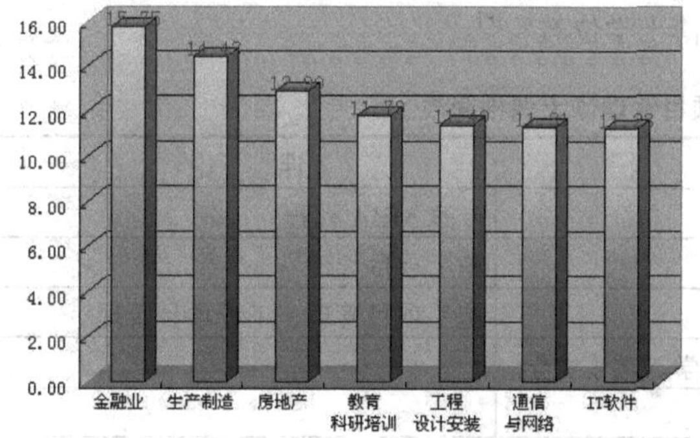

图 1-6　不同行业项目管理者的平均年薪情况（前七位）

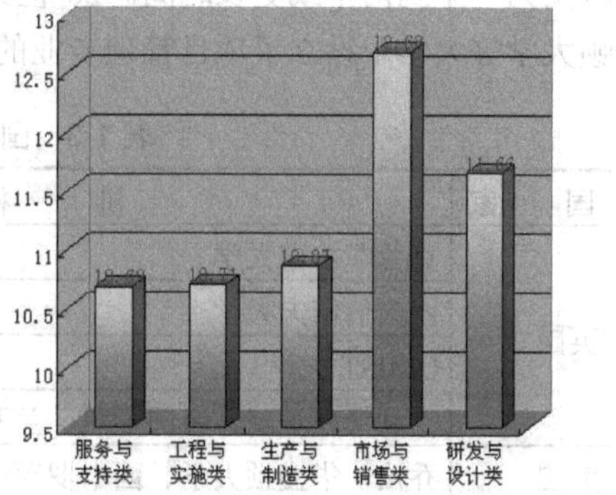

图 1-7　不同项目类别管理者的平均薪资对比

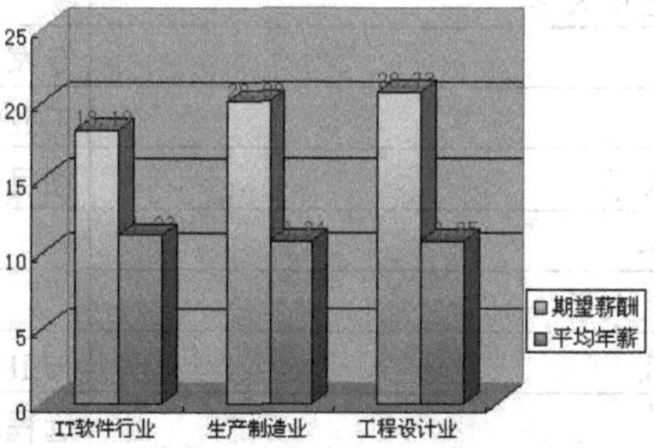

图 1-8　3 大重点行业项目管理者目前薪资与期望薪资对比

此外，该调查还从项目规模、地区、项目管理经验、项目角色以及项目类别 5 个角度对 3 大重点行业进行了多角度的深入分析。就 IT 软件行业而言，上海地区的项目管理者平均薪酬最高；从参与项目规模来看，从事 5 000 万～1 亿元项目和 1 亿～10 亿元项目的管理者的平均年薪最高，可达 20 万元以上；另外，从事研发与设计、市场与销售和服务与支持 3 类项目的管理者，由于对技术水平的要求较高，其平均年薪要略高于从事其他项目类别的管理者。

1.1.4 学历教育

项目管理教育主要分为学历教育与资格认证两种。学历教育由高等院校根据教育部下达的招生计划录取学生，按教育部认可的教学计划实施教学，学生完成学业后，由国家统一颁发毕业证书和学位证书。非学历教育主要是指各种培训和进修，完成学业后，由培训部门颁发相应的结业证书[7]。在项目管理领域，非学历教育主要是指资质认证。相比而言，学历教育含金量高，侧重于教育过程的投入，即重视基础知识的获得；资质认证重视实践性，即注重项目管理人员能力的提高和工作业绩的提升。

在发达国家，项目管理是一类独立的职业，可像教师、建筑师、医师一样，以专业知识和技能立足于社会。学习基础项目管理的人，其年龄也越来越小。在澳大利亚，部分学校面向16～19岁的学生开授项目管理课程，有些国家甚至在初中阶段就设立项目管理课程。英国、德国、奥地利、荷兰的一些高校在本科阶段开设项目管理课程。在英国，项目管理是工程类、信息系统类专业的必修课程，在荷兰则是经济类、创新类和信息系统类专业的必修课程。此外，许多国家开设了项目管理硕士课程（如表1-3所示），授课方法多样，有全时、函授和远程教育等，时间为一年到两年或更长时间。20世纪90年代中期，美国陆续在麻省理工学院、乔治·华盛顿大学等大学中设立了项目管理专业的硕士和博士学位教育[8]。

表1-3 国外开设项目管理硕士课程简表

国家	机构	评论
英国	克兰菲尔德大学	专家MBA课程
	罗夫伯偌夫大学	施工项目管理
	UMIST大学	施工项目管理、工程项目管理
	亨利管理学院、帝国学院、兰开斯特大学、瑞丁大学	
美国	乔治·华盛顿大学、西卡罗莱纳大学	
澳大利亚	悉尼技术大学	
加拿大	卡尔加里大学、魁北克大学	
德国	布莱梅大学	专家MBA课程
	艾思林根研究生院	工业管理
	康斯坦兹应用科学大学	项目管理
	纽汀根应用科学大学	
新西兰	安塔克大学、奥克兰大学	
瑞士	圣卡伦商务研究生院	与IPMA证书有联系
南非	亨利管理学院	远程教育，参见英国
	比勒陀利亚大学、南非大学	
乌克兰	基辅大学	与IPMA证书有明确联系，政府承认

在中国，中央广播电视大学和北京奥兹教育网络系统有限公司（傲姿时代）合作开设的项目管理系列课程，开创了普及项目管理教育的先河。2001年，加拿大魁北克大学与天津理工大学经济管理学院开展了联合培养MPM研究生的合作办学项目。2004年，中央财经大学开办了项目管理本科专业并正式招生，标志着国内最早、真正意义上的项目管理本科学位教育的诞生。2006年7月，福建省和天津市又分别开设了高等教育自学考试项目管理专业（独立本科段），

分别由福州大学、厦门大学和天津理工大学担任主考学校并对合格者授予项目管理学士学位，这使得项目管理的本科学位教育又向前迈进了一步。

早在20世纪末21世纪初，我国许多高校就在管理科学与工程专业下设置了项目管理方向，进行硕士与博士研究生的培养。2003年，清华大学和北京航空航天大学试办项目管理工程硕士专业学位教育（我国首个真正意义上的项目管理研究生学位教育）。2004年，72所高校正式开办项目管理工程硕士专业学位教育。此后，我国项目管理的学位教育发展非常迅猛，其速度和规模远超过了MBA教育。2005年10月，项目管理工程硕士的报考人数达到了12 083人，录取人数达到了5 752人，均居全国38个工程硕士专业的第一位。目前，全国已有96所高校具有项目管理工程硕士培养权，发展形势令人鼓舞。这一方面表明社会和市场对项目管理人才旺盛的需求，另一方面说明了项目管理学科的价值[9]。

1.1.5　资格认证

为适应社会对项目管理人才的迫切需求，一些资格认证机构为那些独立学习项目管理课程的人员提供资质评估。目前，主要有国际项目管理协会的IPMP认证、美国项目管理学会的PMP认证和我国劳动和社会保障部的CPMP认证。

1.2　项目管理基础知识

项目来源于人类有组织活动的分化。人类的有组织活动分为两类：一是连续不断、周而复始的活动，称为作业或动作，如企业的日常生产活动；二是临时性、一次性的活动，称为项目，如企业技术改造项目、软件研发项目等。

1.2.1　项目与项目管理

1．项目定义

项目，是指在限定条件下为完成特定目标要求的一次性任务。它包含3层含义：项目是有待完成的相互关联的系列任务，有特定的环境与要求；项目要在一定组织机构内，利用有限资源在规定时间内完成；项目要满足一定的性能、质量、数量和技术指标等要求。

2．项目特性

项目作为一类特殊的活动，和其他活动有着明显的不同。

首先，项目是一次性的，这是项目与常规活动的最大区别。项目通常有明确的开始时间和结束时间，无完全可照搬的先例，将来也不会再有完全的重复。其次，项目具有独特性。项目所产生的产品、服务或完成的任务与已有的相似产品、服务或任务，在某些方面有明显的差别。项目可能是以往工作的延续，或是为今后开展新工作做铺垫，但多数情况下是从零开始的开创性工作，直到某个具体的终点结束。第三，项目具有目的性。项目由一系列相互关联的任务构成明确且可实现的目标。第四，项目具有不确定性。项目通常包含一定的不确定性，即具有风险，因此，项目通常要求精心设计、制作和控制来达到预期目标。第五，项目具有组织的临时性和开放性特征。项目开始时组建项目团队，执行过程中团队成员和职能不断变化，结束时团队解散。项目组织通常没有严格边界，多个参与组织通常通过合同、协议以及其他社会联系组合在一起。第六，项目具有制约性，即项目需要满足一定的性能、质量、数量和技术指标等要求。第七，项目具有客户性。客户是为项目提供必要资金以达成项目目标的实体，可以是政府、某个人或某个组织。项目管理人员必须成功地实现项目目标，以使客户满意。

3. 项目五要素

一个项目，由项目范围、项目组织、项目质量、项目成本和项目进度5个要素构成。其中，项目范围和项目组织是最基本的要素，项目质量、项目成本和项目进度可有所变化，但依赖于项目范围和项目组织。

4. 项目的生命周期

项目的生命周期，是指项目从开始到结束必然要经历的几个不同阶段。美国宾夕法尼亚州立大学的Jack Gido（1999）将项目的生命周期分为识别需求、提出解决方案、执行项目和结束项目4个阶段，如图1-9所示。

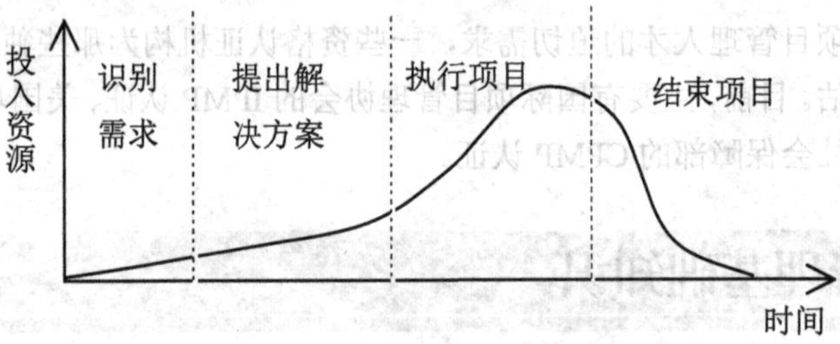

图1-9 项目生命周期及其资源投入模式

（1）识别需求阶段

该阶段主要由客户和项目承约商识别客户需求、确认客户现实的真实需求和未来的潜在需求，分析投资收益，研究项目可行性，以明确项目的目标、产品、服务或要解决的问题，同时分析识别项目面临的约束。通常由客户用书面文件形式明确其需求，并向个人、项目团队或组织征求需求建议书（Request for Proposal，RFP），要求项目承约商提交在成本和进度约束下满足客户需求的书面文件，以进一步识别、确定客户需求并决定项目是否由其承担。注意，对于重要的、大型的或必须由外部团队完成的项目，项目承约商通常需要提前介入，以了解客户需要，建立良好客户关系，为后续项目投标和合同奠定基础。

（2）提出解决方案阶段

该阶段主要由各项目承约商向客户提交标书、提出满足客户需求的方案，双方就方案及其目标进一步磋商，确定最优方案并与项目承约商签订合同。该阶段是赢得项目的关键，项目承约商既要展示实力又要合理报价，其会花大量时间和精力提出解决客户问题、满足客户需求的方案及其所需资源的种类、数量、执行方案所需的时间等，并形成书面文件提交客户，参与项目执行权的竞争。在客户对项目方案进行评估并选出中标者后，客户和中标商将共同签署项目合同/协议，项目承约商开始承担项目成败责任。注意：因看不见最终产品，项目营销人员为了获得项目执行权不惜“随便说”，甚至过度承诺，由此会造成客户对项目产生过高期望值，在项目交付使用时与项目公司发生冲突，导致项目公司的损失。防范方法是在合同中明确定义项目的目标和工作范围，同时建立合同审核机制。

（3）执行项目阶段

该阶段主要是执行项目方案。从公司角度看，这才是项目的开始。本阶段的主要内容包括：

细化项目目标，制定详细工作计划；组建项目团队；协调人力和其他资源，执行项目计划；定期监控项目进展，分析项目偏差，采取措施纠正偏差；使客户满意于项目任务高质量地在预算内按时完成。在该阶段，项目监控和纠偏工作与项目目标实现直接相关，特别是不确定性较大的项目，如IT项目以及有众多项目同时运行的IT公司，必须建立全方位、一体化的监控体系，以跟踪项目的运行状态，否则难以保证项目实现预定目标。

（4）项目结束阶段

该阶段是项目结束阶段，一方面完成项目结束的后续活动，即移交与接交项目成果、清算项目款项等，另一方面是进行项目绩效评估，即确认客户的项目满意度及项目是否达到客户期望，同时分析项目缺陷，总结未来执行项目可供借鉴的经验教训。项目评估可请客户参加，让其表达意见，并争取下一个商业机会，或请求将项目作为成果向其他客户展示。最后，举行庆祝会，让项目成员释放心理压力、享受成果。

项目生命周期存在两次责任转移。第一次是签订合同时，项目成败责任由客户转移给项目承约方，此时清晰定义项目的工作范围特别重要（此时说得越清楚则完工后越容易交回去）；第二次是交付产品时，项目承约方完成任务，客户开始承担实现项目商务目标的责任[10]。

5. 项目管理的定义

项目管理是流程管理和领域知识的综合使用[11]，是在确定时间内为完成既定目标，通过特殊形式的临时性组织运行机制，进行有效地计划、组织、领导和控制，充分利用既定有限资源的系统管理办法[12]。

6. 项目管理的特征

与日常管理相比，项目管理有许多不同之处。首先，项目管理具有创造性，充满权衡。一次性特点决定了项目实施要有创造性，而创新依赖于科学技术且伴随着高风险，因此需要通过对前人经验的继承和积累，综合多学科的成熟知识和最新研究成果，才能创造性地完成项目预期目标；同时，项目建设中需要对进度、成本与质量进行反复权衡，才能确保在既定条件下实现项目目标。其次，项目管理属于复杂系统工程，具有较强的不确定性。项目一般由多个部分组成，工作跨越多个组织、学科和行业，需要利用多学科知识解决实际问题，可供参考的经验很少甚至没有，执行中有许多未知因素，且每个因素都带有一定的不确定性，而且项目管理需要将不同经历、组织和特长的人有机组织在临时组织中，在资源有限、成本较低、工期约束严格的条件下实现项目目标，这些都决定了项目管理的复杂性和不确定性。第三，项目管理需要集权领导和项目组织。项目往往是由多个部分组成的大而杂的系统，在运行中必须保证整体协调和系统优化，才能实现项目目标。项目复杂性随其范围不同有着很大变化，项目越大越复杂，所包含或涉及的学科、技术种类也就越多。项目过程可能出现的各种问题，贯穿于各组织部门，要求各不同部门做出迅速有效而且相互关联、相互依存的反应。因此，项目管理需要建立围绕专业任务进行决策的机制和相应专门组织，即项目经理和项目团队。第四，项目经理的作用非常重要。项目管理是项目经理负责制，项目经理要在有限的资源和时间约束下，运用系统观点和科学合理的方法对项目相关工作进行计划、资源分配、协调和控制，因此，项目经理应具备多学科知识，具有综合管理、现场处理和迅速建立高效团队的能力，其对项目的成败至关重要[12,13]。

7. 项目管理的职能

项目管理具有项目计划、项目组织、项目评价与控制3个职能。

项目计划，是指根据项目目标要求，对项目范围内各项活动作出的合理安排。其系统确定项目任务、进度和完成任务所需的资源等，使项目能在合理工期内以尽可能低的成本和尽可能高的质量完成。

组织包括组织机构和组织行为双重含义，项目组织是指为进行项目管理、完成项目计划、实现组织职能而进行的项目组织机构建立、运行与调整等组织活动，包括组织设计、组织联系、组织运行、组织行为与组织调整5个职能。

由于在编制项目计划时很多问题难以预见，因此项目实施时多会产生偏差。项目管理评价与控制职能主要解决偏差识别、偏差消除等问题，以确保项目目标的实现。

8．项目管理的框架

项目管理框架如图1-10所示，关键要素包括项目干系人、项目管理知识领域以及项目管理工具和技术。其中，项目干系人指参与和受项目影响的人，包括项目发起人、项目团队、协助人员、客户、使用者、供应商等；知识领域是项目经理必须具备的知识和能力，项目整体管理实质上是对整个管理过程的描述；项目管理工具和技术用来帮助项目经理和项目组人员进行范围、时间、成本、质量、人力资源、沟通、风险和采购等方面的管理[14]。

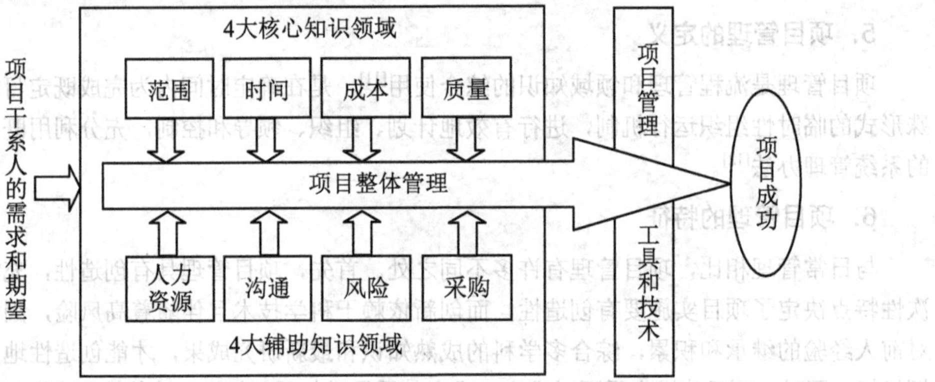

图1-10　项目管理框架

9．项目管理的要素与精髓

一个成功的项目管理，通常包括成本、进度、质量、范围、项目组织和客户满意度6个要素。项目管理精髓包括系统思考和通过项目监控来确保项目按项目计划执行两方面[15]。

1.2.2　项目管理发展历程

项目管理从经验走向科学经历了漫长历程，原始潜意识的项目管理萌芽经过大量的项目实践之后才逐渐形成了现代项目管理的理念。总体来说，项目管理发展经历了古代经验项目管理、近代经验项目管理、现代项目管理3个阶段，三者的对比如表1-4所示。

表1-4　各个项目发展阶段对比

阶段		时间段	性质	目标	管理内容	应用领域
传统项目管理	古代经验项目管理	20世纪40年代以前	活动	完成任务	时间管理、成本管理、质量管理	工程建设项目为主
	近代经验项目管理	20世纪40年代至80年代	方法	满足时间、成本、质量要求		

续表

阶 段	时 间 段	性 质	目 标	管 理 内 容	应 用 领 域
现代经验项目管理	20 世纪 80 年代至今	学科	让项目利益相关者满意	整体管理、范围管理、风险管理、成本管理、时间管理、质量管理、沟通管理、采购管理、人力资源管理	工程建设、信息系统集成、科学研究、新产品开发、国防项目等各种非日常管理项目

1. 古代经验项目管理阶段

该阶段是项目管理的产生阶段，其项目目标是完成任务。该阶段未形成行之有效的方法和计划，无科学的管理手段和明确的操作技术规范。代表项目如中国长城、古罗马供水渠（如图 1-11 所示）等。

图 1-11　古罗马供水渠

2. 近代科学项目管理阶段形成和发展阶段

该阶段是项目管理的形成和发展阶段，始于 20 世纪 40 年代，产生标志是 20 世纪 50 年代美国出现的关键路径法（CPM）和计划评审技术（PERT）。项目管理最初的计划和控制技术与系统论、组织理论、经济与管理学、行为科学、心理学、价值工程、IT 技术以及项目管理实际相结合，并吸收了控制论、信息论及其他学科的研究成果，发展成为较完整的独立学科体系[10]。该阶段着重强调使用项目管理技术实现项目的时间、成本、质量 3 大目标，如利用关键路径法和计划评审技术对美国军事计划以及阿波罗登月计划的成功管理。

3. 现代项目管理阶段

该阶段是全方位的项目管理阶段，始于 20 世纪 80 年代，是项目发展的成熟阶段。此时，项目管理除了要实现时间、成本和质量 3 大目标外，管理范围不断扩大，应用领域进一步增加，与其他学科的交叉渗透和相互促进也不断增强，更强调面向市场和竞争，引入了人本管理及柔性管理的思想，以项目管理知识体系所包含内容为指导，向全方位的项目管理方向发展。

传统的项目管理存在如下问题：（1）只关注项目成本、质量和进度，忽视客户满意度；（2）只关注技术细节，忽视非技术因素；（3）只负责项目实施，忽视项目的后期维护；（4）只向项目经理提要求，忽视其应有的权利。

现代项目管理具有如下特点：（1）以客户为中心，追求项目干系人最大的满意度和项目目标的整体最优；（2）强调充分利用外部资源，形成虚拟组织，提高快速反应能力和服务质量；在项目团队内部，则强调提高应对风险的能力，同时建立规范的管理制度，确保责权明确；（3）强调运用新型项目管理技术，主要是“软”技术，如谈判技术、原型法、技术状态管理、用于虚拟化项目管理的项目管理信息系统等；（4）重新定义了项目经理的责任与权利，要求项目经理具备项目的谈判技巧、顺利完成项目所需的抗压与业务能力、良好的项目执行能力、项目管理需要的技术和经营技能以及自负盈亏能力，同时要关注客户满意度。

总之，项目管理科学是人类生产实践活动的必然产物，其最终目标是完成给定的项目任务。传统的项目管理基于实现项目的三维坐标约束提出了一套科学管理方法，其核心是如何在给定的费用限额和规定的时间内更好地完成给定的项目任务。现代项目管理本着多赢原则为项目管理应用提供了一套完整的学科体系，其核心是如何使项目参与方都得到最大的满意度及实现项目目标的综合最优化[10]。

1.2.3 项目管理知识体系

进入 20 世纪 70 年代，项目管理呈现出新的特点：内容日益复杂，规模日益增大，外部环境变化莫测。同时，计算机技术得到了广泛应用，项目管理成为了企业和政府部门的经常性事务。在这种背景下，现代项目管理逐渐形成了自己的理论和方法体系——项目管理知识体系。

所谓项目管理知识体系，是指在项目管理所要开展的各种管理活动中要使用的各种理论、方法和工具等一系列内容的总称，其核心问题是项目管理的目标、范畴与结构问题。目前，项目管理领域有 4 个主流知识体系：以美国为主的 PMBOK 体系，由美国项目管理学会编制；以欧洲国家为主体的 ICB 体系，由国际项目管理协会编制；以英国为主的 PRINCE 体系（受控环境下的项目管理），由英国政府商务部开发；以中国为主的 C-PMBOK 体系，由中国项目管理委员会（PMRC）编制。

1. PMBOK 体系

1976 年，美国项目管理学会在蒙特利尔召开研讨会，有人提出了一个设想——能否把这些具有共性的实践经验进行总结，形成一个“标准”。作为一个议题，参会人员进行了深入的讨论和研究。1981 年，美国项目管理学会成立了一个项目小组，开始系统地整理项目管理职业的程序和概念。1983 年，该小组发表了第一份报告，将项目管理划分为范围管理、成本管理、时间管理、质量管理、人力资源管理和沟通管理 6 项基本内容。1984 年，又组成了以 R. Max Wideman 为主的 20 人小组进行项目管理标准的进一步开发，在标准的内容方面，提出了要增加项目管理的框架、风险管理、合同/采购管理 3 个部分。1987 年，该小组发表了题为“项目管理知识体系”的研究报告。1994 年 8 月，美国项目管理学会标准委员会发布了《项目管理知识体系指南》（Project Management Body of Knowledge，PMBOK）的草稿，并于 1996 年正式颁布[10,16]。此后，分别又在 2000 年、2004 年和 2008 年进行了 3 次修订。目前使用的是 PMBOK 2008 版，又称为第 4 版。

PMBOK 将项目管理分为整合管理、范围管理、时间管理、成本管理、质量管理、人力资源管理、风险管理、沟通管理和采购管理 9 个部分。整合管理定义了整合项目管理各要素的过程和活动，包括制订项目章程、制定项目管理计划、指导与管理项目执行、监控项目工作、实施整体变更控制、结束项目或阶段 6 个过程。范围管理的作用是确保项目做且只做成功完成项目所需的全部工作，包括收集需求、定义范围、创建工作分解结构、核实范围和控制范围 5 个过程。时间管理用来保证项目能按时完成，包括定义活动、排列活动顺序、估算活动资源、估算活动持续时间、制定进度计划、控制进度 6 个过程。成本管理的作用是确保项目能在批准预算内完成，包括估算成本、制定预算和控制成本 3 个过程。质量管理的作用是规划、监督、控制和确保达到项目质量要求，分为规划质量、实施质量保证和实施质量控制 3 个过程。人力资源管理包括规划、组建、建设和管理项目团队的各个过程，具体体现为制定人力资源计划、组建项目团队、建设项目团队和管理项目团队 4 个过程。风险管理包括识别、分析和控制项目风险的各过程，具体体现为风险识别、风险估计、风险应对和风险控制 4 个主要过程。沟通管理包括为确保项目信息及时且恰当地生成、收集、发布、存储并最终处置所需的各过程，具体体现为编制沟通计划、信息传递、绩效报告、管理收尾等基本过程。采购管理主要指项目采购/获取产品、服务或成果的过程，主要包括编制采购计划、编制询价计划、询价、选择供应商、合同管理和合同收尾等过程[17]。

2. ICB 体系

ICB（PMA Competence Basaline，国际项目管理资质标准）体系是国际项目管理协会于 1998 年 7 月 14 日在 Ljubljana 会议上确定的项目管理人员专业资质认证全球通用体系，其包括项目管理中知识和经验的 42 个要素（28 个核心要素和 14 个附加要素）、个人素质的 8 个方面和总体印象的 10 个方面，并要求参与该体系的成员国必须建立适应本国项目管理背景的项目管理知识体系，并按照 ICB 转换规则建立本国的国际项目管理专业资质认证国家标准（NCB）。

其中，28 个核心要素分别为项目和项目管理，项目管理实施，按项目进行管理，系统方法与综合，项目背景，项目阶段与生命周期，项目开发与评估，项目目标与策略，项目成功与失败标准，项目启动，项目收尾，项目结构，范围与内容，时间进度，资源，项目费用与融资，技术状态与变化，项目风险，效果度量，项目控制，信息、文档与报告，项目组织，团队工作，领导，沟通，冲突与危机，采购与合同以及项目质量管理。14 个附加要素分别为项目信息管理，标准和规则，问题解决，谈判、会议，长期组织，业务流程，人力资源开发，组织学习，变化管理，行销、产品管理，系统管理，安全、健康与环境，法律，财务与会计[10]。

3. PRINCE 体系

20 世纪 70 年代，英国要求所有的政府 IT 项目必须采用统一的标准进行管理。1979 年，英国计算机和电信中心 CCTA 采纳了 Simpact Systems 公司开发的 PROMPT 项目管理方法作为政府 IT 项目的管理方法。20 世纪 80 年代，在 PROMPT 的基础上，CCTA 开发了 PRINCE（Projects IN Controlled Environments），并于 1989 年正式取代了 PROMPT。1996 年，PRINCE 2 又取代了 PRINCE。目前，PRINCE 2 已经成为着眼于组织、管理与控制的项目管理方法和体系标准，适用于各类项目，并成为英国政府、公共部门和私有部门广泛接受的项目管理事实标准，风行于欧洲与北美。

PRINCE 2 提供覆盖整个项目生命周期、基于过程、结构化的项目管理方法，且易于剪裁和灵活使用。PMBOK 虽然提供了众多的项目管理知识，包含流程与流程间关系及所需要的技术和工具，但并未解释如何使用这些知识，而这正是 PRINCE 2 的长处。

PRINCE 2 知识体系包括 8 类管理要素、8 个管理过程和 4 种管理技术，并将三者进行整合，形成了项目管理的全部内容。其中，8 类管理要素分别是组织、计划、控制、项目阶段、风险管理、在项目环境中的质量、配置管理和变化控制，这 8 类要素的管理贯穿于 8 个管理过程中。8 个管理过程分别是指导项目（项目委员会对项目各阶段提供全程、持续、有效的支持）、启动项目（提出项目初始概念，任命项目委员会的项目用户代表、项目供应商代表以及利益相关者代表）、项目准备（于各项活动展开之前进行充分准备，以确保项目所需的各项资源到位，项目目标得以实现）、项目阶段控制（项目管理经理的日常工作，并围绕具体事件而动，把项目逐渐推向前进）、产品提交管理（团队级技术管理工作，在工作包达成一致意见，报告项目进度，交接完成的工作等）、阶段边界管理（为项目委员会准备回顾性文件，用于进程讨论以及下一步规划之用，以及对超出容忍条件的情况进行处理）、项目收尾（涉及如何结束项目、处理后续工作、项目后效益评估）和项目计划（对从启动项目至项目收尾的 6 个过程提供全程规划支持）。其中，指导项目和项目计划两个过程贯穿于项目始终，支持其他 6 个过程。另外，每个管理过程都分别描述了项目过程的重要性、项目活动的预期目标、项目活动的负责人及执行时间等内容。4 种管理技术分别是基于产品的计划、变化控制方法、质量评审技术和项目文档化技术。有效使用这些技术可为成功管理项目提供有力的保障[10,18]。

4．C-PMBOK 知识体系

中国项目管理知识体系（Chinese-Project Management Body of Knowledge，C-PMBOK）是由中国项目管理委员会发起并组织实施的，2001 年 7 月推出了第 1 版，2006 年 10 月推出了第 2 版。C-PMBOK 的突出特点是以生存周期为主线，以模块化形式描述项目管理所涉及的主要工作及其知识领域。它从项目及项目管理的概念入手，按照项目开发的 4 个阶段，即概念阶段、规划阶段、实施阶段及收尾阶段，分别阐述每一阶段的主要工作及其相应的知识内容，同时考虑到项目管理过程中所需要的共性知识及其所涉及的方法工具。其面向构建中国项目管理学科体系的目标，基于体系化与模块化的要求，提出了 C-PMBOK 2006 体系框架和模块化结构，如表 1-5 所示[19]。

表 1-5　C-PMBOK2006 体系框架和模块化结构

	项目管理基础							
	概念阶段	开发阶段	实施阶段	结束阶段				
	跨生命周期阶段知识							
范围管理	时间管理	费用管理	质量管理	人力资源管理	信息管理	风险管理	采购管理	综合管理
	方法与工具							
项目化管理理念								
项目化管理方法	项目化管理组织	项目化管理机制	项目化管理流程					

1.2.4　项目管理过程组

项目管理过程可视为一系列按顺序发生、彼此相互关联、形成闭环控制的过程组，通常包括启动、计划、实施、控制和收尾 5 个过程组。其中，启动过程组是获得授权、定义新项目或现有项目新阶段、正式开始该项目或阶段的一组过程；计划过程组是明确项目范围、优化项目目标、为实现目标而制定行动方案的一组过程；实施过程组是完成项目管理计划中确定的工作以实现项目目标的一组过程；控制过程组是跟踪、审查和调整项目进展与绩效，识别必要的计划变更并启动相应变更的一组过程；收尾过程组是为完结所有过程组的所有活动以正式结束项目或阶段而实施的一组过程[20]。具体如图 1-12 所示，其中，箭头方向表示信息流向。

同时，每个过程组都涉及了项目管理若干方面的事务，对这些事务的处理过程即成为该过程组的子过程。所谓过程，是指为完成预定的产品、成果或服务而执行的一系列相互关联的行动和活动。每个过程都有各自的输入、工具、技术以及相应输出。此外，在交接时，每个过程均应有可交付结果，如书面文件、图片资料、样品、实物等。

注意，项目管理的 5 个过程组与项目生命周期的 4 个阶段的含义并不相同，两者关系如

图 1-13 所示。前者贯穿于项目生命期的每个阶段，即任何项目阶段都包含一个或几个“启动-计划-执行-控制-收尾”的管理工作过程；后者则是从项目实现过程的角度考虑，没有重复，是一次性结束。

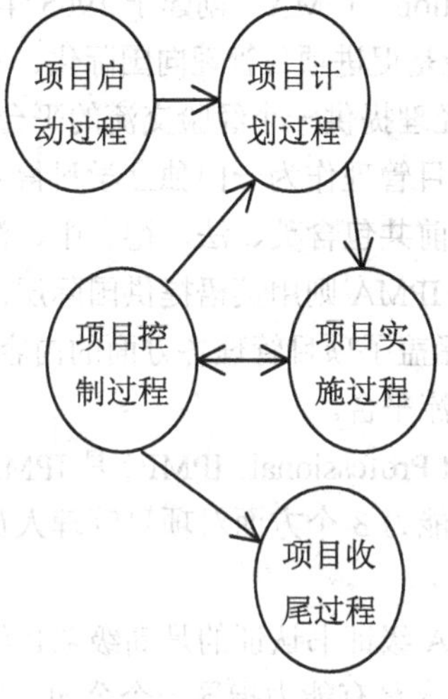

图 1-12　项目管理过程组

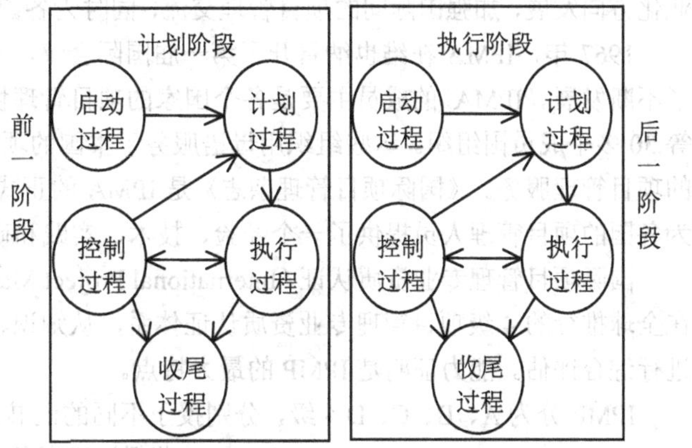

图 1-13　项目管理过程与项目阶段的关系

项目管理过程组提供了一个通用框架，把 42 个项目管理过程归入 5 大项目管理过程组和 9 大项目管理知识领域，各项目管理过程被归入其大多数活动所在的过程组，如表 1-6 所示。

表 1-6　项目管理过程组与知识领域表

知识领域	项目管理过程组				
	启动过程组	计划过程组	执行过程组	控制过程组	收尾过程组
整合管理	制定项目章程	制定项目管理计划	指导与管理项目执行	监控项目工作、实施整体变更控制	结束项目或阶段
范围管理		收集需求、定义范围、创建工作分解结构		核实范围、控制范围	
时间管理		定义活动、排列活动顺序、估算活动资源、估算活动持续时间、制定进度计划		控制进度	
成本管理		估算成本、制定预算		控制成本	
质量管理		规划质量	实施质量保证	实施质量控制	
人力资源		制定人力资源计划	组建团队、建设团队、管理团队		
沟通管理	识别干系人	规划沟通	信息发布、管理干系人期望	报告绩效	
风险管理		规划风险管理、识别风险、实施定性风险分析、实施定量风险分析、规划风险应对		监控风险	
采购管理		规划采购	实施采购	管理采购	结束采购

1.2.5 项目管理组织机构及其认证考试

1. 国际项目管理协会 IPMA 及其资质认证 IPMP

国际项目管理协会（International Project Management Association，IPMA）创建于 1965 年，其总部设在瑞士洛桑。它是一家非营利性的项目管理组织，其职能是促进项目管理向国际化、专业化方向发展，加强国际间的项目管理交流，同时为各国的项目经理提供一个经验交流的平台。

1967 年，IPMA 在维也纳召开了第一届国际会议，从此，项目管理作为一门独立学科得到了不断发展。IPMA 的成员主要是各个国家的项目管理协会，目前共包含英、法、德、中、澳等 30 多个成员国组织。这些组织用母语服务于本国的项目管理，IPMA 则用英语提供国际层次的项目管理服务。《国际项目管理杂志》是 IPMA 的正式会刊，涵盖了项目管理各方面的内容，为各国的项目管理人员提供了一个经验、技术、实践和研究的交流平台。

国际项目管理专业资质认证（International Project Management Professional，IPMP）是 IPMA 在全球推行的 4 级项目管理专业资质认证体系，从知识、经验和能力 3 个方面对项目管理人员进行综合评估。能力证明是 IPMP 的最大特点。

IPMP 分为 A、B、C、D 4 级，分别授予不同的证书。其中，A 级证书认证的是高级项目经理（Certificated Projects Director，CPD），获得该证书的项目管理人员有能力指导一个公司（分支机构）包含诸多项目的复杂规划，管理该组织的所有项目或国际合作的复杂项目。B 级证书认证的是项目经理（Certificated Project Manager，CPM），获得该级认证的项目管理人员可管理大型的复杂项目。C 级证书认证的是项目管理专家（Certificated Project Management Professional，PMP），获得该证书的项目管理人员能够管理一般的复杂项目，也可辅助项目经理进行大型复杂项目的管理。D 级证书认证的是项目管理专业人员（Certificated Project Management Practitioner，PMF），获得该证书的项目管理人员具有项目管理从业的基本知识，并可将它们应用于某些领域。

由于各国的项目管理发展情况不同，IPMA 允许其成员国的项目管理专业组织结合自己国家的特点，参照 ICB，制定本国的国际项目管理专业资质认证标准（National Competence Baseline，NCB）。IPMP 的运作是由加入 IPMA 成员国的项目管理组织进行推广，前提条件是成员国的项目管理学术组织必须建立本国的 PMBOK，将 ICB 转化为 NCB。各国通过 IPMP 认证的人员每年年底由所在国家统一向 IPMA 注册，并公布 IPMA 认证年报。该年报可在 IPMA 网站上免费下载，也可向 IPMA 进行订阅。

2. 美国项目管理学会 PMI 及其资质认证 PMP

美国项目管理学会（Project Management Institute，PMI）创建于 1969 年，在全球 14 个国家中拥有 12 万余会员，是由研究人员、学者、顾问和经理组成的全球最大的项目管理专业组织。它在推进项目管理知识的普及和实践中扮演了重要角色，开发了一套项目管理知识体系——PMBOK，并建立了项目管理专业资格认证制度 PMP（Project Management Professional）。

PMP 是 PMI 于 1984 年设立的项目管理资质认证制度，从 1991 年开始对外推广。1999 年，PMP 通过了 ISO9001 质量认证。目前，PMBOK 和 PMP 已成为世界公认的项目管理资格认证标准，每年有数万人参加其认证考试，130 多个国家和地区认可其考试结果。

PMP 是一种能力资格考试，其有效期为 3 年。考核的内容多源于 PMBOK，包括项目管理的立项、计划、执行、控制和收尾 5 个过程，考试形式分为笔试和经历审查两种。其中，笔试要求报考者在 4 个小时内回答 200 道选择题，答对 140 道以上才能通过。经历审查用于核查报考者是否具有一定的教育背景和专业经历：如果报考者具有学士学位或同等的大学学历，则要求有 3 年以上或 4 500 小时以上的项目管理经历；如果报考者仅持有中学文凭或同等中学学历证书，则至少应具有 7 500 小时以上的项目管理经历[10]。

3．中国项目管理委员会 PMRC 及其资质认证 CPMP

中国项目管理委员会（Project Management Research Committee China，PMRC）成立于 1991 年 6 月，挂靠在西北工业大学，是我国唯一一家跨行业、全国性、非营利性的项目管理专业组织。自成立以来，PMRC 立足于我国项目管理学科的基础建设，建立了与国际接轨的中国项目管理知识体系 C-PMBOK，引进并推行 IPMP，并基于 ICB 建立了中国项目管理能力基准 C-NCB[21]。

中国项目管理师职业资格认证（China Project Management Professional，CPMP）是中华人民共和国劳动和社会保障部在全国范围内推行的 4 级项目管理专业人员资质认证体系，具有广泛的认可度和专业权威性，代表了中国对项目管理专业人员资格认证的最高水平。目前，CPMP 已成为我国政府和各企事业机构组织对项目管理专业人员进行素质考核的主要参考因素。

CPMP 分为项目管理员、助理项目管理师、项目管理师和高级项目管理师 4 个级别，分别授予不同的证书。按行业，CPMP 可分为 IT、投资、工程和其他 4 类，要求申请者具有一定学历和从业经验。CPMP 考试分为理论知识、专业能力和职业道德 3 部分。理论考试题型以单选、多选为主，主要考查学员对项目管理概念、知识体系整体的掌握程度；专业能力考试题型主要为单选、多选、判断、计算以及案例题，主要考察学员对项目管理实践操作的掌握程度；考试形式采用闭卷或上机。此外，项目管理师和高级项目管理师还需进行综合评审[22]。

1.2.6　项目管理面临的挑战及发展趋势

1．项目管理面临的挑战

当今社会的高速发展和高度复杂性，造就了一种高风险的外部环境。在这种环境下，项目管理必须进行重大变革，否则将无法适应外部环境的要求。

（1）项目管理面临着复杂性挑战

如今的项目管理，面对的均是大型项目（多为企业级项目），涉及人员众多，候选对象众多，信息量大且变化多，这样，无论是项目管理人员还是用户，都面临着众多的选择。而项目又具有独特性，因此存在着一个选择与均衡的问题，即如何在复杂的环境中将精力集中于关键问题和关键环节，以追求整体效益的最优。

（2）项目管理面临着变化性挑战

如今的项目管理多在变幻莫测的环境下实施，项目优先级、项目目标和项目行动基准均会不断地发生变化，因此导致进度延期、需求不明、成本超支以及客户不满意的情况时有发生。此时，如何很好地控制变化就变得至关重要。在项目管理过程中，需要高度关注人员、成本和进度预算、技术、竞争环境、用户需求以及宏观经济形势的变化，以提高抗风险能力和应变能力，确保项目目标的最终实现。

（3）项目管理面临着作业项目化挑战

随着买方市场的形成、市场竞争的加剧和 IT 技术的发展，企业必须满足市场需求，压缩生产周期，利用外部资源降低产品成本。另外，企业的多数工作必须具备创新性，具备一次性。这就要求企业实现作业项目化，具备根据用户要求进行定制生产的能力。同时，企业必须通过项目管理明确自身的核心竞争力，形成竞争优势，以实现长远的增长目标。因此，如何高效地进行多项目管理也变得非常关键。

2．项目管理的发展趋势

（1）企业项目管理

当下，约60%的项目管理属于企业项目管理，其功能是以多项目形式进行企业管理和运作，将企业资源用到真正对企业有长远影响的项目上，形成核心竞争力。在这种情况下，如何利用项目管理解决企业跨领域的资源整合问题变得非常关键。其核心是如何整合企业各部门的资源进行项目攻关，如何将企业作业实现项目化运作，如何进行多项目管理，最终实现项目管理与企业业务内容和管理程序的糅合，并建立良好的资源使用效率评价机制，实现企业的高效运转。目前，主要是通过项目成组管理和项目组合管理进行多项目管理，核心是实现项目选择与资源优化配置，具体由项目管理办公室（PMO）来运作。

（2）国际发展趋势

国际上的项目管理呈现出全球化，多元化、多层次化和专业化等特点。全球化，是指国际间的项目合作日益增多，国际化的专业活动日益频繁，项目管理专业信息逐步实现国际共享；多元化、多层次化，是指行业领域及项目类型的多样性，促生了各种各样的项目管理方法，从而促进了项目管理的多元化发展；专业化，则主要表现在PMBOK的发展和完善、学历和非学历教育的竞相发展、项目与项目管理学科的探索及专业化项目咨询机构的出现。

（3）国内发展态势

目前，国内项目管理发展迅猛，项目管理类书籍大量涌现，项目管理培训及资质认证日益盛行，项目管理学历教育的发展也日新月异[14]。

1.3 IT项目管理

IT项目管理是现代项目管理中最重要、运用也最好的一个领域，是基于信息技术的特殊项目管理形式，是随着IT技术的发展而诞生并不断完善的新型项目管理。它遵循一般项目管理的科学理论、思想方法和技术，自身又存在着一定的特殊性，需要认真研究和探讨其管理问题。

1.3.1 IT项目与IT项目管理

1．IT项目定义

IT项目的产生来源于市场需求，电子商务、企业信息化、电子政务等工作产生了以信息技术为基础的项目，即IT项目。所谓IT项目，是指为解决信息化需求而产生的软件、硬件、网络系统、信息系统、信息服务等一系列与信息技术相关的项目。

IT项目本身是项目，因此具备一般项目的基本特征，即在一定期限内，依托一定资源，以实现一定产品为目标而进行的一系列活动。该定义包含3层含义：一定的资源约束（人员、资金、时间、技术及环境等）、一定的目标和一次性任务。

2．IT项目类型

IT项目主要包括如下类型：（1）计算机、通信及微电子技术的研发；（2）网络工程的组建和网络系统的集成；（3）系统软件的研发和应用软件的开发；（4）企业信息化、城市数字化、商务电子化、医疗远程化等IT应用型项目；（5）IT咨询与服务。

3. IT项目特点

由于IT项目手段和内容的不同，决定了IT项目具有以下特殊性，需要予以特别关注。

（1）目标的不准确性

IT项目开始初期，客户常常只有初步的功能需求，而提不出确切的详细需求，因此，IT项目任务范围往往取决于项目组所做的系统规划和需求分析。用户主要承担审查任务，可自己审查，也可由第三方项目监理或咨询机构监督项目实施。

（2）需求的多变性

随着IT项目需求分析、系统分析与设计和系统实施的进一步深入，信息技术和环境条件会不断发生变化，客户需求也会不断地被激发，导致程序、界面以及相关文档需要经常修改，而在修改过程中又可能产生新的问题，这些问题很可能需要经过相当长的时间才会被发现，这就要求项目经理不断监控和调整项目的计划执行情况。

（3）功能的渐进性

随着IT项目的推进，项目功能将进一步明确，有时甚至需要增加新的功能。针对这种特点，在项目细化过程中尽量不要改变工作范围。如果确实需要增加功能或改变范围，则需要预算增加功能部分的成本和时间，重新修订项目计划。

（4）时间的不准确性

在项目执行过程中，临时组织的跨专业小组成员、项目所使用的技术、项目的工作环境和条件都有可能发生变化，这样，完成项目的时间也往往会随着人员、技术、环境条件的改变而发生改变。因此，项目经理要在动态变化中控制好IT项目的时间进度。

（5）风险的不确定性

IT项目计划和预算是基于对未来估计和假设进行的预测，在执行过程中常与实际情况有差异。另外，在执行过程中还会遇到开始预料不到的各种风险，使得项目不能按计划运行。因此，在项目管理中要注意制定切实的计划以及对具体问题进行具体分析。

（6）智力劳动密集性

IT项目是智力劳动密集性项目，受人力资源的影响较大，项目成员的结构、责任心、能力和稳定性对IT项目的质量及项目能否成功具有决定性作用。

4. IT项目的核心工作内容

IT项目的核心工作内容包括硬件系统的环境设计、软件系统的方案设计、系统实施与转换以及后期的维护与系统升级。

硬件系统环境设计是IT项目最基本的任务，主要是根据实际的需要搭建硬件平台，内容包括网络环境的设计、实施方案、设备选型、兼容性测试及采购计划等。软件系统方案设计，主要是指选择系统软件和应用软件，开发应用软件。系统实施与转换，主要是指组织项目实施、进行系统调试和转换以及规划并整理数据资源（尤其是帮助客户规划和整理客户的数据资源并应用于其软件系统中）。后期维护与系统升级，主要是指与客户一起建立信息系统的维护运行规则，并组织人员培训，建立知识体系，负责系统升级。

5. IT 项目管理定义

IT 项目管理是以 IT 项目为对象的系统管理方法，主要是通过临时 IT 组织对项目进行高效率的计划、组织、指导和控制，以实现项目全过程的动态管理和项目目标的综合协调与优化。

6. IT 项目管理特征

由于 IT 行业的特点，使得 IT 项目管理在知识、技能、方法和工具上远远领先于其他行业。因此，IT 项目管理除应具有项目管理的普遍特性外，还具有以下特点。

（1）任务的明确性

IT 项目分为产品项目和应用项目。二者都有明确的开始时间和结束时间，项目启动时就明确了项目的目标和时限。项目软件开发计划（Software Developing Plan，SDP）的编制明确了项目各阶段的里程碑及人员和时间要求，是 IT 项目开发进程的指南。

（2）管理工具的先进性

计算机的普遍应用、从业人员的高技术水平与综合素质是 IT 行业的特性之一，而 IT 开发又以团队作为主要方式，因此必然要用到一些先进的管理工具。同时，IT 技术的更新加速了管理工具的更新，因此 IT 项目管理工具的先进性对于项目的成功与否有着不可替代的作用。

（3）信息沟通的及时性

现代通信技术和计算机网络的应用在 IT 项目开发中充当着重要的角色，项目周报、日报以及项目各种信息的正确传递对项目顺利实施具有重要作用。由于行业特色，项目参与人可实时进行 E-mail 收发，以保证信息沟通的及时和准确性。

（4）资源提供的必要性

IT 项目中，决定软件产品质量的决定性因素是人，但人却是最不可控的因素，所以高素质、掌握相应技术的人是软件开发的重要资源；软件开发的主要工具是计算机，所以先进的计算机设备是必不可少的；为保证团队开发的安全和可控性，文件服务器是必须配置的；网络环境的安全及速度也是软件开发的必要保障之一；其他必要的生产工具还包括开发所需的从第三方采购的软件产品，如系统软件、数据库、开发语言工具等。

（5）测试的完善和严谨性

测试是保证软件产品质量必不可少的过程。测试的完整和全面性决定了产品质量、成本和进度，通过测试可及时发现和修改问题，有利于保证开发出合格软件产品。

（6）度量的准确性

IT 项目的度量指标主要包括人月数度量、BUG 度量和成本度量。合理的开发人月数估算是项目开发计划的制定依据和项目合同的评审依据；BUG 数提供了过程改进及对人员进行评价的依据；成本度量测定团队的开发能力并从财务角度评价项目的质量及其可行性。

（7）项目管理的贯穿性

大型项目开发过程中，模块间接口、系统整合及测试都需要公共文件存储平台，而该平台也可最大限度地降低由于开发人员的流动及网络安全性受侵所带来的损失。

（8）项目完成的及时性

信息产业较其他行业发展更为迅速，因此，要求 IT 项目的完成必须及时。IT 项目进度越慢，技术革新带来的威胁就越明显[9,23]。

1.3.2 IT 项目生命周期

IT 项目生命周期描述的是项目从开始到结束所经历的各个阶段，以及每个阶段的工作量和时间占用情况。通常分可为识别需求、提出解决方案、执行项目和结束项目 4 个阶段。在实际工作中，可根据不同领域或不同方法再进行具体划分。例如，一个软件开发项目，可细分为需求分析、系统设计、系统开发、系统测试和运行维护等阶段。

IT 项目的信息技术依赖性决定了其生命周期的特殊性。首先，IT 项目往往在正式立项之前，就已经投入了人力物力；其次，收尾工作包括了评估、推广和维护 3 部分，而且延续时间较长。因此，对 IT 项目来说，通过细化 4 阶段分法的收尾部分，可形成立项、计划、实施与控制、评估、推广和维护 6 个阶段的生命周期，如图 1-14 所示。

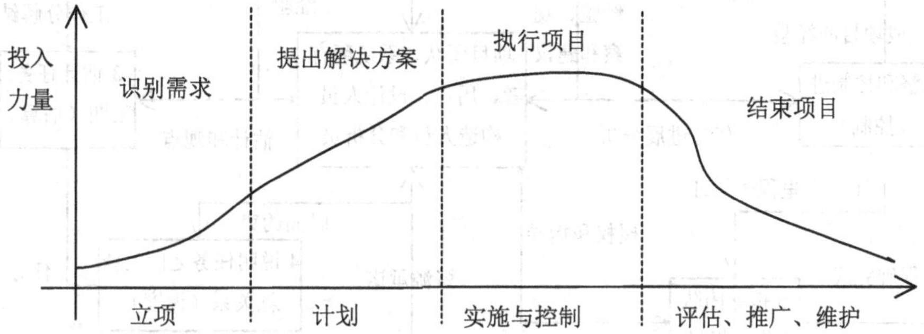

图 1-14 IT 项目生命周期

立项是识别需求阶段，包括确定项目需求、明确项目范围和分析项目的经济可行性，可交付成果为立项研究报告或可行性报告。不同于一般项目，IT 项目在启动时，一般已经为项目启动做了大量的调研工作，投入了一定的力量。

计划阶段主要是计划项目实施的各种具体条件，可交付成果为解决方案、应标书、预算表和商务合同等，主要工作包括分析招标说明、进行合同谈判和编制项目计划。

实施与控制阶段主要是按照解决方案或应标书实施项目，可交付成果是项目工程日志、需求规格书、系统设计、编码设计和安装实施计划等，主要工作为需求分析、系统设计、系统开发和安装部署等。一般需要细化目标，编制 WBS 和网络图，协调人力，分配其他资源，定期监控进展，分析项目偏差，采取必要措施以实现目标。

评估阶段主要进行系统测试和项目验收技术指标评估，交付成果是测试报告、验收报告或评估报告。主要工作是进行系统测试和项目验收，即根据任务书或协议（合同）中的相关技术指标，由双方委派人员或在双方同意的情况下邀请第三方进行 IT 项目评估。

推广阶段是 IT 项目的应用推广，可交付成果是培训材料和用户手册。主要工作是制定推广计划和培训计划，依据任务书或与客户达成的相关协议（合同）进行项目推广应用。

维护阶段是指为保障 IT 项目成果能够正常使用和在特殊情况下应急而进行的系统维护或定期检查，可交付成果是维护文档。和一般项目不同，IT 项目的售后服务和维护将持续一段较长的时间，因而需要在很长一段时间继续投入力量。

在软件开发项目中，对应上述几个阶段的分别是需求分析（识别需求阶段）、系统设计（提出解决方案）、系统开发和系统测试（执行项目阶段）以及运行维护（结束项目阶段）[24]。

1.3.3 IT 项目管理过程组

一般将 IT 项目的管理过程分为 8 个部分[9]，如图 1-15 所示。

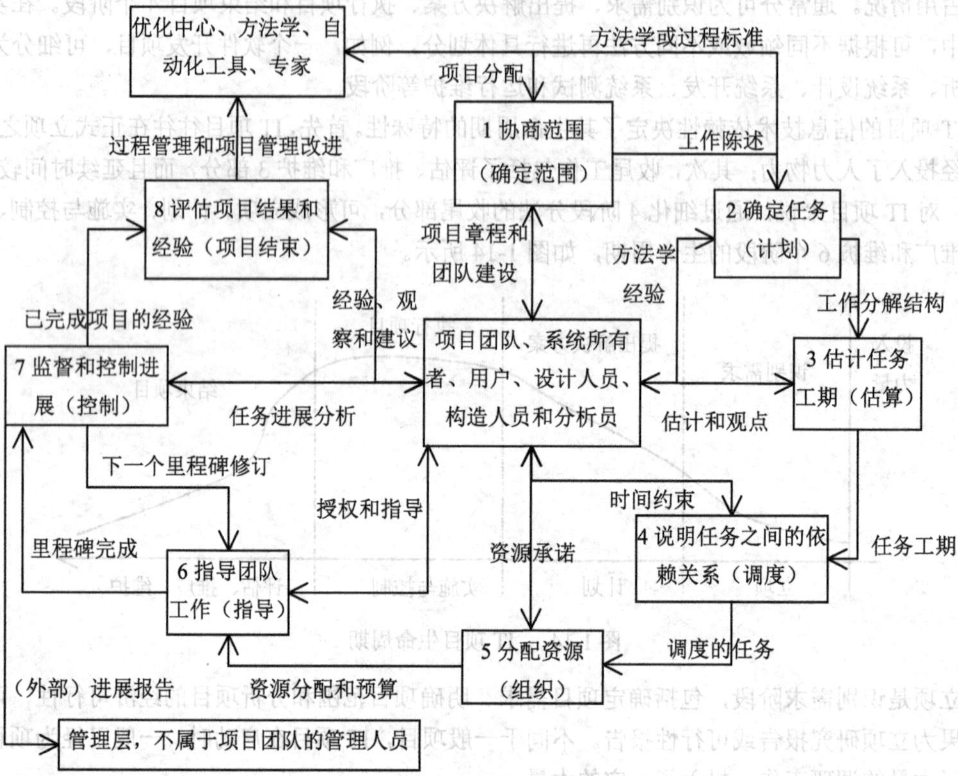

图 1-15　IT 项目管理过程组

1. 协商范围（确定范围）

在确定和安排任务或给任务分配资源之前，所有各方必须就项目范围达成一致。项目范围定义了项目边界以及项目可能（可能不）涉及的业务领域，确定了需要协调和交换产品、质量、时间、成本和资源等要素，可交付成果是获得一致同意的工作陈述。

2. 确定任务（计划）

项目任务确定了要做的工作，这种工作以自顶向下的纲要方式进行定义。工作分解结构（WBS）和里程碑是确定任务的主要方法。

3. 估计任务工期（估算）

任务工期是一个随机变量，其值取决于团队规模、用户数量、用户可用性、用户态度、业务系统复杂性、IT 技术架构、团队人员经验、其他项目的投入时间及其他项目经验等因素。

4. 说明任务之间的依赖关系（调度）

任务工期估计完毕后，需要依据任务工期和相关性制定项目进度表。任务相关性有完成-开始、开始-开始、完成-完成和开始-完成 4 类。

5. 分配资源（组织）

分配资源指为每个工作包分配人员、调配资源、安排进度和预算成本。

6. 指导团队工作（指导）

执行计划时需要对新任项目经理和缺少经验的项目人员给予指导。

7. 监督和控制进展（控制）

项目执行时，项目经理应该控制项目，监督项目的进展是否符合项目范围、项目进度和项目预算。在必要时，可按照项目变更的相关步骤进行进度调整和其他事项的更改。

8. 评估项目结果和经验（项目结束）

项目结果应该评估，相关项目经验需要总结。

1.3.4 IT 项目管理体系

与一般的项目管理相比，IT 项目管理在测试管理、文档管理和维护管理等方面需要投入更多的精力和成本。总体而言，IT 项目管理体系框架分为立项、计划、实施、评估、推广和维护 6 个阶段，不同阶段有不同的流程和管理内容，并形成不同的文档资料，如图 1-16 所示[9]。

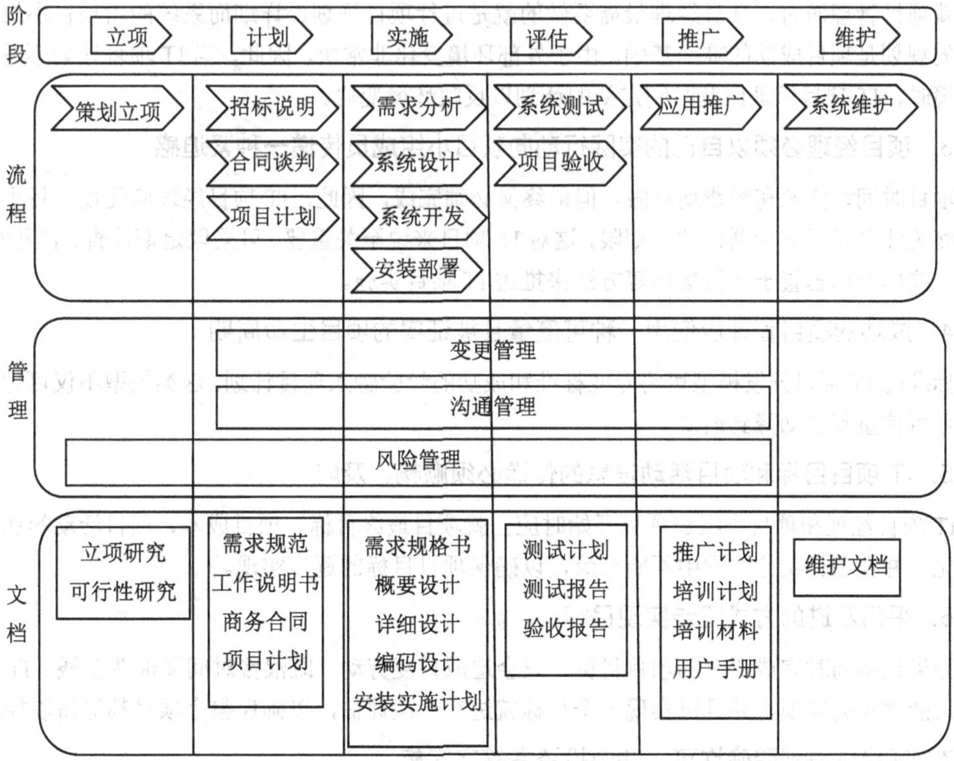

图 1-16　IT 项目管理体系

1.3.5 IT 项目管理成败关键影响因素

IT 项目管理的成败受到多个因素的影响，如图 1-17 所示[25]。

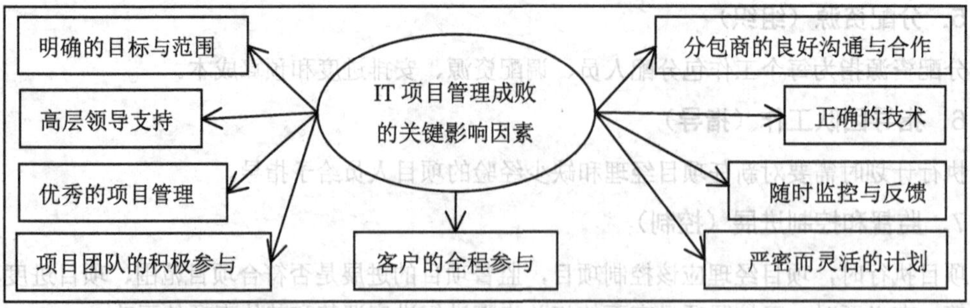

图 1-17　IT 项目管理成败的关键影响因素

因此，在项目管理过程中必须遵循如下原则。

1．项目经理必须高度关注 3 大标准

项目经理必须高度关注项目的准时交付、预算控制在既定范围内、质量得到经理和用户认可 3 个标准，尤其是要高度关注进度和成本要求，这对 IT 项目管理来说至关重要。IT 项目经理必须保证每个项目小组成员都能对照上面 3 个标准来进行工作。

2．任何事都应当先规划再执行

就项目管理而言，项目经理最需要做的就是进行项目规划。详细而系统的由项目小组成员参与的规划是项目成功的唯一基础。由于外部环境变化非常快，因此，当 IT 项目计划不适应外部环境时，IT 项目经理应及时制定新的计划以反映环境变化。

3．项目经理必须以自己的实际行动向项目小组成员传递一种紧迫感

项目时间、资源和经费均有限，但最终又必须完成，因此，IT 项目经理应促使项目小组成员始终关注项目目标和项目截止期限，这对 IT 项目来说至关重要。可采取定期检查、召开例会、制作一些提醒标志置于项目场所等方法来推进 IT 项目实施。

4．成功的项目管理应使用一种可度量且被证实的项目生命周期

标准的 IT 项目开发模型可将专业标准和成功的经验融入项目计划。这类模型不仅可保证质量，还可使重复劳动降到最低。

5．IT 项目目标和项目活动信息的传递必须顺畅、及时

IT 项目经理和项目小组在项目开始时应当就项目最终目标、项目成本、项目活动等达成一致意见，并在项目实施过程中不断交流，以确保项目目标的逐步实现。

6．采用渐进的方式逐步实现目标

如果试图同时完成所有的项目目标，只会造成重复劳动，既浪费时间又浪费金钱。IT 项目目标只能逐步去实现，并且每实现一个目标就进行一次评估，以确保整个项目都能得以控制。

7．项目应得到明确许可，并由投资方签字实施

研究表明，按照记录在案的业务需求进行目标设计的 IT 项目多半会成功。因此，在 IT 项目启动前，项目经理应与用户就业务需求与项目目标达成一致意见，并要求其签字确认，这将成为项目目标的制定依据和最终验收标准。否则，随着 IT 项目的实施，用户需求会不断增多，这会对 IT 项目工期、成本等产生很大影响，甚至导致项目失败。

8. 项目投资方和最终用户应当主动介入 IT 项目的需求分析等活动，并全程参与项目实施

多数项目的投资方和最终用户都能正确要求和行使批准项目目标权力，但伴随权力的是责任，其必须主动介入 IT 项目的各个阶段，这对 IT 项目来说至关重要。例如，在项目早期，要与系统分析师一起确定项目目标；项目进行中，要及时对完成的阶段性目标进行评估，以确保项目能顺利进行等。

9. 项目经理应保证项目小组成员均为最合适的人选

合适的人选是指受过相应的技能培训，有经验、素质高的人员。对于 IT 项目来说，拥有合适的人选往往能弥补时间、经费或其他方面的不足。项目经理应当为项目小组成员创造良好的工作环境，帮助其免受外部干扰，获得必要的工具和条件，这对 IT 项目的成功实施至关重要[26]。

1.3.6 IT 项目管理模式

随着社会经济和科学技术的发展，现代 IT 项目的规模越来越大，内容和功能复杂度越来越高，系统性越来越强，技术要求越来越专。投资方为全力保障其核心业务的运行及发展，通常会对非核心业务采取外包服务。因此，目前进行 IT 项目管理的主力是专营 IT 项目管理、经验丰富、专业配置齐全、技术实力强且具有先进软件、程序及体系的 IT 项目管理公司。根据介入项目阶段的不同和各个项目业主自身能力的差异，IT 项目管理公司参与 IT 项目管理的程度、服务内容和身份也不相同。常见的 IT 项目管理模式（即投资方对 IT 项目管理的组织实施方式）有 IPMT、PMT、PMC 和 EPC 4 种。

1. IPMT 模式

IPMT（Integrated Project Management Team，一体化项目管理团队）模式，是指投资方与 IT 项目管理咨询公司按照合作协议，共同组建一体化项目部，并受投资方委托实施 IT 项目全过程管理的项目管理模式。所谓“一体化”，是指组织机构和人员配置的一体化、项目程序体系的一体化、项目各个阶段和环节的一体化以及管理目标的一体化。

2. PMT 模式

PMT（Project Management Team，业主方项目管理团队）模式，是指投资方依据项目规模，按照矩阵体制组建一个项目经理负责制的“项目经理部”，其绝大部分管理层职员（尤其是重要岗位）均属于来自投资方的长期雇员，其次要岗位都是临时借聘或招聘，代表投资方承担组织项目建设的责任，全权负责 IT 项目的组织和实施，业务上向投资方报告并受投资方的领导，行政关系上作为投资方下属的一个临时职能机构。

3. PMC 模式

PMC（Project Management Consultant，项目管理咨询）模式，即项目管理咨询承包，通常指投资方不直接管理 IT 项目建设，而是通过委托、合作或招标方式选择 IT 项目管理咨询公司对几个项目阶段的工作进行项目管理咨询，再由 PMC 承包商协助或代表业主通过招投标，择优选定承包商对进行 IT 项目实施，实施过程中，由 PMC 承包商协助进行 IT 项目管理。

4. EPC 模式

EPC（Engineering Procurement Construction，设计—采购—实施）模式，通常指投资方仅选

择一个总承包商或总承包商联合体，由总承包商负责整个IT项目的设计、设备和材料的采购、实施及试运行，提供完整的可交付使用的IT项目建设模式。EPC模式一般适用于规模较大、工期较长且具有相当技术复杂性的工程[27]。

1.4 IT项目启动管理

"一个项目，通常不是在结束时失败，而是在开始时失败。"做过IT项目的人大概都会对这句话感触颇深。在实际的IT项目管理中，项目盲目启动，仓促上马，导致项目的投入、产出分析不清，重复建设、组织混乱的情形屡见不鲜，这给后期的IT项目实施、使用和维护带来极大的风险，甚至导致IT项目一完成即被用户弃用，造成巨大的经济损失。

目前，人们对于IT项目的上马逐渐趋于理性，要求严格做好项目启动前的论证工作，在满足当前紧迫的业务需求和长远的战略需求之间作好平衡，确保IT项目建设的成功。

项目启动过程指开始项目过程的最初阶段，从确认新项目存在，一直延续到项目执行过程的开始，是IT项目整个过程中最为关键和重要的阶段。该过程看似简单，但是为了确保以适当理由启动合适的项目则需要考虑许多因素，在一个重要项目上获得适当甚至很小的一点成功比在一个不重要的项目上夺得巨大的成功更具有意义，因此，项目经理应当从全局和战略角度来权衡是否需要启动IT项目，否则可能给组织带来无法弥补的损失[28]。在启动过程中，IT项目经理应该熟悉IT项目背景信息，分析项目相关利益者，研究IT项目商业需求和项目功能，确定IT项目范围，选择IT项目经理，给出IT项目预算并制定出IT项目章程[9]。

1.4.1 熟悉IT项目背景信息

IT项目启动时，需要了解项目的客户信息、环境信息与技术信息。

1. 了解项目的客户信息

（1）了解客户背景。具体可通过与客户交谈、登录客户网站等来实现，以了解合作伙伴的发展历程、主营业务、组织结构、公司文化、做事方式和主要领导人的特点等，以利于项目经理在实施过程中与客户进行有效配合，迅速建立良好的合作关系。

（2）了解客户的发展前景以及该项目对公司的战略重要程度。

（3）了解客户的竞争对手情况以及客户的项目目的和期望（如客户希望将项目作为某一特定节日的献礼）。

（4）了解和项目实施相关的客户方面的业务流程、人员安排以及项目成果的使用人员等信息。

2. 了解项目的环境信息

（1）项目的最终目标是否明确且能够实现。在创建项目时，项目经理、发起人以及团队成员均应该清楚明了项目的最终目标，包括项目的具体要求和潜在要求。

（2）项目是否有行业相关国家/国际标准。项目启动时，必须考虑行业相关国家或国际规范，这些规范都体现了行业成熟经验。项目必须坚决执行强制性规范，借鉴建议性规范。

（3）项目截止日期是否合理。IT项目中一般会涉及版本升级、软件发布、应用推广及系统转换等过程，需要大量人力、物力、财力和时间的投入，而项目是有生命周期的，所以应有一定的期限，并明确要做的具体内容，且使客户满意。

（4）项目发起人有没有权力开展项目。项目发起人是项目内有权力分配资源、调配项目成员、控制资金和对项目进行审批的人，其应有足够的资源且能得到强有力的支持以完成项目。

（5）项目有没有财务支持。财务支持是项目能否开展的关键因素之一，企业的财务状况和过去的项目投资状况是必须了解的背景信息。

（6）项目之前有没有人做过。如果有人做过，就必须了解导致上次项目失败的原因及目前该问题是否依然存在，需要采取什么措施才能确保项目能继续做下去。

3. 了解项目的技术信息

（1）项目所采用新技术可能会对最终用户产生的影响。项目经理应及时与用户沟通，从用户那里获取其对新技术要求的信息。

（2）项目所采用新技术可能会对其他软件造成的影响。

（3）项目所采用新技术及项目成果是否和正在使用的操作系统兼容。

（4）项目所采用新技术是否有其他公司在采用。如果是首次应用，虽占有一定优势，但也可能存在风险；如果技术相对成熟，特别是一些比较有实力的大公司也在使用，则项目采用该新技术带来的风险将很小。

（5）项目所采用新技术的供应商在行业中是否良好。其技术来源、行业影响力、成功应用案例、后期服务能力等均需考虑。

（6）网络环境。现今的 IT 项目开发多，借助于网络，网络能否支持项目开发需要考虑。

1.4.2 分析项目相关利益者

每个 IT 项目都有多个项目利益相关者，其在项目运行过程中扮演着不同角色，持有不同态度。项目管理者要了解其心理，才能更好地协调工作和调动相关人员的积极性。

1. 项目组成员

项目组成员是项目正常运转的主要力量，相互之间存在合作与竞争关系，IT 项目管理者应把握分寸，使得成员之间和谐相处并保持良好的工作氛围，促进项目正常进行。由于 IT 项目的技术性要求，IT 项目管理者通常需要掌握核心技术，以利于核心作用的发挥。

2. 企业现有业务和项目的成员

企业现有业务或项目既是当前项目开展的环境，又与当前项目在人力、物力、财力等资源的分配、占有方面存在竞争关系，IT 项目成员往往还承担其他角色，因此，项目经理需要考虑如何协调 IT 项目与企业现有业务或项目之间的关系。

3. 资源提供者

资源包括资金、人才和技术 3 类，其提供者通常来自项目所在企业、风投公司或者委托机构等。他们为项目开发提供资源保证，同时也提出一定的要求。项目发起人或项目经理需要不断地与资源提供者进行沟通，尤其是在项目启动阶段。

4. 用户

项目实施的落脚点是满足用户对项目功能和性能的要求，项目经理必须组织项目组成员和用户进行面对面沟通，及时了解用户的需求，做好项目计划的制定。

5. 潜在利益相关者

潜在利益相关者包括合作伙伴和竞争对手，他们往往在情况发生变化时会影响到项目的开发。项目经理必须掌握项目开发进度，在实施过程中对项目变化做出及时调整，以保证项目顺利进行。

1.4.3 分析 IT 项目商业需求和业务需求

1. 分析 IT 项目的商业需求

与传统项目相比，IT 项目具有时效性和技术性强的特点，分析 IT 项目的商业需求和功能时，必须进行有效的市场调研和市场预测。所谓市场调研，是指个人或组织根据特定决策问题而系统地设计、搜集、记录、整理、分析及研究市场各类信息资料、报告调研结果的工作过程。其分为调研准备、调研实施和调研数据分析 3 个阶段。所谓市场预测，是指以市场调研所获得的信息资料为基础，运用科学的方法，对影响市场供求变化的诸因素进行调查研究，分析和预见其发展趋势，掌握市场供求变化的规律，为经营决策提供可靠依据的过程。主要包括市场购买力、市场需求、市场供给、市场价格、市场占有率和产品生命周期预测 6 个方面。

IT 项目启动阶段多采用中介机构和运营企业的市场调查数据和市场预测数据，企业很少单独进行上述活动。例如，赛迪网可提供对各个行业的分析报告，中国电信、中国移动等每年都会有运营情况数据通报。分析 IT 项目商业需求和功能时，可参照国内大型 IT 运营企业、国际 IT 跨国公司和合资企业 3 类企业的数据。

2. 分析 IT 项目的业务需求

IT 项目业务需求的分析主要由 IT 人员和业务人员采用访谈、会议等方式共同完成，并形成相应文档。内容包括当前和未来业务流程、当前与未来业务的差异、信息化功能需求、未来系统的非功能需求及先后次序等。在需求分析报告形成后，组织应对需求进行评审，以达成项目关系人对项目需求的一致认可，具体包括制定评审计划（包括指定评审工作计划、确定评审小组成员和准备评审资料）、需求预评审、召开评审会议、调整需求文档和重审需求文档等内容。

1.4.4 界定 IT 项目范围

IT 项目范围是指为交付具有规定特征与功能的产品、服务/成果而必须完成的工作，它为项目管理标出了项目工作界限。确定 IT 项目范围时，首先需要识别项目，制定项目章程、范围计划和范围说明，然后需要进行初步工作分解，制定范围变更的控制办法。其中，用户和技术是识别 IT 项目范围的关键。

1.4.5 选择 IT 项目经理

IT 项目管理以过程为核心，以度量为基础、以人为本。整个管理过程需要充分集成技术、工具、过程和资源等要素。其中，集成工作由 IT 项目经理来领导，因此，项目经理是 IT 项目组的灵魂，选择合适的项目经理是 IT 项目启动阶段的一项重要工作。

1.4.6 确定 IT 项目预算

项目启动后，需要进行项目成本预算，主要包括自底向上成本估算法、自顶向下成本估算法和完全预算 3 种方式。

自底向上成本估算法，是指项目经理按照 WBS，从项目底层开始累加直到项目交付成果为止的项目预算。项目每一个预算都需要有一定的财务支持，以预测到最终成本。

自顶向下成本估算法，是指项目经理按照 WBS，从项目顶层开始直到项目底层为止的项目预算。在具有类似项目经验的情况下，多采用此种估算方法。

完全预算，是指项目经理把项目分解成各个阶段，然后按阶段计算其所需费用，其好处是无需在项目一开始就把全部阶段预算资金分配下去，而是根据各阶段的实际执行情况分配资金。

1.4.7 制定 IT 项目章程

IT 项目章程明确给出项目的完整定义，说明其特点和最终结果，规定项目发起人、项目经理和团队领导的相应职责与交流方式。首先，项目发起人识别项目并初步定义项目，同时根据项目起源和项目定义，选择和聘用项目经理以及确定项目目标；其次，确定项目团队和需要的项目资源；以上确定或基本确定后，制定项目章程。

项目章程的主要构成要素为项目的正式名称、发起人、项目经理、目标、项目业务情况、项目的最高目标和可交付成果、团队开展工作的一般性描述、开展工作的基本时间安排、项目资源、项目预算、项目成员以及供应商等。

每个项目都应该有章程。它授权项目，构建项目经理的责任心，激发发起人的主人翁意识以及项目组的团队意识。

1.5 IT 项目计划管理

高质量的项目计划一直是 IT 项目得以顺利执行并最终完成的重要基础和保障。IT 项目计划管理主要是以 WBS 为基础制定各种 IT 项目计划并进行计划变化管理，旨在分解项目任务和控制项目运行，进而达成项目总目标。

1.5.1 IT 项目整体计划

1. 概述

计划并非是有着明显开端和结尾的单独事件，而是随着组织周围的环境变化而不断适应、发展的过程，其核心目的是在充分利用机会的同时，使风险降低到最低。制定项目整体计划需要弄清楚计划的目标与内容、制定原因、执行人员、执行地点、完成时间以及完成方式与手段，这也是项目经理在项目初期要做的核心工作，需要仔细考虑。项目经理应了解 IT 项目整体计划的编制内容、流程与最终可交付成果。

2. IT 项目整体计划的内容

IT 项目整体计划的最终可交付成果是记录了项目整体内涵和整体安排的文件或表格。文档的多少及内容的详细程度与项目的复杂度和规模相关，复杂度越高，规模越大，则文档越齐全、内容越详细。一般情况下，IT 项目整体计划应包括以下内容：

首先是 IT 项目概述，包括项目名称、概述、发起人、主要负责人、起止时间、可交付成果、重要资料清单、有关定义和缩写说明等；其次是 IT 项目管理，包括管理过程与目标、里程碑、优先级控制、依赖关系和约束条件、风险管理政策、监控机制以及需用户承担的工作等；第三是IT项目组织，包括项目组织介绍、组织结构、人员计划、责任分配、组织界限和界面以及生命期模型等；第四是IT项目预算，包括工作包及相互之间的依赖关系、进度计划、预算概要和资源清单；最后是IT技术介绍，包括项目技术过程、方法与工具、基本设计概念和处理流程、功能需求与程序的关系、系统文档以及系统支持环境要求等。

3. IT项目整体计划的编制过程

首先，估量机会，实事求是地判断项目的经济、技术、环境、政策、人员等各种情况；其次，确立项目目标，包括整体目标、分解目标，并落实到具体的团队成员；第三，拟定前提条件，即实现计划的环境假设条件，分为外部和内部两种，也可分为可控和不可控两种；第四，拟定和选择可行的行动计划，主要是形成多个候选计划并通过综合衡量来选择最优计划，或选择多个方案综合方式；第五，制定整体计划并确定派生计划，同时为派生计划编制进度、资源等计划；最后，把计划转变为预算，使计划数字化，包括支出与将来收益的预算。

1.5.2 IT项目范围计划

IT项目范围计划是IT项目范围的书面说明，其将IT项目产品所需进行的项目工作（范围）逐步明确并进行归档。

1. IT项目范围计划的编制依据

IT项目范围计划的编制依据包括产品描述、项目许可、约束条件和假定。产品描述主要描述项目产品/所提供服务的特征，包括产品的要求、设计和商业需求等；项目许可是正式确认项目存在的文档，当项目在合同环境下执行时，项目许可多表现为合同；约束条件是制约项目管理选择的因素，常体现为合同；假定影响着项目计划的各个方面，通常包含一定风险。

2. IT项目范围计划的内容

IT项目范围计划包括范围说明、详细依据和范围管理计划。其中，范围说明是对项目范围的共识，其会随着项目的进展而不断进行修改和细化；详细依据主要包括项目假定和约束条件；范围管理计划主要包括变更管理策略，包括变更原因、频率和幅度。

3. IT项目范围计划技术

IT项目范围计划技术主要包括产品分析、收益/成本分析、备选方案识别技术和专家评定等。其中，产品分析包括产品分解分析系统工程、价值分析、功能分析等技术；收益/成本分析是对各项目和产品方案的收益和成本进行估算，然后用投资收益率或投资回收期等财务指标评价各方案的相对优越性；备选方案识别技术是指可供识别、确定方案的所有技术，最常用的有头脑风暴法、横向思维法等；专家评定主要是聘请专家对各方案进行评定。

4. IT项目范围计划的编制方法

IT项目范围计划方法主要包括项目章程、项目工作分解结构、线形责任图（以二维表形式给出部门或个人对组织工作的关系、责任和地位）和项目行动计划表（以二维表形式，按照任务的内在层次关系将其所需要的资源、前项任务和持续时间等予以记录）。

1.5.3 IT 项目进度计划

IT 项目进度计划是在 WBS 基础上制定的对 IT 项目活动的系列时间安排，以控制和节约时间。

1. IT 项目进度计划的编制依据

IT 项目进度计划的编制依据包括项目任务的先后次序以及相互之间逻辑关系、任务持续时间估算、任务资源需求（主要是资源冲突会影响项目进度）、任务约束条件（主要特定任务的时间限制要求）、任务作息时间要求（主要是休息日和工作日）以及任务的提前和滞后要求。

2. IT 项目进度计划的内容

IT 项目进度计划主要包括项目的常规工作时间和例外工作时间、各项目任务的逻辑关系与持续时间、任务的提前和滞后时间以及任务资源的分配情况等。

3. IT 项目进度计划的编制流程

IT 项目进度计划由项目经理负责，各职能部门负责人、技术人员、项目管理专家及相关人员参加，利用分析工具进行编制。其编制过程如下。

（1）进行 IT 项目描述。即由项目管理办公室或项目主管人员，依据项目立项规划书、已通过的初步设计方案和批准后的可行性报告，用表格形式列出项目目标、范围、执行方式、完成计划等。IT 项目描述是对项目总体要求、预期结果或最终产品的概要说明，是制作项目计划和绘制工作分解结构图的依据。

（2）进行项目分解。项目分解是对项目工作由粗到细的分解过程，通常采用 WBS 工具来逐步分解，目的是明确项目所包含的各项工作，以便进行具体操作、控制和管理。

（3）进行工作描述。依据项目描述和项目工作分解结构来明确描述项目能包含的各项工作的具体内容和要求，形成工作描述表及工作列表，以便合理分配和有效管理资源，为编制项目计划提供依据，同时便于实施过程中领会各项工作的内容。

（4）制定工作责任分配表。依据工作分解结构和项目组织结构图表制作工作责任分配表，为项目任务分配责任者，以明确各单位或个人的责任，便于项目管理部门在项目实施过程中进行管理协调。

（5）确定工作先后关系。包括工作之间本身存在、无法改变的逻辑关系和人为确定、可先可后的组织关系两种。通常，先考虑逻辑关系，后考虑组织关系。具体而言，首先由技术人员和管理人员确定强制性逻辑关系；其次，由项目管理人员依据其知识和经验，按照资源最优配置原则确定组织关系；最后，确定外部制约关系，以降低外部工作对项目工作的制约及影响，最终形成一张描述项目各工作间相互关系的项目网络图以及工作的详细关系列表。

（6）依据项目工作关系表绘制网络图，以表达项目工作关系，同时依据工作详细列表、项目约束和限制条件、资源需求、资源能力和历史信息等，采用专家判断、类比估计、单一时间估计等方法来合理估计工作时间，包括各项目工作时间和完成整个项目所需的总时间计算。

（7）制定项目的详细进度计划，明确每项工作的起始终止时间，包括任务逻辑关系、完成期限、开始时间和结束时间等，以利于项目执行过程中各工作之间的协调与控制[9]。

4. IT 项目进度计划的编制方法

编制 IT 项目进度计划的常用方法有里程碑法和甘特图法两种。前者仅表示主要可交付成果的计划开始时间和完成时间及关键的外部界面；后者使管理者先为项目各项活动做好进度安排，然后随着时间推移，再对比计划进度与实际进度进行监控工作。此外，还包括网络计划法，相关内容参见本书 9.4 节。

1.5.4 IT 项目成本计划

IT 项目成本是完成 IT 项目所必需的各种实际成本投入，分为硬件和软件两类。硬件包括项目中完成任务的人员、设备、物资、资金以及时间，软件包括项目所需的技术和信息等。

1. IT 项目成本计划的编制依据

IT 项目成本计划的编制依据是工作分解结构、范围定义、历史资料、资源库信息和项目进度计划。其中，工作分解结构是基础，提供最基本的资源需求说明，是计算项目成本的根本；范围定义是目标，确定资源需求范围；历史资料提供参考资料；资源库信息提供资源描述集合；项目进度计划确定任务对资源需求的时间要求，由于同一资源在不同时间段的费率往往不同，因此会对 IT 项目成本产生一定影响。

2. IT 项目成本计划的内容

IT 项目成本计划的内容主要包括 IT 项目资源计划、IT 项目成本估算和 IT 项目成本预算。

3. IT 项目成本计划的编制流程

IT 项目成本计划编制分为 IT 项目资源计划编制、IT 项目成本估算和 IT 项目成本预算 3 步。下面重点介绍 IT 项目资源计划的编制，人力资源计划的编制可参见 1.5.6 节。

IT 项目资源计划编制，是指分析和识别 IT 项目的资源需求，确定 IT 项目所需投资资源的种类、数量和投入时间，从而制定出科学、合理、可行的 IT 资源供应计划的项目成本管理活动。编制 IT 项目资源计划主要是确定完成 IT 项目活动所需要的各种物质资源，包括人力、物力和财力，核心是如何合理配置和优化资源使用，其直接决定着 IT 项目的成本、工期和技术选型，也是后续 IT 项目成本估算和 IT 项目成本预算的基础。

IT 项目资源计划以项目范围计划、项目进度计划和项目质量计划为基础，其编制依据包括 WBS、历史信息、范围说明、资料库、组织方针和定额等。IT 项目资源计划的编制流程为：首先，进行资源需求分析，基于 WBS 和定额标准确定项目资源需求的种类、数量和质量；其次，进行资源供应分析，确定各种资源的种类、数量、组合方式、使用限制和单价，包括总量时间、单位时间用量限制、工作时间限制等，在项目整体资源总量最小化的前提下，确保每项任务得到合适的资源；最后，在项目进度计划基础上，结合各项资源的数量、获得方式、使用时间等确定 IT 项目资源计划并进行资源负荷优化，同时确定各种资源的供应方案和计划[9]。IT 项目资源计划的编制方法包括专家判断法、头脑风暴法、资料统计法、统一定额法和德尔菲法等，其最终结果是描述项目资源需求类型和数量的资源文件。

IT 项目成本估算是对完成项目工作所需资源的成本进行估计和计划，是对 IT 项目可能的成本支出量的合理推算，不包括商业利润。该结算最终会形成各种 IT 项目资源备选方案的成本估算，具体体现为成本估算表、估算依据、成本管理和控制计划。在进行 IT 项目成本估算时，需要考虑资源消耗率、进度计划及历史信息等。常见的 IT 项目成本估算技术包括经验估算法、因素估算法、WBS 全面详细估算法、数学模型法和计算机辅助工具等。

IT 项目成本预算是基于 WBS 和项目进度计划形成的 IT 项目的基准成本计划，其将项目估算成本分配到各项活动和工作中，进而确定项目实际执行情况的成本基准，产生成本基准计划[9,28]。IT 项目的成本预算方法包括自上而下和自下而上两种。前者由项目管理人员根据经验将项目成本估算总额从上而下逐层分解；后者先由下层项目管理人员详细考察并精确确定工作的时间和需求，再由中上层项目管理人员参与讨论和协调，以保证预算的准确性。

1.5.5 IT 项目质量计划

IT 项目质量计划主要是指确定项目应该达到的质量标准、实现途径、责任者、操作流程及相关资源的计划，其结果为项目质量计划、项目质量工作说明、质量核检清单以及可用于其他管理的信息[28]，其宗旨是确保实现项目的质量标准。

1. IT 项目质量计划的编制依据

IT 项目质量计划的编制依据包括：项目质量方针；项目范围描述（包括项目目标和项目任务范围）；项目产出物描述；相关国家标准、行业标准和规定；其他项目管理要求及相关信息。

2. IT 项目质量计划的内容

IT 项目质量计划内容以组织的质量体系文件为依据，并随着项目进展随时更新，应经证实评审并得到与项目执行相关的组织同意，一般包括如下内容：质量计划目的，包括质量计划的目标、有效期及所适用的产品、项目或合同；领导职责，即确定质量管理机构，明确各方的权责利；合同评审，规定产品、项目文档或合同特定要求的评审标准；采购产品的质量要求；设计控制，规定确认和验证设计输出达标的标准；过程控制，为达到额定质量要求所用的工具、技术和方法，对产品控制所做的相应记录和技术统计，并规定所引用的质量体系文件和作业指导书；不合格品的处理意见；培训，阐明操作人员、服务人员的培训要求，制定严格的操作程序；质量审核的范围、性质及纠正措施。

3. IT 项目质量计划的编制方法

IT 项目质量计划的编制方法包括成本收益分析法、质量标杆法、流程图法和实验设计法 4 种。其中，成本收益分析法要求在制定项目质量计划的同时必须考虑项目质量的经济性，合理安排质量保障成本和质量检验与纠偏成本，使项目质量的总成本相对最低；质量标杆法是通过对照比较其他项目实际或计划的项目质量管理结果制订新项目的质量计划；流程图法用于表达项目工作过程和项目不同部分之间的相互联系，常用于分析和确定项目实施的过程；实验设计法常用于识别多种变量中的关键变量，以指导项目质量计划的编制[29]。

1.5.6 IT 项目人力资源计划

IT 项目属于智力密集型项目，受人力资源的影响很大，项目成员的结构、责任心、能力和稳定性对 IT 项目的质量及能否成功具有决定性作用。IT 项目人力资源计划通过预测未来的人力资源需求来确定完成 IT 项目所需的人力资源的数量和质量、各自工作任务及相互关系，确保在适当时候，为适当职位配备合适数量和类型的人员，并使他们能够有效地完成总体目标。

1. IT 项目人力资源计划的编制依据

编制项目人力资源计划的依据包括项目目标分解、WBS（确定人力资源数量、质量和要求）、项目进度计划（各活动所需的人力资源及占用时间）、制约因素、历史成功经验和组织理论（马斯洛的需求理论，麦戈里格的 X 理论与 Y 理论等）。

2. IT 项目人力资源计划的编制流程

编制 IT 项目人力资源计划通常分为 3 个步骤：首先，通过调查研究获取现有的人力资源状况信息并进行评价；其次，预测项目未来所需的人力资源；最后，制定项目人力资源管理总计划，并据此制定各项具体的人员管理政策。

3. IT 项目人力资源计划的工具和方法

IT 项目人力资源计划的工具和方法主要包括人力资源综合平衡（总量平衡和结构平衡）和职务分析（确定项目所需的各项职务或岗位以及任职条件和具体要求）。

4. IT 项目人力资源计划的交付物

IT 项目人力资源计划的结果为角色和责任分配（责任分配矩阵）、人员配备计划（人力资源直方图）及补充说明[30]。

1.5.7 IT 项目沟通计划

IT 项目沟通计划是对整个项目沟通的工作、方法、渠道等方面的计划，旨在建立项目部门内部、部门之间以及项目与外界之间的沟通渠道，以便快速、准确地传递沟通信息，使项目部门达到协调一致，项目成员明确各自的工作职责，并了解其工作对实现整个组织目标的重要性，同时通过信息沟通发现并解决问题，最终实现项目目标[31]。

1. IT 项目沟通计划的编制依据

IT 项目沟通计划的编制依据包括沟通要求、沟通技术、制约因素和假设 3 个方面。其中，沟通要求包括项目组织和各利益相关者之间的沟通要求等；沟通技术是指根据项目特点（信息紧迫性、技术取得性、制约因素和假设）确定的沟通方式，具体可分为正式和非正式沟通、单向和双向沟通、横向和纵向沟通、书面和口头沟通等。

2. IT 项目沟通计划的内容

IT 项目沟通计划包括项目沟通目标，沟通内容，沟通技术，信息收集渠道、归档格式、发布渠道、发布与使用权限，发布信息描述，信息发生日程，约束条件和假设前提，更新和修订方法等。

3. IT 项目沟通计划的编制流程

IT 项目沟通计划工作贯穿于项目全过程，编制步骤为：首先，确定项目沟通的目标，包括沟通的任务、时间、频率、预算、资源需求等；其次，根据项目利益相关者的沟通需求确定沟通计划内容；第三，确定项目沟通的技术，即沟通渠道和方式，具体需要根据沟通的及时性、涉及的人员、沟通规模等来确定；第四，确定信息收集渠道和归档格式；第五，确定信息发布渠道以及信息的发布与使用权限；第六，准备发布信息的描述，包括内容、格式、详细程度、来源、获取方法、存储要求等；第七，确定信息发生的日程表；第八，确定项目沟通的约束条件和假设前提；最后，确定更新和修订沟通计划的方法。

1.5.8 IT 项目风险计划

IT 项目的紧迫性、独特性、不确定性和复杂性决定了其比传统项目具有更大的风险，而且，IT 项目经常存在时间短、预算紧、人员少、任务急、客户需求不明确且不断变化、技术日异月新、系统集成难度大等问题。项目经理要成功完成 IT 项目，必须尽早识别潜在问题，做好风险计划。

IT 项目风险计划是 IT 项目风险管理的基础，通过识别风险、分析风险和计划项目潜在的意外损失，形成项目组及成员风险管理的行为方案及方式，确定风险判断依据，并提供合适的风险管理方法等，最终使积极因素的概率及其影响最大化，使消极因素的概率及其影响最小化。

1．IT 项目风险计划的制定依据

IT 项目风险计划的制定依据包括：项目许可（包括项目目标、规模、所需资源、时间要求、约束条件及假设前提）；风险管理政策；可获取的数据及管理系统情况；利益相关者的风险容忍度；风险管理计划模板；WBS；决策者；责任方及授权情况；风险管理团队的经验及实践。

2．IT 项目风险计划的内容

IT 项目风险计划主要包括以下内容：定义项目组及成员风险管理的行为方案及方式，即风险管理活动中各类人员的角色、分工及职责；可采用的风险管理方法、工具、数据来源及实施步骤；项目生命周期中实施风险管理的周期/频率，包括评价、控制和修正风险管理过程各个运行阶段、过程的时间点或周期；项目风险管理预算；定义风险评估标准并加以准确说明；明确不同类型风险的负责人及应对措施；风险管理流程报告以及沟通的内容、范围、渠道和方式。

3．IT 项目风险计划的制定方法

IT 项目风险计划通常由项目经理、项目团队领导以及相关责任者与实施者等采用项目风险计划会议形式，使用项目风险计划模板来制定[9,32]。

1.5.9 IT 项目采购计划

IT 项目采购计划是对整个 IT 项目采购工作的总体安排，具体包括采购对象、采购方式、采购时间、采购任务之间的链接关系、采购数量和供应商等内容。

1．IT 项目采购计划的编制依据

IT 项目采购计划的制定依据包括项目范围说明、项目产品说明、项目资源需求信息（为 IT 项目采购提供候选供应商及相关专业知识）、市场情况和服务信息（确定采购对象是否可采购到，供应商及采购条款和条件）、其他项目管理计划以及约束条件与假设前提。

2．IT 项目采购计划的内容

IT 项目采购计划包括采购工作的总体安排、采购清单、采购所用合同类型的规定、外部获取资源的估价办法和规定（一般包括技术、价格、商务条件等）、项目采购工作责任的确定、项目采购计划文件的标准化、资源供应商的管理方法、采购工作与其他工作的协调办法（明确采购与项目进度、成本、绩效评估等工作的协调方法）等内容。

3．IT 项目采购计划的制定流程

IT 项目采购计划的编制流程分为“制造或购买”的决策分析、各种信息的加工处理（专家咨询）、采购方式与合同类型的选择、经济采购订货模型（确定采购的批次和时间）等[9,33]。

1.6 IT项目实施管理

完成IT项目计划后，紧接着进入IT项目实施阶段，即由IT项目经理带领IT项目团队共同执行IT项目计划，并根据实际情况对比项目计划进行合适的调整，以保证IT项目成功实施并通过验收。其起始点是项目基准计划的发布，其结束点是项目交付物得到客户的确认和验收。另外，项目资源将大量消耗在项目实施阶段。

IT项目实施的成功与否关系着IT项目的成败，同时也是检验IT项目计划的过程。该阶段会面临实实在在的情况和变化，只有跟踪IT项目范围、进度、质量、成本和风险等重要因素，才能及时掌握并有效管理和控制IT项目变化，保证IT项目按照预期目标顺利完成[28]。

IT项目实施通常涉及以下管理活动：跟踪IT项目进度；识别IT项目进度、成本、范围、质量等偏差并采取相应措施；持续监控IT项目风险；管理IT项目变更；编制IT项目报告；为IT项目团队营造积极的工作氛围；创造并维持良好的客户关系；管理IT项目验收等。

IT项目实施是控制IT项目边界，用管理思维发现问题，用技术思维提供解决问题的工具。主要运用的工具和技术有普通管理技能（如领导艺术）、生产技能和知识（主要通过人员的组织过程来获取，如软件开发技能、系统分析技能等）、工作分配系统（确保批准的IT项目工作能按时、按序完成而建立的正式程序）、形势评论会（把握项目信息交流的常规会议，如IT项目例会）、项目管理信息系统（由用于归纳、综合和传播其他项目管理程序输出的工具和技术组成，用于提供项目的所有信息）和组织管理程序（项目的所有组织管理程序）。

1.6.1 IT项目范围核实

为保证IT项目实施过程中不将资源浪费在不必要的工作上，需要核实IT项目范围，使整个项目既没有超出工作范围，也没有缩小工作范围。所谓核实IT项目范围，是指利益相关者在项目范围确定后、实施前相互所做的承诺，如项目最终产品、评估程序等。一旦承诺就表明各方已经接受该范围，接下来就必须按照承诺去实现。其实质是依据项目范围说明书对项目完成情况进行对比和确认的验收过程，验收内容主要包括工作成果和生产文件。工作成果主要是指项目阶段性的交付物是否已经完成或者部分完成，以及已经发生的或将要发生的成本等。生产文件是指对回顾整个项目有帮助的、描述IT项目产品的文件。做好项目范围的核实工作，是项目范围得到管理和控制的有效手段，是减少项目范围变更的关键[9]。

1.6.2 IT项目组织管理

人的因素对IT项目能否顺利完成具有重要影响。配备相应人员，对其进行培训使其具备完成项目任务所需的专业知识与熟练技能，并建立相应的IT组织，是IT项目成功的关键所在。

IT项目是由多个子系统组成的系统，每个子系统都有其目标、任务和资源，并按规定和自定方式运行，有效的IT项目组织应使各子系统都能从项目整体目标出发，理解和履行其职责，相互协作和支持，使组织处于协调有序状态，保证其运行效率，即IT项目治理。

1. IT项目的组织方式

IT项目的组织方式分为商业软件组织和项目团队组织两种，前者关注投资回报率、新的商业机会、市场多样化和收益率等，后者关注成本、进度及质量等。

（1）商业软件组织方式

商业软件组织方式的基本架构如图 1-18 所示[9]。软件工程过程机构负责定义与维护过程，帮助项目组建立、周期评估项目过程，评价当前组织过程的成熟度和未来过程的改善计划。项目评价机构保证软件项目遵循组织和商业个体的所有软件策略、惯例、标准。软件工程环境机构负责自动化组织过程，维护组织的标准环境，训练项目使用环境，维护组织范围内的可重用资产。基础设施机构提供人力资源支持，包括独立于项目的研究和开发及其他重要的软件工程资产，主要构成包括项目管理、工程技术中心、专业化开发。

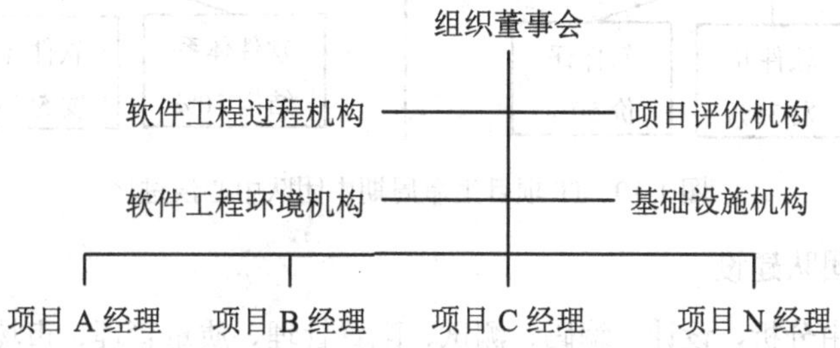

图 1-18　商业软件组织方式基本架构

（2）IT 项目的团队组织

团队组织通常是根据项目目标，由各部门调集专业人才以一定形式组建，并指派一个项目负责人。在项目期，所有成员仅向项目经理负责，不再听命于原部门主管的指挥；项目完成后，所有成员再回到原组织单位[34]。IT 项目团队组织通常由项目管理团队、软件体系结构团队、软件开发团队和软件评价团队组成。其中，项目管理团队负责项目的生产和管理，负责所有投资者的盈利，收支平衡是其经常需要考虑的问题。软件体系结构团队负责产品和构件的集成，提供系统框架从而方便团队间的通信，取得系统的范围、质量以及使系统实施应用。该团队负责系统质量，其成员需要具备专业技术知识和经验，其主要职责是为软件列出完整的物料清单，进行重大买卖交易以使所有定制的组件都被包含在构建/组装成本中，从而实现精确预测。软件开发团队负责构件的开发和维护，是应用性最强的小组，分为若干子团队，对软件开发、测试与维护质量负责，并决定单个构件的设计和实施。软件评价团队负责产品测试和产品评估，其独立于开发团队（保证软件有独立的质量评价队伍），测试计划、测试步骤设计可并行于软件设计与开发，即可在开发的同时进行测试，以加快 IT 项目进度。

2. IT 项目的组织演进

IT 项目生命周期中团队中心的演进过程如图 1-19 所示。每个阶段强调不同的活动，大约 50%人员会分配到该阶段的主要活动中去。其中，初始阶段以项目管理为中心，处于计划阶段，其他团队的支持以保证项目计划代表大多数人意见；详细阶段以软件体系结构团队为中心，软件开发团队和软件评价团队处于支持角色，以保证达到稳定的体系结构基线；建设阶段以软件开发团队和软件评价团队为中心，软件体系结构团队转为维护模式，并具有最起码的努力来保证已有部分的连续性；转换阶段的 IT 项目团队以客户为中心，使用反馈驱动部署活动[9]。

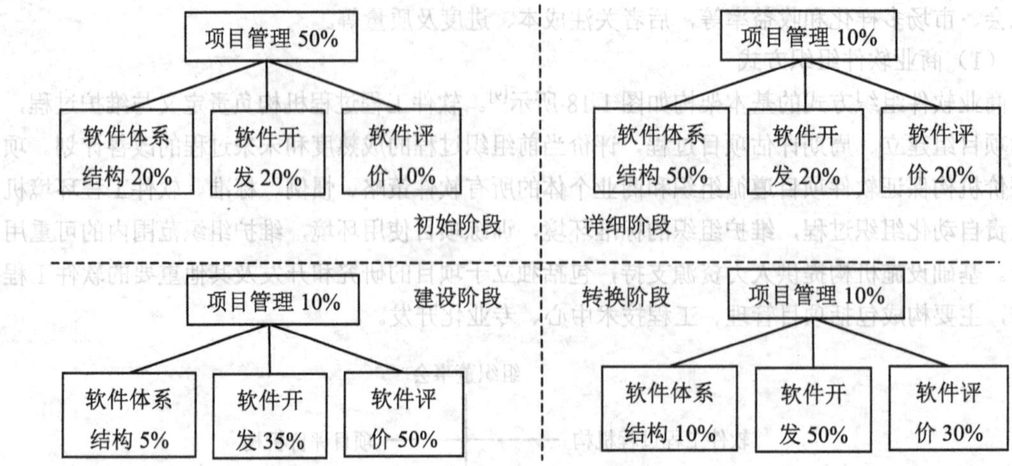

图 1-19 IT 项目生命周期中团队中心演进

3．IT 项目的团队建设

IT 项目团队是由分析、设计、编码、测试、配置管理、质量管理、市场营销和项目管理等各方面人员构成的复合型团队。其成员具有高知识更新性、高主观经验性、主观能动性、效率波动性、资源消耗性和不可存储性等特点。其成员都是在一个小组或团队里工作，50%的时间花在与小组成员一起工作上，30%的时间独自工作，20%的时间从事一些非生产性活动。

IT 项目的团队建设是一个持续不断的过程，分为形成期、震荡期、正规期和表现期 4 个阶段。形成期是团队发展的起始阶段，是从个体向团队成员转换的过程。该阶段，团队成员相互认识，均表现出积极愿望，急于开始工作，但由于不了解各自的职责，因此无法进行实际工作；此时，项目经理需要使团队成员明确项目目标和各自的职责。震荡期是团队建设的关键时期，该阶段项目经理会与团队成员发生冲突，团队气氛会比较紧张，成员士气和动力会有所下降，此时，项目经理应促使团队成员正视和解决磨合中的问题，创造一个理解和支持的工作环境。正规期是团队凝聚力提升的阶段，成员有了团队感觉并开始为实现项目目标作出贡献，此时，项目经理应尽量减少直接指导工作，转为总结团队的成功和不足之处。表现期是项目团队发展的最后阶段，团队成员具有集体感、荣誉感和统一感，意识到为项目工作的结果是使其获得事业上的发展，工作积极性比较高，此时，项目经理的工作重点是帮助项目团队执行项目计划，并对团队成员的工作进程和成绩进行考评和表扬，帮助其获得事业上的成长和发展。

4．IT 项目的团队激励

IT 项目团队激励运用行为科学的方法和手段对项目成员的行为需要予以满足或限制，从而激发团队成员的行为动机和潜能，为实现项目目标服务。相关理论包括马斯洛需求层次论、海兹伯格激励理论、麦克勒格的 X-理论和 Y-理论等。

IT 项目团队激励需遵循目标、公平、按需激励和因人而异 4 个原则。其中，目标原则是按照项目团队成员为实现项目目标所做的努力程度进行激励；公平原则是按照团队成员的贡献大小予以差异化报酬；按需激励原则是通过满足团队成员的实际需求来使项目实施绩效获得提高。具体可采用授权、制定绩效考核、给予恰当的奖励 3 种手段来进行。

5．IT 项目的团队沟通管理

项目管理知识体系建议项目经理花在沟通上的时间不低于 75%，可见项目沟通的重要性。

项目沟通管理，是指为确保项目信息及时、适当地产生、收集、传播、保存和最终配置所需实施的一系列过程[35]。

IT 项目团队沟通包括口头、书面、非语言和电子媒介 4 种形式，包括人际沟通和组织沟通两方面内容。其中，组织沟通包括纵向沟通、横向沟通、团队沟通、会议沟通和谈判等。

6．IT 项目的团队问题管理

团队在实施 IT 项目过程中总会遇到一些问题，问题管理是指通过发现问题、归档问题、提出解决方案、评定解决方案、结束解决问题和整个过程的数据报告等一系列连续不间断的环节来提供一个规范的、能有效解决问题的方法。

解决问题包括描述问题、分析可能原因、采用头脑风暴法设计各种可能方案、评估方案、确定最佳方案、修订方案实施计划、实施方案以及判断问题是否得以解决 8 个步骤。

根据问题的大小和复杂程度，解决问题可能需要几小时或几个月，解决问题的团队包括最了解问题的成员和所需的专门技术人员，必要时还可能需要团队以外的专家和顾问等。

1.6.3 IT 项目进度跟踪

实施 IT 项目时，项目进展信息应在项目团队中从上到下逐层核实并传递，传递渠道包括项目内部定期报告、项目例会、电话与电子邮件、现场检查、面谈以及项目管理信息系统等。项目经理应根据收集到的信息了解项目进展，及时发现偏差和问题，并采取纠正和预防措施；同时，应以收集的信息为依据，向关键项目干系人定期发布项目执行状况报告[9]。

IT 项目进度跟踪是一个动态的全过程的管理。首先，应成立以 IT 项目经理为组长，以子团队负责人为副组长的 IT 项目进度跟踪管理小组，严格执行讨论、分析、制定对策、执行、反馈 IT 项目进度的工作制度；其次，IT 项目进度跟踪是随着项目进展而不断进行的动态过程，需要不断进行信息传递与反馈，相关责任人需要根据已得到的信息进行控制和管理[36]。

1.6.4 IT 项目成本跟踪

IT 项目成本跟踪，是指在 IT 项目正式实施后，通过记录实际 IT 项目成本以及对 IT 项目成本跟踪结果的分析，预测其成本发展趋势，形成 IT 项目成本进展情况和发展趋势报告，为 IT 项目的成本控制提供依据。

IT 项目成本绩效度量技术主要用于评估 IT 项目成本变化的大小、程度及原因等，常用的方法包括挣值管理法和偏差分析法两种。其中，挣值管理法综合了项目范围、进度计划和资源、测量项目绩效，通过比较计划工作量、实际挣得多少与实际花费成本，可以确定成本和进度绩效是否符合原定计划[28]，相关内容请参见本书 10.3 节。

1.6.5 IT 项目配置管理

在 IT 项目实施过程中，变更不可避免。从某种角度上讲，IT 项目开发就是一个变更的过程，其中有些变更对项目有益，有些却对项目有害。IT 项目配置管理是有效管理 IT 项目变更的手段，几乎贯穿于整个 IT 项目生命周期中。成功的配置管理可提高 IT 项目产品的质量和开发效率，并能最大限度地减少对个别“英雄”式人员的依赖。

1．IT 项目配置管理的定义与目标

IT 项目配置管理是在 IT 项目生命周期中标志和定义 IT 项目产品配置项的过程，该过程通过控制配置项及其后续的变更，记录并报告配置项的状态以及变更要求，证明配置项的完整性和正确性。IT 项目配置管理的实质是标识、存储和控制 IT 项目产品，以维护其完整性、可追溯性以及正确性；其目标是标志变更（已标志的软件工作产品的变更是受控制的）、确保变更正确实现以及向受影响的组织和个人报告变更。

2. IT 项目配置管理的作用

IT 项目配置管理以改进整个软件过程的为目标，可为软件项目管理和软件工程的其他领域打好基础，有助于稳步推进整个 IT 企业的能力成熟度。做好 IT 项目配置管理是迈向软件开发规范化管理的第一步。

版本控制是 IT 项目配置管理的核心思想之一，是对软件开发过程中程序代码、配置文件及说明文档等文件变更的管理，其主要功能是追踪文件变更（任何一个文件的改变，都会导致文件的版本号增加），从而保证可在任何时刻恢复任何一个配置项的任何一个版本。它的另一个重要功能是并行开发，版本控制可有效地解决版本同步以及不同开发者之间的开发通信问题，提高协同开发效率。此外，配置管理使得整个 IT 项目的演进过程处于可视状态，开发人员、测试人员、项目管理人员、质量保证小组及客户均可方便地运用软件配置管理中的各种记录数据。

合理实施 IT 项目配置管理，使开发团队工作在有助于提高整体工作效率的配置管理平台上，软件产品质量会得到提高。对于开发人员多、程序量大、系统复杂的大型软件开发项目，配置管理至关重要。

3. IT 项目配置管理的组织

实施 IT 项目配置管理时，必须有相关组织机构和规章制度以保证配置活动的完全执行。组织机构一般由相应的管理层和职能层共同组成，包括项目经理、软件配置管理委员会、软件配置小组和开发人员。其中，项目经理负责整个 IT 项目的研发活动，其根据软件配置委员会的建议，批准配置管理的各项活动并控制它们的进程；软件配置管理委员会，主要是管理软件基线，承担变更控制的所有责任；软件配置小组，主要负责协调和实施 IT 项目；开发人员，主要负责开发任务。

4. IT 项目配置管理的过程

IT 项目配置管理过程围绕配置管理计划、配置项标识、配置项控制、状态状况报告和配置项审核 5 项活动展开。其中，配置管理计划指的是配置管理者确定软件配置管理的解决方案，涉及面很广，可影响到软件开发环境、软件过程模型、配置管理系统的使用者、软件产品的质量和用户的组织机构。

（1）配置管理计划的关键任务是确定要控制的文档，确定文档命名约定，确定项目计划书、需求定义、设计报告、测试报告等正式文档的关系，确定负责验证正式文档的人员，确定负责提交配置管理计划的人员，最后，还需要根据已文档化的规程为每个 IT 项目制定软件配置计划。

（2）配置项标识与跟踪用于将 IT 项目中需要进行控制的部分拆分成配置项，建立相互之间的阶段和版本，进行系统的跟踪和版本控制。其内容包括：建立配置管理库以存放软件基线；标识置于配置管理下的软件工作产品；根据文档化的规程，提出、记录、批准和跟踪所有配置项/配置单元的更改要求和问题报告；根据文档化的规程记录配置项/配置单元的状态，该规程一般规定：详细地记录配置管理活动，让每个成员都知道每个配置项/配置单元的内容和状态，并且能够恢复以前的版本；保存每个配置项/配置单元的历史，并维护其当前状态。

（3）配置管理环境建立。配置管理环境是用于更好地进行软件配置管理的系统环境，包括建立配置管理的软件环境和硬件环境，建立存储库的操作说明和权限。其中，配置库的建立非常重要，它是整个软件产品生存期中建立和维护软件产品完整性的主要手段。

（4）基线变更管理。变更管理又称配置控制，其需经过配置管理委员会授权，并需要一个包括变更请求、变更评估、变更批准或驳回、已批准后的变更实现的严格流程，从而确保只有被批准的变更才能予以实现，并放入相应的基线中。所有被批准的变更均应实现。

（5）配置状态统计，用于检查配置管理系统及其内容，检测配置项的变更历史并输出一个报告。

5. IT 项目配置管理的工具

目前，IT 项目配置管理工具可分为 3 个级别：第一级是版本控制工具，属于入门级；第二级是项目级配置管理工具，适合中小型 IT 项目，其在版本管理基础上增加了变更控制和状态统计功能；第三级是企业级配置管理工具，在实现传统配置管理的基础上增加了过程管理功能。建立 IT 项目配置管理实施方案时，需要根据管理需要选择合适的配置工具，从而构建量身订做的配置管理平台[9]。

1.6.6 IT 项目测试管理

IT 项目测试管理，是指在 IT 项目投入运行前，对需求分析、设计规格说明和编码进行的最终复审活动，是 IT 项目开发的重要环节，是质量保证的关键。其目的是确认软件的质量、提供信息和保证整个软件开发过程的高质量。

1. IT 项目测试原则

IT 项目测试应遵循尽早和连续、测试人员与程序员，程序设计机构相互独立、事先计划、极端（各种情形都考虑到）、重复测试、使用软件错误数据库和文档完整 7 个原则。

2. IT 项目测试策略

IT 项目测试策略定义了测试阶段以及每个阶段内进行的测试类，主要包括拟采用的测试技术与工具、测试完成标准以及测试影响资源分配的特殊考虑。在 IT 项目管理中，一般将系统构建过程看作一个螺旋结构，如图 1-20 所示。IT 项目开发通常是沿着螺旋线从外往里推进，依次为 IT 项目、需求分析、系统设计和编码。每前进一圈，项目软件就变得更具体、更具有操作性一些；而 IT 项目测试则是沿着螺旋线从里往外进行，依次为单元测试、集成测试、确认测试（根据软件需求的结果对已经完成的系统进行验证）和系统测试（把软件和其他的系统元素集成在一起测试），每前进一圈，项目测试的范围就扩大一些。

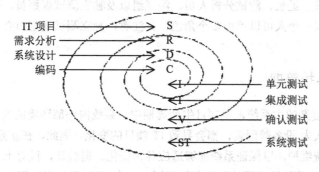

图 1-20 IT 项目测试策略

3. IT 项目测试过程

IT 项目测试过程包括拟定测试计划、制定测试大纲、设计和生成测试用例、实施测试和生成测试报告 5 个步骤。

4. IT 项目测试结构

IT 项目测试结构由测试阶段、测试方法和测试类型构成，如图 1-21 所示。其中，测试阶段分为单元测试、集成测试、确认测试和验收测试；测试方法分为白盒测试、黑盒测试等；测试类型分为功能测试、性能测试、算法测试、正向测试、逆向测试、边界测试、配置测试和负载测试等。

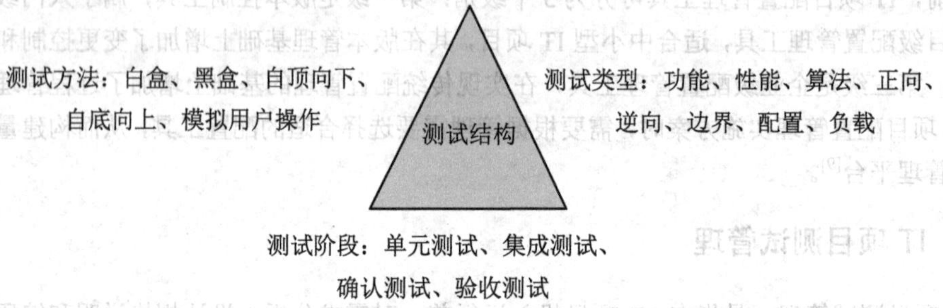

图 1-21　IT 项目测试结构

5. IT 项目测试工具

随着软件测试地位的逐步提高，测试重要性逐步显现，测试工具的应用已经成为了普遍的趋势。IT 项目测试工具分为白盒测试工具（针对代码进行测试，测试中发现的缺陷可定位到代码级）、黑盒测试工具（利用脚本的录制/回放，模拟用户操作，并将被测系统输出与预先给定标准结果进行比较）、测试管理工具（主要对测试计划、测试用例、测试实施进行管理，同时还可跟踪管理系统缺陷）和测试辅助工具（本身不执行测试，但可生成测试数据，为测试提供数据准备）。

选择 IT 项目测试工具时，需要考虑功能、价格、引入工具的一致性和延续性等问题。

6. IT 项目测试组织

IT 项目测试过程必须同公司中的现有部门和小组结合，并需要专门参与到测试过程中的人员。建立测试组织的指导思想是：存在一系列对所有测试的任务都通用的活动，必须通过有效和高效的组织来保证这些任务按时间、按预算完成，并达到可接受的质量级别。测试过程中，通常需要有测试主管、组长、测试分析人员、测试组以及独立测试观察员，有时还可能包括许多附加的测试角色（一个人可以承担多个角色）。注意，独立测试观察员必须与测试项目及其过程完全独立[9]。

1.6.7　IT 项目维护管理

IT 项目是一个复杂的大系统，在项目生命周期中，系统内外部环境的变化、测试中没有发现的错误以及各种人为/设备等因素，都会导致 IT 项目的变化。因此，在新系统交付使用前后，需要不断地进行系统维护，以保证系统能够适应各种变化。据统计，世界上 90%的软件人员是在维护现有 IT 系统，软件维护活动所花费的费用占整个 IT 项目生存周期工作量的 70%以上。

1. IT项目维护的类型

IT项目维护，是指为应付项目环境和其他因素变化，保证系统正常工作而采取的一切活动，包括系统功能改进和解决系统运行期间发生的一切问题和错误。一般而言，IT项目维护主要包括改正性维护、适应性维护、完善性维护和预防性维护4种。其中，改正性维护是对用户使用期间，特定使用条件下发现的测试阶段未检查出来的错误或程序缺陷所进行的维护；适应性维护是对因技术发展、应用系统软硬件环境等发生变化所导致的软件维护；完善性维护是根据用户使用过程中提出的建设性意见而进行的维护活动；预防性维护是为进一步改善软件系统的可维护性和可靠性或为给未来改进奠定基础而进行的软件维护。据统计，整个维护工作量中，完善性维护占50%，改正性维护占21%，适应性维护25%，其他占4%。

2. IT项目维护的影响因素

IT项目维护既消耗资源又花费精力，看得见的代价是为维护投入的人力与物力，看不见的代价则是无法估量的。其影响因素分为技术性因素和非技术性因素。其中，技术性因素包括软件对运行环境的依赖、编程语言、编程风格、测试与改错的工作以及文档质量；非技术性因素包括应用领域复杂度、开发人员稳定性、软件生命周期以及商业操作模式的变化频率。

3. IT项目维护的流程

一般的IT项目维护，通常由非专业人士负责，无需建立正式的维护机构。其维护流程为：首先由申请人员填写维护申请表；然后由软件开发机构根据维护申请表写出软件修改报告并提交修改控制部门批准；之后制定详细的维护计划，并由相关人员进行维护。在具体维护时，首先需要确定维修工作类型并进行针对性维护；然后完成修改软件需求说明、软件设计、设计评审、代码修改、单元测试、集成测试、确认测试和评审等维护技术工作；最后在每次完成维护任务提交用户之前，还需进行充分地确认和测试，以保证修改后程序的正确性[9]。

1.6.8 IT项目采购管理

实施IT项目除需要具备相应的人力资源外，还应具备相应的设备、工具、产品、服务和其他资源；否则，再好的项目经理也不可能按要求完成项目任务。在市场经济条件下，这些产品和服务可通过采购来获取。IT项目采购，是指从执行组织以外的渠道通过采购取得项目所需产品或服务的过程。

1. IT项目采购类型

IT项目采购分为单纯IT咨询服务，现成IT产品提供和维护，信息系统设计、提供和安装，复杂系统工程或系统集成4种类型，其对比分析如表1-7所示。

表1-7 IT项目采购类型对比分析[37]

采购目标	单纯IT咨询服务	现成IT产品提供和维护	信息系统设计、提供和安装	复杂系统工程或系统集成
设计风险	业主	业主	承包商	承包商、业主
项目实施风险	业主	承包商	承包商	承包商、业主
项目成功关键因素	业主需求明确程度，咨询者专业知识和经验	技术规范质量，承包商交货能力	业主需求质量，承包商设计质量、专业能力、项目过程管理能力	业主需求质量，承包商专业能力，合同双方沟通，业主方项目与合同管理能力

续表

采购目标	单纯IT咨询服务	现成IT产品提供和维护	信息系统设计、提供和安装	复杂系统工程或系统集成
投标者资质标准	以往经验和信誉	财务能力、供应能力、以往经验	以往经验、财务和项目运作能力	以往经验和信誉
评标标准的优先顺序	业绩记录、信誉、投标建议书的质量、费用	费用、其他非价格因素	费用、业绩记录、投标建议书的质量	业绩记录、信誉、投标建议书质量、费用
支付基础	实施期内承包商的投入，其他杂项费用	产品接收和运行，实施期内承包商的投入	项目完成里程碑，实施期内承包商的投入	项目完成里程碑，实施期内承包商的投入，其他杂项费用

2. IT项目采购方式

IT项目采购主要有公开竞争性招标、有限竞争性招标、竞争性谈判采购、询价采购和直接签订合同5种方式。公开竞争性招标，通常由招标单位通过报刊、广播等媒体发布招标广告，凡对招标项目感兴趣又符合投标条件的法人，都可在规定时间内向招标单位提交意向书，由招标单位审查资格，核准后购买招标文件进行投标；有限竞争性招标，通常由招标单位根据自己积累的资料，或由权威咨询机构提供的信息，选择一些合格单位发出邀请，应邀请单位（3家以上）在规定时间内向招标单位提交投标意向，购买投标文件进行投标；竞争性谈判采购是采购方直接邀请3家以上的供应商就采购事宜进行谈判，最后确定供应商；询价采购是比较供应商（至少3家）所提供的报价来确定采购供应商，适用于项目采购时即可直接取得的现货采购，或价值较小，属于标准规格的产品采购；直接签订合同在特定的采购环境下，不进行竞争而直接签订合同的采购，主要适用于不能或不便进行竞争性招标、竞争性招标优势性不存在的情况。

3. IT项目采购过程

IT项目采购过程分为询价、供方选择、合同管理、成本分析和安全保密5个步骤。询价是从可能的卖方处获得谁有资格完成工作的信息，通过询价可获得供应商的投标建议书；供方选择是根据既定评价标准选择承包商；合同管理用于确保买卖双方履行合同要求；成本分析用于确保项目生命周期内整体采购成本最低；安全保密可解决采购过程中的信息保密问题[38]。

1.6.9 IT项目风险跟踪

IT项目风险跟踪用于获取、编辑和汇报项目的风险状态信息，核对IT项目风险管理策略和措施的实际效果是否与预见结果相同，获取反馈信息以改善和细化IT项目的风险规避计划。

1. IT项目风险跟踪的依据

IT项目风险跟踪的依据包括风险设想、风险阈值和风险状态。风险设想用于描述IT项目风险的征兆，风险阈值用于定义IT项目风险发生的端倪，风险状态用于动态记录IT项目风险的详细信息。

2. IT项目风险跟踪的过程

IT项目风险跟踪过程包括监控风险设想、应用触发器对比项目状态与风险阈值和利用触发器通知风险信息（如启动、终止或者延缓风险应对计划）。

3. IT 项目风险跟踪的成果

IT 项目风险跟踪成果包括风险度量报告和触发器。其中，风险度量报告提供表示项目风险级别的主客观数据；触发器是启动、解除或延缓风险反应计划活动的装置。

4. IT 项目风险度量报告

IT 项目风险度量报告包括风险数量、类别、影响、后果、阈值、指标和投资回报等内容[9]。

1.7 IT 项目控制管理

由于环境变化、认识偏差、能力不足和实施过程中多种因素的干扰，IT 项目实施过程中常出现实际状况与计划相偏离的情况。为此，项目管理者必须根据项目跟踪提供的信息，对比原计划找出偏差，分析原因，研究解决对策，对 IT 项目进行控制管理，保证 IT 项目按照预先设定的计划轨道行驶，具体主要围绕 IT 项目的范围、进度、质量和成本 4 大关键要素进行控制。项目管理者既要确定偏差的可接受范围，又必须时刻注意超过偏差范围的特殊问题。

1.7.1 IT 项目范围变更控制

IT 项目常出现范围蔓延，所谓项目范围蔓延，是指项目范围在人们不注意的情况下逐步微量增加（尤其在时间跨度较长的项目中），最终导致项目进度无法控制、预算严重超支、回款延期、所交付产品模糊不清等问题；同时导致项目团队对项目失去方向、项目迟迟不能验收、项目成果不能得以验收并付诸使用，使买卖双方两败俱伤。

1. IT 项目范围变更的原因

IT 项目范围变更可能来自方案服务商、客户或者产品供应商、项目组织内部。导致 IT 项目范围变更的原因主要来自 6 个方面。第一，IT 项目范围不明确。由于客户需求不明确、项目组对业务不熟悉、需求分析员对用户需求理解不明确等原因，IT 项目初期确定的项目范围通常不明确，以此为基础细化的项目范围在项目实施过程中经常需要变动。第二，IT 项目实施时间过长。IT 项目复杂性导致实施时间过长，在此期间，客户产生的新想法和需求加剧了范围变更的可能性。第三，用户业务需求发生了改变。客户根据业务或环境的变化提出需求变更。第四，项目组织本身发生了变化。项目实施过程中的组织机构或人员变化会导致项目范围变更。第五，项目外部环境发生了变化，如政策变动、IT 技术更新等。第六，系统升级。开发方自身的版本升级、性能改进、设计调整等原因会产生项目范围变更。

2. IT 项目范围变更管理的实施原则

首先，建立需求范围基线，用于确定是否容许需求变更（注意，需求范围基线本身也是不断变化的，需要不断更新）；其次，制定简单有效的变更控制流程，并形成文档（所有变更必须遵循该控制流程）；第三，成立项目变更控制委员会，主要负责决定接受哪些变更；第四，需求变更一定要先申请再评估；第五，需求变更所影响的软件计划、产品、活动都要进行相应变更；最后，保存变更所产生的一切文档。

3. IT 项目范围变更的控制流程

IT 项目范围变更的控制流程为：首先，向变更控制委员会提交范围变更申请，由变更控制委员会进行范围变更评估并确定是否批准变更申请，如果批准，则实施范围变更并确定是否调整需求基线，同时维护需求变更记录和文档；然后，进行范围变更验证，如果未通过，则取消范围变更，反之则范围变更实施结束。

4. IT 项目范围变更的控制

IT 项目范围变更控制贯穿 IT 项目生命周期并影响着项目的最终结果。为将范围变更的影响降至最低，需要采用综合变更控制法。为保证项目变更的规范和有效实施，常采取以下措施。

（1）预防项目启动阶段的需求范围变更

IT 项目范围变更不可避免，只能从项目启动阶段就积极应对。首先，做好项目需求分析；其次，让用户在其认可的需求文档上签字。这样，后期客户提出的变更一旦超出了合同范围，就需另外收费，以免客户经常变更项目范围。

（2）项目实施阶段的需求范围变更

项目实施阶段的变更控制需要分析变更请求，评估变更可能带来的风险和修改基准文件。注意，项目范围变更与项目成本紧密挂钩，范围一变，投入也必须变更；范围变更必须要得到出资方认可；范围变更必须遵守范围变更流程；开发尽量采用多次迭代方式，即让客户参与产品的开发和设计，并从中吸取客户提出的合理建议，争取在项目前期有效减少后期可能出现的变更情况。

（3）项目收尾阶段的总结

项目经理应学会从失败教训中获取成功经验。范围变更的结果之一就是总结教训。项目总结应作为现有/将来项目改进的重要内容，是对项目合同、设计方案内容与目标的确认和验证，包括对项目事先识别和未预料到而发生的变更等风险的应对措施的分析和总结，也包括对项目中发生的变更和问题的分析统计的总结[9,28]。

1.7.2 IT 项目进度控制

IT 项目进度控制和跟踪旨在增强项目进度透明度，以便当项目进展与项目计划出现严重偏差时可采取适当纠正或预防措施，其基础和前提是高效的 IT 项目进度计划和项目进度信息的准确获取。

1. 影响 IT 项目进度的因素

影响 IT 项目进度的常见因素包括：错估了 IT 项目的实现条件，如低估了技术难度、低估了多项目团队参加项目时工作协调的复杂度及难度、低估了环境因素等；IT 项目参与者失误；发生了不可预见的事件。如计划采购的设备没有货、关键人员离职等；项目状态信息收集不足；执行计划不够严格；计划变更调整不及时。

2. IT 项目进度控制的内容

IT 项目经理通过对比项目进度计划和项目实际进度来识别是否存在进度偏差。若存在，则分析偏差产生的原因及其对项目总体的影响程度，并确定其是否可接受。如果可接受，则调整项目进度计划；否则，就需制定具体措施将偏差纠正到可接受的范围之内，并将纠正措施合并到项目总体计划中，一起进行跟踪管理。

（1）识别偏差。通常通过检查项目关键路径、近关键路径和非关键路径上的任务是否存在偏差来识别偏差。

（2）分析偏差原因。项目经理与存在进度偏差的任务负责人一起采用鱼骨图法分析偏差产生的原因。IT 项目进度延误通常来自于项目团队内部、项目执行组织、客户和外部。

（3）确定对既发偏差的态度。若接受，则调整项目进度计划；否则，就需及时制定纠正措施。

（4）关注进度正偏差。当项目团队提高工作效率、改进技术时，进度会出现正偏差，表明项目进度超前，这时应该提出表扬，并推广其经验。

（5）调整项目进度计划。项目进度计划调整后需要重新确定关键路径[9,28]。

1.7.3 IT 项目成本控制

1. IT 项目成本控制的依据

IT 项目成本控制的依据包括项目成本的基准计划、绩效报告、变更请求和管理计划。

2. IT 项目成本控制的内容

IT 项目成本控制包括成本计划（主要是按照设计、计划方案预算项目成本，并提出报告）、成本监督（审核各项费用，确定是否进行项目款的支付，监督已支付项目是否完成，并作实际成本报告）、成本跟踪（做详细的成本分析报告，并向各方面提供不同要求和不同详细程度的报告，确保实际需要的项目变动都能够有据可查）和成本诊断（包括成本超支量及原因分析，剩余工作所需成本预算和项目成本趋势分析）4 个方面的内容。

有效控制 IT 项目成本的关键是经常及时分析 IT 项目成本管理的实际绩效，至关重要的是尽早发现项目成本出现的偏差和问题，以便在情况变坏之前及时采取纠正措施。

3. IT 项目成本控制的方法

IT 项目成本控制的方法主要有分析表法和挣值分析法，此外还包括成本累计曲线。分析表法是利用表格来调查、分析和研究 IT 项目实施成本，通过检查与分析 IT 项目成本控制点来控制成本，包括月成本分析表、成本日报或周报、月成本计算及最终预测报告。挣值分析法综合控制项目进度和成本，涉及计划任务的预算成本、已完成任务的实际成本、已完成任务的预算成本和比较基准成本 4 个关键参数，成本业绩指数、进度业绩指数、未完成的业绩指数和估计完成成本 4 个业绩指数，以及成本差异、进度差异和完成差异 3 个差异，相关内容可参见本书 10.3 节。

4. IT 项目成本控制的实施

IT 项目成本控制的实施方法包括预防超支、控制现金流量和超支后处理 3 个方面。预防超支指采取各种方式降低项目任务成本，同时保证项目任务完成质量，常用方法包括采用符合规范而成本低的高性价比资源，安排经验丰富的专家到某一活动中当顾问等。控制现金流量指确保及时收到客户费用款项以支付项目进行中的各种费用开支，并严格记录好项目消耗的成本资金。控制现金流量的关键是保证现金的流入速度比流出更快，否则得不到足够现金来支付各种费用。超支后处理指当项目任务成本出现超支时的应对措施，重点关注近期就要进行的活动和具有较大估计成本的活动，并尽快采取措施降低其成本，前者收效快，后者可行性强[9,28]。

1.7.4 IT 项目质量控制

IT 项目质量控制基于 IT 项目绩效数据，依据 IT 项目质量管理计划及实施说明、检查表、项目成果等持续进行项目改善，以交付给客户满意的IT产品和服务，分为事前控制、事中控制和事后控制。其首要目标是在不出问题的情况下完成IT项目，其次要目标是尽可能地及早发现问题。

1. IT项目质量问题原因

IT项目质量问题主要表现在违背IT项目规律、对客户需求了解不够、技术方案本身存在缺陷、基础部件不合理以及实施管理有问题，产生的原因无外乎人、资源、方法3方面。人因素指的是项目成员的技术水平、工作态度、情绪和协调沟通能力等；资源因素指的是资源质量的好坏和能否按计划及时到位；方法因素指的是实施方法是否对头。

2. IT项目质量控制的内容

IT项目质量控制包括标志（将监视和测试识别的质量不合格项进行标志，防止错误蔓延）、记录（记录项目实施中严重偏离预期质量目标的不合格项并交由专家组评审）、评价（评价不合格项的性质及严重程度）、处置（依据评价结果对发现的质量问题做出处理决定）和通知（通知相关部门严加控制造成不合格项的部门，让处理和使用部门跟踪不合格项）等内容。

3. IT项目质量控制的方法

IT项目质量控制方法包括核检清单法、质量检验法、控制图法、帕累托图法、统计样本法、流程图法和趋势分析法。质量检验法指用于保证工作结果与质量要求相一致的测量、检验和测试等；控制图法以统计质量管理方法为基础，利用有效数据建立控制界限，当项目实施出现异常时，项目状态数据将会超出控制界限；帕累托图法又称排列图法，其将有关质量问题的要素进行分类，找出“重要的少数”（A类）和“次要的多数”（C类），并对这些要素采取ABC分类管理；统计样本法选择一定数量的样本进行检验，从而推断总体的质量情况并进行质量控制；流程图法用于分析项目质量问题所处项目流程的环节、产生原因、发展与形成过程；趋势分析法使用各种预测分析技术来预测项目质量的未来发展趋势和结果[28,39]。

4. IT项目质量控制的实施

IT项目的质量计划确定以后，各责任单位就必须按照质量管理体系实施有效的质量控制。具体分为检测和控制两个阶段，其中，监测用于收集、记录和汇报IT项目质量数据信息，控制用于确保IT项目质量与计划保持一致。

IT项目质量控制应以上层管理者为牵头人，离开其支持，质量控制人员的工作将寸步难行；同时，应建立IT企业质量管理体系，这是IT企业走向成熟的标志，其建立过程也是企业逐步建立自觉的质量意识、形成企业文化的过程。目前，进行IT项目质量控制主要参照的是ISO9001：2000标准体系和CMM标准体系。其中，ISO9001：2000把ISO9001-3合并为一个，并结合了CMM的一些精髓，其通过对IT产品从市场调查、需求分析、编码、测试等开发工作，直至作为商品软件销售，以及安装与维护的整个过程进行控制，保障IT产品的质量。CMM模型描述和分析了软件过程能力的发展过程，确立了一个软件过程成熟度的分级标准。

1.7.5 IT项目风险控制

IT项目的风险和普通项目的风险有一定差异，如表1-8所示。因此，有必要在IT项目中引入风险控制，以尽早识别潜在的风险问题，减小风险事件发生的可能性，或把可能的损失控制在一定的范围内，以增加IT项目的成功机会。

表 1-8 IT 项目与普通项目的风险比较

比较方面	风险差别
目的	IT 项目目的通常不像普通项目那样有比较清楚的定义，其可能在项目开始时还没有完全定义好
范围	IT 项目有时缺少清晰的界限，范围蔓延和扩大经常发生
并行工作	尽管正在创建或安装新的系统，但工作仍可在原有系统上继续开展，使得需求不断变化
衔接项目	IT 项目面临着更复杂的衔接问题
技术依赖性	IT 项目经常试图使用新技术或者没有或仅有有限经验的技术，增加了项目的风险
管理层的期望	高层经理经常受到新技术的承诺影响，进而影响 IT 项目
累计影响	最近的项目有赖于许多以前和一些当前正在进行的项目的结果，即累计依赖性
了解技术	IT 项目往往需要整合多种技术，需要深刻和透彻地了解技术
技术差距	最新技术和较早技术之间的差距会影响 IT 项目

1. IT 项目风险控制的依据

IT 项目风险控制依据包括风险管理计划、实际发生的风险事件和随时进行的风险识别结果。

2. IT 项目风险控制的内容

IT 项目风险控制的内容主要包括持续识别和度量 IT 项目风险、监控 IT 项目的潜在风险发展、追踪 IT 项目风险的发生征兆、采取各种 IT 项目风险防范措施、应对处理发生的风险事件、消除和降低项目风险事件的后果以及实施项目风险控制计划等。

3. IT 项目风险控制的方法

常见的 IT 项目风险控制方法包括 PMBOK、MSF、SEI 和 Riskit 等方法。PMBOK 项目风险管理方法，从输入、工具和方法、输出 3 个方面详细论述项目风险管理的主要过程，为通用软件项目的风险管理提供可行的系统框架，并总结了适用的工具和方法，及如何与其他知识领域整合以实现项目风险管理目标。MSF 风险管理方法，是在微软 25 年的软件开发经验上总结出来的 IT 项目风险管理规范，后更强调项目人员管理和过程管理；SEI 软件开发项目风险管理方法，适用于以软件开发为主的项目，其特点是风险管理规范和以风险分类为基础的调查表。Riskit 方法适合于对软件工程进行风险管理，其主要特征是在充分的理论基础上，在对风险进行可能的量化之前集中对风险进行定性理解，流程如图 1-22 所示。

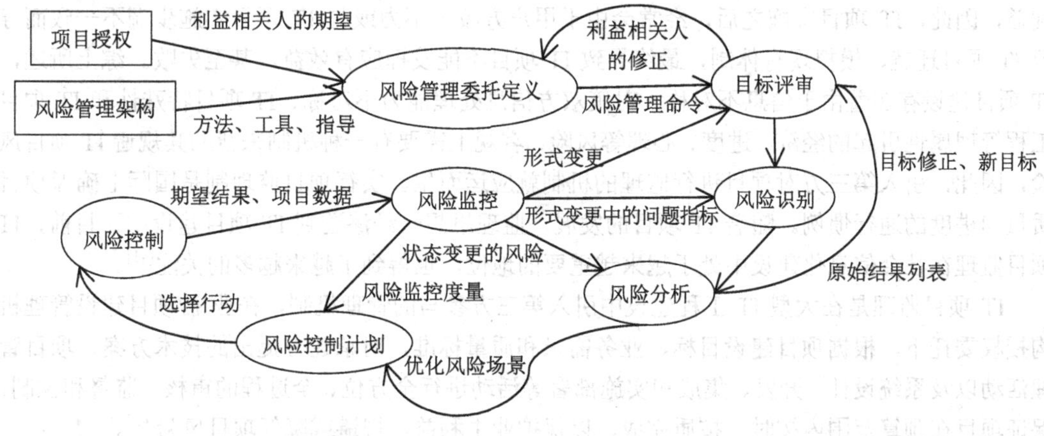

图 1-22 Riskit 方法

4. IT 项目风险控制的实施

IT 项目风险控制分为建立 IT 项目风险控制体系、IT 项目风险控制规划、IT 项目风险控制执行和 IT 项目风险控制报告 4 部分。建立 IT 项目风险控制体系，主要是制定 IT 项目风险控制应遵循的方针政策、程序和体制等，如责任制度、信息报告等；IT 项目风险控制规划，主要包括 IT 项目风险形势评估、风险识别、风险分析与评价等；IT 项目风险控制实施，用于消除 IT 项目的潜在威胁，包括风险监视和规避；IT 项目风险控制报告，用于整理、汇总与分析 IT 项目风险管理的计划、行动与结果。

IT 项目风险规避方法包括预防风险、回避风险、转移风险、接受风险和控制损失 5 种方式，预防风险，是指通过对有关人员进行风险教育和项目培训使其具备风险意识，并按章办事。回避风险，是指投资主体有意识放弃风险，以完全避免特定风险，通常可通过修改项目目标、调整项目范围等来实现。转移风险，是指通过契约将让渡人的风险转移给受让人承担，其主要形式是合同和保险。接受风险，是指主动将风险事件的不利后果承担下来，包括无计划自留和有计划自我保险两种。其中，无计划自留，指风险损失发生后从收入中支付，即不在损失前做出资金安排；有计划自我保险，指在可能的损失发生前，通过做出各种资金安排以确保损失出现后能及时获得资金以补偿损失。控制损失，是指制定计划和采取措施以降低损失的可能性或者是减少实际支出[40]。

1.7.6 IT 项目监理

多数情况下，IT 项目建设的参与者分为用户方（由业务人员组成）和开发方（由系统开发人员组成）两类，双方存在合同关系，属于委托代理关系。IT 项目实施过程中，由于用户方了解 IT 技术的人才有限，再加上 IT 技术更新换代快，因此，用户方与开发方之间的信息（包括 IT 产品与技术、用户方业务）经常存在着严重不对称，即开发方不熟悉业务，用户方不了解 IT 技术，这样双方签订的合同就经常存在着理解上的偏差，使得开发方的方案和产品偏离用户方的真实需求，给 IT 项目的后期实施带来诸多麻烦，扯皮时有发生。其次，由于信息化热潮的影响，大量公司涌进 IT 项目建设市场，其中难免有鱼目混珠一类的，他们通常在报价时拼命压低价格以赢得标书，但在实际建设中却以各种手段欺骗用户，使用户蒙受巨大的损失。此外，IT 项目建设是一项管理工程，作为新的生产力代表，必然要求有新的生产关系（例如，要求用户方积极调整管理体制、运作机制和业务流程）与其相适应，这必然会触及到某些部门或个人的利益，因此，IT 项目实施之后，经常会由于用户方改革不力或与 IT 项目实施步调不一致而导致 IT 项目迁就、模拟现有体制，最终导致 IT 项目不能发挥应有效益，甚至失败。综上所述，IT 项目建设存在着由于信息不对称、对策双方信息处理能力不对称、IT 项目特殊性和 IT 项目工程管理属性引起的经济、进度、心理等风险，客观上需要有一种机制来帮助其规避 IT 项目风险，因此，引入第三方对项目进行监理的机制就应运而生。实行项目监理制是国际上确保项目质量和进度的通行惯例。随着 IT 项目的发展，监理思想已经渗透到 IT 项目建设中，目前，IT 项目监理在社会信息化建设中处于越来越重要的地位，也得到了越来越多的关注[41]。

IT 项目监理是在大型 IT 工程建设中引入第三方参与的管理机制，在业主/项目建设管理机构授权委托下，根据项目建设目标、业务需求和质量标准，对承建方提出的技术方案、项目管理活动以及系统设计、开发、集成和实施部署等活动进行全方位、全过程的审核、监督和控制，保证项目在预算范围内按时、按质完成，以保护业主利益，规避或降低项目风险[42]。

1．IT 项目监理的分类

依据 IT 项目自身的特点，IT 项目监理可分为硬件网络集成项目监理、软件产品实施项目监理和软件开发项目监理 3 类。硬件网络集成项目主要包括综合布线和网络系统集成，其监理评测标准非常明确且易于执行；软件产品实施项目主要是根据业主需求从软件厂商提供的候选软件产品中选择合适的软件产品，其监理主要涉及软件应用测评，目前尚无国家标准；软件开发项目基于硬件网络设施，由开发方根据用户需求开发出满足其需求的软件产品，其监理存在一定难度，目前主要是针对软件开发过程进行监理[28]。

2．IT 项目监理的模式

IT 项目监理分为咨询式监理、里程碑式监理及全程式监理 3 种模式。咨询式监理对用户在 IT 项目建设过程中提出的问题进行解答，性质类似于业务咨询或方案咨询，适合于对 IT 项目有较好的把握、技术力量较强的用户采用。里程碑式监理按照 IT 项目的开发规律，将 IT 项目建设划分为若干阶段，每个阶段设置一个里程碑，在里程碑到来时通知监理方进行审查或测试。全程式监理要求审查 IT 项目建设过程中的里程碑，并派相应人员定期跟踪、收集 IT 项目实施信息，不断评估开发方的开发质量和效率，适合于对 IT 项目的开发不太了解、技术力量偏弱的用户采用[41]。

3．IT 项目监理的主体

IT 项目监理的主体有咨询公司、监理有限公司、监理事务所、IT 工程设计所等，其组织形式为 IT 项目监理机构，具体由总监理工程师、总监理工程师代表、专业监理工程师和监理员组成。总监理工程师由监理单位法定代表人书面授权，全面负责委托监理合同的履行、主持项目监理机构工作；总监理工程师代表是经监理单位法定代表人同意，由总监理工程师书面授权并代表行使其部分职责和权力的监理工程师；专业监理工程师是根据项目监理岗位职责分工和总监理工程师指令，负责实施某一专业/方面的监理工作，具有相应监理文件签发权的监理工程师；监理员是经过监理业务培训，具有同类工程相关专业知识，从事具体监理工作的监理人员[43]。

4．IT 项目监理的内容

IT 项目监理内容可归纳为“五控两管一协调”，即监督和控制 IT 项目质量、进度、投资、信息安全和知识产权，管理项目合同和项目信息，协调开发方和用户方的工作。

（1）质量控制

质量控制是 IT 项目监理中最重要和最核心的环节，贯穿于 IT 项目建设的全过程，主要包括：组织设计方案评比，进行设计方案磋商及审核，控制设计变更；在实施前审查开发方资质；在实施中通过多种控制手段检查监督标准、规范的贯彻，对 IT 项目的系统集成、应用系统开发及培训过程进行全面质量控制以及通过验收把好质量关等。总之，质量控制应采取事前控制、事中监管和事后测评相结合的方法，IT 项目各个阶段都对 IT 项目建设项目质量起着重要作用，因此，监理工程师应当根据 IT 项目建设各阶段的特点，确定各个阶段的质量控制目标和任务，以便实施全过程控制。

（2）进度控制

进度控制包括：在建设前期通过周密分析确定合理的工期目标，在实施前将工期要求纳入承包合同；在建设实施期通过运筹学、网络计划技术等科学手段，审查、修改实施组织设计和进度计划，做好协调与监督，排除干扰，使单项工程及其分阶段目标工期逐步实现，最终保证

IT 项目建设总工期的实现。影响实施进度按计划实现的因素很多，如管理人员、劳务人员素质和能力低下，数量不足；设备不能按时、按质、按量供应；资金缺乏，不能按时到位；技术水平低，不能熟练掌握和运用新技术、新方法等。在 IT 项目建设中，必须采取措施减少或避免这些因素的影响，才能实现有效的进度控制。

（3）投资控制

投资控制包括：在建设前期进行可行性研究，协助用户进行投资决策；在设计阶段审查设计方案、标准及项目、总预算；在建设准备阶段协助确定标底和合同造价；在实施阶段审核设计变更，核实已完成的工程量，进行项目进度款的签证和索赔控制；在验收阶段审核项目结算等。IT 项目监理过程中，投资控制、质量控制和进度控制要同时进行。

（4）信息安全控制

信息安全控制包括：确保安全需求真实、准确地反映用户需求；降低 IT 项目安全风险；确认安全方案符合有关国家标准和规定，并在其中进行优选；审核安全工程开发方资格；监督、管理 IT 项目开发方；控制 IT 项目进度、预算和质量；组织和审核 IT 项目安全的整体测试工作，组织 IT 项目的安全验收工作。

（5）知识产权控制

知识产权控制主要是对项目文档、外购软件和待开发软件的知识产权保护控制。其中，项目文档包括需求信息、设计方案和技术文档等。

（6）合同管理

合同管理是进行投资控制、进度控制和质量控制的手段。合同是监理单位站在公正立场上采取各种控制、协调与监督措施，履行纠纷调解职责的依据，是实施三大控制目标的出发点和归宿。

（7）信息管理

信息管理，是指应妥善管理监理过程中监理方出具的文档资料和开发方、用户方提交给监理方的文档资料。它要求开发方和用户方妥善保管与 IT 项目建设相关的文档资料，并要求监理方、开发方、用户方共同对 IT 项目中其他方的重要信息保密，尊重其他方的知识产权等。

（8）组织协调

组织协调贯穿于 IT 项目管理的全过程，它采取诸如例会、专题会议、里程碑会议、文件传送等制度建立开发方、用户方和监理方的三方沟通机制，从而协调 IT 项目建设过程中发生的变更、争议和索赔等问题[44]。

1.8 IT 项目收尾管理

项目收尾是指将项目/项目阶段可交付成果交付或者取消项目的过程。该阶段工作比较琐碎且耗时，但对项目结束却非常重要。项目收尾过程包括结束项目所有活动，移交已完成或取消的项目，建立用于协调核实项目可交付成果各项活动并形成文件的程序，以便验收项目可交付成果。项目收尾过程完成以后，表明项目或项目阶段已经完成，项目团队及项目利益相关者可终止其承担的项目责任和义务，并从项目中获取相应权益。

项目收尾通常是依据项目管理计划、合同文件、企业环境因素（对项目有影响的环境或制度因素）、组织过程资产（影响项目成果的组织资产）、工作绩效信息和可交付成果，采用项目管理方法、项目管理系统、专家判断等方法对项目进行收尾管理，最终形成项目收尾程序、最终产品/服务/成果和组织过程资产（如正式验收文件、项目档案、项目收尾文件、历史信息等）。

项目收尾包括合同收尾和管理收尾。合同收尾即项目验收，指开发方与用户方逐项核查项目合同，以确定完成了合同所有要求并可结束项目。合同收尾往往是项目经理最头痛的事情。理想情况下，客户对 IT 产品满意，公司顺利收到项目资金，造就“双赢”的局面；但现实情况中，由于 IP 项目先天具有不确定性，因此，合同收尾的难度往往比较大。管理收尾涉及为使项目干系人对项目产品的验收正式化而进行的项目成果验证和归档，包括收集项目记录、确保产品满足用户需求、归档项目信息和项目审计[45]。管理收尾对于提高 IT 项目的成功率有着重大意义。

项目收尾管理过程包括项目文档整理和结束项目。项目文档整理主要是分析、整理和归档项目信息及资料，为项目移交做准备，并保证后续项目审计和后评价能够顺利进行。具体工作包括甄别未完成的工作，核对所有任务和活动的相关记录是否准确、齐备，确认项目收尾相关资料是否完整，检查项目管理计划是否实际完成。结束项目主要包括制定项目结束计划、确定结束项目的责任人以及进行项目成果的交流和评价。通常情况下，成功的项目由项目经理结束，未全部完成或失败的项目则由项目经理之外的人结束。结束项目包括与客户进行移交验收、停止资源消耗并安排新用途，重新安排项目成员工作，检查所有欠款是否支付完毕，评价项目团队整体、项目成员个人或项目经理等[9]。

1.8.1 IT 项目验收

项目验收，是指项目结束或项目阶段结束时，为证明项目完成并实现交接而进行的一系列手续和过程。在项目验收的同时，要总结经验教训，为后续项目做准备，并将验收结果记录在案，形成文件。

1. 项目验收的意义

项目验收标志着项目/阶段的结束。没有项目验收，用户就不能正式使用项目最终交付成果，也就不能达到生产产品/提供服务的目的，以致不能获得预期收益。项目验收是保证合同任务完成和提高质量水平的最后关口。此外，通过项目验收，整理档案资料，可为项目最终交付成果的正常使用提供全面系统的技术文件和资料，并可为项目团队总结经验，为新项目做好准备或者提供借鉴。

2. 项目验收的依据

项目验收依据主要包括项目合同、行业标准、项目计划、项目需求说明书、项目行业开发文档、技术图样和国际惯例等。

3. 项目验收的范围

项目验收范围通常包括质量验收和文件验收。质量验收依据质量计划中的范围划分、指标要求和协议中的质量条款，遵循相关质量评定标准，对项目质量进行认可评定和办理验收移交手续。验收范围包括项目规划阶段和实施阶段的质量验收，前者主要检测设计文件的质量，后者主要是对项目质量产生的全过程进行监控。验收结果是项目质量验收评定报告和项目技术资料。文件验收是项目验收的前提，只有文件验收合格后，验收方才能开始进行项目验收工作。项目验收合格后，接收方应将项目成果及项目文件一同接收，并将其妥善保管，以备查阅和参考。项目文件验收的程序为：交验方依据合同条款进行文件自检，验收方进行文件验收，不合格的文件交由交验方进行修改和补充，最后由交接双方对项目文件验收报告进行确认和签证。项目文件验收的结果是项目文件档案和项目文件验收报告[9,28]。

4．项目验收收尾

项目验收完成后，如果验收成果符合项目目标规定的标准和相关合同条款及法律法规，参加验收的项目团队和项目接收方人员应在事先准备好的文件上签字，表示接收方已正式认可并验收全部或部分阶段性成果。验收委员会在进行正式全部验收工作后，有关负责人须在项目验收鉴定书中签署姓名和意见。

1.8.2 IT 项目移交与清算

IT 项目移交，是指当项目所有合同收尾后，项目移交方将全部可交付成果或服务交付给项目接收方的过程。项目能否顺利移交取决于项目是否顺利通过了验收。项目通过验收后，项目团队将项目成果所有权交给接收方，移交完毕后，项目接收方有责任管理整个项目，有权利使用项目成果。至此，项目团队与项目业主的项目合同关系基本结束，项目团队转入项目支持和服务阶段。在项目实体移交、文件移交和项目款项结清后，项目移交方和项目接收方将在项目移交报告上签字，形成项目移交报告[9,28]。

1.8.3 IT 项目审计

IT 项目移交与清算结束后，便进入 IT 项目审计阶段，即审计机构依据国家的法令、财务制度以及企业的经营方针、管理标准和规章制度，用科学的方法和程序对 IT 项目活动进行审核和检查，判断其是否合法、合理和有效，从中发现问题，纠正弊端，改进管理，并最终确认项目目标已经实现[46]。IT 项目审计是对 IT 项目管理工作的全面检查，包括 IT 项目文件记录、管理方法和程序、财产情况、预算和费用支出情况以及项目工作完成情况等内容。IT 项目审计分为内部审计和外部审计，一般由 IT 项目审计师接收委托/授权，以第三方的客观立场收集并评估证据[28]。

1．IT 项目审计的特性

IT 项目审计的特性是独立性、权威性和科学性。IT 项目审计独立于项目组织，不受项目管理人员的制约；它具有高度权威性，其依据是法规和标准；它运用各种科学方法，并遵循科学的审计实施过程。

2．IT 项目审计的职能

IT 项目审计的职能包括经济监督、经济评价、经济鉴定和支持。经济监督，是指监察和督促项目的全部/部分建设活动，以发现不合法经济活动；经济评价，是指通过审计和检查，评定项目的重大决策是否正确，项目计划是否科学、完备和可行，实施状况是否满足进度、工期和质量的目标要求，资源利用是否优化，以及控制系统是否健全、有效，机构运行是否合理等；经济鉴定，是指通过审查项目实施和管理的实际情况，确定相关资料是否符合实际，并在认真鉴定的基础上作出书面证明；支持，是指通过实施审计，提出改进项目组织、提高工作效率、改善管理方法的途径，帮助项目组织者在合乎法规的前提下更合理地利用现有资源，顺利实现 IT 项目目标[46]。

3. IT项目审计的内容

IT项目的审计内容包括项目质量、资金使用情况、项目合同审计等，具体分为规划与组织、交付与支持、获取与实施、监控与评估4个领域。规划与组织包括定义IT战略规划、制定信息体系结构、确定技术方向、定义组织及其关系、管理IT投资、确立通信管理目标和方向、管理人力资源、保证规划与外部需求协调一致、风险评估、项目管理和质量管理等内容；交付与支持包括定义服务层次并对其实施管理、管理好来自第三方的服务、管理服务性能、保证服务连续性、保证系统安全、明确划分成本、培训与教育用户、进行客户援助活动、配置管理、问题和突发事件管理、数据管理、设施管理和操作管理等内容；获取与实施包括确定自动化的解决方案、获取和维护应用软件、抓好基础体系结构建设、开发实施与维护、系统实施安装和授权和变更管理等内容；监控与评估包括处理流程监控、评价内部控制、获得独立性保证以及为独立审计提供必要条件[47]。

4. IT项目审计的程序

IT项目审计分为准备、实施、结果报告和收尾4步。项目审计准备主要包括明确审计目的、确定审计范围、建立审计小组、了解项目概况、熟悉项目有关资料和制定项目审计计划；项目审计实施是针对确定的审计范围实施审查，从中发现常规性错误和弊端，协同项目管理人员纠正错误和弊端；项目审计结果报告是对项目审计事项做出一个客观公正和准确的评价，并提出改进建议，同时将审计报告提交给相关部门；项目审计收尾是将审计过程中的全部文件（包括审计记录以及各种原始材料）进行整理归档，建立审计档案[9]。

1.9 IT项目后评价管理

项目后评价是在项目完成并运行一段时间后，对项目目的、执行过程、效益、作用和影响进行系统、客观的分析和总结的活动；通过检查总结项目活动实践，确定项目的预期目标是否可以达到，项目/规划是否合理有效，项目的主要效益指标是否能够实现，通过分析评价找出成败原因，总结经验教训，并通过及时有效的信息反馈，为未来的项目决策及提高、完善投资决策管理水平提供建议，为被评项目实施运营中出现的问题提供改进建议，最终达到提高投资效益的目的[48]。

1.9.1 IT项目后评价的特点

IT项目后评价的特点包括探索性、全面性、现实性、反馈性、合作性、公正性、可信性和实用性。探索性，是指IT项目后评价要分析企业现状，发现问题并探索未来发展方向，因而要求项目后评价人员具有较高的素质和创造性，能把握影响IT项目效益的主要因素，并能提出切实可行的改进措施；全面性，是指IT项目后评价要分析IT项目的投资和经营过程、投资经济效益、经营管理状况等，充分发掘IT项目的潜力；现实性，是指IT项目后评价依据项目真实数据/实际情况重新预测的数据来分析项目实际情况；反馈性，是指IT项目后评价为有关部门反馈信息，为今后的IT项目管理、投资计划的制定和投资决策积累经验，并检测IT项目的投资决策正确与否；合作性，是指IT项目后评价需要专职技术人员、项目经理、企业经营管理人员、投资项目主管部门等多方合作才能顺利进行；公正性，是指IT项目后评价在发现问题、分析原因和做出结论时应客观公正；可信性，是指IT项目后评价应注明评价者姓名、所用数据来源及评价方法等，以增加评价的可信性；实用性，是指IT项目后评价旨在为决策服务，针对性强，并具有可操作性[28]。

1.9.2 IT项目后评价的内容

项目后评价于19世纪30年代产生于美国，最初评价的重点是财务分析。20世纪60年代，西方国家在能源、交通、通讯等基础设施建设及社会福利事业中将“经济效益”引入了项目后评价。20世纪70年代，项目后评价被许多国家以及世界银行、亚洲银行等双边或多边援助组织广泛应用于世界范围内的资助活动结果评价，并将“环境评价”引入到项目后评价中。20世纪80年代，由于世界银行等组织十分关心其援助项目对受援地区的贫困、妇女、社会文化和持续发展等方面产生的影响，因此将“社会影响”也引入到了项目后评价中。此外，国外援助组织多年的实践经验证明机构设置和管理机制对项目的成败有着重要作用，于是也将其纳入了项目后评价的范围。

IT项目后评价的内容主要包括项目目标、项目技术和方案、项目效益、项目执行过程、项目团队和项目影响6个指标。项目目标主要评定项目立项时原定目标的实现程度、正确性及合理性等指标。项目技术和方案主要考察IT项目技术方案的先进性、适用性、经济性、安全性等指标。项目效益主要评价IT项目的投资经济效果、环境影响、社会影响等指标，分为财务评价、经济评价和影响评价，主要分析指标包括内部收益率、净现值、投资回收期以及贷款偿还期等。项目执行过程主要评价IT项目执行过程中所做的工作以及工作效果，一般涉及立项、项目建设内容与规模、项目进度及实施情况、项目管理及机制、项目管理者等内容。项目团队包括对项目团队、项目经理的评价，并将评价结果送到项目管理办公室，作为人力资源库更新的依据。项目影响主要从经济影响、环境影响、社会影响和持续性影响4个方面进行评价[28]。

1.9.3 IT项目后评价的方法

常用的IT项目后评价方法主要有统计预测法、对比分析法和逻辑框架法。统计预测法以统计学和预测学原理为基础，对IT项目已发生的事实进行总结，对IT项目未来的发展前景作出预测。其中，统计包括统计资料的收集、整理和分析，预测则多遵循惯性、类推、相关、概率推断等原则。对比分析法把客观事物加以比较，以认识事物的本质和规律，并做出正确评价，通常比较两个相互联系的指标数据，从数量上展示和说明研究对象的规模大小、水平高低、速度快慢以及各种关系是否协调，旨在找出变化的差距，为提出问题、分析原因找重点。逻辑框架法将复杂项目的多个具有因果关系的动态因素组合起来，用一张简单的框图分析其内涵和关系，以确定项目范围和任务，分清项目目标和达到目标所需手段的逻辑关系，评价项目活动及其成果[48]。

1.9.4 IT项目后评价的程序

IT项目后评价程序一般包括项目自评价、组织项目后评价机构、收集资料和选取数据、实施项目后评价、形成项目后评价报告5步。项目自评价由项目组内部组织，以项目总结会形式进行，通过对项目整体总结、归纳、统计、分析，找出项目实施过程、产品等方面与计划的偏差并加以分析，最终形成项目总结报告。组织项目后评价机构旨在确定项目后评价小组成员，一般由项目组之外的人组成，可来自上级管理部门、独立评价机构等。收集资料和选取数据由项目后评价机构亲自调查整理，需收集的数据和资料包括项目档案资料、分析预测用基础资料以及与项目有关的政策与标准等。实施项目后评价主要包括成本管理、进度管理、人力资源管理、客户关系管理和质量管理等方面的评价，每一方面都可细化为一些问题和条件。形成项目后评价报告是指项目后评价机构根据评价标准及模型对项目进行整体评价，找出差异及其原因，给出结论，形成项目后评价报告的进程[9,49]。

1.10 本章小结

本章首先介绍了项目管理的基础知识，包括市场需求、薪资水平、学历教育、资格认证，发展历程、现状与趋势，知识体系，管理过程组，组织结构与认证考试；接着介绍了 IT 项目管理的基础知识，包括生命周期、管理过程组、管理体系、成败关键因素、管理模式；最后讲解了 IT 项目管理的核心内容，包括启动管理、计划管理、实施管理、控制管理和收尾与后评价管理。

第 2 章 Microsoft Project 2010 概述

本章内容提要：

- Project 2010 的功能、系列产品及其管理项目的流程。
- Project 2010 中项目模板、视图以及帮助的使用。
- Project 2010 管理项目流程综合案例。

2.1 本章导读

微软公司从 Office 2002 开始，将其项目管理软件 Project 纳入到 Office 套件中，该举措大大促进了 Project 的广泛应用。现在 Project 已成为世界上最流行的项目管理软件之一，其最新版本是 Project 2010。该产品主要做了 4 个方面的改进：通过共有用户界面统一了项目及投资组合管理；基于 SharePoint Server 2010 实现更加有效的协作，整合了 Outlook 2007 和 2010；增强用户体验，采用用户熟悉的微软 Office Fluent 用户界面和直观设计；整合了微软在 PC、手机和浏览器中的相关技术，为该平台带来了可升级性和可转换性[50]。

2.2 Project 2010 功能

2.2.1 Project 2010 中新增的功能

Project 2010 的工作界面与 Project 2007 截然不同，其日程排定、任务管理、视图和新版本 Project Web Access 外观均发生了明显变化，并提供了用于项目人员与工作组协作的多项功能[51]。

1. 改进的用户界面

（1）功能区

Project 2010 使用“功能区”取代了菜单和工具栏，以帮助用户快速找到完成任务所需的命令，如图 2-1 所示。在“功能区”中，所有命令按逻辑分组，并集中在各个选项卡下面。同时，用户可根据需要自定义功能区上的所有选项卡和组。

（2）“Backstage”视图

“Backstage”视图是用于管理项目文件的一站式图形界面（如图 2-2 所示），包含 Project

早期版本中“文件”菜单提供的基本命令和“工具”菜单提供的“选项”命令，前者用来新建、打开、保存、关闭和打印项目文件，后者可打开“项目选项”对话框，供用户输入、检查或更改用于控制Project工作方式和外观的首选项。Project Professional 2010用户还可使用“Backstage”视图来管理其 Project Server 连接以及签出和发布项目。

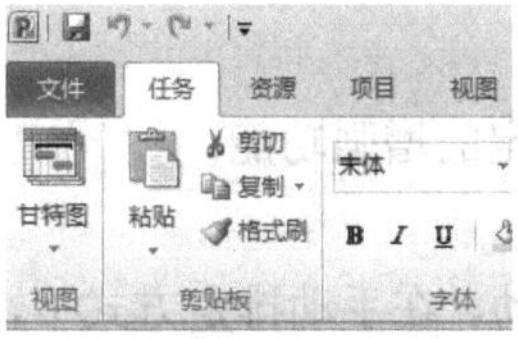

图 2-1　功能区

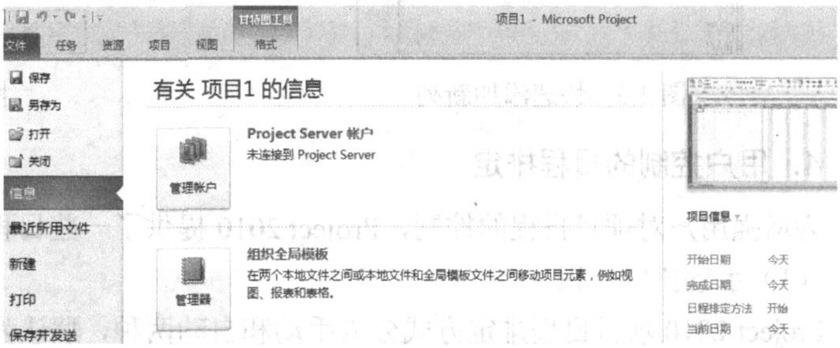

图 2-2　“Backstage”视图

（3）快速查找命令

为了帮助用户节省时间，当用户使用鼠标右键单击视图中的任何项（如条形图、图表等）时，系统将显示一个包含常用命令列表的微型工具栏，如图 2-3 所示。

2. 新的查看选项

为帮助用户及组织中的其他人员更加清楚地了解工作组的工作情况和过度分配人员的所在，Project 2010 新增了一些查看功能。

（1）“工作组计划程序”视图

“工作组计划程序”视图是一种资源日程排定和任务管理视图。借助该视图，Project 2010用户可迅速了解工作组成员当前能从事的工作，查看和分配未分配的工作、查看过度分配的任务名和资源名，并可以通过将任务从一个资源拖到另一个资源来解决过度分配问题。

（2）“日程表”视图

“日程表”视图用于显示整个项目日程的简明概览，如图 2-4 所示。通过该视图，用户可将任务添加到日程表中，为整个项目的摘要报告打印日程表，将日程表粘贴到电子邮件中来即时生成一份项目报告。

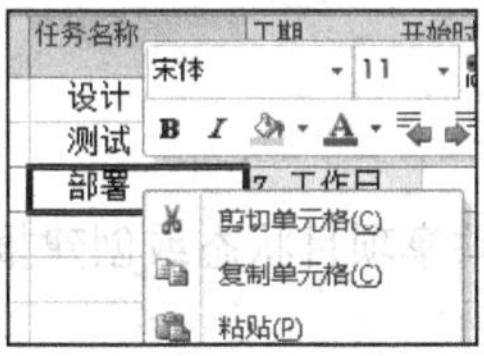

图 2-3　快速查找命令

图 2-4　“日程表”视图示例

3. 更简单的视图自定义

Project 2010 用户可采用新方式来安排显示和控制项目的方式。

（1）快速添加新列

用户只需单击工作表视图右端的“添加新列”标题，并输入或选择列名来添加新列，也可单击现有列标题并输入新的名称来快速重命名现有列，如图 2-5 所示。

（2）缩放滑块

缩放滑块用于快速缩放甘特图、网络图、日历视图以及所有图形视图的时间分段部分，位于状态栏，如图 2-6 所示。用户可将滑块移到右侧来放大项目日程，以显示较短的时间间隔，或将滑块移到左侧来缩小项目日程，以显示较长的时间间隔。

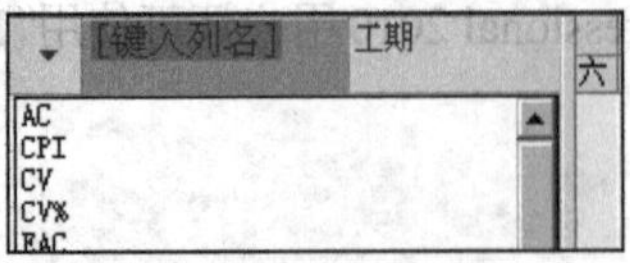

图 2-5　快速添加新列

图 2-6　缩放滑块

4．用户控制的日程排定

为增强用户对项目日程的控制，Project 2010 提供了一些日程排定的增强功能。

（1）手动排定日程

Project 2010 项目日程排定方式分为手动和自动两种，默认为手动。在手动排定方式下，当用户更改任务相关性和项目日历等因素时，Project 不会自动调整任务日期；同时，用户可将手动排定的任务放置在日程中的任何位置。如果用户习惯于使用 Project 自动排定日程，或某些项目需要使用 Project 妥善安排项目日程，则可关闭手动排定日程功能。

（2）非活动任务

非活动任务通常是指具有重要价值的关键信息（如实际值和成本信息）。用户可将这些关键任务设置为非活动状态，并将其保留在项目中。

（3）自上而下的摘要任务

项目计划开始阶段，用户可能只清楚项目的关键可交付结果和主要里程碑等高级别信息。为此，Project 2010 提供了两种任务创建方法：一种是先创建子任务，然后将其上卷显示在摘要任务中；另一种是先创建摘要任务，然后创建摘要任务的子任务。摘要任务日期与匹配子任务的上卷日期可以不同，这样，用户可根据项目日程表和预算先将项目分成若干个高级阶段，然后再随着项目进展来细化各个高级阶段的具体任务。

（4）项目版本比较。

Project 2010 提供甘特图和图形图像的版本比较功能，以便于用户了解项目各版本间的差别。

5．更轻松的协作

相比于早期版本，Project 2010 提供了更好的项目信息共享方式。

（1）通过 SharePoint 列表同步改进协作

Project 2010 允许将项目文件导出到 SharePoint 列表中，以快速共享项目状态或创建报表，方便项目组成员使用网页浏览器及时了解项目进展。

（2）增强的复制和粘贴功能

Project 2010 提供了增强的复制和粘贴功能。使用该功能，用户可在 Office 程序和 Project 2010 之间通过复制和粘贴内容来实现项目协作，同时保留项目内容的格式、大纲级别和列标题。

（3）向后兼容性

Project 2010 与早期 Project 版本无缝兼容。使用早期版本创建的文件可在 Project 2010 中打开和编辑；使用 Project 2010 创建的文件可另存为早期的 Project 版本文件格式。当然，使用 Project 早期版本查看 Project 2010 特有功能时可能不会按预期显示。

2.2.2 Project 2010 中废止和修改的功能

1. 自定义窗体

Project 2010 不支持创建或使用自定义窗体，但可使用 Visual Basic for Applications（VBA）创建自定义窗体以替换之前在早期 Project 版本中创建的自定义窗体。

2. 双击启用任务拆分

功能区不支持双击“拆分任务”按钮启用任务拆分，但可单击该按钮启用任务拆分。

3. 资源可用性图形

Project 2010 用户无法再在未临时向任务分配资源的情况下，在“分配资源”对话框中查看资源可用性图形。该图形具有已修改的功能：一次只能用图形表示一个资源；但用户可使用工作组规划器来查看和分配未分配的工作并解决资源过度分配问题。

4. 项目向导

Project 2010 删除了项目向导，使用功能区实现 Project 以前版本中用于设置新项目的大部分项目向导功能。但其仍支持自定义项目向导，用户可使用 VBA 启用自定义项目向导支持。

5. 加载项和示例宏

Project 2010 不包括加载项和示例宏。复制图片、PERT 分析、Format_Duration、ResMgmt_TaskEntry、Rollup_Formatting、Toggle_Read_Only、Update_File 等加载项和示例宏不再可用，新加入的加载项包括调整日期、比较项目版本。

6. Excel 数据透视表

在 Project 2010 中不能将项目数据保存为 Excel 数据透视表，但仍可创建基本报表并将其导出为 Excel 文件，支持的格式包括.xls、.xlsx、.xlsb、.xlsm[52]。

本章将通过系列简明实例阐述 Project 在项目管理中的作用、功能，Project 产品构成，Project 管理项目流程，Project 的安装及简单操作，Project 辅助资源和帮助文档的使用。

2.2.3 利用 Project 2010 进行项目管理

Project 2010 是微软公司出品的“企业级项目管理解决方案”的核心，该软件为项目管理提供强大的技术支撑，能够帮助管理人员对项目进行多方面、全过程（范围、进度、资源、成本和信息）的有效管理，并为项目成员建立了良好的沟通平台，这些正是项目管理者最关心和常被困扰的问题。Project 对项目管理的功能支撑如图 2-7 所示。

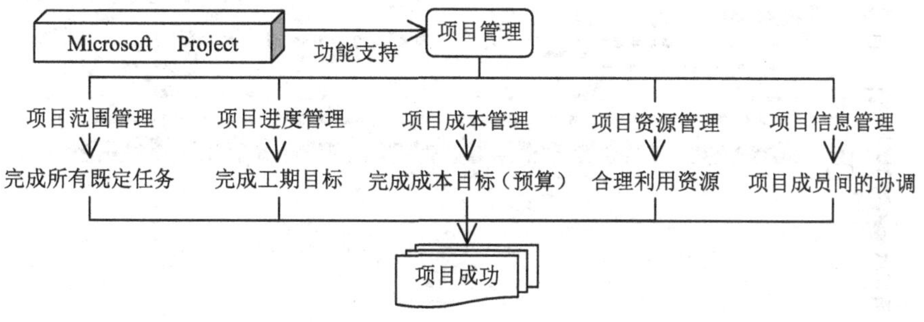

图 2-7 Project 对项目管理的功能支撑

Project 管理项目的整体业务流程如图 2-8 所示，分为信息录入、预测诊断和展示项目进展 3 个模块。用户首先录入项目初始信息，并将其设置为比较基准，包括项目基本信息、范围、进度、成本、资源信息等，然后由 Project 产生项目计划，接着由 Project 的相关预测、诊断工具对项目计划进行风险等方面分析，进而优化和完善原有项目计划，并形成最终的项目计划并发布。在项目实施过程中，项目人员实时输入项目的各种执行信息，包括进度、资源等，由 Project 对比执行信息与原始项目计划，分析项目执行状况并形成项目改进方案，以确保项目能够按时、按质、按预算完成。其中，展示项目进展模块通过视图、报表、筛选器等工具辅助项目人员动态获取项目信息，保证项目人员之间的信息沟通[53]。

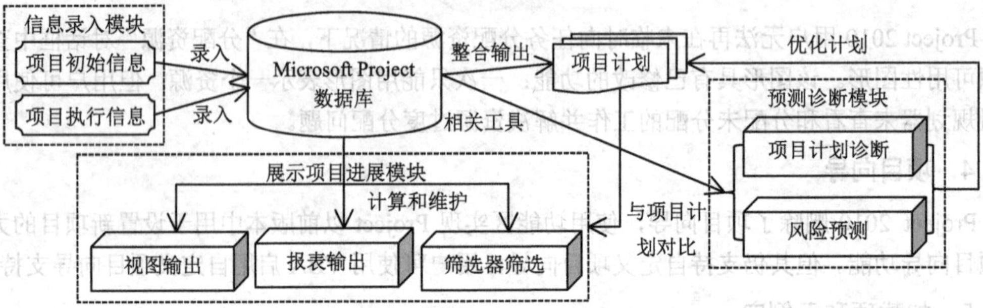

图 2-8　Project 管理项目的整体业务流程

下面以 Project 2010 中自带的模板“软件开发计划”为例，展示 Project 2010 在进度管理、成本管理、资源管理等方面的主要功能。

单击 Windows 任务栏的“开始”按钮，依次选择“程序”→“Microsoft Office”→“Microsoft Project 2010”命令（如图 2-9 所示），打开 Project 2010，其工作界面如图 2-10 所示。

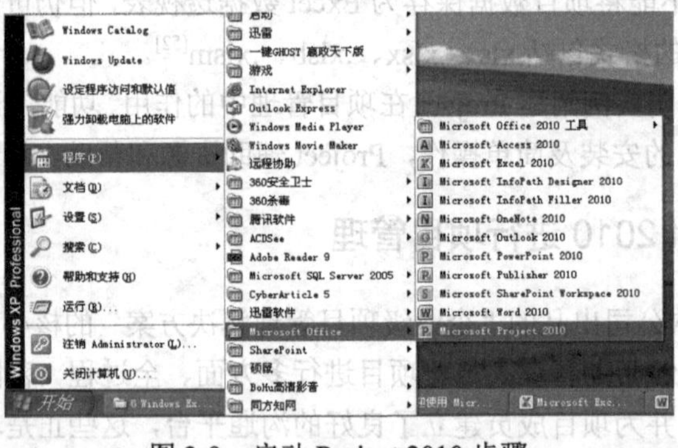

图 2-9　启动 Project 2010 步骤

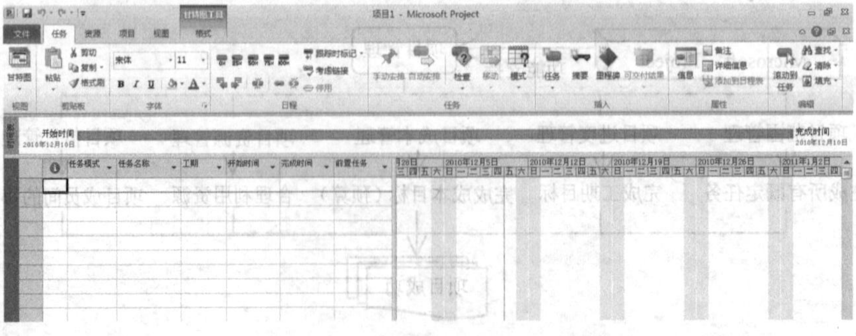

图 2-10　Project 2010 的工作界面

然后，单击“文件”选项卡中的“新建”选项，再单击“Office.com 模板”中的“计划、评估报告和管理方案”图标，如图 2-11 所示。在出现的界面中单击“商务”图标，如图 2-12 所示，再在出现界面的搜索框中输入“软件开发计划”并按 Enter 键，结果如图 2-13 所示。单击“下载”按钮下载“软件开发计划”模板并打开该模板，打开的“软件开发计划”模板如图 2-14 所示。

图 2-11　Office.com 模板中的可用模板

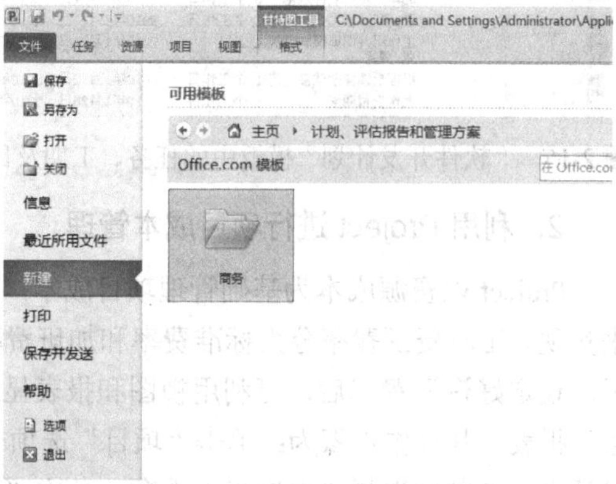

图 2-12　Office.com 模板中的“商务”图标

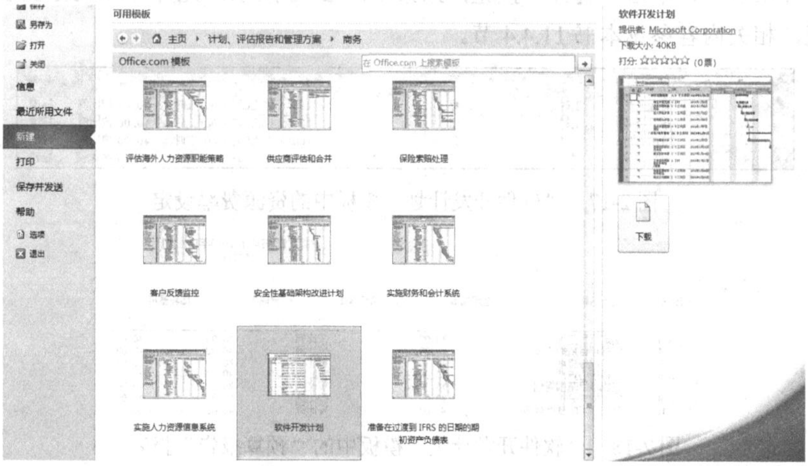

图 2-13　Office.com 模板中的“软件开发计划”图标

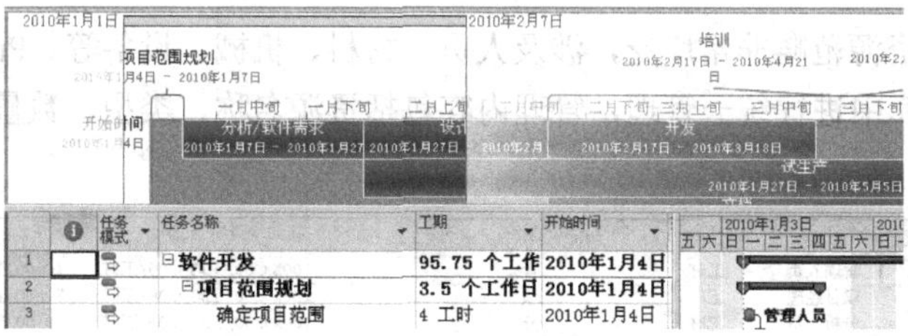

图 2-14　“软件开发计划”模板工作界面

1. 利用 Project 进行项目进度管理

Project 用图形描绘项目进度，可自动计算项目工期及每个任务的日程安排，找出决定项目工期的任务，为管理者控制和压缩工期提供决策依据，具体通过查看“甘特图”视图来实现，如图 2-15 和图 2-16 所示。

	任务模式	任务名称	工期	开始时间	完成时间
1		⊟软件开发	95.75 个工作	2010年1月4日	2010年5月17日
2		⊟项目范围规划	3.5 个工作日	2010年1月4日	2010年1月7日
3		确定项目范围	4 工时	2010年1月4日	2010年1月4日
4		获得项目所需资金	1 个工作日	2010年1月4日	2010年1月5日
5		定义预备资源	1 个工作日	2010年1月5日	2010年1月6日
6		获得核心资源	1 个工作日	2010年1月6日	2010年1月7日
7		完成项目范围规划	0 个工作日	2010年1月7日	2010年1月7日
8		⊟分析/软件需求	14 个工作日	2010年1月7日	2010年1月27日
9		行为需求分析	5 个工作日	2010年1月7日	2010年1月14日
10		起草初步的软件规范	3 个工作日	2010年1月14日	2010年1月19日
11		制定初步预算	2 个工作日	2010年1月19日	2010年1月21日
12		工作组共同审阅软件规范/预算	4 工时	2010年1月21日	2010年1月21日
13		根据反馈修改软件规范	1 个工作日	2010年1月22日	2010年1月22日
14		制定交付期限	1 个工作日	2010年1月25日	2010年1月25日

图 2-15 “软件开发计划”模板中的任务、工期及日程安排

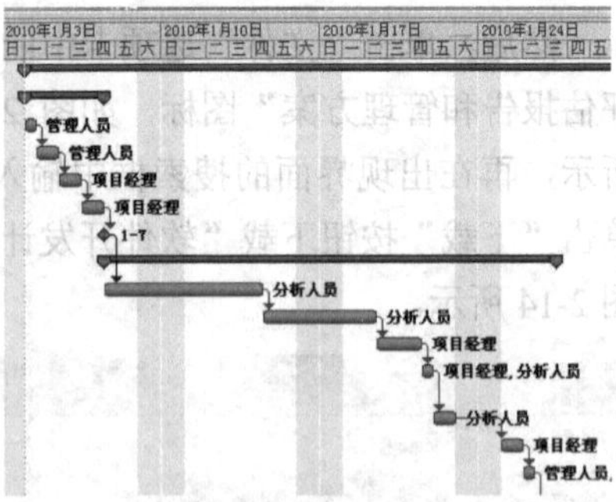

图 2-16 “软件开发计划”模板中的甘特图

2．利用 Project 进行项目成本管理

Project 以资源成本为基础管理项目成本，通过设定材料、工时和成本 3 类资源的资源费率来实现。工时资源费率分为标准费率和加班费率，可用“资源工作表”视图查看，如图 2-17 所示。设定好资源费率后，可利用视图和报表显示、分析并管理项目成本。如查看项目“预算报告”报表，其操作步骤为：单击“项目”选项卡下“报表”组中“报表”的按钮，弹出“报表”对话框，在其中选择“自定义”选项，单击“选定”按钮，弹出“自定义报表”对话框，在其中选择“预算报告”，单击“选择”按钮，结果如图 2-18 所示。此外，Project 2010 还提供了可视化报表，相关内容参见本书 11.4.4 节。

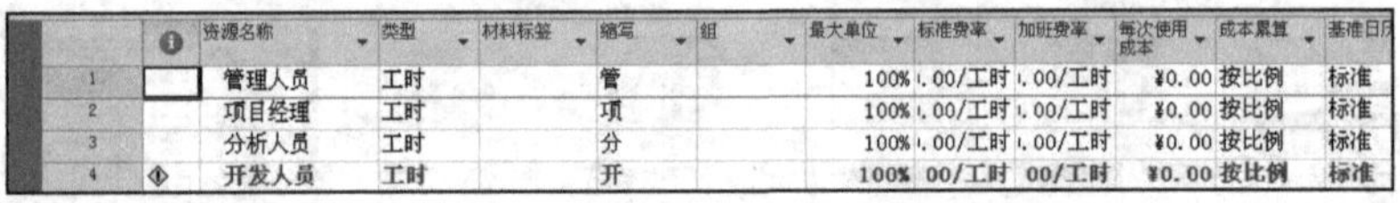

		资源名称	类型	材料标签	缩写	组	最大单位	标准费率	加班费率	每次使用成本	成本累算	基准日历
1		管理人员	工时		管		100%	.00/工时	.00/工时	¥0.00	按比例	标准
2		项目经理	工时		项		100%	.00/工时	.00/工时	¥0.00	按比例	标准
3		分析人员	工时		分		100%	.00/工时	.00/工时	¥0.00	按比例	标准
4	◈	开发人员	工时		开		100%	00/工时	00/工时	¥0.00	按比例	标准

图 2-17 “软件开发计划”模板中的资源费率设定

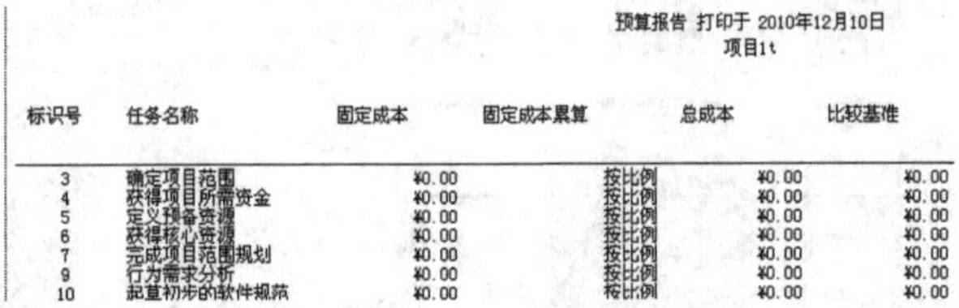

预算报告 打印于 2010年12月10日
项目1t

标识号	任务名称	固定成本	固定成本累算	总成本	比较基准
3	确定项目范围	¥0.00	按比例	¥0.00	¥0.00
4	获得项目所需资金	¥0.00	按比例	¥0.00	¥0.00
5	定义预备资源	¥0.00	按比例	¥0.00	¥0.00
6	获得核心资源	¥0.00	按比例	¥0.00	¥0.00
7	完成项目范围规划	¥0.00	按比例	¥0.00	¥0.00
9	行为需求分析	¥0.00	按比例	¥0.00	¥0.00
10	起草初步的软件规范	¥0.00	按比例	¥0.00	¥0.00

图 2-18 “软件开发计划”模板中的“预算报告”报表

3．利用 Project 进行项目资源管理

Project 的项目资源范畴非常广泛，涉及人员、材料、机械、设备等。Project 将所有项目资源整合到项目资源库中进行统一管理，管理内容包括资源名称、类型、数量、成本和分组等，如图 2-19 所示。

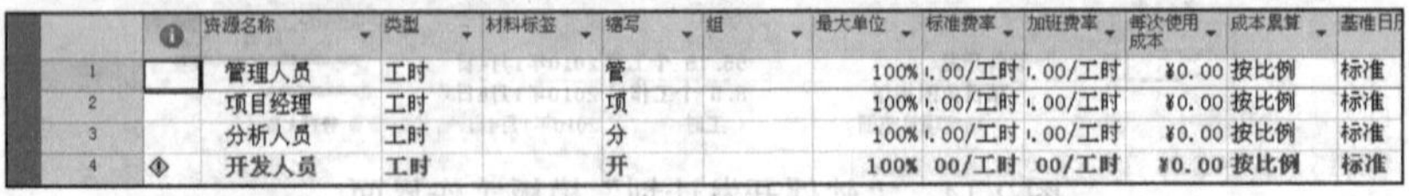

		资源名称	类型	材料标签	缩写	组	最大单位	标准费率	加班费率	每次使用成本	成本累算	基准日历
1		管理人员	工时		管		100%	.00/工时	.00/工时	¥0.00	按比例	标准
2		项目经理	工时		项		100%	.00/工时	.00/工时	¥0.00	按比例	标准
3		分析人员	工时		分		100%	.00/工时	.00/工时	¥0.00	按比例	标准
4	◈	开发人员	工时		开		100%	00/工时	00/工时	¥0.00	按比例	标准

图 2-19 “软件开发计划”模板中的“资源工作表”视图

4．利用 Project 进行项目信息沟通

项目经理可通过 Project Server 将项目计划发布到服务器上，将工作分配给项目组成员；项目成员只要登录到服务器上就能看到分配给自己的任务；在项目实施过程中，项目成员可及时

更新执行情况，并通过 Project Server 将最新的项目信息反馈给项目经理；项目经理接收反馈信息，同时更新项目计划，从而保证项目的一切状况尽在掌握之中[53]。

2.3 Project 2010 系列产品

本小节主要介绍 Project 的发展演变、系列产品、企业解决方案及其安装与工作环境。

2.3.1 Project 的发展演变

Project 最早诞生于 20 世纪 80 年代中期，当时，微软公司研发出了 Project 软件的 DOS 版本。1990 年，微软首次推出了 Project 软件的 Windows 版本——Project 1.0 for Windows，此后，大约每两年就有一个新版本，功能逐渐增强，操作越来越简便。

1992 年 4 月，微软公司研发出了 Project 3.0 for Windows，该版本 Project 软件在当年美国 PC Magazine 杂志组织的 8 个项目管理软件评比（评比项达 280 余项）中被评为最佳软件。1994 年 4 月，微软推出 Project 4.0 for Windows，该版本 Project 在当时的多数大公司（如波音公司）中得到了应用。为推动 Project 在中国的广泛应用，中国科学院计算所将其中文化，开发了“中文伴侣”，并在建筑、航空、航天等领域的数百家单位进行了应用，收到了显著的效果。Windows 95 问世后，微软于 1995 年 7 月推出了适应该操作系统、增强了在计算机网络通讯功能的 Project 4.1 版本，这为 Project 在大型工程现代化管理中的应用奠定了基础。为适应市场经济发展形势，微软先后于 1997 年 10 月和 12 月推出了 Project 98 的英文版和中文版。该版本 Project 采用了许多新的项目管理思想，在机制上做了重大改进，特别增加了其在 Internet 上的交流功能，使项目管理水平提高到一个新的台阶。

2000 年 4 月 3 日，微软公司推出 Project 2000 及其配套软件——基于 Web 的协同作业工具 Microsoft Project Central，并于 2000 年 7 月 19 日发布了面向项目管理的 Project 2000 中文版。该版本 Project 为知识工作者提供了更有弹性的协同计划与项目追踪功能，并基于 Microsoft Project Central 实现了项目成员之间的项目信息自动传递与存取，使得项目管理的环境更适合企业进行大型项目管理。

2002 年 9 月 6 日，Project 2002 中文版正式上市，其包括 Project Standard 2002、Project Professional 2002 以及 Project Server 2002 3 个版本。其中，标准版和专业版适合于所有项目管理人员和项目成员，用于协助项目经理动态管理项目日程与资源、沟通项目状态以及分析项目信息。服务器版是首次推出，用于集中管理、分享和分析企业内部的项目与资源信息。

2003 年 10 月 21 日，微软公司宣布 Microsoft Office System 大规模投放市场。作为 Microsoft Office System 的集成组件，Project 2003 包括面向单个管理人员的 Project Standard 2003、Project Professional 2003 以及用于项目之间和项目经理之间协作的 Microsoft Office 企业项目管理（EPM）解决方案。注意，EPM 主要用于在项目之间和项目经理之间实现充分协调和严格标准化、集中管理资源或者对项目和资源情况进行更高级别的报告。

2006 年 11 月 30 日和 2007 年 1 月 30 日，微软分别发布了 Office 2007 RTM 版和正式版。其中，Office Project 2007 包括 Project Standard 2007 以及 Enterprise Project Management （EPM）Solution 所必需的产品：Project Professional 2007、Project Server 2007、Project Web Access、Project Portfolio Server 2007 和 Project Portfolio Web Access[54]。

2010 年 5 月 12 日，微软公司通过虚拟发布会宣告正式发布 Project 2010。微软负责 Office 业务的高级副总裁克里斯·卡帕塞拉称："Project 2010 是十年来发布的最重要的一款 Project 产品，它全新、简单而直观的功能可使各种规模的团队和组织及时而符合预算地选择及交付合适的项目。"该产品最大的特性在于升级后的项目及全新投资组合管理功能，其以 Project 2007 为基础，拥有灵活的工作管理解决方案和恰当的协作工具，适合专业和非专业的项目经理人使用，此外，还能升级到更加高级的项目和投资组合管理功能[55]。

2.3.2 Project 2010 的系列产品

微软公司面向不同的项目管理用户开发了不同产品，所有这些产品统称为 Project。Project 2010 的版本数由之前版本的 4 个精简为 3 个，分别为 Project Standard 2010、Project Professional 2010 和 Project Server 2010。

- Project Standard 2010（标准版）：Project 核心程序，是面向个人用户的单机版项目管理软件，供客户在桌面环境下管理项目，无需联网和复杂设置。
- Project Professional 2010（专业版）：专门针对有企业级项目管理需求设计的新版个人桌面应用软件，功能类似 Project Standard，但增强了与 Project Server 的协作功能，以更好发挥企业级项目管理职能，适用于项目小组或企业的多个成员协同工作。
- Project Server 2010（服务器版）：特别为企业集中管理和共享项目信息设计。只要 Project Server 配置成功，网络用户打开浏览器（如 IE）即可访问 Server 上的最新数据，并能顺畅地交流项目信息，不用安装任何其他程序。Project Server 具有较高的安全性，可让用户组织、储存与追踪项目、任务、文档、问题和报表等信息。

2.3.3 Project 的企业项目管理解决方案

企业项目管理（EPM）解决方案是微软专门为需要战略性项目组合、强大团队协作、项目与计划管理标准化、集中资源管理以及高端分析与报表功能的企业而设计的灵活、端到端的项目管理解决方案，广泛用于各行业高效选择和提供合适的项目投资组合。EPM 解决方案包括 Project Professional 2010 和 Project Server 2010，是用于提供基于 PC 和 Web 的项目与投资组合管理（Project and Portfolio Management，PPM）方案。EPM 解决方案自动提供以下项目与投资组合功能。

（1）需求管理

需求管理提供基于中央数据库的项目管理业务统一视图，以帮助组织迅速进行各种项目业务活动，规范和简化项目数据收集，提高决策效率，并在整个项目生命周期内进行各种管理控制。

（2）投资组合选择与分析

目前，全球经济不景气，管理人员被要求少花钱多办事，导致项目可支配支出的严格审查，增加了有效识别、选择并提供项目组合的重要性，以符合组织业务战略，并最大限度地提高投资回报率。最佳投资组合选择技术统一了价值优化与资源充分利用，前者调整业务优先级并最大限度地提高投资回报率，后者提高资源利用率和可用性，两者的统一将有助于项目管理办公室（PMOs）确定承接哪些项目，并预测项目何时可交付。

（3）资源管理

在竞争激烈和不断变化的市场中，各组织均尽力提高投资回报率，寻求维持业务和支持未来增长的方式。资源是组织最宝贵的资产，妥善管理资源和优化资源利用是组织实现其经营战略的关键，组织可使用智能化资源管理来开发和维持世界一流的员工队伍。

（4）进度管理

项目最具代表性的元素，甘特图是其最具代表性的可视化显示。进度管理是项目的蓝图，它表示着项目按时交付所需完成的任务和可交付产品。此外，其为项目团队提供了一个项目执行路径，为跟踪项目进展情况和管理项目变化提供基准。

（5）成本管理

减少或维持项目预算的压力直接导致项目可支配支出的严格审查，并增加了有效识别、选择并提供项目组合的重要性，以符合组织业务战略，最大限度提高投资回报率。这种额外审查强化了采用最佳成本管理流程实践来提高成本和效益估算，以及有效跟踪项目性价比以确保项目在预算之内交付，采用投资组合实现预期收益的重要性。

（6）时间和任务管理

今天，企业比以往任何时候都需要准确、实时更新的信息来制定决策，许多组织使用时间报表系统为企业制定工作与休息时间。同样，项目经理需要有效获取和交流项目工作状态以了解项目进展情况，并预测计划工作量、成本和时间的影响。虽然时间和任务的类型、信息来源相似，但不同的用途和要求使得组织难以形成时间报告和任务管理的通用方法。

（7）团队协作

传统项目管理的重点是进度计划、成本预算、项目范围和交付产品质量，而团队协作是支持和推动整个项目成功和执行效率的根本。近十年来，团队协作已经从非正规技术发展成了能帮助企业进行高效查找和共享信息的公认原则，相应地，支持团队协作的工具也从早期的共享服务器概念发展成了 Microsoft“SharePoint” Server 2010 的复杂解决方案。

（8）商业智能和报表

在拥有海量数据的项目信息系统中，企业面临的巨大挑战之一是如何收集、分类、理解并基于项目数据做出正确决策。常规报表提供用于收集、汇总、显示和发布数据的工具和方法，商务智能通过提供可视化工具来将该概念拓展到新的层次，并为企业提供用于业务管理的决策支持功能。

（9）可扩展性评估

在审批 PPM 解决方案时，评估委员会将从商业角度和 IT 角度评估产品的竞争力。因此，PPM 解决方案须从确保产品满足业务需求和产品与企业 IT 需求、企业架构战略吻合性两方面评估项目成功的可能性，以使解决方案能够满足企业的具体业务需求[56]。

Project 企业项目管理解决方案使用户能在整个企业范围内有效管理与调整项目及相关资源，同时高效分析和报告项目。可集中管理的资源库辅助企业统一管理与呈报项目及资源信息；基于 Web 的项目组合分析管理工具帮助项目执行人员将人员、项目和商业目标完美结合，及时发现并纠正项目问题。团队成员可利用邮件和基于 Web 的工具更新项目信息，相互协作。可扩展的基础架构使企业可将 EPM 解决方案与现有业务流程系统无缝集成[57]。

2.3.4 Project 2010 的安装与工作环境

1．安装 Project 2010（标准版、专业版）的软硬件要求

CPU：700MHz 或更快。

内存：512MB 或更大。

硬盘：至少 2.5GB。

光驱：VCD/DVD。

显示器：1024×768 或更高清晰度的显示器。

操作系统：Windows XP（SP3 及以上）（32 位）、Windows Vista（SP1 及以上）、Windows Server 2003 R2（含 MSXML 6.0）、Windows Server 2008（含 SP2）（32 位/64 位）、Windows 7 或更新的操作系统。

2．安装过程

安装 Project 2010 的过程与安装其他 Office 软件的过程差别不大，只要一步步按照提示进行操作即可。注意，安装之前，须确保 Project 2010 安装所需的最低软硬件条件，尤其是操作系统。

将 Project 2010 光盘插入光驱，或使用下载的 Project 2010 软件包，双击安装文件进行解压缩，软件包将检测用户的安装环境是否满足需求。检测完毕后进入输入产品密钥界面（如图 2-20 所示），用户输入密钥后，单击“继续”按钮，进入阅读 Microsoft 软件使用许可证条款界面，如图 2-21 所示。选中“我接受此协议的条款”复选框，单击“继续”按钮，进入安装选择界面，如图 2-22 所示。单击“立即安装”按钮，进入安装进度界面，如图 2-23 所示。稍等几分钟即可完成安装，出现如图 2-24 所示的安装完成欢迎界面。此时可单击“继续联机”按钮进入 Office 体验界面（如图 2-25 所示），也可单击“关闭”按钮退出。

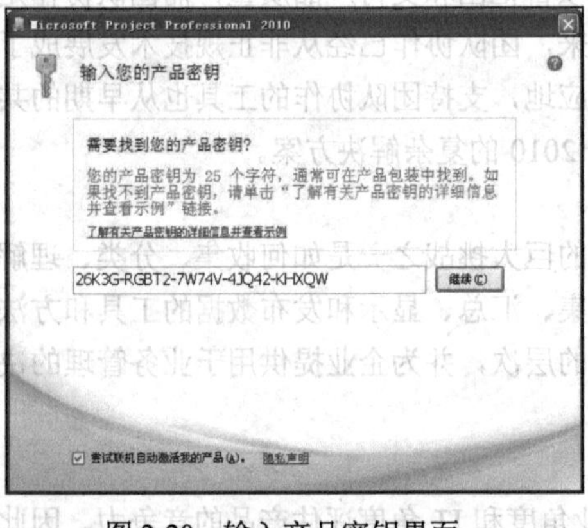

图 2-20　输入产品密钥界面

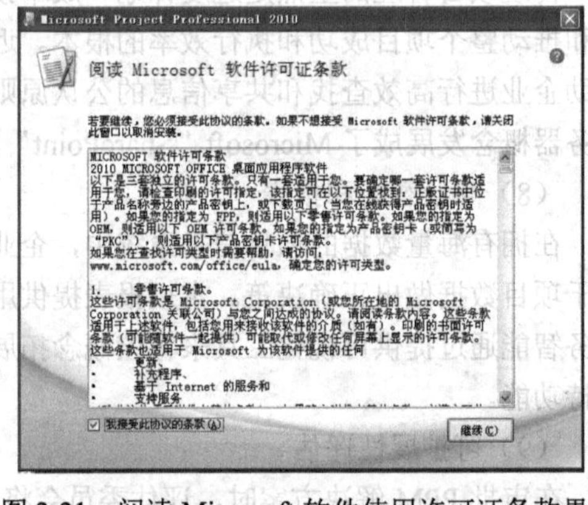

图 2-21　阅读 Microsoft 软件使用许可证条款界面

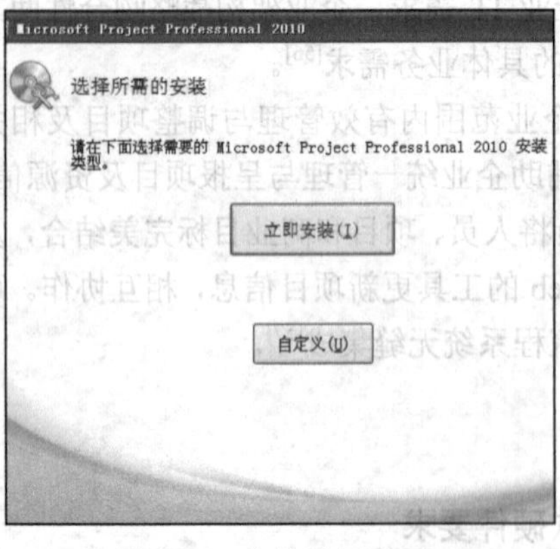

图 2-22　安装选择界面

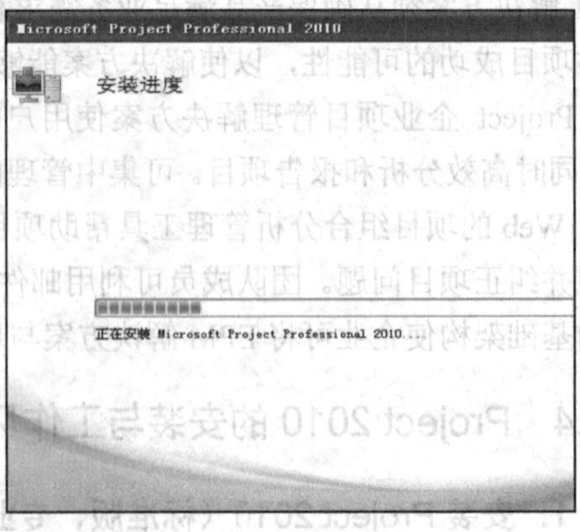

图 2-23　安装进度界面

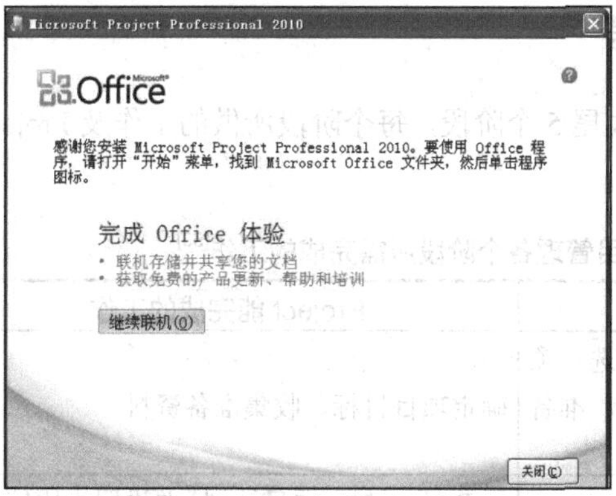

图 2-24　安装完成欢迎界面

图 2-25　Office 体验界面

3. Project 2010 工作环境

Project 2010 的工作环境如图 2-26 所示，由标题栏、Backstage、功能区、日程表、数据编辑区、图表显示区和状态栏等组成。

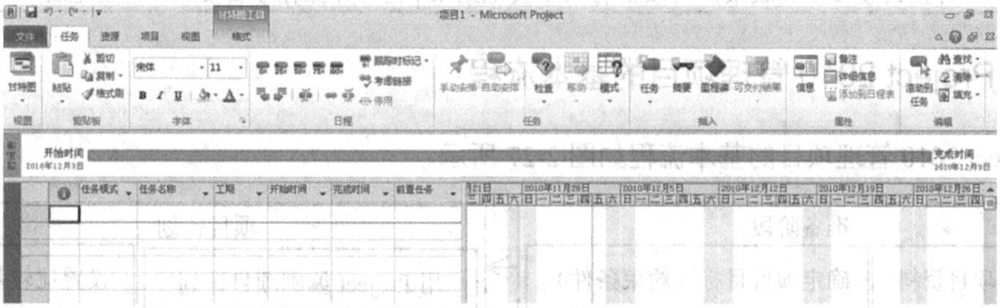

图 2-26　Project 2010 工作环境

Project 2010 的功能区替换了早期 Project 版本中的菜单和工具栏，包含如下选项卡：

- “任务”选项卡：用于添加、格式化和处理任务。在其中，用户可标记任务完成百分比，可将一个任务链接到另一个任务以及停用任务，还可将手动计划任务转换为自动计划任务。
- “资源”选项卡：用于处理较复杂的资源管理问题。在其中，用户可添加资源，将其分配给任务，平衡过度分配的资源，并可启动工作组规划器。
- “项目”选项卡：用于处理高级项目功能，包括属性、计划和报表。用户可使用该选项卡添加自定义字段，定义 WBS 代码，插入子项目及生成可视报表。
- “视图”选项卡：用户可使用该选项卡选择 Project 2010 提供的视图，可自定义当前视图，并可为视图添加日程表。
- “格式”选项卡：用于用户自定义视图的文本、列、颜色和其他元素。不同视图的“格式”选项卡中的组和按钮完全不同[58]。

2.4　Project 2010 管理项目的流程概述

本小节主要介绍 Project 的整个项目管理流程及在各个阶段所需完成的工作。

2.4.1 根据项目生命周期确定管理流程

项目管理分为启动、计划、执行、控制和收尾 5 个阶段，每个阶段所做的工作及 Project 在各个阶段做的工作如表 2-1 所示。

表 2-1 项目管理与 Project 在项目管理各个阶段所需完成的工作[53]

项 目 阶 段	项目管理需要完成的工作	Project 能完成的工作
启动	确认项目可开始并付诸行动。包括：选定项目、建立项目团队、项目核准、立项、准备工作等	确定项目目标、收集准备资料
计划	编制项目计划	用 Project 制定项目计划，并设置为比较基准
执行	将书面的项目计划转化为实际成果	按照项目计划实施项目，并及时记录项目的实际进展
控制	监测项目实际进展，及时发现并调整偏差	跟踪项目，将项目实际状态与比较基准进行比较，找出问题
收尾	正式接收项目成果，将项目有条不紊地结束	整理并保存项目资料，进行总结

2.4.2 Project 2010 管理项目的基本流程

Project 2010 管理项目的基本流程如图 2-27 所示。

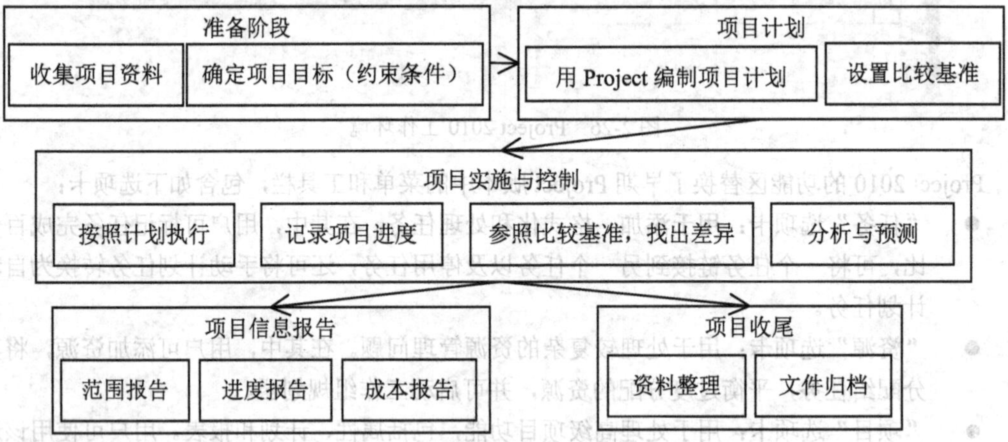

图 2-27 Project 管理项目的基本流程

1. 准备阶段

准备阶段与项目的启动阶段相对应，主要工作为收集相关资料（如合同、用户需求、技术标准等）以及确定项目的目标和约束条件。

2. 项目计划

项目计划的核心是任务计划、资源分配和信息提取，主要工作是用 Project 编制项目计划，包括工作程序、日程安排和资源分配等。在本阶段，Project 能够充分发挥作用。项目计划初步建成后，要将计划设置为“比较基准”，以便与执行情况进行对比。

3. 项目实施与控制

实施与控制同步，实施将项目计划落实到行动中，用 Project 及时记录项目进展状况，并将实际进展与原定计划进行比较，找出差异，进行分析，提出解决方案。

4. 项目信息报告

Project 提供了丰富的表、视图和报表等工具，能条理清晰地将项目信息展示给用户。Project 提供的信息报告包括范围、进度、成本、资源以及综合报告。项目信息报告又称为信息提取技术。

5. 项目收尾

在实际工作中，项目收尾阶段很容易被忽视。使用 Project 进行项目收尾时，可以将项目中涉及到的文档统一以附件形式保存起来（只要将这些文档统一归类即可[53]），非常简单。

2.5 灵活运用 Project 2010 项目模板和视图

本小节主要介绍 Project 2010 中的项目模板和各种视图。

2.5.1 灵活运用项目模板

1. 利用模板着手全新的项目

模板对于缺乏相关经验的管理者来说，具有很大的启示作用和参考价值。

例 2-1 利用模板着手全新的项目。

小孙接到了一个制定软件开发计划的全新项目，他手头没有这类项目的资料参考，且之前没有经历过类似的项目。请利用 Project 的“软件开发计划”项目模板帮助小孙创建这个项目。

打开 Project 2010 自带的“软件开发计划”模板，其工作界面如图 2-28 所示。根据需要修改模板中的信息并保存，即可形成初步的软件开发计划。

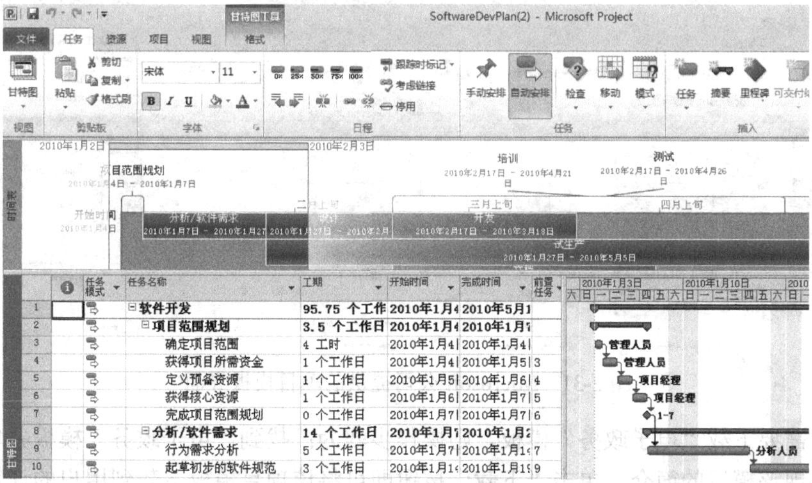

图 2-28 “软件开发计划”模板工作界面

如需要将项目开始时间由 2010 年 1 月 4 日更新为 2010 年 12 月 12 日，则需要在“项目信息”对话框中进行修改（如图 2-29 所示）。保存后的项目计划如图 2-30 所示。

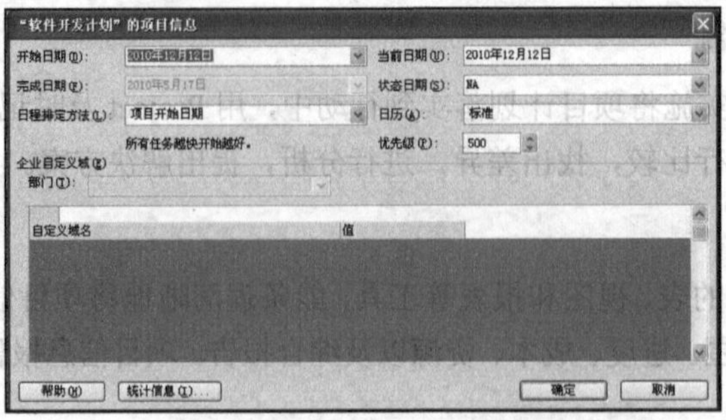

图 2-29　“项目信息”对话框

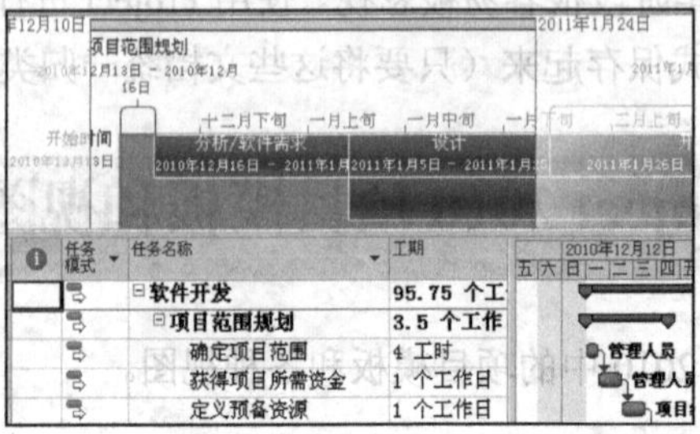

图 2-30　项目开始时间信息更新后的“软件开发计划”模板

2．获得项目模板

微软公司网站提供了许多项目管理模板供用户免费下载，以帮助用户进行项目管理。

例 2-2　下载 Microsoft 公司提供的模板。

操作步骤如下：

单击“文件”选项卡中的“新建”选项，在窗口右侧会出现可用模板界面，单击“Office.com 模板”项，在出现的界面中依次单击“计划、评估报告和方案”图标和“商务”图标，即可出现微软公司创建和收集的最新项目模板（完全免费），如图 2-31 所示。

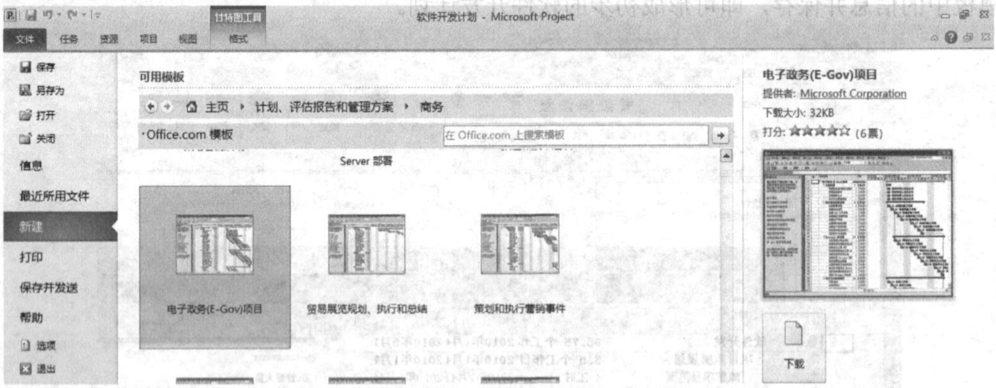

图 2-31　Microsoft 公司提供的项目模板界面

如用户需要下载“电子政务”模板，则操作步骤为：找到“电子政务”模板并单击，此时屏幕右侧出现该模板的简介，单击“下载”按钮即可将该项目模板下载到用户的计算机上并打开，如图 2-32 所示。如果要保存该模板，单击“保存”按钮，打开“另存为”对话框，设定模板名称和保存类型后（应为“项目模板”），如图 2-33 所示，单击“保存”按钮，打开“另存为模板”对话框（如图 2-34 所示），单击“保存”按钮即可。

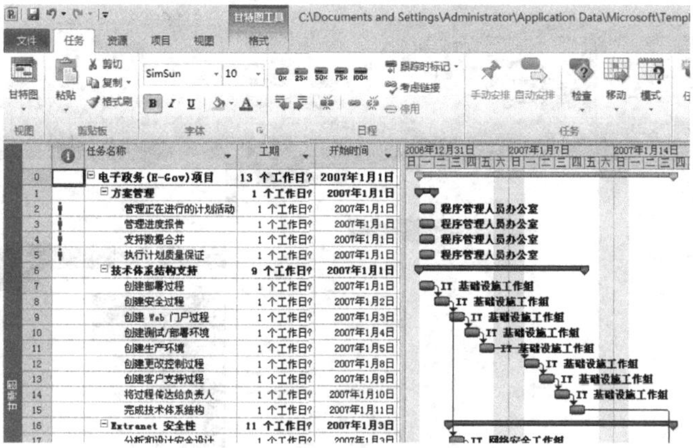

图 2-32　Microsoft 项目模板打开界面

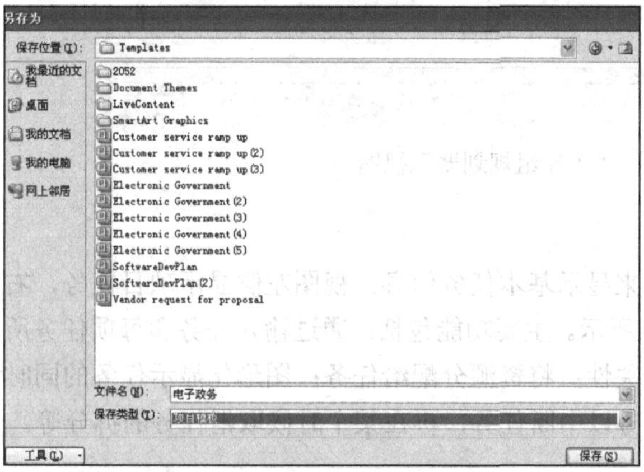

图 2-33　“另存为”对话框

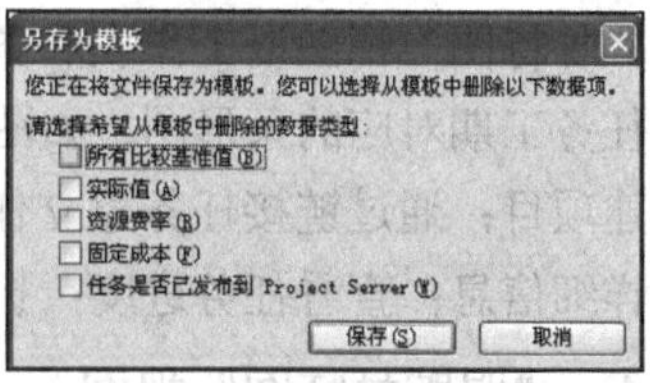

图 2-34　“另存为模板”对话框

2.5.2　灵活运用各种视图

视图是 Project 2010 描述屏幕显示或打印数据的方式。Project 能够存储一个项目的大量信息，而这些信息很难在一个屏幕上全部显示出来，为此，Project 使用视图来展示项目信息的各个侧面。用户可通过视图来查看其所需信息。此处只介绍最基本的视图，其他的可参见本书 11.3 节。为便于读者查看，需要先将“日程表”视图隐藏。

1.　“Backstage”视图

单击“文件”选项卡，会出现 Backstage 视图。用户可在其中管理文件及相关数据，创建、保存、检查隐藏的元数据/个人信息及设置选项。总之，可通过该视图对文件执行所有无法在文件内部完成的操作。

2.　“工作组规划器”视图

项目经理需要实时查看工作组在项目计划的任意时间所进行的工作，并寻求能够简单快捷地处理所发现问题的方法。Project 2010 用户可通过“工作组规划器”视图（如图 2-35 所示）来查看和控制其工作组的工作，将任务移动到计划中的其他时间，以及优化项目计划等[59]。其中，每个项目资源显示为一行，资源名称显示在左侧，资源所分配到的全部任务显示在同一行的右侧，没有分配给任何人的任务显示在底部。

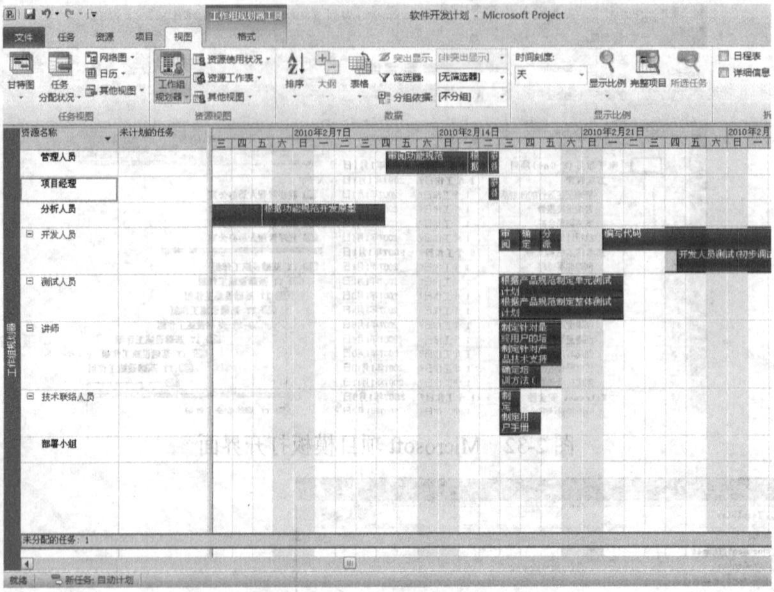

图 2-35 “工作组规划器”视图

3. “甘特图”视图

“甘特图”视图以工作表和条形图来显示基本任务信息。视图左侧显示项目任务，右侧显示与任务工期对应的条形图，如图 2-36 所示。主要功能包括：通过输入任务和每项任务所用时间创建项目；通过链接任务建立任务相关性；将资源分配给任务；图形化显示任务的同时访问任务详细信息；查看任务进度；拆分任务以中断任务，再在某个时候取消任务的拆分等。

4. “跟踪甘特图”视图

“跟踪甘特图”视图在某些方面与“甘特图”视图不同，尤其是显示实际完成任务的方式，如图 2-37 所示。功能包括：查看任务进度及估算任务的进度延迟；以图形化方式查看任务并访问有关任务详细状况；通过输入任务和每项任务所用时间来创建项目；通过链接任务建立任务相关性；将资源分配给任务。

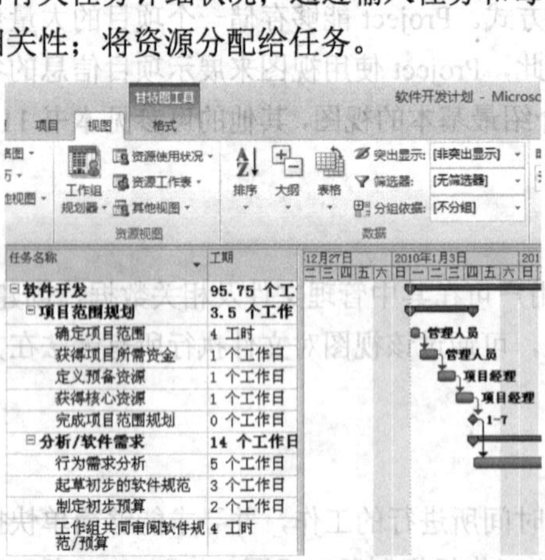

图 2-36 “甘特图”视图

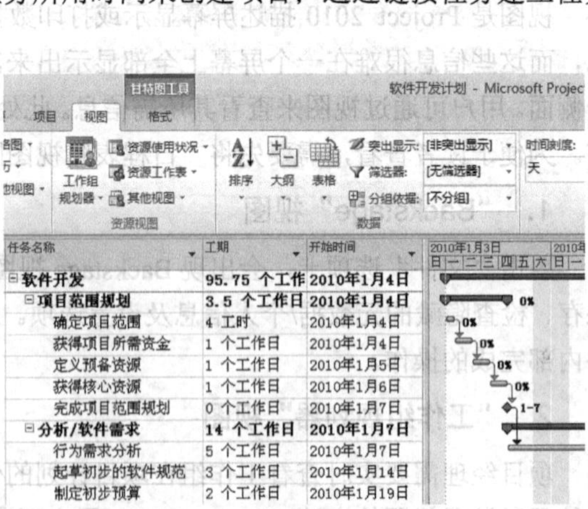

图 2-37 “跟踪甘特图”视图

5. “任务分配状况”视图

“任务分配状况”视图显示资源完成的任务工时，为每项任务列出了分配给其的资源以及每项资源在各个时间段内完成的具体工时，如图 2-38 所示。主要功能包括：根据任务组织资源；估算每项任务的工作量和成本；比较计划和实际的工时与成本。

图 2-38 “任务分配状况”视图

6. “网络图”视图

“网络图”视图主要以流程图方式显示任务及其相关性。在其中可输入任务信息，但不能改变任务的相对位置，如图 2-39 所示。主要功能包括：以流程图格式创建和调整日程；链接任务以指定任务执行顺序，并确定任务的开始日期和完成日期；以图形化方式显示已经完成的任务、正在进行中的任务以及未开始的任务；给指定任务分配资源。

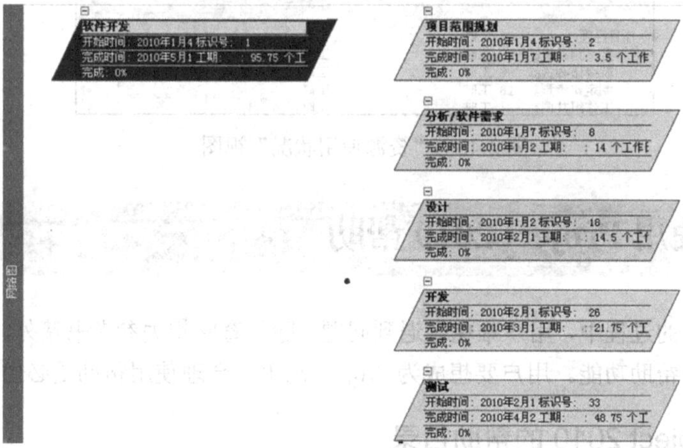

图 2-39 “网络图”视图

7. “日历”视图

“日历”视图是以月为时间单位的日历格式，用天或周计算任务时间，如图 2-40 所示。主要功能包括：显示某一日程排定在某个/几个星期的工作任务；检查其日程排定在特定的某天/星期/月的任务；通过输入任务和每项所用时间创建项目；通过链接任务建立任务相关性；将人员和其他资源分配给任务。

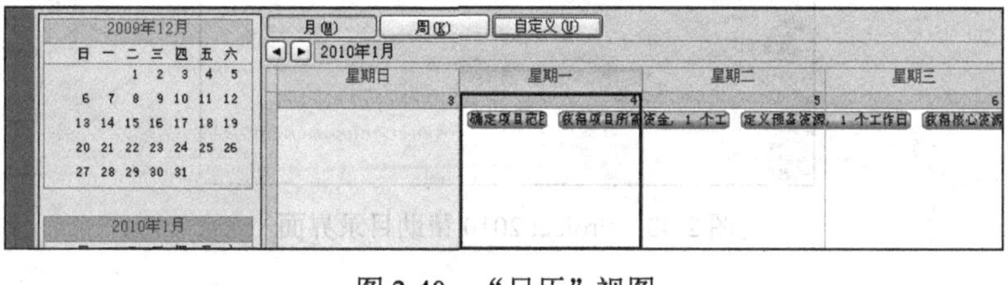

图 2-40 “日历”视图

8. “资源工作表”视图

“资源工作表”视图主要采用电子表格形式显示资源信息，如图 2-41 所示。主要功能包括：输入和编辑资源信息；查看每种资源分配的工作时间；查看资源成本；查看每个资源所分配的工时数；评价指定资源的效率。

❶	资源名称	类型	材料标签	缩写	组	最大单位	标准费率	加班费率	每次使用成本	成本累算	基准日
	管理人员	工时		管		100%	.00/工时	.00/工时	¥0.00	按比例	标准
	项目经理	工时		项		100%	.00/工时	.00/工时	¥0.00	按比例	标准
	分析人员	工时		分		100%	.00/工时	.00/工时	¥0.00	按比例	标准

图 2-41 “资源工作表”视图

9. “资源使用状况”视图

“资源使用状况”视图主要用于一次性查看所有资源的分配信息，如图 2-42 所示。主要功能包括：查看过度分配的资源及过度分配量；查看每种资源的预算工时容量百分比；输入和编辑资源的任务分配，如成本、工时分配和工时可用性；计算资源的预算工作小时数；计算每种资源在特定工作任务上的预计工作小时数；在资源之间可均匀分布工作任务分配；确定每种资源可用于附加工作分配的时间；通过设置工作分布，改变资源投入到某项任务上的工时量；审查特定任务的资源成本[60]。

资源名称	工时	添加新列	详细信	2010年1月17日 日	一	二	三	四
⊟ 项目经理	92 工时		工时			4h	8h	8h
定义预备资讠	8 工时		工时					
获得核心资讠	8 工时		工时					
制定初步预算	16 工时		工时			4h	8h	4h
工作组共同官	4 工时		工时					4h

图 2-42 “资源使用状况”视图

2.6 合理使用 Project 2010 帮助

在使用 Project 的过程中，用户难免会遇到问题。除了查阅相关参考书籍外，最常用的解决方法是使用 Project 帮助功能。用户要想成为 Project 高手，合理使用帮助是必由之路。

2.6.1 使用 Project 2010 的帮助目录

使用 Project 2010 帮助目录的操作步骤是：选择功能区“文件”选项卡下的“帮助”选项，在打开的界面中单击“Microsoft Office 帮助”图标，即可打开如图 2-43 所示的 Project 2010 帮助目录界面。接下来，用户便可在目录中查找所需帮助主题并进行学习。

图 2-43 Project 2010 帮助目录界面

2.6.2 使用 Project 2010 的索引

如果用户希望针对某个关键词搜索相关帮助主题，则需要使用索引功能。例如，用户需要了解“工作组规划器”知识，就可在 Project 帮助目录界面中的文本框中输入“工作组规划器”，单击“搜索”按钮，即可得到相关帮助信息，如图 2-44 所示。

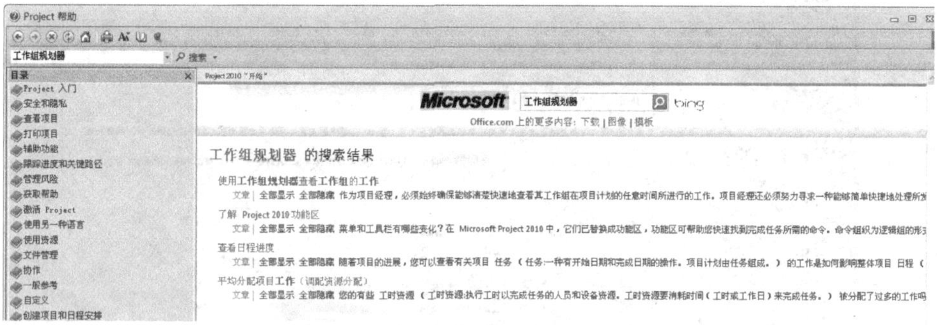

图 2-44　Project 2010 索引界面

2.6.3 在 Project 2010 中使用传统菜单和工具栏命令

为帮助用户了解常用菜单和工具栏命令在 Project 2010 中的位置，微软公司网站提供了交互式命令映射指南。操作步骤为：首先打开网址 http://office.microsoft.com/zh-cn/，然后在搜索框中输入“Project 2010 入门”并单击“搜索”按钮，接下来单击“Project 2010 入门”超链接，出现图 2-45 所示的界面，在其中单击“交互式命令映射指南”超链接，出现图 2-46 所示的界面，其中提供了“获取 Office 2010 命令和按钮的可打印列表”和“使用交互式指南查找所需命令”两种方式。

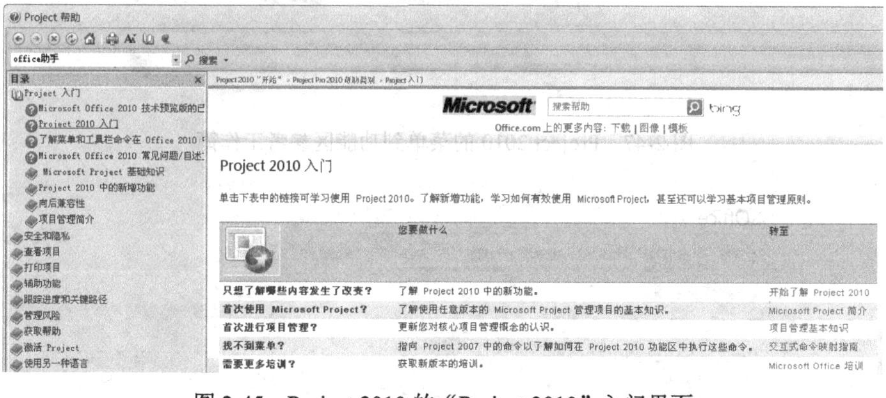

图 2-45　Project 2010 的“Project 2010”入门界面

1. 使用“获取 Office 2010 命令和按钮的可打印列表”

在图 2-46 中，单击“获取 Office 2010 命令和按钮的可打印列表”超链接，跳转到“获取 Office 2010 菜单到功能区映射参考工作簿”超链接，单击该超链接，出现如图 2-47 所示界面，然后单击“Project 2010：菜单到功能区参考工作簿”超链接，出现如图 2-48 所示的界面，然后单击“下载”按钮，即可下载该列表。

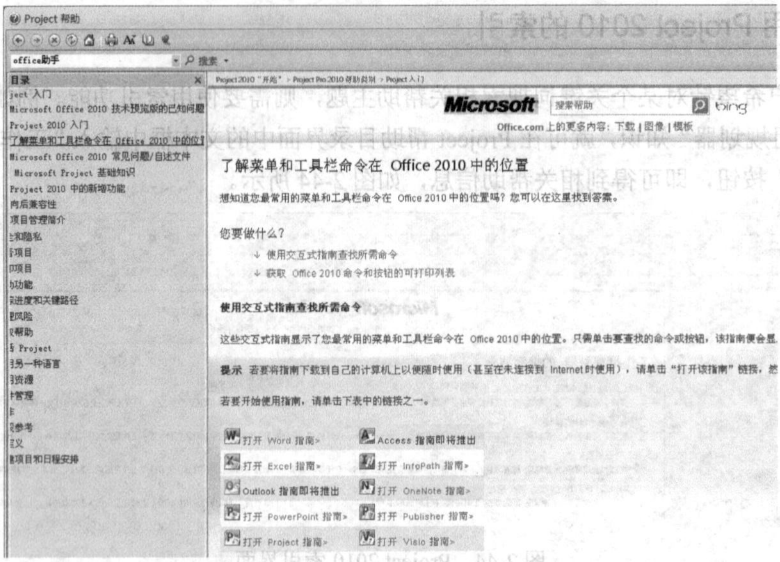

图 2-46　Project 2010 的交互式命令映射指南

图 2-47　Project 2010 的菜单到功能区参考工作簿

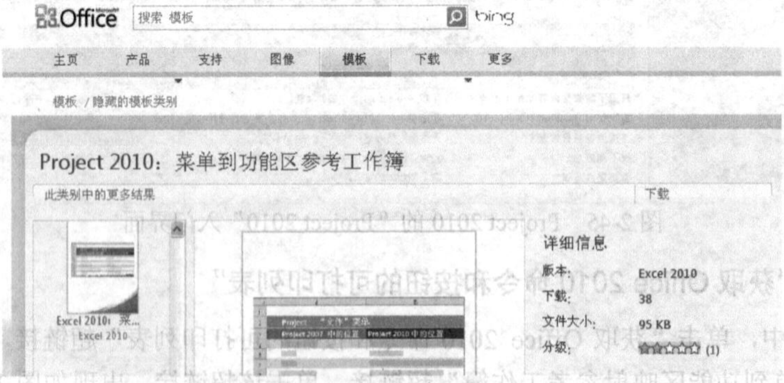

图 2-48　Project 2010 的菜单到功能区参考工作簿下载页面

2. 使用“交互式命令映射指南”

使用“交互式命令映射指南”可将指南下载到本地，以便随时使用（甚至未连接 Internet）。

操作步骤为：在图 2-46 中，单击“使用交互式指南查找所需命令”超链接，然后单击“打开 Project 指南”超链接，指南启动后，出现图 2-49 所示界面，单击右上角“安装”按钮，在出现的图 2-50 界面中，单击“是”按钮后便可安装该指南。安装好后，“安装”按钮变成“卸载”按钮。接下来在出现界面中选择要查找的菜单/工具栏命令。如“跟踪甘特图”视图，就可在 Project 2007 中找到“跟踪甘特图”视图命令，如图 2-51 所示，选择该命令，就会直接跳到 Project 2010 的“跟踪甘特图”视图，如图 2-52 所示。

图 2-49　Project 2010 的菜单与功能区的交互性指南安装页面

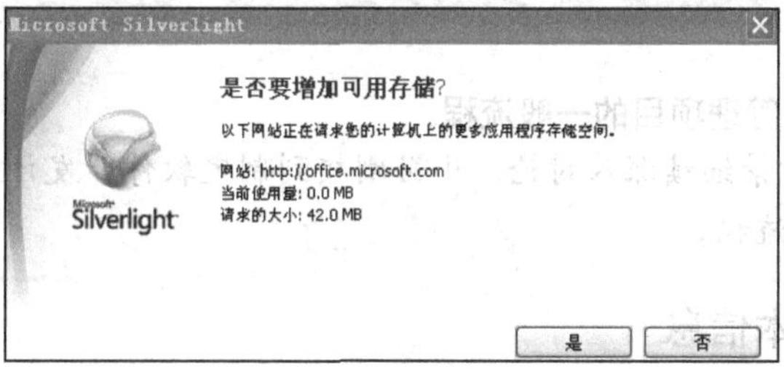

图 2-50　使用 Silverlight 安装界面

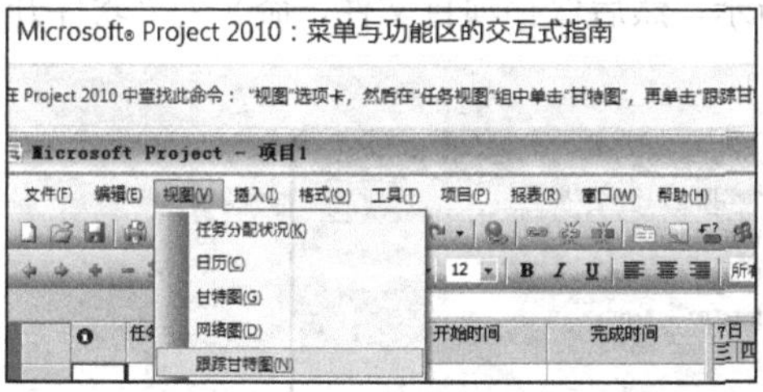

图 2-51　Project 2007 的“跟踪甘特图”视图

图 2-52　Project 2010 的“跟踪甘特图”视图

2.6.4　使用 Project 2010 的智能标签

在 Project 中，有些操作具有歧义性，即一个操作可能代表多种含义，且每种含义对应的操作者意图可能截然不同。为避免歧义，Project 会提示用户选择进行操作的原因。例如，用户修改任务工期可能出于两种原因：一是因为任务工作量发生了变化；二是因为任务分配资源发生了改变。这两种操作原因相去甚远。因此，当用户修改了工期之后，Project 会立即提示用户做出选择，如图 2-53 所示。通常情况下，需要确认的单元格的左上角会出现一个小黑叹号，鼠标悬停在该单元格上时会出现标记，单击该标记就会出现选项菜单。

2.6.5 使用 Project 2010 的 Office Online

此外，还可从微软网站获取 Project 2010 的支持和帮助。单击 http://office.microsoft.com/zh-cn/support/FX010064901.aspx 超链接，结果如图 2-54 所示，在其中，用户既可在搜索框中输入所要查找内容的关键词，也可单击相关专题进行系统学习。

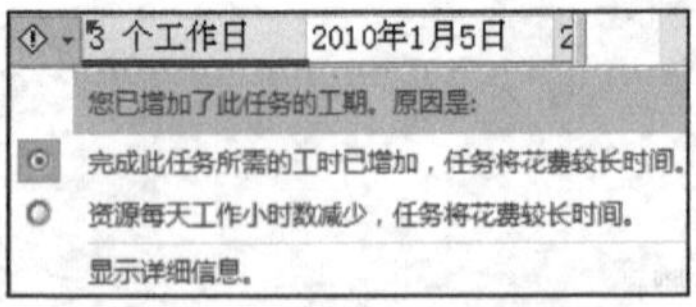

图 2-53　Project 2010 的智能标签

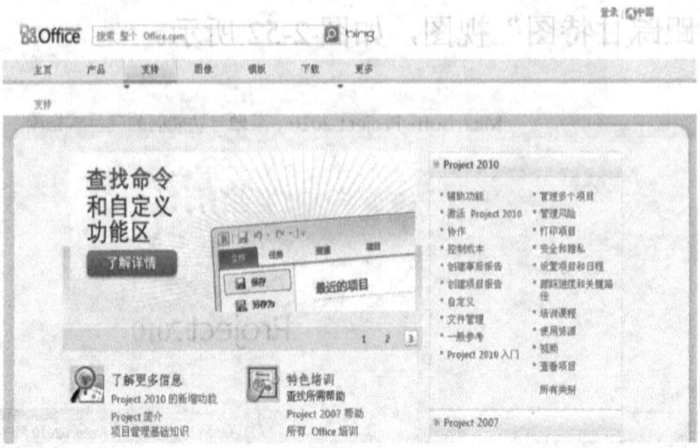

图 2-54　Project 2010 的在线支持

2.7　Project 2010 管理项目流程综合案例

例 2-3　用 Project 管理项目的一般流程。

本例以例 2-1 为背景继续深入讨论。小孙刚接到制定软件开发计划项目，本例探讨他用 Project 管理项目的一般流程。

2.7.1 修改项目基本信息

打开“软件开发计划”模板，小孙将以它为基础创建项目计划。首先修改项目开始日期为需要的时间“2010 年 12 月 12 日”，如图 2-55 所示，然后保存项目文件，命名为“软件开发计划 1.mpp”。

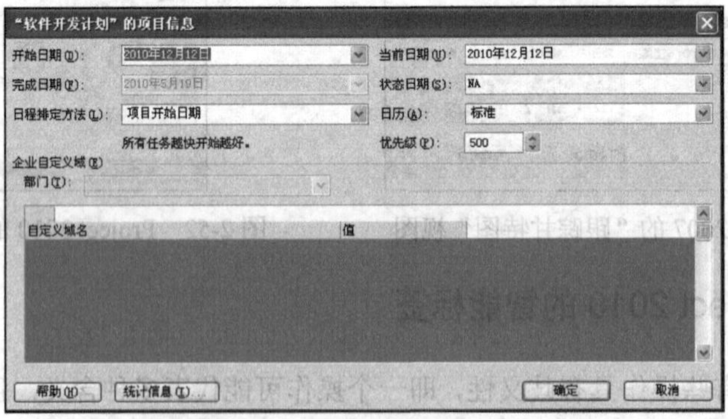

图 2-55　修改项目的开始日期

2.7.2 修改项目计划

针对公司实际情况，小孙主要针对项目任务的划分及时间分配作了调整，并保存了新的项目文件。例如，对“项目范围规划”、“分析/软件需求”和“设计”3 个阶段中的任务作了简化，并根据公司情况调整了任务时间，如图 2-56 所示。

任务名称	工期
⊟ **软件开发**	**97.75 个工作日**
⊟ **项目范围规划**	**5.5 个工作日**
确定项目范围	4 工时
获得项目所需资金	1 个工作日
定义预备资源	3 个工作日
获得核心资源	1 个工作日
完成项目范围规划	0 个工作日
⊟ **分析/软件需求**	**14 个工作日**
行为需求分析	5 个工作日
起草初步的软件规范	3 个工作日
制定初步预算	2 个工作日
工作组共同审阅软件规范/预算	4 工时
根据反馈修改软件规范	1 个工作日
制定交付期限	1 个工作日
获得开展后续工作的批准(概念、期限和预算)	4 工时
获得所需资源	1 个工作日
完成分析工作	0 个工作日
⊟ **设计**	**14.5 个工作日**
审阅初步的软件规范	2 个工作日
制定功能规范	5 个工作日
根据功能规范开发原型	4 个工作日
审阅功能规范	2 个工作日
根据反馈修改功能规范	1 个工作日

任务名称	工期
⊟ **软件开发**	**63.75 个工作日**
⊟ **项目范围规划**	**5 个工作日**
确定项目范围	6 工时
定义预备资源	3 个工作日
获得核心资源	2 个工作日
完成项目范围规划	0 个工作日
⊟ **分析/软件需求**	**15 个工作日**
行为需求分析	8 个工作日
起草初步的软件规范	2 个工作日
工作组共同制定并审阅软件规范/预算	4 工时
制定交付期限	1 个工作日
获得所需资源	4 个工作日
完成分析工作	0 个工作日
⊟ **设计**	**15 个工作日**
审阅初步的软件规范	2 个工作日
制定功能规范	5 个工作日
根据功能规范开发原型	10 个工作日
完成设计工作	0 个工作日
⊟ **开发**	**21.75 个工作日**
审阅功能规范	1 个工作日

图 2-56　原始软件开发项目计划及修改后的软件开发项目计划

2.7.3　修改项目资源

根据公司实际情况修改项目的资源分配情况，具体在“资源工作表”视图下进行，如图 2-57 所示，然后修改各种资源的标准费率，如图 2-58 所示。

	ℹ	资源名称	类型	材料标签	缩写	组	最大单位	标准费率	加班费率	每次使用成本	成本累算	基准日
1		管理人员	工时		管		100%	.00/工时	.00/工时	¥0.00	按比例	标准
2		项目经理	工时		项		100%	00/工时	00/工时	¥0.00	按比例	标准
3		分析人员	工时		分		100%	00/工时	00/工时	¥0.00	按比例	标准
4		开发人员	工时		开		100%	00/工时	00/工时	¥0.00	按比例	标准
5		测试人员	工时		测		100%	00/工时	00/工时	¥0.00	按比例	标准
6		讲师	工时		讲		100%	00/工时	00/工时	¥0.00	按比例	标准
7		技术联络人员	工时		技		100%	00/工时	00/工时	¥0.00	按比例	标准
8		部署小组	工时		部		100%	.00/工时	.00/工时	¥0.00	按比例	标准

图 2-57　原始“资源工作表”视图

	ℹ	资源名称	类型	材料标签	缩写	组	最大单位	标准费率
1		管理人员	工时		管		100%	¥0.00/工时
2		项目经理	工时		项		100%	¥100.00/工时
3		分析人员	工时		分		100%	¥50.00/工时
4		开发人员	工时		开		100%	¥30.00/工时
5		测试人员	工时		测		100%	¥20.00/工时
6		讲师	工时		讲		100%	¥50.00/工时
7		技术联络人员	工时		技		100%	¥40.00/工时
8		部署小组	工时		部		100%	¥35.00/工时

图 2-58　修改后的“资源工作表”视图

2.7.4　设置项目比较基准

至此，初始项目计划基本完成，接下来，将完成的项目计划设置为比较基准，以便与日后的实际执行情况比较。操作步骤为：选择“项目”选项卡，然后单击“设置比较基准”按钮，在弹出的下拉列表中，选择“设置比较基准”命令，弹出“设置比较基准”对话框，如图 2-59 所示，单击“确定”按钮即可。下一步将进入项目实施阶段。

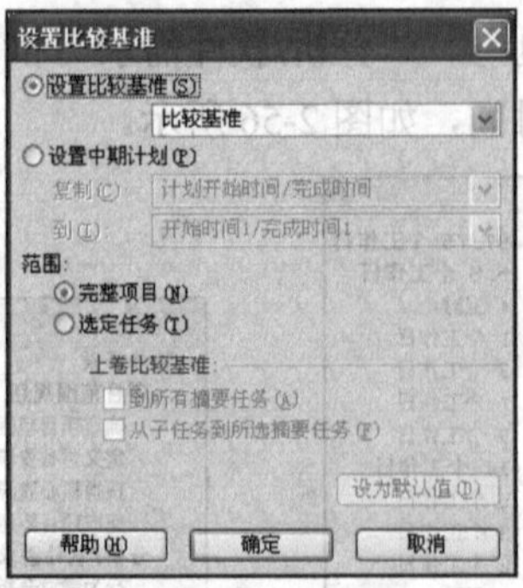

图 2-59 “设置比较基准”对话框

2.7.5 项目实施

在项目实施过程中，需要定期将项目实际进展信息记录到项目文件中，如更新项目实际进度。操作步骤为：选择“视图”选项卡，选择“甘特图”按钮，在弹出的下拉列表中勾选“甘特图”，系统便会切换到“甘特图”视图，如图 2-60 所示。

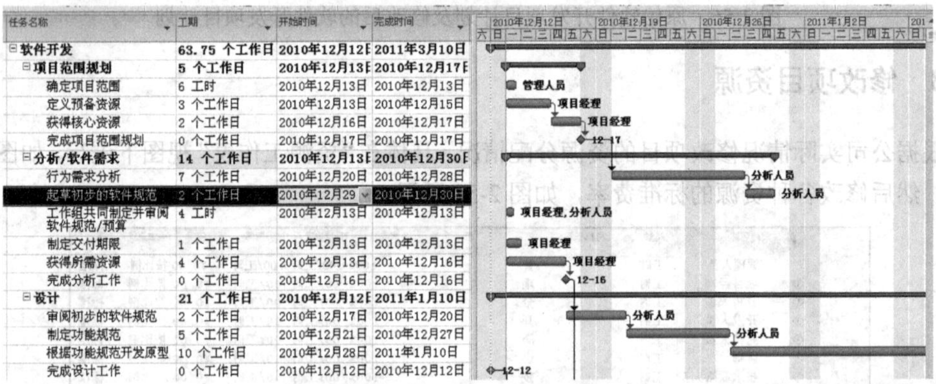

图 2-60 软件开发计划项目模板“甘特图”视图

选择某项任务双击，比如双击任务“起草初步的软件规范”，可弹出图 2-61 所示的“任务信息”对话框。将其开始时间由 12 月 29 日修改为 12 月 31 日，单击“确定”按钮，弹出图 2-62 所示的“规划向导”对话框。选中“移动任务‘起草初步的软件规范’，在 2010-12-31 开始，保持链接”单选按钮，单击“确定”按钮，结果如图 2-63 所示。可看出任务“起草初步的软件规范”的开始日期变为“2010 年 12 月 31 日”。

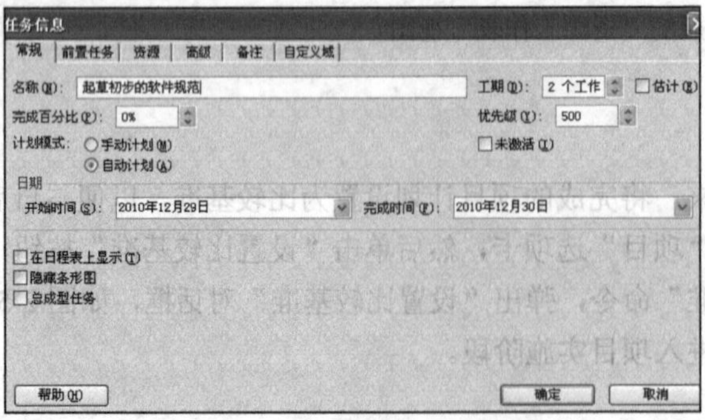

图 2-61 “任务信息”对话框

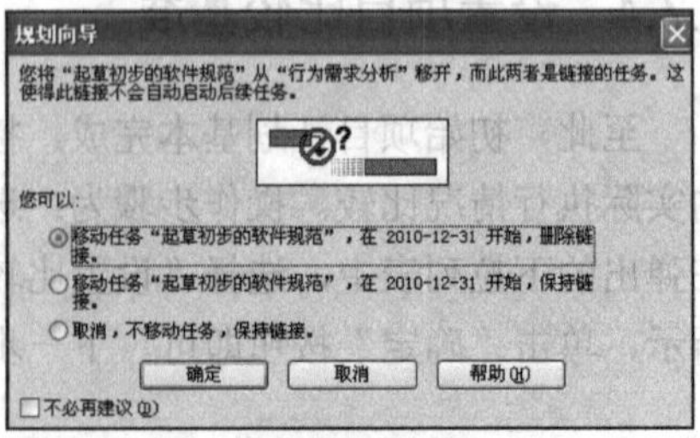

图 2-62 “规划向导”对话框

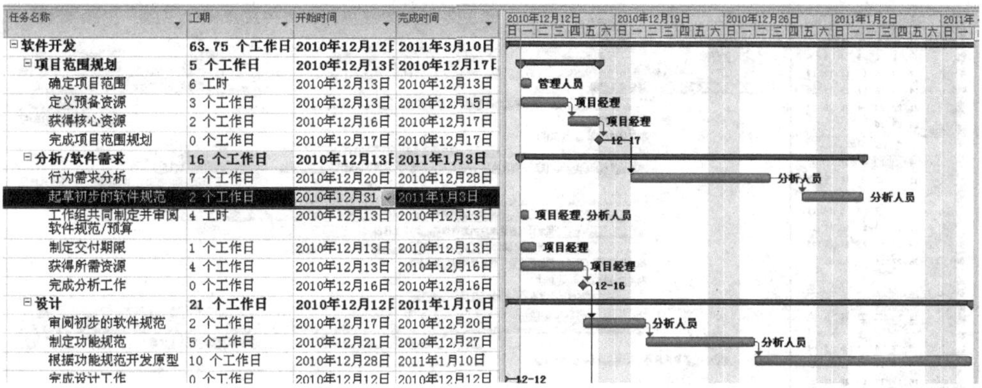

图 2-63 修改后的软件开发计划项目模板“甘特图”视图

2.7.6 项目控制

项目控制主要是指对比项目实际进展情况与原定项目计划，找出差异[53]，可采用“跟踪甘特图”视图进行。操作步骤为：单击“视图”选项卡下“任务视图”组中的“甘特图”按钮，在其下拉列表中勾选“跟踪甘特图”即可切换到“跟踪甘特图”视图。以进度管理为例，软件开发计划项目的比较基准和实际进度的对比情况如图 2-64 所示。在右侧图表显示区域中，每个任务都有两根线条，上面线条表示实际进度，下面线条表示比较基准，从中可很清楚地看出计划与实际在日程、工期方面的差异。如果想了解某个任务的详细情况，只要将鼠标悬停在任务的线条上就会出现信息提示。

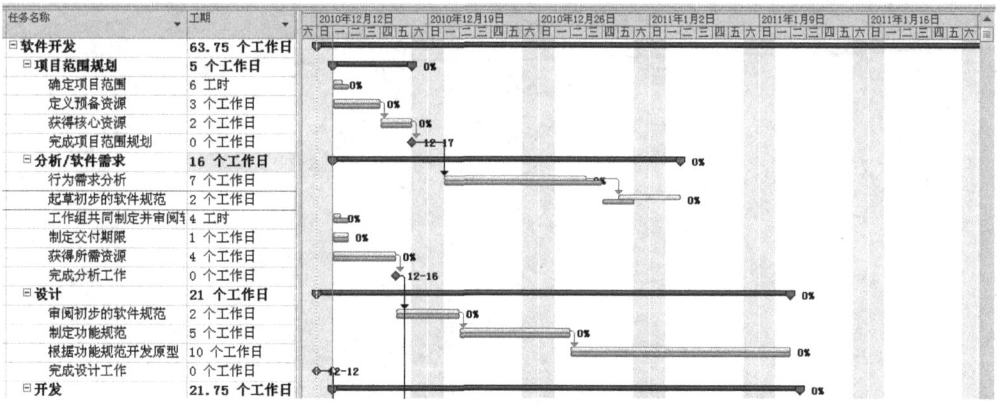

图 2-64 “软件开发计划”模板的“跟踪甘特图”视图

2.7.7 项目状态信息报告

报告项目状态信息主要是选择适合的视图和报表将需要的信息按照预定格式输出。如图 2-65 所示是软件开发计划项目“日历”视图，将每一天安排的任务全部列出，并能直接打印。

2.7.8 项目收尾

项目收尾阶段的主要工作是项目文档整理。Project 可将相关项目文档统一保存在项目文件中，项目收尾时只要将一个项目文件保存起来即可，也可刻录成光盘永久保存。

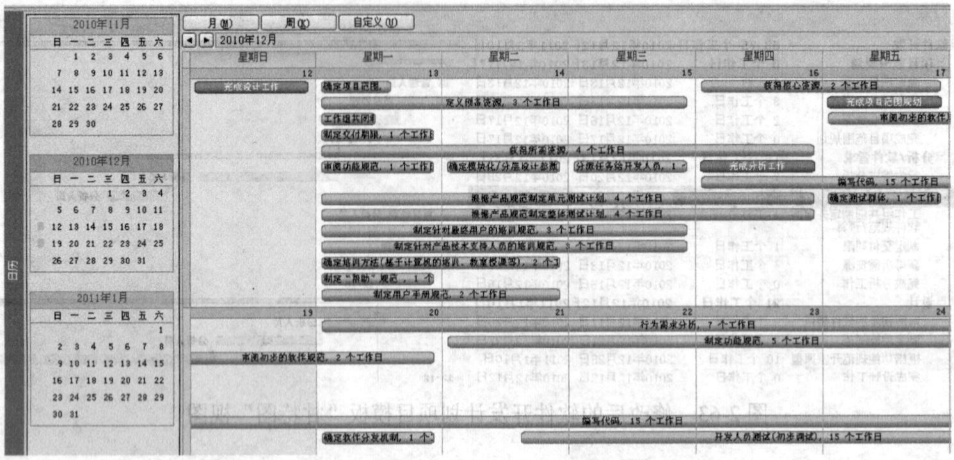

图 2-65 “软件开发计划”模板的“日历”视图

2.8 本章小结

本章主要介绍了 Project 2010 基本功能；发展演变，系列产品，企业项目管理解决方案，安装与工作环境；Project 2010 管理项目流程；Project 2010 项目模板、视图以及帮助的使用；最后，以“软件开发计划”模板为例讲解了基于 Project 模板的项目管理思路与完整过程。

第2篇

基于Project 2010的IT项目计划

项目计划是项目思想的具体化，体现了项目准备做什么、何时做、由谁做、如何做和在何地做，是对未来行动方案的说明和解释。制定项目计划是项目经理的重要职责，是项目管理的核心和第一步，也是项目成功的重要保证，几乎和项目管理的所有环节都密切相关。Project 2010在项目的进度计划、资源计划、成本计划、项目计划优化与发布等方面均具有明显优势，在Project帮助下，项目管理者可以得心应手地创建和优化项目计划。

本篇主要讲解如何利用Project 2010制作IT项目计划以及优化与发布IT项目计划，包括第3～7章。其中，第3～6章讲解IT项目计划，即如何根据各种约束条件制定项目范围、项目进度、项目资源和项目成本计划；第7章讲解项目计划的优化与发布，其核心是根据项目范围进行任务分解、确定详细任务、设置时间限制、检查任务相关性、准备好项目资源、进行资源分配、形成项目成本预算，并对项目计划进行优化与完善，以使其符合项目的时间、成本、质量要求，符合用户的个性需求。

第 3 章

Microsoft Project 2010 与 IT 项目计划

本章内容提要：

- 项目计划与范围管理。
- IT 项目计划的基本概念、形式、内容、过程以及编制方法。
- 基于 Project 2010 的 IT 项目计划编制。

3.1 本章导读

制定项目计划是项目经理的重要职责，是项目管理的核心和第一步，也是项目成功的重要保证，几乎项目管理的所有环节、内容都与项目计划密切相关。项目计划的编制过程称为项目规划，项目计划是编制过程的结果，是项目思想的具体化，体现了项目准备做什么、什么时候做、由谁去做、如何做以及在什么地点做，是对未来行动方案的说明和解释。在 Project 帮助下，管理者创建项目计划将会变得更加得心应手。本章将介绍项目范围管理过程，IT 项目计划的形式、内容、制定流程和方法，以及基于 Project 2010 的 IT 项目计划编制方法。

3.2 项目计划与范围管理

项目管理者可能有过项目做了很久却感觉总做不完的经历，这主要是由于项目范围管理没有到位。项目范围管理主要体现在项目计划中，在制定和执行项目计划时又必须以范围管理为指导。因此，在使用 Project 编制项目计划前，必须先对范围管理有一个初步了解。

3.2.1 项目计划与范围管理

在项目中，项目管理者必须知道客户的需求和项目的目标，即项目范围，这是项目成功的基础。在实际操作中，通常先确定产品范围，再确定项目范围（实现项目产品需做的工作）。确定产品范围时，需要确定最终产品并清晰界定产品的特性和功能，最好以文字、图表或某种标准形式进行清楚的表达，在此基础上再明确项目需要做什么工作才能生产出所需产品。

项目范围管理要防止两方面的失误：（1）该做的工作没有完成，或未按预定要求完成，概括为“漏做”和“少做”，其中也应包含“错做”；（2）不该做的工作进入了项目范畴，可概括为“多做”。所以，范围管理要求项目包含所有必要的工作，而且只包含必要的工作[53]。

3.2.2 范围管理过程

范围管理过程分为启动、范围计划、范围分解定义、范围核实与范围变更控制 5 个步骤[53]，如图 3-1 所示。

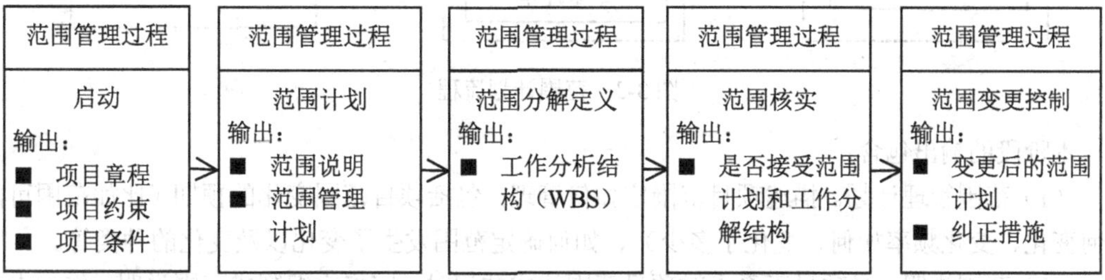

图 3-1　范围管理过程

1．启动阶段

启动阶段是项目管理的第一个过程，主要工作是回答两个问题：项目要做什么以及项目是否值得去做。其整体流程如图 3-2 所示，其关键环节如下。

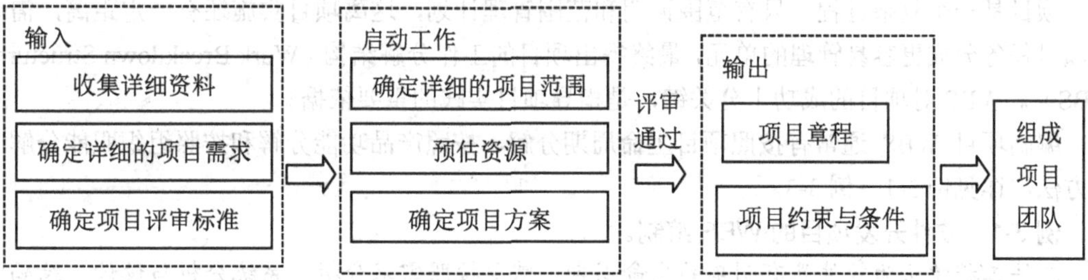

图 3-2　项目启动流程

（1）确定详细的项目需求。首先，要确定最终产品或服务的具体特征，即产品描述；其次，要确定项目的需求。通常产品需求与项目需求基本一致。

（2）确定项目章程。一般由项目发起人确定，是启动阶段的主要输出。项目章程从总体上界定项目的目标和范围，是后续项目计划制定的依据之一。项目章程包含：项目背景说明（机会与机遇说明）、项目目标（产品/服务描述）、商业需求（项目初衷和原因）和项目可用资源。

（3）确定项目约束与条件，如工期限制、预算要求、资源限制和产品技术标准要求等。

（4）组建项目团队，包括项目经理和项目成员。其中，项目经理指导项目日常工作。

2．范围计划

范围计划涉及产品范围和项目范围两方面。编制范围计划就是参考产品描述、项目章程、项目合同等信息，将项目范围逐渐明确和归档。通常，由业主和项目管理者先初步约定项目范围，然后再进一步深入和细化，具体流程如图 3-3 所示。

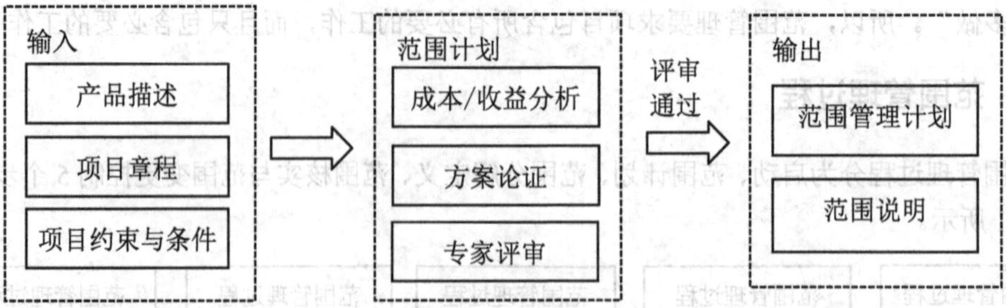

图 3-3　范围计划流程

本阶段的输出包含：

（1）范围管理计划。描述项目范围应如何管理，包括项目范围变化的预期（比如范围可能如何变化、变化频率如何、变化了多少）、如何确定范围发生了变化以及变化的种类等。

（2）范围说明。当项目干系人对项目范围达成共识时，应将它编制成范围说明，作为未来决策的基础。范围说明中至少要说明项目论证、项目产品、项目可交付成果和项目目标。项目可交付成果一般要列出子产品概括表。例如，一个软件开发项目的可交付成果应该包括程序代码、工作手册、人机交互学习程序等。

3．范围分解定义

项目是一个复杂过程，只有范围说明和范围管理计划，这离项目实施还有一定距离，需要把项目任务分成更容易管理的单元，最终得出项目的工作分解结构（Work Breakdown Structure，WBS）。WBS 对项目的成功十分关键，是指导项目实践的重要依据。

编制项目 WBS 通常有按照项目生命周期分解、按照产品功能分解和按照组织职能分解 3 种方法，详见例 3-1～例 3-3。

例 3-1　软件开发项目的 WBS 编制。

软件工程学认为软件具有明确的生命周期，需要按照需求分析、系统分析与设计、编码实现、软件测试和使用维护的流程进行开发，因此，典型软件开发项目的 WBS 编制按照项目的生命周期进行任务分解，结果如图 3-4 所示。

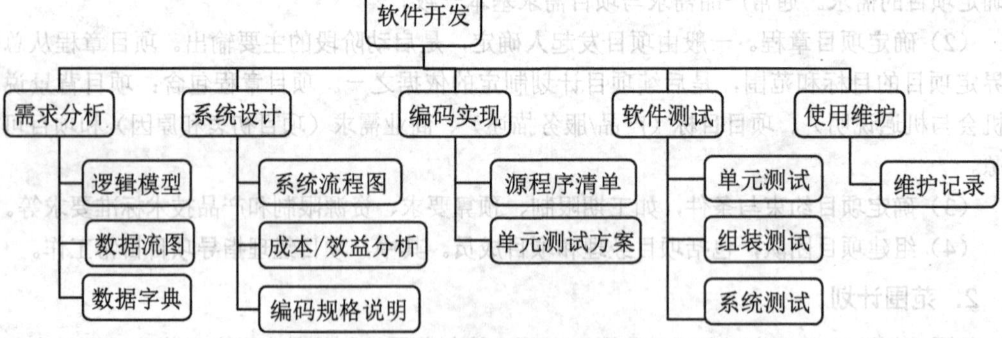

图 3-4　软件开发项目的 WBS

例 3-2　研制手机项目的 WBS 编制。

研制手机项目的 WBS 编制按照手机的功能进行任务分解：将手机分成几组大部件，然后针对每个部件提出解决方案，最后再将所有部件集成到一起，如图 3-5 所示。

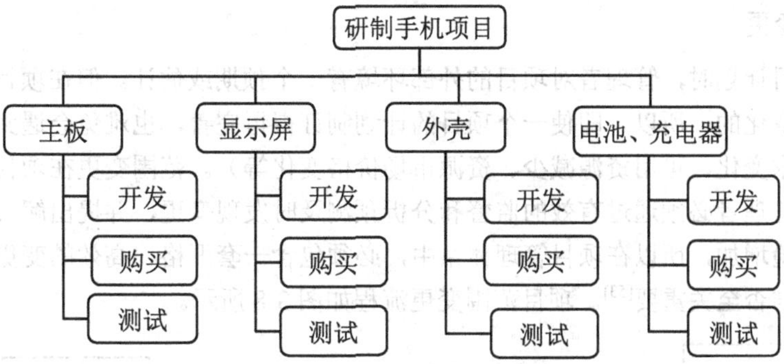

图 3-5　研制手机项目的 WBS

例 3-3　商业住宅开发项目的 WBS 编制。

住宅项目是多工种协作的系统工程，涉及房屋设计、土建、设备、材料供应等多方单位。虽然每一方都有必要组织项目管理，但作为项目的发起人和投资者，开发商的项目管理才是整个项目管理的核心，它必须协调所有部门和单位的行动，保证各方始终朝着既定的项目目标前进而不能偏离。因此，商业住宅开发项目的 WBS 编制按照组织职能进行任务分解，其根据公司内部的职能部门（有时也会根据地域）将项目任务逐步分解细化，形成 WBS，结果如图 3-6 所示。

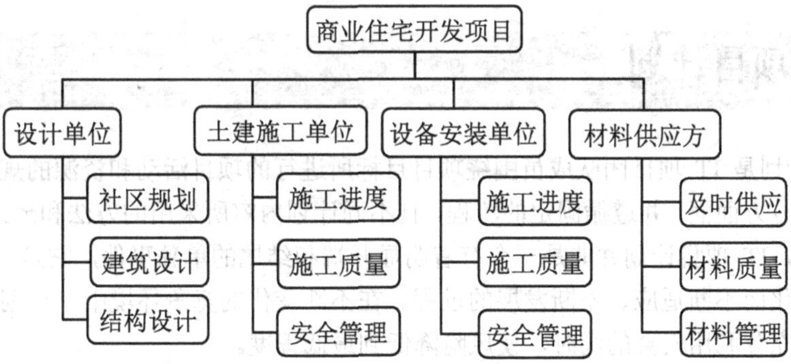

图 3-6　商业住宅开发项目的 WBS

4．范围核实

范围核实是取得项目干系人（客户、投资人、公司领导等）对项目范围正式认可的过程。范围核实过程要求项目组成员核查项目范围、可交付成果，其他干系人（如客户）核查最终产品，确保提交的项目成果正确无误且令人满意，核查重点是对工作结果是否认可。如果项目提前终止，则范围核实过程还应确认与记载项目已经完成的水平与程度，整个流程如图 3-7 所示。

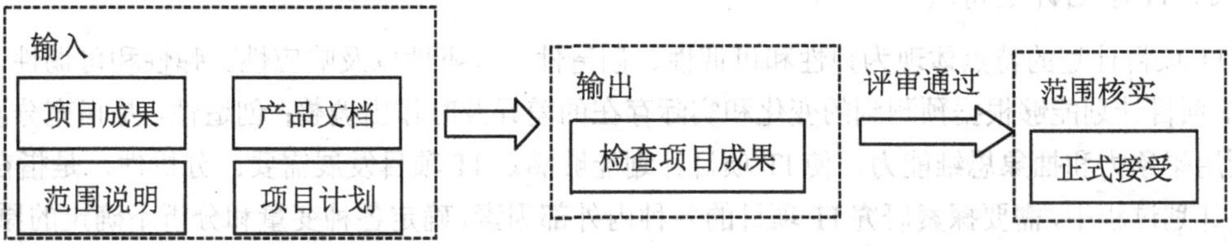

图 3-7　范围核实流程

5. 范围变更

在制定项目计划时，管理者对项目的外部环境有一个预期或估计。但在项目实施过程中，环境总是不断变化的。所以，即使一个项目的计划制订得再完善，也难免会遇到意想不到的情况（如客户需求变化、可用资源减少、资源市场价格变化等）。范围变更在项目实施过程中在所难免。项目管理者必须通过有效的监督和分析预测及时发现变更，并提出解决方案。范围变更会使项目风险增加，所以在项目管理体系中，必须包含一套严格、高效的变更管理程序，这对项目的成功与否至关重要[53]。项目范围变更流程如图 3-8 所示。

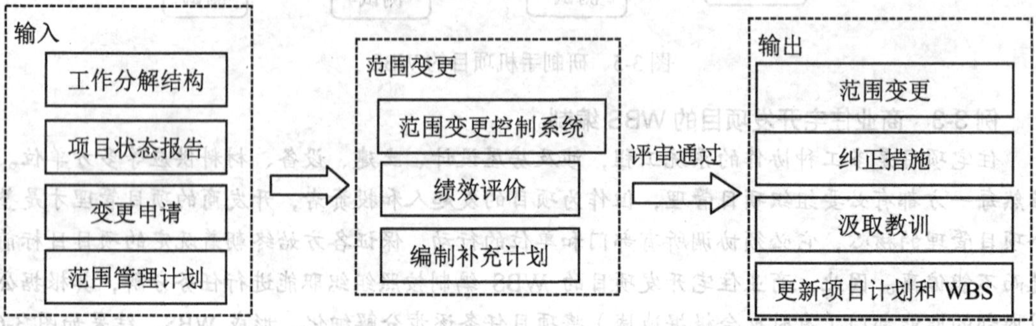

图 3-8　范围变更流程

3.3　IT 项目计划

IT 项目计划是 IT 项目团队成员围绕项目目标所进行的项目活动和资源的规划过程，其内容涉及项目的方方面面，并遵循固定的流程，且不同计划内容所采用的方法和形式也大不相同。需要注意的是，IT 项目计划并非是一个有着明显开端和结尾的单独事件，它是一个随着 IT 组织周围环境变化而不断适应、不断发展的过程。在不断变化的竞争环境中，计划工作的一个重要任务就是在充分利用机会的同时，使风险降低到最低程度。

3.3.1　IT 项目计划概述

1. IT 项目计划基本概念

计划是为完成一个目标而进行的系统的任务安排。IT 项目计划是 IT 项目管理团队根据 IT 项目的目标规定，为完成 IT 项目的全部工作而科学预测，对 IT 项目实施工作进行的各项活动及其预计使用的资源作出的周密安排[61]。

2. IT 项目计划特点

IT 项目计划的特点体现为弹性和可调性、创造性、分析性以及响应性。弹性和可调性，是指 IT 项目计划能够根据预测到的变化和实际存在的差异及时作出调整；创造性，是指充分发挥和利用想象力和抽象思维能力，使 IT 项目计划能够满足 IT 项目发展需要；分析性，是指在 IT 项目计划过程中，需要探索研究 IT 项目的各种内外部因素，确定各种变量和分析不确定的原因；响应性，是指 IT 项目计划能及时确定存在的问题，提供计划的多种可行方案[62]。

3.3.2 IT 项目计划内容

IT 项目计划包括 IT 项目整体计划、IT 项目范围计划、IT 项目进度计划、IT 项目成本计划、IT 项目质量计划、IT 项目人力资源计划、IT 项目沟通计划、IT 项目风险计划和 IT 项目采购计划等。各计划内容可参见本书 1.5 节。

3.3.3 IT 项目计划形式

IT 项目计划按照计划的详细程度分为整体（总体）计划、单项（任务）计划和工作（详细）计划 3 种形式；按照计划是否为一次性制定，分为专项计划和滚动计划。

1．整体（总体）计划、单项（任务）计划和工作（详细）计划

IT 项目计划的最终成果是项目整体计划，或称总体计划，包括一系列投资人和其他利益相关者协同认可、项目主管部门正式批准生效的专项计划。该计划将作为工作授权、预算和控制的依据，又称为基线计划，其中的项目规范、应用标准、进度指标和成本指标等被称为项目基线。整体（总体）计划是项目工作分解结构中最上层的计划，由项目经理组织编制。

单项（任务）计划是指项目工作分解结构中逐层分项任务的计划，由具体分项任务责任人编制。

工作（详细）计划是指自下而上的计划，其任务是制定为实现项目的每一特定工作而进行的具体计划，是项目工作分解结构中最下层的工作计划，由相关作业单位负责编制。

2．专项计划和滚动计划

专项计划是整体计划或任务计划的组成部分，是项目经理各领域的分计划。其中，项目采购和资源供应计划仅适用于需要分包的项目，进度、质量、成本和风险控制计划又称为实施计划，则适用于所有类型的项目。通过制定项目实施计划，可把所有的项目需求转化为一系列项目工作授权协议或分包合同。

滚动计划是采用滚动方法，对可预见的将来逐步制定详细的计划，随着项目推进，分阶段重估计划中所确定的进度和滚动计划预算，不断地进行调整。在项目实施过程中需根据实际情况的变化不断地进行调整和细化[61]。

3.3.4 IT 项目计划过程

IT 项目计划过程是预测 IT 项目未来，确定其需要达到的目标，估计会碰到的问题并提出实际的目标、解决问题的有效方案、方针、措施和手段的过程，其成果是项目计划书和辅助材料。IT 项目计划过程实质是从解决问题至得到承诺的过程，分为 14 个步骤，如图 3-9 所示。

（1）需要分析项目需求，以明确市场需求或业主对 IT 项目的需求；（2）确定项目目标，即根据项目需求确定明确、可度量、可实现、由成果决定、有时间性和简明扼要的项目目标，包括质量、管理、成本目标等；（3）制定项目总进度计划，即参考项目需求分析和项目目标确定项目里程碑；（4）编制项目产品说明，即根据项目目标编制项目产品说明；（5）编制项目工作分解结构图，即按照项目生命周期分解、产品功能分解或组织职能分解来编制项目 WBS；（6）制定项目专业计划，即参照以往项目经验和相关标准制定项目范围、进度、成本、质量、人力资源、沟通、风险、采购等专业计划；（7）确定项目组织结构图，即根据项目目标和专业计划来确定项目组织结构；（8）编制项目责任矩阵图，即根据项目产品说明、项目工作分解结构、项目组织结构图和项目专业计划来编制项目责任矩阵图；（9）制定项目进度计划，即根据项目的 WBS、工序信息、工期信息等制定项目进度计划；（10）制定项目成本计划，即进行项目成本及资源估算；（11）制定项目详细任务计划，即根据项目成本计划和项目工作分解结构制定项目详细任务计划；（12）项目经理与任务责任人协商，即团队就任务目标进行互动，达成共识；（13）签订项目分包合同及工作授权协议，实现对任务目标的承诺；（14）召开项目计划评审会，即得到管理层对项目计划的批准，并得到业主对资源的承诺，内容包括合同中的标准操作流程、内部项目的启动备忘录、交付物、激励机制、项目策略、实施计划、风险管理措施、职能支持部门的承诺以及所需要的资源等[61]。

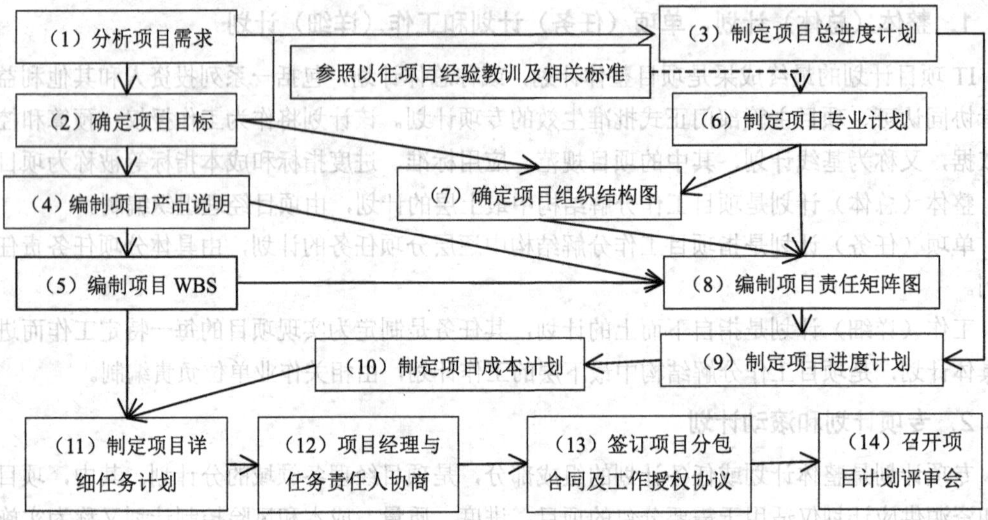

图 3-9　IT 项目计划过程

3.3.5　IT 项目计划方法

IT 项目计划的方法很多，但不同项目专业计划的方法大不相同。比如，IT 项目的进度计划方法和质量计划方法存在着明显差异，关于不同项目专业计划编制方法的详细内容可参见本书 1.5 节。

3.4　Project 2010 在 IT 项目计划中的应用

本小节主要介绍基于 Project 2010 的 IT 项目计划的编制内容和过程。

3.4.1　基于 Project 2010 的 IT 项目计划编制内容

在 Project 2010 中，IT 项目计划编制内容主要以 IT 项目范围计划和 IT 项目质量计划为依据，围绕 IT 项目进度计划和 IT 项目成本计划展开。同时，IT 项目整体计划、IT 项目人力资源计划、IT 项目沟通计划、IT 项目风险计划和 IT 项目采购计划等专业计划作为 IT 项目实施的辅助计划，其编制仍需大量人工干预，并非 Project 2010 的优势所在。

3.4.2 基于 Project 2010 的 IT 项目计划编制过程

在 Project 2010 中，IT 项目计划的编制过程依次为制定 IT 项目进度计划、制定 IT 项目资源计划和制定 IT 项目成本计划。

1. 制定 IT 项目进度计划

IT 项目进度计划对 IT 项目的成功起着至关重要的作用，主要用来确定项目阶段的划分、项目活动和项目工作的分解结构（WBS）。IT 项目进度计划定义了项目任务的排序、工期和依赖关系，相关内容参见本书第 4 章。完整的 IT 项目进度计划只有在 IT 项目资源计划和 IT 项目成本计划确定以后，才能最终确定。

2. 制定 IT 项目资源计划

初步制定了 IT 项目进度计划之后，就要详细评估项目资源。所需人工、设备和材料要一一列出并进行量化，同时输入项目资源库。最后，制定出 IT 项目资源计划以及项目每一阶段所需的资源总量。相关内容参见本书第 5 章。

3. 制定 IT 项目成本计划

IT 项目成本计划描述项目各阶段所需的财务资源总量，主要是计算人工、设备和材料每一分项的总费用以及项目计划中每一活动的总费用[63]。上述数据在 Project 2010 中，在对项目任务进行资源分配以后可自动生成，相关内容参见本书第 6 章。

3.5 本章小结

本章主要讲解了项目范围的管理过程及各阶段的具体内容，IT 项目计划的内容、形式、过程和编制方法，以及基于 Project 2010 的 IT 项目计划编制内容和过程。

第 4 章 Microsoft Project 2010 与 IT 项目进度计划

本章内容提要：

- 项目进度管理与 IT 项目计划。
- Project 2010 制订项目进度计划的流程。
- 专题讨论。
- 项目进度计划制定与完善综合案例。

4.1 本章导读

项目进度在项目生命周期中引起的冲突最多，在项目管理中非常重要，是实现项目目标的关键。任何项目均围绕其目标开展工作，为实现目标，常将项目分解成可实现的任务，确定每个任务工期并为其分配资源，保证任务顺利实施，最后达到最初对进度、成本、质量的要求[64]。因此，任务是项目的组成部分，同时也是项目最关键的因素。如何分解项目任务、确定任务相关性，并根据要求优化完善项目进度计划，达到项目要求至关重要。

本章是使用 Project 进行项目管理的重点，也是其功能中最为精彩的部分。首先介绍了项目及 IT 项目进度管理的过程和内容，然后详细阐述 Project 2010 制订项目进度计划的流程及核心步骤，最后通过一个综合案例详细阐述了利用 Project 2010 制定项目进度计划的过程。至于优化项目进度计划，则在第 5 章和第 7 章中介绍。

4.2 项目进度管理与 IT 项目计划

现代项目管理崛起的重要原因是人们希望快速获取项目信息，有效控制项目的实施进度，辅助项目管理者统筹安排工作，在规定时间内完成项目。项目进度管理在其中扮演着重要角色。

4.2.1 项目进度管理

项目进度管理是在规定时间内拟定出合理经济的项目进度计划，在项目实施过程中检查实际进度是否按计划进行，若出现偏差，则需及时找出原因并采取必要措施调整或修改原计划，直至项目完成。

1．项目进度管理过程和内容

项目进度管理过程分为编制项目进度计划、跟踪项目进度和报告进度状态 3 个步骤，Project 的各种视图为项目进度管理提供辅助功能，其详细流程如图 4-1 所示。

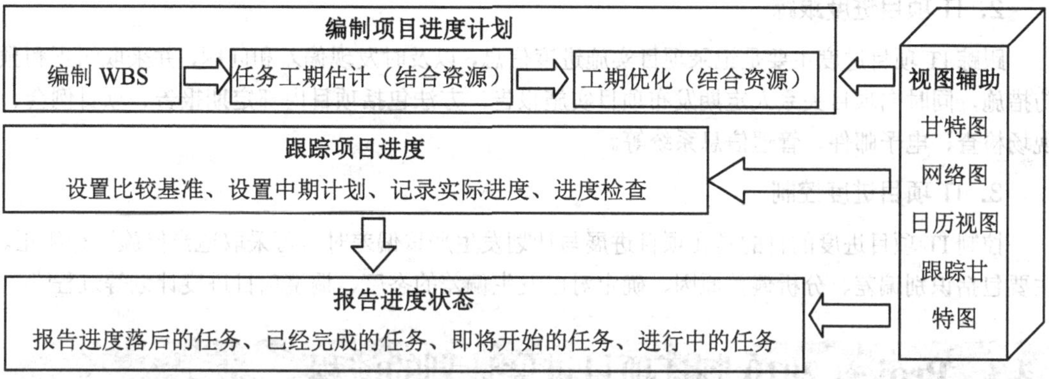

图 4-1　项目进度管理过程和内容

2．编制项目进度计划

项目进度计划是项目计划的一部分，是表达项目中各项工作及工序的开展顺序、开始及完成时间以及相互衔接关系的计划。建立项目进度计划时，需要了解项目任务间的依赖关系，定义和描述任务所含的工作内容、目标、成果、负责人、日期和持续时间、资源和成本等，任务持续时间取决于分配给其资源的数量和工作效率，还要考虑内部和外部环境因素的影响。

编制项目进度计划的核心是编制 WBS、结合资源估计任务工期以及根据要求利用 Project 视图优化项目工期（解决由于任务持续时间、任务相关性等导致的不一致和冲突）。

3．跟踪项目进度

通过记录项目实施信息，并将其设置为中期计划，通过对比中期计划和比较基准来及时发现项目进度问题，并及时予以解决。

4．进度状态报告

方便项目管理人员及时了解项目进展情况，通过 Project 项目管理视图来实现[53]。

4.2.2　IT 项目进度管理

IT 项目进度管理主要包括 IT 项目进度计划制定、IT 项目进度跟踪和 IT 项目进度控制 3 部分。

1．IT 项目进度计划制定

IT 项目进度计划在项目任务分解基础上，对项目活动做出一系列时间安排，以控制和节约时间。其通过安排分配给项目任务的时间和资源来保证项目按时获利，以补偿已发生的费用支出；协调资源，从而使资源在需要时可被利用；预测在不同时间上所需要的资金和资源的级别，以便赋予项目不同的优先级并满足严格的完工时间约定。

制定项目进度计划的方法包括甘特图法和里程碑法。前者对简单项目进行计划和排定日程，辅助管理者制定项目进度计划，并随着时间推移对比计划进度和实际进度，以监控项目进展情况；后者仅表示主要可交付成果的计划开始和完成时间及关键的外部界面。

IT 项目进度计划主要由相关人员根据项目描述、项目任务结构分解、工作描述等来制定，内容主要包括任务先后顺序及任务工期等的确定。

2．IT 项目进度跟踪

跟踪 IT 项目进度主要是记录项目实施进度信息，以及时发现偏差和问题，并采取纠正和预防措施，同时向项目关系人定期发布项目实施报告。方法包括项目内部定期报告、项目例会、现场检查、电子邮件、管理信息系统等。

3．IT 项目进度控制

控制 IT 项目进度的目的是在项目进展与计划发生严重偏差时，可采取适当措施进行纠正。主要包括识别偏差、分析偏差原因、确定对已发生偏差的态度、调整项目进度计划等过程[9]。

4.3 Project 2010 制订项目进度计划的流程

Project 2010 制订项目进度计划分为定义项目、创建 WBS、完善项目计划和发布项目计划 4 个步骤，详细流程如图 4-2 所示。

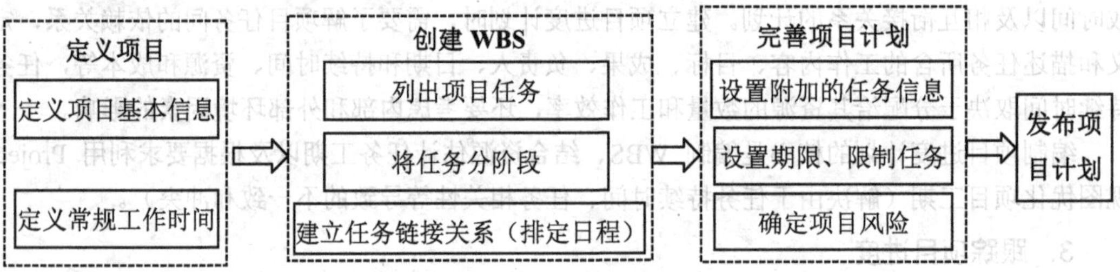

图 4-2　Project 2010 制订项目进度计划的详细流程[53]

4.3.1　定义项目

首先，定义项目基本信息。其次，定义项目常规工作时间，明确工作和休息时间。可选择模板日历作为项目常规工作时间，也可自定义工作时间。另外还包括设置节假日和倒休、定义时间单位换算关系。最后，定义项目其他信息，如日程排定方式和任务优先级等。

4.3.2　创建 WBS

首先，列出项目各阶段主要任务并细化为详细的分解任务。如需要，继续分解详细任务，直至满足实际需求。当然，创建 WBS 不是一次便能成功，常需要反复修改和不断完善，最终形成包含所有项目任务的任务列表。其次，将任务按照阶段，设定好从属关系和任务级别，形成一个分阶段和级别、有层次的任务列表。最后，设置任务链接关系。

4.3.3　完善项目计划

初步项目计划常需润色和完善，如将部分任务包含的附加信息或重要文档整合到项目计划中，在项目计划中体现任务期限限制信息，预测项目风险并制定风险计划。经修改和润色后，项目计划便能确定，此时应将其设置为比较基准，作为项目实施蓝图，以后还要将实施状况记录到计划中来，并经常对比计划和实际的差异，发现实施过程中的问题。

4.3.4 发布项目计划

项目计划确定后，应以合适的渠道发布给项目干系人。发布形式多种多样，可通过电子邮件、计划文档的形式发布，也可发布到 Project Server 上或者同步到 SharePoint 上[53]。

4.4 定义项目基本信息

主要定义项目基础信息、常规工作时间、设置节假日和倒休、时间换算单位等。

4.4.1 定义项目

定义项目主要是定义项目的开始时间。操作步骤为：单击“项目”选项卡下“属性”组中的“项目信息”按钮，弹出“项目信息”对话框，如图 4-3 所示，然后在开始时间框中输入项目开始日期，输入框内默认显示系统当前日期，可单击其右侧的向下三角按钮，选择所需日期。

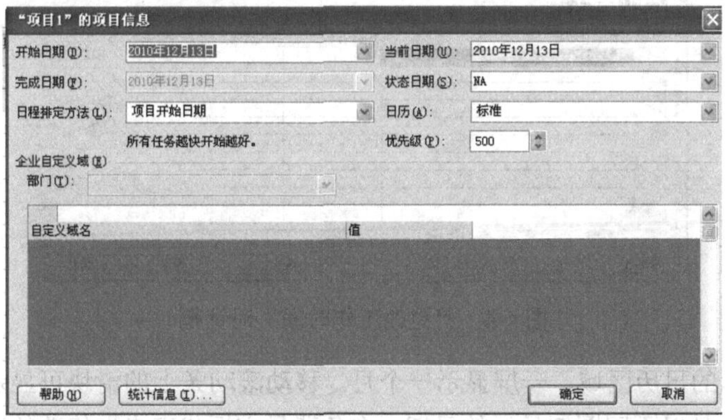

图 4-3 “项目信息”对话框

4.4.2 定义常规工作时间

定义常规工作时间实为设置项目日历，即为项目任务指定默认工作日程的日历，确定工作时间和休息时间。有的单位周一至周五上班、周六周日休息，有的单位每周工作 5 天半。此外各单位和项目中的节假日、倒休规定都不一样。所以要为项目量身订做工作日历。

1. 选择日历模板

为方便设置项目工作时间，Project 提供了标准、24 小时和夜班 3 种以周为单位设定日程的日历模板，详细信息如表 4-1 所示。用户可直接选用这 3 种日历，也可在其基础上做适当修改。操作步骤为：单击“项目”选项卡下“属性”组中“更改工作时间”按钮。弹出“更改工作时间”对话框，如图 4-4 所示，在“对于日历”列表中，单击要更改的日历。当前项目的项目日历后跟“（项目日历）”字样，默认为“标准（项目日历）”。

表 4-1 Project 2010 中的日历模板[65]

日 历 模 板	每周工作时间	节 假 日	适 用 情 况
标准	周一至周五为工作日，每天工作时间为 8:00－12:00，13:00－17:00（午休 1 小时）；周六、周日休息	无	一般单位的人员、设备（有时需修改每天工作时间和节假日）
24 小时	一周工作 7 天，每天工作 24 小时	无	需 24 小时流水作业的机械设备
夜班	周一晚上至周六早上为工作日，每天工作时间为晚上 11:00－3:00，4:00－8:00（中间休息 1 小时）	无	需要夜间作业的人员、设备

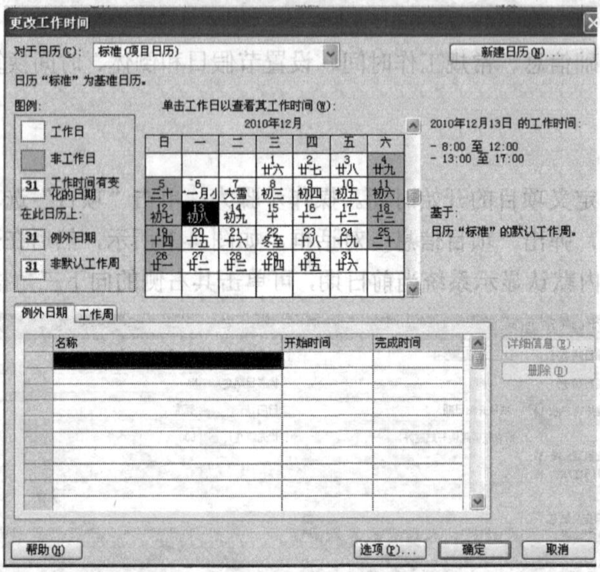

图 4-4 “更改工作时间”对话框

对话框中显示的日历区域，一屏显示一个月。移动滚动条上的滑块可显示以前或以后的月历。在月历中有 5 种以不同图例显示的日期：白色背景方框代表未做修改的工作日；浅灰色背景方框代表未做修改的非工作日；带下划线白色背景方框代表工作时间有变化的日期；带下划线嫩绿色背景方框代表例外日期；带下划线黄色背景方框代表非默认工作周[66]。

2. 定义工作周

如果所选日历模板不完全符合项目需要，则需定义工作周。在“更改工作时间”对话框中，单击“工作周”选项卡，此时右侧“详细信息”按钮变为可用，单击该按钮弹出“详细信息”对话框，如图 4-5 所示。可在“选择日期”列表框中选择任意一天，也可选择其中的几天。若所选日期为休息日，则右侧无任何显示，如图 4-5 所示；若所选日期为工作日，则右侧显示各时间段及每个时间段的开始时间和结束时间，如图 4-6 所示。选定日期后，可在右侧的“将 Project 默认时间用于下列日期”、“将所列日期设置为非工作时间”和“将所列日期设置为以下特定工作时间”3 个单选项中选择一个进行修改，如图 4-7 和图 4-8 所示。修改完毕，单击“确定”按钮。

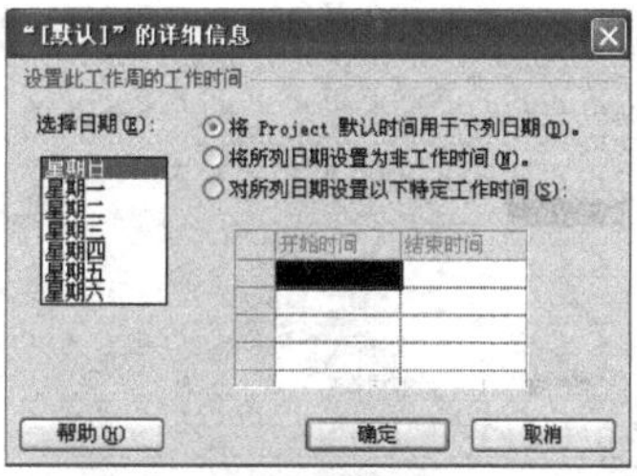

图 4-5　“详细信息”对话框

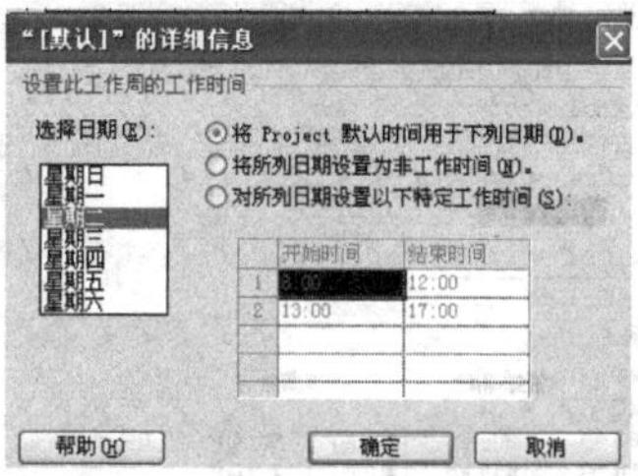

图 4-6　工作日的“详细信息”对话框

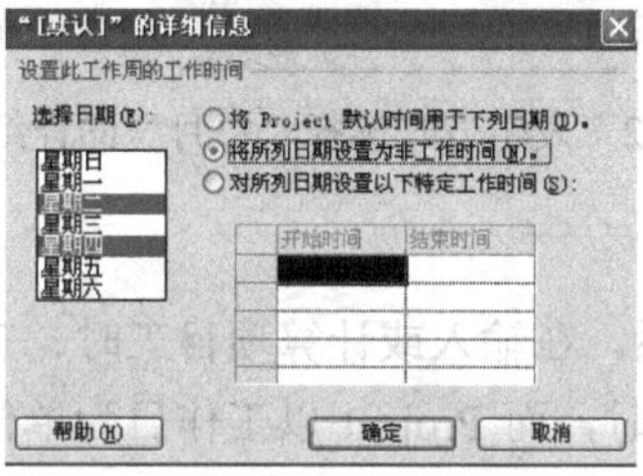

图 4-7　将所列日期设置为非工作时间

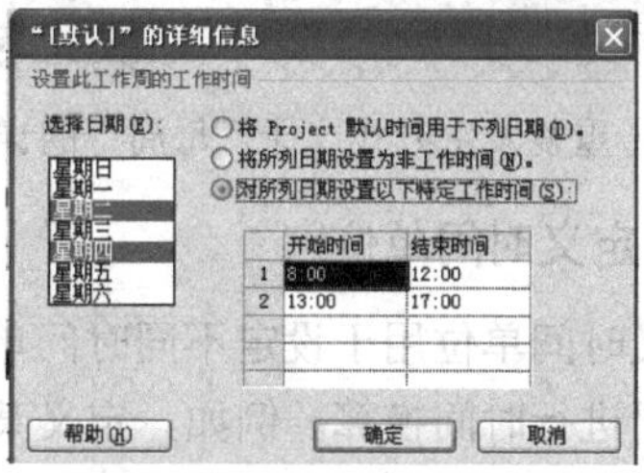

图 4-8　将所列日期设置为特定工作时间

3. 设置节假日和倒休

Project 未包括预设的假日日历。若要将组织的假日添加到项目中，就需在项目日历上依次指定。若要将假日安排用于多个项目，则需生成项目模板或将日历添加到全局文件。若使用的是 Project Professional，则可将日历添加到企业全局模板中。操作步骤为：在“更改工作时间”对话框中单击“例外日期”选项卡，然后输入例外日期名称及其将发生的开始时间和完成时间，如图 4-9 所示。若例外日期在整个日程中重复发生，可单击“详细信息”按钮，弹出“‘公司假日’的详细信息”对话框，如图 4-10 所示。在“重复发生方式”栏中选择从“每天”到“每年”4 个单选项中的一项，然后选择其他详细信息。注意：不同重复发生方式的详细信息并不一样，如重复发生方式选择“每周”和“每月”的详细信息如图 4-11 和图 4-12 所示。在“重复范围”栏的“开始时间”下拉列表框中选择例外日期的开始时间，然后选中“共发生”或“到”单选按钮。若选中“共发生”单选按钮，需输入/选择重复次数；若选中“到”单选按钮，需输入/选择结束日期。最后单击“确定”按钮。自此，围绕假日排定的任务将会自动重排，以便将假日考虑在内[67]。

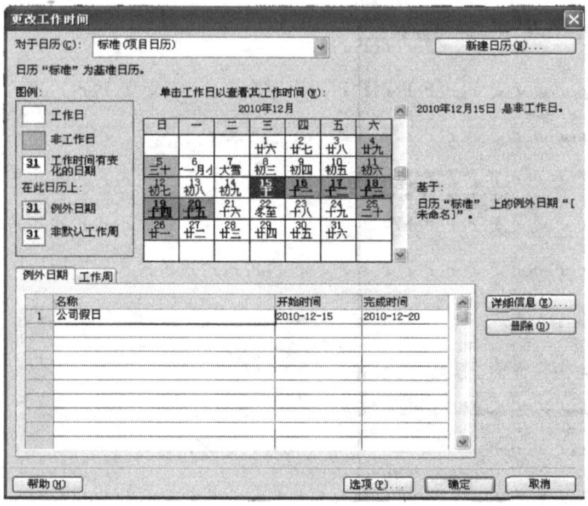

图 4-9　“例外日期”选项卡

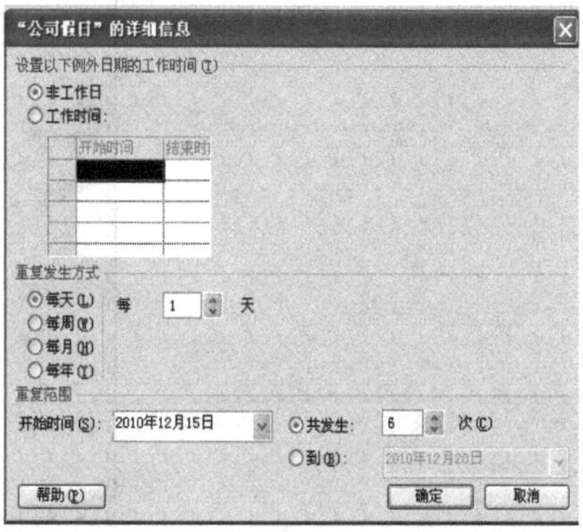

图 4-10　“公司假日”详细信息

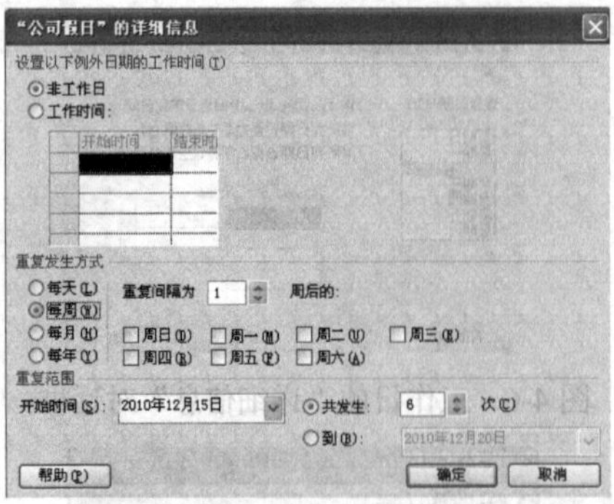

图 4-11 重复发生方式选择"每周"的详细信息

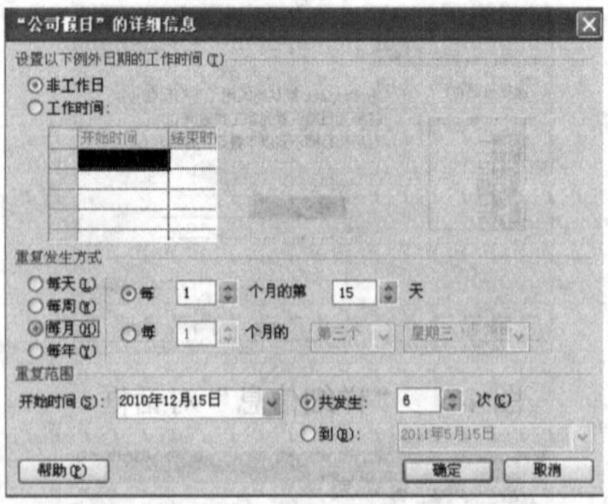

图 4-12 发生方式选择"每月"的详细信息

4．定义时间单位

定义时间单位用于设定不同时间单位之间的换算关系。在输入或计算项目工时、工期时，有时需要进行时间换算。例如，定义某任务工期是 80 工时，而 Project 以工作日为单位显示工期，显然，80 工时等于多少工作日取决于它们之间的换算关系。Project 2010 默认的工时时间单位是小时，但可改为分钟、天、周或月，如表 4-2 所示。

表 4-2 Project 2010 中时间单位换算关系

换算关系	默认值	含义	说明
每日工时	8	1 个工作日等于多少工时	如果日历使用默认标准日历，那么每工作日的工作时间为 8 工时（除去休息时间）
每周工时	40	1 个工作周等于多少工时	在标准日历中，每周有 5 个工作日，每日 8 个工时，所以每周等于 40 个工时
每月工作日	20	1 个工作月等于多少工作日	在标准日历中，每月按照 4 周计算，每周 5 个工作日，共计 20 个工作日

操作步骤为：单击"文件"选项卡中的"选项"项，弹出"Project 选项"对话框，然后单击左侧"日程"选项，出现图 4-13 所示界面。可在"工时显示单位"下拉列表选择所需时间单位，也可在"每日工时"、"每周工时"和"每月工作日"下拉列表中，输入时间换算关系[67]，最后，单击"确定"按钮保存设置。

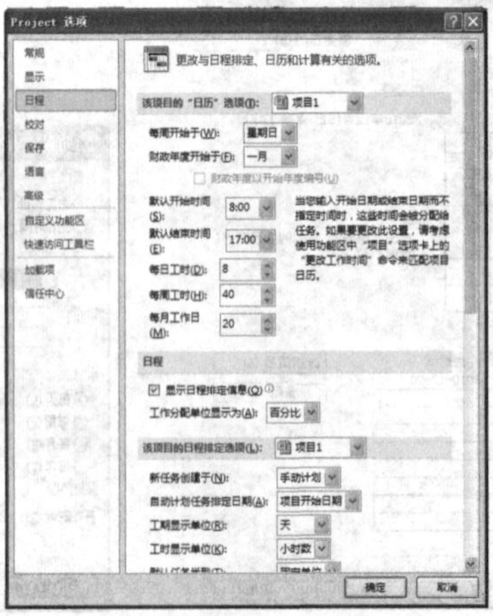

图 4-13 "日程"选项卡

例 4-1　定义工作周、节假日，设定时间单位。

某项目的工作时间安排如下：每周工作 6 天，周一至周五的工作时间为 8:00—12:00，13:00—17:00，周六的工作时间为 9:00—12:00，13:00—16:00。另外 2012 年 5 月 1 日至 3 日为休息日。请定义该项目工作时间，并保存为“04-01.mpp”。

操作步骤如下：

打开 Project，单击“文件”选项卡，然后单击左侧“新建”选项，选中“空白项目”并单击右侧窗格上的“创建”按钮创建一个空白项目，如图 4-14 所示。然后单击“项目”选项卡下“属性”组中“更改工作时间”按钮，出现“更改工作时间”对话框，如图 4-15 所示，在“对于日历”列表中选择“标准（项目日历）”。单击对话框下方的“工作周”选项卡，单击右侧“详细信息”按钮，弹出“详细信息”对话框，选择“星期六”选项，然后选中“对所列日期设置为以下特定工作时间”单选按钮，并在下方的时间段 1 中输入开始时间 9:00，结束时间 12:00，时间段 2 中输入开始时间“13:00”，结束时间“16:00”，如图 4-16 所示。单击“确定”按钮，然后单击“例外日期”选项卡，输入例外日期“休息日”、开始时间“2012-5-1”和完成时间“2012-5-3”，如图 4-17 所示。单击“确定”按钮，最后单击“保存”按钮，在弹出的“另存为”对话框中，输入文件名“04-01”，单击“保存”按钮。

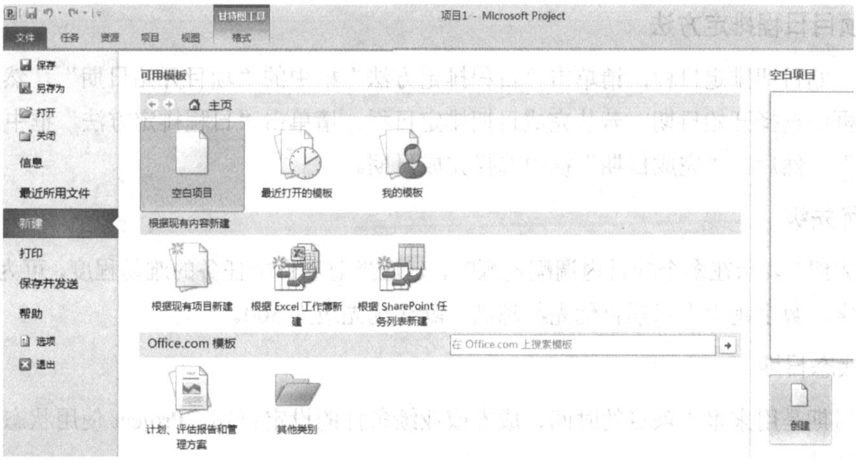

图 4-14　新建空白项目

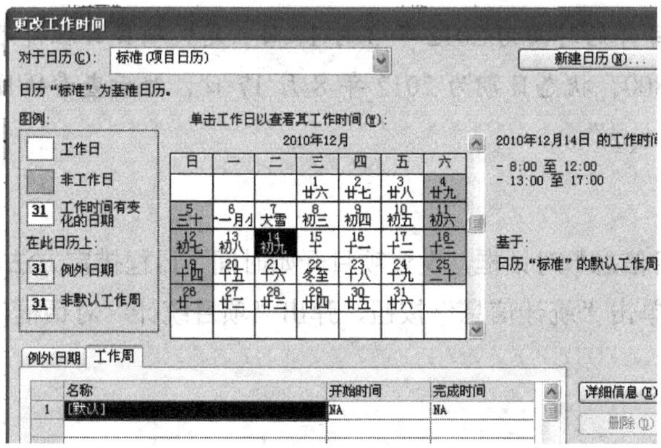

图 4-15　“更改工作时间”对话框

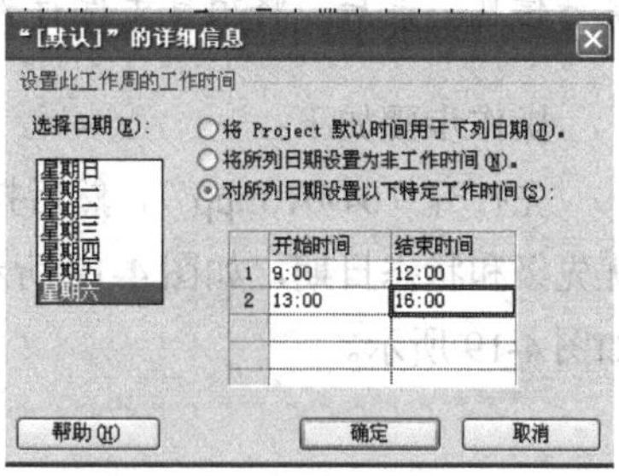

图 4-16　设置工作时间

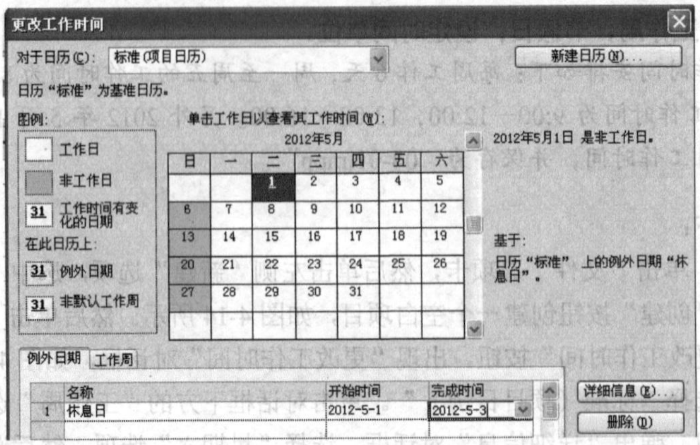

图 4-17　例外日期“休息日”信息

4.4.3　定义项目的其他基本属性

定义项目的其他基本属性包括排定项目日程、设定任务优先级和状态日期等，均在“项目信息”对话框中设定。

1．项目日程排定方法

若从开始日期排定日程，请单击“日程排定方法”框中的“项目开始日期”，然后在“开始日期”框中选择开始日期。若从完成日期排定日程，请单击“日程排定方法”框中的“项目完成日期”，然后在“完成日期”框中选择完成日期。

2．优先级

“优先级”表示在多个项目内调配资源时，延迟当前项目中任务的难易程度，可为 0～1000 之间的数字，数字越大表示项目优先级越高，默认优先级为 500。

3．状态日期

状态日期是用来报告项目的时间、成本或业绩条件的设定日期，Project 使用状态日期执行挣值分析计算。

例 4-2　定义和查看项目基本属性。

打开项目文件“04-01.mpp”，设定项目开始时间为 2012 年 3 月 17 日，定义项目日程排定方法为“项目开始日期”，设置优先级为 800，状态日期为 2012 年 8 月 17 日，然后查看项目统计信息。最后，将项目文件存为“04-02.mpp”。

操作步骤如下：

先打开“04-01.mpp”，然后打开“项目信息”对话框，设置项目开始时间、日程排定方法、优先级和状态日期，如图 4-18 所示，然后单击“统计信息”按钮，弹出“项目统计”对话框，如图 4-19 所示。

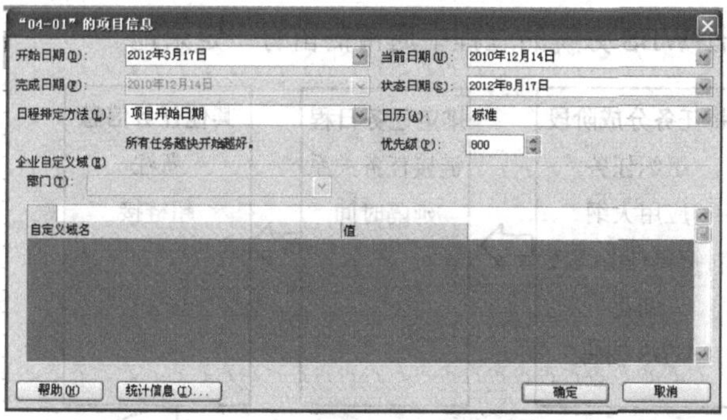

图 4-18 “项目信息”对话框

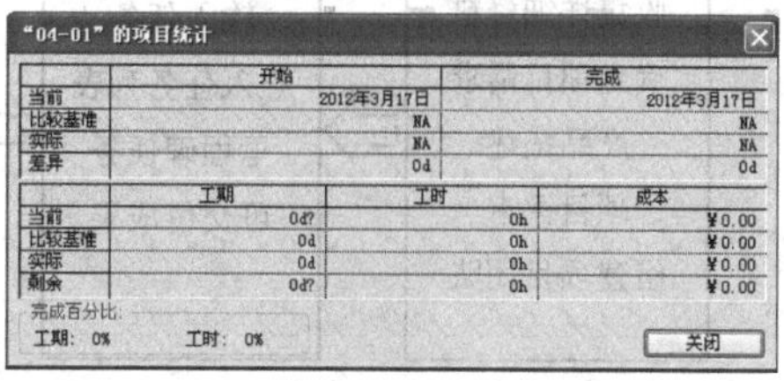

图 4-19 项目统计信息

4.5 创建项目任务分解结构

创建项目任务分解结构的本质是创建项目工作分解结构，将项目分解成任务，再将任务分解成可操作的工作单元，直到分解不下去为止。工作分解结构以可交付成果为导向分组项目要素，它归纳和定义了项目的工作范围，每下降一层代表对项目工作的更详细定义。WBS 总是处于计划过程的中心，是制定进度计划、资源需求、成本预算、风险管理计划和采购计划等的重要基础[68]。为便于读者理解，本章后续主要以简单软件开发项目为例讲解相关操作。首先在 Project 2010 中新建一个项目，命名为“简单软件开发.mpp”并保存，设置项目开始时间为 2012 年 3 月 18 日，日程排定方法为“项目开始日期”。

4.5.1 Project 创建 WBS 的流程与原则

1. 利用 Project 创建 WBS 的流程

利用 Project 创建 WBS 的流程如图 4-20 所示。第一阶段是创建 WBS 前的准备工作，需根据项目最终可交付成果及其产品描述确定项目需求及范围，同时收集相关详细资料，形成项目最终目标及实现该目标需完成的具体任务，确定各任务的工期、相关性、备注信息和约束条件等。第二阶段是将项目及项目任务信息导入 Project。首先在 Project 列出项目各项任务，形成任务列表，标出各任务工期信息及里程碑式任务。第三阶段是将任务分成阶段，形成层次清晰的树形任务组织结构，主要通过升降各项目任务的级别、编制 WBS 编码等来实现。第四阶段是根据项目任务相关性建立任务链接关系，输入延隔时间。第五阶段是输入项目完善信息，如添加周期性项目任务、备注、超链接、设置任务限制等，同时根据需要插入或自定义一些信息域。最后一阶段是发布 WBS，可将完善后的 WBS 发布到 Project SharePoint Server 上，也可通过电子邮件等方式进行发布。

2. 创建 WBS 的原则

（1）项目计划与可交付成果相结合。利用 Project 创建 WBS 时，可将可交付成果体现为里程碑任务，这样便于在项目任务分解过程中围绕项目最终成果进行任务分解。

（2）项目小组成员参与项目计划制定。创建 WBS 的最终目的是将项目任务分解成可执行的操作工作单元，而各任务最终由项目小组成员执行，因此，项目小组成员应参与项目任务分解过程，以确保项目计划切实可行。

（3）为确保项目计划切实可行，在进行 WBS 分解的过程中通常需留有一定余地[53]。

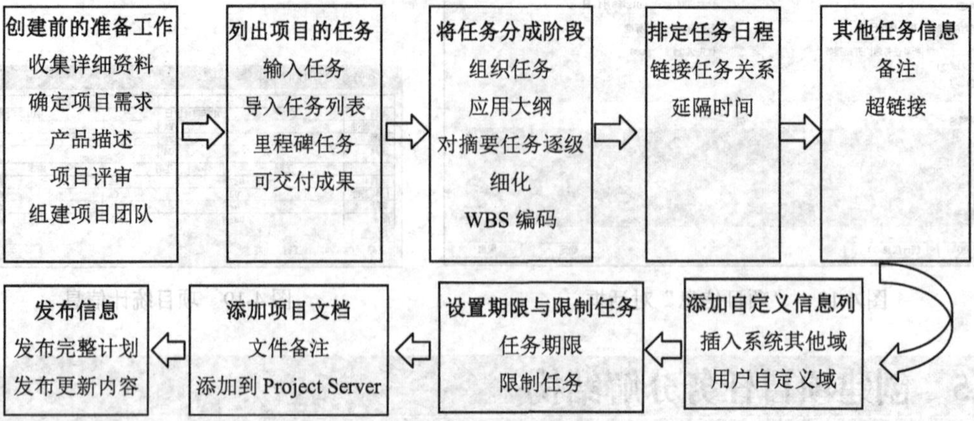

图 4-20　利用 Project 创建 WBS 的流程[53]

4.5.2　向项目中添加任务

多数项目在开始时都仅有任务列表，随着项目的细化，任务列表将变得日益复杂，直至成为完备的项目计划和日程表。向项目中添加任务，主要是往项目计划中添加任务，既可手工创建常规和周期性任务，又可导入来自其他程序的任务和域数据，以形成任务列表，并创建里程碑任务、定义项目任务相关性。下面来介绍直接输入任务和创建里程碑任务。

1．直接输入任务

首先新建一项目，然后打开“甘特图”视图，在“任务名称”域输入任务名称。任务名称要能准确描述任务内容，力求简练、易懂，避免含糊其词和模棱两可。Project 不要求任务名称必须唯一。在数据输入区输入任务的方法与 Excel 相同，输入完毕后按 Enter 键，光标会自动跳转到下一单元格，通常是正下方一个单元格，用户可接着输入[69]。此外，还可在“任务信息”对话框中输入，操作步骤为：双击“任务名称”域，弹出“任务信息”对话框，如图 4-21 所示，在其中即可输入和修改任务名称。

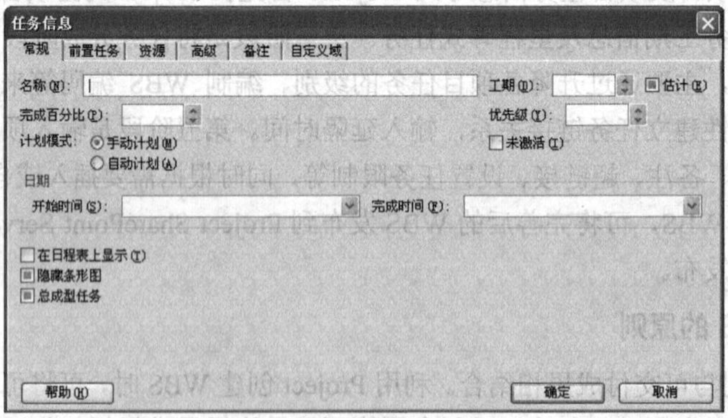

图 4-21　“任务信息”对话框

2．创建里程碑

里程碑是用作项目中重大标志性事件参考点的任务，作用是标记项目重要事件，提醒管理者。Project 提供“表示状态的”和“包含实际工作的”两种里程碑：前者不包含任何需完成的实际工作，用于表示重要事件或阶段的开始或结束，工期为 0，对用户起提示作用；后者包含需要完成的实际工作，工期不为 0，用于提醒用户该任务的重要性。创建里程碑任务的操作方法为：单击“任务”选项卡下“插入”组中的“里程碑”按钮即可创建表示状态的里程碑；对于包含实际工作的里程碑任务，可修改其“任务工期”域的时间，当然，也可双击新建的里程碑任务，在弹出的“任务信息”对话框中进行修改，如图 4-22 所示。此外，还可双击要设置为里程碑的任务，在弹出的“任务信息”对话框中，选择“高级”选项卡，选中“标记为里程碑”复选框，同时设定工期[70]，如图 4-23 所示。

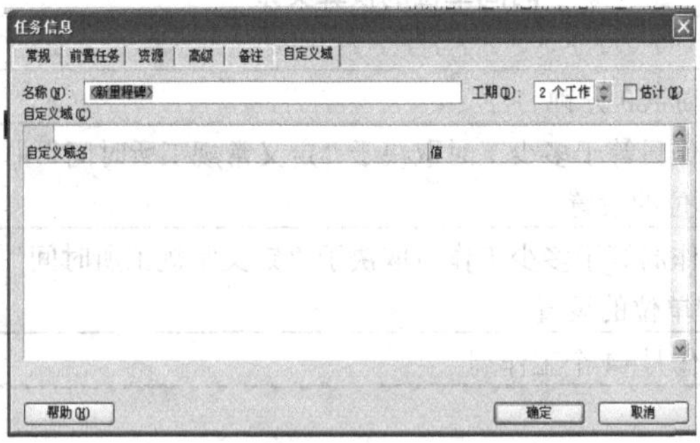

图 4-22　包含实际工作的里程碑任务

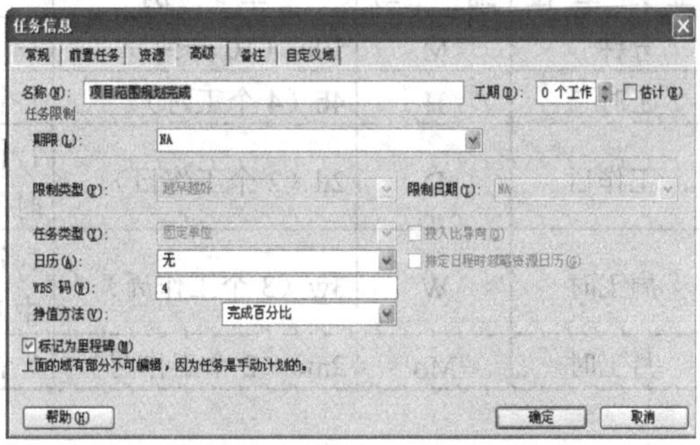

图 4-23　选中“标记为里程碑”选项

设置好里程碑之后，任务列表就创建完毕了。此时，所有任务处于同一级别，即不存在一个任务包含另一个任务的情况。接下来，需要将所有任务按照层次和隶属关系组织起来，以形成 WBS。在“简单软件开发.mpp”中，输入所有项目任务，并标记出里程碑任务，如图 4-24 所示。

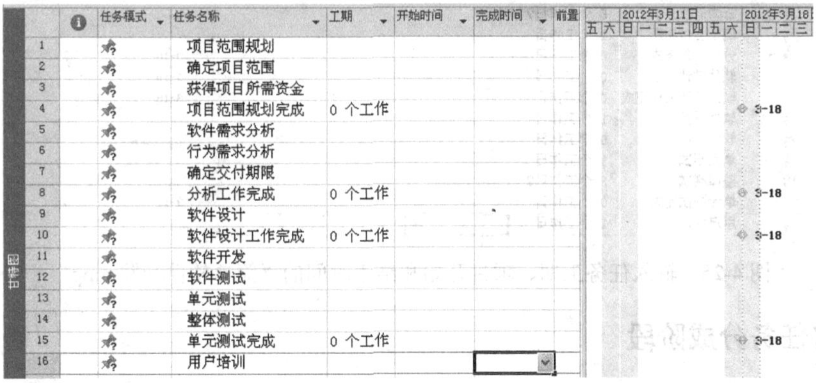

图 4-24　输入所有项目任务并标记出里程碑任务的“简单软件开发.mpp”

4.5.3　为任务分配时间

为任务分配时间主要是确定完成任务所需要的时间并将其添加到计划中，具体在“甘特图”视图的“工期”域中输入工期信息，输完后光标随即跳到下一单元格，通常是正下方一个单元格。注意，Project 2010 中的任务模式分为“手动计划”和“自动计划”两种，当任务模式为“自动计划”时，输入任务时只输入工期，不用输入开始和终止时间，在建立任务链接关系后，Project 会自动生成各任务的开始时间和结束时间。当任务模式为“手动计划”时，需要依次输入任务工期、开始时间和终止时间[71]。当然，也可在“任务信息”对话框的“工期”文本框中输入。需要注意的是，“工期”域后面的“估计”选项，默认不选中（表示用户输入的工期是准确工期），若选中该选项，则工期后会加上“？”来表示估计工期。如果用户对工期准确性没有把握，就可使用估计工期，准确值留待以后进行更正。

通常，任务工期由数量和时间单位组成，比如，“1 月工时”。Project 提供的时间单位如表 4-3 所示。在实际输入时，既可输入 1 月工时，也可输入“1mo”，两者效果一样。

表 4-3　Project 2010 中的时间单位

工期单位	缩写	举例	时间单位的换算关系
分钟	M	10m（10 分钟）	—
工时	H	4h（4 个工时）	1 个工时=60 分钟
工作日	D	2d（2 个工作日）	1 个工作日等于多少工时取决于“定义常规工所时间”中时间单位的设置
周工时	W	3w（3 个工作周）	1 个工作周等于多少工作日取决于“定义常规工所时间”中时间单位的设置
月工时	Mo	2mo（2 个工作月）	1 个工作月=4 个工作周

输入任务工期后的“简单软件开发.mpp”如图 4-25 所示。可看出，项目任务是否输入开始和结束时间，其图示方式是不同的。

图 4-25　输入任务工期、项目开始和结束时间的“简单软件开发.mpp”

4.5.4　将任务分成阶段

WBS 任务分为不同级别，大任务将被划分为若干小任务，任务间存在隶属关系。组织任务的目标是以本章 4.5.2 节形成的任务列表为基础，使用“升级”和“降级”方法，定义任务间的隶属关系，创建摘要任务和子任务的大纲，形成项目工作的分解结构。

1．摘要任务与详细任务

Project 任务按隶属关系分为摘要任务和详细任务。前者指包含子任务的任务，后者是不包含子任务的任务。两者的区别为：摘要任务工期和成本取决于完成子任务所需的工期和成本，由 Project 自动计算，这与详细任务区别很大；其次，在表现形式上，文本编辑区内摘要任务以粗体字显示，视图显示区内以灰色标识显示，长度取决于工期长短；另外，在文本编辑区，摘要任务之前有一个标记，当显示标记时，表示内部的子任务被折叠起来。若没有显示，单击这个标记，子任务就会被展开显示；再次单击该标记，又会把子任务折叠起来[53]。

2. 组织任务形成 WBS

组织项目任务时，可使用摘要任务显示项目主要阶段和子阶段，并汇总其子任务的数据。Project 2010 组织任务列表有自下而上和自上而下两种方法：前者首先列出所有可能的任务，再将其组合为多个阶段；后者首先确定主要阶段，再将其分解为多个任务。确定了组织任务方法后，即可在 Project 中以大纲形式将任务组织为摘要任务和子任务[72]。

（1）自下而上规划法

编制 WBS 是设定好所有任务的级别和隶属关系，在 Project 中只需使项目任务降级和升级即可创建摘要任务和子任务的大纲，使任务列表更有条理、更具可读性。所谓制定任务大纲，就是创建任务和子任务，将结构添加到任务列表中。

（2）自上而下规划法

与以前版本不同，Project 2010 允许在开始阶段使用摘要任务列表，然后为其创建子任务，称为自上而下规划法。通过该方法可向摘要任务添加工期、开始和完成时间，这在早期的 Project 版本中是无法实现的。操作步骤为：单击“任务”选项卡下“插入”组中“摘要”按钮，然后命名摘要任务并为其添加工期、开始和完成时间。注意：当摘要任务是手动计划任务时，其不会自动上卷各任务（子任务）的工期。

自上而下规划法共分为 3 个步骤：

第一步是创建高级摘要任务并估计其持续时间。估计值是组织可用于大型项目特定阶段的时间长度预算。操作步骤为：单击“视图”选项卡下“任务视图”组中“甘特图”按钮。系统切换到“甘特图”视图，然后单击“任务”选项卡下“插入”组中“摘要”按钮，输入一个将作为项目该阶段摘要任务的新任务，并在其“工期”域中输入工期。若不知道确切持续时间，可输入一个开始日期或完成日期。注意：如果没有输入工期、开始或完成日期，将不能创建自上而下的阶段。但创建了没有工期、开始或完成日期的摘要任务后，可在以后添加这些信息，使该摘要任务成为自上而下的阶段。

第二步是在摘要任务下添加任务。选择摘要任务下的所有任务，然后通过“降级”按钮（如图 4-26 所示）对其进行缩进。在创建自上而下的摘要任务时，其子任务不会在摘要任务中汇总。摘要任务的摘要栏分为两部分，下半部分上卷子任务工期，以便与摘要任务的初始工期进行比较。如图 4-27 所示，“软件测试”摘要栏的下半部分显示了所有 3 个子任务都在该阶段初始预算内，上半部分显示初始自上而下的估计值。

图 4-26 “降级”按钮

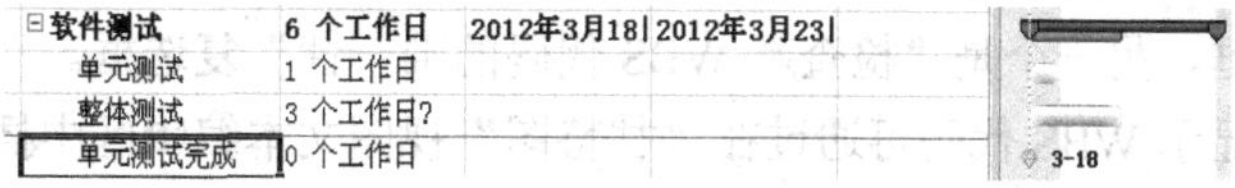

图 4-27 摘要任务的摘要栏

第三步是调整自上而下的计划。创建了摘要任务及其子任务后，还需要对其进行适当调整。在 Project 2010 中使用自上而下的方法，只需对任务进行拖放即可调整计划或阶段，直到任务符合该阶段的初始规划或预算为止[73]。在调整自上而下的计划时可进行的操作如表 4-4 所示。任务降级处理以后的“简单软件开发.mpp”如图 4-28 所示。

表 4-4　Project 2010 中调整自上而下计划的操作

操　　作	操 作 含 义
按完成日期计划	仅为摘要任务指定完成日期。Project 将尝试使缩进或链接的任务满足摘要任务完成日期要求
按开始日期计划	仅为摘要任务指定开始日期。Project 将尝试把缩进或链接的任务满足摘要任务开始日期要求
移动排定在摘要任务以外的任务	若排定的任务超出了摘要任务范围，则在摘要任务条形图下方显示红色条形图，以指示该阶段超出了预算。可将超出预算的任务移到摘要任务开始日期之前的某个位置来解决该问题
调整摘要任务	如果任务延长并超出摘要任务的初始预算，请拖动摘要栏的右边缘
增加预算	若使用摘要任务来设置某个阶段的简单预算，则可使用鼠标移动开始日期或工期
其他日程排定问题	Project 在所有日程排定问题下添加红色下划线。将指针移到任何一个带下划线的任务上即可了解有关日程排定问题的详细信息
调整条形图颜色	在“格式”选项卡上的“甘特图样式”组中，单击某个样式

图 4-28　任务降级处理后的“简单软件开发.mpp”

3. 插入 WBS 编码

为识别任务在 WBS 中的唯一身份，通常为项目任务列表添加 WBS 编码。Project 提供自动形成 WBS 编码功能，用户只要定义 WBS 格式、再添加到项目中即可。操作步骤为：单击“项目”选项卡下“属性”组中的“WBS”按钮，选择“定义代码”项，然后在打开的“代码定义”对话框（如图 4-29 所示）中定义代码，在“项目代码前缀”文本框中输入项目代码前缀，在“代码掩码”信息栏中单击“级别”，在“序列”下拉列表中选择“数字（序数）”、“大写字母（有序）”、“小写字母（有序）”、“字符（无序）”中的一个，在“长度”下拉列表中选择“任意”或 0～10 中的一个数字，在“分隔符序列”下拉列表中选择“.”“-”、“+”、“/”中的一个，并预览代码。再就是设置下边的两个复选框，一个是“为新任务生成 WBS 代码”复选框，另一个是“检查新 WBS 代码的唯一性”复选框。

显示 WBS 代码可通过在“甘特图”视图文本编辑区中插入 WBS 列来实现。操作步骤为：选中任务名称列，单击“格式”选项卡下“列”组中“插入列”按钮，在“键入列名”下拉框中选择 WBS。此外，可在“列”组中通过按钮来设置列显示格式，包括对齐方式和自动换行，同时可单击“列”组中“列设置”按钮，在其下拉列表中选择“域设定”，在弹出的“字段设置”对话框中设定域名称、标题、对齐标题、对齐数据等，如图 4-30 所示。也可通过设定项目显示格式来插入 WBS 编码。操作步骤是：单击“格式”选项卡下“显示/隐藏”组中“大纲数字”选项，即可在“任务名称”中显示 WBS 编码。与将 WBS 编码单独作为列插入的方式不同，此时的 WBS 编码内容无法修改，这是两者的根本区别。插入 WBS 后的“简单软件开发.mpp”如图 4-31 所示，设定项目显示格式后的“简单软件开发.mpp”如图 4-32 所示。

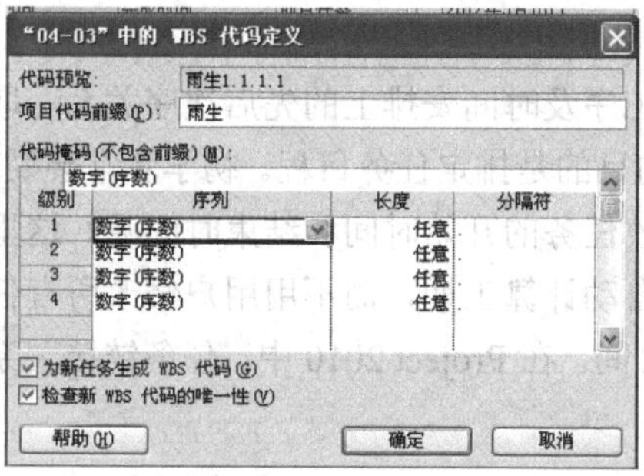

图 4-29　WBS 代码定义

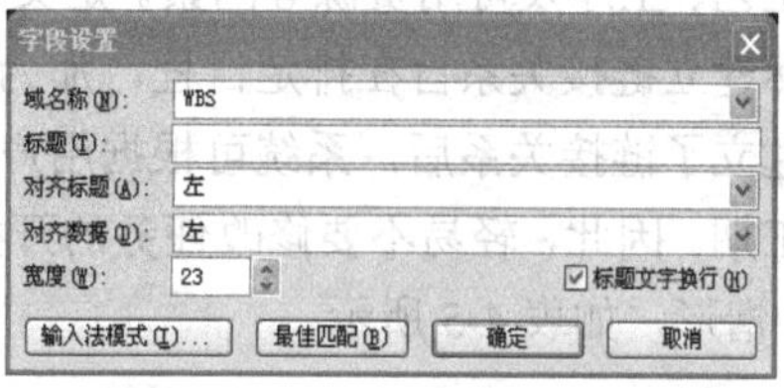

图 4-30　“字段设置”对话框

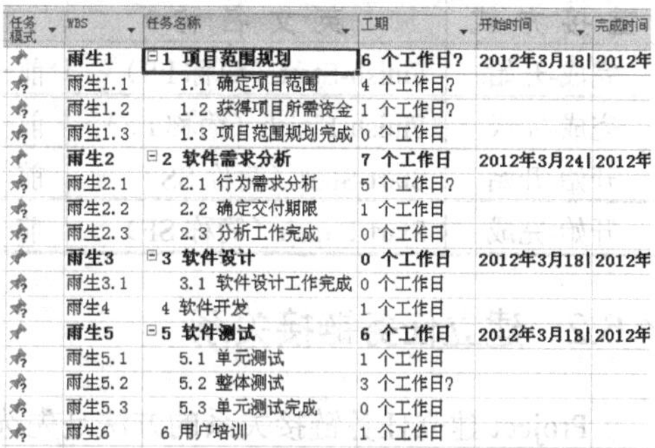

图 4-31　插入 WBS 列后的“简单软件开发.mpp”　图 4-32　设定项目显示格式后的“简单软件开发.mpp”

4．按照大纲级别显示项目

定制好任务大纲级别后，用户可按所需级别显示项目。如果想从总体上把握项目，则仅显示一级大纲任务。操作步骤为：单击“视图”选项卡中“数据”组中的“大纲”按钮，在下拉列表中选择“大纲级别 1”，此外还可展开和折叠子任务，如图 4-33 所示。

图 4-33　仅显示大纲级别 1 的“简单软件开发.mpp”

4.6　建立任务的链接关系

项目 WBS 虽在层次结构上反映了任务间关系，但却没有反映任务的工序及日程安排关系，这项工作称为“排定任务的日程”，主要通过链接任务之间的关系来实现。

4.6.1 关于任务链接关系

“任务链接关系”指项目执行过程中任务之间在工序及时间安排上的先后次序关系，取决于工艺、工序及可用资源等因素。定义任务链接关系的目的是排定任务日程。初学者常会疑惑：既然建立链接关系旨在排定日程，那为什么不直接修改任务的开始时间和结束时间呢？这里因为建立了链接关系后，系统可根据用户对工期的更改自动计算工期，而不用用户修改所有任务的工期。因此，轻易不要修改任务的开始时间和结束时间。在 Project 2010 中，任务链接关系有 4 种情形，如表 4-5 所示。

表 4-5 Project 2010 中的任务链接关系[74]

链 接 方 式	英 文 名 称	说 明	图 例
完成-开始	Finish-Start（简称 FS）	前一个任务完成以后，后一个任务才能开始	
完成-完成	Finish-Finish（简称 FF）	前一个任务完成以后，后一个任务才能完成	
开始-开始	Start-Start（简称 SS）	前一个任务开始以后，后一个任务才能开始	
开始-完成	Start-Finish（简称 SF）	前一个任务开始以后，后一个任务才能完成	

4.6.2 建立任务链接关系

Project 建立任务链接关系的方法是先选中任务，再单击“任务”选项卡下“日程”组中的“链接任务”按钮。这样建立的是“完成-开始”类型的链接关系，若需要建立其他类型的链接关系，则需要修改任务链接类型，操作步骤为：单击任务链接线，打开“任务相关性”对话框，单击“类型”下拉框来选择任务链接类型，如图 4-34 所示。

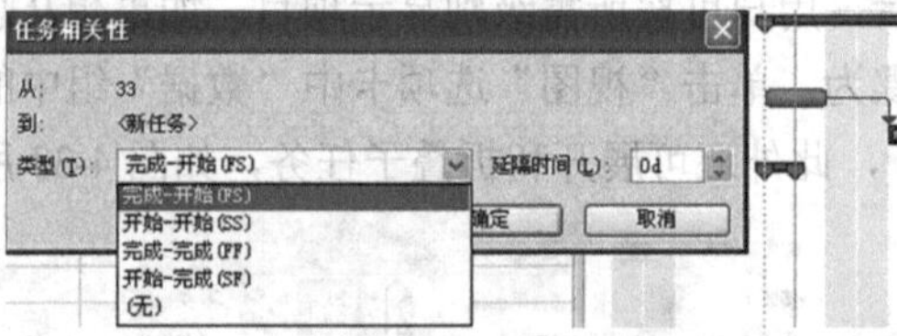

图 4-34 修改任务链接类型

例 4-3 建立任务链接关系。

如图 4-35 所示为项目“04-03.mpp”的任务列表，尚未建立任务链接关系。请根据表 4-6 所示数据设定任务链接关系，并将其保存为“04-03.mpp”。

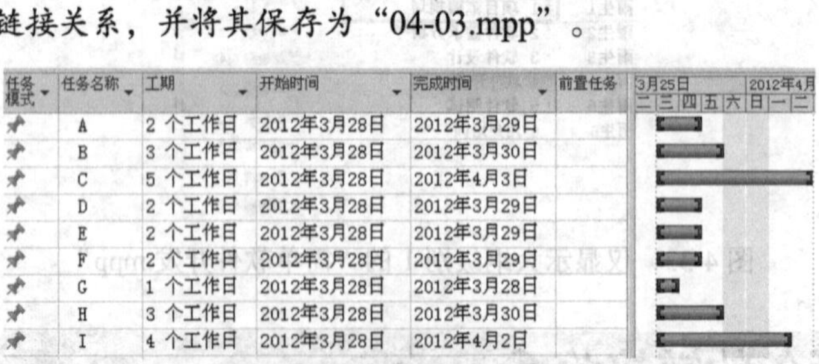

任务模式	任务名称	工期	开始时间	完成时间	前置任务
	A	2 个工作日	2012年3月28日	2012年3月29日	
	B	3 个工作日	2012年3月28日	2012年3月30日	
	C	5 个工作日	2012年3月28日	2012年4月3日	
	D	2 个工作日	2012年3月28日	2012年3月29日	
	E	2 个工作日	2012年3月28日	2012年3月29日	
	F	2 个工作日	2012年3月28日	2012年3月29日	
	G	1 个工作日	2012年3月28日	2012年3月28日	
	H	3 个工作日	2012年3月28日	2012年3月30日	
	I	4 个工作日	2012年3月28日	2012年4月2日	

图 4-35 “04-03.mpp”的任务列表

表 4-6 “04-03.mpp”中的任务链接关系

任　务	链接关系	说　明	任　务	链接关系	说　明
A 和 B	完成－开始	A 是 B 的前置任务	E 和 F	开始－完成	E 开始了后 F 必须马上完成
A 和 C	开始－开始	A 开始后 C 必须马上开始	G 和 I	完成－开始	G 和 H 都是 I 的前置任务
B 和 D	完成－完成	B 完成后 D 必须马上完成	H 和 I	完成－开始	

操作步骤：选定两个任务，单击“链接”按钮建立“完成-开始”链接关系，若需要修改关系则单击链接线，在弹出的对话框中进行选择。设置好的“04-03.mpp”如图 4-36 所示。

图 4-36　设置链接关系完成后的“04-03.mpp”

4.6.3 在链接关系中使用“延隔时间”与“重叠时间”

延隔时间是为处理任务时间的重叠和延迟关系。按时间单位，可分为百分比和固定时间两种；按照时间是延迟还是提前，可分为正和负两种。

例 4-4　建造房屋项目。

建造房屋项目分为房屋主体工程（工期 4 个月）和房屋装修工程（工期 3 个月），理论上是完成主体工程之后再装修，但为抓紧工期，在主体工程完成一定程度（如 70%）后便开始装修工程；在装修过程中，粉刷墙面往往要刷几遍，每刷一遍需要一个月；第一遍粉刷墙面完毕后第二遍才能开始。但刷完第一遍后，要等一段时间（如半个月），涂料干了后再刷第二遍。请建立该项目中的任务链接关系，并将项目保存为“04-04.mpp”。

操作步骤如下：

首先建立项目文件，输入项目开始时间“2012-04-02”、任务名称和工期，为方便计算工期，将各任务的任务模式设置为自动计划，并建立任务链接关系；然后，单击房屋主体工程和房屋装修工程的链接关系，在延隔时间中输入“-30%”（负号表示提前，属于时间重叠），同样单击粉刷墙面 1 和粉刷墙面 2 的任务链接，在延隔时间中输入“0.5month”（属于时间延迟），如图 4-37 和图 4-38 所示，设置“延隔时间”完成后的 04-04.mpp，如图 4-39 所示。

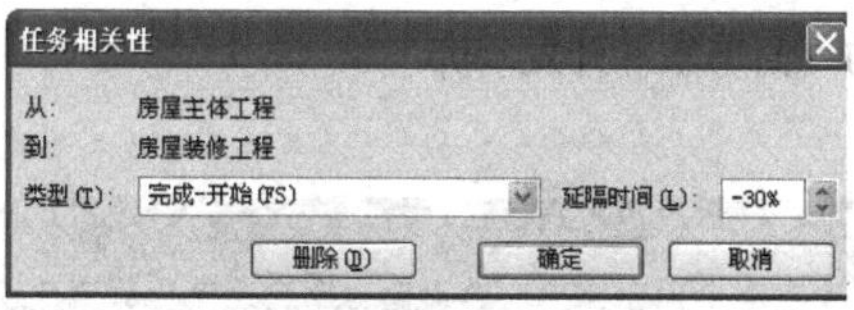

图 4-37　房屋主体工程和房屋装修工程的链接关系

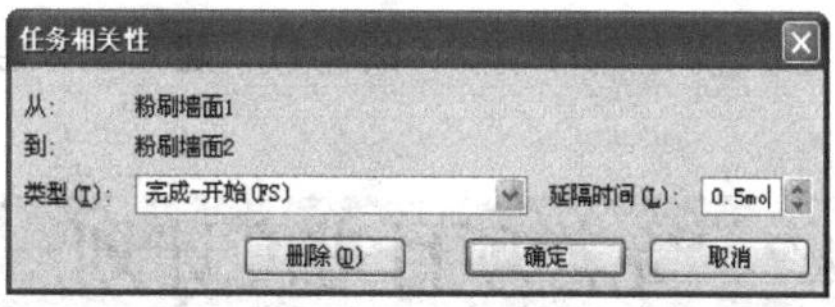

图 4-38　粉刷墙面 1 和粉刷墙面 2 的链接关系

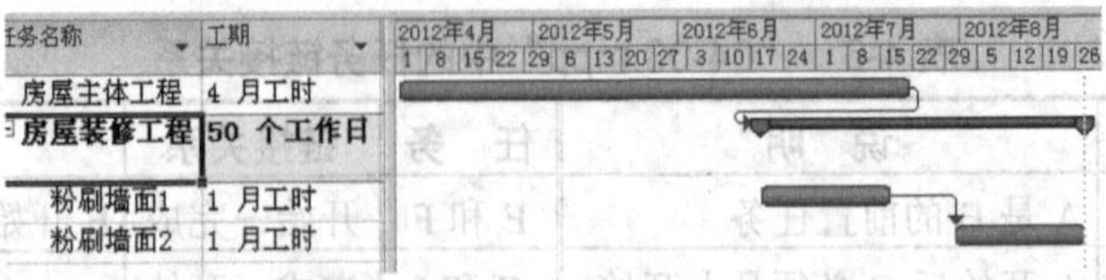

图 4-39　设置“延隔时间”完成后的“04-04.mpp”

4.6.4　查看任务链接关系

查看任务链接关系通常有双击链接线、在“任务相关性”对话框中查看和在后续任务的“前置任务”域中查看 3 种方式。如任务 A 是任务 B 的前置任务，则可双击任务“B”，在弹出的“任务信息”对话框中单击“前置任务”选项卡进行查看，如图 4-40 所示。

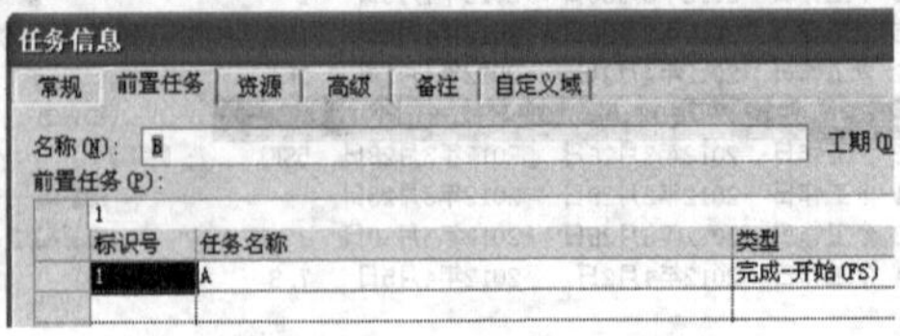

图 4-40　查看任务链接关系

4.6.5　删除任务链接关系

删除任务链接关系通常也有 3 种方法：双击链接线，在弹出的“任务相关性”对话框中单击“删除”按钮；选中要删除关系的两个任务，再单击“任务”选项卡下“日程”组中“取消任务链接”按钮；在后续任务的“前置任务”域中，删除表示前置任务的编号。“简单软件开发.mpp”中的各项任务链接关系均是“完成-开始”类型，为便于查看，将各任务的模式改为“自动计划”，建立任务链接关系后的“简单软件开发.mpp”如图 4-41 所示。

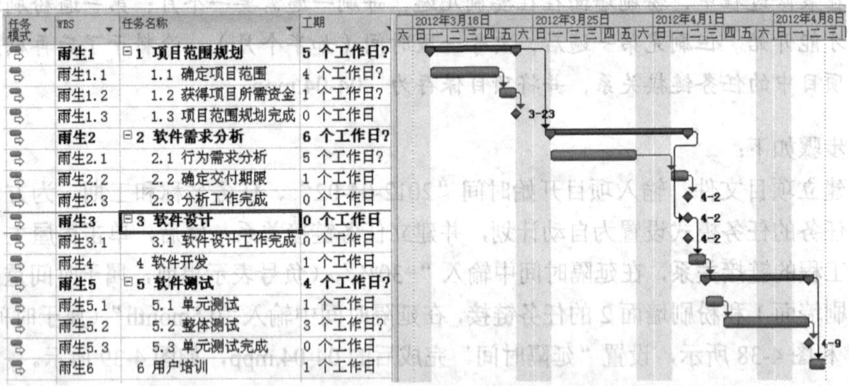

图 4-41　建立任务链接关系后的“简单软件开发.mpp”

4.7　完善项目进度计划

完善项目进度计划包括添加周期性任务、为任务添加备注和超链接、自定义信息列、设置任务期限与限制任务和修改任务显示格式等内容。

4.7.1 添加周期性任务

项目中常存在重复出现的规律任务，称为周期性任务。Project 可将此类任务集成到一起，以便用户管理[69]。如需要在“简单软件开发.mpp”项目中添加“每周例会”任务，固定在每周一举行一次项目小组例会。操作步骤为：单击“任务”选项卡下“插入”组中“任务”按钮，在下拉列表中选择“任务周期”命令，弹出“周期性任务信息”对话框，在其中输入周期性任务信息，如图 4-42 所示，单击“确定”按钮，即可在“简单软件开发.mpp”中出现“每周例会”任务，如图 4-43 所示。周期性任务前面的标记表示人为规定了任务开始时间，双击该行头可查看周期性任务的详细信息，如图 4-44 所示。

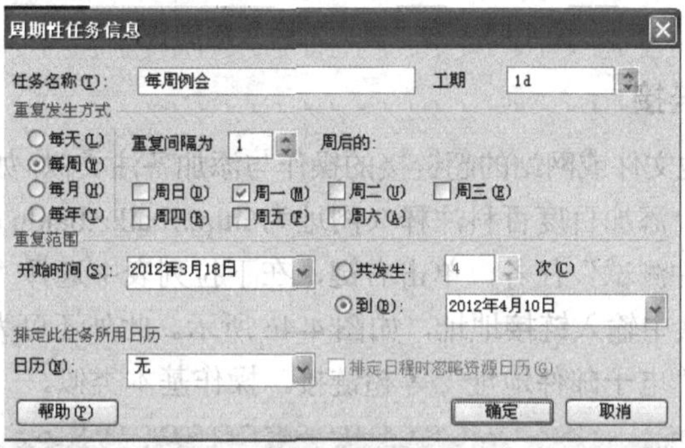

图 4-42 “周期性任务信息”对话框

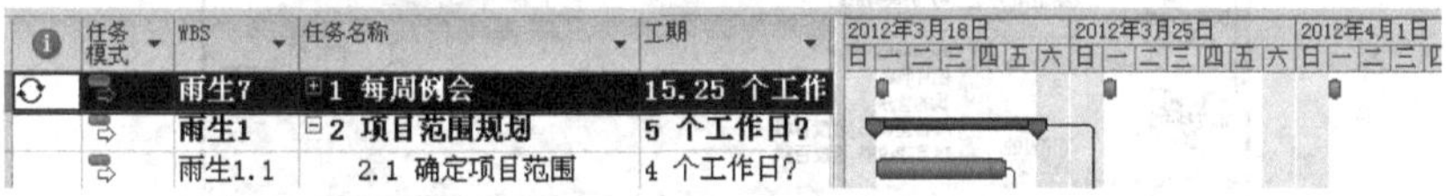

图 4-43 输入周期性任务后的“简单软件开发.mpp”

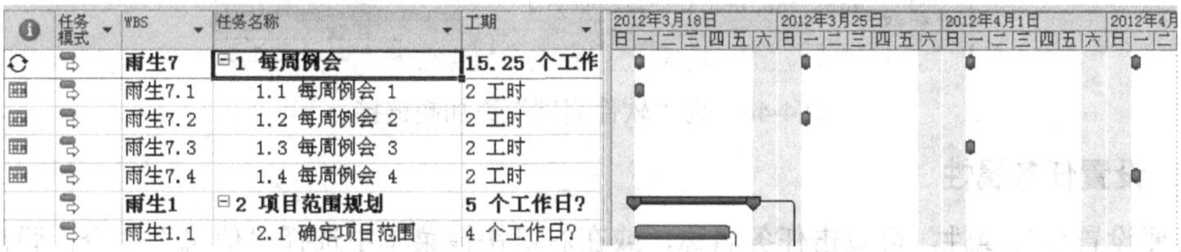

图 4-44 查看“简单软件开发.mpp”周期性任务的详细信息

4.7.2 设置任务属性

1. 为任务添加备注

关于任务的相关说明有时不宜放在任务名称中，此时可将其放在任务的备注信息中。在 Project 中，每个任务都可独立设置备注。操作步骤为：选中任务，单击“任务”选项卡下“属性”组中的“备注”按钮，弹出“任务信息”对话框并定位到“备注”选项卡，然后便可为任务添加备注，如图 4-45 所示是为“简单软件开发.mpp”中“每周例会”添加备注“需要提前通知与会人员会议主题，要求其做相应准备”后的情形。另外，也可选中任务，单击右键并在下拉列表中选择“备注”命令，也可弹出“任务信息”对话框并定位到“备注”选项卡。

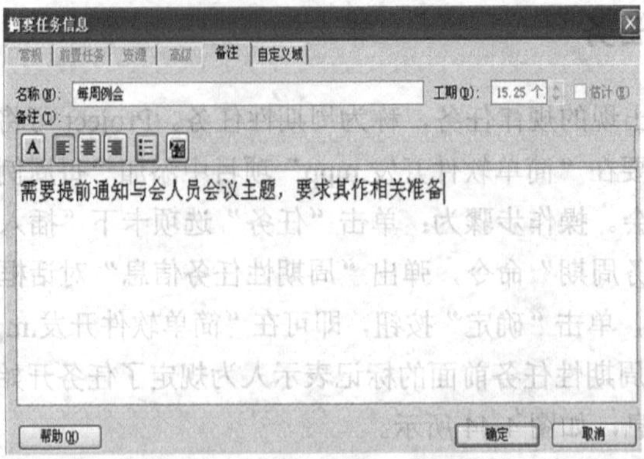

图 4-45　为“每周例会”添加备注

2．为任务添加超链接

为任务添加指向其他文件或网站的超链接的操作与添加备注类似，如在“简单软件开发.mpp”中，为任务“软件测试”添加百度百科注释（网址为 http://baike.baidu.com/view/16563.htm）。操作步骤为：选中“软件测试”任务，单击右键，在下拉列表中选择“超链接”命令弹出“键入超链接”对话框，在其中输入链接地址，如图 4-46 所示。此外还可为其添加“本文档中的位置”、“新建文档”、“电子邮件地址”等超链接，操作基本类似。

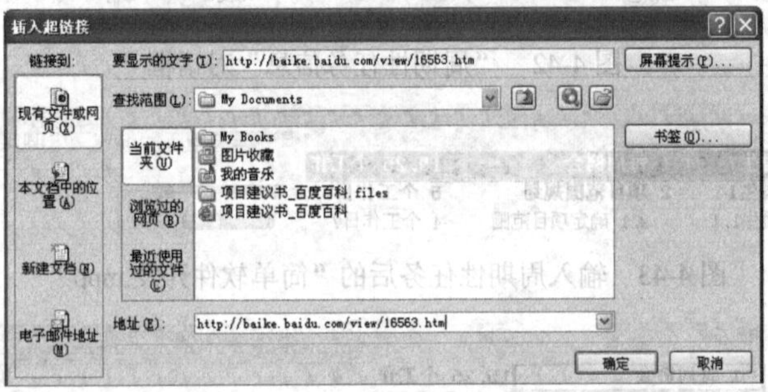

图 4-46　为“软件测试”添加超链接

3．设置任务属性

若要设置任务属性，可双击任务名称，或在右键快捷菜单中选择“信息”命令，弹出“任务信息”对话框，如图 4-47 所示，然后在其中进行设置即可。该对话框包括“常规”、“前置任务”、“资源”、“高级”、“备注”和“自定义域”6 个选项卡，操作基本类似，相关内容将在后续章节中详细讲解。

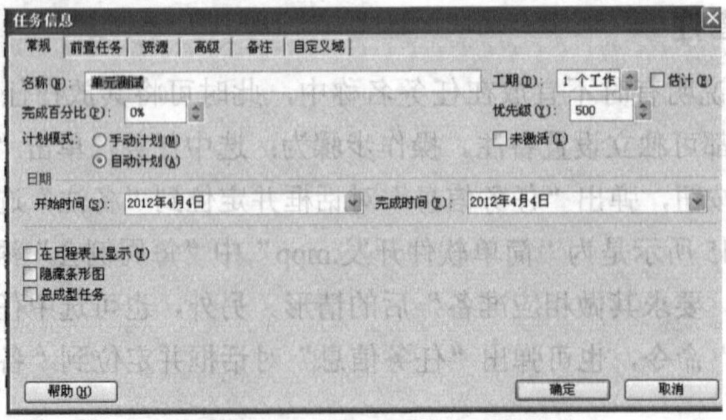

图 4-47　“任务信息”对话框

4.7.3 自定义信息列

在 Project 中，用户可根据需求自定义域。注意，自定义域包含需要在项目中显示的信息和值，且这些内容对于组织来说是唯一的。操作步骤为：单击“格式”选项卡下“列”组中“自定义字段”按钮，或单击“项目”选项卡下“属性”组中“自定义字段”按钮，弹出“自定义域”对话框，如图 4-48 所示。

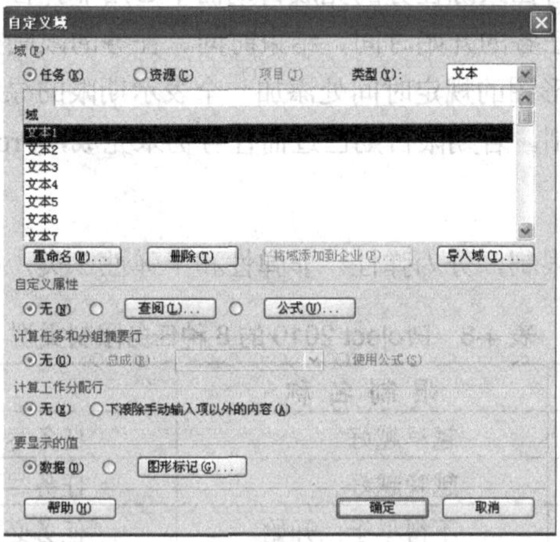

图 4-48 “自定义域”对话框

“自定义域”对话框中可进行的操作及各选项的含义如表 4-7 所示。

表 4-7 “自定义域”对话框主要操作及选项含义[75]

部 分 名	选 项	含 义
域	任务	单击该选项可自定义出现在任务视图中的任务域
	资源	单击该选项可自定义出现在资源视图中的资源域
	项目	单击该选项可自定义在摘要行中及审阅项目组合时使用的项目域
	类型	单击选择要使用的自定义域类型，如“成本”或“工期”。可用域（如“工期 1”到“工期 10”）的完整列表即会显示在“域”框中。除“开始时间”和“完成时间”之外，所有域都可用作自定义项目域
	将域添加到企业	将自定义域添加到企业全局模板中，以供整个企业内的各项目经理使用
自定义属性	无	所选自定义域没有关联的值列表或公式
	查阅	应用所选自定义域的值列表
	公式	应用公式计算所选自定义域的内容
计算任务和分组摘要行	无	不希望任务或组摘要行具有关联的总成值或公式
	总成型任务	指定此自定义域的值应上卷到摘要行
	使用公式	对自定义域使用所选公式来计算任务和分组摘要行的总成型值
计算工作分配行	无	不希望在工作分配之间分发该自定义域的内容
	下滚除手动输入项以外的内容	除手动输入到工作分配行的数据之外，会在工作分配之间分发其他数据
要显示的值	数据	在显示该域的所有视图中显示域内容中的实际数据
	图形标记	指定在域中用图形标记替代数据显示时采用的准则和关联标记图像

4.7.4 设置任务期限与限制任务

Project 可对任务的开始日期或完成日期设置限制，可对两者的计算方式加以限制，同时也可设置任务期限以指定任务不晚于特定日期完成。

1. 为任务设置期限日期

为任务设置期限日期旨在跟踪任务的完成日期而不必用非弹性限制锁定日程，其不会影响任务日程排定，不会改变任务的开始时间、结束时间、任务的限制类型以及链接关系等信息。Project 只是在任务所在条形图的规定时间处添加一个表示期限的绿色箭头标记，以提醒管理者任务不能超过这个时间限制。若期限日期已过而任务仍未完成，Project 就会显示标记。

2. 限制任务

Project 中有 8 种任务限制，分为弹性、非弹性和半弹性 3 类，如表 4-8 所示。

表 4-8 Project 2010 的 8 种任务限制类型

限制类型	限制名称	说明
弹性	越早越好	任务尽可能早开始
弹性	越晚越好	任务尽可能晚开始
半弹性	不得早于…开始	任务必须在规定时间之后开始
半弹性	不得早于…完成	任务必须在规定时间之后完成
半弹性	不得晚于…开始	任务必须在规定时间之前开始
半弹性	不得晚于…完成	任务必须在规定时间之前完成
非弹性	必须开始于	任务必须在规定时间开始
非弹性	必须完成于	任务必须在规定时间完成

其中，弹性限制未指定特定日期，要求在给定日程中其他限制和任务相关性的情况下，尽可能早或尽可能晚地开始任务，并在项目完成前结束任务；半弹性限制指定了一个控制任务的最早或最晚开始或完成日期的关联日期（此类限制允许任务在任意时间完成，只要它满足开始期限或完成期限）；非弹性限制指定了一个控制任务的开始或完成日期的关联日期，要求在某个日期开始或完成[76]。

设置任务期限日期和修改任务限制类型的操作步骤基本类似：单击“任务”选项卡下“视图”组中“甘特图”项，切换到“甘特图”视图，选定要为其分配期限的任务，单击“任务”选项卡下“属性”组中“信息”按钮，弹出“任务信息”对话框，再单击“高级”选项卡，如图 4-49 所示，在“期限”框中输入期限日期以设置任务期限日期，在“限制类型”框中选择限制类型以设置或修改任务限制类型，同时在限制日期中设置关联日期，单击“确定”按钮即可。如果以后不再为此任务设置期限，可通过清除“期限”框来删除期限。注意，标记列中用限制符号对任务限制和期限日期进行了标记，将指针停留在限制标记上可查看限制类型和限制日期。如在“简单软件开发.mpp”中，为任务“行为需求分析”设定的期限日期为 2012 年 3 月 31 日，设置的任务限制类型为“不得晚于…开始”，限制日期为 2012 年 3 月 26 日，如图 4-50 所示是为任务“行为需求分析”设置任务期限日期和任务限制类型，设置好后如图 4-51 所示。

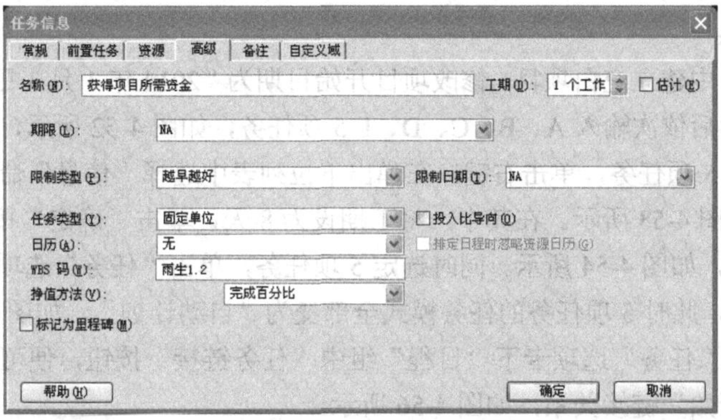

图 4-49　为任务设置期限日期

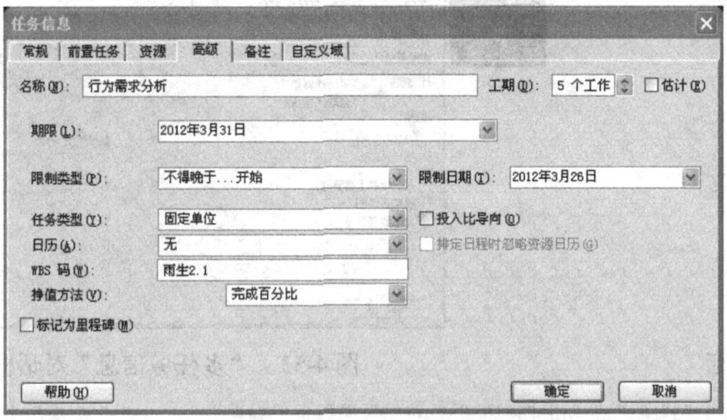

图 4-50　为“行为需求分析”任务设置任务期限日期和任务限制类型

图 4-51　设置任务期限日期和任务限制类型后的“简单软件开发.mpp”

4.8　专题讨论

本小节主要探讨利用 Project 2010 制定项目进度计划过程中的常见问题。

4.8.1　“批处理”对象

Project 2010 可批处理多种对象[77]，如设置数据编辑区单元格的格式、设置任务属性、进行任务升降级等。批处理的办法是先使用 Shift 键和 Ctrl 键选中处理对象，然后再进行设置。

例 4-5　批处理设置任务工期、任务模式及链接关系。

假设某项目有 A、B、C、D、E 5 项任务，现在要为这 5 项任务同时设置工期为 8 天，将其任务模式由“手动计划”改为“自动计划”，同时按照先后关系将其均设置为“完成-开始”链接关系，设置好后保存为“04-05.mpp”。

操作步骤如下：

首先在 Project 中建立空白项目，修改项目开始日期为“2014 年 1 月 3 日”，并将其保存为“04-05.mpp”，然后依次输入 A、B、C、D、E 5 项任务，如图 4-52 所示，操作可参见本章相关小节。然后选定 5 项任务，单击右键，在弹出下拉列表中选择“信息”命令，弹出“多任务信息”对话框，如图 4-53 所示。在其中，将工期设为 8 天，单击“确定”按钮，此时，5 个任务工期全变成 8 天，如图 4-54 所示。同时选定 5 项任务，单击“任务”选项卡下“任务”组中“自动安排”按钮，此时 5 项任务的任务模式全部变为“自动计划”，如图 4-55 所示。同时选定 5 项任务，单击“任务”选项卡下“日程”组中“任务链接”按钮，便可一次性在 5 个任务之间建立“完成-开始”链接关系，如图 4-56 所示。

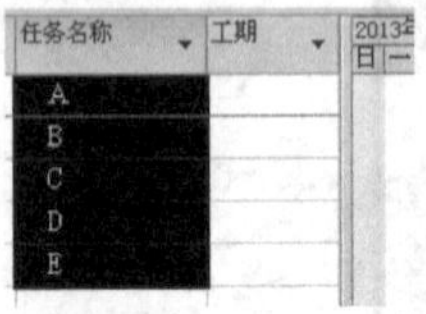

图 4-52　输入任务后

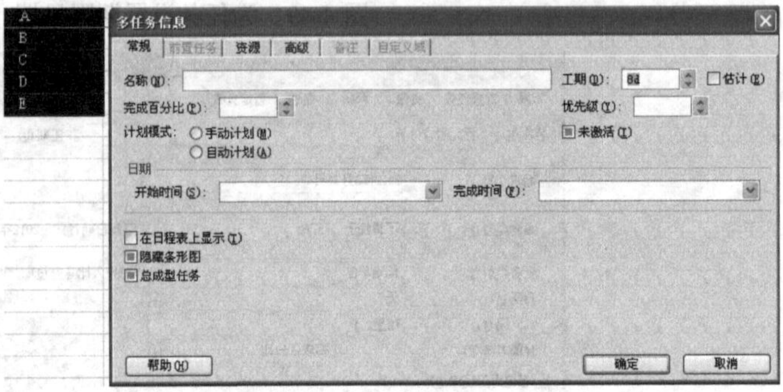

图 4-53　“多任务信息”对话框

图 4-54　批量修改任务工期后

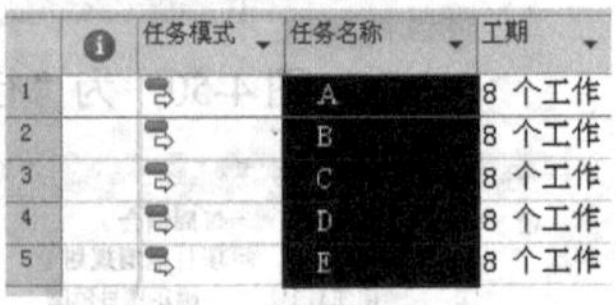

图 4-55　批量修改任务模式后

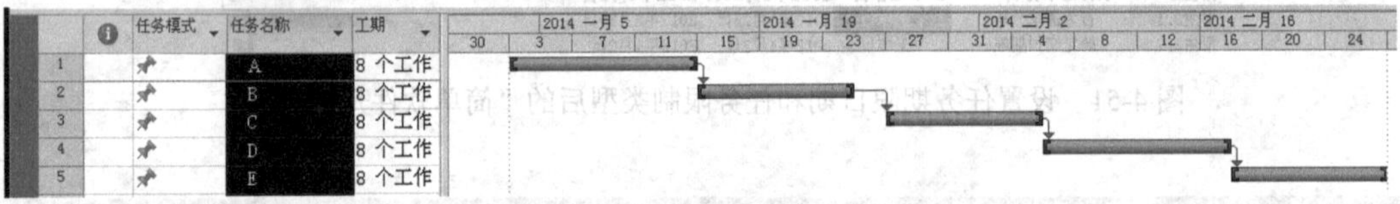

图 4-56　批量修改任务链接关系后的“04-05.mpp”

4.8.2　任务类型

对于所有任务，在分配了资源后，Project 将按照公式“工期=工时/单位”来排定任务日程，任务工期除受到工时和资源单位影响外，还与任务类型有关。当用户修改工期、工时或资源单位中的一个时，Project 要保持公式仍然成立，总是保持其中一个量不变，调整另外两个。那么到底哪个量不变、哪个量改变呢？这就取决于任务类型。

任务类型是任务的说明，表示任务哪些方面是固定的，哪些方面是可变的，Project 2010 使用固定单位、固定工期和固定工时 3 种任务类型中的一种来计算任务工期，默认是“固定单位”。固定单位任务指任务所分配的资源单位是固定值，且对工时量或任务工期所做的任何更改都不会影响其资源单位；固定工时任务指任务工时量为固定值，且对任务工期或所分配的资源单位进行任何更改都不会影响其工时；固定工期任务指任务工期为固定值，且对工时或所分配的资源单位进行任何更改都不会影响其工期[78]。如表 4-9 所示是 3 种任务类型的说明。

表 4-9　3 种任务类型的说明

任 务 类 型	如果修改资源单位	如果修改任务工期	如果修改任务工时
固定单位	工时不变，重算工期	资源单位不变，重算工时	资源单位不变，重算工期
固定工时	工时不变，重算工期	工时不变，重算资源单位	资源单位不变，重算工期
固定工期	工期不变，重算工时	资源单位不变，重算工时	工期不变，重算资源单位

4.8.3　为任务分配时间的方法

1．使用甘特表

使用甘特表为任务分配工期的方法是在“甘特图”视图数据编辑区中相应任务的“工期”域中输入工期值。若同时为多个相邻任务输入工期，可使用填充柄方式进行操作（方法与 Excel 中的方法相似）；也可用批处理方式同时为多个任务输入工期，相关操作参见 4.8.1 节。另外在输入工期时，为提高输入速度，可采用时间单位的英文缩写进行输入，效果等同于中文时间单位，如“3 天”和“3d”、“3days”的效果是一样的。

注意，在“甘特图”视图数据编辑区中，给任务输入“开始日期”与“完成日期”与给任务输入“工期”是不一样的。如果给任务输入“开始日期”与“完成日期”，则 Project 会只使用该时间范围内的工作日，其适用于任务时间安排不可改变的情形。如果给任务输入“工期”，则 Project 会将周末、假期考虑在内计算任务的“开始日期”与“完成日期”，其适用于只知道任务需要多少工作日，但不知道任务会在哪天发生的情形[79]。

2．使用“任务信息”对话框

操作步骤为：打开“任务信息”对话框，在“工期”域中单击箭头来增加或减少某项任务工期，单击一次会使工期变化一天。注意，若要输入的增量不以天为计算单位，则单击“工期”域，然后在其中输入相应时间单位，m 表示分钟，h 表示小时，w 表示星期，mo 表示月。最后，单击“确定”按钮即可。

3．使用鼠标和任务条形图

操作步骤为：将鼠标放到任务条形图的右侧直到鼠标变成指向右侧的箭头竖线，然后单击并向后拖动条形图，此时，Project 会显示建议的新任务工期和完成日期，当希望的工期出现在信息框中时，释放鼠标按钮即可。注意，使用该方法设置的任务工期是估计工期。

4．设置日程选项

“甘特表”并不局限于输入资源导向的任务或估计工期，还可改变项目默认任务类型及其他默认日程设置。操作步骤是：单击“文件”选项卡中的“选项”，出现“Project 选项”对话框，单击左侧“日程”项，然后即可改变输入任务时的默认设置，如图 4-57 所示。在该对话框中，可设置输入任务工期时的默认时间单位（天）、工时（小时）以及新任务开始于项目开始日期还是当前日期。设置完毕后，单击“确定”按钮关闭“Project 选项”对话框。

5．为任务分配日历

操作步骤为：双击任务名称打开“任务信息”对话框，单击“高级”选项卡并打开“日历”下拉列表为任务分配一个专用日历，如图 4-58 所示。

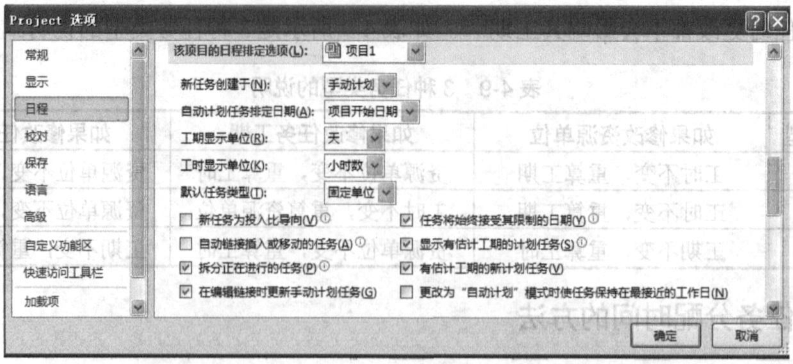

图 4-57 “Project 选项”对话框

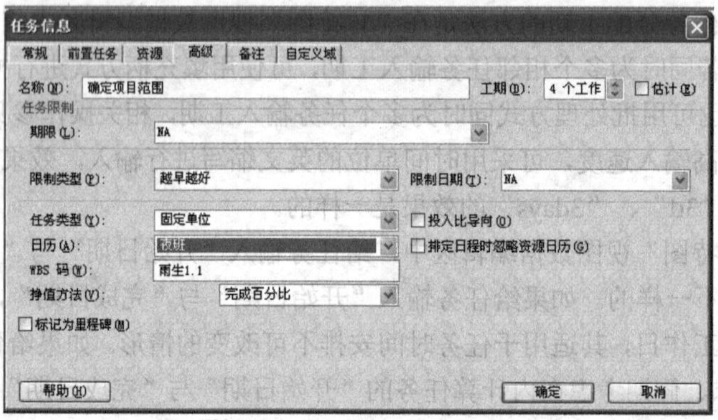

图 4-58 为任务分配日历

6. 创建里程碑

项目管理任务经常使用里程碑标记项目中的主要事件，如一个阶段的完成或者一项产品/活动的批准。在 Project 中，里程碑常是工期为零的任务 [69]，其在“甘特图”中的符号是一个菱形。工期大于零的里程碑，菱形出现在工期的开始处，操作步骤为：在“任务信息”对话框中的“高级”选项卡中，选中“标记为里程碑”复选框即可。

7. 摘要任务的时间安排

在计划开始阶段，项目经理常只清楚项目关键可交付结果和主要里程碑的某些高级别信息，然后随着项目进展，再逐步细化各阶段，形成其子任务。通过使用 Project 2010，项目经理可先根据整个日程表和预算将项目分成若干个高级阶段（摘要任务），并初步设定各阶段的开始及完成日期，而后再随着项目开展来逐步细化项目任务，设定各子任务的开始及完成日期，这意味着各任务的日期没有必要与高级阶段的日期保持完全一致。具体采用使用自上而下规划方法创建摘要任务及其子任务，并设定任务工期信息[73]。

例 4-6　摘要任务的时间安排。

开始日期为“2014 年 1 月 6 日”的项目“04-06”由两个阶段构成，共包括 5 个子任务。其中，阶段 1 由 A、B、C 3 个子任务构成，每个任务工期为一天；阶段 2 由 D、E 两个子任务构成，每个任务工期为一天。各个任务之间依次均为“完成-开始”链接关系。请先为摘要任务“阶段 1”和“阶段 2”分配工期 5 天和 4 天，然后再创建 A、B、C、D、E 5 个子任务及其链接关系，最后将项目保存为“04-06.mpp”。

整个操作分为创建摘要任务和在摘要任务下添加子任务两个过程。

首先在 Project 中建立空白项目，修改项目开始日期为“2014 年 1 月 6 日”，并将其保存为“04-06.mpp”，操作可参见本章相关小节。

第一步是创建摘要任务。在“04-06.mpp”中依次创建“阶段 1”和“阶段 2”两个摘要任务及链接关系，并设置两者的工期。操作步骤为：单击“任务”选项卡下“插入”组中“摘要任务”按钮，弹出“摘要任务信息”对话框，如图 4-59 所示，在其中的“名称”和“工期”域中输入相应值，并将“计划模式”改为“手动计划”，设置好后如图 4-60 所示。

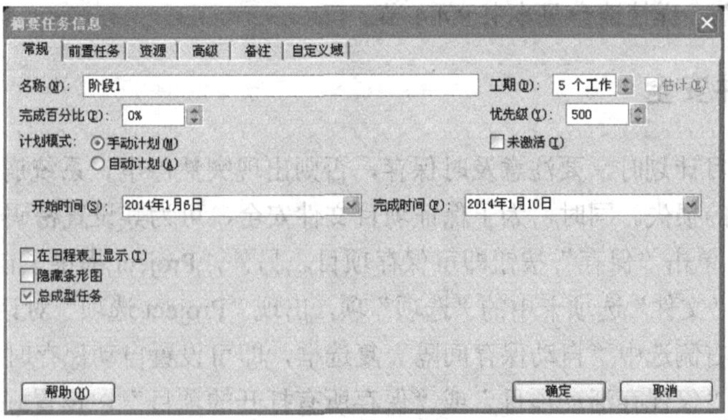

图 4-59 “摘要任务信息”对话框

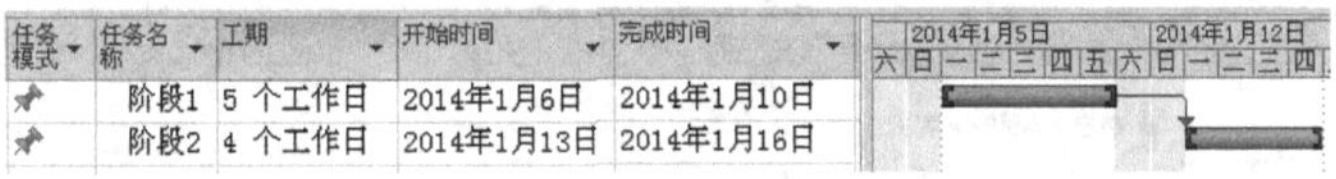

图 4-60 创建好“摘要任务”后的“04-06.mpp”

第二步是在创建的摘要任务下添加子任务。分别在“阶段 1”下面添加 A、B、C 3 项任务，在“阶段 2”下面添加 D、E 两项任务，并分别进行“降级”处理，然后设置各项任务的工期及链接信息，操作可参见本章相关小节。设置好如图 4-61 所示，最后单击“保存”按钮即可。

图 4-61 最终的“04-06.mpp”

注意，创建高级摘要任务时应将其任务模式设置为“手动计划”，否则，在创建了摘要任务的子任务并设置其链接关系后，摘要任务工期会随着子任务工期而变化。另外，在创建自上而下的摘要任务时，摘要任务下的子任务不会在摘要任务中汇总，此时，摘要任务的摘要栏分为两个部分，下半部分是上卷子任务的工期值，以便与摘要任务工期的初始创建情况进行比较，如图 4-61 所示。

4.8.4 准确估计任务工期

首先，管理者可根据以往经验和其他已完成的类似项目，考察下列问题：类似任务需花费多长时间？任务执行过程中曾遇到哪些问题？若再做一遍，可在哪些方面进行改进？找出新任务和过去类似任务的差别，然后估算工期时考虑这些差异对工期的影响。

其次，估算任务工期时还需考虑的因素有资源数量（一项工作由 10 人做和由 1 人做显然工期是不同的）和资源质量（如经验丰富的人会比经验不足的人进度快很多）。这一点 Project 无法自动处理，只能依靠管理者去衡量，然后在 Project 中用适当的数据体现出来。在任务开始时，如有必要，请重新检查工期的估计值是否合理，因为此时管理者对任务的了解比制定计划时要更为充分一些[53,64]。

此外，Project 还可依据项目管理的思想，通过评估项目环境来动态决定任务工期，称为“PERT 分析方法”，详情请参见本书 9.4.4 节。

4.8.5　项目文件安全

创建和编辑项目计划时，要注意及时保存，否则出现突然停电、系统崩溃等意外情况时，将会造成无法挽回的损失。同时，为了保证项目文件安全，可为其设置密码保护。

在 Project 中，单击“保存”按钮即可保存项目。另外，Project 提供了自动保存项目功能，操作步骤为：单击“文件”选项卡中的“选项”项，出现“Project 选项”对话框，单击左侧“保存”选项，然后在右侧选中“自动保存间隔”复选框，即可设置自动保存时间间隔，如图 4-62 所示。同时可设置“仅保存活动项目”或“保存所有打开的项目”，设置好后，单击“确定”按钮。

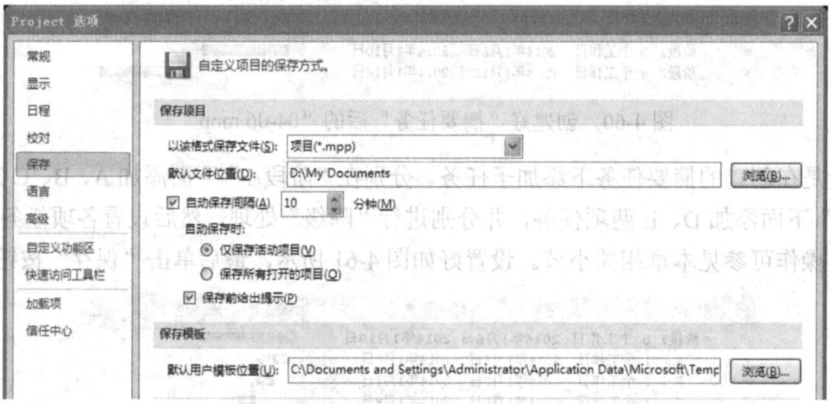

图 4-62　设置自动保存的“Project 选项”对话框

为项目文件设置密码保护的操作步骤为：首先，单击“文件”选项卡中的“另存为”项，弹出“另存为”对话框，如图 4-63 所示，此处将“04-06.mpp”另存为“04-07.mpp”；然后在其左下方单击“工具”按钮的向下箭头，选择“常规选项”按钮，弹出“保存选项”对话框，如图 4-64 所示，在其中可输入保护密码和修改权限密码，同时选中“建议只读”和“创建备份”复选框，然后单击“确定”按钮，弹出“确认密码”对话框，如图 4-65 所示，再次输入密码，单击“确定”按钮，再次弹出“确认密码”对话框，输入修改权限密码，如图 4-66 所示，单击“确定”按钮返回“另存为”对话框，最后单击“保存”按钮即可。

其次，双击“04-07.mpp”，弹出“Microsoft Project”对话框，如图 4-67 所示，单击“是”按钮，弹出“密码”对话框，如图 4-68 所示，输入密码单击“确定”按钮，即可打开该项目文件，可在其中修改一下任务名称，然后单击“保存”按钮，此时会弹出如图 4-69 所示的提示对话框，单击“是”选项即可保存一份反映所做修改的文件副本。

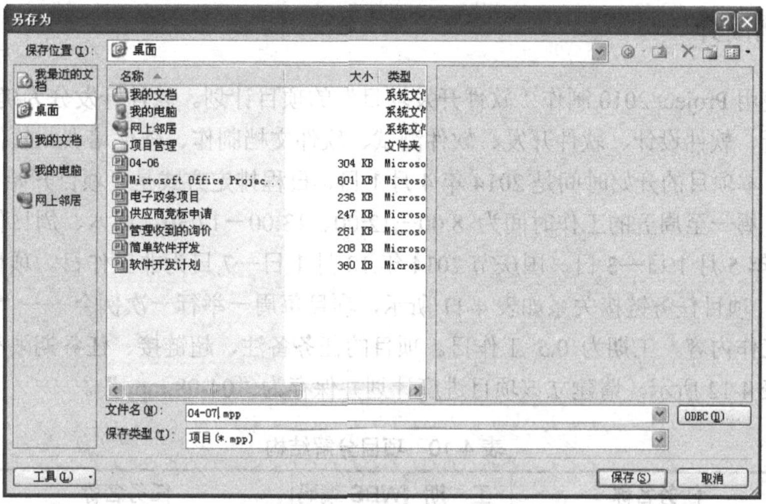

图 4-63 “另存为”对话框

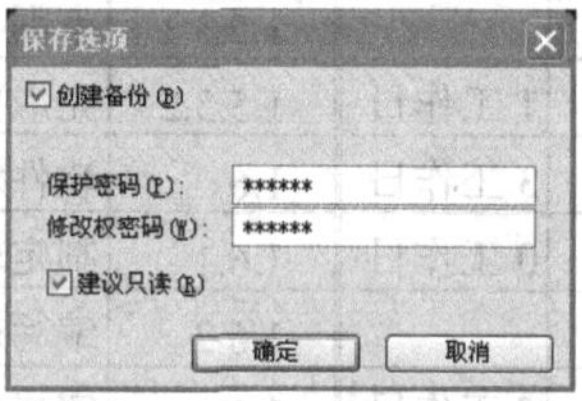

图 4-64 “保存选项”对话框

图 4-65 “再次输入密码”对话框

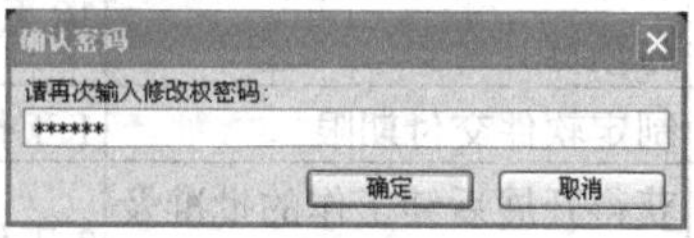

图 4-66 再次“输入修改权密码”对话框

图 4-67 “Microsoft Project”对话框

图 4-68 “密码”对话框

图 4-69 提示对话框

4.9 项目进度计划制定与完善综合案例

本案例全面介绍项目进度计划的制定与完善流程（未涉及资源分配环节，相关操作将在本书的第 5 章中讲解），核心是项目常规信息的定义、任务分解、工期估计、工序安排及初步完善等。

4.9.1 案例简介

本案例使用 Project 2010 制作“软件开发项目”的项目计划。软件开发分为确定项目范围、软件需求分析、软件设计、软件开发、软件测试、软件文档制作、软件培训、软件实施、项目收尾等过程。本项目的开始时间是 2014 年 4 月 1 日，日程排定方式是“项目开始日期”，常规工作时间为：周一至周五的工作时间为 8:00－12:00、13:00－17:30，周六、周日休息；此外，劳动节 2014 年 5 月 1 日—3 日、国庆节 2014 年 10 月 1 日—7 日为非工作日。项目分解结构如表 4-10 所示，项目任务链接关系如表 4-11 所示，项目每周一举行一次例会——“每周例会”，讨论本周的工作内容，工期为 0.5 工作日。项目的任务备注、超链接、任务期限与限制类型等附加信息如表 4-12 所示。请建立该项目进度计划并保存为“04-08.mpp”。

表 4-10 项目分解结构

WBS 编码	任务名称	工 期	WBS 编码	任务名称	工 期
1	软件开发项目		1.5.3	整体测试	
1.1	项目范围规划		1.5.3.1	审阅、测试并修订模块集成代码	10 工作日
1.1.1	确定项目范围	1 工作日	1.5.3.2	完成整体测试	0 工作日
1.1.2	获得项目所需资金及资源	3 工作日	1.6	软件培训	
1.1.3	完成项目范围规划	0 工作日	1.6.1	制定软件培训规范、机制与方法	10 工作日
1.2	软件需求分析		1.6.2	编写软件培训材料	20 工作日
1.2.1	软件行为需求分析	5 工作日	1.6.3	完成软件培训	0 工作日
1.2.2	制定、审阅并修订软件规范与预算	10 工作日	1.7	软件文档	
1.2.3	制定软件交付期限	1 工作日	1.7.1	制定、开发并修订“帮助”系统	20 工作日
1.2.4	获得开展后续工作的批准及所需资源	2 工作日	1.7.2	编写、审阅并修订用户手册	25 工作日
1.2.5	完成软件需求分析	0 工作日	1.7.3	完成软件文档	0 工作日
1.3	软件设计		1.8	软件试运行	
1.3.1	制定、审阅并修订软件功能规范	10 工作日	1.8.1	安装/部署软件	1 工作日
1.3.2	开发软件原型	5 工作日	1.8.2	获得并评估用户反馈	5 工作日
1.3.3	获得开展后续工作的批准	1 工作日	1.8.3	完成软件试运行	0 工作日
1.3.4	完成软件设计	0 工作日	1.9	软件部署	
1.4	软件开发		1.9.1	确定软件部署策略与方法	2 工作日
1.4.1	确定软件模块化设计参数	2 工作日	1.9.2	获得软件部署所需资源	2 工作日
1.4.2	编写与调试软件代码	30 工作日	1.9.3	部署软件	5 工作日
1.4.3	完成软件开发	0 工作日	1.9.4	完成软件部署	0 工作日
1.5	软件测试		1.10	项目收尾	
1.5.1	制定软件测试计划	8 工作日	1.10.1	软件开发经验教训总结	2 工作日
1.5.2	单元测试		1.10.2	建立软件维护小组	1 工作日
1.5.2.1	审阅、测试并修订组件模块代码	15 工作日	1.10.3	完成项目收尾	0 工作日
1.5.2.2	完成单元测试	0 工作日			

表 4-11　任务链接关系

WBS 编码	链 接 关 系	WBS 编码	链 接 关 系
1.1.1、1.1.2、1.1.3、1.2.1、1.2.2、1.2.3、1.2.4、1.2.5、1.3.1、1.3.2、1.3.3、1.3.4、1.4.1、1.4.2 和 1.4.3	依次都是“完成-开始”	1.8.1、1.8.2、1.8.3、1.9.1、1.9.2、1.9.3、1.9.4、1.10.1、1.10.2 和 1.10.3	依次都是“完成－开始”
1.5.1、1.5.2.1、1.5.2.2、1.5.3.1 和 1.5.3.2	依次都是“完成-开始”	1.3.4 和 1.5.1、1.3.4 和 1.6.1、1.3.4 和 1.7.1、1.3.4 和 1.7.2	都是“完成－开始”
1.6.1、1.6.2 和 1.6.3	依次都是“完成-开始”	1.4.2 和 1.7.1、1.4.2 和 1.7.2、1.4.3 和 1.5.2.1、1.4.3 和 1.6.2	都是“完成－开始”
1.7.1 和 1.7.3、1.7.2 和 1.7.3	“完成-开始”	1.5.3.2 和 1.8.1	“完成－开始”

表 4-12　项目任务附加信息

WBS 编码	类　型	内　容
每周例会	备注	需要提前通知与会人员会议主题，要求其做相应准备
制定软件测试计划	备注	制定软件测试计划时，必须制定软件测试程序和测试样本
软件测试	链接	http://baike.baidu.com/view/16563.htm
完成软件设计	期限	2014 年 5 月 28 日（即必须在该日期之前完成）
完成软件培训	限制	不得晚于…完成，日期：2014 年 8 月 8 日
完成整体测试	限制	不得晚于…完成，日期：2014 年 8 月 15 日

4.9.2　制定与完善流程

1．定义项目基本信息

定义项目基本信息的核心是定义常规工作时间、节假日和倒休，并定义时间换算单位。

首先，创建空白项目并保存为“04-08.mpp”。操作步骤为：打开 Project 2010，单击“文件”选项卡下“新建”项，在右侧选择“空白项目”，单击“创建”按钮，然后再单击“保存”按钮，弹出“另存为”对话框，在文件名框中输入“04-08”，单击“保存”按钮。

其次，定义项目基本信息。操作步骤为：单击“项目”选项卡下“属性”组中“项目信息”按钮，弹出“项目信息”对话框，然后在“开始时间”框中输入“2014 年 4 月 1 日”，选择日程排定方式是“项目开始日期”，如图 4-70 所示，单击“确定”按钮。

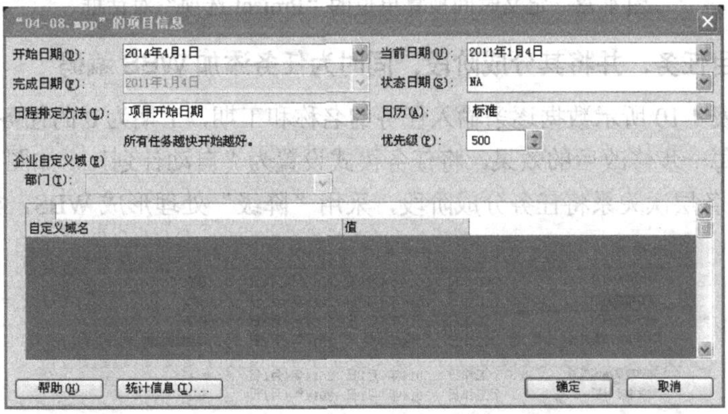

图 4-70　“项目信息”对话框

再次，定义项目常规工作时间，操作步骤为：单击“项目”选项卡下“属性”组中“更改工作时间”按钮，弹出“更改工作时间”对话框，从“对于日历”列表中选择“标准（项目日历）”，单击下方的“工作周”选项卡，此时右侧的“详细信息”按钮就变为可用，单击该按钮弹出“详细信息”对话框，在其中，按住 Shift 键选中星期一到星期五，在右侧选中“对所列日期设置为以下特定工作时间”复选框，将工作时间设置为上午 8:00—12:00，下午 13:00—17:30，如图 4-71 所示，单击“确定”按钮以完成工作时间设置。

最后，定义节假日和倒休。单击“例外日期”选项卡，在名称中输入“劳动节”和“国庆节”，并设定相应的起止时间，如图 4-72 所示。最后，定义时间换算单位，操作步骤为：单击“文件”选项卡下的“选项”，弹出“Project 选项”对话框，单击左侧“日程”选项，在右侧的“每日工时”数值框中输入 8.5，“每周工时”数值框中输入 42.5，如图 4-73 所示，最后单击“确定”按钮。

图 4-71　“详细信息”对话框

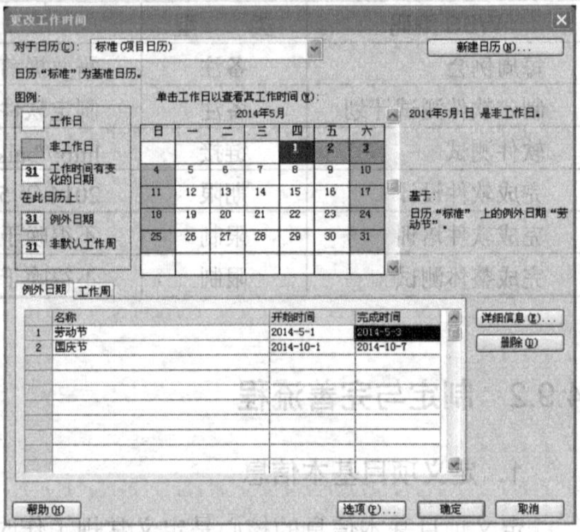

图 4-72　“例外日期”选项卡

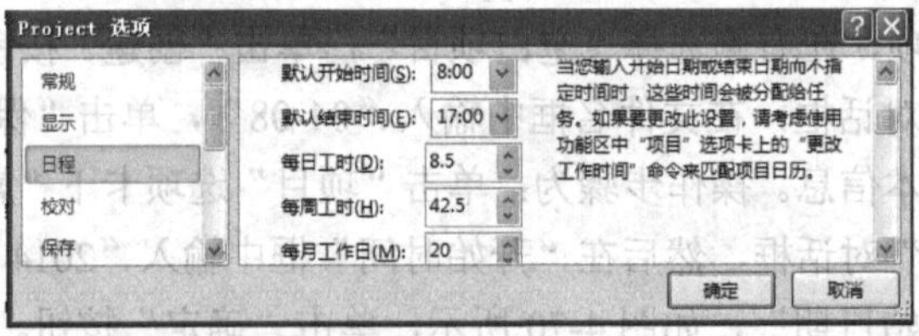

图 4-73　定义时间换算单位的“Project 选项”对话框

2. 列出项目任务，并将其分成阶段，同时为任务添加 WBS 编码

首先，根据表 4-10 所示数据逐条输入任务的名称和工期，工期为 0 的任务自动标识为里程碑。为便于观察每一步修改后的效果，将任务模式设置为“自动计划”，如图 4-74 所示，然后按照表 4-10 的任务层次关系将任务分成阶段，采用“降级”处理形成 WBS，如图 4-75 所示。

图 4-74　列出项目任务

图 4-75　形成项目任务 WBS

其次，为任务定义添加 WBS 编码。操作步骤为：单击“项目”选项卡下“属性”组中“WBS”按钮，选择“定义代码”命令，弹出“WBS 代码定义”对话框，在“代码掩码”信息栏中单击“级别”，根据 WBS 编码的要求依次在“序列”下拉列表中选择“数字（序数）”，在“长度”下拉列表中选择“任意”，在“分隔符序列”下拉列表中选择“.”，如图 4-76 所示，单击“确定”按钮退出。

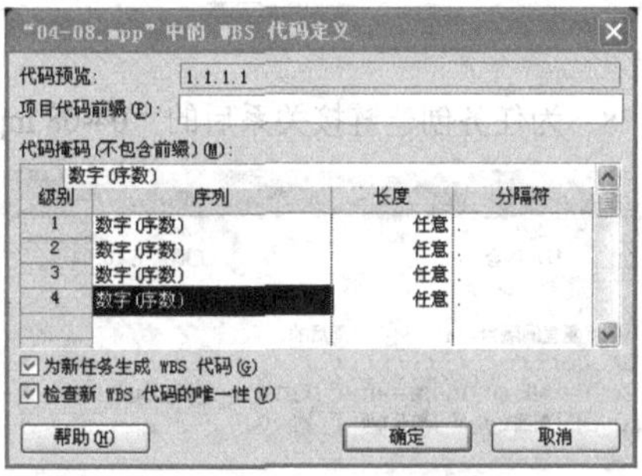

图 4-76　定义 WBS 编码

最后，为任务添加 WBS 编码。操作步骤是：单击“格式”选项卡下“显示/隐藏”组中“大纲数字”选项以勾选该选项，此时，WBS 编码即出现在任务左侧，如图 4-77 所示。

图 4-77　为任务添加 WBS 编码

3．建立任务链接关系

根据表 4-11 所示数据建立任务链接关系。

方法很简单，选定要链接的任务，单击“链接”按钮即可，由于均是“完成-开始”关系，因此无需修改链接关系，结果如图 4-78 所示。

4．完善项目进度计划

首先，添加周期性任务。操作步骤为：单击“任务”选项卡下“插入”组中“任务”按钮，在下拉列表中选择“任务周期”命令，弹出“周期性任务信息”对话框，在其中输入周期性任务信息，如图 4-79 所示，单击“确定”按钮，“04-08.mpp”中出现“每周例会”，如图 4-80

所示。

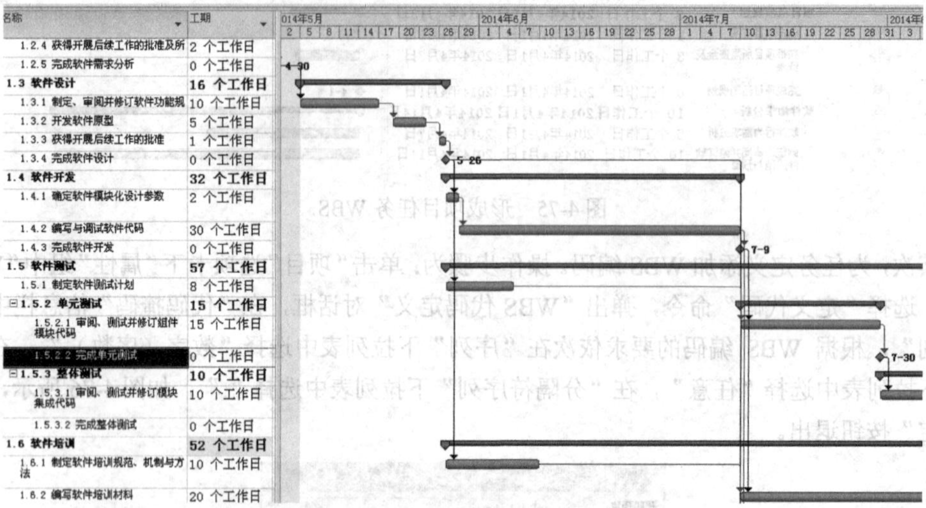

图 4-78　为任务创建链接关系后的“04-08.mpp”

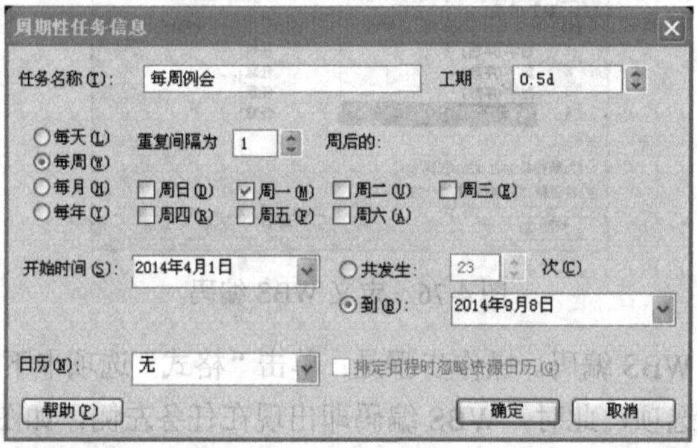

图 4-79　“周期性任务信息”对话框

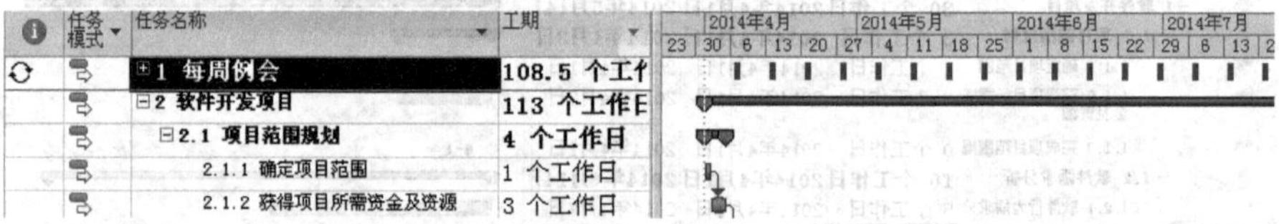
任务模式
任务名称
工期
1 每周例会
108.5 个工作日
2 软件开发项目
113 个工作日
2.1 项目范围规划
4 个工作日
2.1.1 确定项目范围
1 个工作日
2.1.2 获得项目所需资金及资源
3 个工作日
2014年4月
2014年5月
2014年6月
2014年7月

图 4-80　输入周期性任务后的“04-08.mpp”

注意，此时“每周例会”的 WBS 代码变为 1，“软件开发项目”的 WBS 代码变为 2，其他依此类推。双击周期性任务的行头可查看周期性任务详细信息。

其次，根据表 4-12 所示数据为任务添加备注。操作步骤为：选中任务，单击“任务”选项卡下“属性”组中“备注”按钮，弹出“任务信息”对话框并定位到“备注”选项卡，然后为“每周例会”添加备注，如图 4-81 所示，单击“确定”按钮，采用同样方法为任务“制定软件测试计划”添加备注。注意，此时“每周例会”和“制定软件测试计划”的“标记”域均添加了备注标识。

接下来根据表 4-12 所示数据为任务添加超链接。操作步骤为：选中“软件测试”任务单击右键，在下拉列表中选择“超链接”命令，弹出“键入超链接”对话框，在其中输入链接地址，如图 4-82 所示。注意，此时“软件测试”的“标记”域添加了超链接标识。

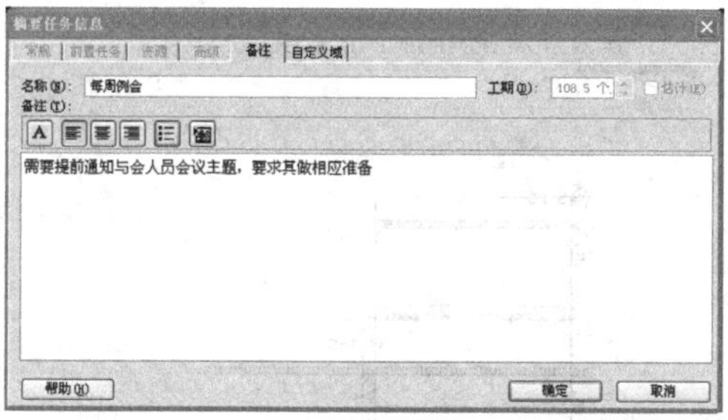

图 4-81　为任务“每周例会”添加备注

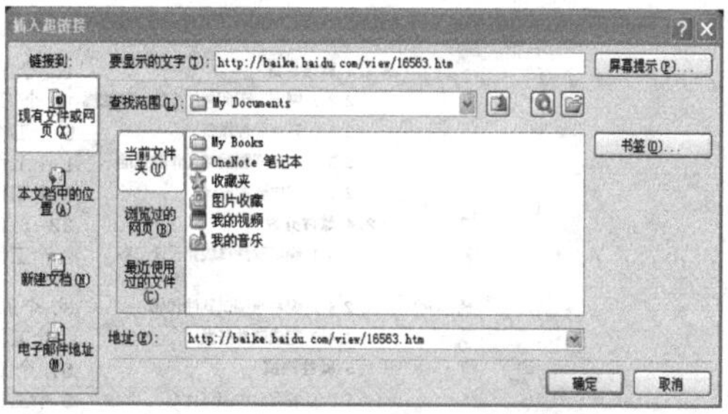

图 4-82　为任务“软件测试”添加超链接

再次，根据表 4-12 设置任务期限。操作步骤为：单击“任务”选项卡下“视图”组中“甘特图”按钮，切换到“甘特图”视图，选定任务“完成软件设计”，单击“属性”组中“信息”按钮，弹出“任务信息”对话框，再单击“高级”选项卡，在“期限”框中输入期限日期“2014-5-28”，如图 4-83 所示，单击“确定”按钮，此时“甘特图”视图中出现绿色向下箭头，如图 4-84 所示。

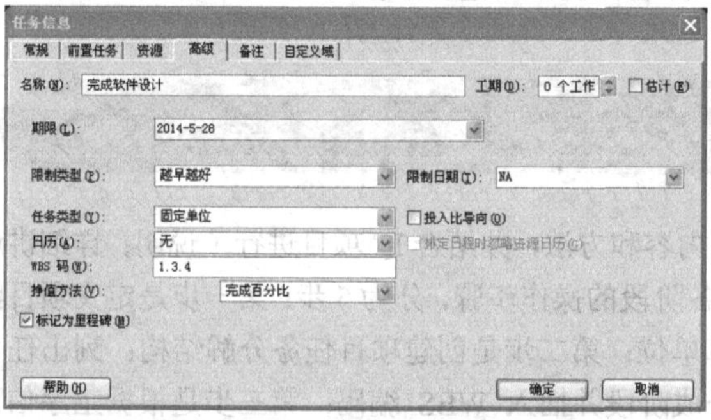

图 4-83　为任务“完成软件设计”添加期限

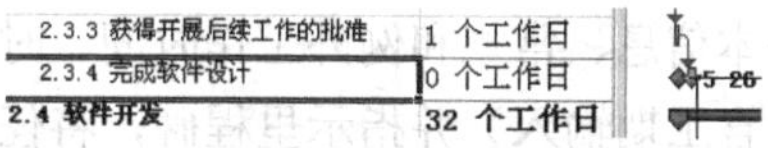

图 4-84　任务“完成软件设计”的期限

最后根据表 4-12 设置任务限制。操作步骤为：单击“任务”选项卡下“视图”组中“甘特图”按钮，切换到“甘特图”视图，选定任务“完成软件培训”，单击“属性”组中“信息”按钮，弹出“任务信息”对话框，再单击“高级”选项卡，在限制类型下拉列表中选择“不得晚于…完成”，在“限制日期”框中输入“2014-8-8”，如图 4-85 所示；单击“确定”按钮，弹出“规划向导”对话框，如图 4-86 所示，选择“继续，设定不得晚于…完成限制”单选项，单击“确定”按钮；用同样方法为任务“完成整体测试”设置限制，最后单击“保存”按钮。到此时为止，整个项目进度计划制作完成，可将项目计划发布，最终结果如图 4-87 所示。

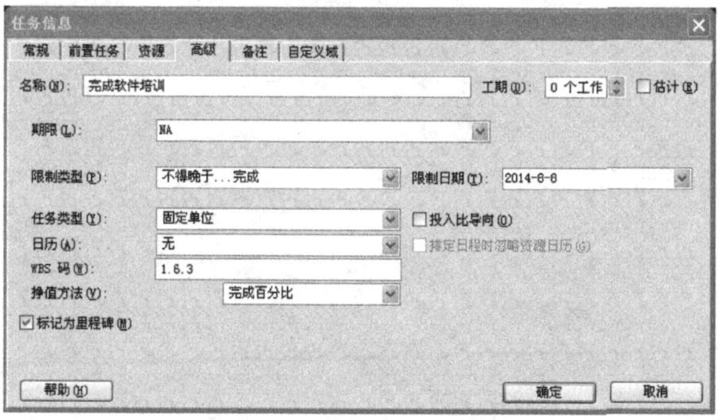

图 4-85　为任务“完成软件培训”设置限制

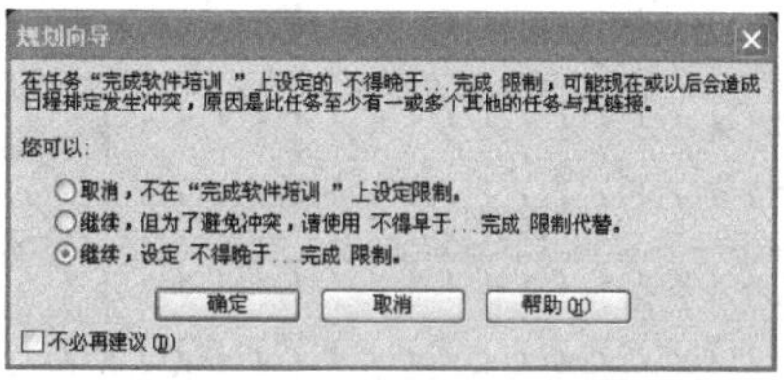

图 4-86　“规划向导”对话框

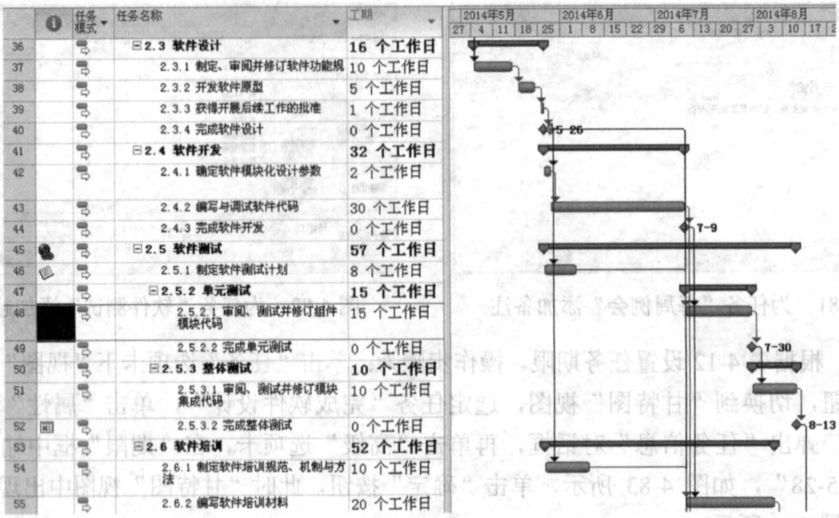

图 4-87　最终的“软件开发项目”进度计划

4.10　本章小结

本章主要讲解了项目进度管理的过程、内容和方法，并结合 IT 项目进行了说明；详细讲解了 Project 2010 制订项目进度计划的流程及各阶段的操作步骤，分为 5 步：第一步是定义项目的基本信息、常规和例外工作时间、时间换算单位；第二步是创建项目任务分解结构：列出任务（含工期输入）并指示里程碑，将任务划分成阶段并插入 WBS 编码；第三步是根据工序信息建立并修改任务链接关系；第四步是完善项目进度计划，包括创建周期性任务、设置任务属性、为任务添加任务超链接与备注、自定义信息列、设置任务期限和限制任务等；第五步是发布项目计划；最后以“软件开发项目”为例讲解了如何创建初步项目进度计划。

第5章 Microsoft Project 2010 与 IT 项目资源计划

本章内容提要：

- 基于 Project 2010 的 IT 项目资源计划。
- 利用 Project 2010 制定与完善项目资源计划流程。
- 专题讨论：工时与材料资源的比较，为任务分配成本类资源，投入比导向日程排定，工期、工时与资源单位，调整资源工时分布类型，项目日历、任务日历与资源日历。
- 项目资源计划制定与完善综合案例。

5.1 本章导读

第 4 章基于项目任务初步建立了项目进度计划，但其只包括项目的任务、工期和工序信息，未考虑资源信息[77]。实际上，项目资源计划是项目进度计划的重要组成部分，可对项目进度计划、项目成本等产生直接的影响。例如，各时间段所拥有的资源总量直接决定着项目进度，如同样的工作，10 个人做和 1 个人做，工期明显不同；另外，由于工资费率不同，项目加班时间的多少以及完成任务所采用资源的差异将直接影响着项目总成本。

本章主要内容包括使用 Project 2010 统一管理 IT 项目资源，包括建立项目资源库、分配项目资源、识别和解决项目资源冲突问题；讨论 Project 资源管理中的深层次问题，以优化配置项目资源，有效均衡项目工期和成本；最后给出一个项目资源计划制定与完善综合实例。

5.2 基于 Project 2010 的 IT 项目资源计划

项目由任务组成，而任务的完成需要资源来支持，因此，给任务分配资源是 IT 项目管理的重要部分，资源分配的好坏则是任务能否完成的关键，也是一个 IT 项目成败的关键。Project 2010 通过资源库来统一管理项目资源，为用户提供每个资源的详细信息并按类别进行组织，通过为任务分配资源和调配平衡任务资源分配状况来完善 IT 项目资源计划[53]。

5.2.1 项目资源概念

项目资源指完成任务所需的人员、设备和原材料等，负责完成 IT 项目任务。Project 2010 中资源的概念比较广泛，包括人员、机械、设备以及原材料等，主要关注的是资源的可用性和成本。可用性决定了特定资源何时能用于任务及可完成工作量，成本指需要为资源支付的金钱[80]。此外，Project 根据性质将资源分成了工时资源、材料资源和成本资源 3 类。

1. 工时资源

以花费时间方式完成任务的资源，称为工时资源。Project 中的工时资源主要有人工、设备和机械。这些资源需要花费一定的时间在任务上，任务完成后，资源本身并未消失，因此其成本按工时计算[77]。如 IT 项目需要软件设计师，其月工资是 5 千元，若工作了 3 个月，则总成本为 1.5 万元。

2. 材料资源

材料资源是消耗性资源，会随着项目进行而逐渐减少，任务完成后将不复存在，直接转化为产品的一部分。例如，生产 IT 产品需要使用钢材，产品做好后，原来的钢材便转化为产品的一个部分，如机箱。尽管 Project 不是一个用于跟踪库存的完善系统，但却有助于掌握材料资源的消耗速度及相关成本。Project 中的材料资源主要包括原材料、消耗品等。材料资源成本按照资源使用量计算[77]。如项目使用打印纸 20 包，每包单价为 50 元，那么总成本为 1 千元。

3. 成本资源

成本资源与任务工作量/工期无关，用于将特定类型成本与一个或多个任务关联，以表示与项目中任务相关的财务成本。常见类型包括为核算而跟踪的项目支出类别，如旅行、娱乐或培训、机票价格或住宿费等[80]。成本资源不工作，不影响任务日程安排，但在将成本资源分配给任务并指定每个任务成本数额时，可看到该类型成本资源的累计成本，如项目的总旅行成本。

5.2.2 项目资源管理

Project 项目资源管理的意义在于：首先，通过资源库集中管理项目资源（可在 Project 中建立资源库，并为所有项目资源建立档案）；其次，统一分配资源（在为任务分配资源时，Project 建议统一从资源库调取所需资源，使分配资源工作更加井然有序）；再次，评价资源使用状况（Project 可通过视图和报表等工具反映资源分配是否合理，如资源使用程度、资源分配是否平衡、是否存在过度分配情况，为管理者改进资源分配提供科学决策依据，实现缩短工期、降低成本的目的）；最后，为资源调配提供解决方案（Project 具有自动调配资源功能，用于解决项目中资源冲突矛盾，当然也可根据需要手动调配资源）[77]。

Project 中的 IT 项目资源管理过程分为建立项目资源库、分配资源和调配资源 3 步，如图 5-1 所示。建立项目资源库包括指定项目资源基本信息、预定类型、资源日历和添加附加信息等；分配资源包括为任务分配资源以及资源优化（替换资源）；调配资源包括查看资源使用状况、评价资源分配状况、自动调配资源和手动调配资源等。

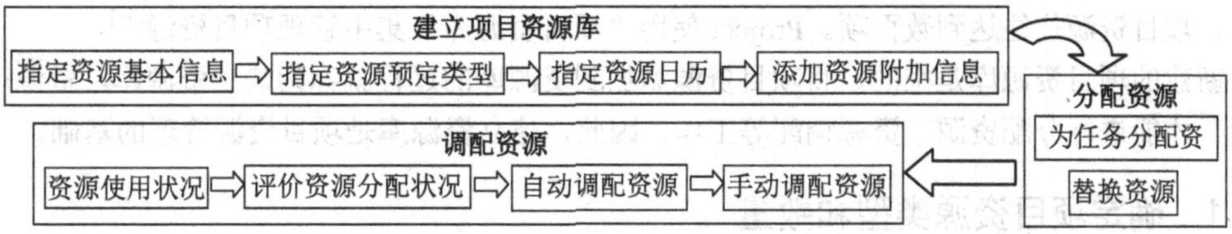

图 5-1　Project 中的项目资源管理过程

5.2.3　IT 项目资源计划

IT 项目资源是完成 IT 项目必需的实际投入。其中，硬件包括人、资金、工具、设备及原材料，软件包括项目所需的各种技术、信息等。这 7 个要素是项目管理者在规划完成 IT 项目所需资源时必须考虑的因素。

IT 项目资源计划，是指分析和识别 IT 项目资源需求，确定 IT 项目所需资源种类、数量和投入时间，从而制定出科学、合理、可行的 IT 资源供应计划的项目成本管理活动。IT 项目资源计划主要是确定完成 IT 项目活动所需物质资源，包括人力、物力和财力资源，其核心是合理配置和优化资源使用。它直接决定着 IT 项目的成本、工期和技术选型，也是后续 IT 项目成本估算和预算的基础。

IT 项目资源计划以项目范围、项目进度、项目质量计划为基础，编制依据包括 WBS、历史信息、范围说明、资料库、组织方针和定额等。其中，项目进度计划是制定项目资源计划的基础，通过项目进度计划可明显看出一项任务在何时需要何种资源。

IT 项目资源计划的编制流程为：首先分析资源需求，基于 WBS 和定额标准确定项目资源需求种类、数量和质量；然后是分析资源供应，确定各种资源的种类、数量、组合方式、使用限制和单价，包括总时间、单位时间用量限制、工作时间限制等，在项目整体资源总量最小化的前提下，确保每项任务得到合适资源；然后在项目进度计划基础上，结合资源数量、获得方式、使用时间等确定项目资源计划并优化资源负荷，同时确定资源供应方案和计划[9]，如材料类资源的仓储、运输、生产、订货、采购计划，人员的培训、招聘、解聘计划等。

IT 项目资源计划的编制方法包括专家判断法、头脑风暴法、资料统计法、统一定额法和德尔菲法等，其最终结果是描述项目资源需求类型和数量的资源文件。

5.2.4　基于 Project 2010 的 IT 项目资源计划流程

Project 2010 制定 IT 项目资源计划以 IT 项目进度计划为基础，详细流程为：首先建立项目资源库并输入资源信息，包括常规信息、工作时间信息、成本信息等；然后为任务分配资源；最后完善项目资源计划。完善项目资源计划主要是使用 Project 资源图表查看资源使用状况，并根据资源分配状况评价标准调配资源，解决资源计划中的冲突问题并进行优化，达到项目工期和成本的“双赢”，具体可采用手动和自动调配机制来实现。

5.3　建立项目资源库

第 4 章建立的 IT 项目进度计划已经明确了项目范围，建立了任务列表及任务链接关系，并估计了任务工期，接下来是计划项目资源。通常，一个项目会用到多种资源，尤其是大型复杂项目，项目资源往往达到数百项。Project 使用“项目资源库”集中管理项目资源[53]。

新建的项目资源库是空的，将项目资源添加到资源库的过程就称为建立资源库。资源库建好后，才能进行分配资源、资源调配等工作。因此，建立资源库是项目资源管理的基础。

5.3.1 确定项目资源类型和数量

首先，审阅项目范围和任务列表，确定项目的人员、设备和材料资源需求，及能为项目提供的资源数量，这是确定项目所需资源的主要依据。其次，获取类似项目的资源和工期历史信息，以用作参考。再次，收集到所需的全部信息后，确定资源类型（人员、设备和材料）以及每种资源所需数量。此处，不能忽视资源的相关细节或假设信息。所谓假设信息，是指在项目计划时已经被认定的前提和条件，这些条件往往会有一定风险，如人员要确定他们的职务、经验、技能、能力等，设备要确定其生产能力，材料要确定其质量、等级等信息。最后，初步确定资源类型和数量后，最好请专家或有经验的专业人士审阅一下，以提高资源需求和工期估计的精确程度[77]。

在确定资源类型和数量时，除了应调查资源类型、数量外，还应特别注意资源与工期之间的关联，考虑资源能力和质量对项目工期的影响，并合理估计和调整项目工期。

5.3.2 在 Project 中建立并查看项目资源库

1．建立项目资源库

确定了所需资源类型和数量后，需要将相关信息输入 Project 资源库，可在“资源工作表”视图中设置。操作步骤为：单击“视图”选项卡下“资源视图”组中“资源工作表”按钮，在下拉列表中选择“资源工作表”命令，弹出如图 5-2 所示的界面，即可在其中输入资源信息，其方法类似于 Excel，包括资源名称、类型、材料标签、缩写、组、最大单位、标准费率、加班费率、每次使用成本、成本累算等；也可单击“资源”选项卡下“插入”组中“添加资源”按钮，在下拉列表中选择“工时资源”、“材料资源”或“成本资源”来添加相应类型资源信息。

资源名称	类型	材料标签	缩写	组	最大单位	标准费率	加班费率	每次使用成本	成本累算	基准日历	代码	添加新列

图 5-2 “资源工作表”视图

2．查看项目资源库

查看项目资源库信息需要在“资源工作表”视图中进行。如图 5-3 所示为某项目的资源库信息，从中可简要了解到，资源库共有 15 项资源，9 项为工时资源，4 项为材料资源，2 项为成本资源，资源工作表中还列出了每项资源的若干属性信息，项目资源属性的说明如表 5-1 所示。

	资源名称	类型	材料标签	缩写	组	最大单位	标准费率	加班费率	每次使用	成本累算	基准日历
1	管理人员	工时		管	管理部	200%	￥3,000.00/月工时	￥3,600.00/月工时	￥0.00	按比例	标准
2	项目经理	工时		项	管理部	100%	￥6,000.00/月工时	￥7,500.00/月工时	￥0.00	按比例	标准
3	系統分析师	工时		系	技术部	300%	￥4,500.00/月工时	￥5,400.00/月工时	￥0.00	按比例	标准
4	软件开发师	工时		软	技术部	500%	￥3,600.00/月工时	￥4,200.00/月工时	￥0.00	按比例	标准
5	软件测试师	工时		软	技术部	500%	￥3,600.00/月工时	￥4,200.00/月工时	￥0.00	按比例	标准
6	软件培训师	工时		软	实施部	500%	￥3,600.00/月工时	￥4,200.00/月工时	￥0.00	按比例	标准
7	软件实施师	工时		软	实施部	400%	￥3,600.00/月工时	￥4,200.00/月工时	￥0.00	按比例	标准
8	技术联络师	工时		技	实施部	300%	￥3,600.00/月工时	￥4,200.00/月工时	￥0.00	按比例	标准
9	市场调研师	工时		市	支持部	300%	￥3,600.00/月工时	￥4,200.00/月工时	￥0.00	按比例	标准
10	刻录机	材料	台	刻	耗材		￥400.00		￥0.00	按比例	
11	刻录盘	材料	张	刻	耗材		￥10.00		￥0.00	按比例	
12	打印机	材料	台	打	耗材		￥800.00		￥0.00	按比例	
13	打印纸	材料	包	打	耗材		￥40.00		￥0.00	按比例	
14	餐饮费	成本		餐	补助					按比例	
15	交通费	成本		交	补助					按比例	

图 5-3 资源库示例

表 5-1　资源属性说明[77,81]

名　　称	说　　明	举　　例
标记	即图 5-3 中“资源名称”之前的列，列标题显示为 。该域显示关于资源的各种提示信息，其内容是 Project 根据资源情况自动添加的	用户只要将鼠标停留在标记上，即可看到标记的内容。例如，若标记域中出现 标记，则表明该资源过度分配
资源名称	资源名称可使用中英文，命名规则无特殊限制。Project 不强制要求资源名称必须唯一，但从项目实施角度，最好避免重名	系统分析师、软件开发师、打印机
类型	分为工时、材料和成本资源 3 种，用户只能通过下拉列表选择本域的值，不能自行输入	“程序员”为工时资源，“刻录盘”、“打印纸”为材料资源
材料标签	设置材料资源计量单位，只对材料资源有效，工时资源、成本资源无法输入	资源“刻录机”的材料标签为“台”
缩写	当用户输入一项资源名称后，Project 会自动以资源名称首字（资源名称为中文时）或首字母（资源名称为英文）作为缩写。不同资源的缩写可重复	“项目经理”的缩写是“项”，“系统分析师”的缩写是“系”，“Tom”的缩写是“T”
组	用户可定义资源分属于不同组，如人员和设备可根据部门分组，材料可根据类别分组。分组目的是便于用户根据资源所属组分类浏览、排序和筛选等。具体标准应根据项目管理具体情况而定	“软件开发师”和“系统分析师”属于“技术部”组，“打印纸”属于“耗材”组
最大单位	指定工时资源最高可使用的数量上限。如果分配资源时超过了该限度，则会出现“过度分配”的情况，此时需用户进行资源调配。成本资源和材料资源无最大单位	“系统分析师”最大单位为 300%表示项目最多能提供 3 个系统分析师同时、全职投入工作。若项目有 3 个全职和 1 个兼职的系统分析师（每天工作半天），则最大单位为 350%
标准费率	工时资源标准费率需考虑时间单位，单位不同，标准费率不同。材料资源标准费率不考虑时间因素，但与材料标签有关。成本资源无标准费率	“软件开发师”标准费率为“30 元/工时”，可在本域中输入“30/h”；每月 2000 元应输入“2000/mo”。材料资源“刻录机”标签为“台”，标准费率为 400，表明每台 400 元
加班费率	工时资源有加班费率。材料资源、成本资源无加班费率	“软件开发师”加班费率为“60 元/工时”
每次使用成本	每次使用资源时发生的成本（标准费率和加班费率为 0），成本资源无每次使用成本	假设请专家为项目咨询，费用为每次 1000 元，则资源“咨询专家”的每次使用成本为 1000 元
成本累算	确定资源标准和加班成本计入或累算到任务成本的方式和时间，分为在任务一开始、结束以后和按比例进行 3 种，默认为“按比例”	大多数员工工资、机械费用、材料费都是“按比例”累计成本
基准日历	工时资源使用的日历，默认为“标准”日历。材料资源、成本资源没有“基准日历”	系统日历有标准、24 小时、夜班 3 种，用户可自定义其他日历
代码	表示项目资源编码，包含任何要将其作为资源信息的一部分输入的代码、缩写或数字	

5.3.3 设置项目资源属性

用户可在“资源工作表”视图和“资源信息”对话框中设置资源的大多数属性。

在“资源工作表”视图中双击资源名称，或单击“资源”选项卡下“属性”组的中“信息”按钮，打开“资源信息”对话框（如图 5-4 所示）。该对话框包含“常规”、“成本”、“备注”和“自定义域”4 个选项卡，默认打开的是“常规”选项卡。

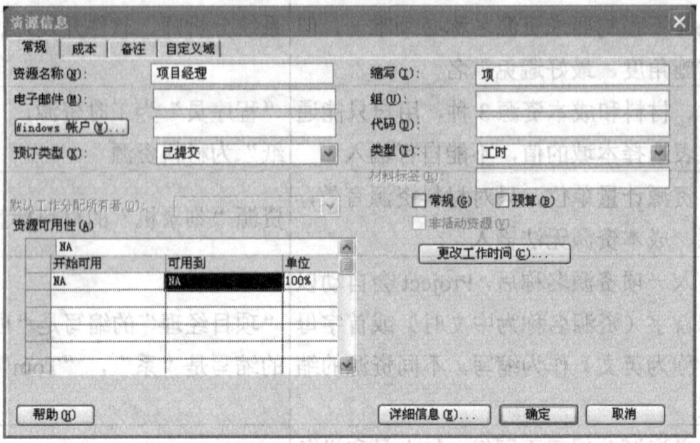

图 5-4　“资源信息”对话框的“常规”选项卡

1. “常规”选项卡

“常规”选项卡中的多数属性在资源工作表中都出现过，用户可在此进行修改。“常规”选项卡的属性及其说明如表 5-2 所示。

表 5-2　“常规”选项卡中的部分属性及说明[77,81]

属　性	说　明
电子邮件	只对工时资源有效，在此填写人员的 E-mail 地址
Windows 账户	为资源输入的 Windows 用户名，标识 Project Server 上的 Windows 用户身份
预定类型	对考虑使用但尚未获得批准的资源，可将“预定类型”标识为“已建议”；对已批准资源，可标识为“已提交”。默认选项为“已提交”
“常规”复选框	指定资源为常规资源。常规资源是指用于某些特殊任务、具备特定条件的资源。使用常规资源可指定工作分配所需的技能，有助于提前确定项目人员的需求。可在“自定义域”选项卡中为资源指定应具备的条件，然后由 Project 找到具备这些技能的实际资源
“预算”复选框	指定资源为预算资源。预算资源只分配给项目摘要任务，并将预算应用于项目级别。预算资源记录项目要消耗的金钱、工时或材料单位的最大数量
“资源可用性”栏	在资源工作表中可设置工时资源的最大单位，但有的资源随着时间变化，其最大单位会发生改变，即不同时间段可供使用的资源数量不同，此时需设置“资源可用性”
更改工作时间	用于修改资源的工作时间、非工作时间和例外日期
详细信息	只对工时资源有效，用于设置资源的联络信息，兼容 MAPI，包括 Outlook 和 Outlook Express

此外，还可设置资源工作时间。操作步骤为：单击“更改工作时间”按钮，弹出“更改工作时间”对话框，如图 5-5 所示。“基准日历”为资源选定日历，默认为“标准”日历。除可

选用系统定义的 3 种日历（标准、24 小时、夜班）外，还可选用自定义日历，但需要先定义好。“更改资源工作时间”对话框的布局与本书 4.4.2 节中的“更改工作时间”对话框类似，Project 将日期分为工作日、非工作日、工作时间有变化的日期、例外日期和非默认工作周 5 类，分别用不同图例显示。也可根据资源的实际情况单独设置特殊日期，操作方法参见本书 4.4.2 节。

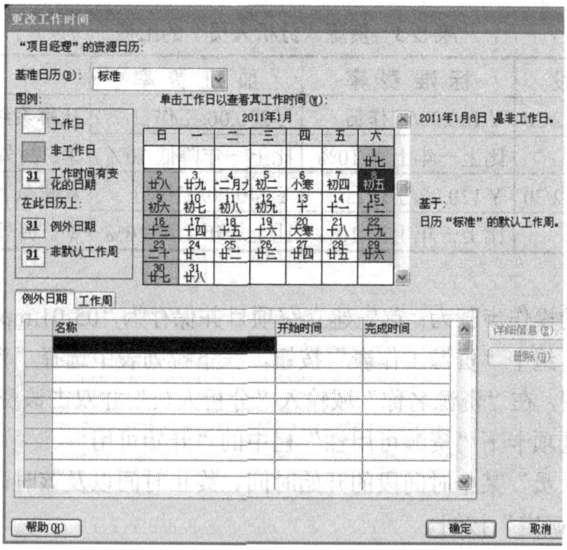

图 5-5　“更改工作时间”对话框

2. “成本”选项卡

“成本”选项卡描述了资源费率信息和成本累算方式，最多可提供 5 套资源费率，以方便不同场合和不同任务使用，并指定生效日期，如图 5-6 所示。注意，若“生效日期”域中有“--”，则表示关联的资源费率当前有效，这是在没有其他生效日期或针对生效日期之外日期应用的默认费率，在成本费率列表中所列的下一个“生效日期”之前，该费率将一直有效[77]。成本累算方式分为开始、按比例和结束 3 种，用于指定资源标准和加班成本累算方式。每次使用成本在任务开始时都始终会进行累算，以便进行成本跟踪和控制。其中，“开始”表示在任务一开始就一次性全部计入资源消耗费用，“结束”表示在任务结束时再一次性计入资源消耗成本，“按比例”表示按照任务进展程度计算资源消耗成本。

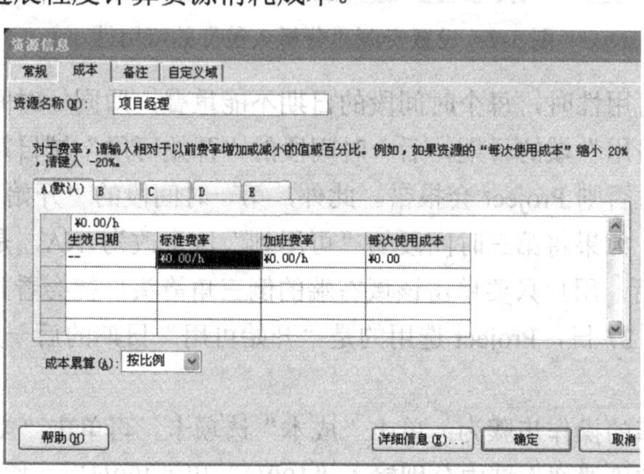

图 5-6　“成本”选项卡

例 5-1　为资源设置可用性和多套费率。

某项目资源“分析人员”最大单位是 500%，但其中一位分析人员要在 2014 年 5 月 10 日—25 日出差，不能参与项目，此后仍回到项目组继续工作。同时，资源“分析人员”工资要根据工作性质和时间来定，如表 5-3 所示。请做修改和设置，并保存为“05-01.mpp”。

表 5-3　资源“分析人员”的工资

编　号	时 间 段	标 准 费 率	加 班 费 率	说　明
A 套费率	目前—2014/12/30	￥100.00/工作日	￥200.00/工作日	从事系统集成业务适用 A 套费率。另外要考虑每年工资的调整
	2015/1/1 以后	比上一年上涨 10%	比上一年降低 10%	
B 套费率	目前—2014/12/30	￥120.00/工作日	￥240.00/工作日	从事软件开发业务适用 B 套费率。另外要考虑每年工资的调整
	2015/1/1 以后	比上一年上涨 10%	比上一年上涨 10%	

设置资源可用性的操作步骤为：首先建立空项目并保存为“05-01.mpp”，然后单击“视图”选项卡下“资源视图”组中“资源工作表”按钮，在下拉列表中选择“资源工作表”命令，弹出“资源工作表”视图，在“资源名称”域输入“分析人员”并双击该资源，弹出“资源信息”对话框，在“常规”选项卡下“资源可用性”栏中的“开始可用”、“可用到”、“单位”中分别输入资源“分析人员”某个时间段的开始时间、终止时间以及该时间段的资源单位，如图 5-7 所示。最后单击“确定”按钮。

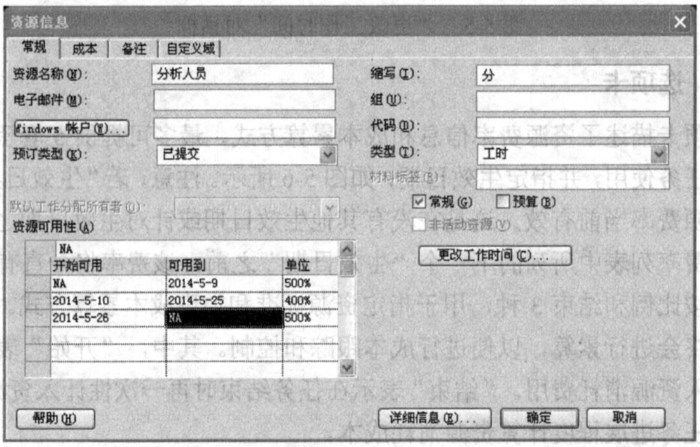

图 5-7　设置资源“分析人员”的可用性

注意，设置资源可用性时，每个时间段的日期不能重叠，即同一时间段内“可用到”域的日期必须晚于“开始可用”域的日期，后一时间段的“开始可用”域日期必须晚于前一时间段的“可用到”域日期，否则 Project 会报错。此外，第一时间段的“开始可用”域为 NA，此处表示项目的开始日期，如果将第三时间段的“可用到”域也改为 NA，是否还表示项目的开始日期呢？设置好 NA 后，用户只要单击该域右端的倒三角箭头，就会看到答案：系统选定的确切日期为 2014 年 5 月 27 日，Project 选用的是“开始可用”日期的后一天，即不同情况下 NA 的值也不相同[77]。

设置资源多套费率的操作步骤为：单击“成本”选项卡，再单击“A（默认）”子选项卡，在“标准费率”、“加班费率”域中分别输入“100/d”和“200/d”，按 Enter 键，在下一行中的“生效日期”、“标准费率”、“加班费率”域中分别输入“2015 年 1 月 1 日”、“10%”

和“-10%”，按 Enter 键，如图 5-8 所示；再单击“B”子选项卡，在“标准费率”、“加班费率”域中分别输入“120/d”和“240/d”，按 Enter 键，在下一行中的“生效日期”、“标准费率”、“加班费率”域中分别输入“2015-1-1”、“10%”、“10%”，按 Enter 键，如图 5-9 所示。最后依次单击“确定”和“保存”按钮。注意：按比例加薪比较常见，输入时不必非要输入具体费率值，只要输入百分数，Project 便会自动以该资源前一个时间段的工资费率为基数进行相应调整。

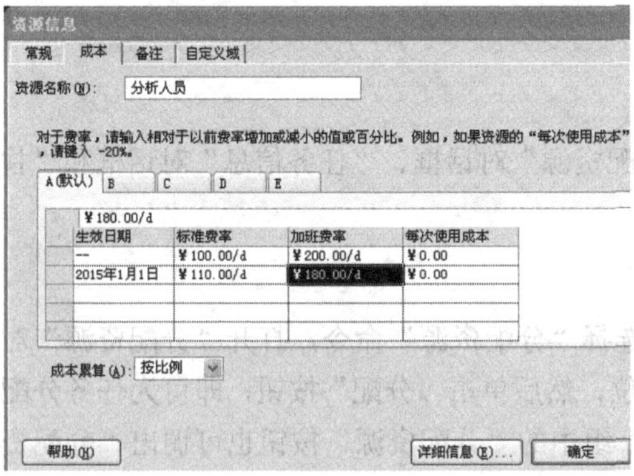

图 5-8　设置资源“分析人员”的 A 套费率

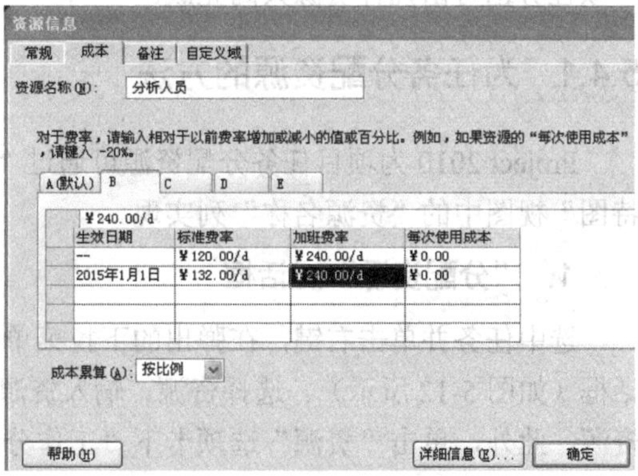

图 5-9　设置资源“分析人员”的 B 套费率

3. “备注”选项卡

“备注”选项卡用于为特定资源添加文字注释及相关联对象。选择“资源信息”对话框中的“备注”选项卡，输入相应信息即可，如图 5-10 所示。此外，单击“资源”选项卡下“属性”组中的“备注”按钮，也可打开资源“备注”选项卡。

4. “自定义域”选项卡

设置资源自定义域的值，前提是预先定义好自定义域。用户定义资源“自定义域”的操作步骤是：单击“项目”选项卡下“属性”组中的“自定义字段”按钮（也可单击“格式”选项卡下“列”组中的“自定义字段”按钮），打开“自定义域”对话框（如图 5-11 所示），设置自定义域即可。相关操作可参见 4.7.3 节。

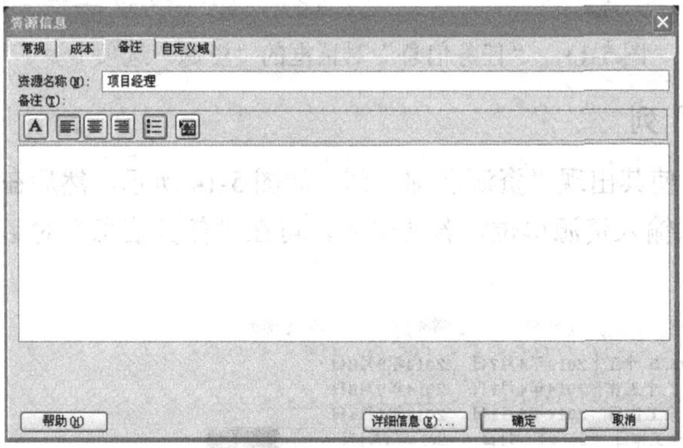

图 5-10　“备注”选项卡

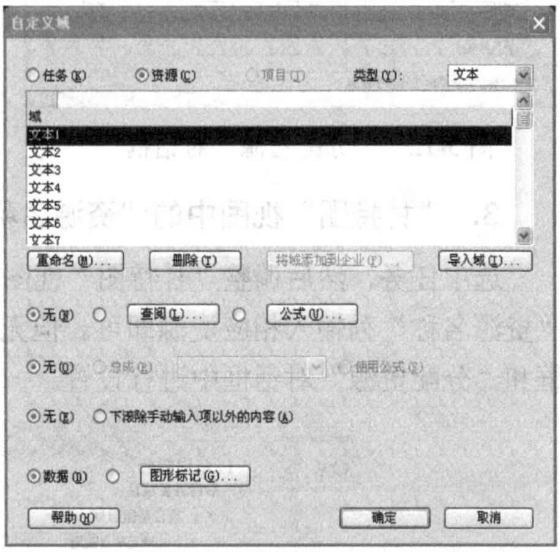

图 5-11　资源“自定义域”对话框

5.4 为任务分配资源

建立好项目资源库后，便可为任务分配资源。在项目中，一种资源可同时为多项任务服务，一项任务也可由几种资源共同完成。

5.4.1 为任务分配资源的方法

Project 2010 为项目任务分配资源可通过“分配资源”对话框、“任务信息”对话框和“甘特图”视图中的“资源名称”列实现。

1. “分配资源”对话框

选中任务并单击右键，在弹出的下拉菜单中选择“分配资源”命令，打开“分配资源”对话框（如图 5-12 所示）。选择资源，输入资源单位，然后单击“分配”按钮，即可为任务分配资源。此外，单击“资源”选项卡下“工作分配”组中的“分配资源”按钮也可调出“分配资源”对话框。

2. “任务信息”对话框

选中任务并双击，打开“任务信息”对话框。单击“资源”选项卡（如图 5-13 所示），然后选定“资源名称”域的第一个单元格，单击其右侧下拉列表并在其中选择资源，然后输入资源单位，最后单击“确定”按钮退出即可。

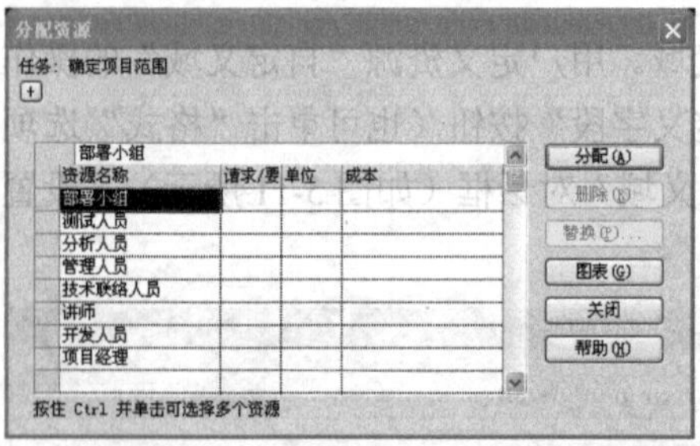

图 5-12 “分配资源”对话框

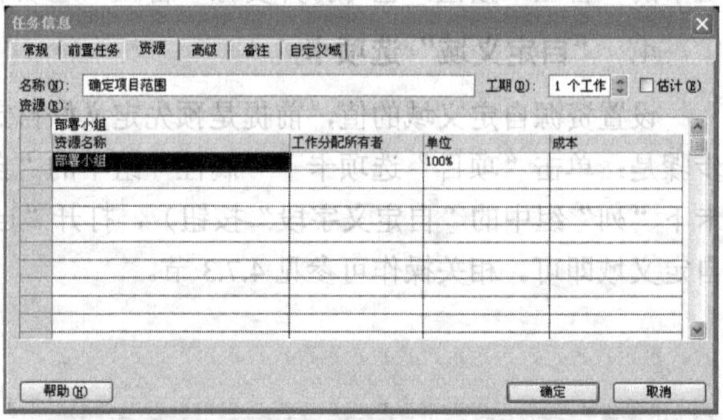

图 5-13 “任务信息”对话框的“资源”选项卡

3. “甘特图”视图中的“资源名称”列

选中任务，然后调整“甘特图”视图，使其出现“资源名称”列，如图 5-14 所示，然后在“资源名称”列输入相应资源即可。但无法输入资源单位，若要输入，可在“任务信息”对话框和“分配资源”对话框中进行设置。

任务模式
任务名称
工期
开始时间
完成时间
前置
资源名称
1 每周例会
108.5 个工
2014年4月7日
2014年9月8日
2 软件开发项目
113 个工作日
2014年4月1日
2014年9月8日
2.1 项目范围规划
4 个工作日
2014年4月1日
2014年4月4日
2.1.1 确定项目范围
1 个工作日
2014年4月1日
2014年4月1日
2.1.2 获得项目所需资金及资源
3 个工作日
2014年4月2日
2014年4月4日
27

图 5-14 “甘特图”视图中的“资源名称”列

例 5-2 为任务分配资源。

根据表 5-4 中的数据为如图 5-15 所示的任务分配资源，并保存为“05-02.mpp”。

表 5-4 要分配的资源

任务编号	任务名称	资源
1	软件需求分析	项目经理
2	软件设计	项目经理，软件工程师（2 人）
3	软件开发	软件工程师（4 人）、刻录盘（20 张）、打印纸（1 包/天）

操作步骤如下：

首先在 Project 2010 中建立项目，并将其保存为“05-02.mpp”，然后将任务模式设置为“自动计划”，按照图 5-15 所示输入任务名称及项目开始时间（2014 年 6 月 1 日），并建立任务链接关系。然后，打开“资源工作表”视图，按照表 5-4 所示数据建立资源库，并设置资源相关信息，如图 5-16 所示。操作步骤为：单击“视图”选项卡下“资源视图”组中的“资源工作表”按钮，在下拉列表中选择“资源工作表”命令，弹出“资源工作表”视图，在其中输入项目资源信息。

图 5-15 待分配资源的任务列表

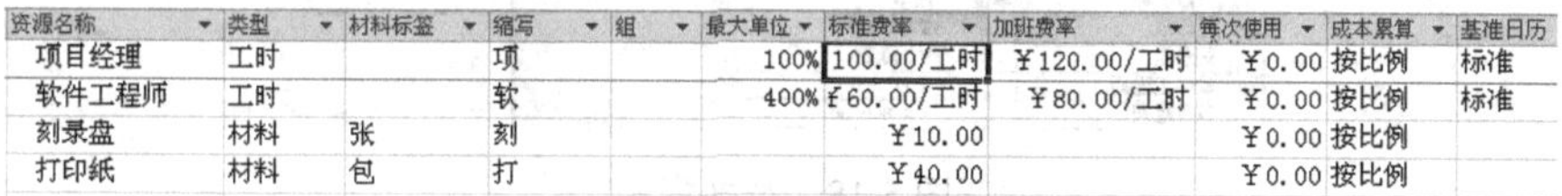

资源名称	类型	材料标签	缩写	组	最大单位	标准费率	加班费率	每次使用	成本累算	基准日历
项目经理	工时		项		100%	100.00/工时	¥120.00/工时	¥0.00	按比例	标准
软件工程师	工时		软		400%	¥60.00/工时	¥80.00/工时	¥0.00	按比例	标准
刻录盘	材料	张	刻			¥10.00		¥0.00	按比例	
打印纸	材料	包	打			¥40.00		¥0.00	按比例	

图 5-16 项目资源库

其次，按照表 5-4 所示数据为项目任务分配资源。操作步骤为：选中任务，单击“资源”选项卡下“工作分配”组中“分配资源”按钮，弹出“分配资源”对话框。然后选择资源，输入资源单位，并单击“分配”按钮即可。其中，为任务“软件开发”分配的资源如图 5-17 所示。注意，在分配资源“打印纸”时，在“单位”域中应输入“1 包/d”。

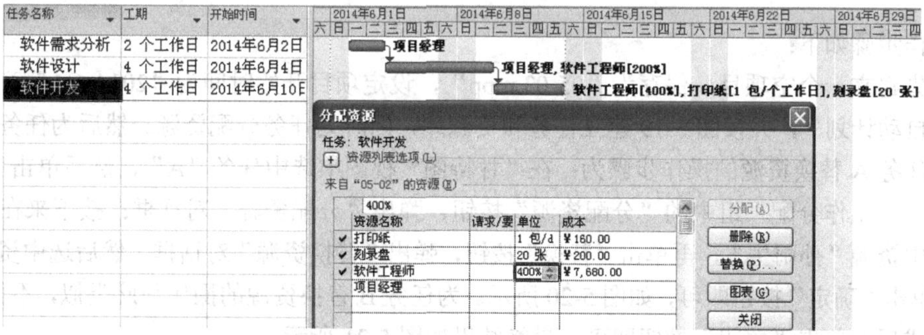

图 5-17 为项目任务分配资源

注意，在为多项任务分配资源的过程中，无需关闭“分配资源”对话框，只需依次单击任务名为其分配资源，在所有任务分配完资源后再单击“关闭”按钮；若要为任务分配资源库中未备案的资源，可在“分配资源”对话框的资源列表底部，添加该资源的名称和单位，单击“分配”按钮。此时，虽然该资源已经进入资源库，但其属性并没有设置，所以用户还需切换到“资源工作表”视图或“资源信息”对话框中进行设置[53]。

5.4.2 删除资源、修改资源单位和替换资源

若发现资源分配错误，则需从任务中删除资源，然后重新进行分配。若资源单位出现错误，则需修改资源单位。除此之外，还可替换资源[77]。操作步骤为：在“甘特图”视图中选中要操作的任务，单击“资源”选项卡下“工作分配”组中的“分配资源”按钮，弹出“分配资源”对话框。接下来，若需要删除资源，可在资源列表中选中资源，再单击“删除”按钮；若需要修改资源单位，可在资源列表中选中资源，将对应“单位”域修改为正确值，然后按 Enter 键；若需要替换资源，则应在资源列表中选中资源，再单击“替换”按钮，弹出“替换资源”对话框，选中要替换的资源，单击“确定”按钮即可，如图 5-18 所示。

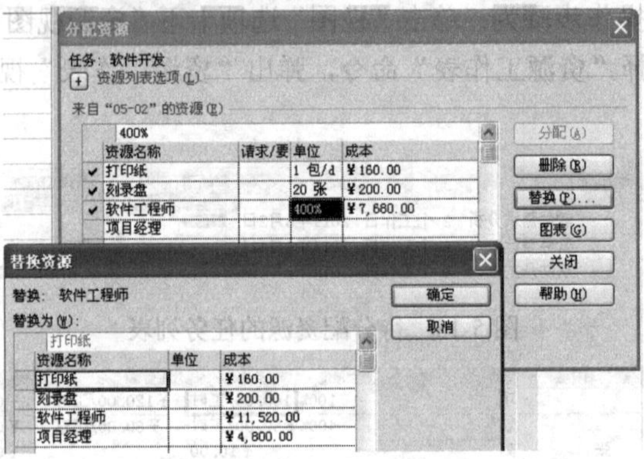

图 5-18 替换资源

例 5-3 替换资源。

某项目原定为任务 A 分配资源“孙雨生，孙正洋”，但由于“孙雨生”临时有事，只能由“任沁”代替。任务 B 原定分配资源“工程师（200%），Windows 7 软件（1 套）”，现修改为“工程师（200%），Linux 软件（1 套）”。项目的初始状态如图 5-19 所示，请做出修改并将其保存为“05-03.mpp”。

操作步骤如下：

首先建立一个空项目，保存为“05-03.mpp”，设定项目开始时间为“2014-6-1”、任务模式为“自动计划”，并按图 5-19 建立任务和资源库，同时为任务分配资源。然后为任务替换资源。为任务 A 替换资源的操作步骤为：在“甘特图”视图中选中任务“A”，然后单击“资源”选项卡下“工作分配”组中的“分配资源”按钮，弹出“分配资源”对话框；接下来在资源列表中选中资源“孙雨生”，再单击“替换”按钮，弹出“替换资源”对话框，然后选中资源“任沁”，单击“确定”按钮即可，如图 5-20 所示。为任务 B 替换资源的操作与此类似，不再赘述。替换完成后，单击“关闭”按钮即可。最终结果如图 5-21 所示。

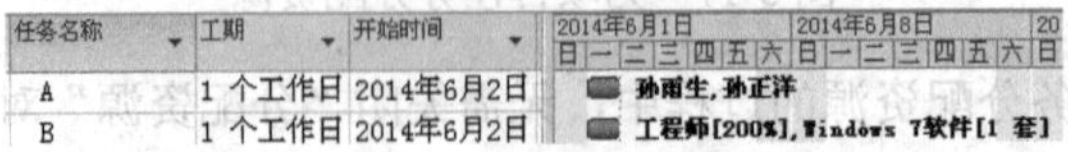

图 5-19 项目初始状态

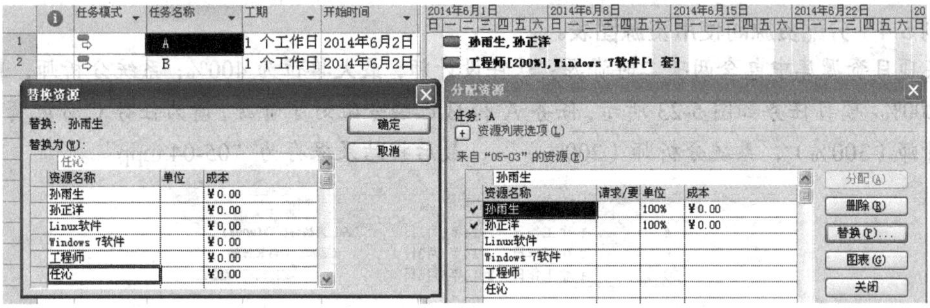

图 5-20 为任务 A 替换资源

图 5-21 为任务 A 和 B 替换资源后的情形

注意，当项目资源种类较多时，替换资源比先删除再分配资源的方法更清晰，不容易出现混乱或错误。但替换资源方法只适用于将某一项资源全部替换为另外一项资源的情况。比如，资源“Windows 7（2 套）”就无法替换为“Windows 7，Linux”。遇到这种情况，只好先编辑原有资源的单位，再为任务添加新资源[53]。

5.4.3 资源图表

由于单项资源常同时参与多项任务，因此，分配资源时，用户需要通盘考虑所有任务对资源的需求，了解当前资源的分配状况，此时可使用“资源图表”视图查看资源是否过度分配。操作步骤为：单击“视图”选项卡下“资源视图”组中的“其他视图”下拉列表，选择“资源图表”命令，弹出“资源图表”视图，如图 5-22 所示。在其中，用户可使用图表显示区域底部右侧的缩放滑块放大/缩小时间单位显示比例，可使用图表显示区域底部的左右移动滑块来显示以前/以后的信息，可使用鼠标滚轮或图表显示区域底部左侧的左右移动滑块来显示不同资源的分配状况。

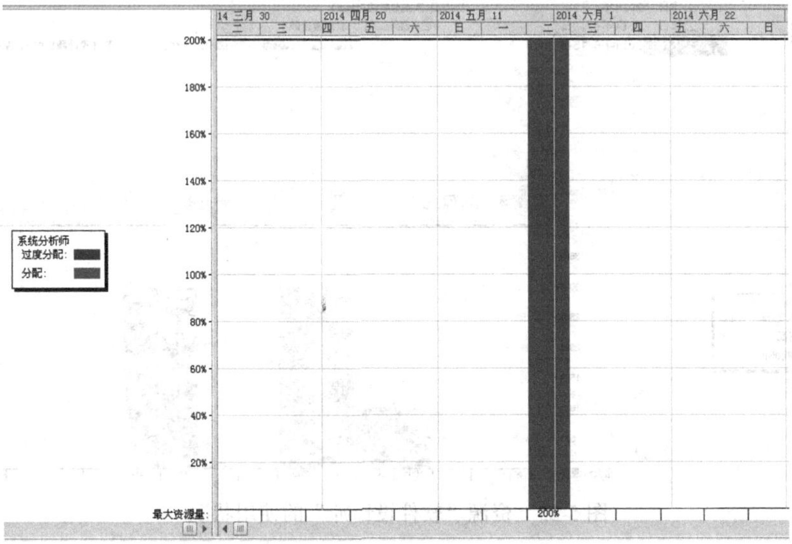

图 5-22 “资源图表”视图

例 5-4　分配资源时使用资源图表。

某项目资源库中包含两项工时资源：软件设计师，最大单位为 400%；系统分析师，最大单位为 200%。项目任务如图 5-23 所示，任务 A 和 B 已经分配好了资源，请为任务 C 分配资源“软件设计师（300%），系统分析师（200%）”，最后将结果保存为“05-04.mpp”。

图 5-23　项目文件

操作步骤如下：

首先，建立空白项目并保存为“05-04.mpp”，设定项目开始时间为“2014 年 6 月 1 日”、任务模式为“自动计划”，并按图 5-23 建立任务、任务链接关系和资源库，然后为任务 A 和 B 分配资源。接下来，为任务 C 分配资源，操作步骤为：选定任务“C”并单击右键，在弹出的下拉列表中选择“分配资源”命令，弹出“分配资源”对话框，然后在其中分别选择资源并输入资源单位，单击“分配”按钮，如图 5-24 所示。然后单击“图表”按钮，弹出“资源图表”视图，在其中可查看资源的分配状况。其中，资源“软件设计师”的使用状况如图 5-25 所示。

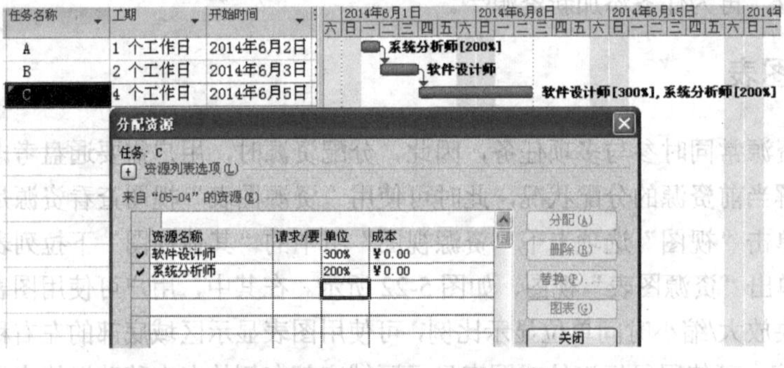

图 5-24　为任务 C 分配资源

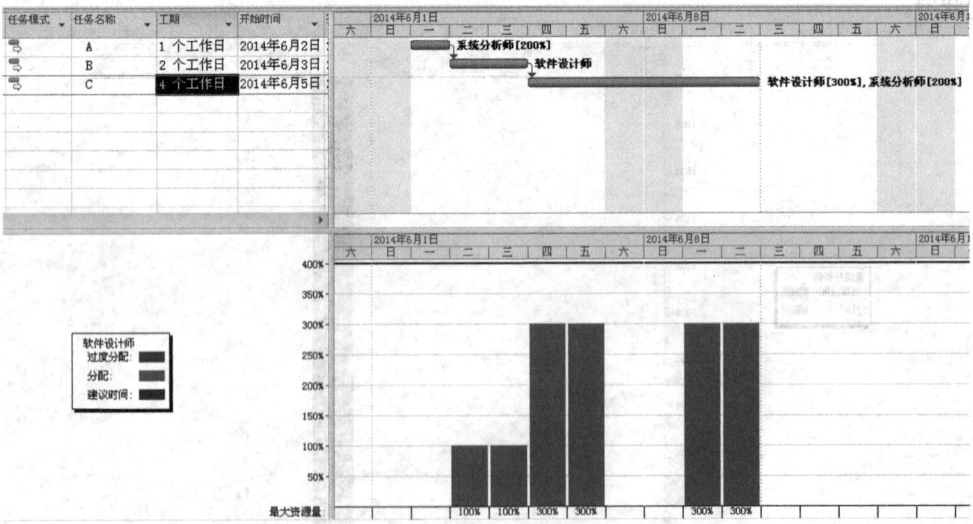

图 5-25　资源“软件设计师”的使用状况

5.5 完善项目资源计划

管理项目资源的目的在于使资源使用状况良好，因此，首先需要有一个评价资源使用状况的标准，然后再使用恰当工具评价项目是否符合该标准。若不符合，则应采取措施予以纠正或改良。

5.5.1 资源分配状况评价标准

项目资源分配状况满足哪些条件才算是良好呢？从项目管理角度，至少应满足以下 3 个条件：无过度分配；每项资源在整个项目周期内的强度分布尽量均匀；资源实际使用强度最好达到或接近最大单位。应尽量避免出现如图 5-26 所示的情形。当然，这 3 个要求主要是针对工时类资源而言的。对于材料类资源，资源分配状况主要应考虑材料的供应量限制，实际分配资源量不能突破该限度[77]。

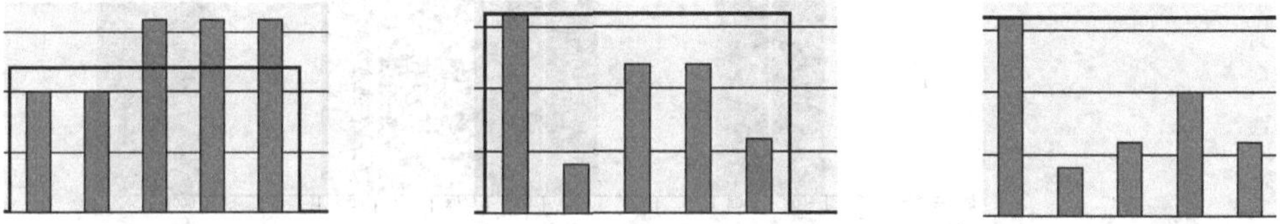

（a）过度分配　　（b）分布不均匀　　（c）没有接近最大单位

图 5-26　几种常见的“不良”资源分配情形

5.5.2 查看项目资源使用状况

有了项目资源使用评价标准后，只要将项目实际资源使用状况与之对比，就可作出评价。Project 提供多种资源视图辅助用户评价资源使用状况，常用的有“资源工作表”视图、“资源图表”视图和“资源使用状况”视图 3 种。

1. “资源工作表”视图

使用“资源工作表”视图主要是为了从整体上查看是否存在资源过度分配情况。操作方法是：单击“视图”选项卡下“资源视图”组中的“资源工作表”按钮，在下拉列表中选择“资源工作表”命令，切换到“资源工作表”视图，如图 5-27 所示。其中，红色显示的资源存在资源过度分配问题。

❶	资源名称	类型	材料标签	缩写	组	最大单位	标准费率	加班费率	每次使用	成本累算	基准日历
	管理人员	工时		管	管理部	200%	￥3,000.00/月工时	￥3,600.00/月工时	￥0.00	按比例	标准
	项目经理	工时		项	管理部	100%	￥6,000.00/月工时	￥7,500.00/月工时	￥0.00	按比例	标准
	系统分析师	工时		系	技术部	300%	￥4,500.00/月工时	￥5,400.00/月工时	￥0.00	按比例	标准
	软件开发师	工时		软	技术部	500%	￥3,600.00/月工时	￥4,200.00/月工时	￥0.00	按比例	标准
	软件测试师	工时		软	技术部	500%	￥3,600.00/月工时	￥4,200.00/月工时	￥0.00	按比例	标准
	软件培训师	工时		软	实施部	500%	￥3,600.00/月工时	￥4,200.00/月工时	￥0.00	按比例	标准
	软件实施师	工时		软	实施部	400%	￥3,600.00/月工时	￥4,200.00/月工时	￥0.00	按比例	标准
◈	技术联络师	工时		技	实施部	300%	￥3,600.00/月工时	4,200.00/月工时	￥0.00	按比例	标准
	市场调研师	工时		市	支持部	300%	￥3,600.00/月工时	￥4,200.00/月工时	￥0.00	按比例	标准

图 5-27　使用“资源工作表”视图查看资源分配状况

2. “资源图表”视图

“资源图表”视图以柱形图显示每个时间段里某项资源的使用情况，可用来查看资源分配是否合理和是否均衡等。操作步骤为：单击“视图”选项卡下“资源视图”组中的“其他视图”按钮，在下拉列表中选择“资源图表”命令，弹出“资源图表”视图，如图 5-28 所示。资源名称为红色的意味着分配过度，可通过图表显示区域底部左侧的移动滑动条来显示不同资源的“资源图表”视图。

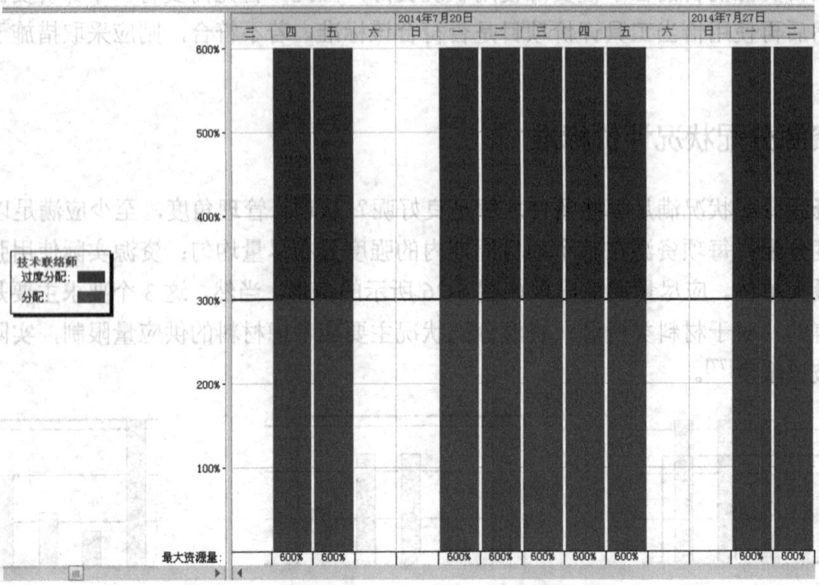

图 5-28　使用“资源图表”视图查看资源分配状况

3. “资源使用状况”视图

“资源使用状况”视图用于显示资源在各个任务上的工时量和总工时量。操作步骤为：单击“视图”选项卡下“资源视图”组中的“资源使用状况”按钮，在下拉列表中选择“资源使用状况”命令，切换到“资源使用状况”视图，如图 5-29 所示。红色显示的资源存在过度分配。

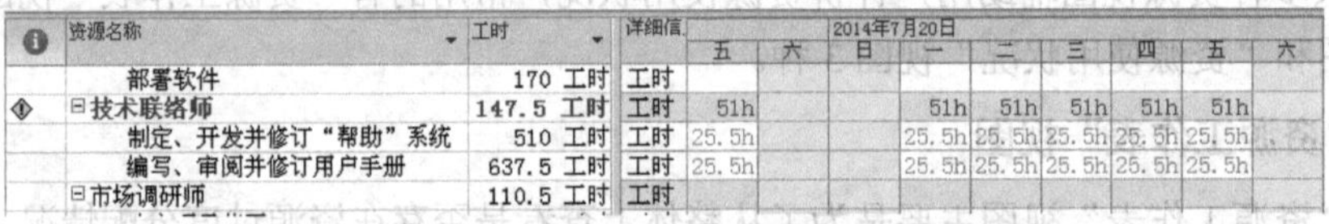

资源名称	工时	详细信息	五	六	日	一	二	三	四	五	六
部署软件	170 工时	工时									
技术联络师	147.5 工时	工时	51h			51h	51h	51h	51h	51h	
制定、开发并修订“帮助”系统	510 工时	工时	25.5h			25.5h	25.5h	25.5h	25.5h	25.5h	
编写、审阅并修订用户手册	637.5 工时	工时	25.5h			25.5h	25.5h	25.5h	25.5h	25.5h	
市场调研师	110.5 工时	工时									

图 5-29　使用“资源使用状况”视图查看资源分配状况

评价资源使用状况时，不仅要掌握当前状态下已经使用的资源强度，还要了解资源的其他详细信息，如资源可用工时、剩余可用性、过度分配工时等。这些信息 Project 都可为用户提供[53]。例如，在“资源使用状况”视图下，右侧视图显示区默认只显示工时信息，若用户还想查看过度分配的工时量，则可勾选“格式”选项卡下“详细信息”组中的“资源过度分配”选项，此时，右侧图表区内将新增一行“资源过度分配”，该行用于记录资源在每天内过度分配的工时量（红色字），如图 5-30 所示。在“详细信息”组中还可勾选“剩余可用性”选项等。若想将某项内容隐藏不显示，则只需取消勾选即可。此外，还可根据需要增加其他详细信息，操作步骤为：单击“格式”选项卡下“详细信息”组中的“添加详细信息”按钮，弹出“详细样式”对话框，如图 5-31 所示，选择左侧“可用域”中的信息域，单击“显示”按钮，则该信息域即可显示在右侧“显示这些域”中，单击“确定”按钮，该域信息即可出现在“资源使用状况”视图的右侧视图显示区。

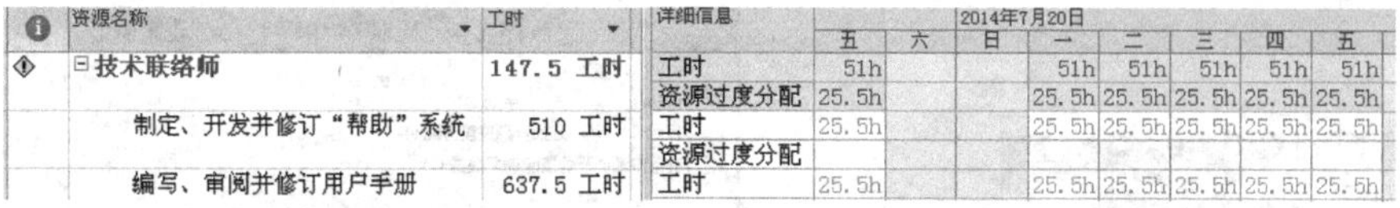

图 5-30　使用“资源使用状况”视图显示“资源过度分配”信息

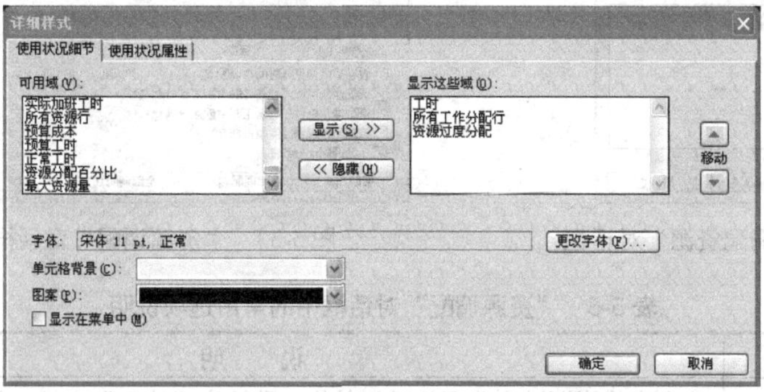

图 5-31　“详细样式”对话框

同理，“资源图表”视图下也可查看资源过度分配、剩余可用性等详细信息。操作步骤为：首先打开“资源图表”视图，然后，单击“格式”选项卡下“数据”组中的“图表”按钮，在下拉列表中选择“剩余可用性”、“资源过度分配”等命令，即可查看资源过度分配、剩余可用性等详细信息。注意，并非所有视图都有详细信息可显示，如“资源工作表”视图；此外，不同视图中可显示的详细信息也不尽相同。如“资源图表”视图与“资源使用状况”视图的“详细信息”候选项是有区别的。这些读者可自行验证。

5.5.3　资源调配

资源出现过度分配情况时必须进行调配，以使项目计划切实可行。Project 提供自动调配和手动调配两种功能，常用调整方法有延迟任务和拆分任务两种，此外还有增加资源、设置资源加班时间、调整资源日历、只使用资源部分时间等方法。此处主要介绍延迟任务和拆分任务两种方法，其他方法可参见本书 7.4 节。

在调配资源前，首先需查找到存在过度分配的资源。操作步骤为：单击“资源”选项卡下“级别”组中“下一个资源过度分配处”按钮，浏览存在过度分配的资源。接下来调配资源，操作步骤为：单击“资源”选项卡下“级别”组中的“调配资源”按钮，打开“调配资源”对话框，如图 5-32 所示，在其中选择要调配的资源，单击“开始调配”按钮即可调配资源。在调配过程中可撤销不满意的资源调配，操作步骤为：单击“资源”选项卡下“级别”组中“清除调配”按钮。在实际调配过程中，首先使用自动调配功能，若结果不理想，再采用手动调配来合理分配资源。

1．利用 Project 对资源进行自动调配

操作步骤为：单击“资源”选项卡下“级别”组中的“调配选项”按钮，打开“资源调配”对话框，如图 5-33 所示。选中“自动”单选按钮，其中“调配选项”对话框中常用选项说明如表 5-5 所示。设置好选项后，单击“全部调配”按钮，查看资源调配效果满意后，单击“确定”按钮即可。

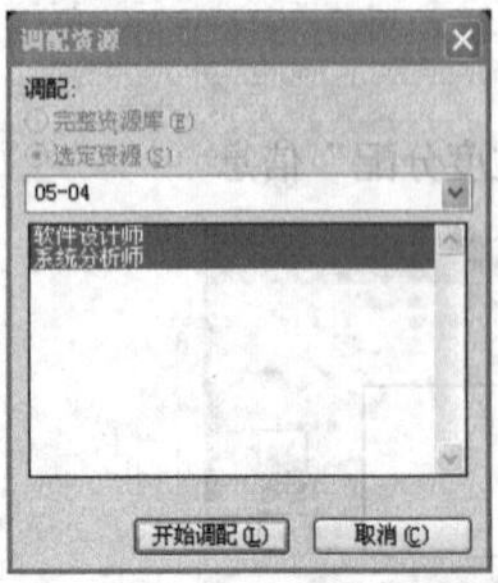

图 5-32 “调配资源”对话框

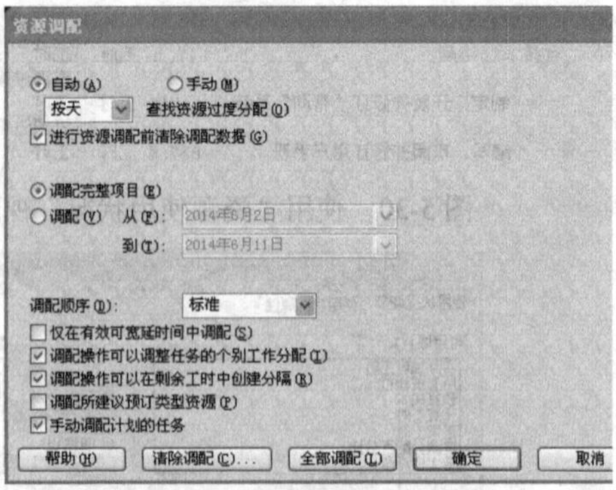

图 5-33 “资源调配”对话框

表 5-5 “资源调配”对话框中的常用选项说明

选　项	说　明
查找资源过度分配	确定查找资源过度分配的时间单位，默认为“按天”查找。此外，还有“按小时”、“按分钟”、“按周”和“按月”查找
调配范围	有“调配完整项目”、“调配”两个选项，前者为默认选项。如果选择后者，则表示要在某个时间段内调整项目任务的资源分配，并需要设置调配范围的起始时间和终止时间
选择调配顺序	有“只按标识号”、“优先权”和“标准”3 个选项
“仅在有效可宽延时间中调配”复选框	选中该选项，表示不推迟整个项目的工期。在自动调配资源时，其默认为不选中，此时，Project 可通过延长项目工期来解决资源冲突问题

自动调配的结果往往不会十分令人满意，调配完可能还存在过度分配，此时需要撤销自动调配操作，进行手工调配。操作步骤为：再次打开“资源调配”对话框，此时资源调配被设为“自动”，将其改为“手动”选项，单击“清除调配”按钮，单击“确定”按钮即可。

2．延迟任务

当某任务出现了过度分配时，可延迟该任务的开始时间，直到资源有时间去处理它。这是解决资源过度分配的一种简单方法，其通过推迟部分任务的开始时间，延长工期来使得资源分配合理，通常会导致整个项目工期的延长。操作步骤为：单击“视图”选项卡下“资源视图”组中的“其他视图”按钮，在下拉列表中选择“其他视图”命令，弹出“其他视图”对话框，选择“资源分配”选项，如图 5-34 所示，单击“应用”按钮，出现“资源分配”视图，其由“资源使用状况”视图和“调配甘特图”视图组成，如图 5-35 所示。选中存在过度分配的资源和准备延迟的任务，然后在“调配甘特图”视图左侧的“资源调配延迟”域中输入延迟天数，如图 5-36 所示，直到资源分配合理为止。

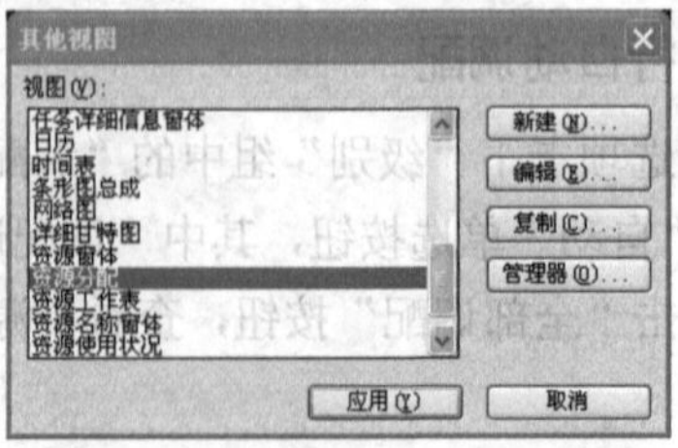

图 5-34 “其他视图”对话框

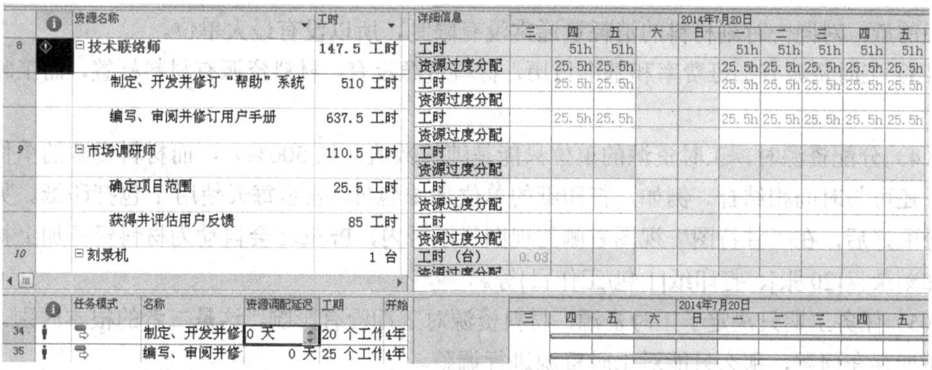

图 5-35 “资源分配”视图

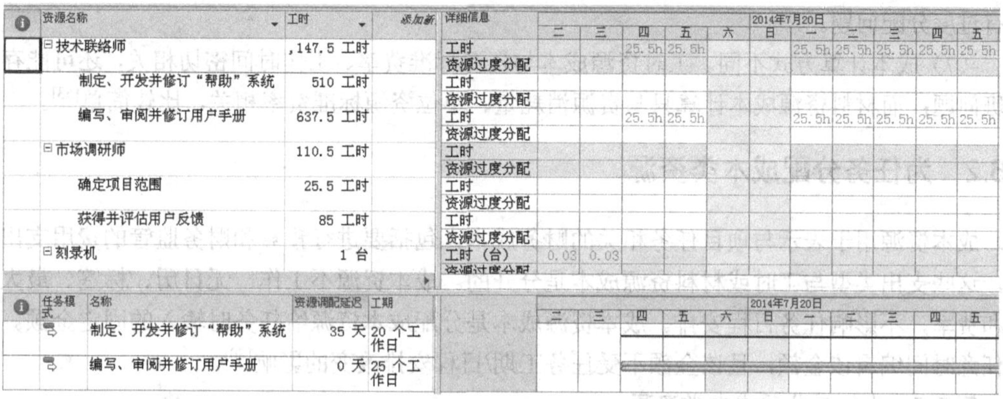

图 5-36 在“资源调配延迟”域中输入延迟天数

3. 拆分任务

拆分任务，是指将本来连续作业的任务拆分为若干时间段来完成，以满足资源的工作时间要求。操作步骤为：选中要拆分的任务，单击“任务”选项卡下“日程”组中的“拆分任务”按钮，即可实现任务拆分。读者可自己尝试一下。

5.6 专题讨论

本小节主要探讨项目资源管理中的相关话题，既包括初学者易混淆或忽视的内容，又包括已学知识点的灵活运用，还包括 Project 2010 新增的项目资源管理内容。

5.6.1 工时资源与材料资源的比较

（1）从概念上讲，人员和绝大多数设备、机械属于工时资源，耗材、原材料属于材料资源。工时资源通过时间来完成任务且任务完成后资源自身仍然独立存在，材料资源在完成了任务之后就不复存在了，价值全部转移到了项目中。

（2）工时资源有最大单位，存在过度分配情形，而材料资源没有。无论是人员还是机械、设备，在某一个时刻内可供项目使用的数目是有限的，因此，在排定项目计划时不能突破该极限，否则就是资源过度分配，这个极限就是“最大单位”。对于材料资源，则主要关心项目总共消耗的量，对同一时刻材料的消耗量通常没有限制，所以没有最大单位。

（3）工时资源有加班费率和基准日历，材料资源没有。材料资源有材料标签，而工时资源没有。

（4）分配资源时，工时资源的单位只能是纯粹数值（如 500%），而材料资源的单位除数值外，还可与时间相结合。例如，打印纸的单位是 1 包/d，表示每天使用 1 包打印纸。另外，资源分配好后，在“甘特图”视图右侧的视图显示区内，Project 会自动为材料资源加上材料标签，如刻录盘[20 张]、打印纸[1 包/工作日]等。

（5）任务工期只决定于工时资源，材料资源对工期没有影响，这是二者的根本区别。如果项目工期存在问题，那么只能对工时资源进行调整。

（6）工时资源会出现过度分配的情况，且必须进行调配以消除过度分配现象，而材料资源没有过度分配问题。

（7）成本计算方式不同。工时资源成本与资源标准费率、工作时间密切相关，还可能存在加班问题；而材料资源成本计算只与资源消耗量、单位资源标准费率相关，比较简单[53]。

5.6.2 为任务分配成本类资源

成本资源用于表示与项目任务相关的财务成本，包括要进行预算和财务监管的费用支出类型，这些支出类型与工时或材料资源成本是分开的。成本资源不工作，无日历、标签、最大单位和费率，不影响任务日程安排。成本资源成本是分配成本资源给任务时输入的固定金额。可在任意时间编辑该金额，且该金额不受任务工期/日程安排改变的影响[80]。

例 5-5 为任务分配成本类资源。

在“05-04.mpp”中，为任务“A”输入计划的“交通费”成本“1000 元”，并将项目另保存为“05-05.mpp”。因为项目还未开始，此时这些成本只代表预算或计划成本。

操作步骤如下：

打开“05-04.mpp”，在资源库中输入成本资源“交通费”，如图 5-37 所示，然后选中任务“A”，单击右键，在下拉列表中选择“分配资源”命令，弹出“分配资源”对话框，在其中选择“交通费”的“成本”域并输入 1 000，如图 5-38 所示，然后单击“分配”按钮，Project 即将“交通费”分配给任务“A”，单击“关闭”按钮后如图 5-39 所示，最后将项目另存为“05-05.mpp”。

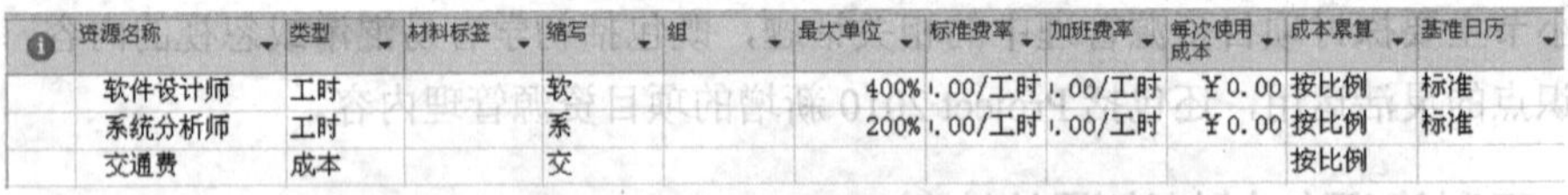

	资源名称	类型	材料标签	缩写	组	最大单位	标准费率	加班费率	每次使用成本	成本累算	基准日历
	软件设计师	工时		软		400%	..00/工时	..00/工时	￥0.00	按比例	标准
	系统分析师	工时		系		200%	..00/工时	..00/工时	￥0.00	按比例	标准
	交通费	成本		交						按比例	

图 5-37 在资源库中输入成本资源“交通费”

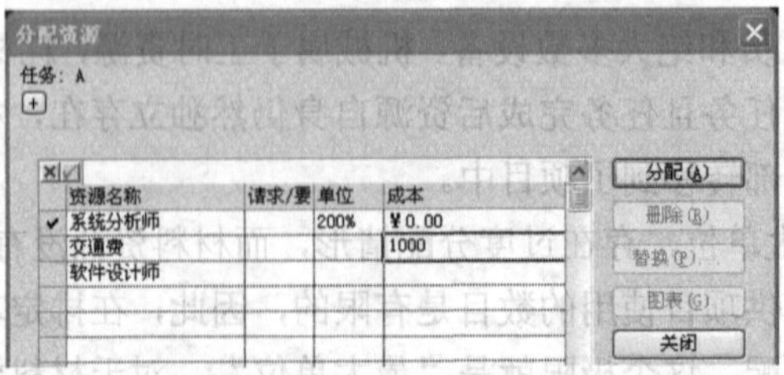

图 5-38 为任务“A”分配成本资源“交通费”

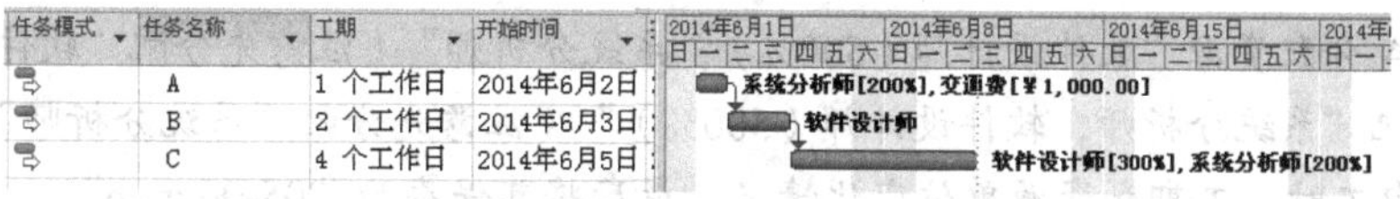

图 5-39　为任务“A”分配成本资源“交通费”后的情形

5.6.3　投入比导向日程排定

投入比导向日程排定，是指从任务中删除工时资源或将工时资源分配给任务时，Project 将延长或缩短任务工期，以容纳应用到任务上的更少或更多的资源，但不会改变任务总工时。投入比导向日程排定仅应用于添加到任务的资源或从任务中删除的资源，在更改工时、工期和已分配给任务的资源单位时，该计算规则并不适用。同时需注意，只有在给任务分配第一个资源之后，才能对其应用投入比导向日程计算公式，即投入比导向日程排定不应用于为任务初次分配资源（不论是单个还是多个资源）时[64]。

除此之外，还存在非投入比导向任务日程排定方式，即为任务添加或删除资源时，工时将会发生改变而工期保持不变。注意，Project 2010 默认采用“非投入比导向”日程排定方式，因此，要采用投入比导向日程排定方式时需进行设置，操作步骤为：选定任务并双击，调出“任务信息”对话框，单击“高级”选项卡，然后选中“投入比导向”复选框，如图 5-40 所示。此外，Project 2010 可将“投入比导向”设置为默认任务日程排定方式，操作步骤为：单击“文件”选项卡中的“选项”，弹出“Project 选项”对话框，然后单击左侧的“日程”选项，在右侧选中“新任务为投入导向比”复选框，如图 5-41 所示，最后，单击“确定”按钮保存设置。之后新输入的任务将采用“投入比导向”方式作为任务日程排定方式。

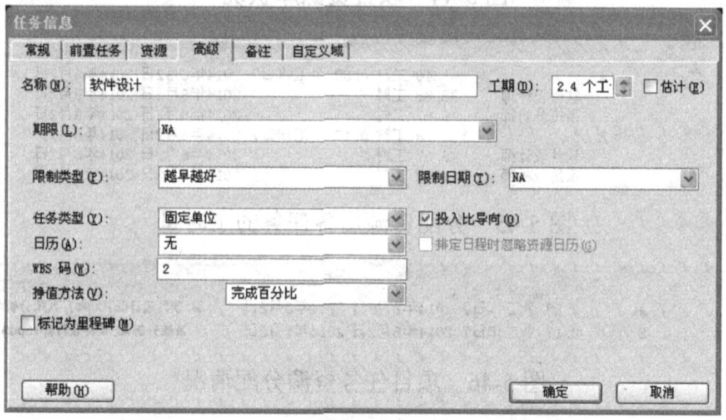

图 5-40　“投入比导向”复选框

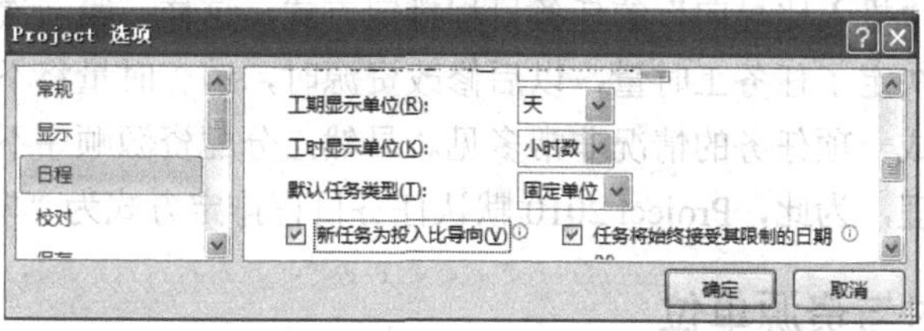

图 5-41　选中“新任务为投入导向比”复选框

例 5-6　投入比导向日程排定。

创建一新项目，设置默认日程排定方式为“投入比导向”，项目开始日期为“2014 年 6 月 1 日”。新建任务 A 和 B，并设置任务模式为“自动计划”，此时，查看一下各任务的工时量；

然后为任务 A 分配资源“软件设计师（500%），系统分析师”（注意先分配“软件设计师”）；为任务 B 分配“系统分析师，软件设计师（500%）”（注意先分配“系统分析师”）。然后再查看该过程中工时、工期和资源单位变化情况。最后将其保存为“05-06.mpp”。

操作步骤如下：

首先创建空白项目，设置任务日程排定方式和项目开始时间，并将其保存为“05-06.mpp”。然后，输入任务 A 和 B，并设置任务模式为“自动计划”，结果如图 5-42 所示。此时查看任务工时量，操作步骤为：单击“视图”选项卡下“任务视图”组中的“任务分配状况”按钮，结果如图 5-43 所示。接下来，建立项目资源库，相关操作参见本章的 5.3 节，建好的项目资源库如图 5-44 所示。然后回到“任务分配状况”视图下分配资源（注意先后次序），相关操作参见本章的 5.4 节，分配好资源后如图 5-45 所示。此时，可看出任务 A 和 B 的“工期”、“工时”域均发生了变化。接下来，单击“任务”选项卡下“视图”组中“甘特图”按钮，在其下拉列表中选择“甘特图”选项，切换到“甘特图”视图，如图 5-46 所示，从中可查看资源分配状况。最后单击“保存”按钮。

任务模式	任务名称	工期	开始时间	完成时间
	A	1 个工作	2014年6月2日	2014年6月2日
	B	1 个工作	2014年6月2日	2014年6月2日

图 5-42　新建项目任务

任务模式	任务名称	工时	工期	开始时间
	A	0 工时	1 个工作日?	2014年6月2日
	B	0 工时	1 个工作日?	2014年6月2日

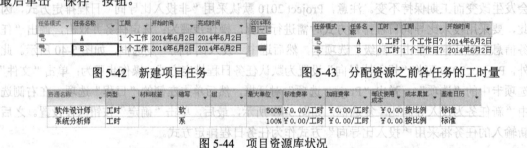

图 5-43　分配资源之前各任务的工时量

资源名称	类型	材料标签	缩写	组	最大单位	标准费率	加班费率	每次使用成本	成本累算	基准日历
软件设计师	工时		软		500%	¥0.00/工时	¥0.00/工时	¥0.00	按比例	标准
系统分析师	工时		系		100%	¥0.00/工时	¥0.00/工时	¥0.00	按比例	标准

图 5-44　项目资源库状况

任务模式	任务名称	工时	工期	开始时间	完成时间
	⊟A	40 工时	0.83 个工作日?	2014年6月2日	2014年6月2日
	软件设计师	33.33 工时		2014年6月2日	2014年6月2日
	系统分析师	6.67 工时		2014年6月2日	2014年6月2日
	⊟B	8 工时	0.17 个工作日?	2014年6月2日	2014年6月2日
	软件设计师	6.67 工时		2014年6月2日	2014年6月2日
	系统分析师	1.33 工时		2014年6月2日	2014年6月2日

图 5-45　分配资源后各任务的工时量

任务模式	任务名称	工期	开始时间	完成时间	2014年6月1日 / 2014年6月8日
	A	0.83 个工作日?	2014年6月2日	2014年6月2日	软件设计师[500%],系统分析师
	B	0.17 个工作日?	2014年6月2日	2014年6月2日	系统分析师,软件设计师[500%]

图 5-46　项目任务资源分配情况

同样的任务，先分配哪项资源，后分配哪项资源，都会对任务工时和工期产生影响。究其原因，就在于采用了“投入比导向”的任务日程排定方式，这样，第一次为任务分配资源时，分配的资源单位大小决定了任务工时量，以后修改资源时，该工时量将不再改变。在工程实践中，多项资源合作完成一项任务的情况非常多见。显然，分配资源顺序不同得到的工时和工期就不同的情形不合常理，为此，Project 2010 默认任务日程排定方式为“非投入比导向”方式。

5.6.4　工期、工时与资源单位

项目工期与每个任务工期都密切相关。在例 5-6 中，细心的用户会发现，当改变项目资源单位时，任务工期会随之改变，工期与资源单位之间似乎存在着一定关联。下面来深入探讨该问题。

首先，任务工期只与工时资源有关，与材料资源和成本资源无关。任务工期改变只可能发生在为任务添加工时资源、修改任务工时资源单位（即调整某一时间做事情的工时资源数量，比如将工作的总人数由 5 个改为 4 个）、删除工时资源、改变任务的工时大小（即总工作量）和改变任务类型的情况下[77]。

其次，任务工期除了与资源单位相关外，还决定于任务工时量。任务工时是任务工作量，等于一个人（或机械、设备）完成任务所需的时间。Project 中任务工时量的单位是“工时”，如任务 A 的工时量是 10 工时，则表示 1 个人做需要 10 个小时才能完成该任务。

任务的工期、工时和资源单位始终满足“工时=资源单位×工期”公式。其中，资源单位应考虑完成任务的所有工时资源单位之和。例如，任务 A 分配了两项资源：程序员（300%）和工程师，则任务 A 的资源单位是 400%。此外，工期值为工作时间，不包含非工作日。

当任务日程排定方式为投入比导向时，如果用户首次给任务分配资源，Project 会假设原来的工期不变，计算任务的工时量；以后当用户修改资源时，Project 会假设任务工时量不变，重新计算工期。

查看任务工时量的方法为：在“甘特图”视图中，单击“视图”选项卡下“任务视图”组中的“任务分配状况”按钮，切换到“任务分配状况”视图，如图 5-47 所示。其中，“工时”域内显示的就是每项任务的工时量，用户也可在“工时”域中修改任务工时量。注意，当任务模式为“自动计划”时，详细任务的工时量可修改，摘要任务的工时量无法修改，因为摘要任务工时量是由所有子任务的工时量累加而得。

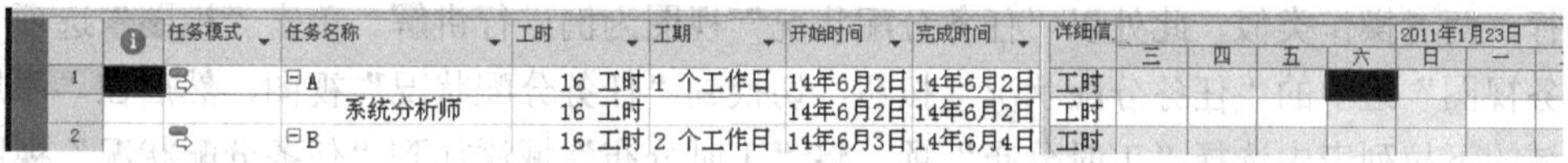

图 5-47 “任务分配状况”视图

5.6.5 调整资源工时分布类型

Project 为任务分配资源时，通常是将资源均匀分布在任务的整个过程中。例如，任务 A 的工时为 32h，分配资源“孙雨生”，则工期默认等于 4d。这是因为在默认情况下孙雨生每天都是工作 8 小时，整个任务中天天如此。但工程实践中往往需要灵活分配工作时间，比如有的工作在初始阶段需要查找资料、协调沟通等，工作进展较慢一些，每天实际完成的工作量较少；随着对工作的不断熟悉，工作进度和效率不断提高，每天完成的工作量不断增加。这种情况下，工时显然不再是均匀分布的，而属于“前轻后重”类型[53]。Project 提供了 8 种工时分布方式，具体如表 5-6 所示。运用了这些工时分布方式后，项目计划能更真实地反映工程的实际情况，并能通过改善资源分布状况，有效改善资源的过度分配和分配不均衡状况。

表 5-6 资源工时分布类型

工时分布类型	说　明	分布状况示意图
常规分布	即平均分配，将资源平均分配到任务的工期范围内	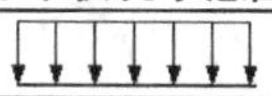
前轻后重	开始的工时少，后来逐渐增多	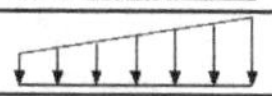
前重后轻	开始的工时多，后来逐渐减少	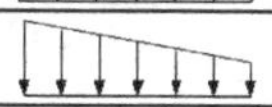
双峰分布	工作强度在整个任务的完成过程中呈现两个峰值	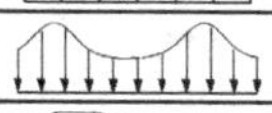
先峰分布	工时逐渐增加，到达最高点后逐渐降低，峰值偏向开始	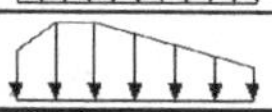

续表

工时分布类型	说　明	分布状况示意图
后峰分布	与“先峰分布”类似，只是峰值偏向于任务的结束	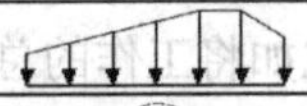
钟形分布	工时分布方式类似一个钟，中间最高，两侧最低	
中央加重钟形分布	与钟形分布类似，但中间的工时分布比更为密集	

例 5-7　调整资源工时分布类型。

新建项目，设置开始日期为“2014 年 6 月 1 日”，资源“孙正洋”分配有“软件编程”任务。由于任务本身原因，前期工作比较少，而后期工作比较多。请调整资源“孙正洋”分布类型为“前轻后重”，并保存为“05-07.mpp”。

操作步骤如下：

首先，新建一个空白项目并保存为“05-07.mpp”，然后再次打开该项目并设置开始日期，创建任务和资源，为任务分配资源，相关操作略去，结果如图 5-48 所示。

图 5-48　分配好资源后的“05-07.mpp”

其次，来调整资源工时分布类型。在“任务分配状况”视图或“资源使用状况”视图中均可进行，两者操作类似，此处以“任务分配状况”视图为例进行讲解。单击“视图”选项卡下“任务视图”组中的“任务分配状况”按钮，切换到“任务分配状况”视图，然后在“添加新列”域的下拉列表中选择“工时分布”项，将“工时分布”域添加到“任务分配状况”视图，默认是“常规分布”。然后，单击资源“孙正洋”的“工时分布”域，在下拉列表中选择“前轻后重”，如图 5-49 所示。

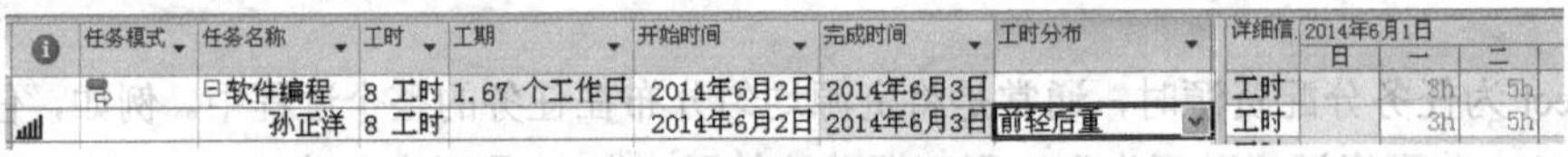

图 5-49　将资源“孙正洋”工时分布类型调整为“前轻后重”

此外，也可在“工作分配信息”对话框中调整资源工时的分布类型，操作步骤是：双击资源“孙正洋”，弹出“工作分配信息”对话框，单击“常规”选项卡，在“工时分布”下拉列表框中选择工时分配类型，如图 5-50 所示，最后依次单击“确定”和“保存”按钮即可保存“05-07.mpp”。

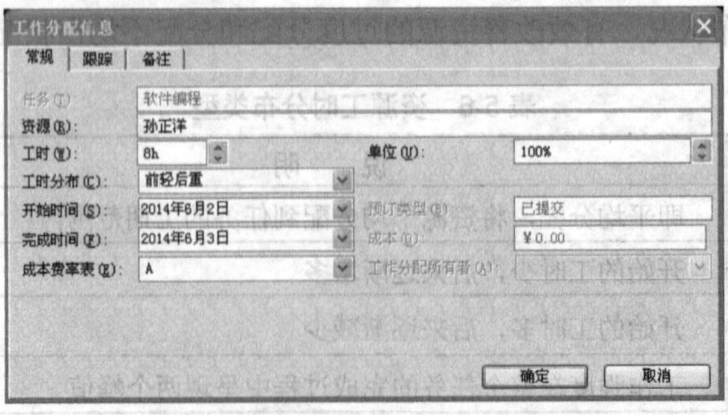

图 5-50　在“工作分配信息”对话框中调整资源工时分布类型

5.6.6 项目日历、任务日历与资源日历

任何项目在刚创建时，Project 都会为其自动指定基准日历，称为项目日历（通常是标准日历）。用户可修改项目基准日历，具体在“更改工作时间”对话框中设置。另外，也可为项目中任务指定专属于它的日历，即任务日历，具体在“任务信息”对话框的“高级”选项卡中设置。同时，也可为项目中的每项工时类资源指定日历，即资源日历，具体在“资源信息”对话框的“常规”选项卡中设置。3 种日历的设置操作参见例 5-8。

总之，一个项目存在项目日历、任务日历和资源日历 3 个日历。对于某项任务和资源，当 3 个日历不一致时，到底以哪个为准排定日程呢？如果没有为任务分配任务日历且该任务涉及的资源没有设定资源日历，那么 Project 将按照项目日历排定日程；如果任务没有设定任务日历但为资源设定了资源日历，那么 Project 将根据资源日历排定日程；如果任务需要在资源的非工作时间也进行，可根据需要设置任务日历并在为任务排定日程时忽略资源日历[77]。

例 5-8 修改项目日历、任务日历和资源日历。

新建项目并命名为“05-08.mpp”，设置开始日期为“2014 年 6-月 1 日”，并将项目日历改为“24 小时”；然后在项目中新建任务 A，工期设为“7d”，任务模式设为“自动计划”；接着修改任务 A 的任务日历为“夜班”，并将该任务设置为忽略资源日历；接着建立资源“朱文荣”并设置资源日历为“标准”，最后将其分配给任务 A。注意观察这一过程中任务 A 日程的变化。

操作步骤如下：

首先，新建项目，设置开始日期并保存为“05-08.mpp”，然后修改项目日历，方法是：单击“项目”选项卡下“属性”组中的“更改工作时间”按钮，出现“更改工作时间”对话框，在“对于日历”下拉列表中选择“24 小时”选项，如图 5-51 所示，然后单击“确定”按钮。接下来，在项目中新建任务并设定工期和任务模式，同时修改任务 A 的“任务日历”，方法是：双击任务“A”，弹出“任务信息”对话框，单击“高级”选项卡，在“日历”下拉列表中选择“夜班”选项，并选中“排定日程时忽略资源日历”复选框，如图 5-52 所示。此时，结果如图 5-53 所示，可发现标记域出现标记，单击该标记提示“日历‘夜班’已经分配给任务”。

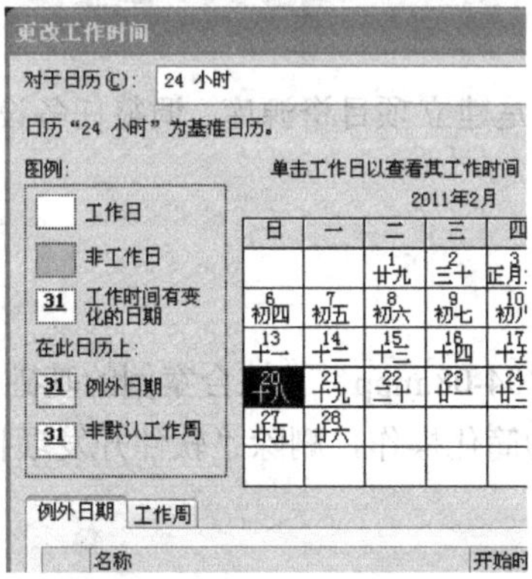

图 5-51 更改“项目日历”为“24 小时”

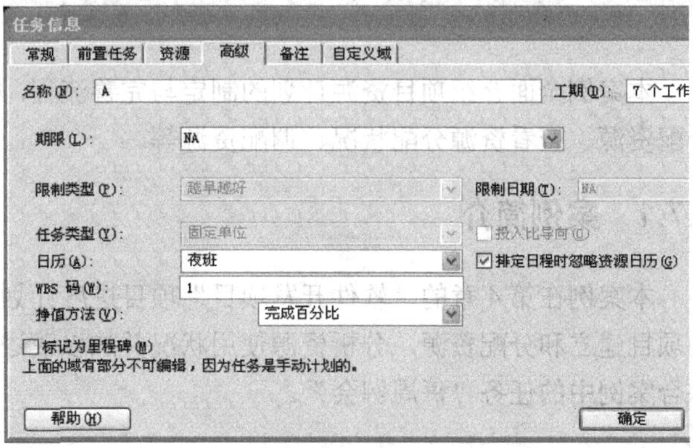

图 5-52 更改任务 A 的“任务日历”为“夜班”

图 5-53 设置任务 A“任务日历”后的“05-08.mpp”

其次，在“资源工作表”视图中输入资源“朱文荣”，并修改其“资源日历”为“标准”。方法是：双击资源名称，弹出“资源信息”对话框，如图 5-54 所示，在“常规”选项卡中单击“更改工作时间”按钮，弹出“更改工作时间”对话框，在“基准日历”下拉列表中选择“标准”选项，如图 5-55 所示。

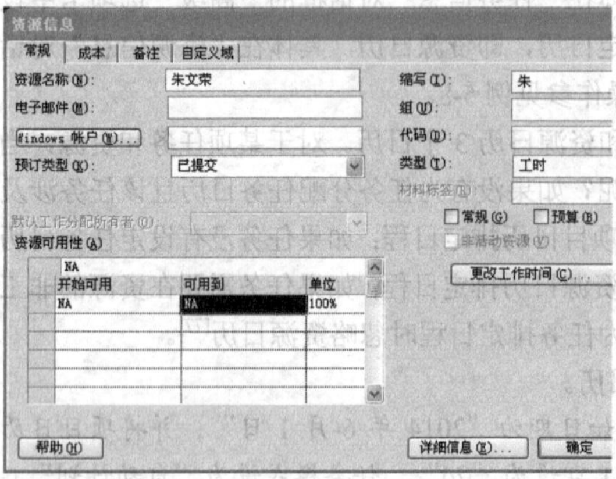

图 5-54　“资源信息”对话框

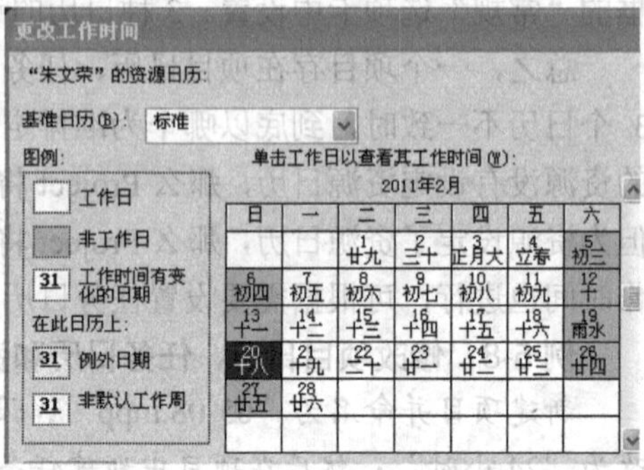

图 5-55　更改“资源日历”

最后将资源“朱文荣”分配给任务 A，结果如图 5-56 所示，可发现标记域出现标记，单击该标记提示“日历‘夜班’已经分配给任务，此时任务已设置为排定日程时忽略资源日历，此任务分配的资源过度分配”，说明资源日历没起作用。单击“保存”按钮。

此外，用户也可以先修改资源日历，再修改任务日历，从中验证 3 种日历之间的关系，相关操作读者可自己试一下。

图 5-56　“05-08.mpp”最终结果

5.7　项目资源计划制定与完善综合案例

本案例全面介绍项目资源计划的制定与完善流程，核心是建立项目资源库、调整任务设置、分配资源、查看资源分配状况、调配资源等。

5.7.1　案例简介

本案例在第 4 章的“软件开发项目”项目进度计划（“04-08.mpp”）综合案例的基础上，为项目建立和分配资源，分析资源使用状况并加以改进。为简化操作，删除“软件开发项目”综合案例中的任务“每周例会”。

5.7.2　制定与完善流程

打开项目“04-08.mpp”，删除任务“每周例会”，并将其另存为“05-09.mpp”。

1. 建立项目资源库

打开项目“05-09.mpp”，按照表 5-7 所示数据建立项目资源库。操作方法是：单击“视图”选项卡下“资源视图”组中的“资源工作表”按钮，在其下拉列表中选择“资源工作表”命令，弹出“资源工作表”视图，在其中输入项目资源相关信息，最终结果如图 5-57 所示。

表 5-7 项目资源库

类 别	资源名称	最大单位	标准费率	加班费率	材料标签	基准日历	组	说 明
工时	管理人员	200%	￥0/h	￥0/h	无	标准	管理部	无
工时	项目经理	100%	￥0/h	￥0/h	无	标准	管理部	无
工时	系统分析师	300%	￥0/h	￥0/h	无	标准	技术部	无
工时	软件开发师	500%	￥0/h	￥0/h	无	标准	技术部	无
工时	软件测试师	500%	￥0/h	￥0/h	无	标准	技术部	无
工时	软件培训师	500%	￥0/h	￥0/h	无	标准	实施部	无
工时	软件实施师	400%	￥0/h	￥0/h	无	标准	实施部	无
工时	技术联络师	300%	￥0/h	￥0/h	无	标准	实施部	无
工时	市场调研师	300%	￥0/h	￥0/h	无	标准	支持部	无
材料	刻录机	无	￥0	无	台	无	耗材	无
材料	刻录盘	无	￥0	无	张	无	耗材	无
材料	打印机	无	￥0	无	台	无	耗材	无
材料	打印纸	无	￥0	无	包	无	耗材	无
成本	餐饮费	无	无	无	无	无	补助	￥30 000
成本	交通费	无	无	无	无	无	补助	￥10 000

资源名称	类型	材料标签	缩写	组	最大单位	标准费率	加班费率	每次使用	成本累算	基准日历
管理人员	工时		管	管理部	200%	￥0.00/工时	￥0.00/工时	￥0.00	按比例	标准
项目经理	工时		项	管理部	100%	￥0.00/工时	￥0.00/工时	￥0.00	按比例	标准
系统分析师	工时		系	技术部	300%	￥0.00/工时	￥0.00/工时	￥0.00	按比例	标准
软件开发师	工时		软	技术部	500%	￥0.00/工时	￥0.00/工时	￥0.00	按比例	标准
软件测试师	工时		软	技术部	500%	￥0.00/工时	￥0.00/工时	￥0.00	按比例	标准
软件培训师	工时		软	实施部	500%	￥0.00/工时	￥0.00/工时	￥0.00	按比例	标准
软件实施师	工时		软	实施部	400%	￥0.00/工时	￥0.00/工时	￥0.00	按比例	标准
技术联络师	工时		技	实施部	300%	￥0.00/工时	￥0.00/工时	￥0.00	按比例	标准
市场调研师	工时		市	支持部	300%	￥0.00/工时	￥0.00/工时	￥0.00	按比例	标准
刻录机	材料	台	刻	耗材		￥0.00		￥0.00	按比例	
刻录盘	材料	张	刻	耗材		￥0.00		￥0.00	按比例	
打印机	材料	台	打	耗材		￥0.00		￥0.00	按比例	
打印纸	材料	包	打	耗材		￥0.00		￥0.00	按比例	
餐饮费	成本		餐	补助					按比例	
交通费	成本		交	补助					按比例	

图 5-57 构建完成的项目资源库

2. 调整任务设置

在本书第 4 章的表 4-10 中，任务“1.1.1 确定项目范围”、“1.2.3 制定软件交付期限”、“1.3.3 获得开展后续工作的批准”、“1.5.1 制定软件测试计划”、“1.6.1 制定软件培训规范、机制与方法”、“1.9.1 确定软件部署策略与方法”、“1.10.1 软件开发经验教训总结”都要在固定工作日内完成，多部门需参与讨论，但参与讨论的人数多少不能改变工期，故要将任务类型改为“固定工期”。操作步骤：单击“视图”选项卡下“任务视图”组中的“甘特图”按钮，双击任务“1.1.1 确定项目范围”，弹出“任务信息”对话框，单击“高级”选项卡，在“任务类型”下拉列表中选择“固定工期”选项，如图 5-58 所示，最后单击“确定”按钮，其他任务的任务类型修改操作类似。

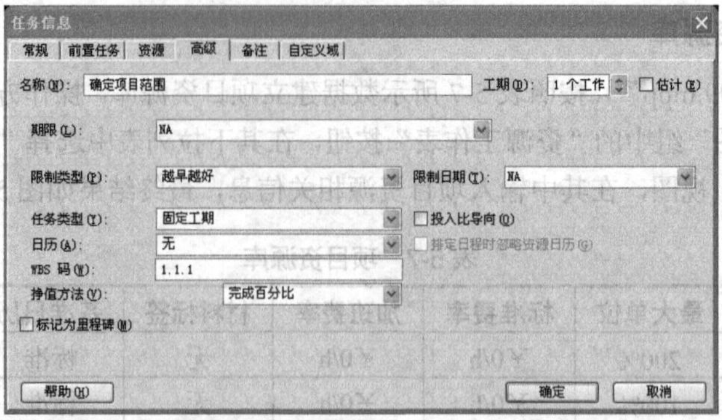

图 5-58　修改任务类型为“固定工期”

3. 分配资源

根据表 5-8 所示数据分配资源，操作步骤为：选中任务并单击右键，在弹出下拉列表中选择“分配资源”命令，弹出“分配资源”对话框，然后选择资源，输入资源单位，单击“分配”按钮即可。需要注意的是成本资源的分配，如为任务“1.10.3 完成项目收尾”分配成本资源“交通费”和“餐饮费”时，需在“分配资源”对话框中分别单击成本资源“交通费”和“餐饮费”，直接在“成本”域中输入 10 000 和 30 000，然后单击“分配”按钮，如图 5-59 所示。资源分配完毕后，单击“关闭”按钮即可。分配资源后的“05-09.mpp”如图 5-60 所示。

表 5-8　项目资源分配状况

WBS 编码	任务名称	分配资源	WBS 编码	任务名称	分配资源
1	软件开发项目		1.5.3	整体测试	
1.1	项目范围规划		1.5.3.1	审阅、测试并修订模块集成代码	系统分析师、软件测试师[300%]
1.1.1	确定项目范围	市场调研师[300%]、管理人员[200%]、项目经理	1.5.3.2	完成整体测试	
1.1.2	获得项目所需资金及资源	管理人员、项目经理	1.6	软件培训	
1.1.3	完成项目范围规划		1.6.1	制定软件培训规范、机制与方法	软件培训师[300%]
1.2	软件需求分析		1.6.2	编写软件培训材料	软件培训师[500%]、打印机[1 台]、打印纸[20 包]
1.2.1	软件行为需求分析	系统分析师[300%]	1.6.3	完成软件培训	
1.2.2	制定、审阅并修订软件规范与预算	系统分析师[300%]、打印纸[5 包]、项目经理	1.7	软件文档	
1.2.3	制定软件交付期限	项目经理	1.7.1	制定、开发并修订“帮助”系统	技术联络师[300%]
1.2.4	获得开展后续工作的批准及所需资源	管理人员[200%]、项目经理	1.7.2	编写、审阅并修订用户手册	技术联络师[300%]、打印纸[20 包]

续表

WBS 编码	任务名称	分配资源	WBS 编码	任务名称	分配资源
1.2.5	完成软件需求分析		1.7.3	完成软件文档	
1.3	软件设计		1.8	软件试运行	
1.3.1	制定、审阅并修订软件功能规范	系统分析师[200%]、管理人员、打印纸[5 包]	1.8.1	安装/部署软件	软件实施师[300%]
1.3.2	开发软件原型	系统分析师、软件开发师[200%]	1.8.2	获得并评估用户反馈	软件实施师、市场调研师[200%]
1.3.3	获得开展后续工作的批准	项目经理、管理人员	1.8.3	完成软件试运行	
1.3.4	完成软件设计		1.9	软件部署	
1.4	软件开发		1.9.1	确定软件部署策略与方法	软件实施师[200%]
1.4.1	确定软件模块化设计参数	软件开发师[200%]	1.9.2	获得软件部署所需资源	软件实施师
1.4.2	编写与调试软件代码	软件开发师[500%]、刻录盘[20 张]、刻录机[1 台]	1.9.3	部署软件	软件实施师[400%]
1.4.3	完成软件开发		1.9.4	完成软件部署	
1.5	软件测试		1.10	项目收尾	
1.5.1	制定软件测试计划	软件测试师[400%]、系统分析师	1.10.1	软件开发经验教训总结	项目经理
1.5.2	单元测试		1.10.2	建立软件维护小组	项目经理
1.5.2.1	审阅、测试并修订组件模块代码	软件测试师[500%]	1.10.3	完成项目收尾	餐饮费[30 000 元]、交通费[10 000 元]
1.5.2.2	完成单元测试				

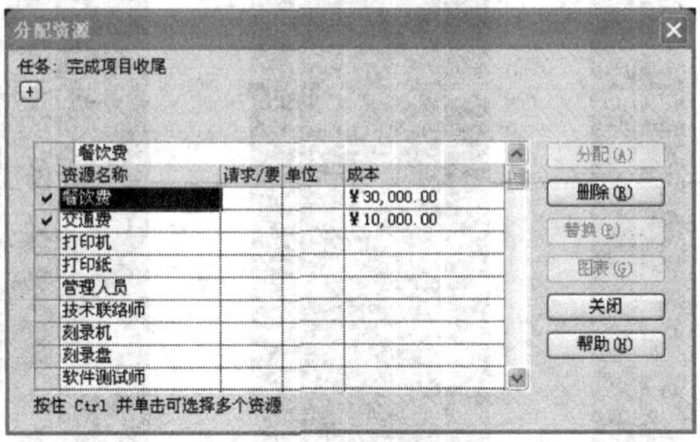

图 5-59　为任务“1.10.3 完成项目收尾”分配成本资源

4．查看资源分配状况

单击“视图”选项卡下“资源视图”组中的“资源工作表”按钮，在其下拉列表中选择“资源工作表”命令，弹出“资源工作表”视图，如图 5-61 所示，可发现资源“技术联络师”存在过度分配。可通过“资源图表”和“资源使用状况”视图了解详细信息。前者的操作步骤是：单击“视图”选项卡下“资源视图”组中的“其他视图”按钮，在其下拉列表中选择“资源图表”命令，弹出“资源图表”视图，如图 5-62 所示。后者的操作步骤是：单击“视图”选项卡下“资源视图”组中的“资源使用状况”按钮，弹出“资源使用状况”视图，如图 5-63 所示。

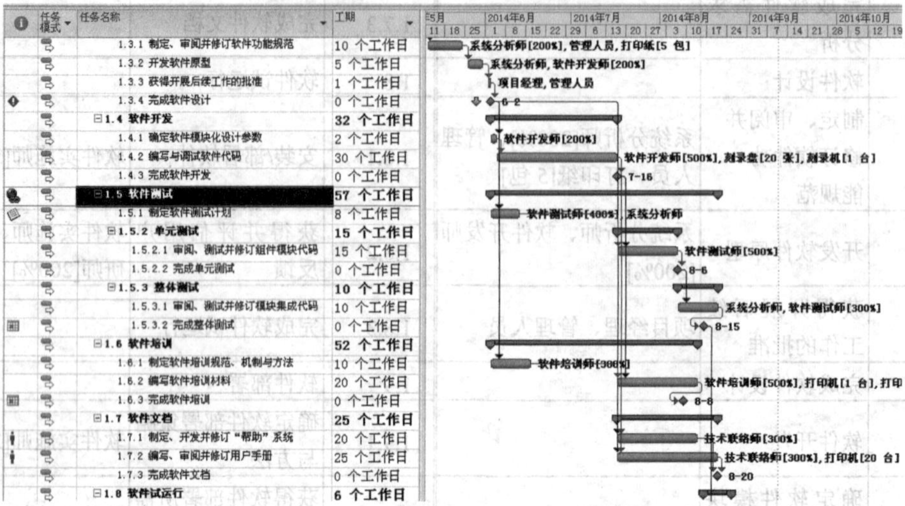

任务名称	工期
1.3.1 制定、审阅并修订软件功能规范	10 个工作日
1.3.2 开发软件原型	5 个工作日
1.3.3 获得开展后续工作的批准	1 个工作日
1.3.4 完成软件设计	0 个工作日
⊟1.4 软件开发	32 个工作日
1.4.1 确定软件模块化设计参数	2 个工作日
1.4.2 编写与调试软件代码	30 个工作日
1.4.3 完成软件开发	0 个工作日
⊟1.5 软件测试	57 个工作日
1.5.1 制定软件测试计划	8 个工作日
⊟1.5.2 单元测试	15 个工作日
1.5.2.1 审阅、测试并修订组件模块代码	15 个工作日
1.5.2.2 完成单元测试	0 个工作日
⊟1.5.3 整体测试	10 个工作日
1.5.3.1 审阅、测试并修订模块集成代码	10 个工作日
1.5.3.2 完成整体测试	0 个工作日
⊟1.6 软件培训	52 个工作日
1.6.1 制定软件培训规范、机制与方法	10 个工作日
1.6.2 编写软件培训材料	20 个工作日
1.6.3 完成软件培训	0 个工作日
⊟1.7 软件文档	25 个工作日
1.7.1 制定、开发并修订“帮助”系统	20 个工作日
1.7.2 编写、审阅并修订用户手册	25 个工作日
1.7.3 完成软件文档	0 个工作日
⊟1.8 软件试运行	6 个工作日

图 5-60　分配资源完成后的“05-09.mpp”

资源名称	类型	材料标签	缩写	组	最大单位	标准费率	加班费率	每次使用	成本累算	基准日历
管理人员	工时		管	管理部	200%	￥0.00/工时	￥0.00/工时	￥0.00	按比例	标准
项目经理	工时		项	管理部	100%	￥0.00/工时	￥0.00/工时	￥0.00	按比例	标准
系统分析师	工时		系	技术部	300%	￥0.00/工时	￥0.00/工时	￥0.00	按比例	标准
软件开发师	工时		软	技术部	500%	￥0.00/工时	￥0.00/工时	￥0.00	按比例	标准
软件测试师	工时		软	技术部	500%	￥0.00/工时	￥0.00/工时	￥0.00	按比例	标准
软件培训师	工时		软	实施部	500%	￥0.00/工时	￥0.00/工时	￥0.00	按比例	标准
软件实施师	工时		软	实施部	400%	￥0.00/工时	￥0.00/工时	￥0.00	按比例	标准
技术联络师	工时		技	实施部	300%	￥0.00/工时	￥0.00/工时	￥0.00	按比例	标准
市场调研师	工时		市	支持部	300%	￥0.00/工时	￥0.00/工时	￥0.00	按比例	标准
刻录机	材料	台	刻	耗材		￥0.00		￥0.00	按比例	

图 5-61　资源“技术联络师”存在过度分配

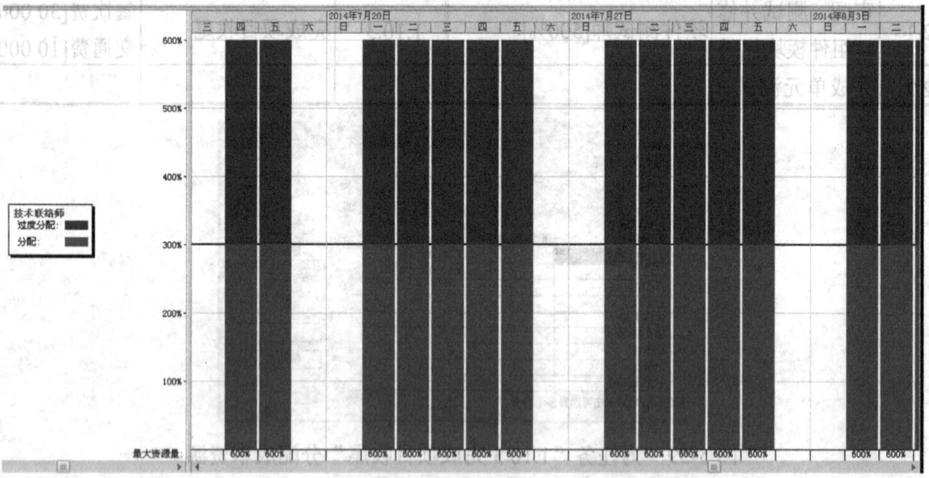

图 5-62　“资源图表”视图

资源名称	工时	详细信息	五	六	2014年7月20日 日	一	二	三	四	五	六	2014年7月27日 日	一	二	三	四	五
部署软件	170 工时	工时															
⊟技术联络师	147.5 工时	工时	51h			51h	51h	51h	51h	51h			51h	51h	51h	51h	51h
制定、开发并修订“帮助”系统	510 工时	工时	25.5h			25.5h	25.5h	25.5h	25.5h	25.5h			25.5h	25.5h	25.5h	25.5h	25.5h
编写、审阅并修订用户手册	637.5 工时	工时	25.5h			25.5h	25.5h	25.5h	25.5h	25.5h			25.5h	25.5h	25.5h	25.5h	25.5h
⊟市场调研师	110.5 工时	工时															

图 5-63 “资源使用状况”视图

5. 资源调配

首先，用 Project 调配资源，看能否解决过度分配问题。首先通过 Project 自动调配功能进行调配。操作步骤为：单击“资源”选项卡下“级别”组中的“调配选项”按钮，打开“资源调配”对话框，选中“自动”单选按钮，选中“仅在有效可宽延时间中调配”复选框，如图 5-64 所示，单击“全部调配”按钮，再单击“确定”按钮，弹出“Microsoft Project”对话框，如图 5-65 所示，说明调配结束后仍存在资源过度分配。然后，单击“全部忽略”按钮，再使用“资源图表”视图查看资源分配状况，此时资源“技术联络师”的“资源图表”视图如图 5-66 所示。对比图 5-62 和图 5-66，可发现：调配前，“技术联络师”存在过度分配的时间跨度为 2014 年 7 月 17 日—8 月 13 日；调配后，“技术联络师”存在过度分配的时间跨度变为 2014 年 8 月 13 日—8 月 20 日。这说明在不改变项目工期的前提下，无法通过 Project 自动调配功能解决资源分配冲突问题。因此，只能通过延长项目工期来解决本案例中的资源冲突问题。此时，仍可采用自动调配和手动调配两种方式。

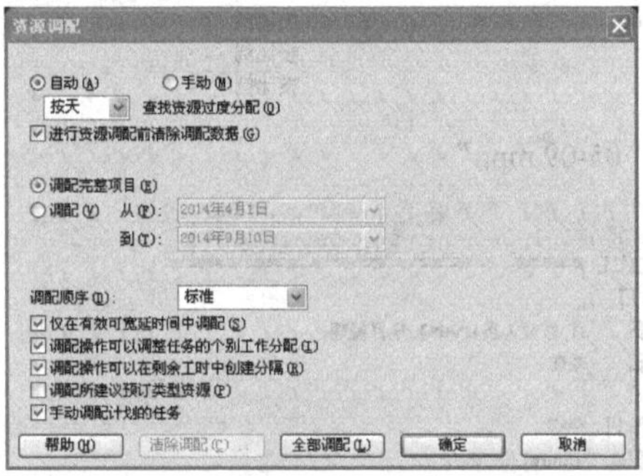

图 5-64 “资源调配”对话框

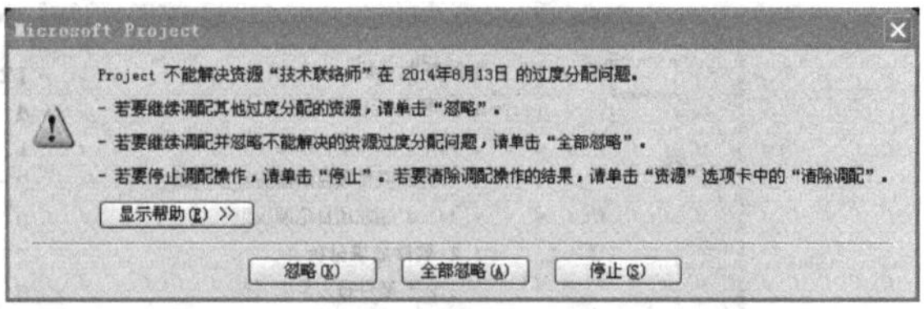

图 5-65 “Microsoft Project”对话框

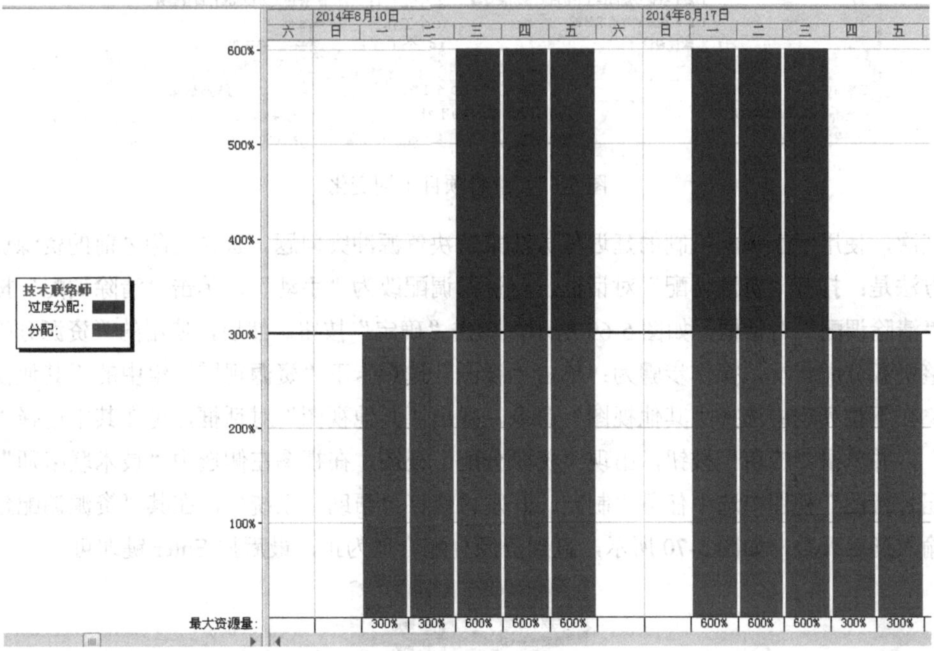

图 5-66 自动调配资源之后的“05-09.mpp”

首先采用自动调配机制。操作步骤为：打开“资源调配”对话框，选中“自动”单选按钮，取消选中“仅在有效可宽延时间中调配”复选框，以便 Project 自行延长项目工期，然后依次单击“全部调配”按钮和“确定”按钮，此时，可通过“资源工作表”视图查看资源分配状况，如图 5-67 所示，说明资源分配冲突已得到解决。读者可对比一下调配前后项目工期的变化，方法是：选中“视图”选项卡下“拆分视图”组中的“详细信息”复选框，结果如图 5-68 所示，可发现项目终止日期由“2014 年 9 月 10 日”延长至了“2014 年 9 月 17 日”。

资源名称	类型	材料标签	缩写	组	最大单位	标准费率	加班费率	每次使用	成本累算	基准日历
管理人员	工时		管	管理部	200%	￥0.00/工时	￥0.00/工时	￥0.00	按比例	标准
项目经理	工时		项	管理部	100%	￥0.00/工时	￥0.00/工时	￥0.00	按比例	标准
系统分析师	工时		系	技术部	300%	￥0.00/工时	￥0.00/工时	￥0.00	按比例	标准
软件开发师	工时		软	技术部	500%	￥0.00/工时	￥0.00/工时	￥0.00	按比例	标准
软件测试师	工时		软	技术部	500%	￥0.00/工时	￥0.00/工时	￥0.00	按比例	标准
软件培训师	工时		软	实施部	500%	￥0.00/工时	￥0.00/工时	￥0.00	按比例	标准
软件实施师	工时		软	实施部	400%	￥0.00/工时	￥0.00/工时	￥0.00	按比例	标准
技术联络师	工时		技	实施部	300%	￥0.00/工时	￥0.00/工时	￥0.00	按比例	标准
市场调研师	工时		市	支持部	300%	￥0.00/工时	￥0.00/工时	￥0.00	按比例	标准
刻录机	材料	台	刻	耗材		￥0.00		￥0.00	按比例	
刻录盘	材料	张	刻	耗材		￥0.00		￥0.00	按比例	
打印机	材料	台	打	耗材		￥0.00		￥0.00	按比例	
打印纸	材料	包	打	耗材		￥0.00		￥0.00	按比例	
餐饮费	成本		餐	补助					按比例	
交通费	成本		交	补助					按比例	

图 5-67　自动调配资源之后的“05-09.mpp”

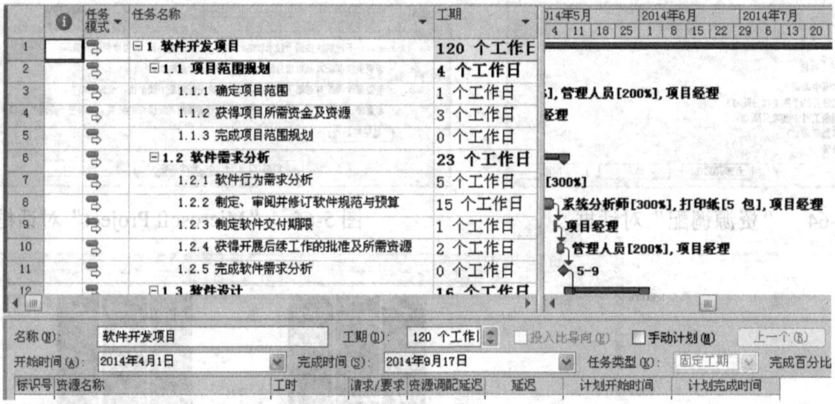

图 5-68　查看项目工期变化

其次，使用手工调配机制的延迟任务法来解决资源冲突问题。首先清除之前的资源调配方案，方法是：打开“资源调配”对话框，将资源调配改为“手动”，单击“清除调配”按钮，弹出“清除调配”对话框，如图 5-69 所示，单击“确定”按钮。然后，使用的“资源分配”视图调整资源分配状况，操作步骤为：单击“视图”选项卡下“资源视图”组中的“其他视图”按钮，在下拉列表中选择“其他视图”命令，弹出“其他视图”对话框，再在其中选择“资源分配”，并单击“应用”按钮，出现“资源分配”视图，在视图左侧选中“技术联络师”，在“调配甘特图”视图中选中任务“制定、开发并修订‘帮助’系统”，在其“资源调配延迟”域中输入延迟天数，如图 5-70 所示，直到资源分配合理为止，最后按 Enter 键即可。

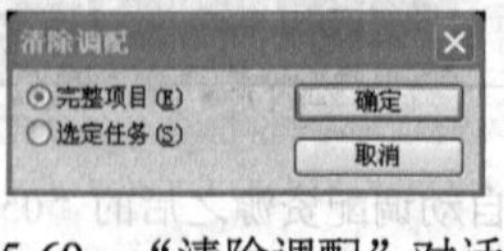

图 5-69　“清除调配”对话框

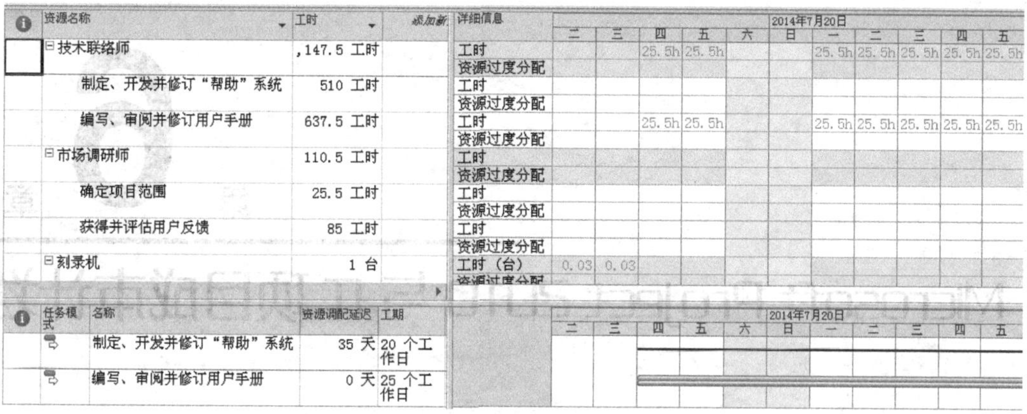
资源名称
工时
添加新
详细信息
2014年7月20日
二 三 四 五 六 日 一 二 三 四 五
技术联络师
,147.5 工时
制定、开发并修订“帮助”系统
510 工时
编写、审阅并修订用户手册
637.5 工时
市场调研师
110.5 工时
确定项目范围
25.5 工时
获得并评估用户反馈
85 工时
刻录机
1 台
工时
资源过度分配
工时（台）
25.5h
0.03
任务模式
名称
资源调配延迟
工期
制定、开发并修订“帮助”系统
35 天
20 个工作日
编写、审阅并修订用户手册
0 天
25 个工作日

图 5-70　使用“资源分配”视图调整资源分配

5.8　本章小结

本章首先介绍了 Project 2010 中的项目资源类型（工时资源、材料资源和成本资源）、项目资源管理步骤（建立项目资源库、分配资源和调配资源），以及编制 IT 项目资源计划的依据、内容、流程和方法；然后介绍了如何使用 Project 2010 统一管理 IT 项目资源，包括建立并查看项目资源库，设置项目资源属性，为任务分配资源，删除资源、修改资源单位和替换项目资源，使用资源图表识别资源配置问题，使用自动、手动机制调配项目资源和完善项目资源计划；接下来，探讨了 Project 资源管理中的资源类型区别，投入比导向日程排定，工期、工时与资源单位，调整资源分布类型，项目日历、任务日历与资源日历等问题；最后，以“软件开发项目”为例讲解了一个完整的项目资源计划的制定与完善流程。

第 6 章

Microsoft Project 2010 与 IT 项目成本计划

本章内容提要：

- 项目成本管理与 IT 项目成本计划。
- Project 2010 中的项目成本管理、项目成本计划制定与完善。
- 项目成本计划制定与完善综合案例。

6.1 本章导读

成本是项目管理的三大目标之一，与任务、资源共同构成项目组成要素。控制和管理项目成本是项目管理中极为重要的一环，也是项目成败的重要标志之一[64]。众所周知，完成一项任务必须付出代价，而受项目成本、技术、时间等因素影响，几乎所有项目都受到资源限制，因此，需提前做好项目资源计划，预测和计划好项目成本，使项目资源的可获得性和及时性达到最佳，并控制项目成本以确保项目在既定预算范围内顺利完成。

本章在第 5 章的基础上，重点介绍项目成本构成，项目成本管理过程和方法，IT 项目成本计划编制依据、内容和流程，Project 2010 中的项目成本管理功能与过程，Project 2010 中的项目成本计划制定与完善，最后将给出一个项目成本计划制定与完善的综合实例。

6.2 项目成本管理与 IT 项目成本计划

Project 中成本考察的范围不及财务中的成本细致、广泛，其基于资源，采用自下而上的成本估算法来计算和管理项目成本[53]，即确定资源基准费率、每次使用成本及各个任务的固定成本和成本资源类成本，然后输入每个任务的估计工时或工期，为任务分配资源，最后由 Project 计算出资源、任务的成本，进而推算出整个项目的总成本[82]。

6.2.1 项目成本构成

Project 的项目成本机制是：项目成本由各任务成本汇集而成，任务成本由在任务上工作的资源成本和固定成本构成。即项目成本由项目固定成本和各摘要任务成本组成，摘要任务成本又由摘要任务固定成本和各子任务成本组成，单个任务成本又由任务固定成本和资源成本组成，资源成本又由成本类资源成本、工时类资源成本和材料类资源成本组成。其中，材料类资源成本由固定成本和可变成本构成，固定成本指每次使用成本，可变成本由材料价格和用量决定，工时类资源成本亦由固定成本和可变成本构成，固定成本指每次使用成本，可变成本由标准费率、加班费率、工时及投入量决定。整个项目的成本构成体系如图 6-1 所示，即项目成本包括基于费率的资源成本、资源的每次使用成本、任务的固定成本及成本资源类成本 4 部分[53,64,82]。

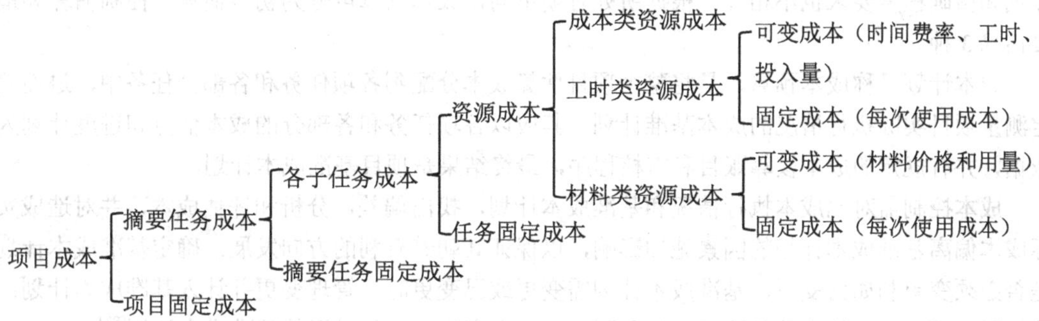

图 6-1　项目成本构成体系

1. 基于费率的资源成本

对工时资源而言，基于费率的资源成本指资源标准费率与正常工作时间的积，若存在加班，还要加上加班费率与加班时间的积。对于材料类资源，就等于资源标准费率乘以该资源的使用量[53]。

2. 资源的每次使用成本

每次使用成本指每次使用资源的固定费用。工时类资源的每次使用成本与资源工作时间无关，只与资源使用数量和使用次数有关。例如，某项目需聘请专家进行咨询，除按工作时间支付成本外，还需支付专家的每次使用成本——咨询费，若同时聘请两位专家，则每次使用成本翻倍。材料类资源的每次使用成本与资源工作时间、使用数量均无关[82]，只与使用次数相关。例如，运送材料资源（如水泥）的每次使用成本是 100 元，则每次运送水泥时，无论运送的是 10 吨还是 100 吨，均需支付 100 元。

3. 任务的固定成本

固定成本是不管任务工期如何改变，也不管资源完成了多少工作量，始终存在且保持不变的成本[77]，包括项目固定成本、摘要任务固定成本和任务固定成本。

4. 任务的成本资源类成本

成本资源类成本是属于任务的一次性成本或定期成本，包括交通费和住宿费用等[82]。

6.2.2 项目成本管理

1. 项目成本管理过程

项目成本管理主要包括资源计划制定、成本估算、成本计划和成本控制 4 个过程。通过前 3 个过程可制定出项目成本基准计划，通过第 4 个过程可以确保项目在预算范围内顺利完成。

资源计划制定用于确定完成项目任务所需的物质资源种类及每种资源的需求量，包括人力、设备和材料等。其主要任务是进行资源分配，是成本估算的基础。关于资源计划的编制依据、编制过程、编制内容和方法等内容可参见本书5.2.3节。

成本估算是对完成项目任务的所需资源可能成本的近似估算。估算成本时，需考虑经济环境（如通货膨胀、税率等）的影响，当成本估算涉及重大不确定因素时，应设法减小风险，并对余留风险考虑适当应急备用金。同时，还应考虑项目所需的资源和必要支出，并采取有利于编制成本计划的形式。此外，项目管理过程中常需进行多次成本估算，每次估算的时期不同，详细和精确程度要求也不相同。根据所处时期不同，成本估算可分为初步估算、控制估算和最终估算3种。

成本计划又称成本预算，是将整个项目估算成本分配到各项任务和各部分任务中，进而确定测量项目实际执行情况的成本基准计划，其应以各项任务和各部分的成本估算和进度计划为依据，并有规定的成本核算账目和审核程序，最终结果是项目基准成本计划。

成本控制需对比成本执行情况和基准成本计划，找出偏差，分析和评估成本，并对造成实际成本偏离基准成本计划的因素施加影响，以保证其朝着有利的方向发展；确定基准成本计划是否必须变更和如何变更，基准成本计划需变更或已变更时，管理变更并计入基准成本计划；监控影响项目成本的内外部因素，以预测项目成本变化，必要时调整基准成本计划[83]。

注意，项目成本管理不单纯是某一方面的工作，而是包括在批准的预算内完成项目所需的各个过程。这些过程与项目管理其他领域的过程相互作用，虽然它们在理论上彼此独立，相互之间有明显界限，但在项目管理的领域中随时可能出现交叉、重叠和相互影响。

2. 项目成本管理方法

常用项目成本管理方法有挣值分析法、经验估算法、类比估算法、参数模型法、自下而上法、自上而下法、计算机估算软件、成本变更识别和变更控制系统等[83]。限于篇幅，挣值分析法可参见本书10.3节，其他方法请参阅相关著作，不再赘述。

6.2.3 IT项目成本计划

IT项目成本是指完成IT项目所必需的各种实际成本投入，分为硬件和软件两类。硬件包括项目中完成任务的人、设备、物资、资金及时间，软件包括项目所需的各种技术、信息等。

IT项目成本计划是以IT项目进度计划为基础，通过IT项目资源计划和IT项目成本估算、预算，将整个项目估算的成本分配到各项任务和各部分任务中，进而确定测量IT项目实际执行情况的成本基准计划。

1. IT项目成本计划的编制依据

IT项目成本计划的编制依据是工作分解结构、范围定义、历史资料、资源库信息和项目进度计划。工作分解结构是计算项目成本的根本和基础，提供最基本的资源需求说明；范围定义是目标，确定资源的需求范围；历史资料提供参考资料；资源库信息提供资源的描述集合；项目进度计划确定任务对资源需求的时间要求，由于同一资源在不同时间段的费率并不一样，因此，会对IT项目成本产生一定的影响。

2. IT项目成本计划的编制内容

IT项目成本计划的编制内容包括IT项目资源计划、IT项目成本估算和IT项目成本预算。

3. IT 项目成本计划的编制流程

IT 项目成本计划的编制流程主要分为 IT 项目资源计划编制、IT 项目成本估算和 IT 项目成本预算 3 步。IT 项目资源计划是指分析和识别 IT 项目的资源需求，确定 IT 项目所需资源的种类、数量和投入时间，制定出科学、合理、可行的 IT 资源供应计划的项目成本管理活动；IT 项目成本估算是指估计和计划完成项目所需资源的成本，合理推算 IT 项目可能的费用支出量，不含商业利润，最终形成各种 IT 项目资源备选方案的成本估算；IT 项目成本预算是指基于 WBS 和项目进度计划形成 IT 项目基准成本计划，其将整个项目估算的成本分配到各项活动和工作中，进而确定项目实际执行情况的成本基准，产生成本基准计划[9,28]。三者的编制依据、编制内容、编制流程、编制方法等内容请参见本书 1.5.4 节。

实际编制 IT 项目的成本计划时，首先需编制 IT 项目的进度计划和资源计划，然后需根据资源进行计划估算和成本预算项目。为提高准确度，常需准备一定量的不可预见成本，并考虑通货膨胀因素。不可预见成本是指为应付突发事件或无法预料到的变化而准备的成本，用于应付在项目估算、预算时无法预见到、未超出项目范围的一切变化，超出项目范围部分需另行增加成本。接着，需将 IT 项目成本预算按任务包分配到 WBS 中去，替换其中的产品或服务，形成便于管理的项目成本分解结构，即 IT 项目成本预算，并进行完善，最终形成 IT 项目成本计划[83]。

6.3 Project 2010 中的项目成本管理

Project 的主要成本管理功能有制定项目预算、根据预算管理实际成本、成本信息统计和根据成本评价项目业绩[77]，具体如图 6-2 所示。

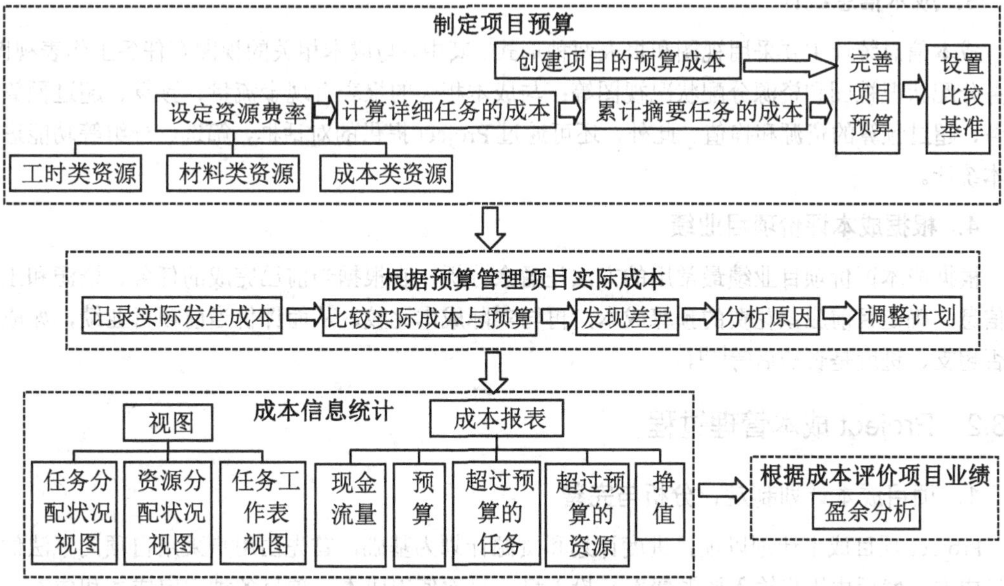

图 6-2 项目成本管理内容

6.3.1 Project 成本管理功能

1. 制定项目预算

首先，项目经理采用自顶向下预算估计法，根据以前类似项目的经验估计整体资源、任务和项目总成本，并在 Project 中创建项目预算资源，将其分配给项目摘要任务，同时为预算资源输入值[82]；其次，基于项目进度计划和项目资源计划，利用 Project 分配资源；再次，由 Project 采用自下而上法计算项目预算：先计算详细任务成本（用资源费率乘以消耗量，或用资源费率乘以工作时间，加上每次使用成本和固定成本、成本类资源成本），然后根据详细任务成本累算出摘要任务成本，再加上摘要任务固定成本和项目固定成本，形成项目总成本；最后，对比最初创建的项目预算估计成本和 Project 计算的项目预算来完善项目预算，并最终设置为比较基准。若用户需从某个层面了解预算的特定信息，Project 会经过筛选和统计得出相应数据，并以视图或报表形式展现给用户[53]。

2. 根据预算管理实际成本

项目成本管理的主要目标是将实际成本控制在预算之内，故预算是项目成本管理的基础。Project 的项目实际成本管理机制是：先记录实际发生成本，然后对比实际成本与预算，找出差异，若出现不利情况，则分析原因、及时调整，使其朝着有利的方向发展，必要时应调整项目基准成本计划。

记录项目的实际发生成本有两种方式：一种是记录资源花在任务上的实际消耗量，Project 会根据资源费率计算实际发生成本；另一种是直接记录资源实际成本。对比比较基准和实际成本，可通过 Project 视图、报表和工具进行，有超支、节支和平衡 3 种比较结果，其中，超支属于不利的结果，应马上分析原因，并找出相应对策[77]。

3. 成本信息统计

成本信息统计主要采用视图和报表两种形式。其中，与成本相关的视图有任务工作表视图、任务分配状况视图和资源分配状况视图等；与成本相关的报表有现金流量、预算、超过预算的任务、超过预算的资源和挣值。此外，还可通过 Project 提供的对话框、筛选、分组等功能进行成本统计。

4. 根据成本评价项目业绩

根据成本评价项目业绩最常用的方法是盈余分析，它根据当前已完成的任务、资源和工时量信息，确定目前应该花费的预算成本，再与实际成本比较，从而评价当前项目业绩，如成本是否超支、进度是否滞后等[53]。

6.3.2 Project 成本管理过程

1. 项目成本计划制定、分析与完善

Project 项目成本计划以项目进度计划和资源计划为基础，首先由用户采用自顶向下法估算项目成本，然后由用户输入资源费率、投入量、每次使用成本、项目各种固定成本和成本类资源成本，并设置成本累算方式，之后 Project 会根据项目资源的分配状况，结合项目固定成本与成本累算方式，自下而上地进行各项任务的成本预算，并得出项目成本计划。接着，用户可按任务、资源、项目来查看项目成本信息，对比项目预算估计和项目实际预算并进行分析，通过

调整资源、成本、范围等来完善项目成本计划，最终还可将其设置为基准项目成本计划。

2. 项目成本跟踪与控制

基准项目成本计划是测定、衡量和报告成本执行情况的基础。在项目执行过程中，用户可根据实际成本数据，采用更新资源费率和直接输入实际成本等方式来及时更新项目成本信息，然后使用盈余分析法判断项目成本的管理状况，分析实际成本与预算之间的差异，最后使用视图或报表找出导致成本超支的任务或资源，并提供一个合理的解决方案，最终使项目在既定预算范围内顺利完成。

6.4 Project 2010 中的项目成本计划制定与完善

在工程中，项目预算通常指需为项目支付的货币总额。在 Project 中，项目预算主要包括创建项目估算[84]、初步制定项目预算（即输入项目成本，可从资源和任务两方面考虑，前者主要是设定费率，后者主要是设定固定成本，此外还需设置成本累算方式）、审阅项目成本信息、分析项目成本信息、完善项目成本计划和为项目成本管理做准备等步骤。若用户需保存预算信息，可将初始项目计划设置为比较基准。有了预算之后，就可以比较实际支出与计划支出，并进行必要调整以确保项目支出不超出预算，从而达到控制项目成本的目的[53]。

6.4.1 创建项目估算

在 Project 中，创建项目估算可帮助项目经理确定项目的最大容量，以使用资金、执行工作或使用材料。创建项目估算分为为项目创建预算资源、将预算资源分配给项目摘要任务、为预算资源输入值、按照预算类型将资源成本分类以及将资源分组以查看其与预算的对比 5 个步骤[84]。其中，前 3 步用于创建项目估算，后两步用于分析项目成本信息，为优化项目成本计划提供支持。此处仅说明前 3 步，相关操作参见例 6-1，后两步在本章的 6.4.4 节中说明。

例 6-1 创建项目估算。

某软件实施工程项目开始日期是“2014-6-1”，任务模式为“自动计划”，其预算资源及其成本如表 6-1 所示，请创建项目及项目估算，最后将项目保存为“06-01.mpp”。

表 6-1 某软件实施工程项目的预算资源及成本

资 源 名 称	预算-工时资源	预算-成本资源	预算-材料资源	预算-其他
预算值	140 工时	2 000 元	1 套	3 000 元

操作步骤如下：

首先，打开 Project，新建空白项目，设置开始日期为“2014-6-1”，任务模式为“自动计划”并保存为“06-01.mpp”。再次打开“06-01.mpp”，为项目创建预算资源，操作步骤为：单击“视图”选项卡下“资源视图”组中的“资源工作表”按钮，切换到“资源工作表”视图，在“资源名称”域中输入“预算-材料资源”，然后双击该资源名称，弹出“资源信息”对话框，在其中选中“预算”复选框，设置“材料标签”为“套”，如图 6-3 所示，单击“确定”按钮返回“资源工作表”视图，其他预算资源输入方法类似，最终结果如图 6-4 所示。

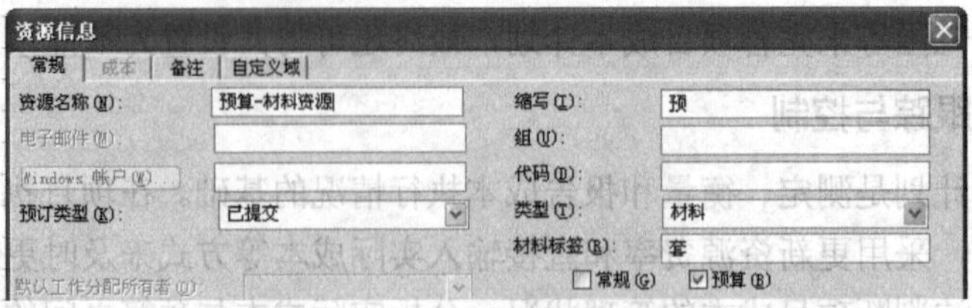

图 6-3 “资源信息”对话框

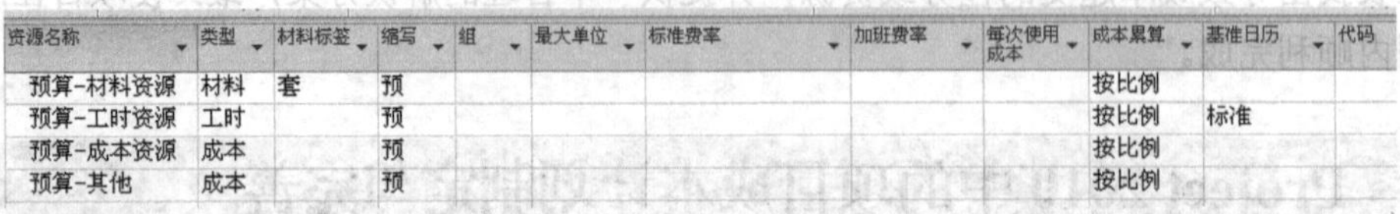

资源名称	类型	材料标签	缩写	组	最大单位	标准费率	加班费率	每次使用成本	成本累算	基准日历	代码
预算-材料资源	材料	套	预						按比例		
预算-工时资源	工时		预						按比例	标准	
预算-成本资源	成本		预						按比例		
预算-其他	成本		预						按比例		

图 6-4 预算资源库

其次，将预算资源分配给项目摘要任务。切换到“甘特图”视图，单击“文件”选项卡下的“选项”项，弹出“Project选项”对话框，单击左侧“高级”选项，在右侧“该项目的显示选项”列表下选中“显示项目摘要任务”复选框，如图 6-5 所示，单击“确定”按钮，“甘特图”视图中出现项目摘要任务“06-01”。选择该任务，单击“资源名称”域，在下拉列表中勾选表 6-1 中所示的预算资源，以将预算资源分配给项目摘要任务，如图 6-6 所示。也可在“分配资源”对话框中分配，操作步骤为：右键单击项目摘要任务“06-01”，在下拉列表中选择“分配资源”命令，弹出“分配资源”对话框，然后选择预算资源并单击“分配”按钮，如图 6-7 所示（注意，此时无法在“单位”和“成本”域输入预算值），分配完后，单击“关闭”按钮即可。

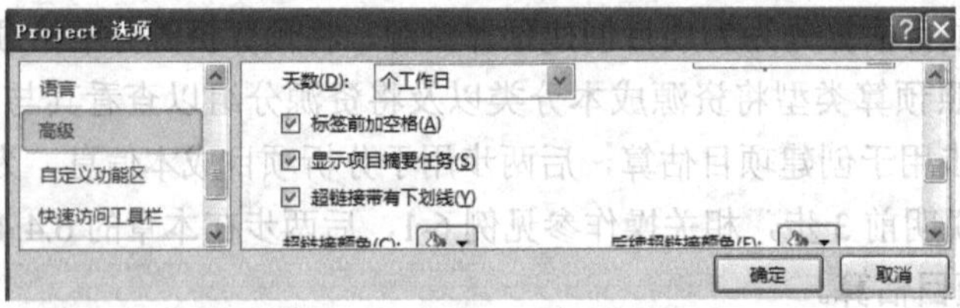

图 6-5 “Project 选项”对话框

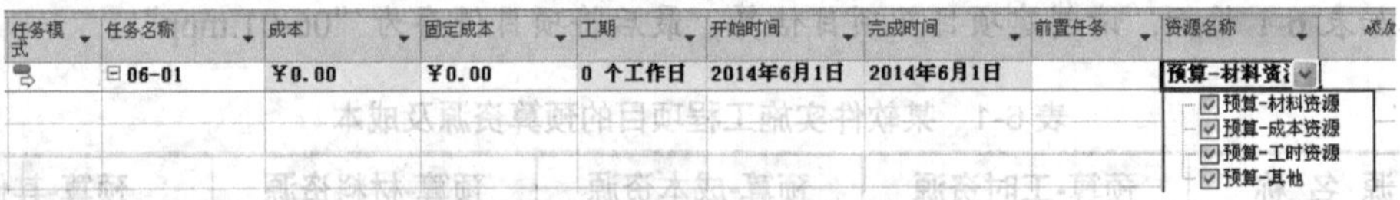

图 6-6 为项目摘要任务分配预算资源

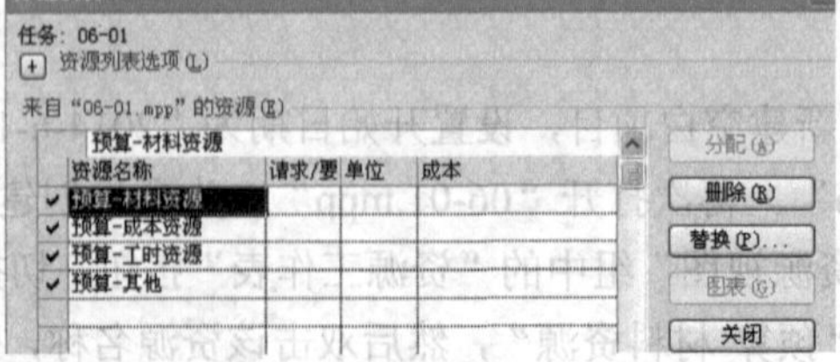

图 6-7 “分配资源”对话框

最后，为预算资源输入值。单击“视图”选项卡下“资源视图”组中的“资源使用状况”按钮，切换到“资源使用状况”视图。然后插入“预算成本”和“预算工时”列，“预算成本”

域包含成本资源值，“预算工时”域包含工时资源和材料资源值。工时资源预算按小时计算，材料资源预算按材料标签计算[84]。如具有材料标签“套”的软件预算值为 1，则“预算工时”域显示为“1 套”。操作步骤为：单击“资源使用状况”视图中“添加新列”域，在下拉列表中选择“预算成本”，添加“预算工时”列的操作类似，结果如图 6-8 所示。在代表项目摘要任务的行中输入预算值，如图 6-9 所示，最后单击“保存”按钮。

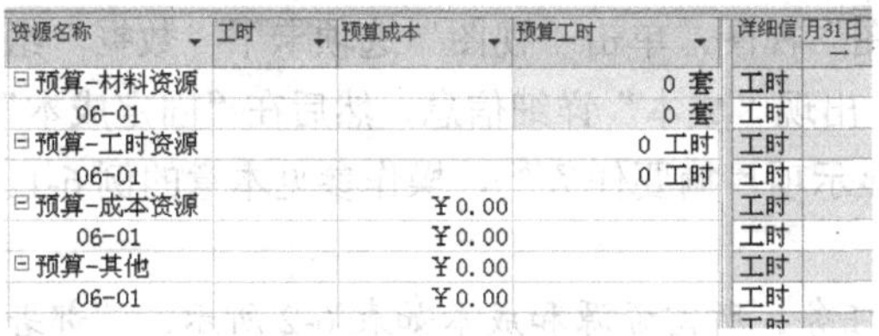

资源名称	工时	预算成本	预算工时	详细信	月31日
⊟ 预算-材料资源			0 套	工时	
06-01			0 套	工时	
⊟ 预算-工时资源			0 工时	工时	
06-01			0 工时	工时	
⊟ 预算-成本资源		￥0.00		工时	
06-01		￥0.00		工时	
⊟ 预算-其他		￥0.00		工时	
06-01		￥0.00		工时	

图 6-8　添加“预算成本”和“预算工时”列

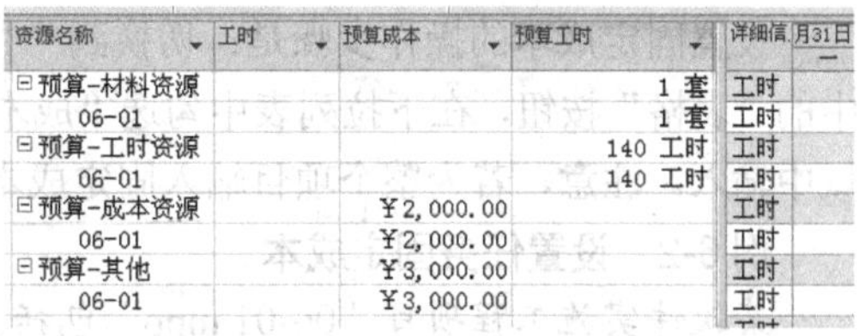

资源名称	工时	预算成本	预算工时	详细信	月31日
⊟ 预算-材料资源			1 套	工时	
06-01			1 套	工时	
⊟ 预算-工时资源			140 工时	工时	
06-01			140 工时	工时	
⊟ 预算-成本资源		￥2,000.00		工时	
06-01		￥2,000.00		工时	
⊟ 预算-其他		￥3,000.00		工时	
06-01		￥3,000.00		工时	

图 6-9　输入成本预算值

6.4.2　初步制定项目预算

预算中每项任务、每个资源乃至整个项目的预计花费成本主要取决于对各项成本及其累算方式的定义和设置。当设定好这些内容后，Project 便可根据成本计算规则自动得出项目的总预算[77]。

1．定义资源费率

资源分为工时类资源、材料类资源和成本类资源 3 种。工时类资源费率包括标准费率和加班费率两项，成本计算公式为：成本=资源正常工作工时×标准费率+资源加班工时×加班费率。材料类资源只有标准费率，没有加班费率，因此设置标准费率时，只需输入货币价值，不用输入时间单位，成本计算公式为：成本=资源使用量×资源标准费率。成本资源无需设置费率。注意，设置材料类资源费率时，必须与材料标签（即资源单位）相对应。如项目中需用到“打印纸”资源，若材料标签为“包”，标准费率为 50 元，则意味着材料价格为每包 50 元；若将材料标签改为“张”，显然其价格不可能仍为 50 元。在为任务分配资源时，材料标签会影响到所分配资源量的多少，从而影响到使用资源的成本[53]。

设置工时资源费率的操作步骤是：单击“视图”选项卡下“资源视图”组中的“资源工作表”按钮，切换到“资源工作表”视图，在“标准费率”和“加班费率”域中输入资源费率。若为工时资源输入多套标准费率和加班费率，则需双击资源名称，弹出“资源信息”对话框，在“成本”选项卡中进行设置，相关操作参见本书 5.3.3 节。设置材料资源费率的操作步骤与设置工时资源费率的操作步骤类似，只是仅设置标准费率[85]。

2．定义每次使用成本

使用某些资源时，除需按费率（标准、加班）计算成本外，还会产生每次使用成本。如请专家进行项目咨询，请专家费用为每次 1 000 元，则资源“咨询专家”的每次使用成本为 1 000 元。注意，工时类资源的每次使用成本与资源单位相关，而材料类资源与资源单位无关[82]。设置每次使用成本的操作步骤是：切换到“资源工作表”视图，然后在“每次使用成本”域中进行输入；若输入多套每次使用成本，则双击资源名称，弹出“资源信息”对话框，在“成本”选项卡中进行设置[85]。

3. 定义固定成本

Project 用户可为任务（摘要任务和详细任务）或项目设定固定成本，可为工时和材料资源设定固定成本（即每次使用成本）。另外，固定成本是总成本中的组成部分。因此，Project 中的项目总成本=项目固定成本+任务总成本=项目固定成本+任务固定成本+任务变动成本=项目固定成本+任务固定成本+工时类资源成本+材料类资源成本+成本类资源成本。

设置固定成本的操作步骤是：切换到“甘特图”视图，单击“视图”选项卡下“数据”组中的“表格”按钮，在下拉列表中勾选“成本”，出现“成本”详细信息，然后在“固定成本”域中输入。注意，若为整个项目输入固定成本，显示项目摘要任务[85]，操作参见本章的例 6-1。

例 6-2　设置任务固定成本。

某软件实施工程项目“06-01.mpp”包括 3 项任务，所需资源和成本如表 6-2 所示，“部署准备”和“部署过程”是“软件实施”的子任务，两者链接关系是“完成-开始”。请根据实际情况创建项目，并查看每项任务的成本，最后将项目保存为“06-02.mpp”。

表 6-2　某软件实施工程项目“06-01.mpp”所需的资源和成本情况

任务名称	工时资源	材料资源	成本资源	工　期	其他成本
软件实施	无	无			2 000 元启动费
部署准备	软件培训师（200%）（标准费率：100/d） 软件实施师（100%）（标准费率：150/d）	软件 1 套（标准费率 6 000/套）	用户培训 3 000 元	3d	
部署过程	软件实施师（200%）（标准费率：150/d）			4d	

操作步骤如下：

首先，将“06-01.mpp”另存为“06-02.mpp”并打开，然后输入任务及工期，设置任务模式为“自动计划”，对任务“部署准备”和“部署过程”进行降级处理并设置链接关系，结果如图 6-10 所示。接着建立资源库并输入资源信息及费率，结果如图 6-11 所示，然后进行资源分配，结果如图 6-12 所示。接下来设置其他成本，主要是固定成本，操作步骤是：在“甘特图”视图下，选定插入“固定成本”域的位置，单击“格式”选项卡下“列”组中的“插入列”按钮，在出现的“键入列名”下拉列表中选择“固定成本”选项，然后在任务“软件实施”固定成本列输入 2000，结果如图 6-13 所示。

图 6-10　“06-02.mpp”任务状况

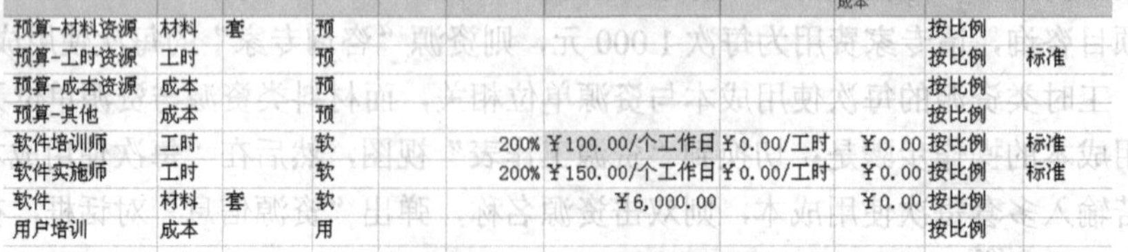

资源名称	类型	材料标签	缩写	组	最大单位	标准费率	加班费率	每次使用成本	成本累算	基准日历
预算-材料资源	材料	套	预						按比例	
预算-工时资源	工时		预						按比例	标准
预算-成本资源	成本		预						按比例	
预算-其他	成本		预						按比例	
软件培训师	工时		软		200%	¥100.00/个工作日	¥0.00/工时	¥0.00	按比例	标准
软件实施师	工时		软		200%	¥150.00/个工作日	¥0.00/工时	¥0.00	按比例	标准
软件	材料	套	软			¥6,000.00		¥0.00	按比例	
用户培训	成本		用						按比例	

图 6-11　“06-02.mpp”资源库

图 6-12　为任务分配资源

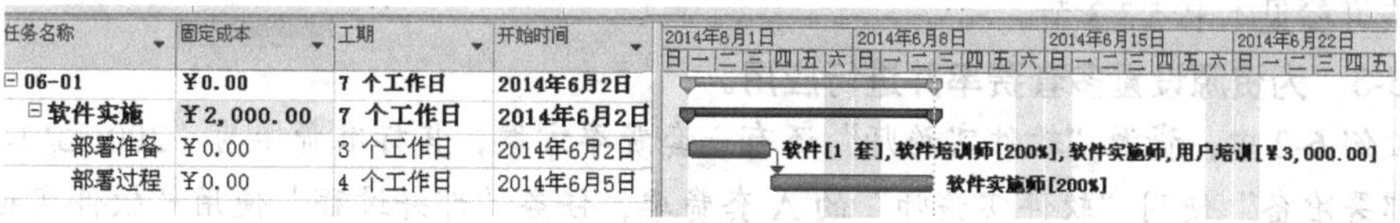

图 6-13　为任务输入固定成本

其次，分析成本。操作步骤为：在"甘特图"视图下，选择要插入"成本"域的位置，单击"格式"选项卡下"列"组中的"插入列"按钮，在出现的"键入列名"下拉列表中选择"成本"选项，结果如图 6-14 所示。此时，虽然显示了每项任务的总成本，但不够详细，若要查看详细信息，则需切换到"任务分配状况"视图，操作步骤是：单击"视图"选项卡下"任务视图"组中的"任务分配状况"按钮，在其下拉列表中选择"任务分配状况"，切换到"任务分配状况"视图，然后选定要插入"成本"域的位置，单击"格式"选项卡下"列"组中的"插入列"按钮，在出现的"键入列名"下拉列表中选择"成本"选项，结果如图 6-15 所示。

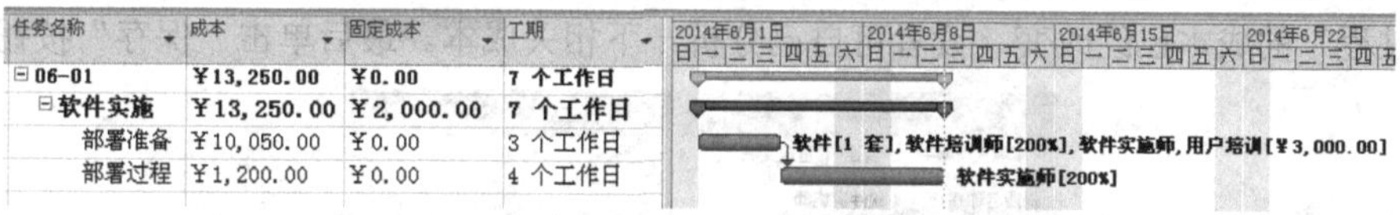

图 6-14　"甘特图"视图下的任务成本信息

图 6-15　"任务分配状况"视图下的任务成本信息

先分析任务"部署过程"，只涉及一项资源"软件实施师"，其资源成本为 1 200（150 元/d×200%×4d=1 200）元。任务"部署准备"涉及 4 项资源：资源"软件培训师"成本为：100 元/d×200%×3d=600 元；资源"软件实施师"成本为：150 元/d×100%×3d=450 元；资源"软件"成本为：6 000/套×1 套=6 000 元；资源"用户培训"成本为 3 000 元；故总成本为 600+450+6 000+3 000=10 050 元。最后看摘要任务"设备安装"，总成本除了子任务成本外，还包括摘要任务固定成本 2000 元，即：1 200+10 050+2 000=13 250 元。

4．定义成本类资源成本

定义成本类资源成本的方法很简单，只需在"分配资源"对话框中为任务分配成本资源时在"成本"域中输入成本值即可，相关操作可参见本书 5.6.2 节。

5. 为资源设置多套费率并进行应用

对于工时资源，如人员在完成不同任务、充当不同角色时，成本往往是不同的，同一身份的不同人员也可能成本不同。对于材料资源，一种材料可能会有多种规格、产地、品质等，价格也不相同，因此，一项资源常有多套费率[77]，在 Project 中，每项资源最多可设置 5 套费率，设置方法可参见本书 5.3.3 节。

例 6-3　为资源设置多套费率并进行应用。

假设例 6-2 中，资源“软件实施师”还有一套费率方案，其标准费率为“200 元/工作日”，任务“部署准备”使用“软件实施师”的 A 套费率，任务“部署过程”使用“软件实施师”的 B 套费率，请做相应设置，并保存为“06-03.mpp”。

操作步骤如下：

首先，打开“06-02.mpp”，将其另存为“06-03.mpp”并再次打开，然后为资源“软件实施师”设置 B 套费率方案，设置好后如图 6-16 所示。接下来为任务分配资源。由于默认情况下为任务分配资源时选用 A 套方案，因此只需调整任务“部署过程”使用 B 套“软件实施师”费率即可，操作步骤为：切换到“任务分配状况”视图，双击需调整费率方案的资源，然后在“工作分配信息”对话框的“常规”选项卡中将“成本费率表”改为“B”，如图 6-17 所示，单击“确定”按钮返回“任务分配状况”视图，如图 6-18 所示。与图 6-15 对比一下，可发现任务“部署过程”的成本已经改变，读者可自己分析一下相关成本。最后单击“保存”按钮退出。

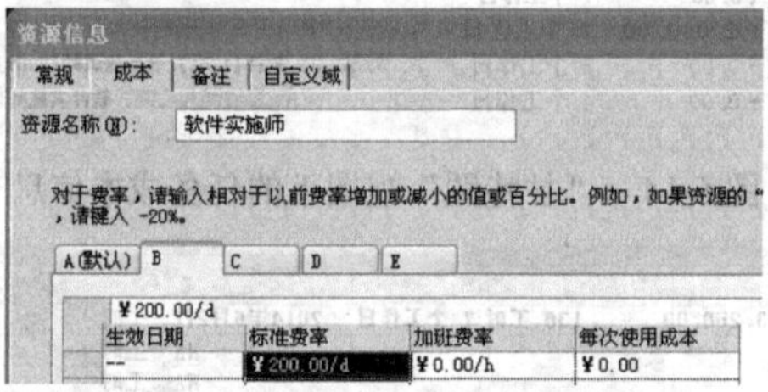

图 6-16　资源“软件实施师”的 B 套费率

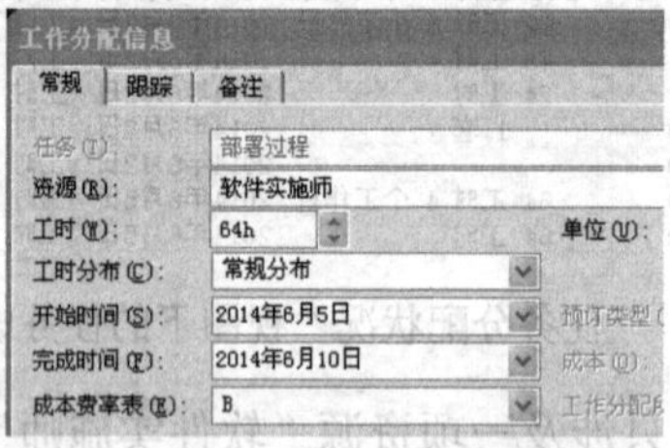

图 6-17　调整任务“部署过程”使用 B 套“软件实施师”费率

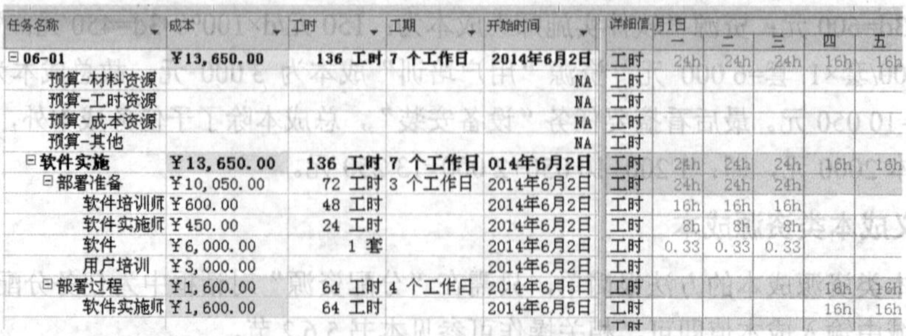

任务名称	成本	工时	工期	开始时间	详细信	一	二	三	四	五
⊟ 06-01	¥13,650.00	136 工时	7 个工作日	2014年6月2日	工时	24h	24h	24h	16h	16h
预算-材料资源				NA	工时					
预算-工时资源				NA	工时					
预算-成本资源				NA	工时					
预算-其他				NA	工时					
⊟ 软件实施	¥13,650.00	136 工时	7 个工作日	014年6月2日	工时	24h	24h	24h	16h	16h
⊟ 部署准备	¥10,050.00	72 工时	3 个工作日	2014年6月2日	工时	24h	24h	24h		
软件培训师	¥600.00	48 工时		2014年6月2日	工时	16h	16h	16h		
软件实施师	¥450.00	24 工时		2014年6月2日	工时	8h	8h	8h		
软件	¥6,000.00	1 套		2014年6月2日	工时	0.33	0.33	0.33		
用户培训	¥3,000.00			2014年6月2日	工时					
⊟ 部署过程	¥1,600.00	64 工时	4 个工作日	2014年6月5日	工时				16h	16h
软件实施师	¥1,600.00	64 工时		2014年6月5日	工时				16h	16h

图 6-18　调整任务“部署过程”中资源“软件实施师”费率方案后的成本情形

6．利用成本累算方式调节现金流量

成本累算方式决定资源成本和任务固定成本的发生时间与实际成本的支出时间[53]。Project 提供“按比例”、“开始时间”和“结束”3 种成本累算方式。通常情况下，实际成本会按完成工作量的比例进行支付，故常用“按比例”方式；若结算在任务开始时就发生，则选择“开始时间”方式；若任务结束之后再结算，则选择“结束”方式。注意，每次使用成本是在工作分配的开始和完成时发生，而非按比例累算[86]。

设置资源成本累算方式的操作步骤为：在“资源工作表”视图下，双击资源名称，弹出“资源信息”对话框，再选择“成本”选项卡，在“成本累算”框中选择“按比例”、“开始时间”或“结束”选项，如图 6-19 所示。设置现有任务固定成本的累算方式需在“任务工作表”视图中进行，相关操作参见例 6-4。

例 6-4　设置现有任务固定成本累算方式。

将“06-03.mpp”中任务“部署过程”成本累算方式改为“开始时间”并另存为“06-04.mpp”。

操作步骤如下：

将“06-03.mpp”另存为“06-04.mpp”并再次打开，然后单击“视图”选项卡下“任务视图”组中“其他视图”按钮，在下拉列表中勾选“任务工作表”项，切换到“任务工作表”视图，如图 6-20 所示，然后单击“视图”选项卡下“数据”组中的“表格”按钮，在下拉列表中勾选“成本”项，如图 6-21 所示，系统显示项目任务的“成本”详细信息，然后单击任务“部署过程”的“固定成本累算”域，将累算方式改为“开始时间”，如图 6-22 所示。

图 6-19　设置成本累算方式

图 6-20　“任务工作表”视图

图 6-21　显示任务的“成本”详细信息

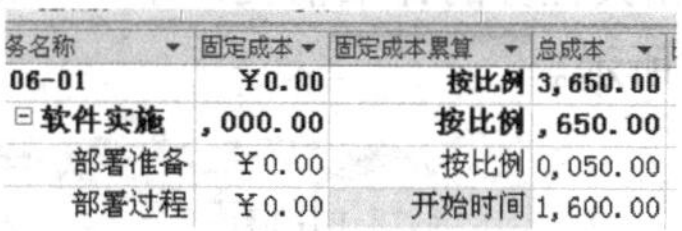

图 6-22　设置任务“固定成本累算方式”

设定好资源和任务成本信息后，预算中需用户输入的工作就完成了。这时 Project 便会自动计算项目预算的相关数据。用户可此时将项目设置为比较基准，以便与日后的实际情况进行对比。

6.4.3 审阅项目成本信息

在设置完项目资源费率、每次使用成本、任务固定成本、任务所使用资源费率方案、成本累算方式等后，用户便需初步查看项目成本信息，以进一步分析和完善项目成本计划。Project 用户可查看每个时间段上任务、资源、项目的成本信息。从任务角度查看每个任务的成本，能够以更加接近实际的方式来管理项目；从资源角度查看每个资源的成本，更注重关注单个或成组资源的成本；从项目角度查看整个项目及子项目成本，更方便了解项目及各子项目的总成本，以控制项目费用保持在预算范围内。注意，这些方法对查看实际成本同样适用[53,64]。

1．从任务角度查看成本

在 Project 中，项目总预算等于各任务成本的总和。若用户想了解任务成本，包括摘要任务和详细任务成本，则需先切换到任务类视图，如“甘特图”、“任务分配状况”等，然后将“成本”域插入到任务类视图中，相关操作参见例 6-2。每种视图显示的成本信息详细程度不一，如“任务分配状况”视图明显详细于“甘特图”视图，这在例 6-2 中有明显体现，读者可对比一下图 6-14 和图 6-15。此外，用户也可查看任务每天详细成本情况，操作步骤为：切换到“任务分配状况”视图，然后在“格式”选项卡下“详细信息”组中选中“成本”复选框，这样左侧窗格中的每项任务在右侧窗格中就拥有“工时”和“成本”两条详细信息。“06-03.mpp”中任务每天详细成本情况如图 6-23 所示。

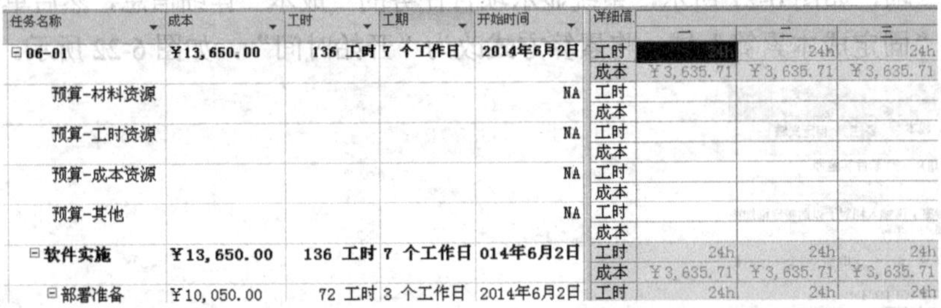

任务名称	成本	工时	工期	开始时间	详细信	一	二	三
⊟ 06-01	¥13,650.00	136 工时	7 个工作日	2014年6月2日	工时	[redacted]	24h	24h
					成本	¥3,635.71	¥3,635.71	¥3,635.71
预算-材料资源				NA	工时			
					成本			
预算-工时资源				NA	工时			
					成本			
预算-成本资源				NA	工时			
					成本			
预算-其他				NA	工时			
					成本			
⊟ 软件实施	¥13,650.00	136 工时	7 个工作日	014年6月2日	工时	24h	24h	24h
					成本	¥3,635.71	¥3,635.71	¥3,635.71
⊟ 部署准备	¥10,050.00	72 工时	3 个工作日	2014年6月2日	工时	24h	24h	24h

图 6-23 “06-03.mpp”中任务每天详细成本情况

2．从资源角度查看成本

从资源角度看，项目总预算等于每项资源的成本总和再加上任务固定成本。若用户要查看每种资源的成本，包括可变成本和固定成本，则需先切换到资源类视图[77]，如“资源图表”视图、“资源使用状况”视图等，然后将“成本”域插入到资源类视图中。实际操作中，多通过“资源使用状况”视图审阅项目资源成本，操作步骤是：转到“资源使用状况”视图，视图左侧窗格逐条列出每项资源的详细信息和相关任务，右侧窗格为详细信息，显示每个时间段内资源和相关任务的详细情况，单击“添加新列”域，在下拉列表中选择“成本”选项，结果如图 6-24 所示。

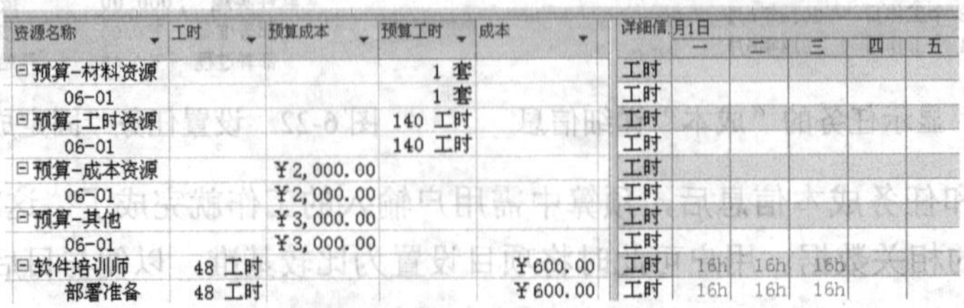

资源名称	工时	预算成本	预算工时	成本	详细信 月1日	一	二	三	四	五
⊟ 预算-材料资源			1 套		工时					
06-01			1 套		工时					
⊟ 预算-工时资源			140 工时		工时					
06-01			140 工时		工时					
⊟ 预算-成本资源		¥2,000.00			工时					
06-01		¥2,000.00			工时					
⊟ 预算-其他		¥3,000.00			工时					
06-01		¥3,000.00			工时					
⊟ 软件培训师	48 工时			¥600.00	工时	16h	16h	16h		
部署准备	48 工时			¥600.00	工时	16h	16h	16h		

图 6-24 添加了“成本”列的“资源使用状况”视图

“资源使用状况”视图右侧窗格默认只显示工时信息。为显示详细信息，用户需进行设置。操作步骤是：在“格式”选项卡下“详细信息”组中选中“成本”复选框，这样左侧窗格中的每项资源在右侧窗格中就拥有“工时”和“成本”两条详细信息。“06-03.mpp”中资源的每天详细成本情况如图 6-25 所示，读者可分析一下各项资源的成本（如资源“软件培训师”周一完成的总工时为 16h，花费预算为 200 元，均花在任务“部署准备”上）。注意，“资源使用状况”视图只显示与资源相关的信息，所以此处没有显示任务固定成本[53]。

资源名称	工时	预算成本	预算工时	成本	详细信息	一	二	三	四	五
⊟预算-其他		¥3,000.00			工时					
					成本					
06-01		¥3,000.00			工时					
					成本					
⊟软件培训师	48 工时			¥600.00	工时	16h	16h	16h		
					成本	¥200.00	¥200.00	¥200.00		
部署准备	48 工时			¥600.00	工时	16h	16h	16h		
					成本	¥200.00	¥200.00	¥200.00		
⊟软件实施师	88 工时			¥2,050.00	工时	8h	8h	8h	16h	16h
					成本	¥150.00	¥150.00	¥150.00	¥400.00	¥400.00
部署准备	24 工时			¥450.00	工时	8h	8h	8h		
					成本	¥150.00	¥150.00	¥150.00		
部署过程	64 工时			¥1,600.00	工时				16h	16h

图 6-25　添加了“成本”详细信息的“资源使用状况”视图

此外，用户可调整“资源使用状况”视图的时间显示刻度。操作步骤是：在“资源使用状况”视图中双击时间刻度区域，弹出“时间刻度”对话框，单击“底层”选项卡，在“单位”下拉列表中选择查看的特定周期（如周），如图 6-26 所示，单击“确定”按钮，结果如图 6-27 所示。此时，“资源使用状况”视图将显示每个资源每周的成本信息。

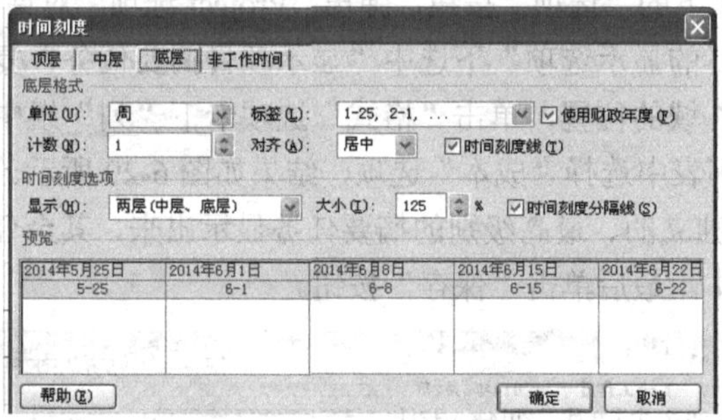

图 6-26　“时间刻度”对话框

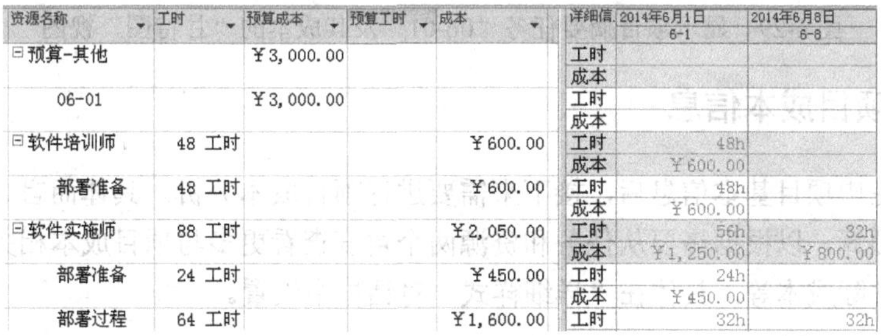

资源名称	工时	预算成本	预算工时	成本	详细信息	2014年6月1日 6-1	2014年6月8日 6-8
⊟预算-其他		¥3,000.00			工时		
					成本		
06-01		¥3,000.00			工时		
					成本		
⊟软件培训师	48 工时			¥600.00	工时	48h	
					成本	¥600.00	
部署准备	48 工时			¥600.00	工时	48h	
					成本	¥600.00	
⊟软件实施师	88 工时			¥2,050.00	工时	56h	32h
					成本	¥1,250.00	¥800.00
部署准备	24 工时			¥450.00	工时	24h	
					成本	¥450.00	
部署过程	64 工时			¥1,600.00	工时	32h	32h

图 6-27　按“周”查看项目资源成本

3. 从项目角度查看成本

项目管理过程中，常需随时查看整个项目预算及成本，以防止项目成本超过预算。常用的方法是“项目信息”对话框和“显示项目摘要任务”选项两种。前者不仅可以查看项目的当前成本，还可以查看项目的“比较基准成本”和“实际成本”等信息，以了解项目是否超过预算。

后者需要将 WBS 标识号为 0 的项目摘要任务显示出来，以便将整个项目显示为一项独立、最高级别的摘要任务，其余任务都是它的子任务，相关操作参见例 6-5。

例 6-5　查看项目成本。

以例 6-3 创建的“06-03.mpp”为例，分别采用“项目信息”对话框和“显示项目摘要任务”选项查看项目成本信息。最后将项目另存为“06-05.mpp”。

操作步骤如下：

首先将“06-03.mpp”另存为“06-05.mpp”并打开，然后使用“项目信息”对话框查看项目成本信息。操作步骤为：单击“项目”选项卡下“属性”组中的“项目信息”按钮，弹出“项目信息”对话框，单击底部的“统计信息”按钮，弹出“项目统计”对话框，如图 6-28 所示。

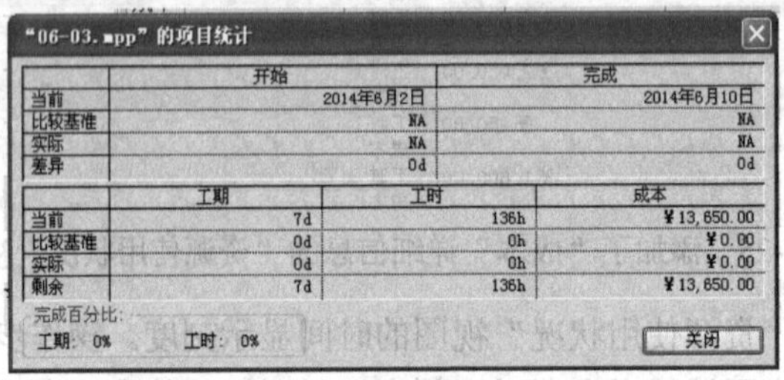

图 6-28　“06-03.mpp”的项目统计

其次，使用“显示项目摘要任务”选项查看项目成本。操作步骤是：切换到“甘特图”视图，单击“文件”选项卡下的“选项”按钮，弹出“Project 选项”对话框，在左侧选择“高级”选项，在右侧的“该项目的显示选项”下选中“显示项目摘要任务”复选框，单击“确定”按钮；选定要插入“成本”域的位置，单击“格式”选项卡下“列”组中“插入列”按钮，在出现的“键入列名”下拉列表中选择“成本”选项，结果如图 6-29 所示。可发现，Project 将整个项目“06-01”作为一条独立的、最高级别的摘要任务显示出来，其余任务都是其子任务，此时即可看到整个项目的成本。最后单击“保存”按钮。

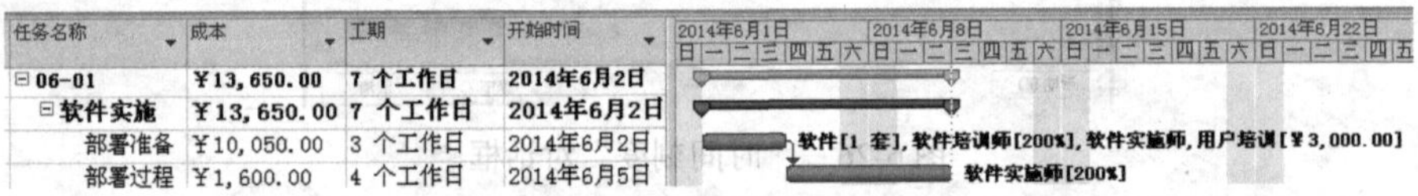

图 6-29　显示项目摘要任务“06-01”及其成本的“甘特图”视图

6.4.4　分析项目成本信息

用户查看完毕项目基本信息后，接下来需要进行项目成本分析。具体而言，主要是对比项目估算与项目预算，以根据需要从任务和资源两个角度查看更多与项目成本相关的详细信息，如累计成本、实际成本等，具体在“详细样式”对话框中设置。

1. 对比项目估算与项目预算

下面以 6.4.1 节为基础，先按资源所属预算类型将所有资源（含预算资源）分类，然后按分组预算类型查看其与整体预算的对比情况[84]，相关操作参见例 6-6。

例 6-6　对比项目估算与项目预算。

将“06-05.mpp”另存为“06-06.mpp”，然后对比项目估算与项目预算。

首先，将“06-05.mpp”另存为“06-06.mpp”并打开，然后按预算类型分类资源成本。操作步骤为：单击“视图”选项卡下“资源视图”组中“资源工作表”按钮，切换到“资源工作表”视图。接下来自定义一个包含资源所属预算类型标识词/短语的文本域，操作步骤为：单击“格式”选项卡下“列”组中“自定义字段”按钮，弹出“自定义域”对话框，选择“资源”单选项，在“类型”列表中选择“文本”，在“域”列表中单击“文本 1”，并选择“下滚除手动输入项以外的内容”单选项，然后单击“重命名”按钮，弹出“重命名域”对话框，在其中输入“预算类型”，以反映想分组的预算类别，如图 6-30 所示；然后单击“确定”按钮，结果如图 6-31 所示，再次单击“确定”按钮返回“资源工作表”视图。

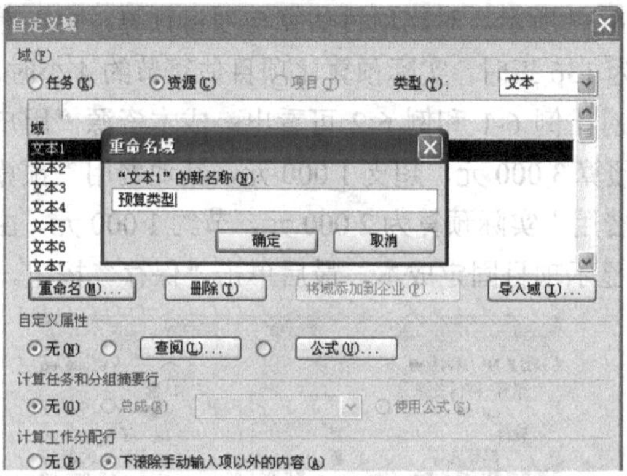

图 6-30 “自定义域”和“重命名域”对话框

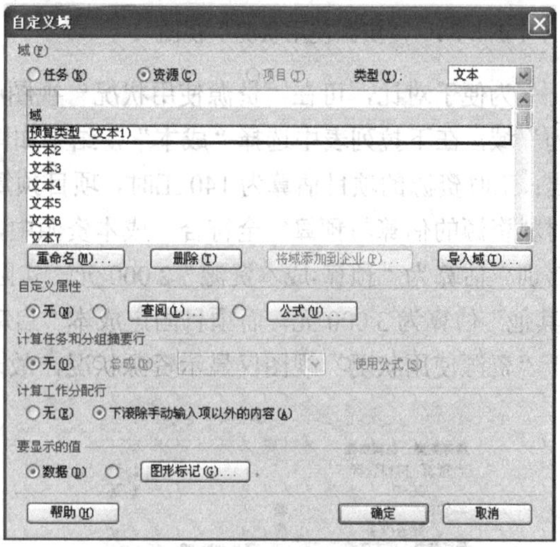

图 6-31 “自定义域”对话框

其次，将自定义资源域“预算类型”添加到“资源工作表”视图中。操作步骤为：单击“格式”选项卡下“列”组中“插入列”按钮，在出现的“键入列名”下拉列表中选择“预算类型（文本 1）”选项，结果如图 6-32 所示；然后在“预算类型”域中为所有资源（含预算资源）输入标识其预算类型的标识词/短语，如工时资源可用“工时资源”指示，结果如图 6-33 所示。可看出“软件培训师”、“软件实施师”和“预算-工时资源”的“预算类型”均为“工时资源”。

资源名称	类型	预算类型	材料标签
预算-材料资源	材料		套
预算-工时资源	工时		
预算-成本资源	成本		
预算-其他	成本		
软件培训师	工时		
软件实施师	工时		
软件	材料		套
用户培训	成本		

图 6-32 将“预算类型”域添加到“资源工作表”视图

资源名称	类型	预算类型	材料标签	缩写
预算-材料资源	材料	材料资源	套	预
预算-工时资源	工时	工时资源		预
预算-成本资源	成本	成本资源		预
预算-其他	成本	成本资源		预
软件培训师	工时	工时资源		软
软件实施师	工时	工时资源		软
软件	材料	材料资源	套	软
用户培训	成本	成本资源		用

图 6-33 在“预算类型”域中输入资源预算类型

最后，分组资源以查看其与项目预算的对比情况。操作步骤为：单击“视图”选项卡下“资源视图”组中的“资源使用状况”按钮，切换到“资源使用状况”视图，如图 6-34 所示；然后单击“视图”选项卡下“数据”组中的“分组依据”按钮，在其下拉列表中选择“新建分组依据”命令，弹出“分组定义”对话框，在“域名”列中单击并在下拉列表中选择“预算类型（文本 1）”选项，如图 6-35 所示；最后，单击“应用”按钮，结果如图 6-36 所示。

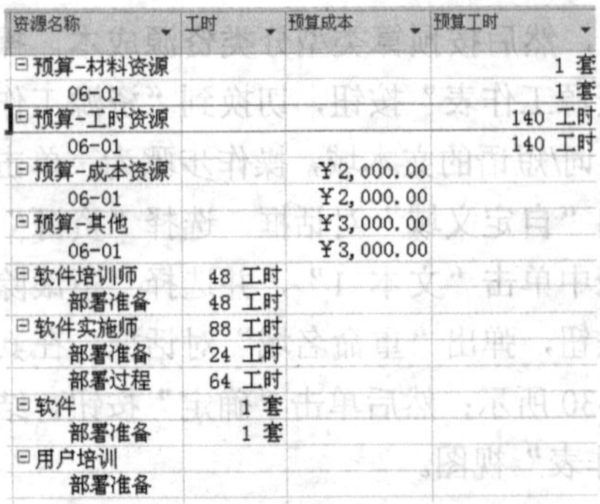

资源名称	工时	预算成本	预算工时
⊟预算-材料资源			1 套
06-01			1 套
⊟预算-工时资源			140 工时
06-01			140 工时
⊟预算-成本资源		￥2,000.00	
06-01		￥2,000.00	
⊟预算-其他		￥3,000.00	
06-01		￥3,000.00	
⊟软件培训师	48 工时		
部署准备	48 工时		
⊟软件实施师	88 工时		
部署准备	24 工时		
部署过程	64 工时		
⊟软件	1 套		
部署准备	1 套		
⊟用户培训			
部署准备			

图 6-34 “资源使用状况”视图

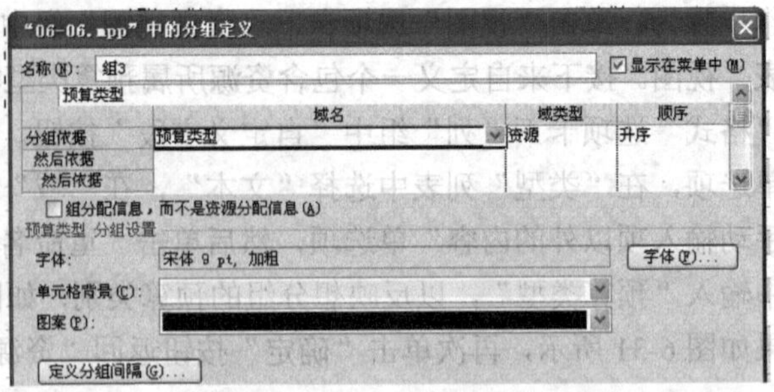

图 6-35 “分组定义”对话框

为便于对比，可在“资源使用状况”视图中添加“成本”列，操作步骤为：单击“添加新列”域，在下拉列表中选择“成本”，结果如图 6-37 所示。对比项目估算与项目预算，可以看出：工时资源的项目估算为 140 工时，项目预算为 136 工时，实际预算比项目估算节约 4 小时。材料资源的估算与预算完全符合。成本资源中，对比例 6-1 和例 6-2 可看出：成本资源“用户培训”估算为“预算-成本资源”2 000 元，实际预算 3 000 元，超支 1 000 元，其他费用“预算-其他”估算为 3 000 元，而项目固定成本“启动费用”实际预算为 2 000 元，节约 1 000 元，由于“资源使用状况”视图仅显示资源状况，故未显示项目固定成本。最后单击“保存”按钮。

源名称	工时	预算成本	预算工时
预算类型：材料资源			
⊟预算-材料资源			1 套
06-01			1 套
⊟软件	1 套		
部署准备	1 套		
预算类型：成本资源		**￥5,000.00**	
⊟预算-成本资源		￥2,000.00	
06-01		￥2,000.00	
⊟预算-其他		￥3,000.00	
06-01		￥3,000.00	
⊟用户培训			
部署准备			
预算类型：工时资源	**136 工时**		**140 工时**
⊟预算-工时资源			140 工时
06-01			140 工时
⊟软件培训师	48 工时		
部署准备	48 工时		
⊟软件实施师	88 工时		
部署准备	24 工时		
部署过程	64 工时		

图 6-36 按预算类型分类后的“资源使用状况”视图

资源名称	工时	预算成本	预算工时	成本
⊟预算类型：材料资源				**￥6,000.00**
⊟预算-材料资源			1 套	
06-01			1 套	
⊟软件	1 套			￥6,000.00
部署准备	1 套			￥6,000.00
⊟预算类型：成本资源		**￥5,000.00**		**￥3,000.00**
⊟预算-成本资源		￥2,000.00		
06-01		￥2,000.00		
⊟预算-其他		￥3,000.00		
06-01		￥3,000.00		
⊟用户培训				￥3,000.00
部署准备				￥3,000.00
⊟预算类型：工时资源	**136 工时**		**140 工时**	**￥2,650.00**
⊟预算-工时资源			140 工时	
06-01			140 工时	
⊟软件培训师	48 工时			￥600.00
部署准备	48 工时			￥600.00
⊟软件实施师	88 工时			￥2,050.00
部署准备	24 工时			￥450.00
部署过程	64 工时			￥1,600.00

图 6-37 添加“成本”列后的“资源使用状况”视图

2. 查看项目成本详细信息

（1）利用任务视图分析项目详细成本信息

在 Project 中，用户若想查看项目任务的详细成本信息，则需在“详细样式”对话框中设置。操作步骤是：切换到任务类视图，单击“格式”选项卡下“详细信息”组中的“添加详细信息”按钮，弹出“详细样式”对话框，如图 6-38 所示，在“使用状况细节”选项卡的“可用域”列表框中选定要查看的信息，单击“显示”按钮，该项即显示在右侧的“显示这些域”列表中，这样该信息便可显示在视图中。如在“06-06.mpp”中，用户要查看“固定成本”信息，则可切换到“任务分配状况”视图，进行相关操作后，“固定成本”信息即出现在“任务分配状况”表格中，结果如图 6-39 所示。

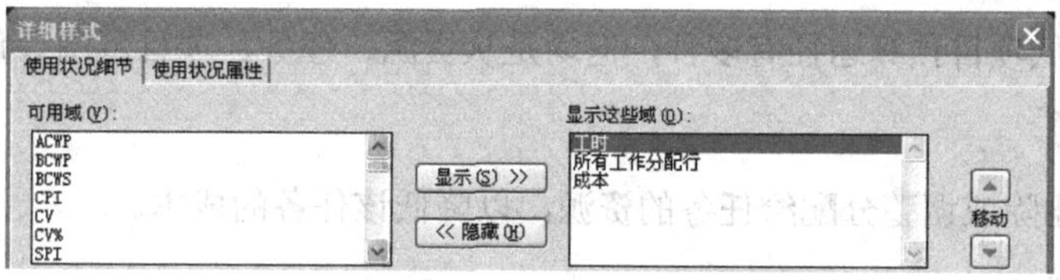

图 6-38 “详细样式”对话框

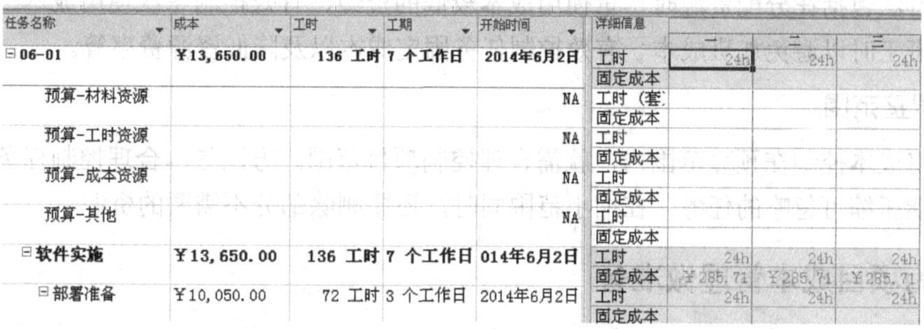
任务名称
成本
工时
工期
开始时间
详细信息
一
二
三
06-01
¥13,650.00
136 工时
7 个工作日
2014年6月2日
预算-材料资源
预算-工时资源
预算-成本资源
预算-其他
NA
软件实施
部署准备
¥10,050.00
72 工时
3 个工作日
工时
固定成本
24h
¥285.71

图 6-39 增加“固定成本”信息后的“任务分配状况”视图

（2）利用资源视图分析项目详细成本信息

在 Project 中，查看项目资源详细成本信息同样需在“详细样式”对话框中设置。此处仍以“06-06.mpp”为基础，假设用户需要查看“累计成本”信息，则操作步骤是：切换到资源类视图下，如“资源使用状况”视图，单击“格式”选项卡下“详细信息”组中的“添加详细信息”按钮，弹出“详细样式”对话框，在“使用状况细节”选项卡的“可用域”列表框中选择要查看的信息“累计成本”，单击“显示”按钮，该项即可显示在右侧的“显示这些域”列表框中，如图 6-40 所示。单击“确定”按钮，“累计成本”信息即可出现在“资源使用状况”表格中，如图 6-41 所示。

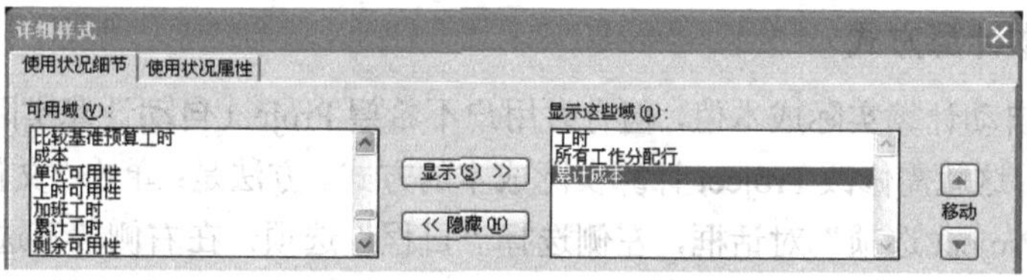

图 6-40 “详细样式”对话框

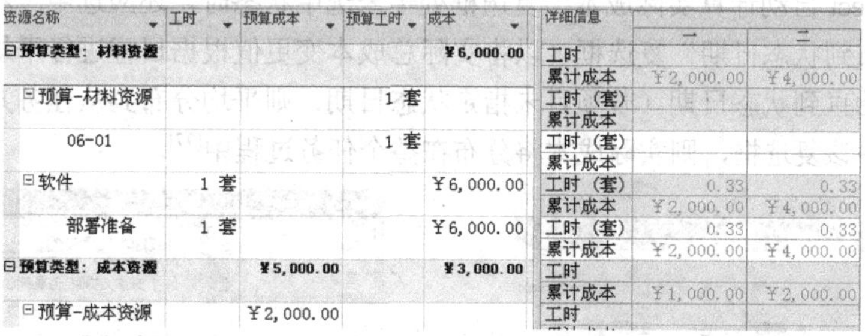
资源名称
工时
预算成本
预算工时
成本
详细信息
一
二
预算类型：材料资源
¥6,000.00
预算-材料资源
1 套
06-01
软件
部署准备
预算类型：成本资源
¥5,000.00
¥3,000.00
预算-成本资源
¥2,000.00
工时
累计成本
工时（套）
¥2,000.00
¥4,000.00
0.33
¥1,000.00

图 6-41 显示了“累计成本”信息的“资源使用状况”视图

6.4.5 完善项目成本计划

项目成本信息分析结束后，若项目或部分任务、资源预算超过允许范围，则需优化预算。

在 Project 中，降低项目预算途径有多种，但均是从资源、任务、项目范围等角度着手[53,64]。

1．调整资源

通过替换、删除或调整分配给任务的资源，以降低该任务的成本。

2．调整成本

常用方法包括在分配资源时尽量使用成本较低的资源、有效控制每次使用成本、尽量减少或消除加班工时以避免加班成本、有效控制任务固定成本以及降低资源费率等。

3．调整范围

若要将成本控制在预算范围内，就需合理控制项目范围。方法是：合理控制任务工期，删除或尽可能压缩可忽略的任务。在缩小范围同时，还要删除部分不需要的资源。

6.4.6 为项目成本管理做准备

确定项目预算后，即可为管理项目成本进行必要准备，以确保项目成本保持在预算范围内，具体包括设定财政年度的开始日期，控制计算方式及确定成本累算方式[87]。

1．设定财政年度的开始月份

不同地区、公司财务制度的财政年度开始月份往往不同，故用户需进行相应设置。方法是：单击“文件”选项卡下的“选项”项，弹出“Project 选项”对话框，左侧选择“日程”选项，在右侧的“财政年度开始于”下拉列表框中选择合适月份，如图 6-42 所示。若用财政年度开始（而非结束）的日历年度来标记财政年度，选中“财政年度以开始年度编号”复选框[87]，单击“确定”按钮。有时为清楚显示财政年度和普通日历的关系，可在时间刻度上同时显示财政年度和日历年度。

2．控制成本计算方式

Project 默认自动计算实际成本值，但有时用户不希望 Project 自动计算实际成本，而希望手动输入实际成本，这就需修改 Project 计算实际成本的方式。方法是：单击“文件”选项卡下“选项”项，弹出“Project 选项”对话框，左侧选择“日程”选项，在右侧取消选中“Project 自动计算实际成本”复选框。若允许 Project 自动计算实际成本，选中该复选框，如图 6-43 所示。注意，当“Project 自动计算实际成本”复选框处于未选中状态时，还应选中“将新输入的实际总成本一直分布到状态日期”复选框，以将实际总成本变更值根据日程进行平均分布，分布范围是从任务开始直到状态日期（若项目未指定状态日期，则平均分布到从任务开始直到当前日期）。若不选中该复选框，则实际成本将分布在整个任务过程中[77]。

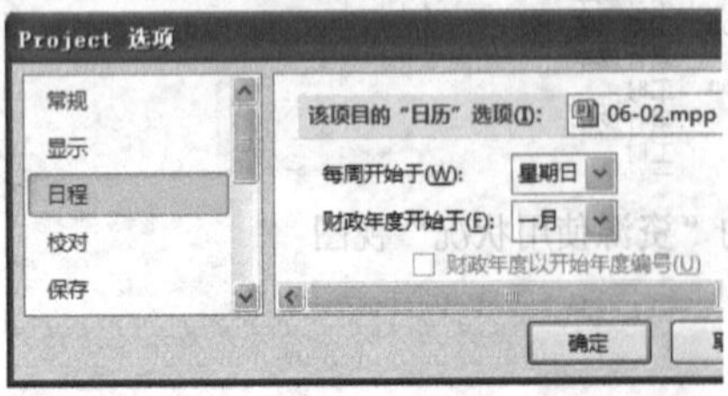

图 6-42　设置财政年度开始的月份

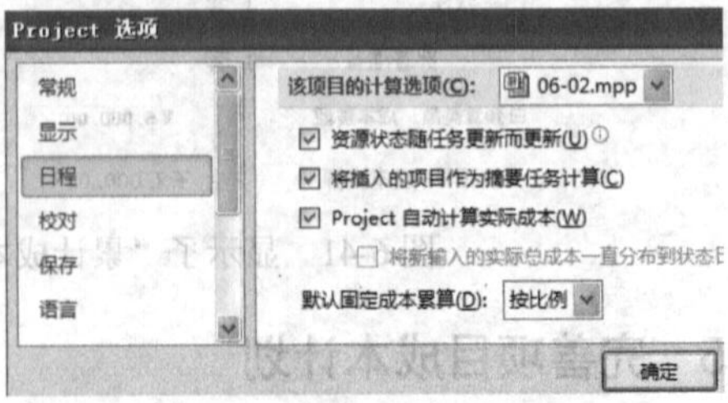

图 6-43　更改实际成本的计算方式

3．为计算加班成本做准备

Project 中的任务成本默认按资源标准费率计算，除非用户特别指定任务加班工时。若项目中存在加班并希望按加班费率计算成本，则需要输入加班工时数[87]。下面以“06-06.mpp”为基础讲解其操作步骤。打开“06-06.mpp”，切换到“任务分配状况”视图，右键单击“工时”列，在下拉列表中选择“插入列”命令，左侧窗格出现“键入列名”列，在下拉列表中选择“加班工时”选项，表中出现“加班工时”域，用户就可为任务的资源输入加班工时，如图 6-44 所示。

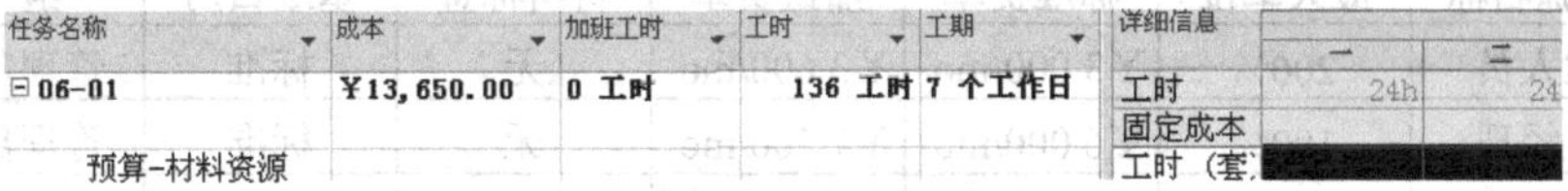

图 6-44　任务和资源的加班工时

4．更改默认任务的固定成本累算方式

Project 默认根据任务完成百分比累算固定成本，再将成本分布到任务工期内，但可根据需要调整任务成本的累算方式。方法是：单击“文件”选项卡下“选项”项，弹出“Project 选项”对话框，选择左侧的“日程”选项，在右侧的“默认固定成本累算”下拉列表中选择所需累算方式，如图 6-45 所示，单击“确定”按钮保存设置。

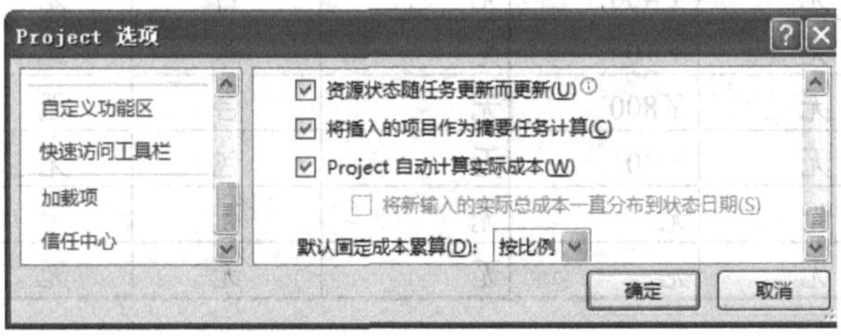

图 6-45　更改默认任务固定成本累算方式

最后说明，本节讨论的管理预算方法，绝大多数在管理实际成本时同样适用。

6.5　项目成本计划制定与完善综合案例

本案例全面介绍 Project 2010 中的项目成本计划制定与完善流程，核心是设置项目的资源费率、每次使用成本、任务固定成本、成本类资源成本、任务所使用资源的费率方案以及成本累算方式等，同时初步查看项目成本信息并完善项目成本计划。

6.5.1　案例简介

为简化操作，本案例在第 5 章综合案例的基础上，为项目资源输入费率信息，然后查看项目成本信息。关于项目成本计划分析与优化，将在本书第 7 章和第 10 章中详细讲解。

6.5.2　制定与完善流程

首先打开“05-08.mpp”，将其另存为“06-07.mpp”并再次打开。

1. 设置资源费率

根据表 6-3 中的数据设置资源费率，操作步骤为：打开“06-07.mpp”，单击“视图”选项卡下“资源视图”组中的“资源工作表”按钮，在下拉列表中选择“资源工作表”命令，切换到“资源工作表”视图，在其中即可输入资源费率信息，也可在“资源信息”对话框的“成本”选项卡中输入，结果如图 6-46 所示。

表 6-3　项目资源费率信息

类　别	资源名称	最大单位	标准费率	加班费率	材料标签	基准日历	组	说　明
工时	管理人员	200%	￥3 000/mo	￥3 600/mo	无	标准	管理部	无
工时	项目经理	100%	￥6 000/mo	￥7 500/mo	无	标准	管理部	无
工时	系统分析师	300%	￥4 500/mo	￥5 400/mo	无	标准	技术部	无
工时	软件开发师	500%	￥3 600/mo	￥4 200/mo	无	标准	技术部	无
工时	软件测试师	500%	￥3 600/mo	￥4 200/mo	无	标准	技术部	无
工时	软件培训师	500%	￥3 600/mo	￥4 200/mo	无	标准	实施部	无
工时	软件实施师	400%	￥3 600/mo	￥4 200/mo	无	标准	实施部	无
工时	技术联络师	300%	￥3 600/mo	￥4 200/mo	无	标准	实施部	无
工时	市场调研师	300%	￥3 600/mo	￥4 200/mo	无	标准	支持部	无
材料	刻录机	无	￥400	无	台	无	耗材	无
材料	刻录盘	无	￥10	无	张	无	耗材	无
材料	打印机	无	￥800	无	台	无	耗材	无
材料	打印纸	无	￥40	无	包	无	耗材	无
成本	餐饮费	无	无	无	无	无	补助	￥30 000
成本	交通费	无	无	无	无	无	补助	￥10 000

资源名称	类型	材料标签	缩写	组	最大单位	标准费率	加班费率	每次使用	成本累算	基准日历
管理人员	工时		管	管理部	200%	￥3,000.00/月工时	￥3,600.00/月工时	￥0.00	按比例	标准
项目经理	工时		项	管理部	100%	￥6,000.00/月工时	￥7,500.00/月工时	￥0.00	按比例	标准
系统分析师	工时		系	技术部	300%	￥4,500.00/月工时	￥5,400.00/月工时	￥0.00	按比例	标准
软件开发师	工时		软	技术部	500%	￥3,600.00/月工时	￥4,200.00/月工时	￥0.00	按比例	标准
软件测试师	工时		软	技术部	500%	￥3,600.00/月工时	￥4,200.00/月工时	￥0.00	按比例	标准
软件培训师	工时		软	实施部	500%	￥3,600.00/月工时	￥4,200.00/月工时	￥0.00	按比例	标准
软件实施师	工时		软	实施部	400%	￥3,600.00/月工时	￥4,200.00/月工时	￥0.00	按比例	标准
技术联络师	工时		技	实施部	300%	￥3,600.00/月工时	￥4,200.00/月工时	￥0.00	按比例	标准
市场调研师	工时		市	支持部	300%	￥3,600.00/月工时	￥4,200.00/月工时	￥0.00	按比例	标准
刻录机	材料	台	刻	耗材		￥400.00		￥0.00	按比例	
刻录盘	材料	张	刻	耗材		￥10.00		￥0.00	按比例	
打印机	材料	台	打	耗材		￥800.00		￥0.00	按比例	
打印纸	材料	包	打	耗材		￥40.00		￥0.00	按比例	
餐饮费	成本		餐	补助					按比例	
交通费	成本		交	补助					按比例	

图 6-46　设置好资源费率的项目资源库

2. 查看项目成本计划

首先，使用“任务分配状况”视图从任务角度查看项目成本。操作步骤为：单击“视图”选项卡下“任务视图”组中的“任务分配状况”按钮，出现“任务分配状况”视图，右键单击“工时”列，在下拉列表中选择“插入列”命令，左侧表格出现“键入列名”列，在下拉列表中选择“成本”选项。勾选“格式”选项卡下“详细信息”组中的“成本”项，左侧窗格中的每项任务在右侧窗格中就拥有“工时”和“成本”两条详细信息，结果如图 6-47 所示。

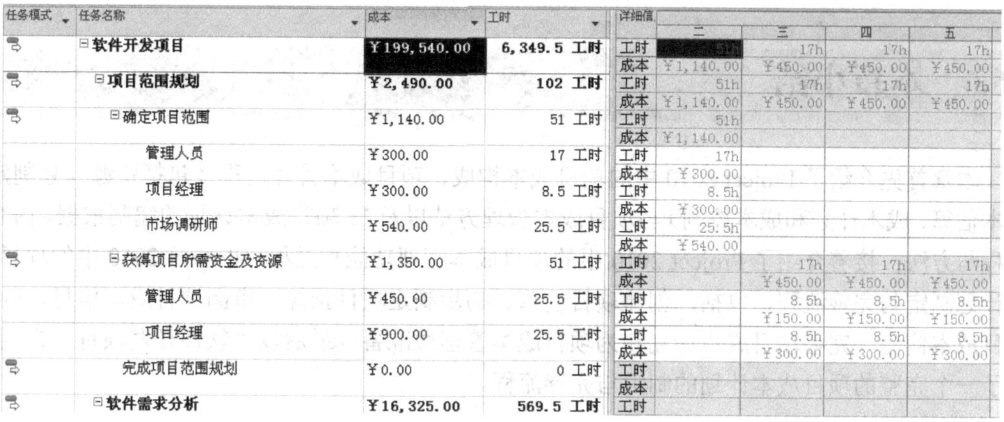

任务模式	任务名称	成本	工时	详细信息	二	三	四	五
	⊟软件开发项目	¥199,540.00	6,349.5 工时	工时	51h	17h	17h	17h
				成本	¥1,140.00	¥450.00	¥450.00	¥450.00
	⊟项目范围规划	¥2,490.00	102 工时	工时	51h	17h	17h	17h
				成本	¥1,140.00	¥450.00	¥450.00	¥450.00
	⊟确定项目范围	¥1,140.00	51 工时	工时	51h			
				成本	¥1,140.00			
	管理人员	¥300.00	17 工时	工时	17h			
				成本	¥300.00			
	项目经理	¥300.00	8.5 工时	工时	8.5h			
				成本	¥300.00			
	市场调研师	¥540.00	25.5 工时	工时	25.5h			
				成本	¥540.00			
	⊟获得项目所需资金及资源	¥1,350.00	51 工时	工时		17h	17h	17h
				成本		¥450.00	¥450.00	¥450.00
	管理人员	¥450.00	25.5 工时	工时		8.5h	8.5h	8.5h
				成本		¥150.00	¥150.00	¥150.00
	项目经理	¥900.00	25.5 工时	工时		8.5h	8.5h	8.5h
				成本		¥300.00	¥300.00	¥300.00
	完成项目范围规划	¥0.00	0 工时	工时				
				成本				
	⊟软件需求分析	¥16,325.00	569.5 工时	工时				

图 6-47　从任务角度查看成本

其次，使用“资源使用状况”视图从资源角度查看成本。操作步骤为：单击“视图”选项卡下“资源视图”组中的“资源使用状况”按钮，出现“资源使用状况”视图，右键单击“工时”列，在下拉列表中选择“插入列”命令，视图左侧窗格出现“键入列名”列，在下拉列表中选择“成本”选项。勾选“格式”选项卡下“详细信息”组中“成本”项，这样左侧窗格中的每项任务在右侧窗格中就拥有“工时”和“成本”两条详细信息，结果如图 6-48 所示。

资源名称	成本	详细信息	二	三	四	五	六
完成软件部署	¥0.00	工时					
		成本					
⊟管理人员	¥3,000.00	工时	17h	8.5h	8.5h	8.5h	
		成本	¥300.00	¥150.00	¥150.00	¥150.00	
确定项目范围	¥300.00	工时	17h				
		成本	¥300.00				
获得项目所需资金及资源	¥450.00	工时		8.5h	8.5h	8.5h	
		成本		¥150.00	¥150.00	¥150.00	
获得开展后续工作的批准及所需资源	¥600.00	工时					
		成本					
制定、审阅并修订软件功能规范	¥1,500.00	工时					
		成本					
获得开展后续工作的批准	¥150.00	工时					
		成本					
⊟项目经理	¥7,800.00	工时	8.5h	8.5h	8.5h	8.5h	
		成本	¥300.00	¥300.00	¥300.00	¥300.00	
确定项目范围	¥300.00	工时	8.5h				
		成本	¥300.00				
获得项目所需资金及资源	¥900.00	工时		8.5h	8.5h	8.5h	
		成本		¥300.00	¥300.00	¥300.00	

图 6-48　从资源角度查看成本

最后，使用“项目信息”对话框从项目角度查看项目整体成本。操作步骤为：单击“项目”选项卡下“属性”组中的“项目信息”按钮，弹出“项目信息”对话框，单击底部“统计信息”按钮，弹出“项目统计”对话框，如图 6-49 所示。

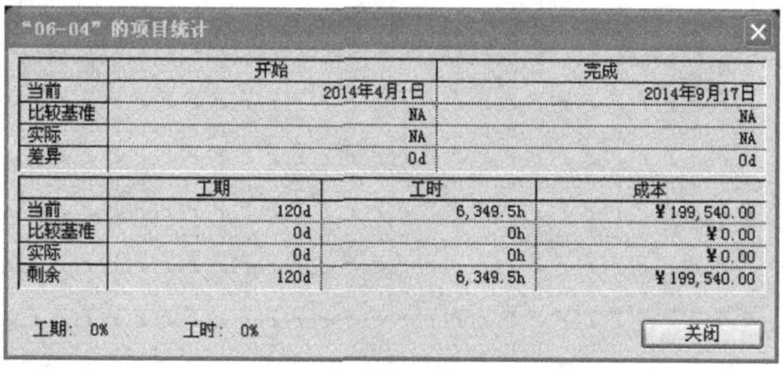

“06-04”的项目统计

	开始	完成
当前	2014年4月1日	2014年9月17日
比较基准	NA	NA
实际	NA	NA
差异	0d	0d

	工期	工时	成本
当前	120d	6,349.5h	¥199,540.00
比较基准	0d	0h	¥0.00
实际	0d	0h	¥0.00
剩余	120d	6,349.5h	¥199,540.00

工期：0%　　工时：0%　　关闭

图 6-49　从项目角度查看成本

6.6 本章小结

本章首先介绍了 Project 2010 中的项目成本构成、项目成本管理过程（包括资源计划制定、成本估算、成本计划和成本控制）与项目成本管理方法以及 IT 项目成本计划的编制依据、内容、流程与方法；接着介绍了 Project 2010 中的项目成本管理功能与过程，Project 2010 中的项目成本计划制定与完善流程，包括：创建项目估算、初步制定项目预算、审阅项目成本信息、分析项目成本信息、完善项目成本计划和为项目成本管理做准备；最后以“软件开发项目”为例讲解了一个完整的项目成本计划的制定与完善流程。

第 7 章

Microsoft Project 2010 与 IT 项目计划优化及发布

本章内容提要：

- Project 2010 中的项目优化及发布。
- 日程分析及其解决方案、资源冲突及其解决方案、缩短项目工期的解决方案、降低项目成本的解决方案。
- 项目格式优化与项目计划发布。

7.1 本章导读

Project 中的项目管理基本遵循制定项目计划、使用视图与报表查看并分析项目计划、优化完善项目计划、发布项目计划、动态跟踪项目、对比项目实施情况与基准计划以发现偏差，采取调控措施控制项目变更，使项目朝着有利的方向发展，在既定时间、成本、质量约束下顺利完成，最后汇总项目，吸取经验教训。

通过第 3～6 章的学习，读者已了解了 Project 2010 中项目整体计划、进度计划、资源计划、成本计划的制定流程与操作，接下来，就需优化与完善已制定的项目计划，使之在保证项目质量的前提下，成本更低，工期更短；同时，根据需要调整项目外观和各种要素格式，使之更加符合用户的使用习惯且漂亮美观[64]，最后采用适当的渠道发布项目计划。

本章主要介绍 Project 2010 中的 IT 项目计划优化策略与方法，以尽可能解决日程冲突、缩短项目工期、降低项目成本和资源消耗，同时介绍项目计划格式设置及发布方法。此外，项目实施过程中可能会出现各种情况，导致原定项目计划无法满足或适应实际情况，此时同样需要优化项目计划，本章所述方法对此种情形同样适用。

7.2 Project 2010 中的项目优化及发布

在项目管理过程中，需不断优化项目方案，以使项目计划符合实际情况，主要涉及项目进度、成本、资源、范围等，同时根据需要设置项目格式。

7.2.1 Project 2010 中的项目计划优化

项目进度、成本、资源管理是 Project 优势所在，而进度、成本、质量又是项目管理的核心问题，因此，项目管理人员可利用 Project 的信息管理优势及提供的管理工具，结合项目进度、成本、资源管理的方法与策略，在项目计划和实施阶段优化项目进度、成本、资源计划。

7.2.2 Project 2010 中的项目格式优化

Project 2010 广泛应用于需求千差万别的各行各业；同时，项目管理人员往往长达数年使用 Project 2010 管理项目，期间不断查看、调整、跟踪项目信息，难免会产生审美疲劳；再加上项目管理的一些实际需求，如需要突出关键信息等[53,64]，因此，一个项目计划往往要做很多格式上的调整，以使项目文件中的文字、线条、色彩更符合项目管理人员和用户要求。为此，Project 2010 提供了多种改变项目文件外观和要素的方法，从文字格式到条形图、链接线、网格、版式等各要素格式都可进行设置，以帮助用户关注关键信息。

7.2.3 Project 2010 中的项目发布

Project 2010 提供了单机版和网络环境下的项目计划发布机制，用户可采用移动存储设备、电子邮件发布项目计划，也可在网络环境下采用 Project Server 构建虚拟项目管理环境，还可将项目管理文件同步到 SharePoint 网站上，实现网络环境下的虚拟项目管理。

7.3 日程分析及其解决方案

本小节讲述项目管理过程中动态识别和缩短关键路径的策略。在缩短关键路径时，用户同时需查看任务链接关系、限制，以及非关键路径上各任务的可宽延的总时间、可用可宽延时间，以便合理调整项目任务，有效控制项目工期。

7.3.1 日程分析

1. 日程冲突

项目管理中，由于资源过度分配或项目任务实际运行时间超过原计划时间等原因，会导致项目出现日程冲突，从而对原项目计划产生影响。前者主要采用资源冲突解决办法来调整；后者主要采用缩短项目工期策略来解决，主要是调整关键路径[64]。

2. 关键路径与关键任务

关键任务，是指为准时完成项目而必须按时完成的任务。若关键任务进度落后，则项目完成时间就会落后。由关键任务组成的系列日程称为关键路径，即关键路径上的每一项任务都是关键任务[64]。形成关键路径的主要原因有：（1）设置了任务间关联关系，从而形成一条最长的路径即关键路径；（2）由于强迫设置任务限制，从而形成关键任务。

3. 非关键任务与可宽延时间

非关键任务，是指在保证不影响项目进度或完成时间前提下具有一定可调整浮动时间的任务，或在多重关键路径概念下，不影响任务群进度的任务。从项目管理角度看，这些任务具有弹性，可用来调整资源的任务分配。但只有在限度范围内，延迟某些非关键任务的开始或结束时间才是允许的。所允许的延迟时间称为时差[64]，Project 2010 称之为可宽延时间。

所谓可宽延时间，是指在不影响其他任务或项目完成日期的前提下，任务可落后的时间量；可用可宽延时间，是指在不延迟其他任务前提下，任务可落后的时间量；可宽延的总时间，是指在不延迟项目工期前提下，任务可落后的总时间量。

4．查看关键路径

Project 查看关键路径有使用“甘特图”视图、“网络图”视图、表格和筛选器 4 种方法。此处以第 6 章的“软件开发项目”为例，采用不同方法查看其关键路径。

首先打开“06-07.mpp”，将其另存为“07-01.mpp”并再次打开。

（1）使用“甘特图”视图

切换到“甘特图”视图，选中“格式”选项卡下“条形图样式”组中的“关键任务”复选框，结果如图 7-1 所示。其中，红色标识的为关键任务。

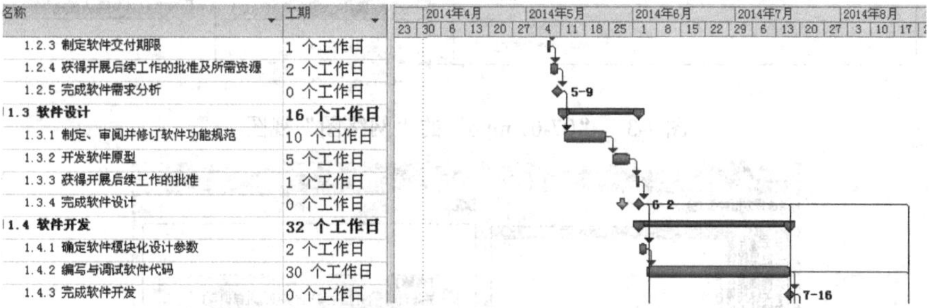

图 7-1　使用“甘特图”视图查看关键路径

（2）使用“网络图”视图

单击“视图”选项卡下“任务视图”组中的“其他视图”按钮，弹出“其他视图”对话框，如图 7-2 所示。选择“网络图”选项并单击“应用”按钮，结果如图 7-3 所示。其中，红色为关键任务。

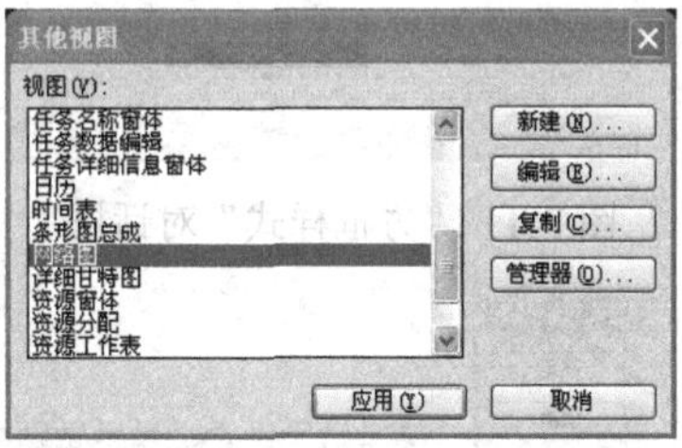

图 7-2　“其他视图”对话框

用户也可以自定义关键任务的显示格式。操作步骤为：单击“格式”选项卡下“格式”组中的“方框样式”按钮，弹出“方框样式”对话框，如图 7-4 所示，在其中即可设置关键任务的样式。

（3）使用表格

用户也可以通过在“甘特图”视图左边的甘特表中设置文本样式来显示关键任务。操作步骤是：单击“视图”选项卡下“任务视图”组中的“甘特图”按钮，切换到“甘特图”视图。

单击“格式”选项卡下“格式”组中的“文本样式”按钮，弹出“文本样式”对话框，如图 7-5 所示。在“要更改的项”下拉列表中选择“关键任务”，在“颜色”下拉列表中选择“红色”，单击“确定”按钮。此时，“甘特图”视图左侧甘特表中用红色标识的任务为关键任务，如图 7-6 所示。

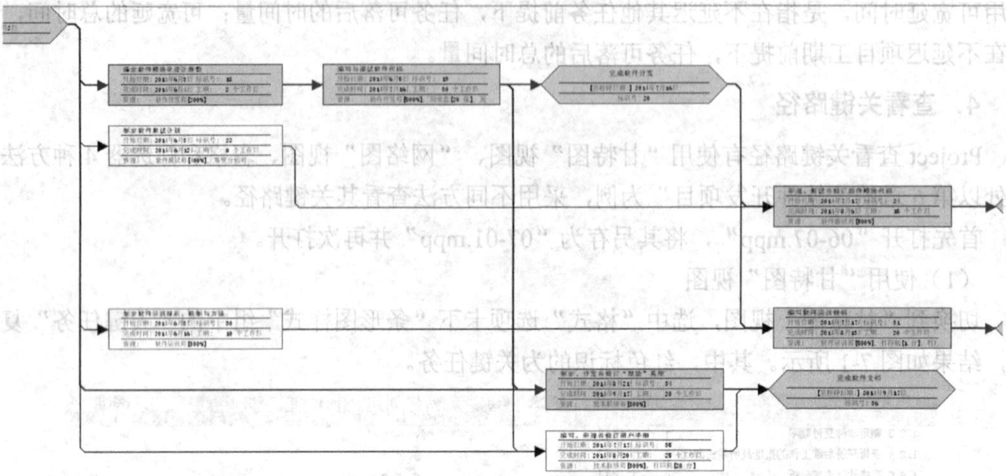

图 7-3　“07-01.mpp”的“网络图”视图

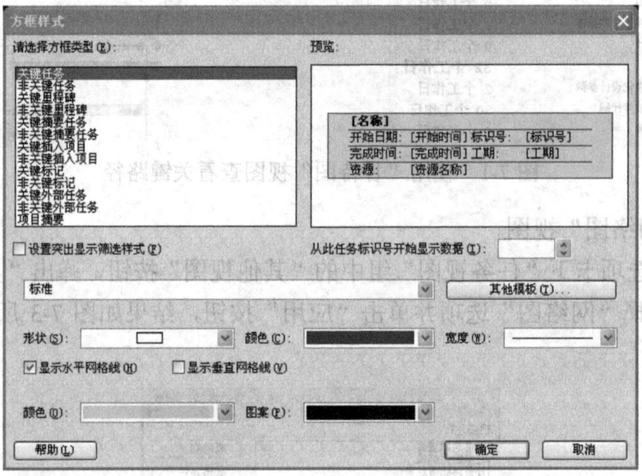

图 7-4　“方框样式”对话框

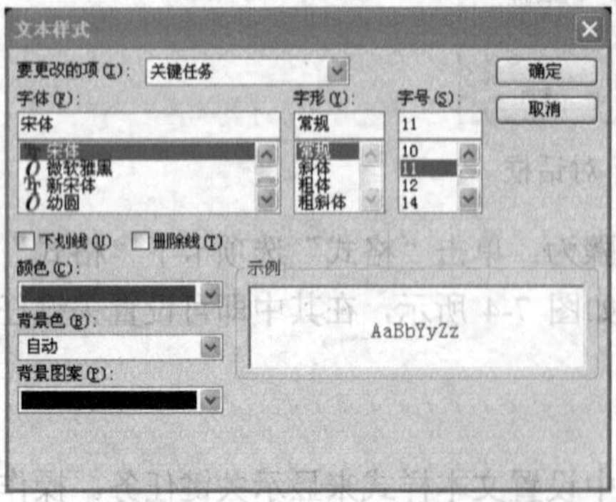

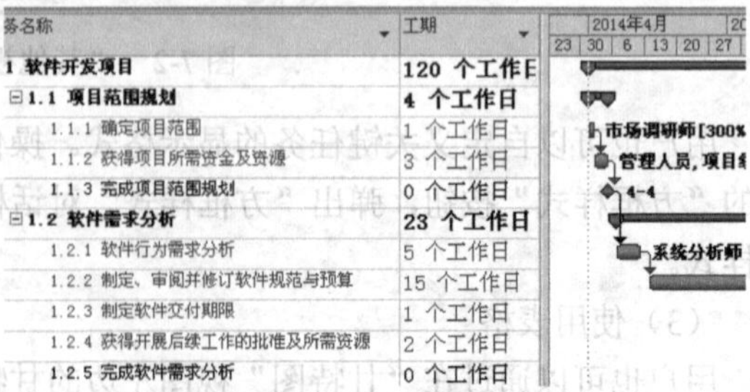

图 7-5　“文本样式”对话框　　　图 7-6　使用表格查看关键路径

（4）使用筛选器

单击“视图”选项卡下“数据”组中的“筛选器”按钮，在下拉列表中选择“关键”，结果如图 7-7 所示，此时“甘特图”视图左侧表格中列出的即为关键任务。读者可留意一下，此时，任务列表中的数目减少为 36 条，而非之前的 49 条。

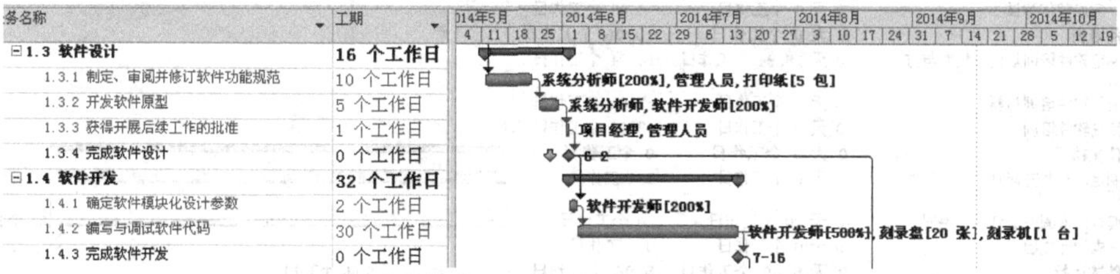

图 7-7　使用筛选器查看关键路径

一个项目可能有多条关键路径，Project 中查看多重关键路径的操作步骤是：单击“文件”选项卡中的“选项”项，弹出“Project 选项”对话框，单击其左侧“高级”项，在其右侧选中“计算多重关键路径”复选框，如图 7-8 所示，单击“确定”按钮。

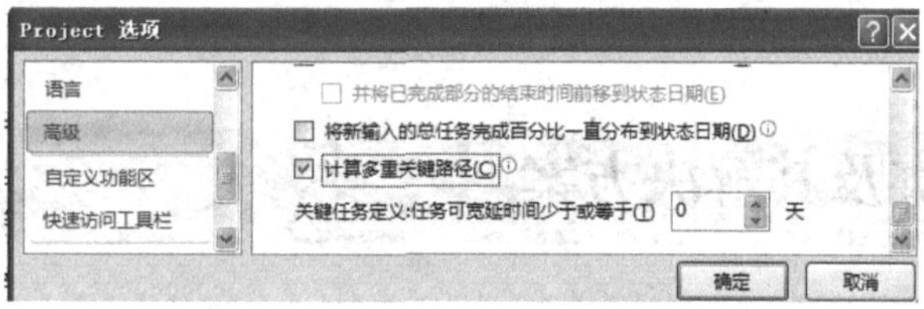

图 7-8　计算多重关键路径

5．查看任务相关性和限制性

任务相关性是指两项或多项任务间的工序关系。Project 2010 提供“开始-开始”、“开始-结束”、“结束-开始”和“结束-结束”4 种任务相关性。通过修改任务相关性可更改项目的关键路径，缩短项目工期[64]。若要查看任务相关性，只需双击链接线，即可弹出“任务相关性”对话框，其中，“类型”框显示的即是任务相关性类型。相关性操作读者可自行尝试。

为了更好地控制任务日程，可将任务设置为特定时间开始或结束，以创建更加准确的项目日程[64]。相应地，分析项目日程时也会常查看任务限制。操作步骤为：单击“视图”选项卡下“数据”组中的“筛选器”，在其下拉列表中选择“无筛选器”。然后选定“工期”列，单击右键选择“插入列”，并在出现下拉列表中选择“限制类型”域。用同样方法插入“限制日期”域，结果如图 7-9 所示。

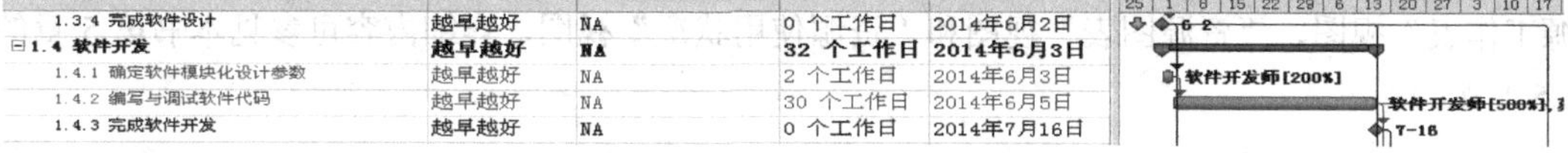

图 7-9　查看任务限制性

6．查看非关键任务及其可宽延时间信息

调整项目工期、资源分配方案时，除要查看关键路径外，还需通过“详细甘特图”视图查看非关键任务及其可宽延时间。操作步骤为：单击“视图”选项卡下“任务视图”组中的“其他视图”按钮，弹出“其他视图”对话框，选择“详细甘特图”并单击“应用”按钮，然后选

定“工期”列，单击右键选择“插入列”，并在下拉列表中选择“可用可宽延时间”。用同样的方法插入列“可宽延的总时间”，“可宽延的总时间”为 0 或负值的任务为关键任务，否则为非关键任务，结果如图 7-10 所示。

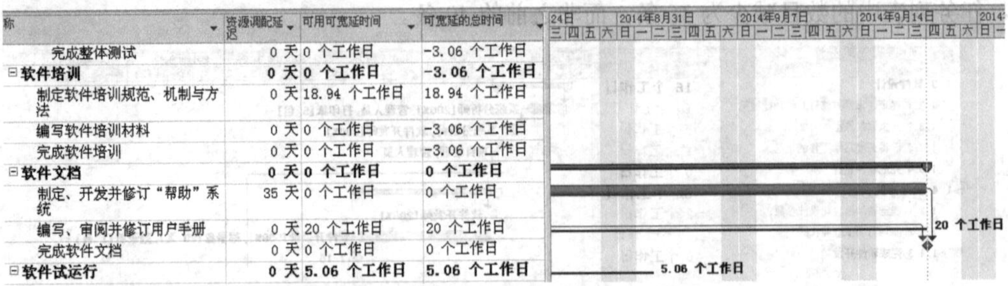

图 7-10　查看非关键任务及其可宽延时间

7.3.2　解决日程安排冲突

解决日程安排冲突主要从资源调配和压缩项目工期两种角度考虑，详细内容将在本章的 7.4 节和 7.5 节。

7.4　资源冲突及其解决方案

本小节讲述如何在项目管理过程中动态识别和解决资源冲突，以高效利用项目资源。

7.4.1　资源冲突产生原因

资源冲突常由资源过度分配造成。任务由资源完成，但每种资源的数量通常是有限的，因此，为任务分配资源时，如果只看到某个资源可用，而不考虑其是否分配给了其他任务，这就可能导致资源过度分配[64]。造成资源过度分配的原因主要有：同一资源同时被全职分配给多个任务；增加了任务工期，使分配给资源的总工时量增加；减少了资源的单位可用性；限制了资源可用性；将资源同时分配给摘要任务及其子任务[64]。

7.4.2　资源冲突发现

资源冲突必然造成项目任务的资源不到位，影响任务的正常进行，因此必须解决资源冲突问题。在解决资源冲突问题之前，先要识别资源冲突并查看资源的使用状况[64]。具体可使用“资源工作表”视图、“资源图表”视图和“资源使用状况”视图，详细内容可参见本书第 5 章的 5.5.2 节。

7.4.3　资源冲突解决

识别资源冲突之后就要着手解决资源冲突，常用的是 Project 资源调配功能，其可自动调配资源，用户也可手动调配。手动调配时，常用到的方法是延迟任务和拆分任务，前者通过推迟资源参加某项任务的时间来解决资源冲突，后者通过将任务分成多个阶段，降低单个时间段的资源需求量来解决资源冲突，详细内容参见本书第 5 章的 5.5.3 节。此外，还有增加资源总量

（包括共享其他项目的资源）、设置资源加班时间、调整资源日历、只使用资源部分时间、调整资源分布和更改资源分配等方法[64]。

1．增加资源总量

当资源冲突是由资源最大单位不足导致时，增加资源总量是一种有效手段。增加资源有多种途径，最典型的是采购或者招聘新资源，也可与其他项目共享资源[64]。操作很简单，只需在“资源工作表”视图中修改资源“最大单位”即可。

2．设置资源加班时间

加班用于超过资源正常工时外的那部分任务，加班工作量不代表任务的额外量，而代表为完成该任务所花费的非正常工时量，其会增加项目成本[64]。具体在“任务分配状况”视图中设置，相关操作参见本书第 6 章的 6.4.6 节。

3．调整资源日历

通过调整资源日历，可使资源非工作时间变成工作时间，增加资源的总工作时间，缩短任务工期[64]，解决资源冲突。具体在“资源信息”对话框中设置，相关操作参见本书第 5 章的 5.6.6 节。

4．只使用资源的部分工作时间

在资源需同时执行多项任务，且出现过度分配情形下，可考虑在向资源分配任务时只使用其部分工作时间，虽然会延长任务工期，但若能与其他资源协调好，也可按期完成任务[64]。

5．调整资源分布

通过调整资源分布类型，如由“均匀分布”改为“前重后轻”，可以合理利用资源工作时间，相关操作参见本书第 5 章的 5.6.5 节。

6．更改资源分配

通过将存在过度分配的资源的部分任务调整给闲置资源来承担，也可以解决资源过度分配问题。

7.5 缩短项目工期的解决方案

决定项目工期的因素是关键路径，故缩短项目工期也主要围绕项目关键路径展开。常用策略分为强制缩短关键任务工期和调整任务相关性两种。前者包括缩短关键任务工期、减少任务工时、向任务添加资源、增加资源工作时间、使用加班工时等方法；后者包括拆分关键任务、调整任务相关性和更改任务限制等方法。注意：关键任务工期缩短后有可能变成非关键任务。同时，调整任务相关性时，需密切关注工序变化对关键路径上工期的影响以及关键路径的变化[64]。

7.5.1 缩短关键任务的工期

缩短关键任务工期可缩短项目工期。操作很简单，只需在“甘特图”视图的“工期”域中重新设置任务工期，注意，在任务已分配了资源的情况下，缩短任务工期意味着增加资源工作量，可能导致资源过度分配[64]。

7.5.2 减少任务工时

在其他条件不变的情况下，减少关键任务工时可缩短项目工期[64]。操作很简单，只需在“任务分配状况”视图的“工时”域中重新设置任务工时。

7.5.3 向任务添加资源

当项目任务类型为“固定单位”或“固定工时”时，向任务增加资源可缩短工期。因此，当关键任务类型为“固定单位”或“固定工时”时，可为其增加资源以缩短项目工期。具体可在“分配资源”对话框中设置，详细内容参见本书第 5 章的 5.4.1 节。注意，增加资源会增加项目成本；增加的资源量不能大于资源最大单位；增加资源的任务须是关键任务；关键任务工期缩短后可能变成非关键任务，此时增加过多资源仍无法继续缩短总工期[64]。

7.5.4 增加资源工作时间

Project 日程控制以资源为导向，可通过改变资源日历来增加资源工作时间，缩短项目工期[64]。具体在“更改工作时间”对话框中设置，详细内容参见本书第 5 章的 5.6.6 节。

7.5.5 使用加班工时

项目中有时为赶工期，需在关键任务上为资源设置加班时间，以缩短项目工期[64]，但这会增加项目成本。具体可在“任务分配状况”视图中设置，相关操作参见本书第 6 章的 6.4.6 节。

7.5.6 拆分关键任务

拆分关键任务是将大的关键任务拆分成若干可同步进行的子任务，从而缩短关键任务工期，达到缩短整个项目工期的目的[64]。注意，受资源量限制，有些任务无法同步进行，此时，关键任务拆分无助于缩短项目工期。

7.5.7 调整任务相关性

将关键任务的日程重叠，使其同步进行，可缩短关键路径。具体通过改变任务链接类型和在链接任务间增加负延迟来实现[64]。两者均在“任务相关性”对话框中设置，详细内容参见本书第 4 章的 4.6.3 节。

7.5.8 更改任务限制

更改任务限制可改变任务的资源分配状况，进而影响到项目工期。

7.5.9 减少任务数

删除关键路径上的任务数也可缩短项目工期，但需保证项目范围及最终目标的实现。

7.6 降低项目成本的解决方案

一般来讲，项目成本=项目固定成本+摘要任务固定成本+详细任务固定成本+成本类资源成本+材料类资源费率×用量+材料类资源每次使用成本×使用次数+工时类资源标准费率×标准工时×使用单位+工时类资源加班费率×加班工时×使用单位+工时类资源每次使用成本×使用次数×使用单位。可见，影响项目成本的主要因素有项目或任务固定成本、工时、资源费率、资源用量和使用次数等。

7.6.1 减少固定成本

固定成本包括项目固定成本、摘要任务固定成本、详细任务固定成本及成本型资源成本，降低这些费用均可降低项目成本。具体在“甘特图”和“分配资源”对话框中设置，相关操作参见本书第 6 章的例 6-2 和第 5 章的 5.6.2 节。

7.6.2 减少任务工时

适当减少工时可降低任务成本，但减少工时会影响到项目工期[64]。减少任务工时的操作很简单，只需要在“任务分配状况”视图的“工时”域中重新设置任务工时。

7.6.3 降低资源费率

降低资源费率是降低项目成本的最直接方法，但往往不针对人力资源，因为这会打击工作人员的积极性；可通过降低其他资源费率来实现[64]，如设备等。这种方法比较简单，只需在“资源工作表”视图中改变资源的“标准费率”和“加班费率”即可。

7.6.4 降低资源用量

资源用量与任务成本成正比，但降低资源用量需考虑剩余资源能否胜任工作[64]。具体在“分配资源”对话框中更改“单位”，详细内容参见本书第 5 章的 5.4.1 节。此外，降低资源每次使用成本的使用次数也可降低项目成本。

7.6.5 减少加班时间

资源加班费率常高于标准费率，减少加班可有效降低项目成本[64]。故在项目工期允许的前提下应尽量减少加班时间，但这又会延长项目工期。具体在“任务分配状况”视图中设置，相关操作参见本书第 6 章的 6.4.6 节。

7.6.6 替换资源

用廉价资源替换高价资源的前提是替换的资源能胜任项目任务[64]。具体在“分配资源”对话框中设置，详细内容参见本书第 5 章的 5.4.2 节。

7.6.7 删除任务

一般不删除任务，除非是与项目确实关系不大的任务，并要确认删除该任务对项目没有影响或影响在可控制范围内[64]。

7.7 项目格式优化

本小节讲述设置项目文件外观和要素格式、插入对象的方法。

7.7.1 设置项目格式方法

设置项目格式主要分为设置项目外观和设置要素两大类，其目的是提高项目文件的可读性，使用户能够获取足够多的关键性信息，同时又不至于过于凌乱以致影响用户理解[79]。

1．项目外观格式设置

设置项目外观格式主要针对项目文件的公共要素，多是一些大框架，如视图、表格、功能区、快速访问工具栏等。具体在“其他视图”对话框、“其他表”对话框和“Project 选项”对话框中设置。

2．项目要素格式设置

设置项目要素格式主要是针对项目文件的单个要素或一类要素，如文本、条形图和方框的格式和样式，网格样式，版式，列属性等，核心是“甘特图”和“网络图”视图的格式设置。设置方法是选定要修改的对象，选择“格式”选项卡下的“格式”组中相应按钮进行设置。

3．插入对象与绘图

为使 Project 传递的信息更直观、丰富，可在项目文件中插入图形和对象，如图片、Office 文稿、图形和列等。具体在“插入对象”对话框、“任务信息”对话框或“页面设置”对话框中设置。插入绘图的方法是单击“格式”选项卡下“绘图”组中的“绘图”按钮，然后选择绘图对象。同时，可在“设置绘图对象格式”对话框中设置绘图对象格式。

下面仍以“06-07.mpp”为基础进行操作，首先打开“06-07.mpp”，将其另存为“07-02.mpp”并再次打开。

7.7.2 设置项目外观格式

1．自定义视图

单击“视图”选项卡下“任务视图”组中的“其他视图”按钮，弹出“其他视图”对话框，选择自定义视图基于的视图，如“甘特图”，如图 7-11 所示。单击“新建”按钮，弹出“定义新视图”对话框，如图 7-12 所示，选择相应选项后单击“确定”按钮，弹出“视图定义”对话框，在其中进行设置，如图 7-13 所示。单击“确定”按钮，“其他视图”对话框出现“视图 1”选项，如图 7-14 所示。若要修改“视图 1”，只需单击“编辑”按钮再次弹出“视图定义”对话框，在其中进行修改即可。此外，单击“其他视图”对话框中“管理器”按钮，弹出“管理器”对话框，如图 7-15 所示，在其中可进行视图的重命名、删除等操作。若要将当前项目自定义视图设置保存到全局文件中供所有新项目使用，可选中视图，如“视图 1”，单击“复制”按钮将自定义元素复制到全局文件。这是修改全局文件、控制所有新项目设置最简便的方法。

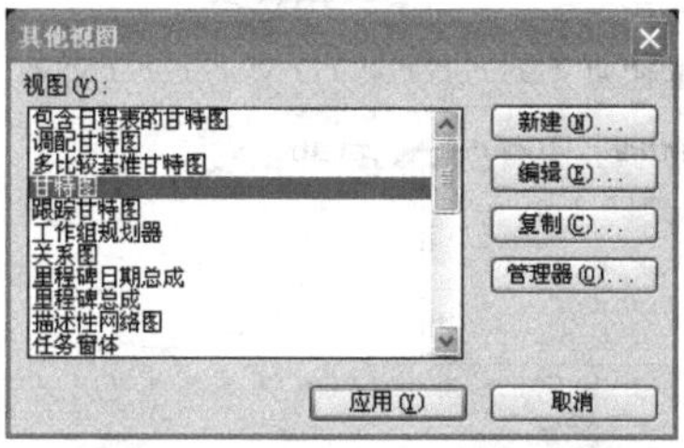

图 7-11 “其他视图”对话框

图 7-12 “定义新视图”对话框

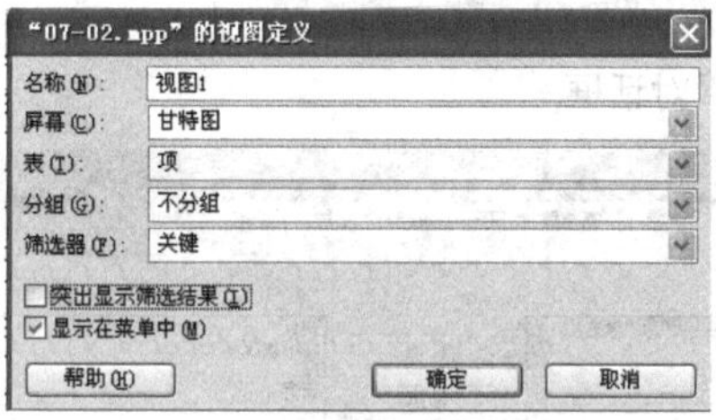

图 7-13 “视图定义”对话框

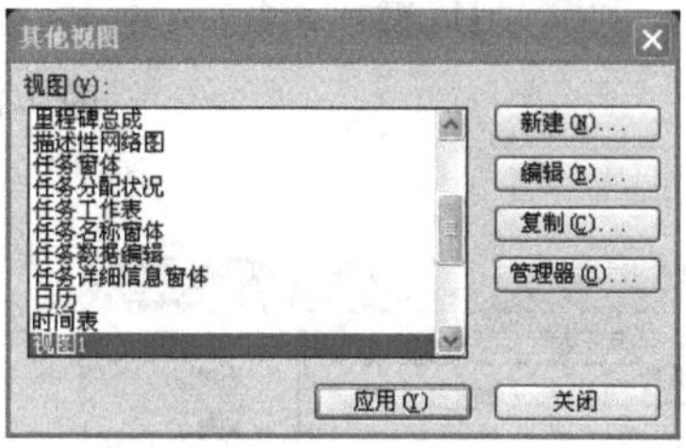

图 7-14 “其他视图”对话框中出现“视图 1”

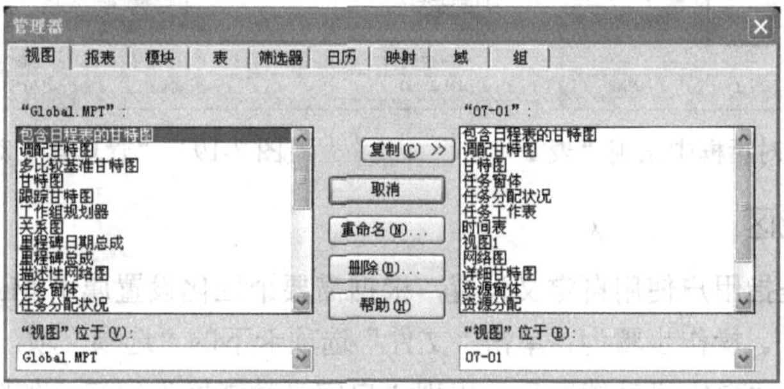

图 7-15 “管理器”对话框

2. 自定义表格

单击“视图”选项卡下“数据”组中的“表格”按钮，在下拉列表中选择“更多表格”命令，弹出“其他表”对话框，然后选择自定义表格基于的表格（如“项”）以及表格类型（如“任务”），如图 7-16 所示。单击“新建”按钮，弹出“表定义”对话框，在其中进行设置，如图 7-17 所示。单击“确定”按钮，“其他表”对话框出现“表 1”选项，如图 7-18 所示。此时，可根据需要修改“表 1”，只需单击“编辑”按钮再次弹出“表定义”对话框，即可在其中进行修改。此外，单击“其他表”对话框中的“管理器”按钮，弹出“管理器”对话框，如图 7-19 所示，在其中可进行表的重命名、删除等操作。

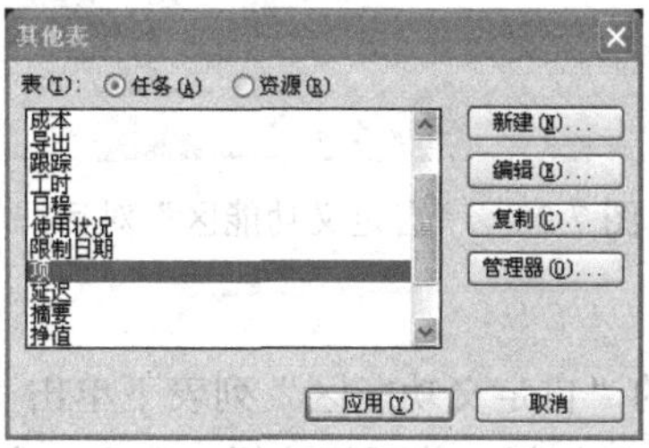

图 7-16 “其他表”对话框

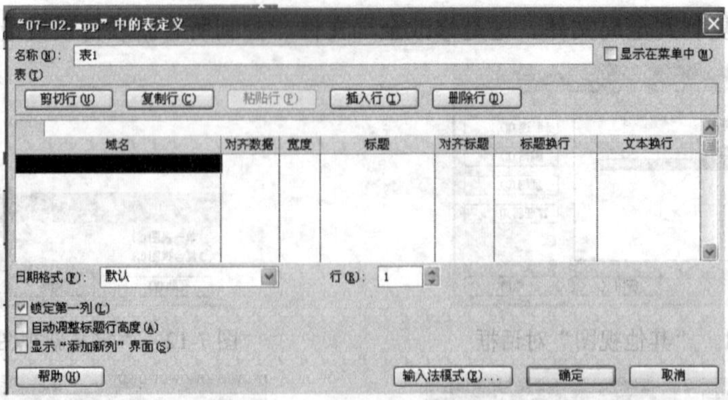

图 7-17　“表定义”对话框

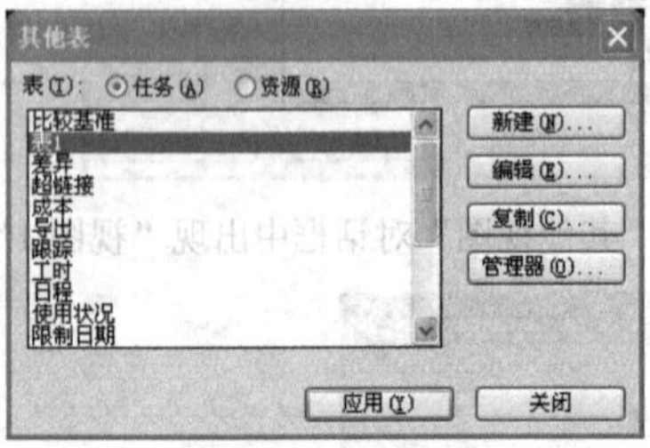

图 7-18　“其他表”对话框中出现“表 1”

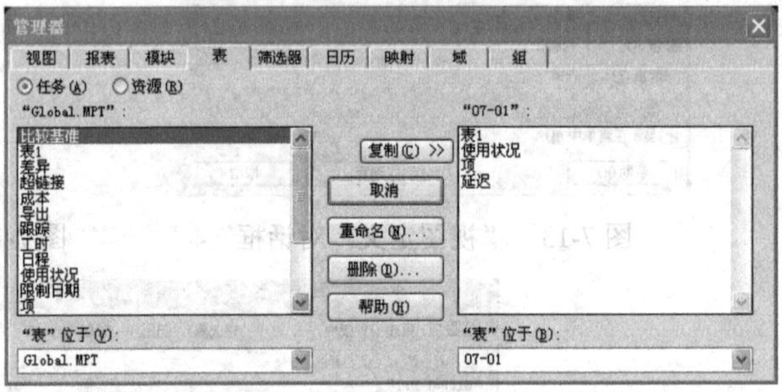

图 7-19　“管理器”对话框

3. 自定义功能区

自定义功能区是指用户使用自定义设置，根据需要个性化设置属于 Microsoft Office Fluent 用户界面的功能区[88]。操作步骤为：单击“文件”选项卡下的“选项”项，弹出“Project 选项”对话框，在左侧单击“自定义功能区”，出现“自定义功能区”窗口，如图 7-20 所示。

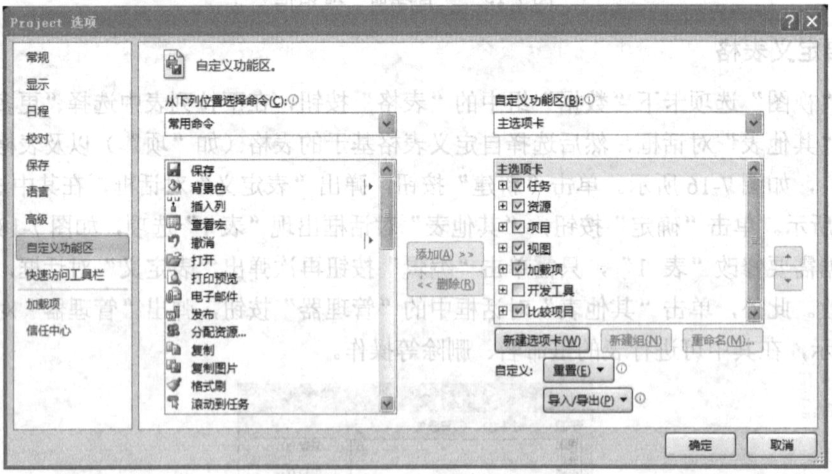

图 7-20　“自定义功能区”对话框

（1）新建选项卡、组

在“自定义功能区”窗口的“自定义功能区”列表下单击“新建选项卡”按钮，若要查看和保存自定义设置，单击“确定”按钮；若要新建组，选定一个选项卡，单击“新建组”按钮，若要查看和保存自定义设置，单击“确定”按钮。

（2）添加命令

用户只能将命令添加到自定义选项卡或默认选项卡下的自定义组，而不能将命令添加到默认组[88]。操作步骤为：在“自定义功能区”窗口中的“自定义功能区”列表下，单击要向其中添加命令的自定义组，然后在“从下列位置选择命令”列表中单击要从中添加命令的列表，如“常用命令”或“所有命令”，再单击“添加”按钮，即可将所选命令添加要所选组中。此时若要查看和保存自定义设置，单击“确定”按钮。注意，在“自定义功能区”列表中，自定义选项卡和自定义组的名称后面带有“（自定义）”字样，但这几个字不会显示在功能区中[88]。

（3）重命名选项卡、组和命令

在“自定义功能区”窗口中的“自定义功能区”列表下，选定要重命名的选项卡、组或命令，单击右键，选择“重命名”命令，弹出“重命名”对话框，输入新名称后，单击“确定”按钮。注意，默认命令无法重命名。

（4）删除选项卡、组和命令

在“自定义功能区”窗口中的“自定义功能区”列表下，选定要删除的选项卡、组或命令，单击右键，在下拉列表中选择“删除”命令即可删除所选选项卡、组或命令。注意，默认命令无法删除。

（5）更改选项卡或组的顺序

在“自定义功能区”窗口中的“自定义功能区”列表下，选定要排序的选项卡、组或命令，单击右键，在下拉列表中选择“上移”或“下移”命令即可调整选项卡、组或命令的次序。注意，默认命令的顺序无法更改。

（6）导入/导出自定义功能区

在“自定义功能区”窗口中单击“导入/导出”按钮，在下拉列表中选择“导入自定义文件”或“导出所有自定义设置”命令，然后，选择文件所在的位置或存储位置。单击“打开”按钮或“确定”按钮即可实现自定义功能区的共享与再利用。

（7）重置功能区

在“自定义功能区”窗口中，选定功能区选项卡，单击“重置”按钮，在下拉列表中选择“仅重置所选功能区选项卡”命令即可将默认选项卡重置为其默认设置。同时也可重置所有自定义项，只需在下拉列表中选择“重置所有自定义项”命令。

4．自定义快速访问工具栏

快速访问工具栏是可自定义的工具栏，包含一组独立于当前显示功能区上选项卡的命令[89]。单击“文件”选项卡下的“选项”项，弹出“Project 选项”对话框，在左侧选择“快速访问工具栏”选项，右侧出现“自定义快速访问工具栏”窗口，如图 7-21 所示。

（1）向快速访问工具栏添加命令

在“自定义快速访问工具栏”窗口中，在“从下列位置选择命令”列表中选择要从中添加命令的列表，如“常用命令”，在其下方列表中单击要添加的命令，单击“添加”按钮即可。此时若要查看和保存自定义设置，单击“确定”按钮。

（2）从快速访问工具栏中删除命令

在“自定义快速访问工具栏”窗口中，选中要删除的命令，单击“删除”按钮即可。此时若查看和保存自定义设置，单击“确定”按钮。

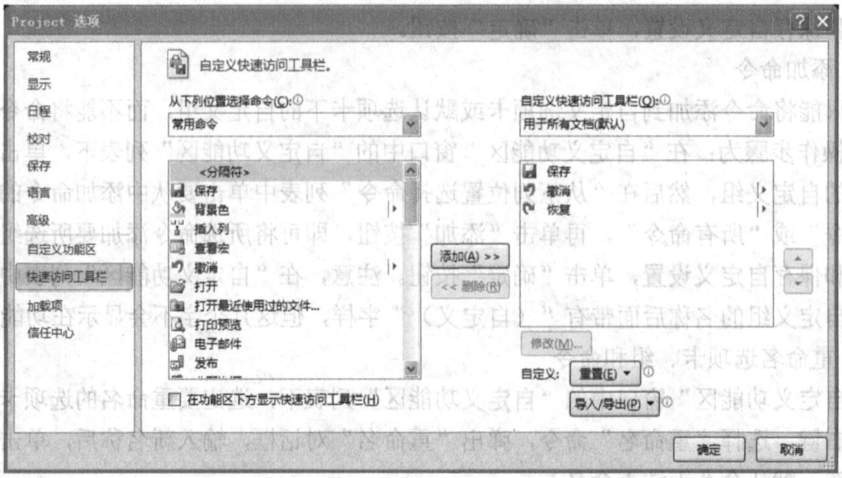

图 7-21 “自定义快速访问工具栏”对话框

（3）更改快速访问工具栏上命令的顺序

右键单击快速访问工具栏，选择快捷菜单中的“自定义快速访问工具栏”命令。在“自定义快速访问工具栏”下单击要移动的命令，然后单击右侧的“上移”或“下移”箭头即可[89]。

（4）通过在命令间添加分隔符来对命令分组

在“自定义快速访问工具栏”窗口中，在“从下列位置选择命令”列表中选择“常用命令”选项，从中选择“<分隔符>”并单击“添加”按钮，通过单击“上移”或“下移”箭头将分隔符放到所需位置。

（5）移动快速访问工具栏

快速访问工具栏可位于 Microsoft Office 程序图标旁的左上角（默认位置）或功能区下方。操作步骤是：单击“自定义快速访问工具栏”，在下拉列表中选择“在功能区下方显示”或“在功能区上方显示”命令。

（6）导入/导出自定义快速访问工具栏

在“自定义快速访问工具栏”窗口中单击“导入/导出”按钮，在下拉列表中选择“导入自定义文件”或“导出所有自定义设置”命令，然后选择文件所在的位置或存储位置，单击“打开”或“确定”按钮即可共享与再次利用自定义的快速访问工具栏。

（7）重置自定义快速访问工具栏

在“自定义快速访问工具栏”窗口中单击“重置”按钮，在下拉列表中选择“仅重置快速访问工具栏”命令可重置默认快速访问工具栏为其默认设置，同时也可重置所有自定义项，只需在下拉列表中选择“重置所有自定义设置”[89]命令。

7.7.3 设置项目要素格式

1. 设置文本格式和样式

Project 可在一定范围内改变表格中所有文字、单个文字或一段文字的格式[64]，以增强图表中文字的可读性。

（1）格式化选定文本

操作步骤为：选定所要修改的文本，单击“任务”选项卡，在“字体”组中修改字体、字号、粗体、倾斜、下划线、字体颜色等，如图 7-22 所示。

（2）格式化特定种类文本

对某类文本（如里程碑或摘要任务）所做修改会应用于所有同类文本，具体在“文本样式”对话框中设置。操作步骤为：单击“格式”选项卡下“格式”组中的“文本样式”按钮，弹出“文本样式”对话框，如图 7-23 所示，在“要更改的项”下拉列表框中选择所要修改的文本种类，并进行设置。

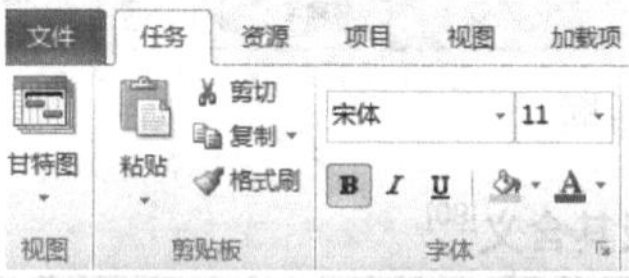

图 7-22　“字体”组

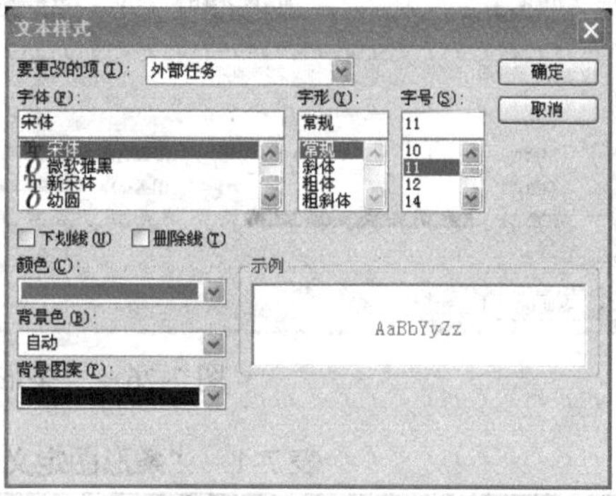

图 7-23　“文本样式”对话框

2. 设置条形图格式和样式

除可改变项目文件的字体样式外，还可改变条形图格式，分为更改单个条形图和某一类条形图格式[64]。设置条形图格式和样式主要是针对“甘特图”视图而言。

（1）格式化选定条形图

选定所要修改条形图的任务，单击“格式”选项卡下“条形图样式”组中的“格式”按钮，在其下拉列表中选择“条形图”命令，弹出“设置条形图格式”对话框，其中包括“条形图形状”和“条形图文本”两个选项卡，如图 7-24 所示。在“条形图形状”选项卡中可修改条形图的头部、中部和尾部的形状、类型、图案和颜色；在“条形图文本”选项卡中可修改条形图左侧、右侧、上方、下方和内部的文本，如图 7-25 所示。

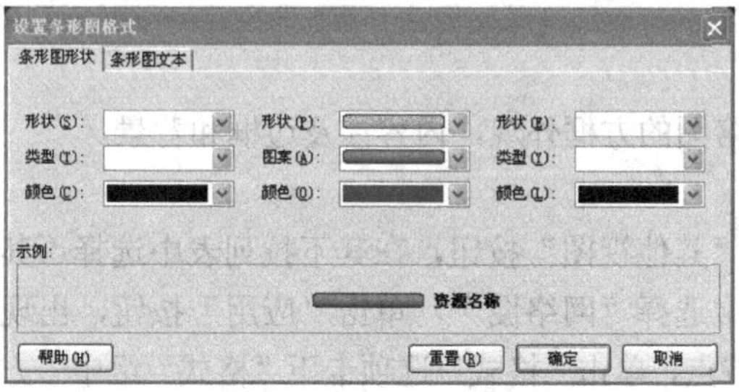

图 7-24　“条形图形状”选项卡

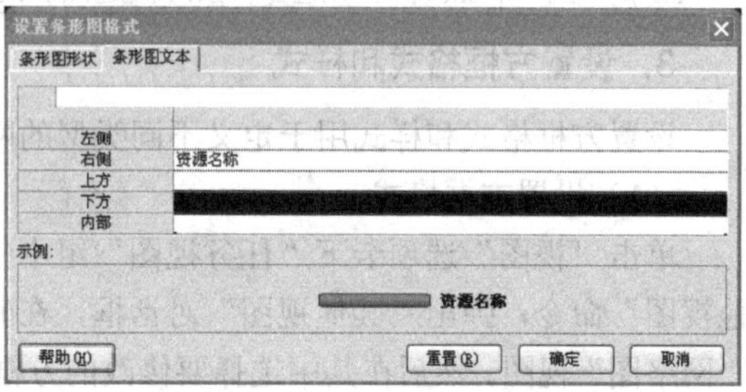

图 7-25　“条形图文本”选项卡

（2）格式化特定种类条形图

对某类条形图所做修改应用于所有同类条形图，具体在“条形图样式”对话框中设置。操作步骤为：选定所要修改条形图的任务，单击“格式”选项卡下“条形图样式”组中的“格式”按钮，在其下拉列表中选择“条形图样式”命令，弹出“条形图样式”对话框，如图 7-26 所示。该对话框底部有“文本”和“条形图”两个选项卡，内容与图 7-24 和图 7-25 类似，上部是“条形图定义表”，其中的选项名称及其含义如表 7-1 所示。

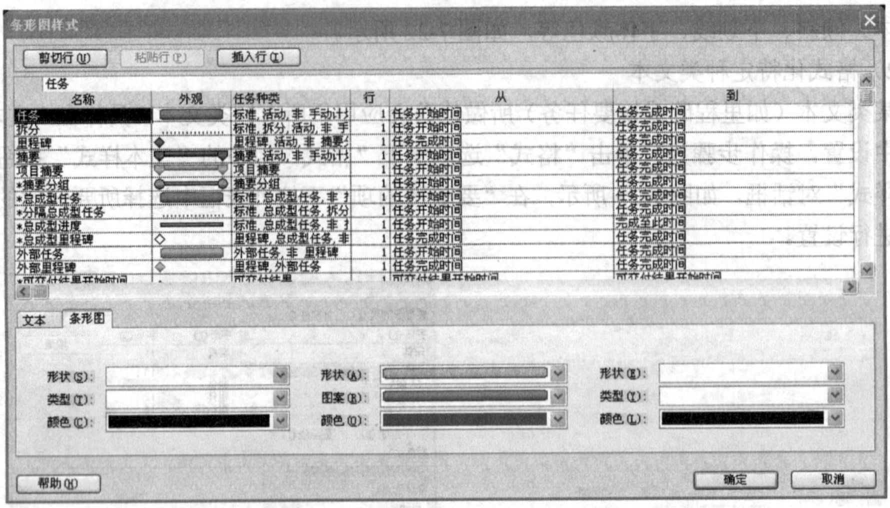

图 7-26 “条形图样式”对话框

表 7-1 “条形图定义表”的选项及其含义[90]

项　名	含　义
剪切行	从甘特条形图定义表中删除选定行，并将其临时存储在剪贴板上
粘贴行	将从甘特条形图定义表中剪切的最后一行插入到选定行的上面
插入行	在甘特条形图定义表中选定行的上方添加一个空行
名称	显示甘特条形图名称及其所代表的信息类型，可在甘特条形图定义表上方的数据编辑栏中输入或编辑条形图名称
外观	显示每个条形图的当前形状、颜色、图案和文本，可在甘特条形图定义表下方的“条形图”和“文本”选项卡上进行更改
任务种类	显示甘特条形图所代表任务的类别，可通过单击该域下拉列表来选择或更改任务类别；也可指定多个任务类别，可在输入栏依次输入各个类别，并用逗号区分
行	确定条形图显示行数，每个任务最多显示 4 行，可通过单击该域下拉列表来设置
“从”和“到”	显示表示所选甘特条形图起点和终点的日期域、百分比或工期域

3. 设置方框格式和样式

设置方框格式和样式用于定义不同类型的网络图的方框外观，内容涉及边框和背景。

（1）设置方框格式

单击“视图”选项卡下“任务视图”组中的“其他视图”按钮，在其下拉列表中选择“其他视图”命令，弹出“其他视图”对话框，在其中选择“网络图”，单击“应用”按钮，出现“网络图”视图。然后在其中选择要修改的方框节点，单击“格式”选项卡下“格式”组中“方框”按钮，弹出“设置方框格式”对话框，如图 7-27 所示。在其中可修改所选择数据模板的形状、颜色、宽度、背景、图案等。

（2）设置方框样式

若要修改某一类方框格式，可在“设置方框样式”对话框中设置。操作步骤为：切换到“网络图”视图，单击“格式”选项卡下“格式”组中的“方框样式”按钮，弹出“方框样式”对话框，如图 7-28 所示，其中的部分选项及其含义如表 7-2 所示。

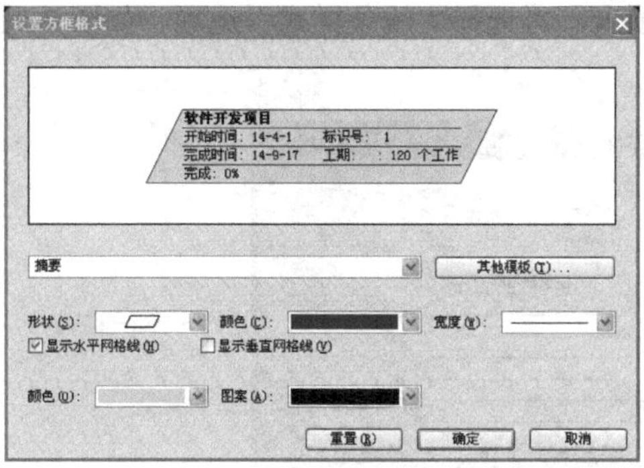

图 7-27　“设置方框格式”对话框

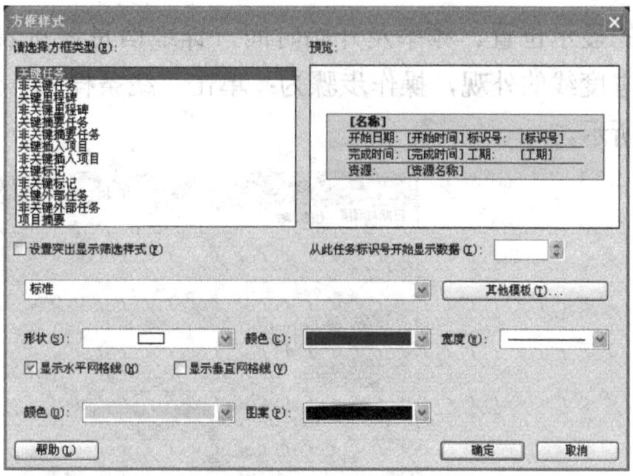

图 7-28　“方框样式”对话框

表 7-2　“方框样式”对话框中的部分选项及其含义[91]

选　项　名	含　义
请选择方框类型	查看或设置其格式的“网络图”方框的任务类别
预览	显示当前所选任务类别的“网络图”方框样式
设置突出显示筛选样式	从此任务类别的普通样式设置选项切换到筛选器突出显示的样式设置。若选中此复选框，当该类别中的某项任务满足筛选条件时，Project 将显示与“网络图”方框的原始样式相组合的格式选项
从此任务标识号开始显示数据	在此框中输入或选择任务标识号可查看其数据在当前所选样式设置下的外观。所选任务显示在应用了当前样式设置的“预览”框中
数据模板	单击要用于所选任务类别的方框样式数据模板，默认为“标准”模板

4．设置网格样式

网格是某些视图中用来标识时间段、行、列、计划页面及常规间隔的线条[64]，如“甘特图”。操作步骤为：单击“格式”选项卡下“格式”组中的“网格线”按钮，在下拉列表中选择“网格”按钮，弹出“网格”对话框，如图 7-29 所示。在其中可更改所选线条的类型、颜色和间隔数（按指定间隔显示，如每 4 行或每 4 列）。

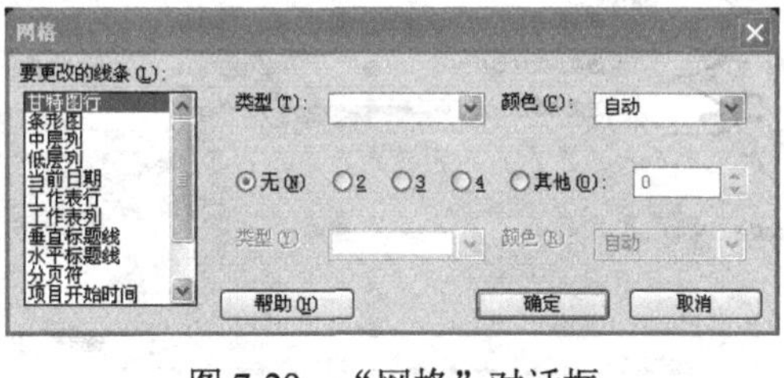

图 7-29　“网格”对话框

5．设置进度线样式

Project 可通过在“甘特图”上显示进度线的方式来可视化项目进度。进度线是根据截止到指定日期任务的累计完成百分比数据在甘特条形图上绘制而成的[92]，用于连接进行中的任务和本应开始的任务[93]。用户可设置进度线样式，操作步骤是：单击“格式”选项卡下“格式”组中“网格线”按钮，在下拉列表中选择“进度线”命令，弹出“进度线”对话框，其中包括“日期与间隔”和“线条样式”选项卡，如图 7-30 所示。在“日期与间隔”选项卡中可设置进度线的显示位置、频率及开始时间，详细信息参见表 7-3 所示。在“线条样式”选项卡中可更改进度线的外观，操作步骤为：单击“线条样式”选项卡，再选择“线条样式”选项，如图 7-31 所示。

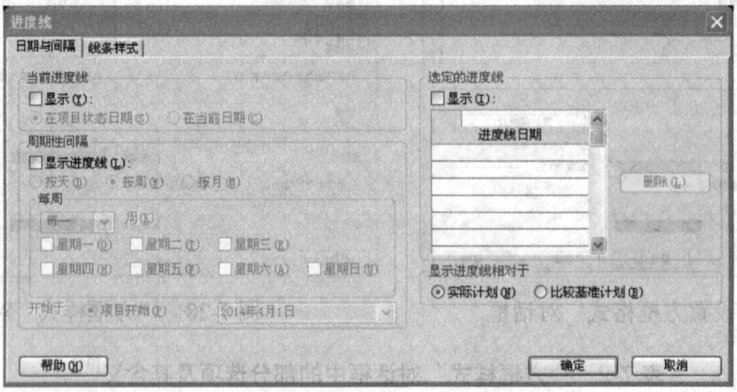

图 7-30 “进度线”对话框

表 7-3 “日期与间隔”选项卡中的选项及含义[92]

选 项 名	含 义
当前进度线	选中“显示”复选框，同时选中“在项目状态日期”或“在当前日期”单选按钮，可指定进度线绘制的位置
周期性间隔	选中“显示进度线”复选框，同时选中“按天”、“按周”或“按月” 单选按钮，可指定显示进度线的时间间隔。另外，可在“开始于”后选中“项目开始”单选按钮，使进度线开始于项目开始处，也可输入或选择开始显示进度线的日期
选定的进度线	选中“显示”复选框，再输入或选择日期，以在指定日期显示进度线。若要删除已设置的进度线日期，可将其选中然后单击“删除”按钮
显示进度线相对于	选中相应单选按钮，显示相对于比较基准计划或实际计划的进度线

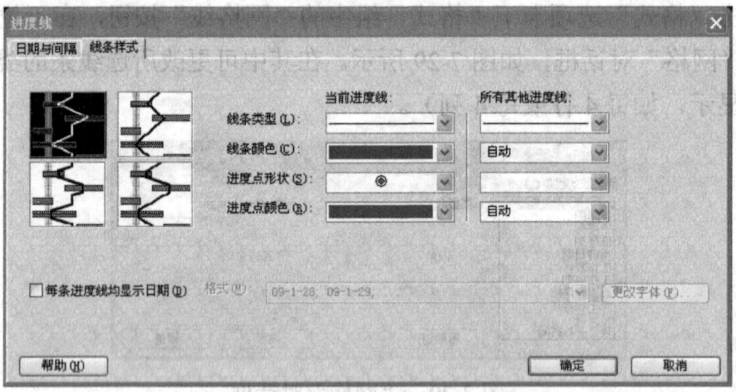

图 7-31 “线条样式”选项卡

6．设置版式

版式指链接线、条形图旁边显示的日期格式、条形图高度等外观属性及其他版面格式，在不同视图中版式涉及要素可能不同，但大体设置基本类似[64]，操作步骤为：切换到某种视图，如“甘特图”，单击“格式”选项卡下“格式”组中的“版式”按钮，弹出“版式”对话框，如图 7-32 所示。如图 7-33 所示是“网络图”视图的“版式”对话框，读者可对比一下两者的区别，然后通过调试了解其中各选项的设置效果。

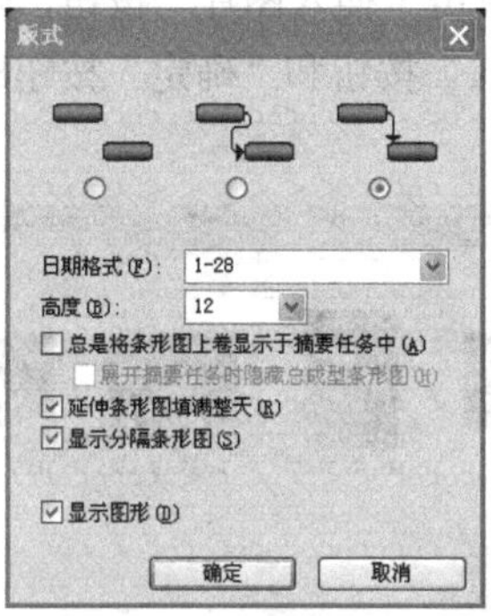

图 7-32 “甘特图”视图的“版式”对话框

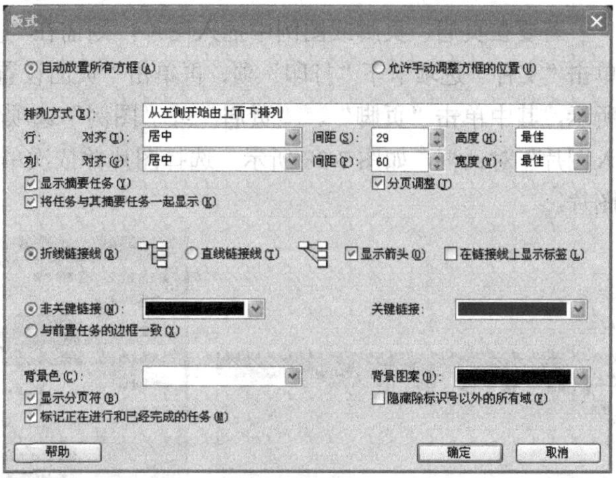

图 7-33 “网络图”视图的“版式”对话框

7. 设置列属性

用户可调整某一列的显示格式。操作步骤为：选中某一列，单击“格式”选项卡下“列”组中的“列设置”按钮，在下拉列表中选择“域设定”命令，弹出“字段设置”对话框，如图 7-34 所示，在其中进行设置。此外，用户还可调整甘特图样式。操作步骤为：切换到“甘特图”视图，单击“格式”选项卡下“甘特图样式”组中的下拉列表，在其中选择样式即可，如图 7-35 所示。

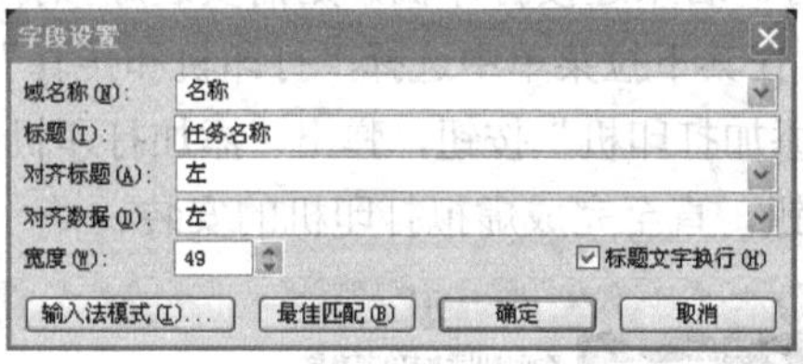

图 7-34 “字段设置”对话框

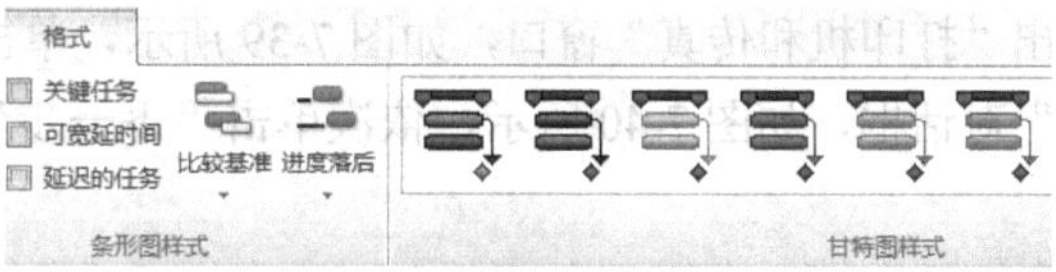

图 7-35 “甘特图样式”组

7.7.4 插入图形和对象

为使 Project 传递的信息更直观、丰富，可在项目文件中加入其他信息对象[64]，如图片等。

1. 插入对象

若要在 Project 项目文件中插入对象，可在“插入对象”对话框中设置。操作步骤为：选择要插入对象的任务，双击，弹出“任务信息”对话框，单击“备注”选项卡中的“插入对象”按钮，弹出“插入对象”对话框，如图 7-36 所示，设置好后单击“确定”按钮即可。

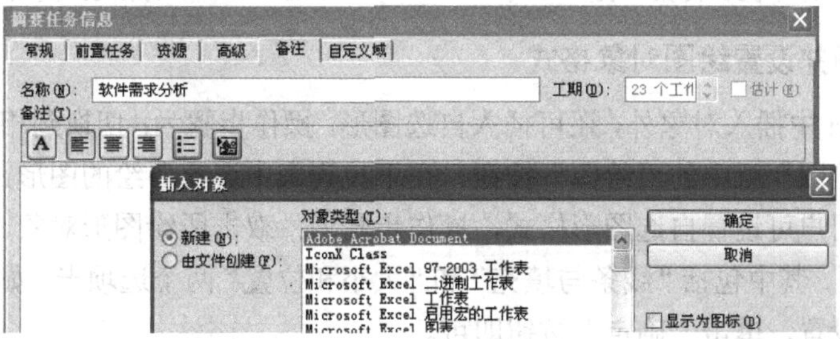

图 7-36 “插入对象”对话框

若要在页眉、页脚或图例中插入图片，则需在“页面设置”对话框中设置。操作步骤为：单击“文件”选项卡下“打印”项，再单击“页面设置”，出现“页面设置”对话框，如图 7-37 所示，其中单击“页脚”、“页眉”或“图例”选项卡，再单击“插入图片”按钮，弹出“插入图片”对话框，如图 7-38 所示，选择图片并依次单击“插入”按钮和“确定”按钮即可插入图片。

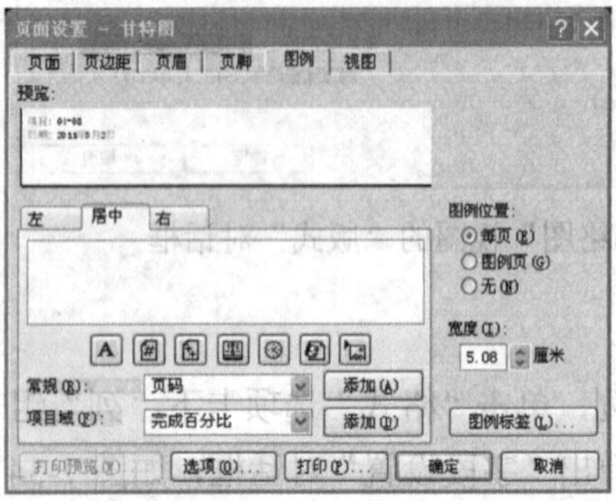

图 7-37 “页面设置”对话框　　　　图 7-38 “插入图片”对话框

注意，上述设置均需在已连接打印机的前提下进行。若未连接打印机，则需安装虚拟打印机。操作步骤为：单击“开始”程序的“设置”按钮，在其下拉菜单中选择“打印机和传真”，弹出“打印机和传真”窗口，如图 7-39 所示，单击“添加打印机”按钮，弹出“添加打印机向导”对话框，如图 7-40 所示，依次单击“下一步”按钮，直至完成虚拟打印机的安装。

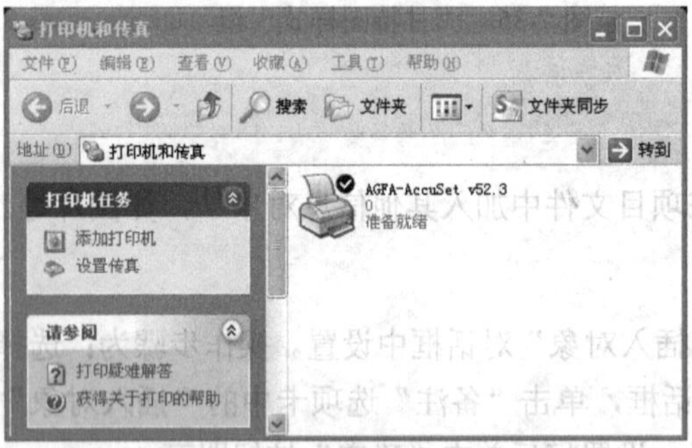

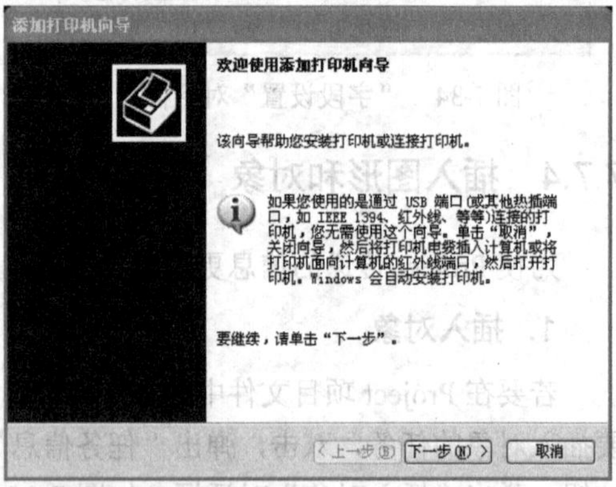

图 7-39 “打印机和传真”窗口　　　　图 7-40 “添加打印机向导”对话框

2. 插入绘图并设置绘图对象格式

除可在 Project 中插入对象外，还可插入自选图形。操作步骤为：切换到相应视图，单击“格式”选项卡下“绘图”组中的“绘图”按钮，在下拉列表中选择要绘的图形，然后在视图中绘制图形。此外，用户可设置自选图形格式，操作步骤为：双击所绘图形对象，弹出“设置绘图对象格式”对话框，其中包括“线条与填充”和“大小和位置”两个选项卡，如图 7-41 和图 7-42 所示，进行相应设置，单击“确定”按钮即可。

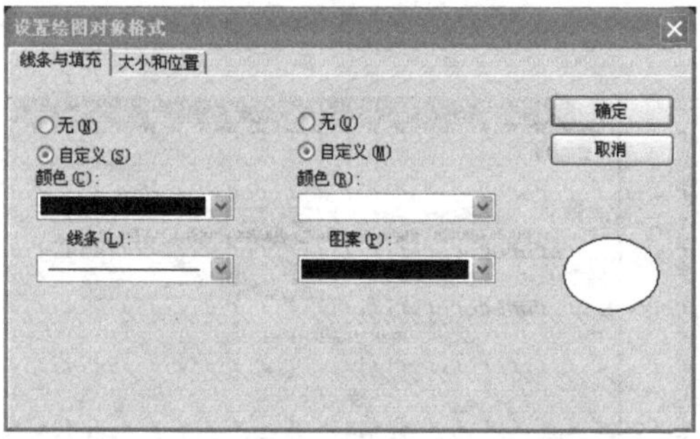

图 7-41 “线条与填充”选项卡

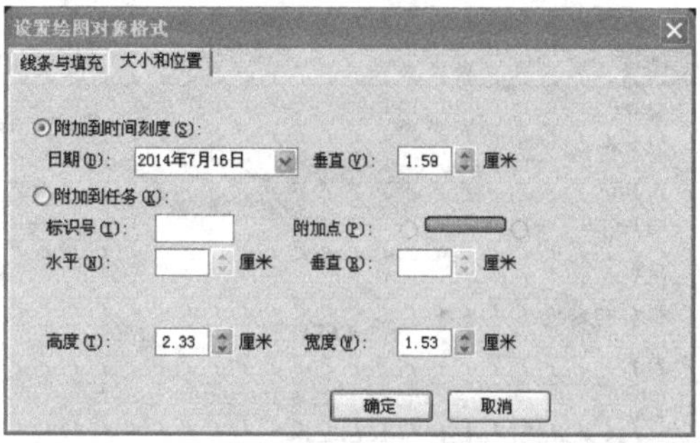

图 7-42 “大小和位置”选项卡

3. 插入列

在项目文件中，常会根据需插入或隐藏列，以显示信息。操作步骤是：切换到要插入列的视图，选中插入列的位置，单击“格式”选项卡下“列”组中的“插入列”按钮，此时就会在表格中出现一列及其下拉列表，在其中选择所要显示的域即可。

7.8 项目计划发布

本小节讲述单机和网络环境下的项目计划发布机制。

7.8.1 项目计划发布概述

制定和优化完项目计划后，便可发布项目计划，即将项目计划发布至项目中心（或服务器），并将具体工作安排通知到资源。更简单的方法是直接将项目文件采用邮件、保存到 SharePoint 等方式发送给项目人员。相比而言，第 1 种方法更规范，同步性、实时性也更强。

7.8.2 单机环境下的项目计划发布

1. 保存项目文件

Project 2010 可使用多种文件格式保存项目计划，包括 Project 2010、Project 2007、Project 2000-2003、项目模板、Project 2007 模板、PDF 文件、XML 纸张规格（XPS）、Excel、制表符分隔的纯文本、逗号分隔值（CSV）、XML 等[94]。操作步骤为：单击“文件”选项卡下的“保存”按钮，弹出“另存为”对话框，在“文件名”框中输入文件名，在“保存类型”中选择保存类型，单击“保存”按钮即可。

2. 发布项目文件

单机环境下，发布项目计划是指将项目计划文件通过电子邮件、U 盘复制等方式传递给相关人员。采用邮件方式传递的操作步骤为：单击“文件”选项卡下“保存并发布”项，出现“保存并发布”窗口，选择“作为附件发送”命令，如图 7-43 所示，再单击“作为附件发送”按钮，弹出“Internet 链接向导”对话框，如图 7-44 所示，依次输入相应信息完成向导设置，即可将电子邮件附件发送给收件人。另外也可将项目文件保存到 SharePoint 网站，与项目组其他人进行共享与协作。相关操作读者可自行尝试。

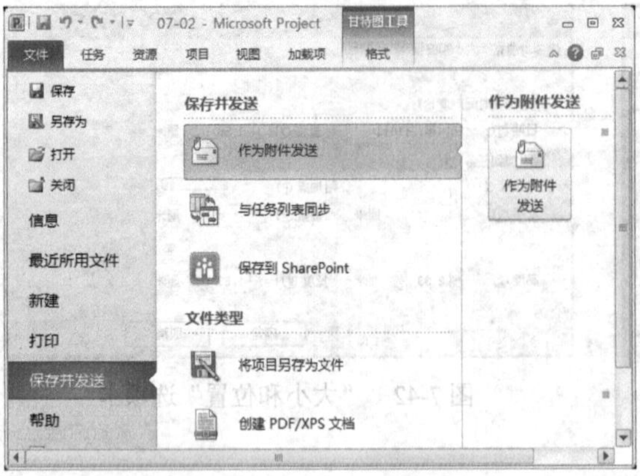

图 7-43 “保存并发布”窗口

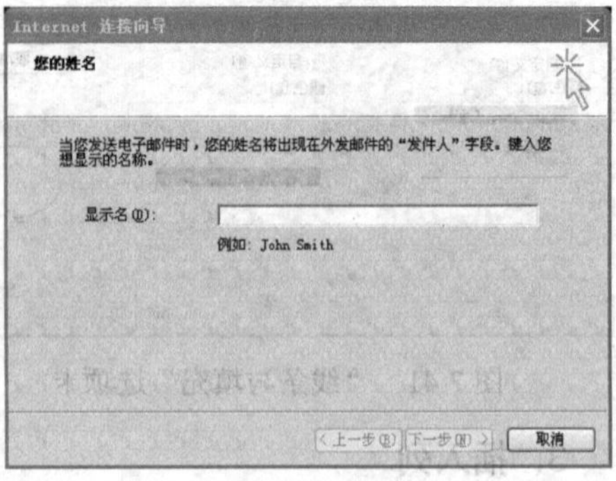

图 7-44 “Internet 链接向导”对话框

7.8.3 网络环境下的项目计划发布

在网络环境下，除使用 SharePoint 网站和电子邮件发布项目计划外，更重要的是使用 Project Server 发布企业项目信息。前提是用户已安装并配置好 Project Server，且项目计划已保存在 Project Server 上，具体操作请参见相关书籍。注意，用户将项目计划保存到 Project Server 后，在发布前，任何其他人无法编辑和查看，随着项目进展，用户可能更改任务和工作分配，这些更改也必须发布后才对工作组成员可用。在 Project Server 上发布项目计划的操作步骤为：启动 Project Professional 2010 并连接到 Project Server；打开项目，单击“文件”选项卡下“发布”项。如果此项目没有工作环境网站，可在“发布项目”对话框中选择“为此项目创建一个工作环境”[95]。注意，发布项目时也会发布其工作分配。

7.9 本章小结

本章首先讲解了 Project 2010 中的项目计划优化、格式优化及发布机制（项目计划优化主要是日程优化，核心是日程分析，尤其是关键路径查看与优化；优化方法包括资源调配和压缩项目工期，同时需权衡成本、工期、质量；讲解了项目资源、工期、成本的问题分析方法与解决方案）；接着讲解了项目文件外观、要素、格式的设置方法，以及插入对象的方法；最后讲解了单机环境下和网络环境下的项目计划发布机制和方法。

第3篇

基于Microsoft Project 2010的IT项目实施及控制

本篇是本书以及使用Project的转折点。在本篇之前，一直处于项目计划的制定和优化阶段，如构建项目日程和项目资源库、为项目任务分配资源、制定项目成本计划、优化项目计划及其格式等，现在已经形成一个可行的、漂亮的项目计划。

项目计划制定好后，便进入项目实施阶段，主要包括项目计划实施和项目计划监控两个过程。项目计划实施，是指项目团队成员充分发挥技术和管理技能，按照项目计划将项目任务落到实处；项目计划监控，是指在项目实施过程中，项目管理者必须动态监控项目的实施状况，确保项目实施内容与项目计划保持一致。项目计划监控包括项目跟踪和项目控制两个环节，项目跟踪用于动态跟踪项目，以及时发现项目计划与实际执行情况的偏差；项目控制是针对项目偏差，采取相应措施使之尽可能地按项目计划实施。而Project，就是项目计划实施与监控过程中的重要管理工具。

本篇包括第8～10章，主要介绍如何利用Project 2010提供的项目实施状况分析和项目计划监控机制辅助项目管理者实施项目监控，有效使用项目资源，确保项目团队按质按时地完成项目任务。其中，第8章主要介绍项目跟踪与监控基本原理，Project 2010的项目监控机制及项目资源监控；第9章主要介绍Project 2010的项目进度跟踪及控制机制，及项目进度分析工具——甘特图和网络计划技术；第10章主要介绍Project 2010的项目成本跟踪及控制，及项目成分析工具——盈余分析。

第 8 章

Microsoft Project 2010 和 IT 项目实施与监控

本章内容提要：

- 项目实施与项目监控概述。
- Project 2010 中的项目监控。
- 比较基准与中期计划。
- 项目资源信息的跟踪与控制。

8.1 本章导读

第 2 篇主要讲如何制定与优化项目计划，即如何在项目实际开始前制定和沟通项目详细信息。制定好项目计划后，便进入实施阶段，包括项目计划实施和项目计划监控。项目计划实施，是指项目团队成员充分发挥技术和管理技能，按照项目计划将任务落到实处。项目计划监控，是指在项目实施过程中，动态监控项目实施状况，确保项目实施内容与项目计划完全一致。项目监控包括项目跟踪和项目控制，项目跟踪用于动态跟踪项目，及时发现项目计划与实施情况偏差；项目控制是针对项目偏差，采取措施使之尽可能地按项目计划实施。总之，项目实施与项目监控、项目跟踪与项目控制相伴而行，对项目的成败至关重要[77,80,83]。Project 是项目计划实施与监控过程中的重要管理工具，其提供的项目实施状况分析和项目监控机制可辅助项目管理者有效地使用项目资源、成本，控制进度，确保项目团队按质、按时地完成项目任务。

本章介绍 Project 在项目实施与监控过程中的应用，主要是项目监控基本原理和方法，即如何及时、准确地获得项目实施信息，并与项目计划对比，及时发现实施过程中的问题。本书的第 9 章和第 10 章将阐述如何通过项目监控实施项目进度和成本控制。

8.2 项目跟踪与控制和 IT 项目实施与控制

项目跟踪指项目管理者在项目实施过程中，及时、连续、系统、准确地记录和报告项目进展情况及影响项目实施的内外部因素的系列活动。传统的项目管理主要依靠完整的项目跟踪流程和良好的协调工作来保证项目跟踪质量[77]。项目控制的目的在于及时发现项目实施状况与基准计划偏差，找出原因并采取行动，使项目按照既定计划落到实处，从而保证项目计划实施。

8.2.1 项目跟踪与控制

1．项目跟踪

（1）项目跟踪的必要性和目的

项目跟踪对项目管理非常重要，通过项目跟踪可了解项目是否是按照计划进行的，并可通过适时改进项目计划，弥补项目计划阶段由于信息不充分而导致的计划不完善[53]等问题。项目跟踪意味着记录项目细节，常称为实际值，如谁做什么工作、何时完成、成本是多少等。其目的是为了了解和考核项目成员的工作情况；调整项目工作安排，合理利用资源，完善项目计划；统计并了解项目总体进度、成本和其他信息[77]；预测项目的发展情况和趋势。

（2）项目跟踪内容

项目跟踪内容主要包括两方面：一是监督项目计划的实施情况，以调整项目计划、进度和成本；二是测量和预测影响项目目标实现的内外部因素的发展情况和趋势[77]。在实际操作中，项目跟踪主要针对的是可能对项目完成产生一定影响的内外部因素。外部因素包括国家政策、法律法规、市场价格、利率、汇率、自然人文环境、市场变化等，跟踪此类因素的目的在于尽早预测、收集和报告变化的信息，以便项目管理者迅速采取应变措施。内部因素包括项目实施的进度、成本、质量、资金来源与使用、材料的到位和投入、人力资源安排等，跟踪此类因素的目的在于收集和处理与目标控制决策有关的信息，识别实际与计划偏差并分析原因。在诸多影响项目实施的因素中，最关键的是进度、成本和质量[77]。如任务是否按计划开始和完成，影响项目完成时间的因素是什么，资源完成任务的时间是多于还是少于计划时间，超过预期的任务成本是否增加了项目总成本等。

（3）项目跟踪程序

项目跟踪程序包括项目观察、项目测量、项目分析和项目报告 4 个过程。项目观察与项目测量主要是选择观测点，采取相应办法进行观察、测量并做记录。项目分析主要是采用专业方法分析项目进展状况，如采用挣值分析法分析项目成本。项目报告分为项目日常报告、项目例外报告和项目特别分析报告 3 种形式。项目日常报告用于报告规律性信息，如为项目管理高层周期性提供项目进展报告，按时间周期或里程碑等为项目经理和其他管理者提供项目状态信息报告；项目例外报告为项目管理决策提供信息报告；特别分析报告用于评述项目实施中发生的问题，宣传项目的特别成果[96]。

2．项目控制

（1）项目控制的内容、形式和类型

项目控制主要指项目成本、质量和进度的控制。按不同的分类标准，项目控制可分为正规控制和非正规控制，预防性控制和更正性控制，预先控制、过程控制和事后控制，直接控制和间接控制[96]。

（2）项目控制过程

项目控制过程主要包括整体变更控制、范围变更控制、质量变更控制、进度变更控制、成本变更控制和风险变更控制 6 个子过程。整体变更控制，是指项目干系人根据项目计划、项目进展报告、项目变更请求和范围管理计划等，修改项目的范围、质量、成本、进度等数据并实施控制的过程，其输出结果为项目计划更新、纠正措施和经验教训[97]。范围变更控制，是指项目干系人根据项目合同文件、项目进展报告、项目管理计划和变更令等，修改项目范围并实施控制的过程，变更时需通盘考虑项目整体变更和各个控制子过程[98]。质量变更控制，是指依据工作结果、质量管理计划、实施说明及核对表等，监督项目各过程的工作结果，判断是否符合有关质量标准，并确定消除产生不良结果的原因和办法。成果包括项目质量改进、工作结果验收或否定的决定、返工和过程调整等。进度变更控制，是指依据项目进度计划、进展报告、变更请求和进度管理计划，控制项目的工期。成本变更控制，是指依据成本基准、进展报告、变更申请和成本管理计划，监督项目成本的实施情况，预测并记录项目成本的变更情况，并与项目基准成本计划进行比较，以控制项目成本的过程。风险控制，是指按照风险管理计划，对实施过程中出现的风险事件采取应对措施的过程[96]。

（3）项目控制步骤

项目控制步骤分为寻找偏差、分析原因与趋势、采取纠偏措施 3 步。

8.2.2 IT 项目实施与监控

制定好 IT 项目计划后，下一步便是 IT 项目经理带领 IT 项目团队实施 IT 项目计划，同时动态跟踪 IT 项目的实施情况，对比实际情况与项目计划并适当控制，以保证 IT 项目成功实施并通过验收。

1. IT 项目实施与监控内容

IT 项目实施主要围绕着进度、成本和质量展开，包括 IT 项目范围核实、IT 项目组织管理、IT 项目进度跟踪、IT 项目成本跟踪、IT 项目配置管理、IT 项目测试管理、IT 项目维护管理、IT 项目采购管理和 IT 项目风险跟踪。详细信息请参见本书第 1 章的 1.6 节。IT 项目控制围绕范围、进度、质量和成本展开，包括 IT 项目范围变更控制、IT 项目进度控制、IT 项目成本控制、IT 项目质量控制、IT 项目风险控制、IT 项目监理。详细信息参见本书第 1 章的 1.7 节。

2. IT 项目实施与监控程序

IT 项目实施与监控的起点是项目基准计划发布，终点是项目交付物得到客户的确认和验收，其间始终伴随着项目跟踪和控制，对象主要是范围、进度、质量、成本和风险等，以及时掌握项目实施过程中的动态变化并有效地管理和控制，保证 IT 项目按预期目标顺利完成[9,28]。

IT 项目跟踪主要是跟踪项目的实际进度、资源的实际消耗和项目的实际成本，这是项目成功的决定性因素；同时，跟踪 IT 项目的团队状态以及 IT 项目的配置、测试、维护等，以保证 IT 项目质量；另外，持续跟踪 IT 项目采购、IT 项目风险和 IT 项目范围变化，可以控制项目成本和范围，并保证 IT 项目成功。在跟踪过程中定期报告项目执行状况，以便控制 IT 项目。IT 项目控制基于 IT 项目跟踪，其通过对比 IT 项目计划与项目进展信息，并结合专业工具与方法来发现 IT 项目在进度、成本、范围、质量等方面的执行偏差，进行 IT 项目控制。在实施过程中可采用 IT 项目监理方式。

8.3 Project 2010 中的项目监控

项目监控包括项目跟踪和项目控制，前者是后者的前提和条件，后者是前者的目的和服务对象。跟踪不好，控制难以取得理想效果；控制不好，跟踪也难以有效率。Project 基于项目数据库为用户提供各种项目数据，包括项目性能数据及变更数据，并提供实际计划和基准计划比较功能。项目管理者通过 Project 可观察项目是否按进度执行、成本是否超支以及质量是否达标等，并判断原定项目计划是否合理。若实际执行情况和原定计划有差异，应标识并分析差异，并采用 Project 专业工具预测其对项目目标的影响。若差异在可控制范围内，可制定纠正措施并调整项目计划，必要时可修改项目计划并通知相关人员。

8.3.1 Project 中的项目跟踪原理

1. 记录项目计划与实施情况

项目计划是对项目资源、任务、成本的估算，实施过程中难免会有变化，需调整项目计划，确保项目按计划实施。Project 为项目管理者提供快速查看、修改和保存项目计划，及对比项目实施情况和项目计划的机制。项目管理者可利用 Project 记录并对比项目计划和实际情况，及时发现问题，并根据实际情况更改项目数据，使项目走上正轨，最终实现预定目标[79]。

2. 随着项目进展调整项目计划

项目跟踪不是留到项目结束或是单个任务结束时才去做，而是在整个项目实施过程中持续进行。有规律地跟踪项目流程中的任务，有助于发现实际和估计情况的偏差，越早发现偏差，就越有时间对其进行修复[79]。在 Project 中，用户输入项目实际情况后，Project 会根据实际情况显示对剩余项目日程的影响，从而为项目管理者控制项目进展提供依据。

8.3.2 Project 中的项目监控过程

基于 Project 2010 的项目监控分为 3 步：首先，将优化后的项目计划设置为基准计划，作为项目控制的标准、目标与依据；其次，项目实施过程中定期更新项目进度、成本、资源等实施信息，如有必要可设置为中期计划；最后，由 Project 自动比较项目实际进展与比较基准或中期计划，并通过视图、报表等方式展现给项目管理者，以便其了解项目进展状况，查看是否存在偏差。如存在则分析原因，并根据需要调整项目计划并采取相应措施，以使项目回到计划的轨道上来[53]，最后将更新信息及时发给相关人员。

注意，项目实施过程中，项目管理的最基本要求是实时记录项目的实施情况，随时与项目计划对比并提出解决方案，使项目始终朝着预定目标进行。该工作在 Project 中称作更新项目信息。此外，项目管理者在管理项目时，需重点关注时间、成本和范围，调整项目计划时需注意：调整其中一个必然会影响到其他两个[77]。

8.3.3 Project 中的项目进度监控

进度是项目管理的三大要素之一，是项目重点监控的内容。Project 项目进度监控的过程是：跟踪、采集项目进度信息，并设置为比较基准；动态跟踪项目进程，并比较项目进度计划与项目实施情况的差异，必要时可设置为中期计划；如果发现项目工期超过预期，则需对项目进度进行控制，以使其能够按照既定进度计划完成。

1. 项目进度信息动态跟踪

在 Project 中，可通过记录项目任务已使用时间、完成程度及最终完成时间等来记录项目进度状况。具体可通过设置项目任务完成百分比、实际工期、实际开始时间与完成时间、快捷键、一次性记录完成等方式来实现，相关操作参见本书第 9 章的 9.2.3 节。Project 根据输入的部分实际值，自动计算其他相关数据，自动重排项目剩余的任务。

2. 项目进度状况评价

项目管理者可使用 Project 任务类视图查看项目关键路径、非关键路径及非关键任务的可宽延时间，同时可使用"统计信息"对话框、跟踪甘特图、网络图、日历等视图查看项目进度状况，使用甘特图、跟踪甘特图、多比较基准甘特图等视图及进度线来查看项目实际进度与项目计划的偏差，为进一步调整项目任务工期及资源分配、修改任务链接关系等提供依据，以充分利用项目任务的可宽延时间缩短项目工期，最终保证项目按照既定工期完成。

3. 项目进度控制

如何控制并缩短项目工期，可参见本书第 7 章的 7.5 节。

8.3.4 Project 中的项目资源监控

合理使用项目资源，使每一项资源都处于最佳工作状态是项目成功的重要保证。在项目实施过程中，项目管理者需使用 Project 资源类视图进行项目监控，检查、统计、分析资源使用状况和效率，使用资源调配机制解决项目资源过度分配，以合理分配与使用资源。

1. 项目资源信息动态跟踪

项目管理者可通过输入资源完成的总实际工时来记录项目实施过程中的资源消耗状况[64]。输入总实际工时之后，Project 会自动计算剩余工时。

2. 项目资源状况评价

项目管理者可使用 Project 资源使用状态类视图查看、分析与评价项目资源使用状况，如"资源使用状况"视图，具体可参见本书第 7 章的 7.4 节。同时使用比较基准等方式对比项目资源实际使用状况与项目资源计划之间的差异。

3. 项目资源控制

根据获取到的差异信息，项目管理者可进行资源调配及相应调整，关于资源冲突解决方案，读者可参见本书第 7 章的 7.4.3 节。

8.3.5 Project 中的项目成本监控

成本是项目管理三大要素之一，是项目监控的主要内容。项目管理过程中，项目管理者需实时跟踪项目成本，及时发现差异，并通过分析研究采取纠正措施。Project 中的项目成本监控和进度监控过程类似，但需用户在了解项目总时间、工期、工时统计信息的基础上，正确使用项目成本跟踪工具，根据项目进程及时调整计划，以保证在预算内按时完成项目。

1. 项目成本信息动态跟踪

在 Project 中，项目管理者可按时间段更新实际成本，相关信息可参见第 10 章的 10.2.3 节，在计算项目成本时可采取自动或手动计算方式。

2. 项目成本状况评价

项目管理者可通过 Project 资源类视图、任务类视图查看每个资源、每个任务或项目的实时成本信息，并对照项目成本基准计划，通过专业的成本分析工具来分析项目成本状况，如挣值分析，相关内容可参见第 10 章的 10.3 节。

3. 项目成本控制

关于项目成本控制措施，读者可参见第 7 章的 7.6 节。

8.4 比较基准与中期计划

比较基准是衡量项目变化的主要参照点。项目管理者可通过比较项目实施情况与项目基准计划或中期计划来发现偏差并采取应对措施[77]。

8.4.1 比较基准与中期计划概念

1. 比较基准

在项目管理过程中，管理者常需要通过设置偏差的警戒线和底线来控制项目，当出现偏差时，项目管理者就必须采取相应措施来控制项目，以使项目按照原计划实施。在 Project 中，底线就是"比较基准"，其将最初项目计划保存起来，在项目实施过程中，通过动态跟踪项目实施信息，并与最初计划对比来及时发现问题。

受内外部因素影响，项目计划常会发生变化，需不断修改和完善，故会出现多个不同版本。虽然最终的那份项目计划最重要，但有时也会用到以前的版本，所以 Project 中一个项目最多可设置 11 个比较基准[53]。每条比较基准包含任务、资源和工作分配信息，具体如表 8-1 所示。

表 8-1　比较基准计划包含信息的说明[64,79]

名　称	说　明
任务信息	任务的工期、开始日期和完成日期、工时及时间段的工时、成本及时间段的成本等
资源信息	资源的工时及时间段的工时、成本及时间段的成本、预算工时及时间段的预算工时、预算成本及时间段的预算成本信息
工作分配信息	开始日期和结束日期、工时及时间段的工时、成本及时间段的成本

2. 中期计划

中期计划是项目开始后在适当时机设置的一组任务的开始日期和结束日期[64,99]，用来与中期计划或比较基准比较，帮助项目管理者评估项目实施状况。在 Project 中，一个项目文件最多可设置 10 个中期计划。

8.4.2 设置比较基准与中期计划

1. 设置比较基准

在项目计划通过审核后，需要进行一次比较基准设置。在以后修改项目计划时，还可以适时、有选择性地修改这些比较基准[53]。这主要出于两方面的考虑：一方面，在 Project 中，一个项目最多只能设置 11 个比较基准；另一方面，并非每次修改都有保存价值。比较基准数据是作为项目文件的一部分被保存的，而非作为单独文件被保存[77]。

设置比较基准的操作步骤是：单击“项目”选项卡下“日程”组中的“设置比较基准”按钮，在下拉列表中选择“设置比较基准”命令，弹出“设置比较基准”对话框，如图 8-1 所示，单击确定按钮即可。

若只想设置部分任务信息，则操作步骤为：切换到“甘特图”视图，使用 Shift 或 Ctrl 键选定要设置为比较基准的任务，然后打开“设置比较基准”对话框，在“范围”栏中选中“选定任务”单选按钮，如图 8-2 所示，然后进行相关设置，并单击“确定”按钮。

若项目计划没有最后确定，可暂时将整个计划保存为“没有比较基准的项目计划”[64,99]，操作步骤是：直接单击“保存”按钮。

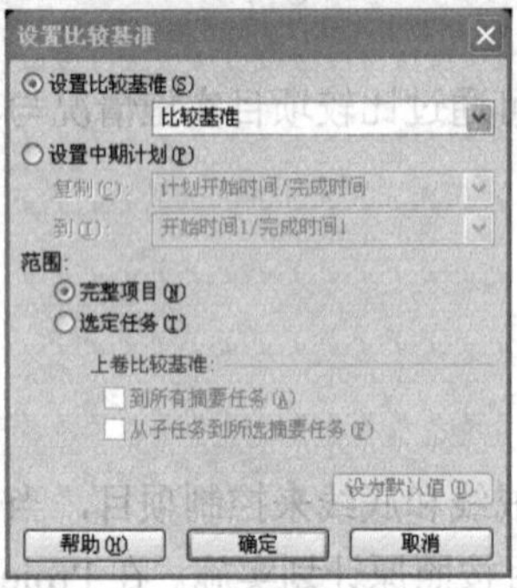

图 8-1　保存全部任务的“设置比较基准”对话框

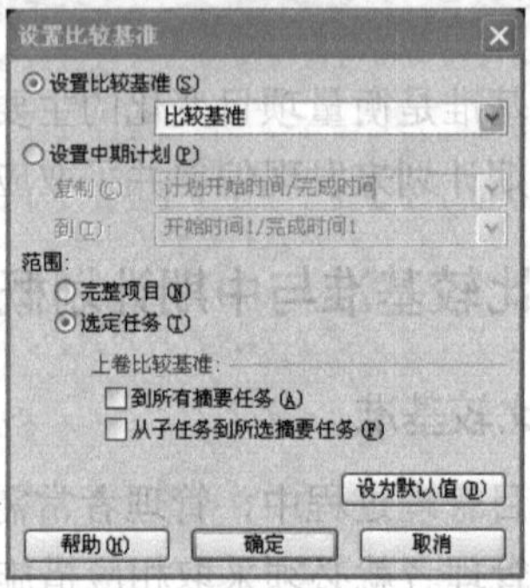

图 8-2　保存部分任务的“设置比较基准”对话框

“设置比较基准”对话框中相关选项的说明如表 8-2 所示。

表 8-2　“设置比较基准”对话框中相关选项说明[99]

选项名称		说明
设置比较基准		将当前的项目状态设置为“比较基准”，最多可达到 11 个
设置中期计划		在已设置的若干比较基准计划或中期计划之间进行数据复制。将任务的“开始时间/完成时间”复制到“开始时间 n/完成时间 n”中
复制		选择欲复制的信息来源
到		选择复制信息的目的地
完整项目		设置或复制整个项目的相关信息作为比较基准或中期计划
选定任务		只将选定任务的信息设置或复制到比较基准或中期计划中。该选项还可以在设置完项目比较基准后又增加了任务时使用
上卷比较基准	到所有摘要任务	如果希望所选任务的已更新比较基准数据上卷到相应的摘要任务，需选中该选项；否则，摘要任务的比较基准数据可能不会精确地反映子任务的基准数据
	从子任务到所选摘要任务	若希望所选摘要任务的比较基准数据得到更新，请选中该项。若用户需同时设置详细任务和摘要任务为比较基准，则同时选中“到所有摘要任务”和“从子任务到所选摘要任务”两个复选框
设为默认值		将当前设置的“设置比较基准”对话框内容作为所有新建项目的默认设置

2．设置中期计划

项目开始后，若需保存项目当前状态下的任务开始日期和完成日期，可选择将其设置为中期计划[53]。操作步骤为：在“设置比较基准”对话框中，选中“设置中期计划”单选按钮，然后在“复制”和“到”下拉列表框中选择相应的项目计划版本，在范围内设置“完整项目”或

“选定任务”，如图 8-3 所示。其中，“计划开始时间/完成时间”是指最终项目计划版本中任务的开始时间和完成时间数据；“开始时间 *n*/完成时间 *n*”（*n* 为数字，从 1 到 10）表示保存的第 *n* 个中期计划；“比较基准 *n*”表示第 *n* 个比较基准中任务的开始时间和完成时间数据。单击“确定”按钮即可[77]。

例 8-1 设置比较基准与中期计划。

将“06-07.mpp”另存为“08-01.mpp”，然后将当前项目状态设置为比较基准；再将项目开始日期向后推迟 1 天，然后将修改后的项目任务信息设置为中期计划。

操作步骤如下：

首先，将“06-07.mpp”另存为“08-01.mpp”并再次打开，然后单击“项目”选项卡下“日程”组中的“设置比较基准”按钮，在下拉列表中选择“设置比较基准”命令，弹出“设置比较基准”对话框，单击“确定”按钮即可。其次，设置项目中期计划，操作步骤为：单击“项目”选项卡下“属性”组中的“项目信息”按钮，弹出“项目信息”对话框，将项目开始日期改为“2014-4-2”，如图 8-4 所示，单击“确定”按钮；然后单击“项目”选项卡下“日程”组中的“设置比较基准”按钮，在下拉列表中选择“设置比较基准”命令，弹出“设置比较基准”对话框，选中“设置中期计划”单选按钮，单击“确定”按钮即可。

到目前为止，读者也许看不出设置比较基准和中期计划的作用，这是因为比较基准中的信息与项目计划最终版本中的信息没有任何不同。但若修改了项目计划，最终版本状态发生了改变，用户就可利用其比较当前状态与原定计划，以找出偏差。此外，当项目计划发生显著变化导致初始比较基准或中期计划失去了参考价值时，用户可以设置新的比较基准或中期计划[53]。

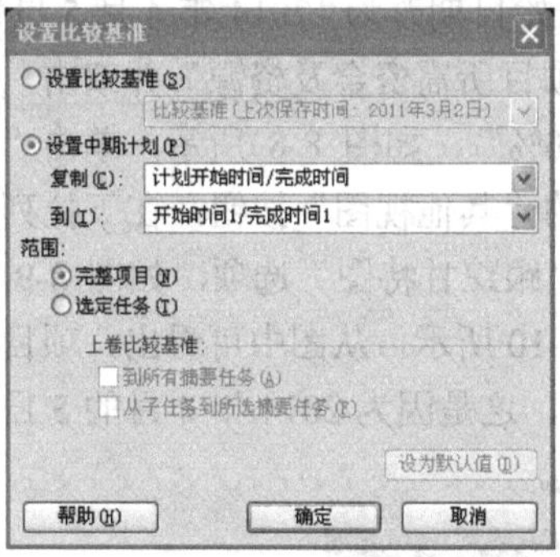

图 8-3 “设置中期计划”对话框

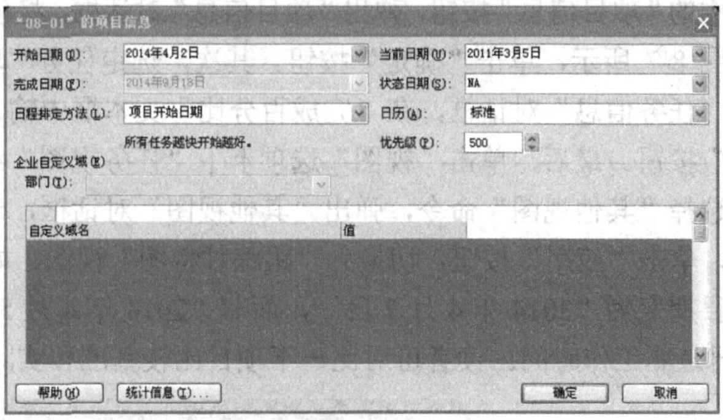

图 8-4 将项目开始日期改为“2014-4-2”

注意，最终项目计划版本、11 个比较基准和 10 个中期计划都被保存在同一个“*.mpp”项目文件中，只不过不同情况下 Project 只显示其中的部分信息[77]。

8.4.3 查看比较基准与中期计划

1. 查看比较基准

（1）通过“比较基准”表查看比较基准

在比较基准表中，用户可查看比较基准的开始时间、完成时间、工时、工期和成本等信息[77]。操作步骤为：在“甘特图”视图下，单击“视图”选项卡下“数据”组中的“表格”按钮，在下拉列表中选择“更多表格”命令，弹出“其他表”对话框，如图 8-5 所示，选取“比较基准”，单击“应用”按钮，即可出现“比较基准”表，如图 8-6 所示。

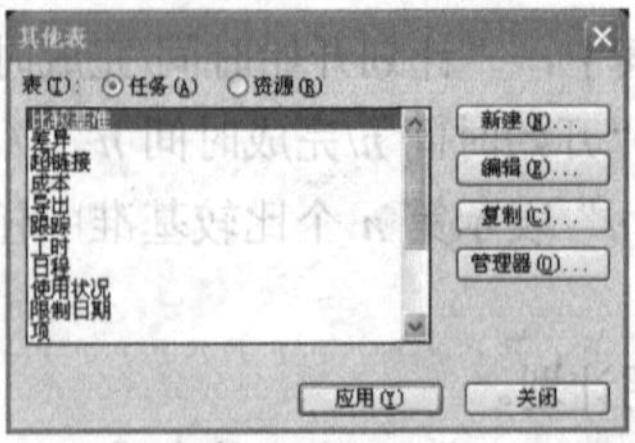

图 8-5 “其他表”对话框

任务名称	比较基准工期	比较基准开始时间	比较基准完成时间	比较基准工时	比较基准成本
⊟1 软件开发项目	120 个工作日	2014年4月1日	2014年9月17日	6,349.5 工时	199,540.00
⊟1.1 项目范围规划	4 个工作日	2014年4月1日	2014年4月4日	102 工时	¥2,490.00
1.1.1 确定项目范围	1 个工作日	2014年4月1日	2014年4月1日	51 工时	¥1,140.00
1.1.2 获得项目所需资金及资源	3 个工作日	2014年4月2日	2014年4月4日	51 工时	¥1,350.00
1.1.3 完成项目范围规划	0 个工作日	2014年4月4日	2014年4月4日	0 工时	¥0.00

图 8-6 “08-01.mpp”的“比较基准”表

（2）通过“跟踪甘特图”视图查看比较基准

“跟踪甘特图”视图为每项任务显示两个条形图：上面的条形图显示任务最终版本项目计划的开始日期和完成日期，下面的条形图显示任务比较基准的开始日期和完成日期[53]。

例 8-2 使用“跟踪甘特图”视图对比项目比较基准和实际情况。

将“08-01.mpp”另存为“08-02.mpp”，项目开始时间推后 4 天，设置“获得项目所需资金及资源”的完成百分比为 60%，请使用“跟踪甘特图”视图对比项目比较基准和实际情况。

操作步骤如下：

首先，将“08-01.mpp”另存为“08-02.mpp”并再次打开。单击“项目”选项卡下“属性”组中的“项目信息”按钮，弹出“项目信息”对话框，将项目开始日期改为“2014 年 4 月 5 日”，如图 8-7 所示，单击“确定”按钮。其次，选定任务“获得项目所需资金及资源”并双击，弹出“任务信息”对话框，在“完成百分比”文本框中输入“60%”，如图 8-8 所示，单击“确定”按钮。最后，单击“视图”选项卡下“任务视图”组中的“其他视图”按钮，在下拉列表中选择“其他视图”命令，弹出“其他视图”对话框，选择“跟踪甘特图”选项，如图 8-9 所示，单击“应用”按钮，切换到“跟踪甘特图”视图，如图 8-10 所示，从图中可看出，项目开始日期变为“2014 年 4 月 7 日”，而非“2014 年 4 月 5 日”，这是因为 2014 年 4 月的 5 日和 6 日是非工作时间。读者可对比一下项目比较基准和实际情况。

图 8-7 将项目开始日期改为“2014 年 4 月 5 日”

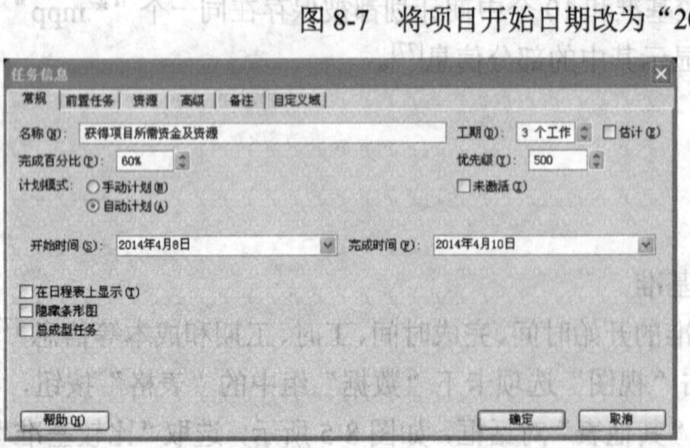

图 8-8 设置任务“获得项目所需资金及资源”完成百分比

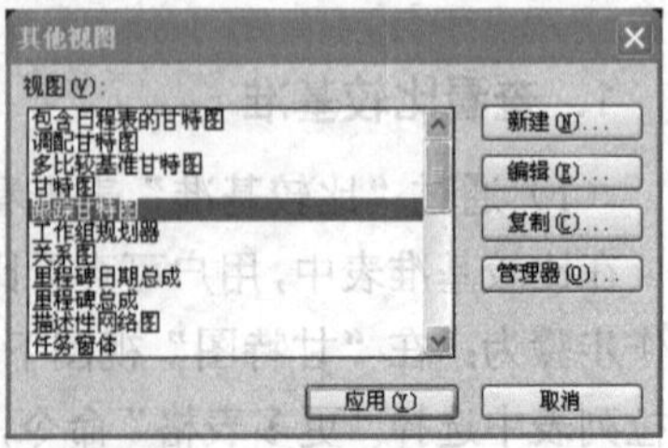

图 8-9 “其他视图”对话框

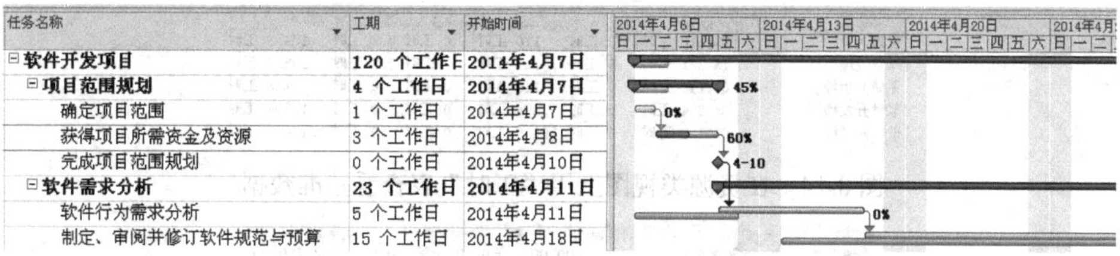

图 8-10 “08-02.mpp”的“跟踪甘特图”视图

（3）通过项目统计信息查看比较基准

操作步骤是：单击“项目”选项卡下“属性”组中的“项目信息”按钮，弹出“项目信息”对话框，再单击其底部的“统计信息”按钮，弹出“项目统计”对话框，如图 8-11 所示为“08-02.mpp”的“项目统计”对话框，可看到项目比较基准的开始时间、完成时间、工期、工时和成本，同时显示项目当前计划、实际执行信息及它们与比较基准的差异[53]。

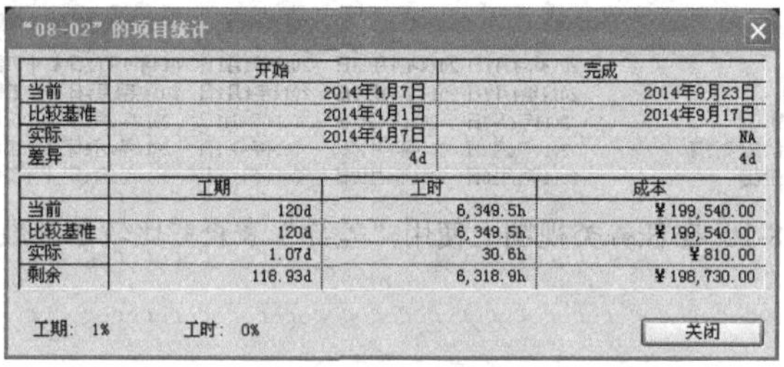

	开始	完成
当前	2014年4月7日	2014年9月23日
比较基准	2014年4月1日	2014年9月17日
实际	2014年4月7日	NA
差异	4d	4d

	工期	工时	成本
当前	120d	6,349.5h	¥199,540.00
比较基准	120d	6,349.5h	¥199,540.00
实际	1.07d	30.6h	¥810.00
剩余	118.93d	6,318.9h	¥198,730.00

图 8-11 “08-02.mpp”项目统计信息

（4）在任务类和资源类视图中使用差异、工时和成本表查看比较基准

在任务类视图和资源类视图中可通过其他表查看比较基准数据。例如，使用“工时”表可查看任务实际工时、比较基准工时及两者之间的差异[77]；使用“成本”表可查看任务实际成本、比较基准成本及两者之间的差异。在任务类/资源类视图上使用“工时”、“成本”表查看比较基准的操作步骤类似，下面以在任务类视图上使用“工时”表查看比较基准为例进行说明。首先切换到任务类视图，如“甘特图”，然后单击“视图”选项卡下“数据”组中的“表格”按钮，在下拉列表中选择“更多表格”命令，弹出“其他表”对话框，选取“工时”并单击“应用”按钮，结果如图 8-12 所示。如图 8-13 所示是在“甘特图”视图上使用“成本”表查看比较基准数据，如图 8-14 所示是在“资源工作表”视图上使用“工时”表查看比较基准数据，如图 8-15 所示是在“资源工作表”视图上使用“成本”表查看比较基准数据。

务名称	工时	比较基准	差异	实际	剩余	工时完成百分比
软件开发项目	**6,349.5 工时**	**349.5 工时**	**0 工时**	**30.6 工时**	**318.9 工时**	**0%**
项目范围规划	**102 工时**	**102 工时**	**0 工时**	**30.6 工时**	**71.4 工时**	**30%**
确定项目范围	51 工时	51 工时	0 工时	0 工时	51 工时	0%
获得项目所需资金及资源	51 工时	51 工时	0 工时	30.6 工时	20.4 工时	60%
完成项目范围规划	0 工时	0 工时	0 工时	0 工时	0 工时	0%

图 8-12 在任务类视图上使用“工时”表查看比较基准数据

任务名称	固定成本	固定成本累算	总成本	比较基准	差异	实际	剩余
软件开发项目	**¥0.00**	**按比例**	**¥199,540.00**	**¥199,540.00**	**¥0.00**	**¥810.00**	**¥198,730.00**
项目范围规划	**¥0.00**	**按比例**	**¥2,490.00**	**¥2,490.00**	**¥0.00**	**¥810.00**	**¥1,680.00**
确定项目范围	¥0.00	按比例	¥1,140.00	¥1,140.00	¥0.00	¥0.00	¥1,140.00
获得项目所需资金及资源	¥0.00	按比例	¥1,350.00	¥1,350.00	¥0.00	¥810.00	¥540.00
完成项目范围规划	¥0.00	按比例	¥0.00	¥0.00	¥0.00	¥0.00	¥0.00

图 8-13 在任务类视图上使用“成本”表查看比较基准数据

源名称	完成百分	工时	加班	比较基准	差异	实际	剩余
管理人员	9%	170 工时	0 工时	170 工时	0 工时	5.3 工时	154.7 工时
项目经理	7%	221 工时	0 工时	221 工时	0 工时	5.3 工时	205.7 工时
系统分析师	0%	748 工时	0 工时	748 工时	0 工时	0 工时	748 工时
软件开发师	0%	394 工时	0 工时	1,394 工时	0 工时	0 工时	1,394 工时
软件测试师	0%	4.5 工时	0 工时	164.5 工时	0 工时	0 工时	1,164.5 工时

图 8-14　在资源类视图上用“工时”表查看基准数据

源名称	成本	比较基准成本	差异	实际成本	剩余成本
管理人员	￥3,000.00	￥3,000.00	￥0.00	￥270.00	￥2,730.00
项目经理	￥7,800.00	￥7,800.00	￥0.00	￥540.00	￥7,260.00
系统分析师	￥19,800.00	￥19,800.00	￥0.00	￥0.00	￥19,800.00
软件开发师	￥29,520.00	￥29,520.00	￥0.00	￥0.00	￥29,520.00
软件测试师	￥24,660.00	￥24,660.00	￥0.00	￥0.00	￥24,660.00

图 8-15　在资源类视图上用“成本”表查看基准数据

此外，在任务类视图中还可使用“差异”表查看任务的当前开始时间和完成时间与比较基准之间的差异信息。如图 8-16 所示是在“甘特图”视图上使用“差异”表查看比较基准数据，可看出完成时间的差异为 4 个工作日。

任务名称	开始时间	完成时间	比较基准开始时间	比较基准完成时间	开始时间差异	完成时间差异
⊟软件开发项目	2014年4月7日	2014年9月23日	2014年4月1日	2014年9月17日	4 个工作日	4 个工作日
⊟项目范围规划	2014年4月7日	2014年4月10日	2014年4月1日	2014年4月4日	4 个工作日	4 个工作日
确定项目范围	2014年4月7日	2014年4月7日	2014年4月1日	2014年4月1日	4 个工作日	4 个工作日
获得项目所需资金及资源	2014年4月8日	2014年4月10日	2014年4月2日	2014年4月4日	4 个工作日	4 个工作日
完成项目范围规划	2014年4月10日	2014年4月10日	2014年4月4日	2014年4月4日	4 个工作日	4 个工作日

图 8-16 在任务类视图上使用“差异”表查看比较基准数据

2．查看中期计划

设置好中期计划后，可在任务类视图中插入相应域（“开始时间 *n*”和“完成时间 *n*”）进行查看。如查看“08-02.mpp”的第 1 个中期计划，操作步骤为：打开“08-02.mpp”并切换到“甘特图”视图，然后左侧任务工作表中插入“开始时间 1”和“完成时间 1”域（操作步骤是右键单击某列，在下拉列表中选择“插入列”，此时任务工作表中自动添加一列，然后在其下拉列表中选择“开始时间 1”，同样方法可插入“完成时间 1”），结果如图 8-17 所示，此时即可查看第 1 个中期计划中每个任务的开始日期和完成日期，可看出项目开始日期是 2014 年 4 月 2 日。

任务名称	开始时间1	完成时间1	比较基准工期	比较基准开始时间	比较基准完成时间	比较基准工时	比较基准成本
⊟1 软件开发项目	2014年4月2日	2014年9月18日	120 个工作日	2014年4月1日	2014年9月17日	6,349.5 工时	199,540.
⊟1.1 项目范围规划	2014年4月2日	2014年4月7日	4 个工作日	2014年4月1日	2014年4月4日	102 工时	￥2,490.
1.1.1 确定项目范围	2014年4月2日	2014年4月2日	1 个工作日	2014年4月1日	2014年4月1日	51 工时	￥1,140.
1.1.2 获得项目所需资金及资源	2014年4月3日	2014年4月7日	3 个工作日	2014年4月2日	2014年4月4日	51 工时	￥1,350.
1.1.3 完成项目范围规划	2014年4月7日	2014年4月7日	0 个工作日	2014年4月4日	2014年4月4日	0 工时	￥0.
⊟1.2 软件需求分析	2014年4月8日	2014年5月12日	23 个工作日	2014年4月7日	2014年5月9日	569.5 工时	￥16,325.
1.2.1 软件行为需求分析	2014年4月8日	2014年4月14日	5 个工作日	2014年4月7日	2014年4月11日	127.5 工时	￥3,375.

图 8-17　查看“08-02.mpp”中的第 1 个中期计划

8.4.4　更新比较基准与中期计划

1．更新比较基准

项目实施过程中出现成本、时间安排、资源等方面的变化在所难免，此时就需要调整项目计划，以确保项目按计划实施，如添加或修改任务等。若项目变化不大，就可修改比较基准，否则，就需将最新状态的项目计划设置为第 2 个、第 3 个项目比较基准[79]。更新比较基准的操作步骤是：切换到“甘特图”视图，在左侧任务工作表中“任务名称”中添加任务，或修改现有任务并保存，然后选中发生变化的任务，单击“项目”选项卡下“日程”组中的“设置比较基准”按钮，在下拉列表中选择“设置比较基准”命令，弹出“设置比较基准”对话框，在“设置比较基准”下拉列表框选择要修改的比较基准，选中“选定任务”单选按钮，同时选中“到所有摘要任务”和“从子任务到所选摘要任务”复选框，如图 8-18 所示，单击“确定”按钮，在系统提示覆盖现有已保存数据时，单击“是”按钮[99]即可。这样，比较基准就包含了最新的任务信息。

2. 更新中期计划

更新中期计划与更新比较基准的操作步骤基本类似，只是在“设置比较基准”对话框中，改为选择“设置中期计划”单选项，然后在“到”下拉列表框中选择所要修改的中期计划的“开始时间 *n*/完成时间 *n*”，并在“范围”部分选择“完整项目”或“选定任务”单选项，如图 8-19 所示，最后单击“确定”按钮，在系统提示覆盖现有已保存数据时，单击“是”按钮即可。

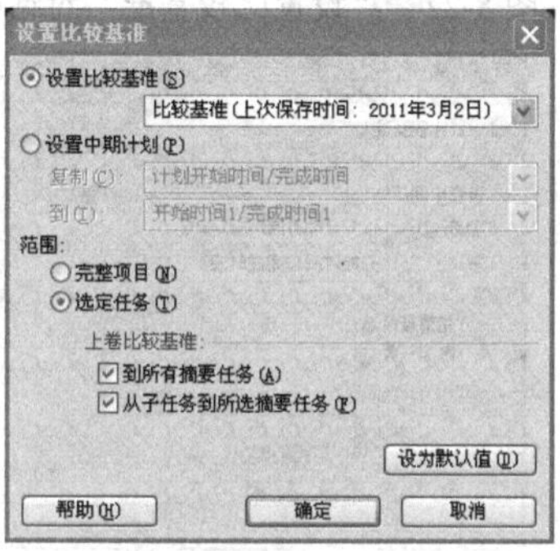

图 8-18　向比较基准中添加任务

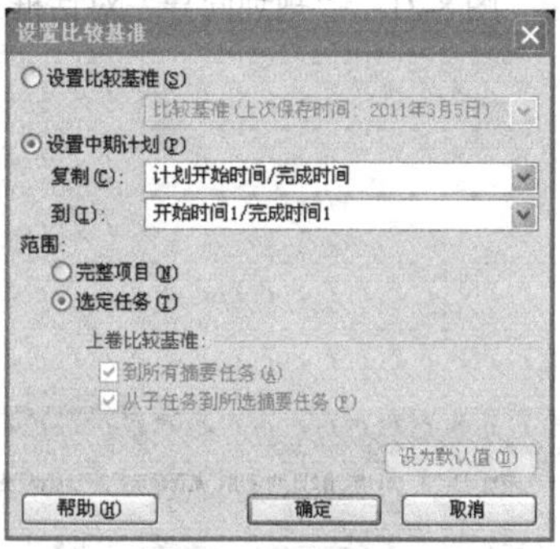

图 8-19　向中期计划中添加任务

例 8-3　更新中期计划中的数据。

将“08-02.mpp”另存为“08-03.mpp”，将任务“软件行为需求分析”原来的完成时间推迟 1 天，然后更新“08-03.mpp”中的比较基准与中期计划信息，并查看更新前后项目信息的变化。

操作步骤如下：

将“08-02.mpp”另存为“08-03.mpp”并再次打开，然后，选中任务“软件行为需求分析”并双击，弹出“任务信息”对话框，将其完成时间由“2014 年 4 月 11 日”改为“2014 年 4 月 18 日”，如图 8-20 所示。单击“确定”按钮，弹出“规划向导”对话框，选中“继续，允许日程排定的冲突”单选按钮，如图 8-21 所示，单击“确定”按钮。

首先，更新比较基准，操作步骤是：单击“项目”选项卡下“日程”组中的“设置比较基准”按钮，在下拉列表中选择“设置比较基准”命令，弹出“设置比较基准”对话框，如图 8-22 所示，单击“确定”按钮，弹出“Microsoft Project”对话框，如图 8-23 所示，单击“是”按钮。

最后，更新中期计划，操作步骤是：单击“项目”选项卡下“日程”组中的“设置比较基准”按钮，在下拉列表中选择“设置比较基准”命令，弹出“设置比较基准”对话框，选中“设置中期计划”单选按钮，如图 8-24 所示，单击“确定”按钮。此时，项目“08-03.mpp”如图 8-25 所示。

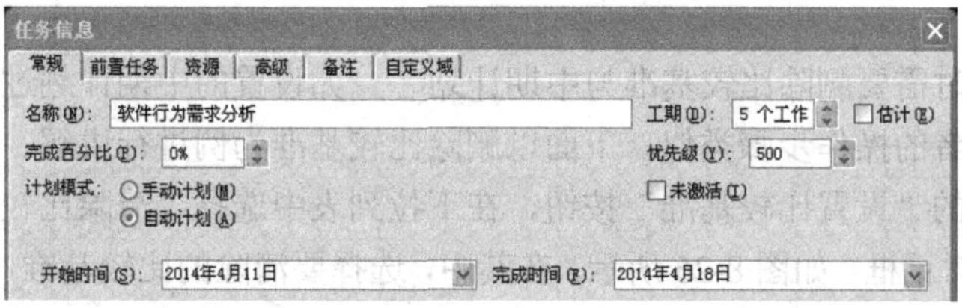

图 8-20　“任务信息”对话框

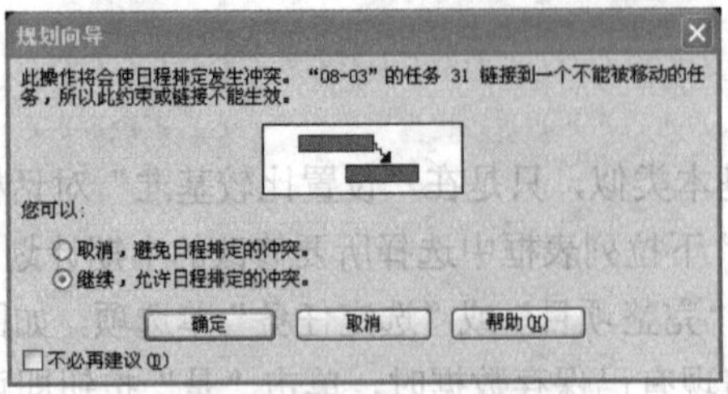

图 8-21　“规划向导”对话框

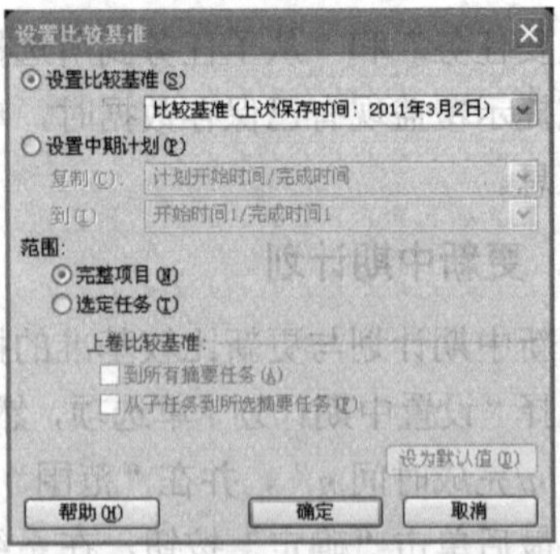

图 8-22　“设置比较基准”对话框

图 8-23　“Microsoft Project”对话框

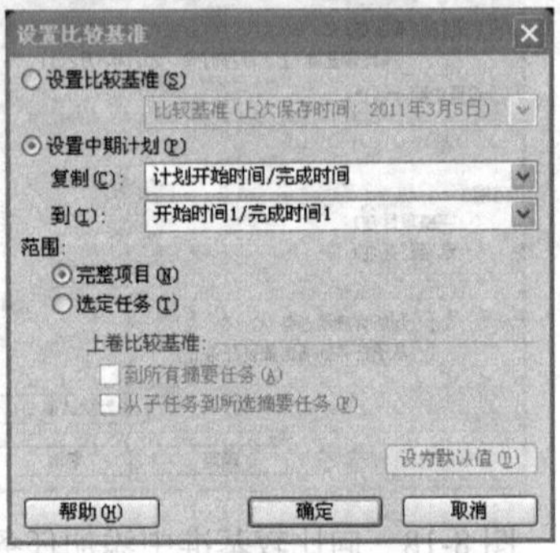

图 8-24　设置中期计划

任务名称	开始时间1	完成时间1	比较基准工期	比较基准开始时间	比较基准完成时间
⊟1 软件开发项目	**2014年4月7日**	**2014年9月24日**	**120.94 个工作日**	**2014年4月7日**	**2014年9月24日**
⊟1.1 项目范围规划	**2014年4月7日**	**2014年4月10日**	**4 个工作日**	**2014年4月7日**	**2014年4月10日**
1.1.1 确定项目范围	2014年4月7日	2014年4月7日	1 个工作日	2014年4月7日	2014年4月7日
1.1.2 获得项目所需资金及资源	2014年4月8日	2014年4月10日	3 个工作日	2014年4月8日	2014年4月10日
1.1.3 完成项目范围规划	2014年4月10日	2014年4月10日	0 个工作日	2014年4月10日	2014年4月10日
⊟1.2 软件需求分析	**2014年4月11日**	**2014年5月16日**	**23 个工作日**	**2014年4月11日**	**2014年5月16日**
1.2.1 软件行为需求分析	2014年4月11日	2014年4月18日	5 个工作日	2014年4月11日	2014年4月18日
1.2.2 制定、审阅并修订软件规范与预算	2014年4月18日	2014年5月13日	15 个工作日	2014年4月18日	2014年5月13日
1.2.3 制定软件交付期限	2014年5月13日	2014年5月14日	1 个工作日	2014年5月13日	2014年5月14日
1.2.4 获得开展后续工作的批准及所需资源	2014年5月14日	2014年5月16日	2 个工作日	2014年5月14日	2014年5月16日
1.2.5 完成软件需求分析	2014年5月16日	2014年5月16日	0 个工作日	2014年5月16日	2014年5月16日
⊟1.3 软件设计	**2014年5月16日**	**2014年6月9日**	**16 个工作日**	**2014年5月16日**	**2014年6月9日**
1.3.1 制定、审阅并修订软件功能规范	2014年5月16日	2014年5月30日	10 个工作日	2014年5月16日	2014年5月30日
1.3.2 开发软件原型	2014年5月30日	2014年6月6日	5 个工作日	2014年5月30日	2014年6月6日
1.3.3 获得开展后续工作的批准	2014年6月6日	2014年6月9日	1 个工作日	2014年6月6日	2014年6月9日
1.3.4 完成软件设计	2014年6月9日	2014年6月9日	0 个工作日	2014年6月9日	2014年6月9日

图 8-25　更新比较基准与中期计划后的“08-03.mpp”

对比图 8-17 和图 8-25，可发现，比较基准中任务“软件行为需求分析”的完成日期改为了“2014 年 4 月 18 日”，另外，由于更新中期计划时，选择的是“整个项目”，因此“开始时间 1”和“完成时间 1”均全部发生变化，原因读者可自己分析一下。

8.4.5　删除比较基准与中期计划

项目管理中有时需要删除比较基准与中期计划[79]，如设置的中期计划过多，超过了 Project 的限制时。删除两者的操作步骤类似，下面以删除比较基准为例进行讲解。单击“项目”选项卡下“日程”组中的“设置比较基准”按钮，在下拉列表中选择“清除比较基准”命令，弹出“清除比较基准”对话框，如图 8-26 所示，在其中，选择要清除的比较基准，在范围内选中“完整项目”或“选定任务”单选按钮，单击“确定”按钮即可。若要清除中期计划，则在“清除比较基准”对话框中选中“清除中期计划”单选按钮，再选择要清除的中期计划及范围，单击“确定”按钮即可。

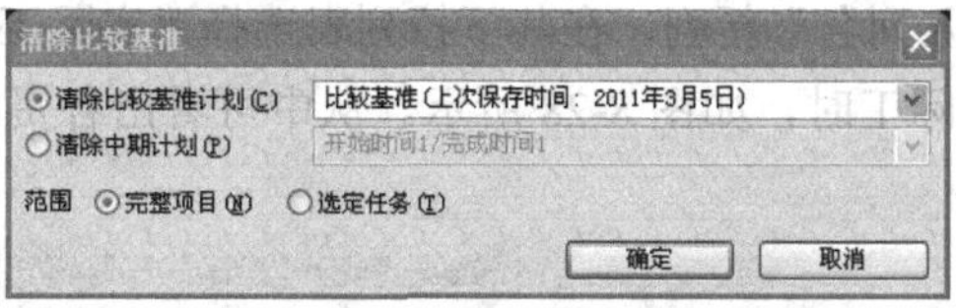

图 8-26 “清除比较基准”对话框

8.5 项目资源信息的跟踪与控制

进行项目资源信息的跟踪与控制主要是为了跟踪实际工时，了解每个任务或各个资源的实际完成工时量，然后通过比较计划工时量和实际工时量，辅助项目管理者了解资源业绩，计划将来项目的工作量。

在 Project 中，项目资源信息跟踪与控制的步骤为：设置项目资源比较基准，更新项目资源信息并适时设置中期计划，查看资源计划工时与实际工时的差异，将项目资源控制在计划之内，查看项目资源状态报告，最后进行项目资源信息变更控制。下面以“08-03.mpp”为基础讲解项目资源信息的跟踪与控制流程。

8.5.1 设置项目资源比较基准

制定好项目进度计划后，即可将其设置为比较基准。操作步骤为：将“08-03.mpp”另存为“08-04.mpp”并再次打开，单击“项目”选项卡下“日程”组中的“设置比较基准”按钮，在下拉列表中选择“设置比较基准”命令，弹出“设置比较基准”对话框，如图 8-27 所示。若是首次设置比较基准，直接单击“确定”按钮；否则需选择相应比较基准或对现有比较基准进行更新。具体参见本章的 8.4 节。

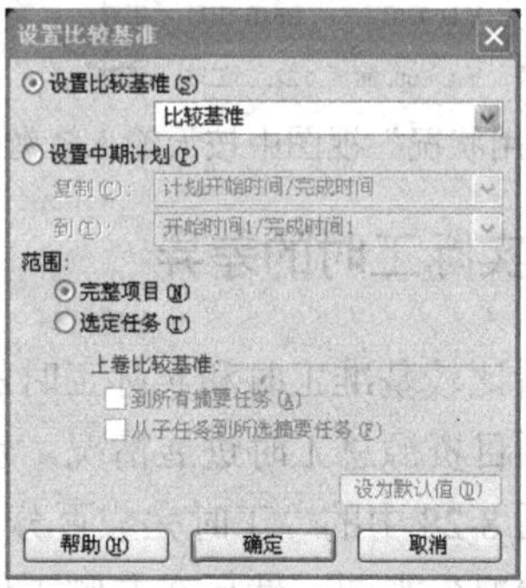

图 8-27 首次设置比较基准

8.5.2 更新项目资源信息

1. 输入资源完成的总实际工时

在 Project 2010 中，可通过输入资源完成的总实际工时来记录项目实施过程中的资源消耗状况。Project 会根据用户输入的总实际工时自动计算剩余工时[64]。操作步骤为：切换到“任务分配状况”视图，在左侧工作表中选中“比较基准”列，单击右键并在下拉列表中选择“插入列”命令，工作表中出现“键入列名”新列，在其下拉列表选择“实际工时”选项，在下方单元格中依次输入各资源的总实际工时，如图 8-28 所示。从中可看出各资源的剩余工时及工时完成百分比。

务名称	工时	实际工时	比较基准	差异	实际	剩余	工时完成百分比
软件开发项目	**6,349.5 工时**	**49.6 工时**	**6,349.5 工时**	**0 工时**	**49.6 工时**	**6,299.9 工时**	**1%**
⊟项目范围规划	**102 工时**	**49.6 工时**	**102 工时**	**0 工时**	**49.6 工时**	**52.4 工时**	**49%**
⊟确定项目范围	51 工时	19 工时	51 工时	0 工时	19 工时	32 工时	37%
管理人员	17 工时	8 工时	17 工时	0 工时	8 工时	9 工时	47%
项目经理	8.5 工时	6 工时	8.5 工时	0 工时	6 工时	2.5 工时	71%

图 8-28　在“任务分配状况”视图中输入资源完成的总实际工时

2. 每天更新资源的实际工时

在 Project 2010 中，除了可以通过输入资源完成的总实际工时外，还可通过使用时间分段域来跟踪项目资源的实际工时信息，如按天输入各项资源的实际工时。操作步骤为：切换到“资源使用状况”视图，选中“格式”选项卡下“详细信息”组中的“实际工时”复选框，取消选中“成本”复选框，然后在视图右侧每项资源每天的“实际工时”域输入工时数，如图 8-29 所示。

资源名称	成本	工时	详细信息	月6日 一	二	三	四	五
确定项目范围	¥300.00	17 工时	工时	17h				
			实际工时	8h				
获得项目所需资金及资源	¥450.00	25.5 工时	工时		8.5h	6.8h	3h	7.2h
			实际工时		8.5h	6.8h	3h	
获得开展后续工作的批准及所需资源	¥600.00	34 工时	工时					
			实际工时					
制定、审阅并修订软件功能规范	¥1,500.00	85 工时	工时					
			实际工时					
获得开展后续工作的批准	¥150.00	8.5 工时	工时					
			实际工时					
⊟项目经理	¥7,800.00	221 工时	工时	8.5h	8.5h	8.5h	8.5h	
			实际工时	6h	8.5h	6.8h		
确定项目范围	¥300.00	8.5 工时	工时	8.5h				
			实际工时	6h				
获得项目所需资金及资源	¥900.00	25.5 工时	工时		8.5h	8.5h	8.5h	
			实际工时		8.5h	6.8h		
制定、审阅并修订软件规范与预	¥4,500.00	127.5 工时	工时					

图 8-29　在“资源使用状况”视图中按天输入资源每天完成的实际工时

8.5.3　查看资源计划工时与实际工时的差异

在 Project 2010 中，可通过查看比较基准工时和实际工时的差异来分析项目资源完成的总工时，既可只查看总工时，以了解项目资源总工时进展情况，也可按天对比，以详细了解项目资源工时进展情况[64]。前者可参见图 8-28 中的“工时完成百分比”、“实际工时”等域，后者的操作步骤是：切换到“资源使用状况”视图，然后在左侧工作表中单击“添加新列”域，在其下拉列表中选择“实际工时”，此时，对比“工时”和“实际工时”域即可了解项目资源总工时的进展情况，然后选中“格式”选项卡下“详细信息”组中的“实际工时”复选框，结果如图 8-30 所示。此时，单击“资源使用状况”视图右侧图表底部的滚动条可查看每项资源每天的工时和实际工时的对比信息。

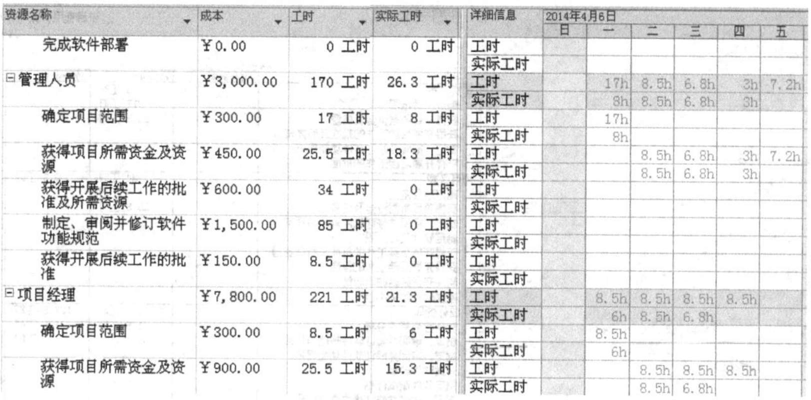

资源名称	成本	工时	实际工时	详细信息	2014年4月6日 日	一	二	三	四	五
完成软件部署	¥0.00	0 工时	0 工时	工时						
				实际工时						
⊟管理人员	¥3,000.00	170 工时	26.3 工时	工时		17h	8.5h	6.8h	3h	7.2h
				实际工时		8h	8.5h	6.8h	3h	
确定项目范围	¥300.00	17 工时	8 工时	工时		17h				
				实际工时		8h				
获得项目所需资金及资源	¥450.00	25.5 工时	18.3 工时	工时			8.5h	6.8h	3h	7.2h
				实际工时			8.5h	6.8h	3h	
获得开展后续工作的批准及所需资源	¥600.00	34 工时	0 工时	工时						
				实际工时						
制定、审阅并修订软件功能规范	¥1,500.00	85 工时	0 工时	工时						
				实际工时						
获得开展后续工作的批准	¥150.00	8.5 工时	0 工时	工时						
				实际工时						
⊟项目经理	¥7,800.00	221 工时	21.3 工时	工时		8.5h	8.5h	8.5h	8.5h	
				实际工时		6h	8.5h	6.8h		
确定项目范围	¥300.00	8.5 工时	6 工时	工时		8.5h				
				实际工时		6h				
获得项目所需资金及资源	¥900.00	25.5 工时	15.3 工时	工时			8.5h	8.5h	8.5h	
				实际工时			8.5h	6.8h		

图 8-30 使用“资源使用状况”视图查看资源计划工时与实际工时的差异

8.5.4 将项目资源控制在计划之内

根据获取的项目资源基准计划与实施状况的差异信息，项目管理者可进行资源调配及相应调整，以确保项目顺利完成。常用方法包括 Project 资源调配功能，增加资源总量（含共享其他项目的资源），设置资源加班时间，调整资源日历，只使用资源的部分工作时间、调整资源分布、更改资源分配等方法，详细内容可参见本书第 7 章的 7.4.3 节。项目资源调整后，最好为调整过的资源添加备注信息，并重新审阅项目资源信息，必要时可将调整过后的项目文件设置为中期计划。

8.5.5 项目资源状态报告

项目资源状态报告可帮助项目管理者及时了解项目的资源状况，通过 Project 项目资源报表实现，涉及“过度分配的资源”、“资源使用状况”等报表，关于报表详细信息请参见本书第 11 章的 11.4 节。查看“资源使用状况”报表的操作步骤是：单击“项目”选项卡下“报表”组中的“报表”按钮，弹出“报表”对话框，选择“工作量”选项，如图 8-31 所示；再单击“选定”按钮，弹出“工作量报表”对话框，选择“资源使用状况”选项，如图 8-32 所示；再单击“选定”按钮，系统切换到“资源使用状况”报表及打印设置，如图 8-33 所示。若要查看“过度分配的资源”报表，则需在“报表”对话框中选择“工作分配”选项，再单击“选定”按钮后弹出“工作分配报表”对话框，选择“过度分配的资源”选项，单击“选定”按钮即可。

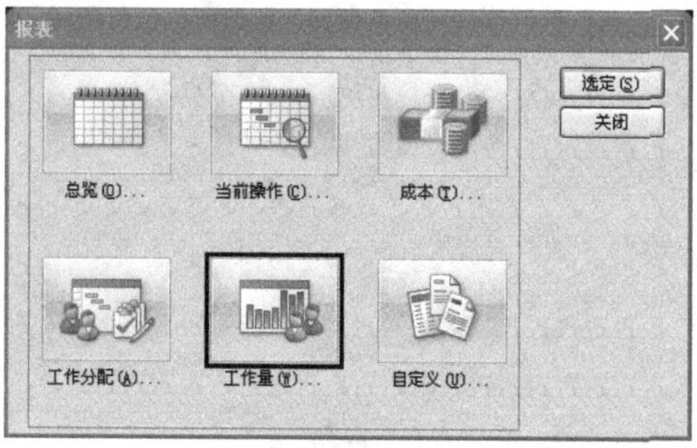

图 8-31 “报表”对话框

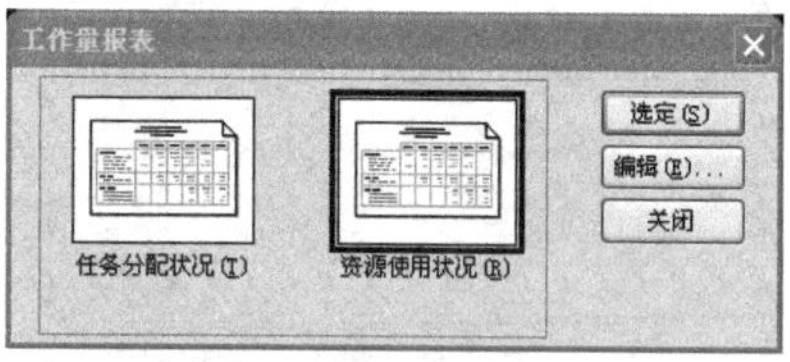

图 8-32 “工作量报表”对话框

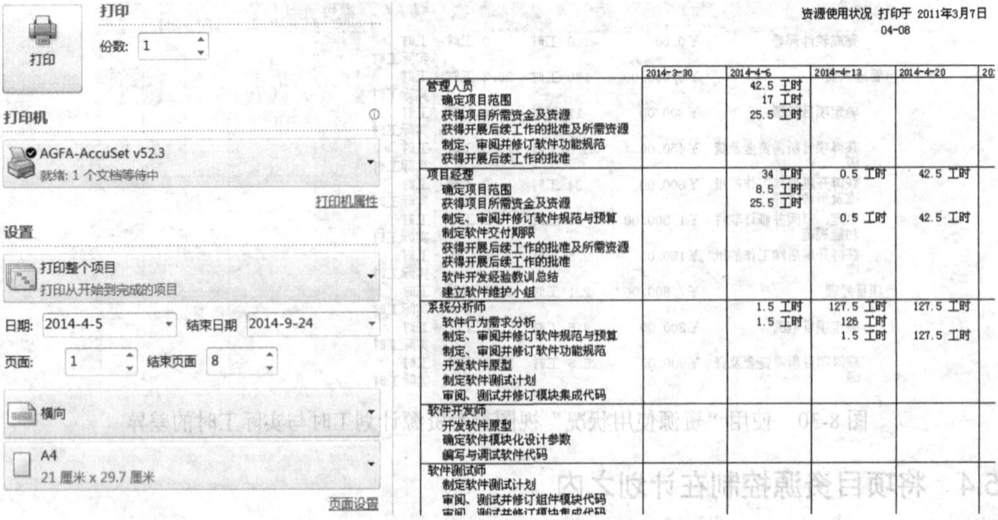

图 8-33 “资源使用状况”报表及打印设置

8.5.6 项目资源信息变更控制

资源是项目实施过程中重点监控的内容之一，直接决定着项目成本与预算，因此，项目资源变更必须严格遵循变更程序，并提交变更申请给变更控制委员会，由变更控制委员会决定是否进行变更，进而调整项目资源计划，并将变更后的项目资源计划尽快通知相关人员，尤其是采购部门，以确保项目资源能够按时到位，保证项目顺利完成。

8.6 本章小结

本章主要讲解了项目跟踪与控制的目的、内容、程序；IT 项目实施与监控的内容与程序；Project 2010 中的项目监控原理与过程；比较基准与中期计划的设置、查看、更新与删除；项目资源信息的跟踪与控制。

第 9 章 Microsoft Project 2010 与 IT 项目进度跟踪及控制

本章内容提要：

- Project 2010 中的项目进度跟踪及控制。
- 甘特图技术、网络计划技术，核心是网络图和计划评审技术。
- 专题讨论：项目进度状态报表，与项目进度相关的视图。
- 项目进度监控综合案例。

9.1 本章导读

进度是项目管理三大要素之一，是项目管理中最重要的因素，是项目的主要监控内容之一，是 Project 最强大的管理功能，也是很多项目管理者选择 Project 进行项目管理的重要原因[53]。

项目进度管理包括编制项目进度计划、项目进度监控和项目进度报告。本章主要介绍 Project 2010 中的项目进度监控原理、流程及相应操作；利用 Project 视图与报表技术辅助项目管理者跟踪、查看、评价并控制项目进度，核心是甘特图和网络图等；剖析项目进度管理关键技术与难点问题；最后以“软件开发项目”综合案例讲解完整的项目进度监控流程。

9.2 Project 2010 中的项目进度跟踪及控制

项目进度监控，是指在项目计划实施的过程中动态跟踪项目进度信息，对比项目实施进度与项目进度计划，并采用专业工具与技术进行偏差发现与分析，对存在的进度偏差采取相应控制措施，使项目按照原定计划落到实处，直至项目完成的过程。

9.2.1 概述

1. Project 2010 中的项目进度监控原理

Project 中的项目进度监控原理是：跟踪、采集项目进度信息，并设置为基准计划；动态跟踪项目进程，包括任务实际开始和完成日期、任务完成百分比或实际工时，并比较项目进度计划与项目实施情况的差异，必要时可设置中期计划；若发现项目工期超过预期，则需对项目进度进行控制，以使其能够按照既定计划完成。

2. Project 2010 中的项目进度监控流程

Project 2010 中的项目进度监控流程：首先，将项目进度计划设置为比较基准；其次更新项目进度信息，并适时设置中期计划；再次，使用 Project 视图和报表对比项目实际进度与项目计划以发现偏差；最后，实施项目进度控制。

下面将以本书第 6 章中的“软件开发项目”计划“06-07.mpp”为基础讲解项目进度监控。

9.2.2 设置项目进度比较基准

制定好项目进度计划后，即可将其设置为比较基准。操作步骤为：单击“项目”选项卡下“日程”组中的“设置比较基准”按钮，在下拉列表中选择“设置比较基准”，弹出“设置比较基准”对话框，如图 9-1 所示，若首次设置比较基准，直接单击“确定”按钮。注意，项目实施过程中有时需将项目当前状态设置为新的比较基准，此时需选择比较基准，如“比较基准 5”。另外，若需修改比较基准，则需选择相应比较基准版本，如“比较基准 5（上次保存时间：2011 年 3 月 5 日）”，修改完后，单击“确定”按钮，即可更新比较基准。

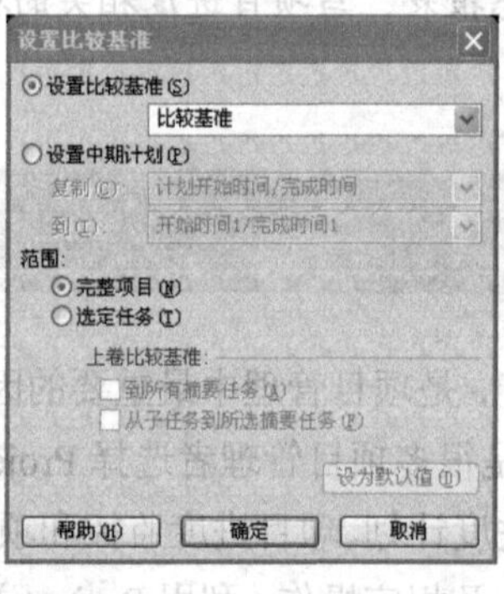

图 9-1 首次设置比较基准

9.2.3 更新项目进度信息

Project 中，可通过记录整个项目进度来一次性更新项目进度信息，也可通过记录每个任务的已使用时间、完成百分比及最终完成时间等来更新项目进度信息。前者在“更新项目”对话框中设置，后者通过设置任务的完成百分比、实际工期、实际开始与完成时间、快捷键等方式实现[64,79]。此外，按照跟踪难易程度和精准度，项目进度跟踪分为输入完成工时的百分比、输入实际完成工时和剩余工时、输入每个时间段完成工时 3 种[53]，三者精确度依次提高，但操作难度也依次提高。此外，Project 根据输入的部分实际值自动计算其他相关数据，自动重排项目剩余任务。注意，更新项目进度信息关键是及时性，以及时反映项目比较基准计划与实施状况的差异，进而及时调整项目，达到项目跟踪的目的[64]。

1. 更新完整项目进度信息

更新完整项目进度信息从总体上跟踪和更新任务组，属粗略项目进度跟踪方式。操作步骤为：单击“项目”选项卡下“状态”组中的“更新项目”按钮，弹出“更新项目”对话框，如

图 9-2 所示。在其中可更新所选或所有任务的完成百分比，或重新排定未完成任务开始日期，对话框中的选项说明如表 9-1 所示。

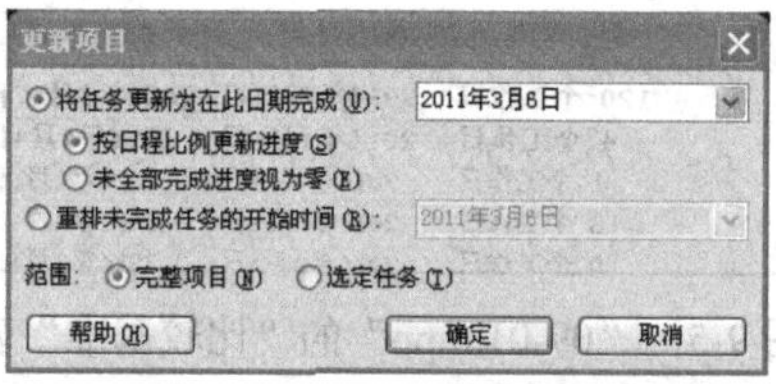

图 9-2 “更新项目”对话框

表 9-1 “更新项目”对话框的选项及其含义说明

选　项	子 选 项	含　义
将任务更新为在此日期完成	按日程比例更新任务	将计划日期视为实际日期，以输入日期为项目状态报告日期，计算任务完成百分比，未完成任务按其完成程度计算百分比，适合于查看项目当前的详细情况，在项目任务可度量性比较好的情况下采用[77]
	未全部完成进度视为零	已完成的按 100%计算，未完成的全部视为零（保守算法），适合于任务可度量性比较差的项目[77]
重排未完成任务的开始日期		从指定日期开始重排未完成任务以及任务中未完成部分
范围	完整项目	为所有任务设定实际工时
	选定任务	为选定任务设定实际工时

例 9-1　设置比较基准并更新完整项目进度信息。

将第 6 章“软件开发项目”中的“06-07.mpp”另存为“09-01.mpp”，设置比较基准，将 2014 年 6 月 1 日之前的任务按日程比例更新进度，并查看比较基准和项目进度状况。

操作步骤如下：

首先，将“06-07.mpp”另存为“09-01.mpp”并打开，单击“项目”选项卡下“日程”组中的“设置比较基准”按钮，在下拉列表中选择“设置比较基准”命令，打开“设置比较基准”对话框，单击“确定”按钮；单击“项目”选项卡下“状态”组中的“更新项目”按钮，打开“更新项目”对话框，在“将任务更新为在此日期完成”文本框内输入“2014 年 6 月 1 日”，如图 9-3 所示，单击“确定”按钮，打开“规划向导”对话框（如图 9-4 所示），单击“确定”按钮退出。

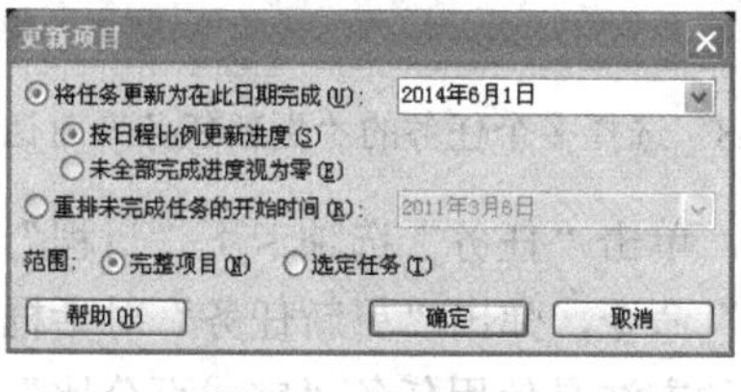

图 9-3　设置“更新项目”对话框

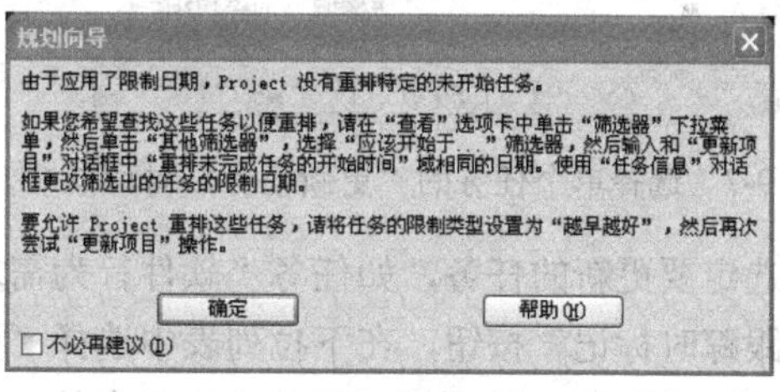

图 9-4　“规划向导”对话框

其次，查看比较基准。在“甘特图”视图下，单击“视图”选项卡下“数据”组中的“表格”按钮，在下拉列表中选择“更多表格”命令，弹出“其他表”对话框。选取“比较基准”

并单击“应用”按钮，出现比较基准表，如图 9-5 所示。可看出，项目比较基准的开始日期为 2014 年 4 月 1 日。

务名称	比较基准工期	比较基准开始时间	比较基准完成时间	比较基准工时	比较基准成本
1 软件开发项目	120 个工作日	2014年4月1日	2014年9月17日	6,349.5 工时	￥199,540.
⊟1.1 项目范围规划	4 个工作日	2014年4月1日	2014年4月4日	102 工时	￥2,490.
1.1.1 确定项目范围	1 个工作日	2014年4月1日	2014年4月1日	51 工时	￥1,140.
1.1.2 获得项目所需资金及资源	3 个工作日	2014年4月2日	2014年4月4日	51 工时	￥1,350.
1.1.3 完成项目范围规划	0 个工作日	2014年4月4日	2014年4月4日	0 工时	￥0

图 9-5　“09-01.mpp”的“比较基准”表

最后，查看项目进度状况。在“甘特图”视图下，单击“视图”选项卡下“数据”组中的“表格”按钮，在下拉列表中选择“跟踪”命令，切换到“跟踪”工作表，如图 9-6 所示。从中可看出，2014 年 6 月 1 日之前的项目任务的完成百分比均变为 100%。

任务名称	实际开始时间	实际完成时间	完成百分比	实际完成百分比	实际工期
⊟1 软件开发项目	2014年4月1日	NA	21%	0%	25.07 个工作日
⊟1.1 项目范围规划	2014年4月1日	2014年4月4日	100%	0%	4 个工作日
1.1.1 确定项目范围	2014年4月1日	2014年4月1日	100%	0%	1 个工作日
1.1.2 获得项目所需资金及资源	2014年4月2日	2014年4月4日	100%	0%	3 个工作日
1.1.3 完成项目范围规划	2014年4月4日	2014年4月4日	100%	0%	0 个工作日
⊟1.2 软件需求分析	2014年4月7日	2014年5月9日	100%	0%	23 个工作日
1.2.1 软件行为需求分析	2014年4月7日	2014年4月11日	100%	0%	5 个工作日
1.2.2 制定、审阅并修订软件规范与预算	2014年4月14日	2014年5月6日	100%	0%	15 个工作日
1.2.3 制定软件交付期限	2014年5月7日	2014年5月7日	100%	0%	1 个工作日
1.2.4 获得开展后续工作的批准及所需资源	2014年5月8日	2014年5月9日	100%	0%	2 个工作日
1.2.5 完成软件需求分析	2014年5月9日	2014年5月9日	100%	0%	0 个工作日
⊟1.3 软件设计	2014年5月12日	NA	94%	0%	15 个工作日
1.3.1 制定、审阅并修订软件功能规范	2014年5月12日	2014年5月23日	100%	0%	10 个工作日
1.3.2 开发软件原型	2014年5月26日	2014年5月30日	100%	0%	5 个工作日
1.3.3 获得开展后续工作的批准	NA	NA	0%	0%	0 个工作日

图 9-6　“09-01.mpp”的“跟踪”工作表

2. 更新选定任务

若项目实际发生情况只与某一或部分任务相关，则使用“更新选定任务”方式更新所选任务进度信息[64]。

（1）使用“更新任务”对话框更新选定项目任务进度信息

在 Project 中，可使用“更新任务”对话框逐条更新项目任务的实际信息（包括进度信息），也可批量更新多条任务信息。两者的区别是：逐条更新任务时，可显示所选任务的详细信息（如图 9-7 所示）；批量更新多条任务时，无法显示任务的详细信息[64]（如图 9-8 所示）。

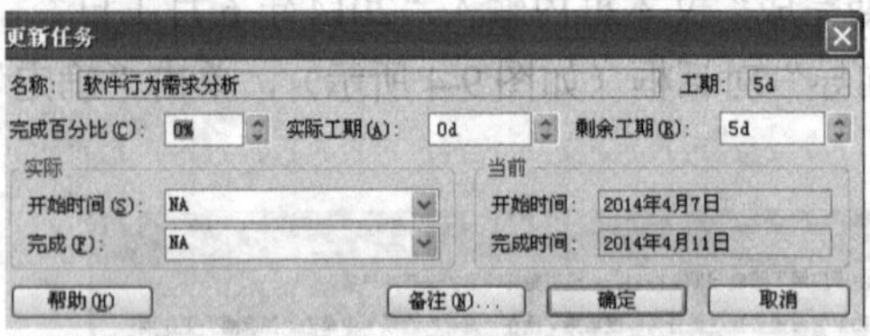

图 9-7　选择单个任务的“更新任务”对话框

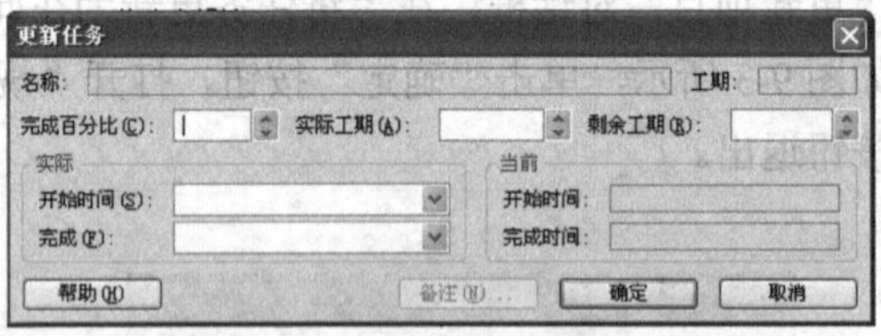

图 9-8　选择多个任务的“更新任务”对话框

选定要更新的任务，如任务“软件行为需求分析”，单击“任务”选项卡下“日程”组中的“跟踪时标记”按钮，在下拉列表中选择“更新任务”命令，弹出“更新任务”对话框。此时，可以看出有 3 种更新项目的进度信息的方法。第一种方法是使用任务“完成百分比”，操作步骤是：在“完成百分比”域中选择“实际完成百分比”选项，若实际“开始时间”与当前“开始时间”不同，则还需在“实际”栏的“开始时间”和“完成”域中设置实际日期。第二种方法是使用“实际工期”和“剩余工期”，操作步骤是：在“实际工期”域输入当前已完成工期，Project 会自动计算“剩余工期”和“完成百分比”域的信息，若“实际工期”域的值大于“工期”域的值，说明已进行工期超过最初预计，此时，Project 会自动更新“工期”域的信息；若“剩余工期”域的值为零，则说明任务已经完成。第三种方法是使用实际时间，操作步骤是：在对话框“实际”栏的“开始时间”和“完成”域中设置实际日期，其他域的值会随之发生变化[64]。此外，还可单击“备注”按钮，在其中设置或查看任务备注。

（2）使用“跟踪”工具栏更新选定任务进度信息

使用“跟踪”工具栏可更新单个或多个任务的进度信息，操作步骤是：选定任务，单击“任务”选项卡下“日程”组中“跟踪”工具栏（如图 9-9 所示）中的相应按钮。局限性仅有 0%、25%、50%、100% 4 个按钮，精确度低，优点是操作简单。

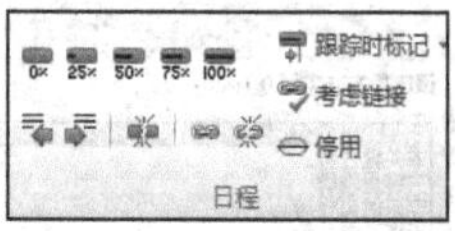

图 9-9　“跟踪”工具栏

（3）使用“跟踪”表格更新选定任务进度信息

在任何 Project 2010 视图的相关实际数据域中输入信息均可完成项目信息的更新[64]，操作步骤是：切换到视图下，如“甘特图”，单击“视图”选项卡下“数据”组中的“表格”按钮，在下拉列表中选择“跟踪”命令，切换到“跟踪”表格，如图 9-10 所示。在其中可输入实际开始时间、实际完成时间、完成百分比、实际完成百分比、实际工期和剩余工期等信息。

务名称	实际开始时间	实际完成时间	完成百分比	实际完成百分比	实际工期	剩余工期	实际成本	实际工时
1 软件开发项目	**2014年4月1日**	**NA**	**8%**	**0%**	**9.85 个工作日**	**10.15 个工作日**	**¥10,275.00**	**420.75 工时**
⊟1.1 项目范围规划	**NA**	**NA**	**0%**	**0%**	**0 个工作日**	**4 个工作日**	**¥0.00**	**0 工时**
1.1.1 确定项目范围	NA	NA	0%	0%	0 个工作日	1 个工作日	¥0.00	0 工时
1.1.2 获得项目所需资金及资源	NA	NA	0%	0%	0 个工作日	3 个工作日	¥0.00	0 工时
1.1.3 完成项目范围规划	NA	NA	0%	0%	0 个工作日	0 个工作日	¥0.00	0 工时

图 9-10　使用“跟踪”表更新项目进度信息

（4）使用“组合视图”更新选定任务进度信息

使用“组合视图”更新选定任务进度信息的操作步骤是：单击“任务”选项卡下“属性”组中的“详细信息”按钮，“甘特图”视图下半部分出现“任务详细信息”窗体，如图 9-11 所示，然后选中任务，在“完成百分比”中输入项目的实际完成百分比，在左下侧选中“实际”单选按钮，在“开始时间”和“完成”框中输入项目的实际开始时间和完成时间，并可通过“上一个”和“下一个”按钮依次操作。

	任务名称	实际开始时间	实际完成时间	完成百分比	实际完成百分比	实际工期	剩余工期
13	1.3.1 制定、审阅并修订软件功能规范	2014年5月12日	2014年5月23日	100%	0%	10 个工作日	0 个
14	1.3.2 开发软件原型	2014年5月26日	2014年5月30日	100%	0%	5 个工作日	0 个
15	1.3.3 获得开展后续工作的批准	NA	NA	0%	0%	0 个工作日	1 个
16	1.3.4 完成软件设计	NA	NA	0%	0%	0 个工作日	0 个
17	**⊟1.4 软件开发**	**NA**	**NA**	**0%**	**0%**	**0 个工作日**	**32 个**
18	1.4.1 确定软件模块化设计参数	NA	NA	0%	0%	0 个工作日	2 个
19	1.4.2 编写与调试软件代码	NA	NA	0%	0%	0 个工作日	30 个
20	1.4.3 完成软件开发	NA	NA	0%	0%	0 个工作日	0 个
21	**⊟1.5 软件测试**	**NA**	**NA**	**0%**	**0%**	**0 个工作日**	**57 个**
22	1.5.1 制定软件测试计划	NA	NA	0%	0%	0 个工作日	8 个
23	**⊟1.5.2 单元测试**	**NA**	**NA**	**0%**	**0%**	**0 个工作日**	**15 个**
24	1.5.2.1 审阅、测试并修订组件模块代码	NA	NA	0%	0%	0 个工作日	15 个

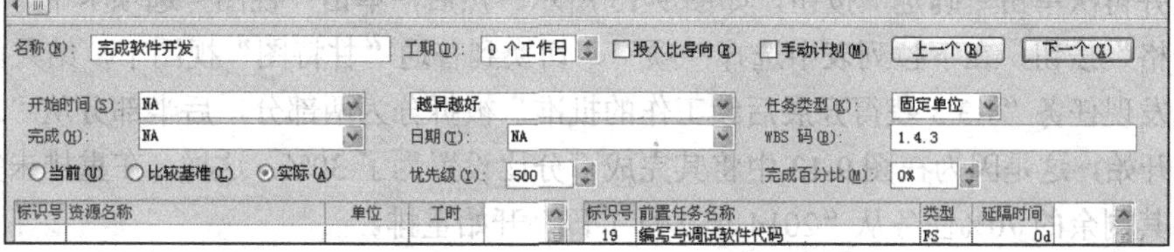

图 9-11　使用“组合视图”更新选定任务进度信息

（5）使用“网络图”视图更新选定任务进度信息

使用“网络图”视图更新选定任务进度信息的操作步骤为：单击“视图”选项卡下“任务视图”组中的“网络图”按钮，切换到“网络图”视图，再单击“格式”选项卡下“格式”组中的“方框样式”按钮，弹出“方框样式”对话框，在数据模板列表中选择“跟踪”，如图 9-12 所示，并单击“确定”按钮，即可在每个方框中输入项目的进度信息，如将标号 15 的任务的完成百分比设置为 30%，结果如图 9-13 所示。

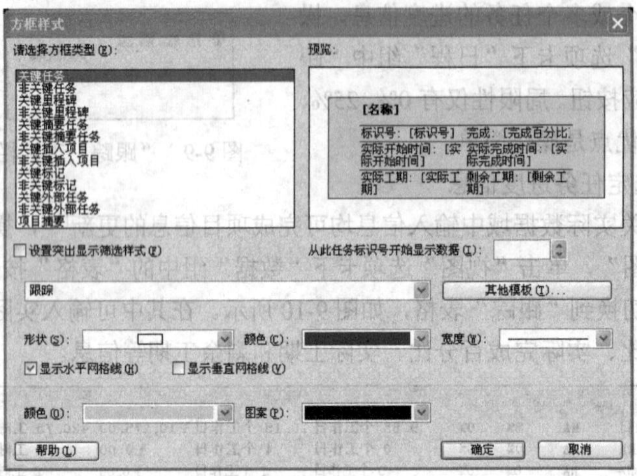

图 9-12 “方框样式”对话框

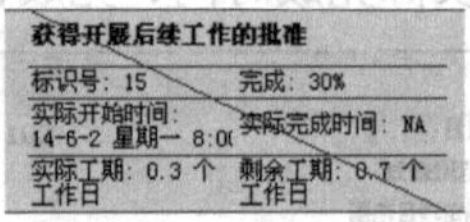

图 9-13 设置标号 15 的任务完成百分比为 30%

3. 重排未完成任务

Project 2010 中，未完成任务分两种情形：一种是在更新任务时应开始但尚未开始的任务；另一种是在更新任务时已开始但尚未完成的任务。对于前者，Project 2010 将其移至更新时间开始，且将任务自动设定为“不得早于.....开始”限制方式；对于后者，则是将任务未完成的部分移动到更新日期后继续进行，完成任务剩余部分[64]，具体在“更新项目”对话框中设置。

例 9-2 更新选定任务进度信息。

将例 9-1 中的“09-01.mpp”另存为“09-02.mpp”，并将项目中剩余未完成任务从“2014 年 7 月 1 日”进行重排，注意观察重排未完成任务后，项目进度计划的变化。

操作步骤如下：

将“09-01.mpp”另存为“09-02.mpp”并打开，单击“项目”选项卡下“状态”组中的“更新项目”按钮，弹出“更新项目”对话框，选中“重排未完成任务的开始时间”单选按钮，然后在其中输入“2014 年 7 月 1 日”，如图 9-14 所示。单击“确定”按钮，打开“规划向导”对话框，单击“确定”按钮退出，然后在二次弹出的对话框中选中“继续，允许日程排定的冲突”单选按钮并再次单击“确定”按钮，如图 9-15 所示。然后，单击“视图”选项卡下“数据”组中的“表格”按钮，在下拉列表中选择“项”，切换到普通“甘特图”视图下，结果如图 9-16 所示。可发现任务“1.3.3 获得开展后续工作的批准”被拆分为两部分，后半部分从“2014 年 7 月 1 日”开始，这是因为在图 9-13 中将其完成百分比设置为了 30%，这样，在重排未完成任务时，就将其剩余的 70%任务从“2014 年 7 月 1 日”开始重排。

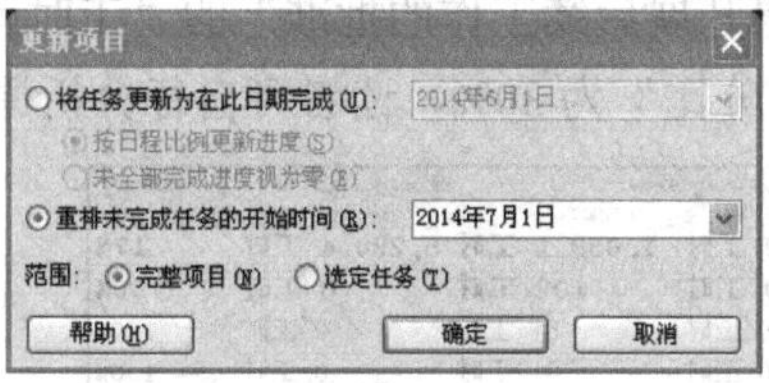

图 9-14 “更新项目”对话框

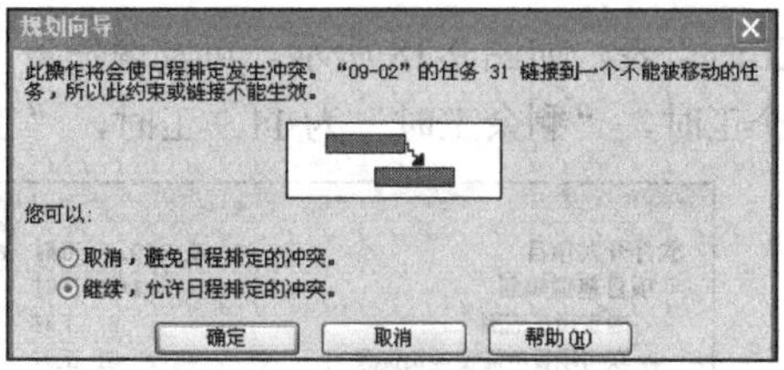

图 9-15 “规划向导”对话框

任务模式	任务名称	工期	开始时间	完成时间
	1.2.3 制定软件交付期限	1 个工作日	2014年5月7日	2014年5月7日
	1.2.4 获得开展后续工作的批准及所需资源	2 个工作日	2014年5月8日	2014年5月9日
	1.2.5 完成软件需求分析	0 个工作日	2014年5月9日	2014年5月9日
	⊟1.3 软件设计	37.64 个工个	2014年5月12日	2014年7月2日
	1.3.1 制定、审阅并修订软件功能规范	10 个工作日	2014年5月12日	2014年5月23日
	1.3.2 开发软件原型	5 个工作日	2014年5月26日	2014年5月30日
	1.3.3 获得开展后续工作的批准	22.64 个工作	2014年6月2日	2014年7月2日
	1.3.4 完成软件设计	0 个工作日	2014年7月2日	2014年7月2日
	⊟1.4 软件开发	32 个工作日	2014年7月2日	2014年8月15日

图 9-16 重排未完成任务进度信息后的“09-02.mpp”

9.2.4 对比项目实际进度与项目计划

Project 提供了差异表、筛选器、进度线等多种方式，供项目管理者对比项目实际进度与项目基准计划，以发现两者差异。

1. 使用“差异表”对比项目实际进度与项目计划

差异，是指项目比较基准与项目实施中的任务、资源、成本或日程之间的差异[64]。项目进度差异主要表现在任务类视图中，如甘特图、调配甘特图、跟踪甘特图、详细甘特图视图等。采用“差异”表查看它们的操作基本类似，下面仅以甘特图视图为例介绍其操作步骤。

打开“09-02.mpp”并切换到“甘特图”视图，单击“视图”选项卡下“数据”组中的“表格”按钮，在下拉列表中选择“差异”命令，切换到“差异”工作表，此时便可查看任务开始和完成时间的差异，如图 9-17 所示。可看出，任务“1.3.3 获得开展后续工作的批准”的“开始时间差异”为 0 个工作日，“完成时间差异”为 21.64 个工作日，这是因为该任务后 70%任务开始时间推迟到“2014 年 7 月 1 日”开始的缘故。

务名称	开始时间	完成时间	比较基准开始时间	比较基准完成时间	开始时间差异	完成时间差异
1 软件开发项目	2014年4月1日	2014年10月24日	2014年4月1日	2014年9月17日	0 个工作日	21.64 个工作日
⊟1.1 项目范围规划	2014年4月1日	2014年4月4日	2014年4月1日	2014年4月4日	0 个工作日	0 个工作日
1.1.1 确定项目范围	2014年4月1日	2014年4月1日	2014年4月1日	2014年4月1日	0 个工作日	0 个工作日
1.1.2 获得项目所需资金及资源	2014年4月2日	2014年4月4日	2014年4月2日	2014年4月4日	0 个工作日	0 个工作日
1.1.3 完成项目范围规划	2014年4月4日	2014年4月4日	2014年4月4日	2014年4月4日	0 个工作日	0 个工作日
⊟1.2 软件需求分析	2014年4月7日	2014年5月9日	2014年4月7日	2014年5月9日	0 个工作日	0 个工作日
1.2.1 软件行为需求分析	2014年4月7日	2014年4月11日	2014年4月7日	2014年4月11日	0 个工作日	0 个工作日
1.2.2 制定、审阅并修订软件规范与预算	2014年4月14日	2014年5月6日	2014年4月14日	2014年5月6日	0 个工作日	0 个工作日
1.2.3 制定软件交付期限	2014年5月7日	2014年5月7日	2014年5月7日	2014年5月7日	0 个工作日	0 个工作日
1.2.4 获得开展后续工作的批准及所需资源	2014年5月8日	2014年5月9日	2014年5月8日	2014年5月9日	0 个工作日	0 个工作日
1.2.5 完成软件需求分析	2014年5月9日	2014年5月9日	2014年5月9日	2014年5月9日	0 个工作日	0 个工作日
⊟1.3 软件设计	2014年5月12日	2014年7月2日	2014年5月12日	2014年6月2日	0 个工作日	21.64 个工作日
1.3.1 制定、审阅并修订软件功能规范	2014年5月12日	2014年5月23日	2014年5月12日	2014年5月23日	0 个工作日	0 个工作日
1.3.2 开发软件原型	2014年5月26日	2014年5月30日	2014年5月26日	2014年5月30日	0 个工作日	0 个工作日
1.3.3 获得开展后续工作的批准	2014年6月2日	2014年7月2日	2014年6月2日	2014年6月2日	0 个工作日	21.64 个工作日
1.3.4 完成软件设计	2014年7月2日	2014年7月2日	2014年6月2日	2014年6月2日	21.64 个工作日	21.64 个工作日

图 9-17 在“甘特图”视图下使用“差异”表对比项目实际进度与项目计划

此外，还可在“甘特图”视图中查看项目任务工时差异。操作步骤为：在“甘特图”视图下，单击“视图”选项卡下“数据”组中的“表格”按钮，在下拉列表中选择“工时”，切换到“工时”表，如图 9-18 所示。可发现任务“1.3.3 获得开展后续工作的批准”的“工时差异”为 0 个工时，“剩余工时”为 11.9 工时，“工时完成百分比”为 30%，读者可自行分析原因。

任务名称	工时	比较基准	差异	实际	剩余	工时完成百分比
⊟ **软件开发项目**	**6,349.5 工时**	**6,349.5 工时**	**0 工时**	**1,059.1 工时**	**5,290.4 工时**	**17%**
⊟ **项目范围规划**	**102 工时**	**102 工时**	**0 工时**	**102 工时**	**0 工时**	**100%**
确定项目范围	51 工时	51 工时	0 工时	51 工时	0 工时	100%
获得项目所需资金及资源	51 工时	51 工时	0 工时	51 工时	0 工时	100%
完成项目范围规划	0 工时	0 工时	0 工时	0 工时	0 工时	100%
⊟ **软件需求分析**	**569.5 工时**	**569.5 工时**	**0 工时**	**569.5 工时**	**0 工时**	**100%**
软件行为需求分析	127.5 工时	127.5 工时	0 工时	127.5 工时	0 工时	100%
制定、审阅并修订软件规范与预算	382.5 工时	382.5 工时	0 工时	382.5 工时	0 工时	100%
制定软件交付期限	8.5 工时	8.5 工时	0 工时	8.5 工时	0 工时	100%
获得开展后续工作的批准及所需资源	51 工时	51 工时	0 工时	51 工时	0 工时	100%
完成软件需求分析	0 工时	0 工时	0 工时	0 工时	0 工时	100%
⊟ **软件设计**	**399.5 工时**	**399.5 工时**	**0 工时**	**387.6 工时**	**11.9 工时**	**97%**
制定、审阅并修订软件功能规范	255 工时	255 工时	0 工时	255 工时	0 工时	100%
开发软件原型	127.5 工时	127.5 工时	0 工时	127.5 工时	0 工时	100%
获得开展后续工作的批准	17 工时	17 工时	0 工时	5.1 工时	11.9 工时	30%
完成软件设计	0 工时	0 工时	0 工时	0 工时	0 工时	0%

图 9-18　在“甘特图”视图下使用“工时”表对比项目实际进度与项目计划

2．使用“筛选器”辅助对比项目实际进度与项目计划

在 Project 中，可应用“筛选器”和“分组依据”辅助项目管理者对比项目实际进度与项目计划，尤其是任务数比较多时，其优势更会凸现，如在“09-02.mpp”中，可用“筛选器”和“分组依据”查看已完成任务的任务完成情况。操作步骤为：单击“视图”选项卡下“数据”组中的“筛选器”按钮，在下拉列表中选择“已完成的任务”，“分组依据”下拉列表中选择“任务完成情况”，再在“数据”组中“表格”下拉列表中选择“差异”，结果如图 9-19 所示。此外，也可通过“工时”表查看任务工时差异，相关操作请读者自己尝试一下。

任务名称	开始时间	完成时间	比较基准开始时间	比较基准完成时间	开始时间差异	完成时间差异
⊟ **完成百分比: 100%**	**2014年4月1日**	**2014年5月30日**	**2014年4月1日**	**2014年5月30日**	**0 个工作日**	**0 个工作日**
1.1.1 确定项目范围	2014年4月1日	2014年4月1日	2014年4月1日	2014年4月1日	0 个工作日	0 个工作日
1.1.2 获得项目所需资金及资源	2014年4月2日	2014年4月4日	2014年4月2日	2014年4月4日	0 个工作日	0 个工作日
1.1.3 完成项目范围规划	2014年4月4日	2014年4月4日	2014年4月4日	2014年4月4日	0 个工作日	0 个工作日
1.2.1 软件行为需求分析	2014年4月7日	2014年4月11日	2014年4月7日	2014年4月11日	0 个工作日	0 个工作日
1.2.2 制定、审阅并修订软件规范与预算	2014年4月14日	2014年5月6日	2014年4月14日	2014年5月6日	0 个工作日	0 个工作日
1.2.3 制定软件交付期限	2014年5月7日	2014年5月7日	2014年5月7日	2014年5月7日	0 个工作日	0 个工作日
1.2.4 获得开展后续工作的批准及所需资源	2014年5月8日	2014年5月9日	2014年5月8日	2014年5月9日	0 个工作日	0 个工作日
1.2.5 完成软件需求分析	2014年5月9日	2014年5月9日	2014年5月9日	2014年5月9日	0 个工作日	0 个工作日

图 9-19　使用“筛选器”和“分组依据”辅助对比项目实际进度与项目计划

3．使用“进度线”对比项目实际进度与项目计划

Project 通过在“甘特图”上显示进度线来可视化表示项目进度。进度线是在甘特条形图上绘制、用于显示截止到状态日期任务累计完成百分比的线条[64]，用于连接进行中的任务和本应开始的任务[93]。状态日期是指为报告项目的时间、成本或业绩等而设定的日期[64]。操作步骤是：在“甘特图”视图下，单击“格式”选项卡下“格式”组中的“网格线”按钮，在下拉列表中选择“进度线”命令，弹出“进度线”对话框，其中包括“日期与间隔”和“线条样式”选项卡，在“日期与间隔”选项卡中，可设置项目进度线显示的位置、频率以及基准，具体设置为：在“当前进度线”中选中“显示”复选框和“在项目状态日期”单选按钮，在“周期性间隔”中选中“显示进度线”复选框和“按周”单选按钮，在“每周”中选中“星期一”复选框，在右下侧的“显示进度线相对于”中选中“比较基准计划”单选按钮，如图 9-20 所示。然后单击“线条样式”选项卡，在所有其他进度线中选择虚线，并选择线条颜色及每条进度线显示日期格式，如图 9-21 所示，单击“确定”按钮，返回“甘特图”视图，并调整右侧条形图的

时间显示刻度，结果如图 9-22 所示。由于进度线在对比项目实际进度与项目计划中使用频率不大，因此，不再做进一步解释，感兴趣的读者可参阅相关书籍。

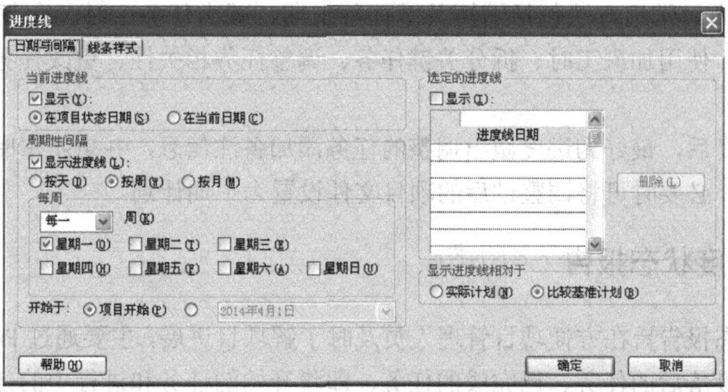

图 9-20 “进度线”对话框

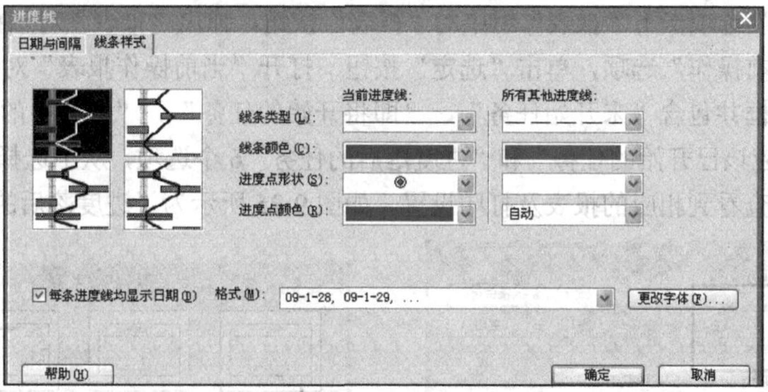

图 9-21 “线条样式”选项卡

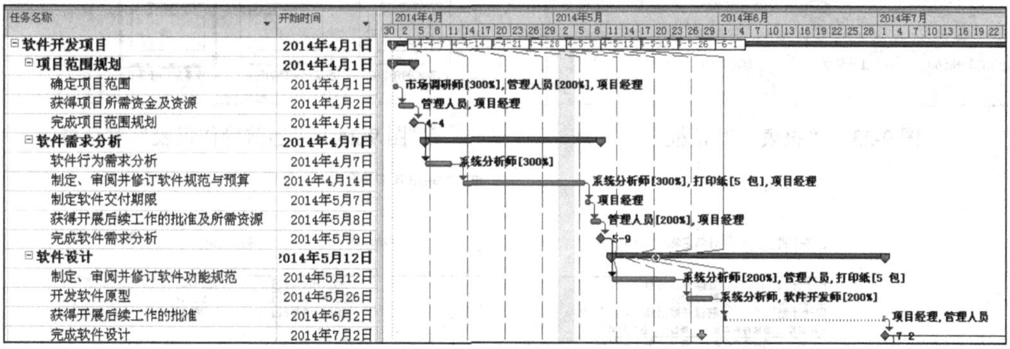

图 9-22 使用“进度线”对比项目实际进度与项目计划

9.2.5 将项目进度控制在计划之内

项目进度控制分为总进度、主进度和详细进度控制 3 种，分别适用于不同级别的项目管理者。总进度控制是项目经理等高层管理部门对项目里程碑事件的进度控制；主进度控制是项目主管部门对项目每一主要事件的进度控制；详细进度控制是作业部门对具体任务进度计划的控制[53]，是进度控制的基础。只有基于很好的详细进度控制，才能保证主进度按计划进行，最终保证项目总进度控制得以顺利实现。

项目管理者通过对比项目实际进度与项目计划，可基本了解项目的进度及差异状况。当然，项目管理者还需进一步了解并分析项目进度状况，具体可使用 Project 任务类视图来查看项目关键路径、非关键路径以及非关键任务的可宽延时间。最后，项目管理者需采取措施将项目进度控制在计划之内，常用方法包括缩短关键任务工期、减少任务工时、向任务添加资源、增加资源工作时间、使用加班工时、拆分关键任务、调整任务相关性、更改任务限制和减少任务数等。

调整项目进度后，最好为进度做出调整的任务添加备注信息，并重新审阅项目进度信息，以保证项目工期，必要时可将调整过后的项目文件设置为中期计划。

9.2.6 项目进度状态报告

项目进度状态报告旨在方便项目管理人员及时了解项目进展，主要通过 Project 项目进度报表实现，涉及进度落后的任务、已完成的任务、即将开始的任务和进行中的任务等。此处仅讲解项目进度相关的报表，关于报表详细信息请参见本书第 11 章的 11.4 节。

单击“项目”选项卡下“报表”组中的“报表”按钮，弹出“报表”对话框（如图 9-23 所示）。选择“当前操作”选项，单击“选定”按钮，打开“当前操作报表”对话框（如图 9-24 所示）。该对话框共包含“未开始任务”、“即将开始的任务”、“进行中的任务”、“已完成的任务”、“应该已开始的任务”和“进度落后的任务”6 个选项，从中选择一项并单击“选定”按钮，即可查看到相应的报表及打印设置。如图 9-25 所示为“进度落后的任务”报表。

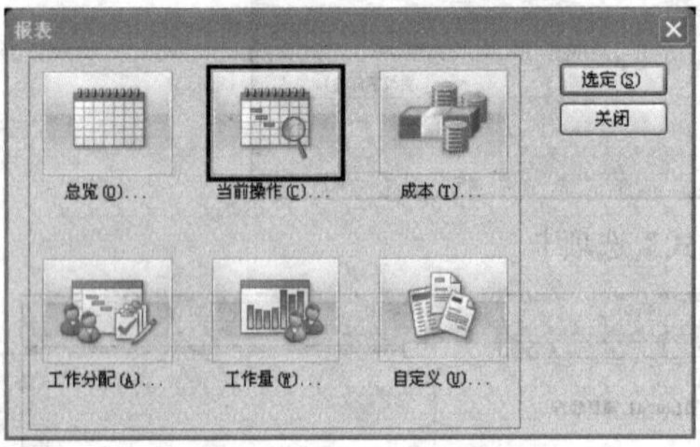

图 9-23 “报表”对话框

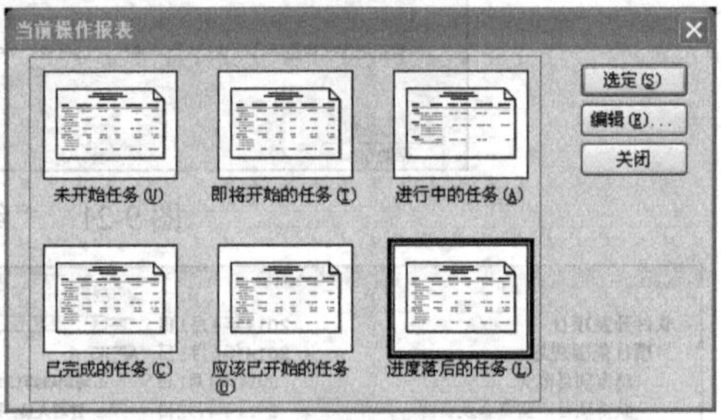

图 9-24 “当前操作报表”对话框

图 9-25 “进度落后的任务”报表

9.2.7 设置和使用中期计划

随着项目实施，可在不同时期将项目实际进度设置为中期计划，同时可查看、更新中期计划，以比较在整个项目过程中不同阶段的项目实施进度状况。相关操作可参见第 8 章的 8.4 节。注意，设置中期计划时，Project 仅记录任务开始及完成时间，不记录其他信息。

9.2.8 项目进度变更控制

进度是项目实施过程中的重点监控内容之一，项目进度变更须严格遵循变更程序，并提交变更申请给变更控制委员会，由变更控制委员会成员借助 Project 及专业工具评估变更请求的可行性及其影响，进而调整项目进度计划，并将变更后的项目进度计划尽快通知相关人员，以确保项目进度能够按照既定要求顺利实施。

9.3 甘特图技术

甘特图是项目管理中使用频率最高、最重要的视图。Project 2010 在甘特图基础上发展了系列项目进度管理视图，如“跟踪甘特图”、“详细甘特图”和“调配甘特图”等，这些视图均采用横轴为时间、纵轴为任务的方式描绘项目进度，但描述的任务信息不同，如“跟踪甘特图”侧重于任务跟踪信息，“详细甘特图”侧重于任务延迟和时差信息[53]。

9.3.1 概述

甘特图是 1917 年美国工程师和社会学家亨利·甘特（Henry L. Gantt）为管理工具产品而发明的二维图表，由于其简单、直观，易于控制，因而在项目进度管理中非常流行，常用于建筑、IT 软件、汽车等多个领域的简单项目计划与日程排定，可辅助项目管理者先为项目各项活动做好安排，然后随着时间推移，再对比计划进度与实际进度，进行项目进度监控，调整注意力到最需要加快速度的地方，使整个项目按期完成[100]。

1．甘特图构成元素

甘特图通过活动列表和时间刻度以图示方式形象地表示项目活动的顺序与持续时间，由横轴和纵轴构成，横轴表示时间轴并按一定比例表示，纵轴表示所有项目任务[53]。Project 的“甘特图”视图以列表和条形图显示任务信息：视图左侧是数据编辑区，显示任务工时、成本、差异、日程等详细信息，具体与用户选择有关；视图右侧以条形图方式显示任务工期和开始日期、完成日期，用条形图相对位置显示任务发生顺序，揭示任务隶属与链接关系；用条形图中部的黑色粗实线长度显示任务实施情况；条形图末尾显示任务的资源分配情况[77]。

2．甘特图功能

在 Project 2010 的“甘特图”视图中，项目管理者可进行如下工作：系统输入任务名称和工期，建立任务链接关系以创建项目计划；用特定方式表示项目关键路径和关键任务；查看任务工期更改对其他任务的开始日期、完成日期及项目完成日期的影响；通过比较规划日期和实际开始及完成日期及检查每个任务的完成百分比，来跟踪项目进度；为任务分配资源[77]。

9.3.2 设定甘特图样式

用户可根据使用习惯自定义“甘特图”视图样式，以表明或突出显示日程中特定的信息[53]，如更改网格以增强条形图的可读性和清晰度，更改条形图图案和颜色等。具体包括：格式化选定文本和特定种类文本，格式化选定条形图和特定种类条形图，设置网格样式、进度线样式、版式、列属性、甘特图样式等，主要在“格式”选项卡和“任务”选项卡中进行设置。保存项目时，自定义视图将随项目文件一起保存[77]。若希望将所做修改应用到所有项目文件中，则需使用“管理器”将该视图复制到模板文件中。

9.3.3 调整时间显示比例与格式化时间刻度

甘特图右侧窗格以时间为X轴坐标，当时间跨度很长时，整个项目任务常无法完全显示在一个屏幕上，虽然拖动右侧窗格底部滚动条可查看整个甘特图内容，但不太方便[53]。此时可通过改变甘特图的时间显示比例来调整甘特图右侧窗格显示内容，通过格式化时间刻度来调整甘特图时间刻度显示格式。通常情况下，先设定日历基本格式（几层日历、每层日历标签显示格式等），然后再调整时间刻度显示比例。

1. 格式化时间刻度

在“甘特图”视图下，单击“视图”选项卡下“显示比例”组中的“时间刻度”按钮，在下拉列表中选择“时间刻度”命令，打开“时间刻度”对话框，如图9-26所示。Project为甘特图提供了3层时间刻度显示机制[53]，默认使用的是两层，上面一层以周为单位，下面一层以天为单位。用户可根据需要选择显示时间刻度格式，如“一层（中层）”、“两层（中层、底层）”、“三层（顶层、中层、底层）”，不同选择，可设置的选项卡也不同，具体在“时间刻度”对话框的“顶层”、“中层”、“底层”选项卡的“显示”选项中选择。例如，要设置两层日历，则需要先选择“显示”选项的“两层（中层、底层）”，接着依次设置“中层”和“底层”格式。设置好后，可在窗口底部“预览”栏内看到效果。

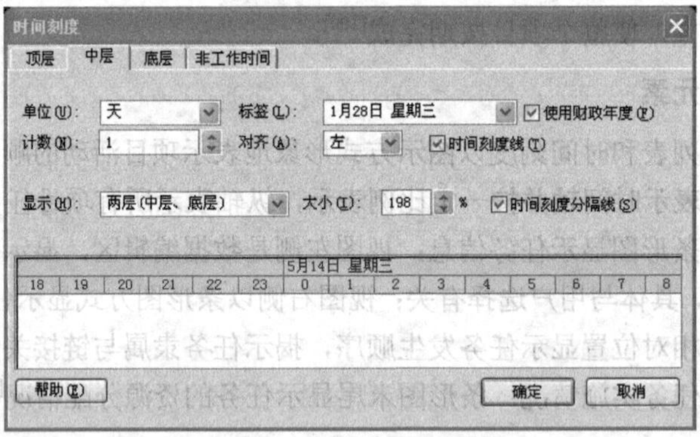

图9-26 “时间刻度”对话框

“时间刻度”对话框中的各选项及其含义如表9-2所示。

表9-2 “时间刻度”对话框中选项卡的选项及含义[53]

选　项	含　义
单位	显示基本计量单位，如周、季度等
计数	显示计数单位，如计数选择“1”，单位选择“周”，则表示以1周为1个时间刻度
标签	选定日期标签显示格式，如“1月28日星期三”
对齐	设置对齐格式

续表

选　项	含　义
时间刻度线	选择是否用间隔线区分时间刻度
显示	选择时间刻度显示层数，如“一层（中层）”、“两层（中层、底层）”
大小	代表每个时间单位显示尺寸的比例大小。该值越大，时间刻度显示越清楚，但一个屏幕能够显示的天数也越少，反之亦然，具体以百分比形式表示，默认为100%
时间刻度分隔线	不同时间层之间是否显示刻度线，默认选中

2．调整时间显示比例

在“甘特图”视图下，单击“视图”选项卡下“显示比例”组中的“显示比例”按钮，在下拉列表中选择“显示比例”命令，可打开“显示比例”对话框，如图9-27所示。在其中可选择“1周”、“2周”、“1个月”、“3个月”、“选定任务”、“完整项目”和“自定义”等选项。其中，“完整项目”将整个项目显示在一个屏幕窗格上，“选定任务”是将当前所选任务显示在一个屏幕窗格上，其他依次类推。由于Project将用户所选内容均匀分布在屏幕上，因此，时间跨度越小，显示信息越详细。同时，也可在“显示比例”组中单击“完整项目”或“选定任务”按钮来调整项目进度显示比例。此外，还可在“显示比例”下拉列表中单击“放大”或“缩小”按钮来动态调整项目任务显示信息详细程度。

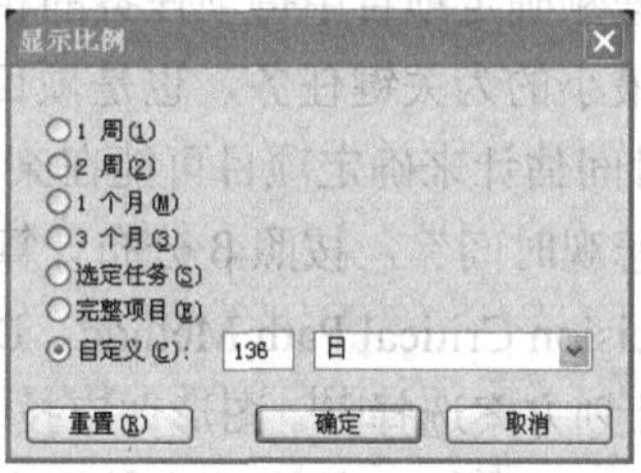

图9-27　“显示比例”对话框

9.4　网络计划技术

在进度管理中，项目管理者常采用网络计划技术制定并优化项目进度计划，并在项目实施过程中采用其确定影响项目工期的关键任务，以制定项目进度控制措施，确保项目按期完成。

9.4.1　概述

1．网络计划技术

网络计划技术是安排和控制任务进度，以保证项目按预定目标完成的科学计划管理技术，其通过在网络图上加注任务时间参数来形成复合型项目进度计划[53]。网络图（Network Planning）是由带箭头线条及节点组成、可表示工作流程的有向和有序网状图形[77]，组成因素包括任务、节点和线路。网络图根据表达方法，可分为双代号表示法（以箭线表示任务、节点表示关系）和单代号表示法（以节点表示任务、箭线表示关系）；根据表达的逻辑关系和时间参数肯定与否，可分为肯定型和非肯定型；根据计划目标多少，可分为单目标网络模型和多目标网络模型[101]。网络参数是根据项目中任务的持续时间和关系计算得出的关于任务、节点、线路等要素的各种时间参数[77]。

2．网络计划技术分类

网络计划技术按任务间的逻辑关系及持续时间的确定性可分为多种类型，如表 9-3 所示。

表 9-3　网络计划技术分类[53]

<table>
<tr><th colspan="2" rowspan="2">类　型</th><th colspan="2">持续时间</th></tr>
<tr><th>肯　定</th><th>不 肯 定</th></tr>
<tr><td rowspan="4">逻辑关系</td><td>肯定</td><td>关键线路法（CPM）</td><td>计划评审技术（PERT）</td></tr>
<tr><td rowspan="3">不肯定</td><td rowspan="3">决策关键线路法（DCPM）</td><td>图形评审技术（GERT）</td></tr>
<tr><td>随机网络技术（QGERT）</td></tr>
<tr><td>风险评审技术（VERT）</td></tr>
</table>

其中，最常用的是关键线路法（Critical Path Method，CPM）和计划评审技术（Program/Project Evaluation and Review Technique，PERT）。CPM 是雷明顿-兰德公司（Remington-Rand）的 JE Kelly 和杜邦公司和 MR Walker 于 1957 年提出的计划管理方法[102]，其通过分析项目中总时差最少的任务序列进度安排来预测项目工期，可确定任务最早、最迟开始时间和最早、最迟结束时间，并通过最早最迟时间差额确定项目中每项任务的相对重要程序和紧迫程度，以保证项目按期完成。其中，机动时间最小的为关键任务，也是项目进度的监控重点。PERT 严格针对项目时间要素，使用不确定性时间估计来确定项目可能在某个给定时间完工的概率，即用“乐观时间”、“最可能时间”及“悲观时间”，按照 β 分布计算任务期望时间 T[53]。

此外，决策关键线路法（Decision Critical Path Method，DCPM）在网络计划中利用决策点概念，根据项目实施情况进行多计划方案选择[53]。图形评审技术（Graphic Evaluation and Review Technique，GERT）使用任务实施完工概率和概率分支的概念来描述项目任务工期和成本的概率分布曲线，其在 PERT 基础上增加决策节点，将任务各种参数及任务之间关系设为随机性分布[103]。风险评审技术（Venture Evaluation Review Technique，VERT）用于对项目的质量、时间和费用三要素进行综合仿真和决策[53]。

3．网络计划技术在项目管理中的应用

网络计划技术可完整揭示项目所包含的全部任务及任务相关性；可根据数学原理、应用最优化技术找出项目关键任务，进而合理安排项目任务；可及时发现项目实施中可能出现的工期延误等问题并提前进行合理处置[53]。在项目管理的各个阶段均可应用网络计划技术。

（1）项目计划阶段

可通过网络计划技术将项目分解为若干个任务，并确定各任务所要花费的时间和资源，确定任务相关性，形成项目任务活动表，建立用以表示项目任务相互之间逻辑关系的网络图[77]。

（2）项目进度安排阶段

可通过网络计划技术编制每个项目任务的开始时间和完成时间，并标明关键任务。对于非关键任务，可标识出其相互之间的时间差，以便合理调整项目资源分配[53]，最终形成项目进度表。

（3）项目控制阶段

可通过网络计划技术，利用网络图和项目时间进度表，定期分析项目实施状况并提供相关报告信息，同时根据分析结果更新项目网络图和进度表[77]，制定项目进度控制措施，确保项目能按期完成。

9.4.2 Project 中的网络图

Project 2010 为用户提供“网络图”视图，以便用户清楚了解项目中各项任务的相关性，并动态修改每项任务的相关参数。同时，辅助用户查看、创建或编辑项目任务和任务相关性。

1. “网络图”视图构成要素

在“网络图”视图中，方框（也称节点）代表任务，方框间的连线代表两项任务之间的相关性[77]。默认情况下，正在进行的任务显示一条对角线，已完成的任务显示两条交叉对角线，红色方框表示关键任务，平行四边形方框表示摘要任务，六边形方框表示里程碑任务。

2. “网络图”视图创建

在 Project 中，可使用两种方法创建“网络图”视图：一种是在“甘特图”视图下，输入项目任务信息并建立任务间的链接关系，然后切换到“网络图”视图；另一种是直接在“网络图”视图里创建任务和任务链接关系，建立资源库并进行资源分配[53]。

3. “网络图”视图操作

用户可在“网络图”视图中进行所有的项目管理操作，如制定项目进度计划、分配项目资源等[53]。

（1）以流程图格式创建和微调日程

创建项目日程计划主要包括创建及修改项目任务信息，创建及修改任务链接关系[77]。前者的操作步骤是：单击“任务”选项卡下“插入”组中的“任务”按钮，在下拉列表中选择“任务”、“任务周期”、“空行”或“导入 Outlook 任务”命令，可分别创建单项任务、周期性任务或从外部导入任务；若要输入任务具体信息，可双击新建的任务方框，弹出“任务信息”对话框，然后在其中输入。后者的操作步骤是：选定要链接的任务，单击“任务”选项卡下“日程”组中的“链接”按钮即可。若修改任务链接关系，则双击任务链接线，弹出“任务相关性”对话框，然后调整链接类型、延隔时间等。

（2）编辑网络图中的任务信息

操作方法是：双击网络图方框，弹出“任务信息”对话框，然后在其中编辑任务信息。

（3）以图形方式显示任务信息，并可修改图形样式

“网络图”视图采用不同形状或颜色的方框来显示不同类型任务，如已完成的任务、正在进行的任务及尚未开始的任务等。同时可修改单个或同类方框样式。修改单个方框格式的操作步骤是：选定方框并单击右键，在下拉列表中选择“设置方框格式”，弹出“设置方框格式”对话框，然后在其中进行设置。修改某类方框样式的操作步骤是：单击“格式”选项卡下“格式”组中的“方框样式”按钮，弹出“方框样式”对话框，即可在其中进行设置。

（4）修改资源信息，为项目任务分配资源

可在“网络图”视图中为任务分配资源，操作步骤是：选定要分配资源的方框，单击“资源”选项卡下“工作分配”组中的“分配资源”按钮，弹出“分配资源”对话框，然后在其中进行资源分配。若要修改某项资源信息，则可在“分配资源”对话框中双击资源名称，弹出“资源信息”对话框，即可在其中修改资源信息。

（6）折叠和展开任务

可通过单击任务方框左上角的折叠符号来折叠和展开项目任务，以便从整体或细节查看项

目任务信息。

9.4.3 网络图中的时间参数计算及关键路径确定

1. 网络图时间参数

网络图中的时间参数主要有 6 个：最早开始时间（ES）、最早结束时间（EF）、最迟开始时间（LS）、最迟结束时间（LF）、任务总时差（TF）和任务自由时差（FF）[53]。

（1）最早开始时间和最早结束时间

最早开始时间（Earlist Start Time，ES）和最早结束时间（Earlist Finish Time，EF）从第一项任务开始计算，按箭线方向从前向后依次确定各项任务的最早开始时间和最早结束时间，直到网络的最后一项任务为止。第一项任务的最早开始时间是 0，其他任务的最早开始时间 ES_i=MAX{所有紧前任务的 EF}；第一项任务的最早结束时间是其工期，其他任务的最早开始时间 $EF_i=ES_i$+任务持续时间。

（2）最迟开始时间和最迟结束时间

最迟开始时间（Latest Start Time，LS）和最迟结束时间（Latest Finish Time，LF）从网络中最后一项任务开始计算，逆着箭线方向从后向前依次确定各项任务的最迟结束时间和最迟开始时间，直到网络的第一项任务为止。最后一项任务的 LS 和 LF 是项目中该项任务的开始日期和完成日期，其他任务的最迟开始时间 $LS_i=LF_i$−任务持续时间；最后一项任务的最迟结束时间是项目工期，其他任务的最迟结束时间 LF_i=MIN{所有紧后任务的 LS}。

（3）任务总时差和任务自由时差

在 Project 2010 中，TF 又称为可宽延的总时间，指在不影响整个项目完成总工期和有关时限的前提下，一项任务可利用的机动时间，计算公式为：$TF_i=LF_i-EF_i$ 或者 $TF_i=LS_i-Es_i$；FF 又称为可用可宽延时间，指在不影响紧后任务的最早开始时间前提下，一项任务最多可推延的时间，计算公式为：FF_i=MIN{ES(所有紧后任务)}−EF_i。

关键路径是由总时差为 0 的任务组成的线路，这些任务的开始时间和结束时间不能改变，关键路径上任何任务的拖延都会影响到整个项目总工期，即最后一个任务的完成时间[77]。

2. 网络图时间计算方法

网络图时间计算的目的是进行网络分析，求出项目工期，识别关键路径和关键活动。计算的一般步骤为：（1）以网络计划起点节点为开始节点，其最早开始时间为 0，再顺着箭线方向依次计算各项任务的最早开始和最早完成时间；（2）确定网络计划的工期；（3）从网络计划终点节点开始，以计划工期为终点节点的最迟完成时间，逆着箭线方向依次计算各项任务的最迟完成和最迟开始时间；（4）最后计算各项任务的总时差（可宽延的总时间）和自由时差（可用可宽延时间）。

3. 修改任务时间显示样式操作方法

在 Project 的“网络图”视图中，方框内默认显示的信息包括名称、标识号、工期、开始日期、完成时间和资源。若用户显示网络图中的时间参数，就必须自定义“方框”显示样式。

例 9-3　网络图中的时间参数计算与“网络图”视图验证。

计算表 9-4 所示项目中各任务的时间参数，并用 Project 提供的“网络图”视图加以验证。

表 9-4　项目任务及其相关性

任务代号	工期（天）	紧前任务	任务代号	工期（天）	紧前任务
A	3.5	无	E	4.5	B，C
B	2	A	F	4.3	E，D
C	6	无	G	6	A
D	6.3	无	H	1.2	G

首先，计算出每个任务的时间参数，结果如表 9-5 所示。

表 9-5　网络图时间参数计算表

代　号	工　期	紧前任务	最早开始时间	最早结束时间	最迟开始时间	最迟结束时间	任务总时差	任务自由时差	关键路径
A	3.5	无	0	3.5	0.5	4	0.5	0	
B	2	A	3.5	5.5	4	6	0.5	0.5	
C	6	无	0	6	0	6	0	0	◆
D	6.3	无	0	6.3	4.2	10.5	4.2	4.2	
E	4.5	B，C	6	10.5	6	10.5	0	0	◆
F	4.3	E，D	10.5	14.8	10.5	14.8	0	0	◆
G	6	A	3.5	9.5	7.6	13.6	4.1	0	
H	1.2	G	9.5	10.7	13.6	14.8	4.1	4.1	

其次，使用 Project“网络图”视图提供的自动计算时间参数功能进行验证，共分为 4 步。

第一步，进行基础设置。新建一个项目文件，保存为“09-03.mpp”并再次打开。然后按表 9-4 的要求输入任务、工期和链接关系，设置任务模式为“自动计划”，开始时间为“2014 年 4 月 1 日”，结果如图 9-28 所示。单击“视图”选项卡下“任务视图”组中的“网络图”按钮，切换到“网络图”视图，如图 9-29 所示。此时显示信息不详细，且没有时间参数。

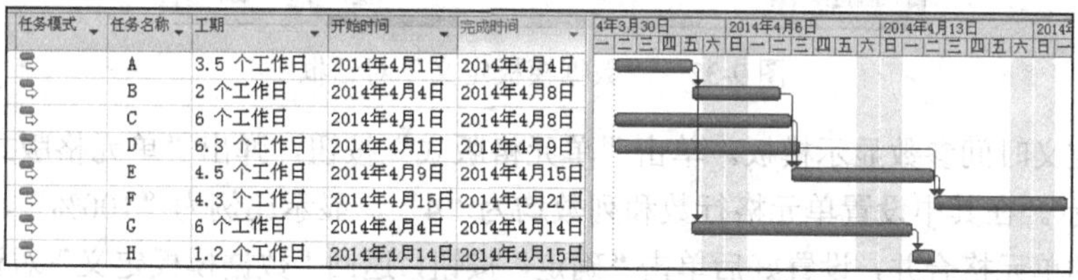

图 9-28　构建好项目日程的“09-03.mpp”

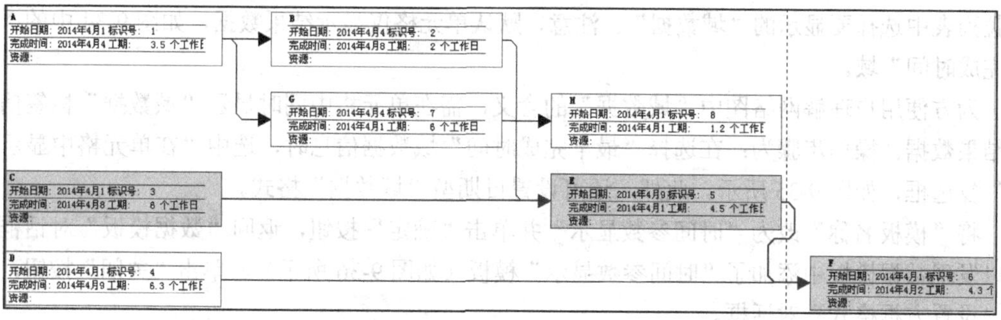

图 9-29　“09-03.mpp”的“网络图”视图

第二步，自定义网络图时间参数的显示模板。

选定所有任务方框，单击右键，在弹出的快捷菜单中选择“设置方框格式”命令，打开“设置方框格式”对话框，如图 9-30 所示。然后，单击“其他模板”按钮，弹出“数据模板”对话框，如图 9-31 所示。单击“新建”按钮，弹出“数据模板定义”对话框，如图 9-32 所示。

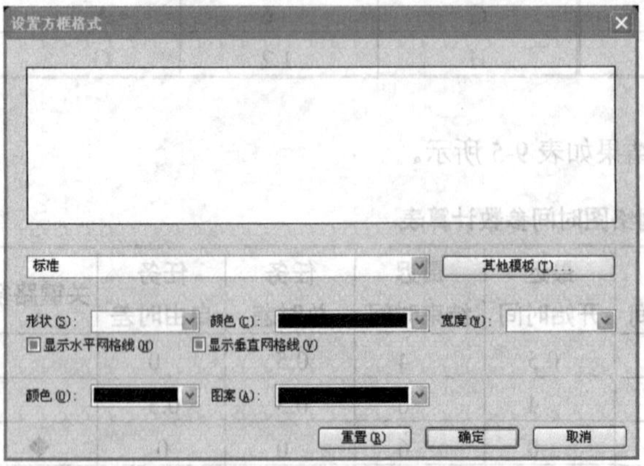

图 9-30 “设置方框格式”对话框

图 9-31 “数据模板”对话框

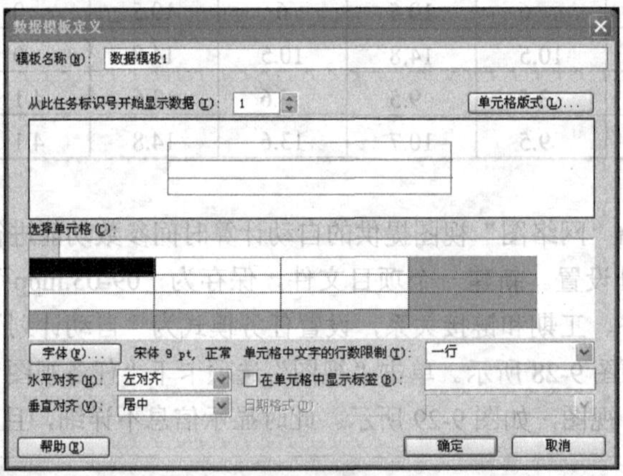

图 9-32 “数据模板定义”对话框

接下来定义时间参数显示模板。单击“单元格版式”按钮，弹出“单元格版式”对话框，如图 9-33 所示。在其中设置单元格行数和列数均为“4”，显示比例为“100%”，将空白单元格与其左侧的单元格合并，设置好后单击“确定”按钮，返回“数据模板定义”对话框。在“选择单元格”列表下逐个设置单元格的显示信息。操作步骤为：单击需设置的单元格，然后在其下拉列表中选择要显示的“域数据”。注意，默认单元格仅显示结果数据，如图 9-34 中的“最早完成时间”域。

为方便用户理解网络图中“域数据”的含义，需在单元格中同时显示“域数据”标签信息和结果数据。操作步骤为：在选择“最早完成时间”域数据信息时，选中“在单元格中显示标签”复选框，如图 9-35 所示。此外，还可设置日期型“域数据”格式。

将“模板名称”改为“时间参数显示”并单击“确定”按钮，返回“数据模板”对话框，可以发现数据模板中添加了“时间参数显示”模板（如图 9-36 所示）。单击“关闭”按钮，返回“设置方框格式”对话框。

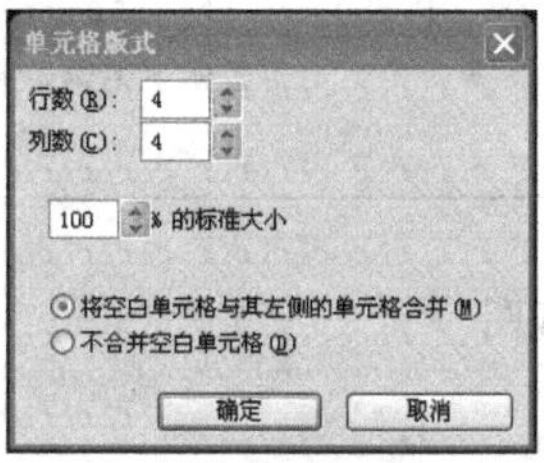

图 9-33 “单元格版式”对话框

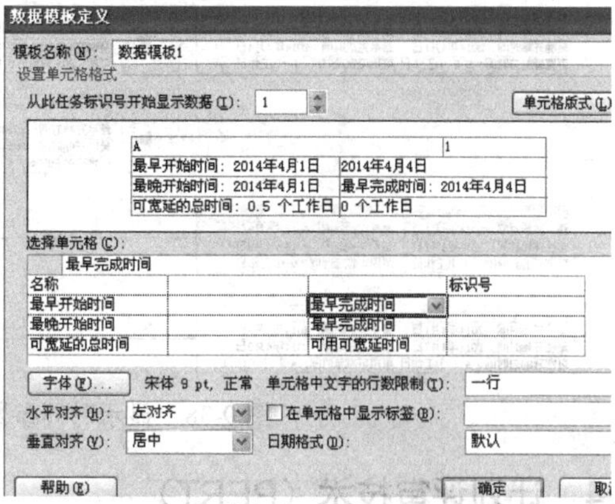

图 9-34 仅显示“最早完成时间”域的结果数据

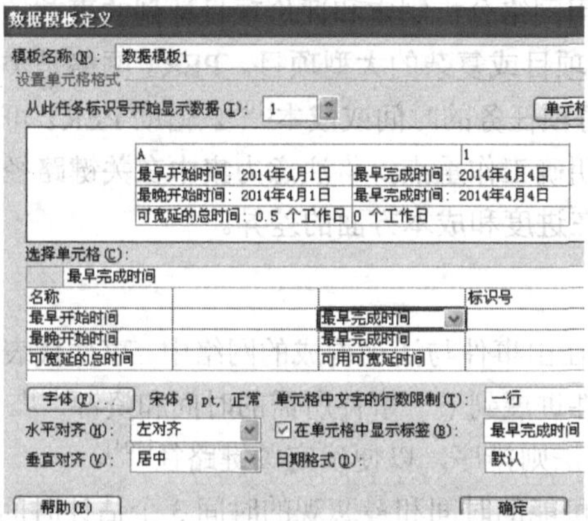

图 9-35 同时显示标签信息和结果数据

图 9-36 数据模板中出现“时间参数显示”模板

第三步，自定义方框样式为“时间参数显示”。在“设置方框格式”对话框中，选择数据模板“时间参数显示”，如图 9-37 所示，单击“确定”按钮返回“网络图”视图，结果如图 9-38 所示。

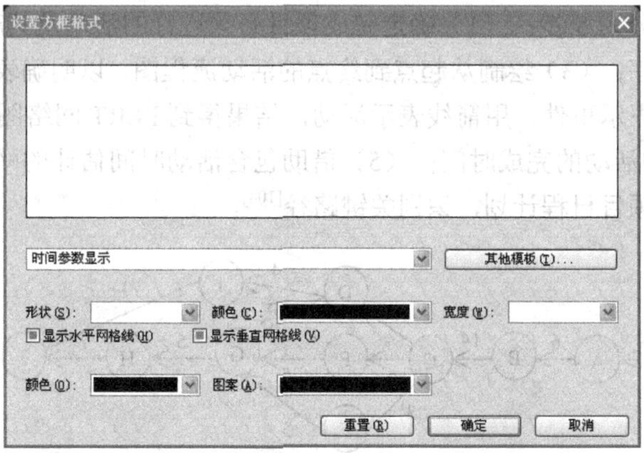

图 9-37 使用“时间参数显示”模板

第四步，进行验证。对比表 9-5 和图 9-38 中的数据，查看两者是否吻合，以验证自己的网络图时间参数计算是否正确。

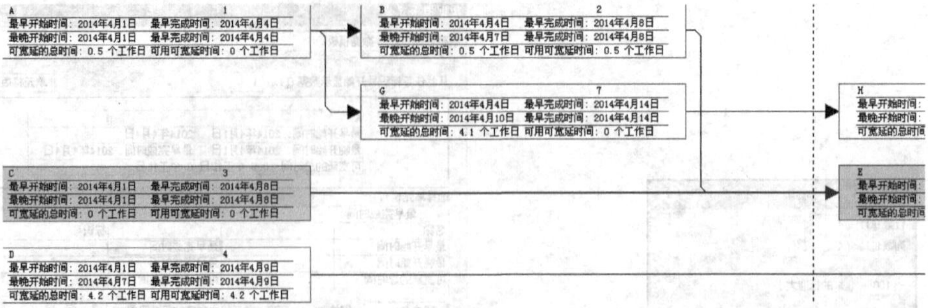

图 9-38　显示时间参数的“网络图”视图

9.4.4　计划评审技术（PERT）

计划评审技术，又称为 PERT 技术，是指利用网络分析制定和评价项目计划的事前控制技术[104]，适用于不可预测因素较多、经验较少的新项目或复杂的大型项目。PERT 网络是类似流程图的箭线图，描述项目任务的先后次序，标明每项任务的时间或成本[104]。借助 PERT 可识别项目关键路径，使各级主管熟悉整个工作过程并明确工作重点，将注意力集中在关键路径上，以缩短工期、节省成本，并可比较不同项目方案在进度和成本方面的差异。

1. PERT 的基本要求

（1）项目任务需全部以足够清楚的形式表现在由事件与活动构成的网络中。事件代表特定计划在特定时刻完成的进度，活动表示从一个事件进展到下一事件所需的时间和资源[104]。

（2）事件和活动在网络中必须按照一组逻辑法则排序，以便确定关键路径[104]。

（3）网络中每项活动都有最乐观的时间、最可能的时间和最悲观的时间 3 个估计时间，以反映活动的“不确定性”[104]。

（4）需计算关键路径和宽裕时间。宽裕时间是完成任一特定路径所要求的总期望时间与关键路径所要求的总期望时间之差，以反映事件存在于整个网络计划中的多余时间[104]。

2. PERT 网络分析步骤

开发 PERT 网络分为 5 步：（1）确定完成项目必须进行的活动及其产生的事件；（2）确定活动完成的先后次序；（3）绘制从起点到终点的活动流程图，以明确表示每项活动及与其他活动的关系，用圆圈表示事件，用箭线表示活动，结果得到 PERT 网络图（如图 9-39 所示）；（4）估计和计算每项活动的完成时间；（5）借助包含活动时间估计的网络图制定包括每项活动开始和结束日期的项目日程计划，识别关键路径[104]。

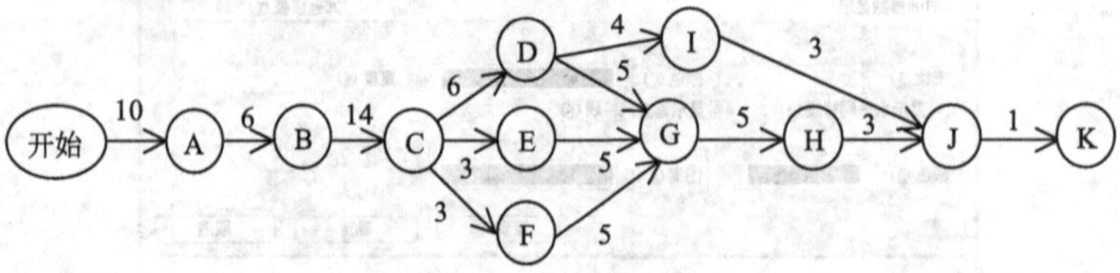

图 9-39　PERT 网络图

3. PERT 计算

在 PERT 分析中，每项任务的工期 t 都有 3 个估计值：乐观工期 a、最可能工期 m 及悲观工期 b，三者的关系为：$a \leqslant m \leqslant b$。乐观工期，是指在任何事情都顺利的情况下完成某项任务所需的时间。最可能工期，是指在正常情况下完成某项任务所需的时间。若某项任务属于有经验任务，则可用历史时间中最常出现的时间作为任务工期的估计。悲观工期，是指在最不利的条件下完成某项任务所需的时间。

在估计任务工期时，通常使用如下公式：工期期望值 $t=(a+4m+b)/6$。可看出，乐观工期、悲观工期和最可能工期的权数并不相同，其中，最可能工期的权数最大。当然，上述权数是根据工程经验针对通常的情况制定的，实际项目中可能需要做出调整[53,77]。

9.5 专题讨论

Project 通过提供视图、报表和其他管理工具（如表、筛选器、分组、排序等），来辅助用户及时获取项目状态信息，本小节探讨项目进度监控中的报表和视图。

9.5.1 项目进度状态报表

项目状态报表可辅助项目管理者获取项目信息，为项目控制提供支持，是项目信息的主要内容。包括项目进展简介、项目近期走势、项目预算情况、项目困难与危机 4 类。项目进展简介主要列出所有项目重要事项，并针对每一事项叙述近期成绩、完成百分比及其他重要影响因素，如资源采购、使用情况等；项目近期走势主要记录从现在到下次报告期间项目将要发生的事件，并对简单说明每个将发生的事件，提供项目下一期里程碑图表；项目预算情况用图表反映项目近期预算情况，并对重大偏差做出解释；项目困难是指目前不能完成的事情，项目危机是指对项目造成不良后果的事情[53]。

下面介绍如何查看项目进度状态报表。单击“项目”选项卡下“报表”组中的“报表”按钮，打开“报表”对话框，选择“自定义”选项（如图 9-40 所示），再单击“选定”按钮，打开“自定义报表”对话框，如图 9-41 所示。其中，项目进度状态报表包括：（1）项目进展简介类报表：“最高级任务”、“里程碑”、“关键任务”、“已完成的任务”、“未开始任务”等；（2）项目近期走势类报表：“进行中的任务”、“即将开始的任务”、“每周待办事项”等；（3）项目困难与危机类报表：“进度落后的任务”、“应该已开始的任务”等。项目管理者只需根据需要选择相应报表，单击“选择”按钮，即可打开相应报表进行查看。

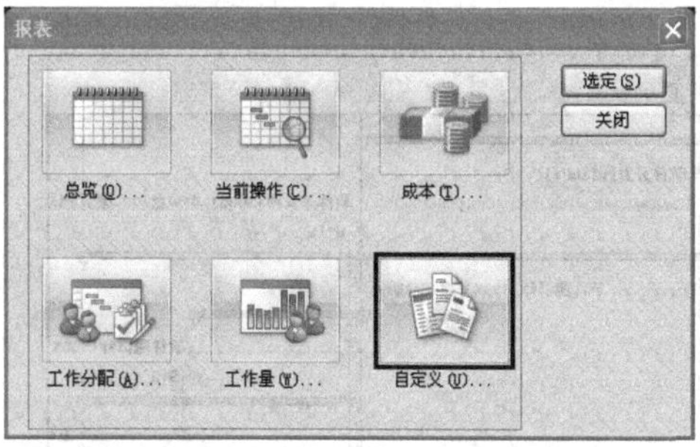

图 9-40 “报表”对话框

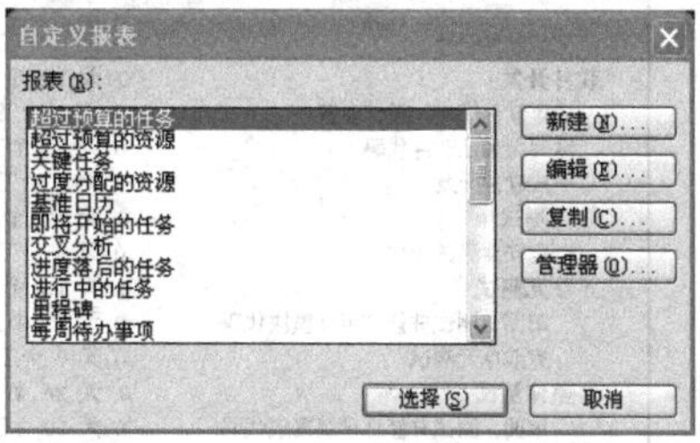

图 9-41 “自定义报表”对话框

9.5.2 与项目进度相关的视图

在项目进度管理中，除了“甘特图”和“网络图”视图外，还有“包含日程表的甘特图”、

"调配甘特图"、"多比较基准甘特图"、"跟踪甘特图"、"日历"和"详细甘特图"等视图。查看这些视图的操作步骤是：单击"视图"选项卡下"任务视图"组中的"其他视图"按钮，在下拉列表中选择"其他视图"命令，弹出"其他视图"对话框，然后选择要查看的视图，单击"应用"按钮即可。下面以"09-02.mpp"为例进行讲解。

1. "包含日程表的甘特图"视图

"包含日程表的甘特图"视图由"时间表"和"甘特图"视图组成，如图 9-42 所示。功能包括复制日程表用于电子邮件、演示文稿，显示详细日程表，缩放到屏幕，设置文本样式，插入任务、里程碑、标注任务等。操作步骤是：切换到"包含日程表的甘特图"视图，单击"格式"选项卡，在其中的各个组中进行设置，如图 9-43 所示。

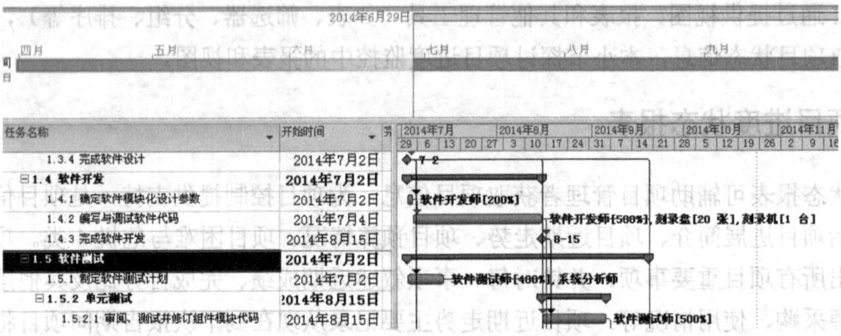

图 9-42 "包含日程表的甘特图"视图

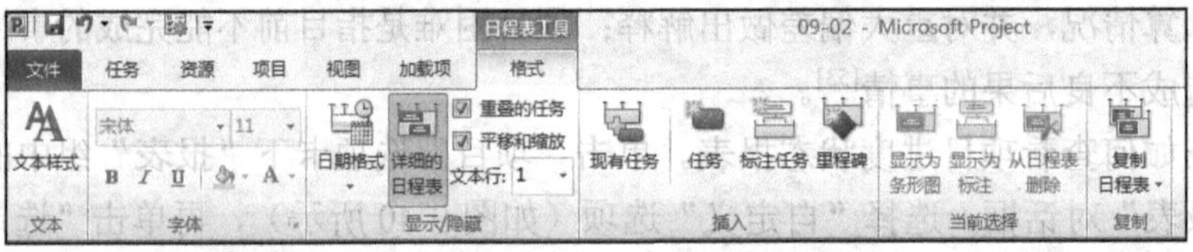

图 9-43 "包含日程表的甘特图"视图的"格式"选项卡

2. "调配甘特图"视图

"调配甘特图"视图用于观察调配资源过程中对任务日程的影响情况[77]，如图 9-44 所示为"09-02.mpp"的"调配甘特图"视图。其中，任务"制定、开发并修订"帮助"系统"推迟了 35 天。

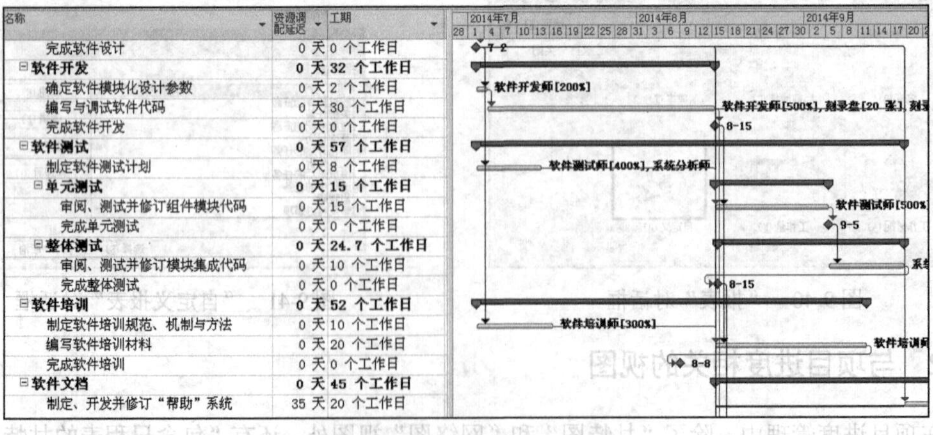

图 9-44 "调配甘特图"视图

3. “多比较基准甘特图”视图

“多比较基准甘特图”视图使用不同颜色的条形图表示任务的前 3 个比较基准，最上面的线条表示“比较基准”中任务的日程，中间的线条表示“比较基准 1”中任务的日程，下面的线条表示“比较基准 2”中任务的日程[53]，如图 9-45 所示。当鼠标悬停在某根线条上时，会出现其所代表的比较基准的详细信息。

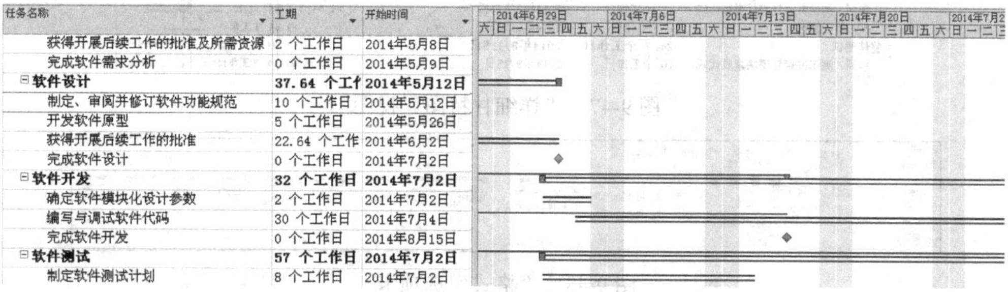

图 9-45 “多比较基准甘特图”视图

4. “跟踪甘特图”视图

“跟踪甘特图”视图将每个任务都显示为两个条形图，下方的条形图显示的是比较基准的开始日期和完成日期，上方条形图显示的是当前项目计划的开始日期和完成日期。若任务已开始，则工时完成百分比大于零，上方条形图显示实际开始日期和任务已完成的日期；若任务全部完成，则上方条形图显示实际开始日期和完成日期[77]，如图 9-46 所示。在完成项目计划并将其设置为比较基准后，“跟踪甘特图”视图会同时显示比较基准条形图和计划条形图。此时，比较基准条形图与计划条形图或实际条形图完全同步。当项目实施后，若实际任务开始日期延迟或提前，则上面的条形图与下面的条形图相比将推后或提前[77]。

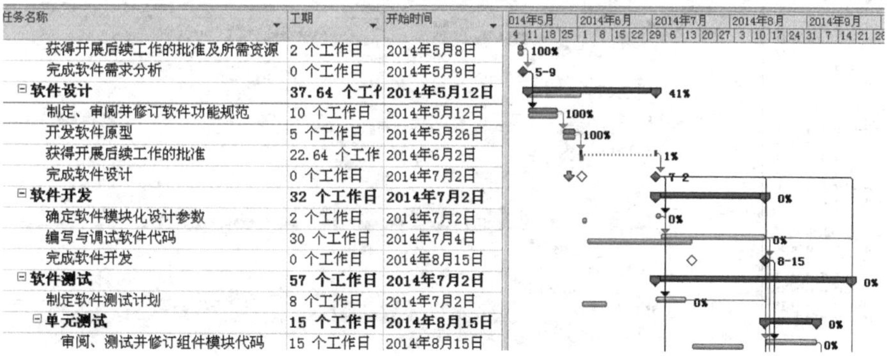

图 9-46 “跟踪甘特图”视图

5. “详细甘特图”视图

“详细甘特图”视图用细线表示表示项目的任务时差和进度延迟信息[53]，如图 9-47 所示。此外，在“调配甘特图”、“多比较基准甘特图”、“跟踪甘特图”和“详细甘特图”视图中均可设置文本格式与样式、网格、进度线、版式、条形图格式与样式、甘特图样式等，具体在“格式”选项卡（如图 9-48 所示）中进行设置，相关操作参见第 7 章的 7.7 节。

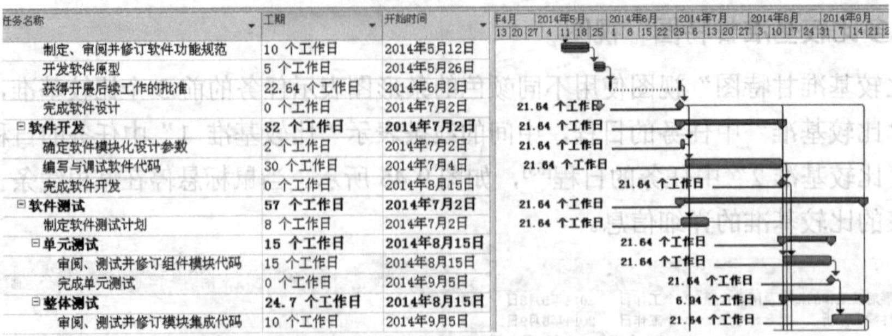

图 9-47 “详细甘特图”视图

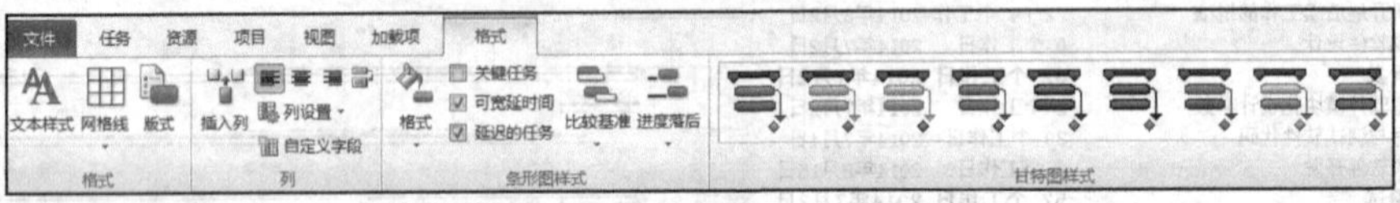

图 9-48 “格式”选项卡

6. “日历”视图

“日历”视图是以月为时间单位的日历格式，用天或周来计算项目任务时间，如图 9-49 所示。在“日历”视图中，可调整周历标题、日期框和日期底纹格式。操作步骤为：在“日历”视图中单击右键，在下拉列表中选择“时间刻度”命令，弹出“时间刻度”对话框，如图 9-50 所示。默认为“周历标题”选项卡，在其中可设置每月、每日、每周的标题，每周显示的天数，以及是否显示月份窗格和是否显示每月标题的开始、结束日期。单击“日期框”选项卡，在其中可设置日期框格式，如图 9-51 所示。单击“日期底纹设定”选项卡，在其中可设定日期底纹格式，如图 9-52 所示。

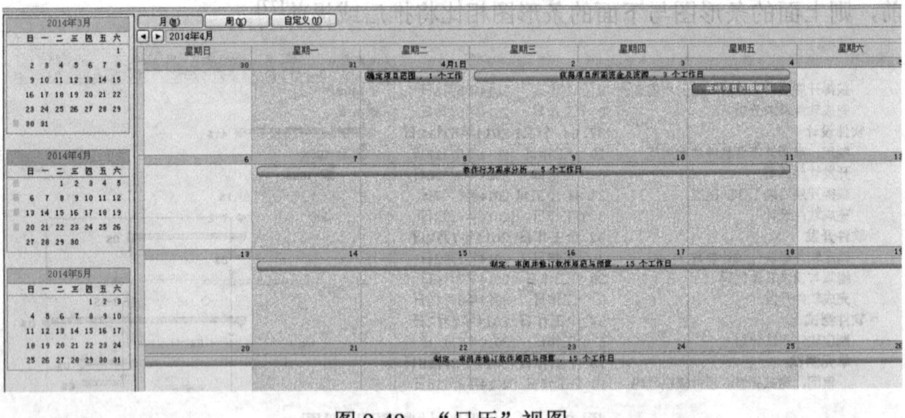

图 9-49 “日历”视图

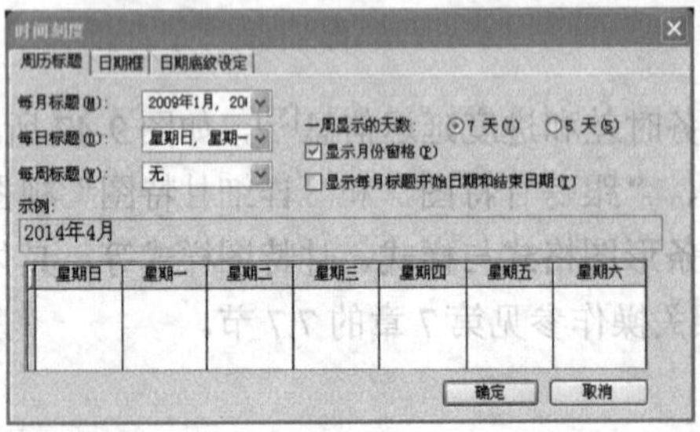

图 9-50 “时间刻度”对话框

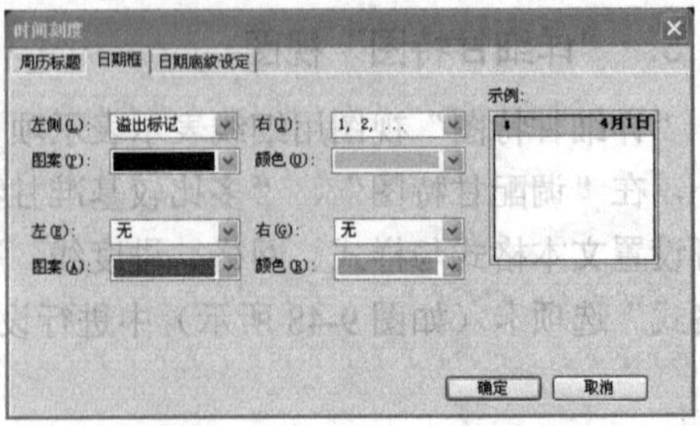

图 9-51 “日期框”选项卡

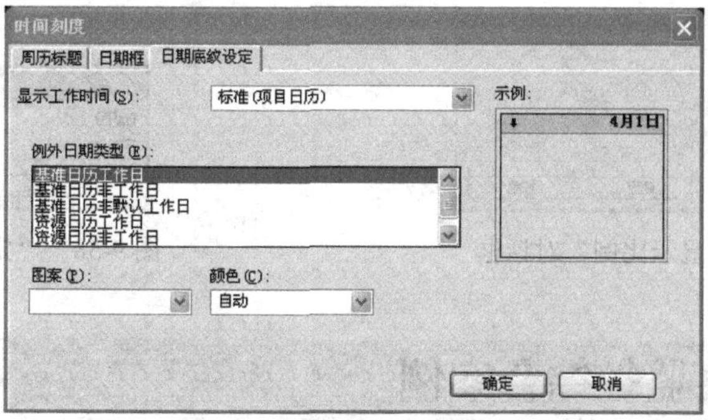

图 9-52 “日期底纹设定”选项卡

在“日历”视图中，可在“格式”选项卡[77]（如图 9-53 所示）中调整文本样式、条形图样式和网格格式。三者的操作步骤类似，单击“格式”选项卡下“格式”组中的“文本样式”、“条形图样式”或“网格”按钮，弹出相应对话框，然后在其中进行设置。如图 9-54 所示是“文本样式”对话框，如图 9-55 所示是“条形图样式”对话框，如图 9-56 所示是“网格”对话框[53]。

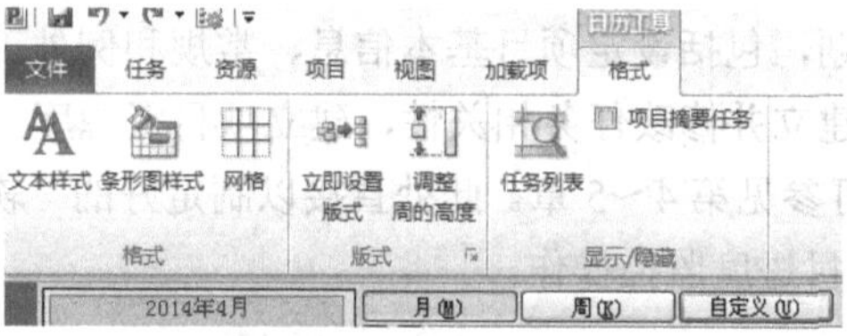

图 9-53 “格式”选项卡

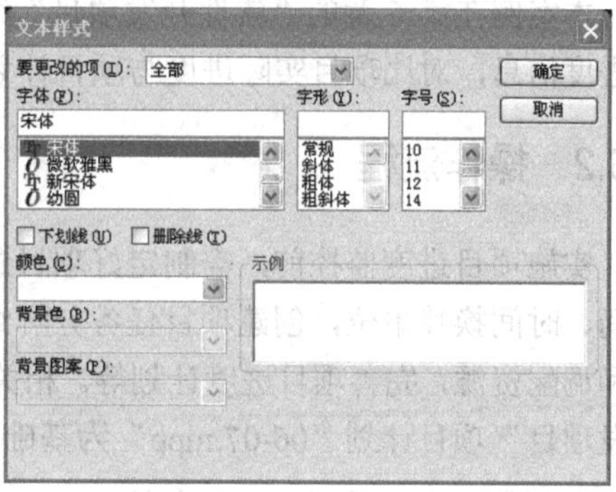

图 9-54 “文本样式”对话框

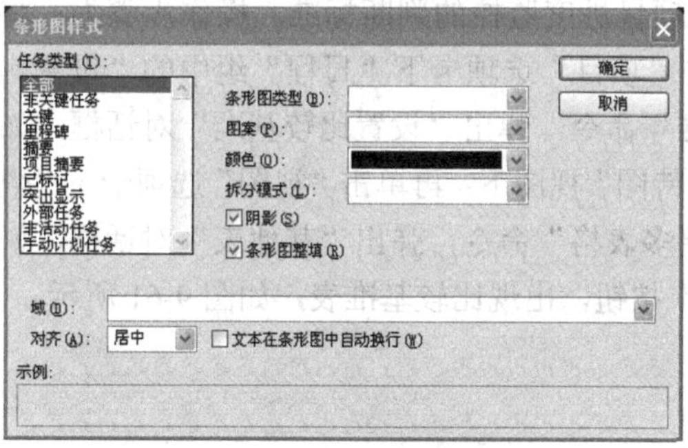

图 9-55 “条形图样式”对话框

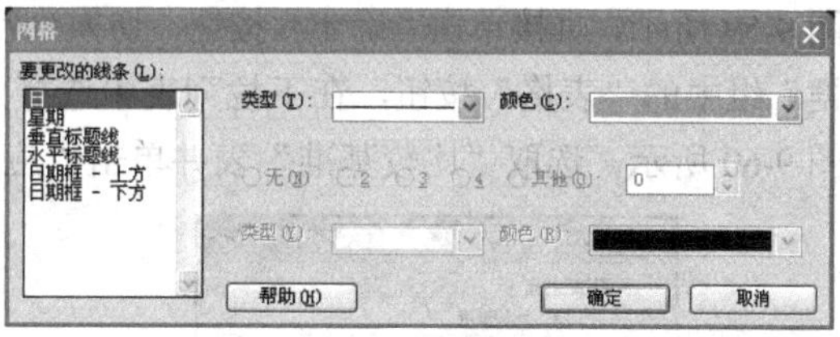

图 9-56 “网格”对话框

在“日历”视图中，可调整屏幕窗格显示的天数，操作步骤为：在“日历”视图中单击鼠标右键，在下拉列表中选择“显示比例”命令，弹出“显示比例”对话框，如图 9-57 所示。然后选择一个屏幕窗格要显示的周数，如 1 周，也可指定日历显示的时间段[77]。

此外，还可通过“定位”对话框实现根据任务标识号查找指定任务，或根据用户指定日期自动跳转到某一天的功能[53]。操作步骤为：在“日历”视图中单击鼠标右键，在下拉列表中选择“转到”命令，弹出“定位”对话框（如图 9-58 所示），在其中设置完毕后单击“确定”按钮。

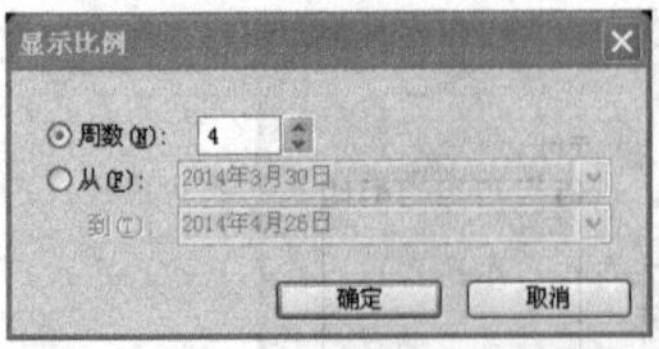

图 9-57 “显示比例”对话框

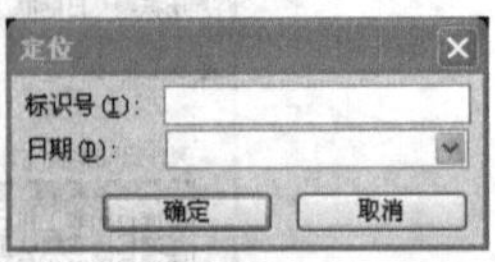

图 9-58 “定位”对话框

9.6 项目进度监控综合案例

本案例全面介绍项目进度监控流程，核心是设置项目进度比较基准、更新项目进度信息、对比项目实际进度与项目计划、设置项目进度中期计划等。

9.6.1 案例简介

本案例在第 6 章的“软件开发项目”综合案例基础上，为项目进度设置比较基准，更新项目进度信息，对比项目实际进度与项目计划，设置中期计划，最后提供项目进度状态报告。

9.6.2 操作流程

实施项目进度监控前，需制定好项目进度计划，包括设定项目基本信息、常规和例外工作时间、时间换算单位，创建项目任务分解结构，建立并修改任务相关性，建立项目资源库、分配和调配资源，完善项目进度计划等。相关内容可参见第 4～5 章。此处直接以制定好的“软件开发项目”项目计划“06-07.mpp”为基础讲解项目进度监控操作。

1．设置并查看项目比较基准

下面将“06-07.mpp”设置为比较基准，作为项目进度监控的判断标准。操作步骤为：将“06-07.mpp”另存为“09-04.mpp”并打开，单击“项目”选项卡下“日程”组中的“设置比较基准”按钮，在下拉列表中选择“设置比较基准”命令，弹出“设置比较基准”对话框，如图 9-59 所示，直接单击“确定”按钮，切换到“甘特图”视图下；再单击“视图”选项卡下“数据”组中的“表格”按钮，在下拉列表中选择“更多表格”命令，弹出“其他表”对话框，如图 9-60 所示，选取“比较基准”表并单击“应用”按钮，出现比较基准表，如图 9-61 所示。

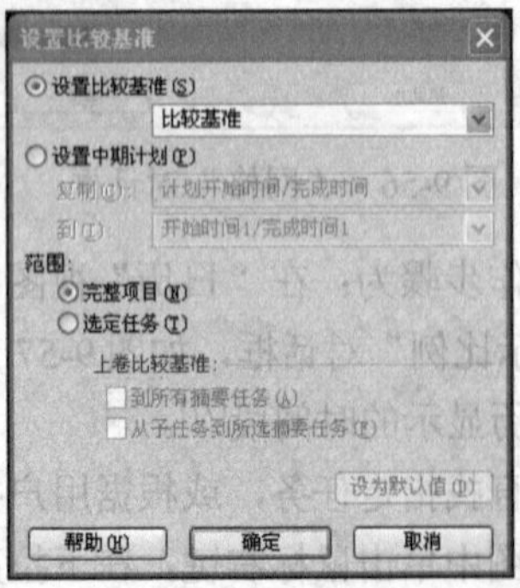

图 9-59 “设置比较基准”对话框

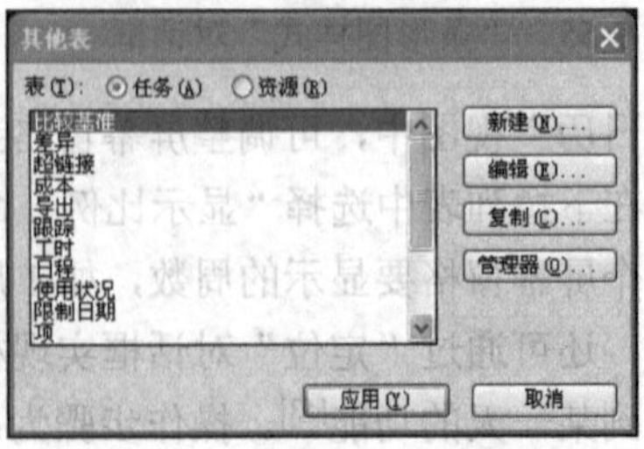

图 9-60 “其他表”对话框

任务名称	比较基准工期	比较基准开始时间	比较基准完成时间	比较基准工时	比较基准成本
⊟1 软件开发项目	**120 个工作日**	**2014年4月1日**	**2014年9月17日**	**6,349.5 工时**	**¥199,540.00**
⊟1.1 项目范围规划	**4 个工作日**	**2014年4月1日**	**2014年4月4日**	**102 工时**	**¥2,490.00**
1.1.1 确定项目范围	1 个工作日	2014年4月1日	2014年4月1日	51 工时	¥1,140.00
1.1.2 获得项目所需资金及资源	3 个工作日	2014年4月2日	2014年4月4日	51 工时	¥1,350.00
1.1.3 完成项目范围规划	0 个工作日	2014年4月4日	2014年4月4日	0 工时	¥0.00
⊟1.2 软件需求分析	**23 个工作日**	**2014年4月7日**	**2014年5月9日**	**569.5 工时**	**¥16,325.00**
1.2.1 软件行为需求分析	5 个工作日	2014年4月7日	2014年4月11日	127.5 工时	¥3,375.00
1.2.2 制定、审阅并修订软件规范与预算	15 个工作日	2014年4月14日	2014年5月6日	382.5 工时	¥11,450.00
1.2.3 制定软件交付期限	1 个工作日	2014年5月7日	2014年5月7日	8.5 工时	¥300.00
1.2.4 获得开展后续工作的批准及所需资源	2 个工作日	2014年5月8日	2014年5月9日	51 工时	¥1,200.00
1.2.5 完成软件需求分析	0 个工作日	2014年5月9日	2014年5月9日	0 工时	¥0.00
⊟1.3 软件设计	**16 个工作日**	**2014年5月12日**	**2014年6月2日**	**399.5 工时**	**¥9,575.00**
1.3.1 制定、审阅并修订软件功能规范	10 个工作日	2014年5月12日	2014年5月23日	255 工时	¥6,200.00
1.3.2 开发软件原型	5 个工作日	2014年5月26日	2014年5月30日	127.5 工时	¥2,925.00
1.3.3 获得开展后续工作的批准	1 个工作日	2014年6月2日	2014年6月2日	17 工时	¥450.00
1.3.4 完成软件设计	0 个工作日	2014年6月2日	2014年6月2日	0 工时	¥0.00

图 9-61　比较基准表

2. 更新项目实际进度信息

下面根据项目实施情况动态更新项目的进度信息，以观察和控制项目的整个进程[53]。

首先，将 2014 年 6 月 1 日之前的任务按日程比例更新进度，操作步骤为：单击“项目”选项卡下“状态”组中的“更新项目”按钮，弹出“更新项目”对话框，选中“将任务更新为在此日期完成”单选按钮，输入“2014 年 6 月 1 日”，如图 9-62 所示。单击“确定”按钮，打开“规划向导”对话框，单击“确定”按钮退出，在二次打开的对话框中选中“继续，允许日程排定的冲突”单选按钮，如图 9-63 所示。单击“确定”按钮，结果如图 9-64 所示。

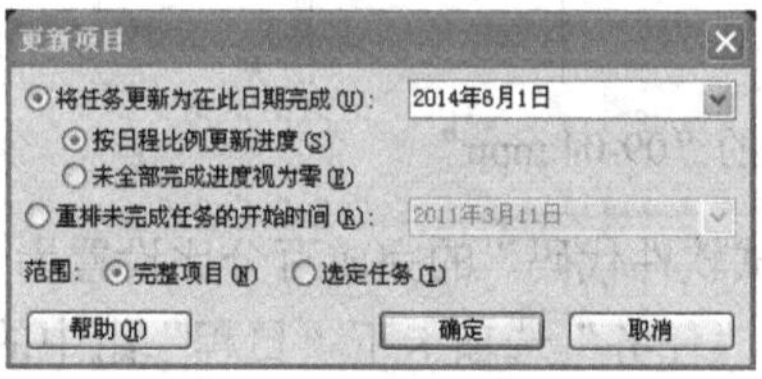

图 9-62　“更新项目”对话框

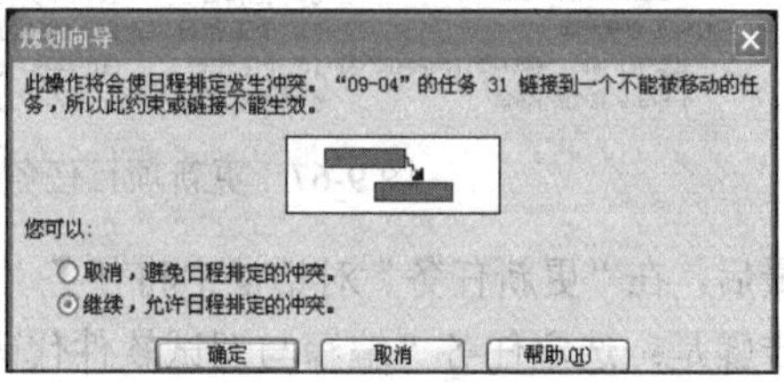

图 9-63　“规划向导”对话框

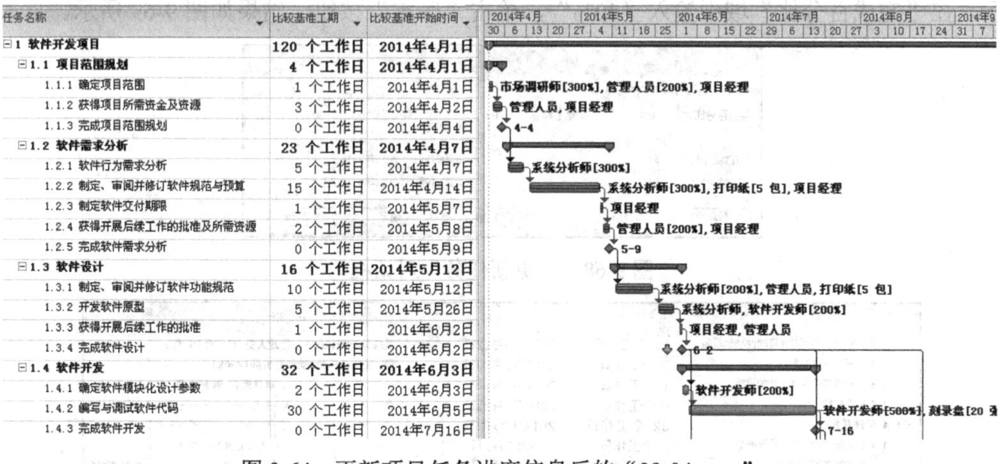

图 9-64　更新项目任务进度信息后的“09-04.mpp”

然后，将 2014 年 6 月 1 日之后开始的任务从 2014 年 7 月 1 日开始重排日程。操作步骤为：单击“项目”选项卡下“状态”组中的“更新项目”按钮，弹出“更新项目”对话框，选中“重排未完成任务的开始时间”单选按钮，输入“2014 年 7 月 1 日”，如图 9-65 所示。单击“确定”

按钮，弹出“规划向导”对话框，单击“确定”按钮退出，在二次打开的对话框中选中“继续，允许日程排定的冲突”单选按钮（如图 9-66 所示），最后单击“确定”按钮，结果如图 9-67 所示。对比图 9-64 和图 9-67，可发现任务“1.3.3 获得开展后续工作的批准”的开始时间由之前的“2014 年 6 月 2 日”更新为“2014 年 7 月 1 日”。

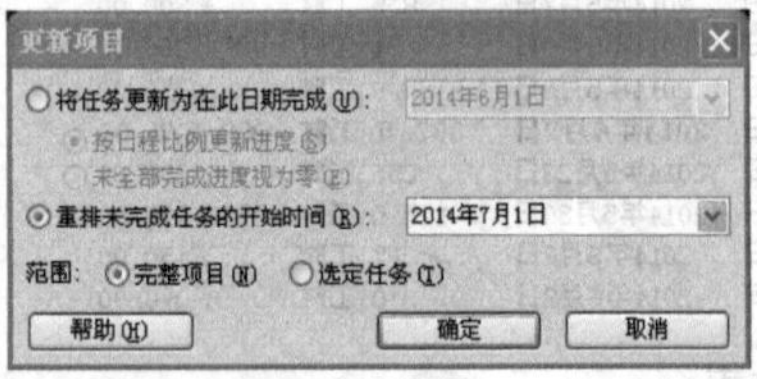

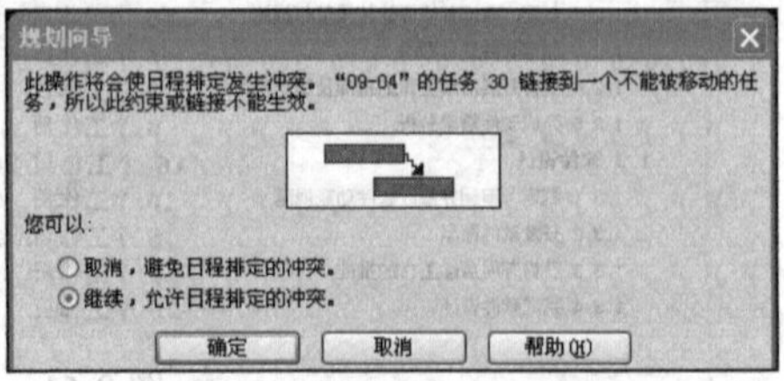

图 9-65 “更新项目”对话框　　　　图 9-66 “规划向导”对话框

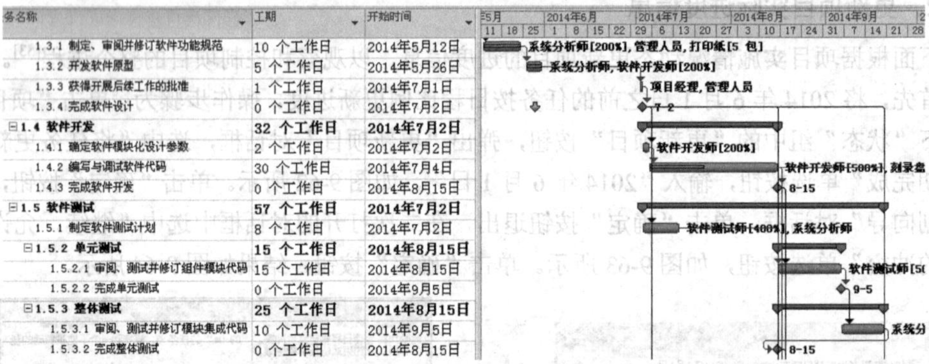

图 9-67 更新项目任务进度信息后的“09-04.mpp”

最后，在“更新任务”对话框中将任务“编写与调试软件代码”的完成百分比设置为 40%，操作步骤是：选定任务“编写与调试软件代码”，单击“任务”选项卡下“日程”组中的“跟踪时标记”按钮，在下拉列表中选择“更新任务”命令，弹出“更新任务”对话框，如图 9-68 所示，在“完成百分比”域中输入“40%”，单击“确定”按钮，结果如图 9-69 所示。

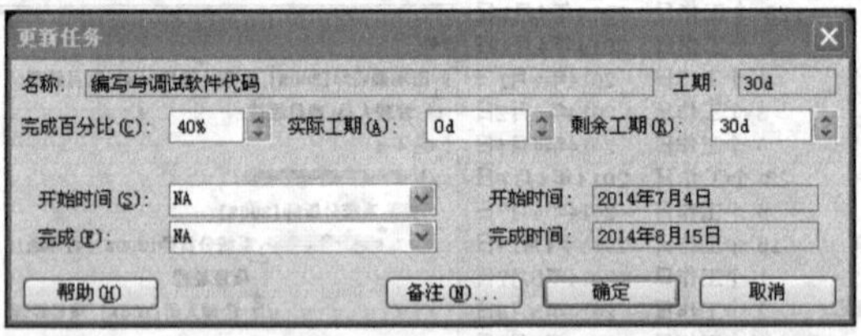

图 9-68 “更新任务”对话框

图 9-69 更新项目任务进度信息后的“09-04.mpp”

3. 使用“跟踪甘特图”视图对比项目实际进度与项目计划

单击“视图”选项卡下“任务视图”组中的“其他视图”按钮，在下拉列表中选择“其他视图”命令，弹出“其他视图”对话框，然后选择“跟踪甘特图”，单击“应用”按钮，结果如图 9-70 所示。

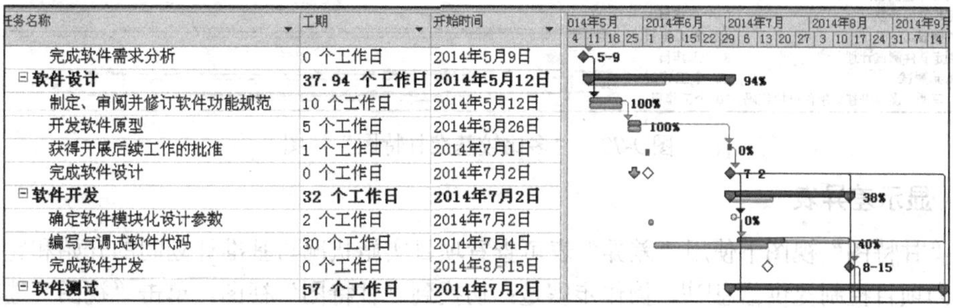

图 9-70　使用“跟踪甘特图”视图对比项目实际进度与项目比较基准

4. 更改项目任务信息并设置项目中期计划

随着项目推进，需动态更改项目任务信息，尤其是当项目发生较大变化时，需将项目的实施状况设置为新的比较基准或中期计划，以便后期比较项目实施中不同阶段的实际状况[77]。例如，根据实际情况，需要将任务“编写与调试软件代码”的工期改为 20 个工作日，然后将项目计划设置为“比较基准 1”；将任务“审阅、测试并修订组件模块代码”的工期改为 10 个工作日，然后将项目计划设置为“比较基准 2”。上述设置可在“设置比较基准”对话框中进行，只需选择相应比较基准，操作参见本书第 8 章的 8.4 节。最后，需要将任务“编写软件培训材料”的工期改为 15 个工作日，并将该项目计划设置为中期计划。操作步骤是：在“设置比较基准”对话框中选中“设置中期计划”单选按钮，如图 9-71 所示，单击“确定”按钮。注意，所有任务工期的修改均可在“甘特图”视图的“工期”域中直接修改。此外，修改日期后会弹出“规划向导”对话框，选中“继续，允许日程排定的冲突”单选按钮，并单击“确定”按钮即可。

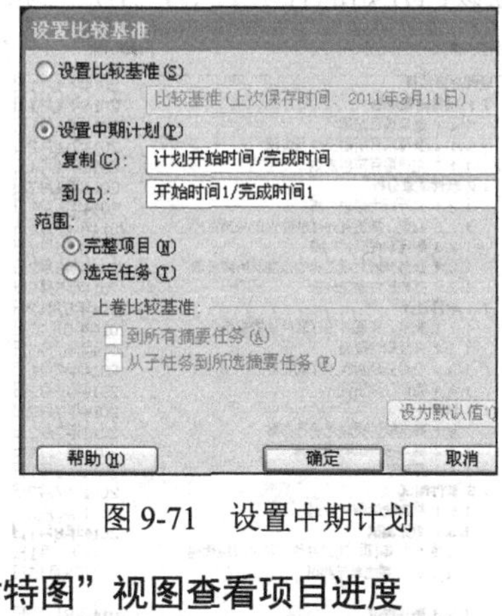

图 9-71　设置中期计划

5. 使用“多比较基准甘特图”视图查看项目进度

设置多个比较基准后，可通过“多比较基准甘特图”视图查看项目实施状况，分析项目进度变动，为调整项目计划提供信息[53]。操作步骤是：单击“视图”选项卡下“任务视图”组中“其他视图”按钮，在下拉列表中单击“其他视图”按钮，弹出“其他视图”对话框，然后选择“多比较基准甘特图”，单击“应用”按钮，结果如图 9-72 所示。

务名称	工期
⊟软件开发	22 个工作日
确定软件模块化设计参数	2 个工作日
编写与调试软件代码	20 个工作日
完成软件开发	0 个工作日
⊟软件测试	42 个工作日
制定软件测试计划	8 个工作日
⊟单元测试	10 个工作日
审阅、测试并修订组件模块代码	10 个工作日

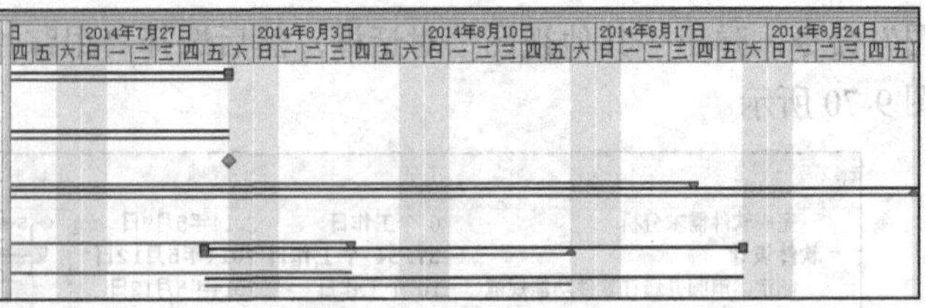

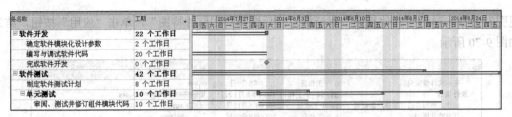

图 9-72　“多比较基准甘特图”视图

6．显示差异表

在“甘特图”视图下使用“差异”表可查看项目实施状况与基准计划间的开始和完成时间差异，为项目控制提供信息[53]。操作步骤是：切换到“甘特图”视图，单击“视图”选项卡下“数据”组中“表格”按钮，在下拉列表中勾选“差异”，出现“差异”表，如图 9-73 所示。

务名称	开始时间	完成时间	比较基准开始时间	比较基准完成时间	开始时间差异	完成时间差异
1 软件开发项目	2014年4月1日	2014年10月10日	2014年4月1日	2014年9月17日	0 个工作日	11.94 个工作日
⊟1.1 项目范围规划	2014年4月1日	2014年4月4日	2014年4月1日	2014年4月4日	0 个工作日	0 个工作日
1.1.1 确定项目范围	2014年4月1日	2014年4月1日	2014年4月1日	2014年4月1日	0 个工作日	0 个工作日
1.1.2 获得项目所需资金及资源	2014年4月2日	2014年4月4日	2014年4月2日	2014年4月4日	0 个工作日	0 个工作日
1.1.3 完成项目范围规划	2014年4月4日	2014年4月4日	2014年4月4日	2014年4月4日	0 个工作日	0 个工作日

图 9-73　“差异”表

7．提供项目进度状态报告

项目管理者在项目实施过程中需及时了解项目进度的汇总性及专业性信息，并报告给相关人员。此处涉及项目汇总性和进度信息，操作步骤是：单击“项目”选项卡下“报表”组中的“报表”按钮，弹出“报表”对话框，单击“自定义”按钮，然后再单击“选定”按钮，弹出“自定义报表”对话框，在其中选择相应报表，单击“选择”按钮，即可预览并可打印所选报表。如图 9-74 所示为“项目摘要”报表。此外，Project 还提供多种项目进度状态报表，如“进度落后的任务”、“已完成的任务”、“未开始任务”、“进行中的任务”、“即将开始的任务”、“每周待办事项”和“应该已开始的任务”等，用户可根据需要自行选择。

标识号	任务模式	任务名称	开始时间	完成时间
1		1 软件开发项目	2014年4月1日	2014年10月10
2		1.1 项目范围规划	2014年4月1日	2014年4月4
3		1.1.1 确定项目范围	2014年4月1日	2014年4月1
4		1.1.2 获得项目所需资金及资源	2014年4月2日	2014年4月4
5		1.1.3 完成项目范围规划	2014年4月4日	2014年4月4
6		1.2 软件需求分析	2014年4月7日	2014年5月9
7		1.2.1 软件行为需求分析	2014年4月7日	2014年4月11
8		1.2.2 制定、审阅并修订软件规范与预算	2014年4月14日	2014年5月6
9		1.2.3 制定软件交付期限	2014年5月7日	2014年5月7
10		1.2.4 获得开展后续工作的批准及所需资源	2014年5月8日	2014年5月9
11		1.2.5 完成软件需求分析	2014年5月9日	2014年5月9
12		1.3 软件设计	2014年5月12日	2014年7月2
13		1.3.1 制定、审阅并修订软件功能规范	2014年5月12日	2014年5月23
14		1.3.2 开发软件原型	2014年5月26日	2014年5月30
15		1.3.3 获得开展后续工作的批准	2014年7月1日	2014年7月2
16		1.3.4 完成软件设计	2014年7月2日	2014年7月2
17		1.4 软件开发	2014年7月2日	2014年8月1
18		1.4.1 确定软件模块化设计参数	2014年7月2日	2014年7月4
19		1.4.2 编写与调试软件代码	2014年7月4日	2014年8月1
20		1.4.3 完成软件开发	2014年8月1日	2014年8月1
21		1.5 软件测试	2014年7月2日	2014年8月29
22		1.5.1 制定软件测试计划	2014年7月2日	2014年7月14
23		1.5.2 单元测试	2014年8月1日	2014年8月15
24		1.5.2.1 审阅、测试并修订组件模块代码	2014年8月1日	2014年8月15
25		1.5.2.2 完成单元测试	2014年8月15日	2014年8月15
26		1.5.3 整体测试	2014年8月15日	2014年8月29
27		1.5.3.1 审阅、测试并修订模块集成代码	2014年8月15日	2014年8月29
28		1.5.3.2 完成整体测试	2014年8月15日	2014年8月15

项目：04-08
日期：2011年3月11日

任务　外部任务　手动任务
拆分　外部里程碑　仅工期
里程碑　非活动任务　手动摘要
摘要　非活动里程碑　手动摘要

图 9-74　“项目摘要”报表

9.7 本章小结

本章首先讲解了 Project 2010 中的项目进度监控原理、流程与操作，重点是更新项目进度信息、对比项目实际进度与项目基准计划的操作方法；接着讲解了项目进度管理中的甘特图技术、网络计划技术，尤其是网络图和计划评审技术；然后探讨了项目进度状态报告及与项目进度相关的视图；最后以“软件开发项目”为例讲解了完整的项目进度监控流程。

第10章 Microsoft Project 2010与IT项目成本跟踪及控制

本章内容提要：

- Project 2010 中的项目成本跟踪与控制。
- 项目盈余分析、加班成本计算和项目成本状态报表。
- 项目成本监控综合案例。

10.1 本章导读

成本是项目管理的三大要素之一，是衡量项目管理成功与否的重要指标[64]，是项目管理尤其是项目监控的重点。同时，成本还与项目进度、资源等因素息息相关，影响着项目任务的日程排定和资源分配[53]。因此，监控项目时需高度关注项目成本，注意均衡项目的成本、进度和资源。

本章主要内容包括 Project 2010 中项目成本的监控原理、流程及操作；利用 Project 视图与报表等技术辅助项目管理者跟踪、查看、评价并控制项目成本；剖析项目成本管理的关键技术与难点问题，核心是项目盈余分析、项目加班成本计算、项目成本状态报表等；最后以“软件开发项目”综合案例完整讲解项目成本监控流程。

10.2 Project 2010 中的项目实际成本跟踪及控制

项目预算是计划支出的项目成本[53]，但在项目实施过程中，由于内外部原因，实际支出成本常与项目预算存在一定偏差。故需在项目实施中动态监控项目成本，并采取措施将项目实际成本控制在预算范围内，以提高项目实施业绩。

10.2.1 概述

1. Project 2010 中的项目成本监控原理

Project 中，项目成本监控的基本原理是：跟踪、采集项目成本信息，并设置为基准计划；

动态跟踪项目成本变化并及时更新项目成本信息；比较项目成本预算与项目实际成本的差异，一旦发现成本差异，立即分析研究，并有针对性地采取纠正措施。

2. Project 2010 中的项目成本监控流程

Project 中的项目成本监控和进度监控过程类似，但需用户在了解项目总时间、工期、工时统计信息基础上，正确使用项目成本跟踪工具，根据项目进程及时调整项目预算，以保证在预算范围内按时完成项目。具体而言，Project 2010 中的项目成本监控流程为：首先将项目成本计划设置为比较基准；其次，按时间段自动或手动更新项目实际成本信息，并适时设置为中期计划；再次，使用 Project 视图和报表查看每个资源、任务或项目的实时成本信息，通过专业成本分析工具对比项目实际成本与项目预算，以分析项目成本状况、发现偏差；最后，实施项目成本变更控制。

接下来以本书第 9 章的“软件开发项目”计划“09-04.mpp”为基础讲解项目成本监控操作。

10.2.2 设置项目成本比较基准

制定好项目成本计划后，即可将其设置为比较基准，操作与设置项目进度比较基准类似，包括首次设置比较基准、更新项目比较基准等，具体在“设置比较基准”对话框中设置。相关操作请参见本书第 9 章的 9.2.2 节。

10.2.3 按时间段更新项目实际成本

Project 提供手动和自动两种方式供用户计算项目的实际成本。默认是 Project 自动计算项目实际成本。当然，用户也可自己输入项目实际成本，前提是先关闭 Project 自动更新实际成本功能[77]，否则无法输入。操作参见本书第 6 章的 6.4.6 节。

1. 使用 Project 自动计算项目实际成本

Project 默认会随着项目任务进展，按照用户设置的成本累算方法和费率[53]、完成工时或资源使用量自动更新项目实际成本，相关操作参见例 10-1。

例 10-1　使用 Project 自动计算项目实际成本。

将第 9 章的“软件开发项目”计划“09-04.mpp”另存为“10-01.mpp”，然后按任务来审阅并分析项目当前发生的实际成本。

操作步骤如下：

将“09-04.mpp”另存为“10-01.mpp”并再次打开，单击“视图”选项卡下“任务视图”组中的“任务分配状况”按钮，切换到“任务分配状况”视图，然后选中“格式”选项卡下“详细信息”组中的“实际支出”复选框，取消选中“成本”复选框。此时，视图右侧窗格将显示“工时”和“实际成本”的详细信息，如图 10-1 所示。

单击“视图”选项卡下“资源视图”组中的“资源工作表”按钮，切换到“资源工作表”视图以查看资源费率信息（如图 10-2 所示）。然后，单击“视图”选项卡下“任务视图”组的中“甘特图”按钮，切换到“甘特图”视图，并单击“视图”选项卡下“数据”组中的“表格”按钮，在其下拉列表中勾选“项”，以查看任务工期和资源分配信息（如图 10-3 所示）。

任务名称	固定成本	固定成本累算	总成本	比较基准	差异	详细信息	二	三	四
⊟软件开发项目	￥0.00	按比例	￥181,540.00	￥199,540.00	-￥18,000.00	工时	51h	17h	17h
						实际成本	￥1,140.00	￥450.00	￥450.00
⊟项目范围规划	￥0.00	按比例	￥2,490.00	￥2,490.00	￥0.00	工时	51h	17h	17h
						实际成本	￥1,140.00	￥450.00	￥450.00
⊟确定项目范围	￥0.00	按比例	￥1,140.00	￥1,140.00	￥0.00	工时	51h		
						实际成本	￥1,140.00		
管理人员			￥300.00	￥300.00	￥0.00	工时	17h		
						实际成本	￥300.00		
项目经理			￥300.00	￥300.00	￥0.00	工时	8.5h		
						实际成本	￥300.00		
市场调研师			￥540.00	￥540.00	￥0.00	工时	25.5h		
						实际成本	￥540.00		
⊟获得项目所需资金及资源	￥0.00	按比例	￥1,350.00	￥1,350.00	￥0.00	工时		17h	17h
						实际成本		￥450.00	￥450.00
管理人员			￥450.00	￥450.00	￥0.00	工时		8.5h	8.5h
						实际成本		￥150.00	￥150.00
项目经理			￥900.00	￥900.00	￥0.00	工时		8.5h	8.5h

图 10-1　按照任务审阅项目实际成本

资源名称	类型	材料标签	缩写	组	最大单位	标准费率	加班费率	每次使用	成本累算	基准日历
管理人员	工时		管	管理部	200%	￥3,000.00/月工时	￥3,600.00/月工时	￥0.00	按比例	标准
项目经理	工时		项	管理部	100%	￥6,000.00/月工时	￥7,500.00/月工时	￥0.00	按比例	标准
系统分析师	工时		系	技术部	300%	￥4,500.00/月工时	￥5,400.00/月工时	￥0.00	按比例	标准
软件开发师	工时		软	技术部	500%	￥3,600.00/月工时	￥4,200.00/月工时	￥0.00	按比例	标准
软件测试师	工时		软	技术部	500%	￥3,600.00/月工时	￥4,200.00/月工时	￥0.00	按比例	标准
软件培训师	工时		软	实施部	500%	￥3,600.00/月工时	￥4,200.00/月工时	￥0.00	按比例	标准
软件实施师	工时		软	实施部	400%	￥3,600.00/月工时	￥4,200.00/月工时	￥0.00	按比例	标准
技术联络师	工时		技	实施部	300%	￥3,600.00/月工时	￥4,200.00/月工时	￥0.00	按比例	标准
市场调研师	工时		市	支持部	300%	￥3,600.00/月工时	￥4,200.00/月工时	￥0.00	按比例	标准
刻录机	材料	台	刻	耗材		￥400.00		￥0.00	按比例	
刻录盘	材料	张	刻	耗材		￥10.00		￥0.00	按比例	
打印机	材料	台	打	耗材		￥800.00		￥0.00	按比例	
打印纸	材料	包	打	耗材		￥40.00		￥0.00	按比例	
餐饮费	成本		餐	补助					按比例	

图 10-2　“资源工作表”视图下查看资源费率信息

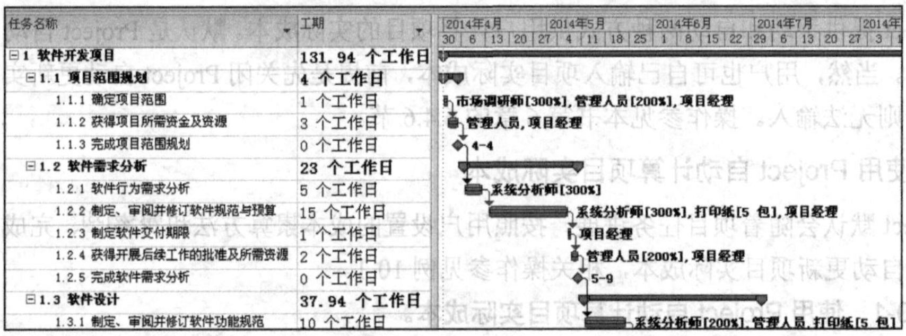

任务名称
工期
2014年4月
2014年5月
2014年6月
2014年7月
30 6 13 20 27 4 11 18 25 1 8 15 22 29 6 13 20 27 3
⊟1 软件开发项目 131.94 个工作日
⊟1.1 项目范围规划 4 个工作日
1.1.1 确定项目范围 1 个工作日
1.1.2 获得项目所需资金及资源 3 个工作日
1.1.3 完成项目范围规划 0 个工作日
⊟1.2 软件需求分析 23 个工作日
1.2.1 软件行为需求分析 5 个工作日
1.2.2 制定、审阅并修订软件规范与预算 15 个工作日
1.2.3 制定软件交付期限 1 个工作日
1.2.4 获得开展后续工作的批准及所需资源 2 个工作日
1.2.5 完成软件需求分析 0 个工作日
⊟1.3 软件设计 37.94 个工作日
1.3.1 制定、审阅并修订软件功能规范 10 个工作日
市场调研师[300%], 管理人员[200%], 项目经理
管理人员, 项目经理
4-4
系统分析师[300%]
系统分析师[300%], 打印纸[5 包], 项目经理
项目经理
管理人员[200%], 项目经理
5-9
系统分析师[200%], 管理人员, 打印纸[5 包]

图 10-3　“甘特图”视图下查看任务工期和资源分配信息

接下来，结合图 10-1、图 10-2 和图 10-3 分析项目的实际成本。

首先，分析任务“1.1.2 获得项目所需资金及资源”的实际成本。通过“甘特图”视图，可看出该任务已全部完成，工期为 3 个工作日，涉及到的资源有“管理人员”和“项目经理”；通过“资源工作表”视图，可看出“管理人员”的标准费率为“3 000 元/月工时”，“项目经理”的标准费率为“6 000 元/月工时”。由于资源费率和项目工期的计量单位不同，因此需弄清楚两者之间的换算关系。单击“文件”选项卡下的“选项”项，打开“Project 选项”对话框，选择左侧的“日程”选项，在右侧可查看“该项目的‘日历’选项”列表，如图 10-4 所示。可看出每个月包含 20 个工作日，因此，“管理人员”的标准费率为 3 000/20=150 元/工作日，“项目经理”的标准费率为 6 000/20=300 元/工作日，故项目每天的实际成本为 150+300=450 元，任务总成本为 450×3=1 350 元。这正好与图 10-1 中的数据相吻合。

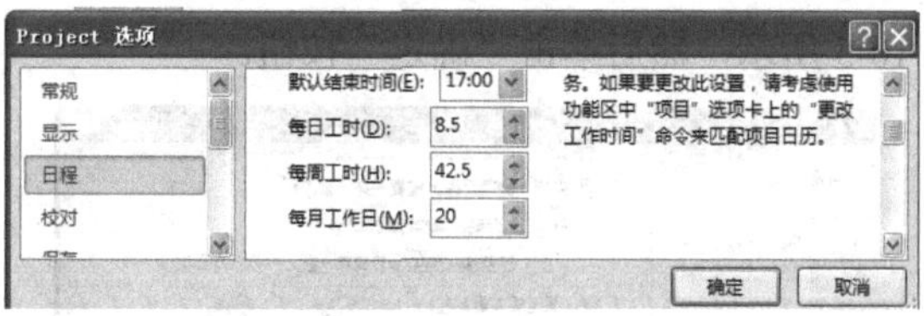

图 10-4 “Project 选项”对话框

接着分析任务“1.3.1 制定、审阅并修订软件功能规范”的实际成本。通过“甘特图”视图，可看出该任务已全部完成，工期为 10 个工作日，涉及的资源有“系统分析师[200%]”、“管理人员”和“打印纸[5 包]”；通过“资源工作表”视图，可看出“系统分析师”的标准费率为“4 500 元/月工时”，“管理人员”的标准费率为“3 000 元/月工时”，“打印纸”的标准费率为“40 元/包”。由于每月包含 20 个工作日，因此，“系统分析师”的标准费率为 4 500/20=225 元/工作日，“管理人员”的标准费率为 3 000/20=150 元/工作日”。由于材料类资源“打印纸”的累算方式是“按比例”，任务总工期为 10 天，任务共分配了 5 包打印纸，所以平均每天消耗 0.5 包。这样，可推算出项目每天的实际成本为 0.5×40+225×2+150=620 元，任务总成本为 620×10=6 200 元。读者可自行分析其他任务的实际成本。

根据例 10-1 可看出，Project 自动计算实际成本的机制为：根据资源费率、实际完成工时及成本累算方式计算工时类资源，根据资源费率、资源消耗量和成本累算方式计算材料类资源，并将所有资源的总成本相加即可得到项目的实际成本[53]。

2. 手动输入项目实际成本

手动输入项目的实际成本有两种方式。一种是直接更新任务在某个时段的实际成本，若任务涉及多项资源，Project 会按原来设定的比例自动将其分配给对应资源；另一种是更新任务所涉及资源的实际成本，若任务涉及多项资源，Project 会按照每项资源当天新的实际成本之和计算出任务当天的总成本，然后汇总得出项目任务的实际成本[53,77]。

注意，当手动更新项目实际成本时，必须先设置项目的“完成百分比”为 100%，再更新项目的实际成本；否则，Project 会将用户输入的项目实际成本与项目比较基准中设置的项目成本相加，作为项目的实际成本，导致与实际情况不符（参见例 10-2）。同时还需注意，某时段的任务实际成本和任务所涉及资源的实际成本保持着同步变化[77]，两者中只要有一个发生了变化，另一个会随之发生变化。

例 10-2 手动输入项目实际成本。

将项目文件“10-01.mpp”另存为“10-02.mpp”，使用手动更新方式输入并查看的项目实际成本。任务 15“获得开展后续工作的批准”中，“管理人员”周二的实际成本为 9.00（原为 8.82），“管理人员”周三的实际成本为 150（原为 141.18），“项目经理”周二的实际成本为 18.00（原为 17.65），“项目经理”周三的实际成本为 290.00（原为 282.35），请按时间段输入资源实际成本。任务 22“制定软件测试计划”中，实际成本为 8000（原为 7560），请使用更新任务时间段实际成本的方式对其进行更新。

操作步骤如下：

首先，关闭 Project 自动计算实际成本的功能。操作步骤是：单击“文件”选项卡下的“选项”项，打开“Project 选项”对话框，选择左侧的“日程”选项，在右侧“该项目的计算选项”列表下取消选中“Project 自动计算实际成本”复选框和“将新输入的实际总成本一直分布到状态日期”复选框，如图 10-5 所示，然后单击“确定”按钮。

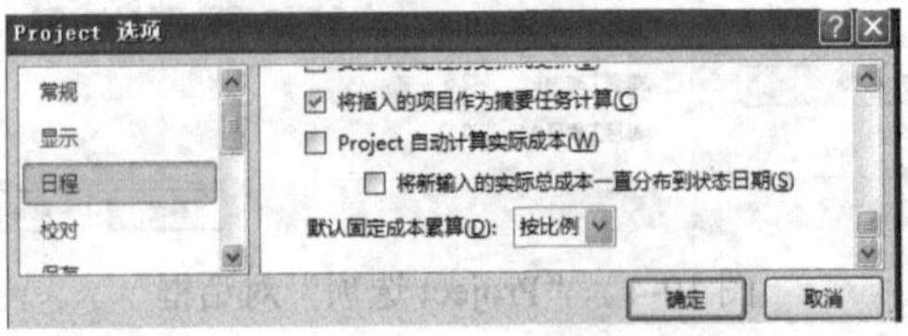

图 10-5 “Project 选项”对话框

其次，切换到“任务分配状况”视图，查看项目的实际成本状况。单击“视图”选项卡下“任务视图”组中的“任务分配状况”按钮，切换到“任务分配状况”视图，如图 10-6 所示。根据“实际”域的数据可看出，已完成的任务和正在进行中的任务存在实际成本，尚未开始的任务的实际成本为 0。例如，任务“开发软件原型”的实际成本为 2 925 元，任务“获得开展后续工作的批准”的实际成本为 0 元。这是因为“09-04.mpp”已为项目任务分配了资源、更新了项目进度的缘故。例 10-1 采用的是 Project 自动计算成本的方式，因此 Project 自动计算了实际成本，并将相关任务和资源的实际成本保存到了项目数据库。尽管在本案例中手工输入了项目实际成本，但数据库中已存在的数据并不会消失，因此，这些任务和资源的实际成本仍为原来的值[53,77]。

务名称	固定成本	固定成本累算	总成本	比较基准	差异	实际	剩余
打印纸			¥200.00	¥200.00	¥0.00	¥200.00	¥0.00
⊟开发软件原型	¥0.00	按比例	¥2,925.00	¥2,925.00	¥0.00	¥2,925.00	¥0.00
系统分析师			¥1,125.00	¥1,125.00	¥0.00	¥1,125.00	¥0.00
软件开发师			¥1,800.00	¥1,800.00	¥0.00	¥1,800.00	¥0.00
⊟获得开展后续工作的批准	¥0.00	按比例	¥450.00	¥450.00	¥0.00	¥0.00	¥450.00
管理人员			¥150.00	¥150.00	¥0.00	¥0.00	¥150.00
项目经理			¥300.00	¥300.00	¥0.00	¥0.00	¥300.00

图 10-6 “任务分配状况”视图

再次，手动输入实际成本。选中“格式”选项卡下“详细信息”组中的“成本”复选框，则“任务分配状况”视图的右侧会显示“工时”、“成本”和“实际成本”等详细信息。移动窗格右侧底部的滑动条，定位到任务 15“获得开展后续工作的批准”的实际发生日期，单击“数据”组中的“表格”按钮，在其下拉列表中选中“跟踪”命令，切换到“跟踪”表，如图 10-7 所示。可看出，“完成百分比”和“实际完成百分比”域均为“0%”，说明该任务并未开始，同时右侧的详细信息框中“管理人员”和“项目经理”在“星期二”和“星期三”时间段的实际成本均为 0。在“管理人员”周二的“实际成本”域中输入 9，周三的“实际成本”域中输入 150，接着在“项目经理”周二的“实际成本”域中输入 18，周三的“实际成本”域中输入 290，结果如图 10-8 所示。

	任务名称	实际开始时间	实际完成时间	完成百分比	实际完成百分比	实际工期	剩余工期	实际成本	实际工时	详细信息	二	三
	软件开发师	2014年5月26日	2014年5月30日					¥1,800.00	85 工时	工时		
										实际成本		
										成本		
15	⊟获得开展后续工作的批准	NA	NA	0%	0%	0 个工作日	1 个工作日	¥0.00	0 工时	工时	1h	16h
										实际成本		
										成本	¥26.47	¥423.53
	管理人员	NA	NA					¥0.00	0 工时	工时	0.5h	8h
										实际成本		
										成本	¥8.82	¥141.18
	项目经理	NA	NA					¥0.00	0 工时	工时	0.5h	8h
										实际成本		
										成本	¥17.65	¥282.35

图 10-7 “任务分配状况”视图的“跟踪”表

	任务名称	实际开始时间	实际完成时间	完成百分比	实际完成百分比	实际工期	剩余工期	实际成本	实际工时	详细信息	二	三
	软件开发师	2014年5月26日	2014年5月30日					￥1,800.00	85 工时	工时		
										实际成本		
										成本		
15	⊟获得开展后续工作的批准	NA	NA	0%	0%	0 个工作日	1 个工作日	￥467.00	0 工时	工时	1h	16h
										实际成本	￥27.00	￥440.00
										成本	￥53.47	￥863.53
	管理人员	NA	NA					￥159.00	0 工时	工时	0.5h	8h
										实际成本	￥9.00	￥150.00
										成本	￥17.82	￥291.18
	项目经理	NA	NA					￥308.00	0 工时	工时	0.5h	8h
										实际成本	￥18.00	￥290.00
										成本	￥35.65	￥572.35

图 10-8　手动输入任务 15“获得开展后续工作的批准”的实际成本

对比图 10-7 和图 10-8，可以发现，在任务 15“获得开展后续工作的批准”中手动输入的“管理人员”周二实际成本为 9.00，但成本变成了 17.82（17.82=8.82+9）；手动输入的“管理人员”周三实际成本是 150，但成本变成了 291.18（291.18=141.18+150）；手动输入的“项目经理”周二实际成本为 18.00，但成本变成了 35.65（35.65=17.65+18）；手动输入的“项目经理”周三实际成本为 290.00，但成本变成了 572.35（572.35=282.35+290）。再切换到“成本”表（如图 10-9 所示），可看出在“剩余”域中“管理人员”和“项目经理”的成本值和“比较基准”域中的成本值一致，而非想象中的 0。这与预期结果并不相符。

	任务名称	固定成本	固定成本累算	总成本	比较基准	差异	实际	剩余	详细信息	二	三
	软件开发师			￥1,800.00	￥1,800.00	￥0.00	￥1,800.00	￥0.00	工时		
									实际成本		
									成本		
15	⊟获得开展后续工作的批准	￥0.00	按比例	￥917.00	￥450.00	￥467.00	￥467.00	￥450.00	工时	1h	16h
									实际成本	￥27.00	￥440.00
									成本	￥53.47	￥863.53
	管理人员			￥309.00	￥150.00	￥159.00	￥159.00	￥150.00	工时	0.5h	8h
									实际成本	￥9.00	￥150.00
									成本	￥17.82	￥291.18
	项目经理			￥608.00	￥300.00	￥308.00	￥308.00	￥300.00	工时	0.5h	8h
									实际成本	￥18.00	￥290.00
									成本	￥35.65	￥572.35

图 10-9　任务 15“获得开展后续工作的批准”的“成本”表

那如何使“剩余”域中的值变成所期望的 0 呢？方法是在为任务输入资源成本前，先设置任务的完成百分比为 100%。操作步骤是：首先撤销刚才的操作，返回到资源手动输入实际成本之前，即如图 10-7 所示的情形，然后设置任务 15“获得开展后续工作的批准”的“完成百分比”域为 100%，再在详细信息框中依次输入“管理人员”和“项目经理”的实际成本（如图 10-10 所示），同时切换到“成本”表，可发现此时结果如图 10-11 所示。此时的情形才是我们希望看到的，读者可自行分析一下原因。

	任务名称	实际开始时间	实际完成时间	完成百分比	实际完成百分比	实际工期	剩余工期	实际成本	实际工时	详细信息	二	三
	软件开发师	2014年5月26日	2014年5月30日					￥1,800.00	85 工时	工时		
										实际成本		
										成本		
15	⊟获得开展后续工作的批准	2014年7月1日	2014年7月2日	100%	0%	1 个工作日	0 个工作日	￥467.00	17 工时	工时	1h	16h
										实际成本	￥27.00	￥440.00
										成本	￥27.00	￥440.00
	管理人员	2014年7月1日	2014年7月2日					￥159.00	8.5 工时	工时	0.5h	8h
										实际成本	￥9.00	￥150.00
										成本	￥9.00	￥150.00
	项目经理	2014年7月1日	2014年7月2日					￥308.00	8.5 工时	工时	0.5h	8h
										实际成本	￥18.00	￥290.00
										成本	￥18.00	￥290.00

图 10-10　手动输入任务 15“获得开展后续工作的批准”的实际成本

	任务名称	固定成本	固定成本累算	总成本	比较基准	差异	实际	剩余	详细信息	二	三
	软件开发师			￥1,800.00	￥1,800.00	￥0.00	￥1,800.00	￥0.00	工时		
									实际成本		
									成本		
15	⊟获得开展后续工作的批准	￥0.00	按比例	￥467.00	￥450.00	￥17.00	￥467.00	￥0.00	工时	1h	16h
									实际成本	￥27.00	￥440.00
									成本	￥27.00	￥440.00
	管理人员			￥159.00	￥150.00	￥9.00	￥159.00	￥0.00	工时	0.5h	8h
									实际成本	￥9.00	￥150.00
									成本	￥9.00	￥150.00
	项目经理			￥308.00	￥300.00	￥8.00	￥308.00	￥0.00	工时	0.5h	8h
									实际成本	￥18.00	￥290.00
									成本	￥18.00	￥290.00

图 10-11　任务 15“获得开展后续工作的批准”的“成本”表

最后，手动设置任务 22“制定软件测试计划”的实际成本。定位到任务 22“制定软件测试计划”，双击任务名称，打开“任务信息”对话框。设置“完成百分比”为 100%，如图 10-12 所示。然后单击“确定”按钮返回“任务分配状况”视图，在左侧窗格的“实际”域中输入 8 000（原为 7 560），结果如图 10-13 所示。

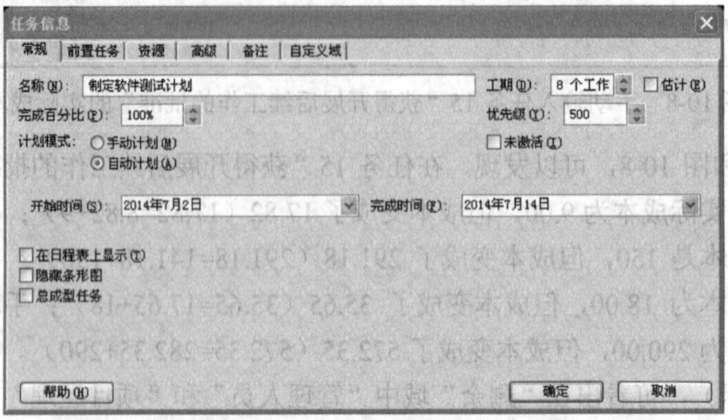

图 10-12　“任务信息”对话框

	任务名称	固定成本	固定成本累算	总成本	比较基准	差异	实际	剩余	详细信息	三	四
20	完成软件开发	¥0.00	按比例	¥0.00	¥0.00	¥0.00	¥0.00	¥0.00	工时		
									实际成本		
									成本		
21	⊟软件测试	¥0.00	按比例	¥24,650.00	¥28,710.00	-¥4,060.00	¥8,000.00	¥16,650.00	工时	2.5h	42.5h
									实际成本	¥58.82	¥1,000.00
									成本	¥58.82	¥1,000.00
22	⊟制定软件测试计划	¥0.00	按比例	¥8,000.00	¥7,560.00	¥440.00	¥8,000.00	¥0.00	工时	2.5h	42.5h
									实际成本	¥58.82	¥1,000.00
									成本	¥58.82	¥1,000.00
	系统分析师			¥1,600.00	¥1,800.00	-¥200.00	¥1,600.00	¥0.00	工时	0.5h	8.5h
									实际成本	¥11.76	¥200.00
									成本	¥11.76	¥200.00
	软件测试师			¥6,400.00	¥5,760.00	¥640.00	¥6,400.00	¥0.00	工时	2h	34h
									实际成本	¥47.06	¥800.00
									成本	¥47.06	¥800.00

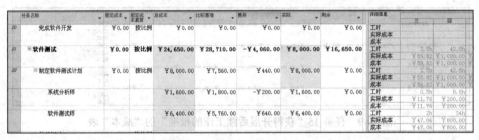

图 10-13　通过“实际”域手动输入项目实际成本

此外，为方便用户手工输入项目的实际成本，可调整项目任务显示的时间刻度[77]（如按周输入任务的实际成本等）。操作步骤为：在“任务分配状况”视图右侧窗格的日历刻度上单击右键，在其下拉列表中选择“时间刻度”命令，打开“时间刻度”对话框，分别按图 10-14 和图 10-15 所示对“中层”和“底层”选项卡进行设置。然后单击“确定”按钮退出，可发现“任务分配”视图中，日历变为中层以月为单位，底层以周为单位进行显示（如图 10-16 所示）。

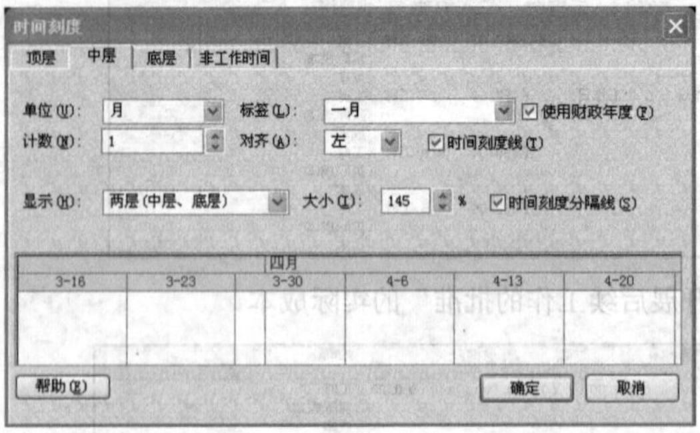

图 10-14　“中层”选项卡设置

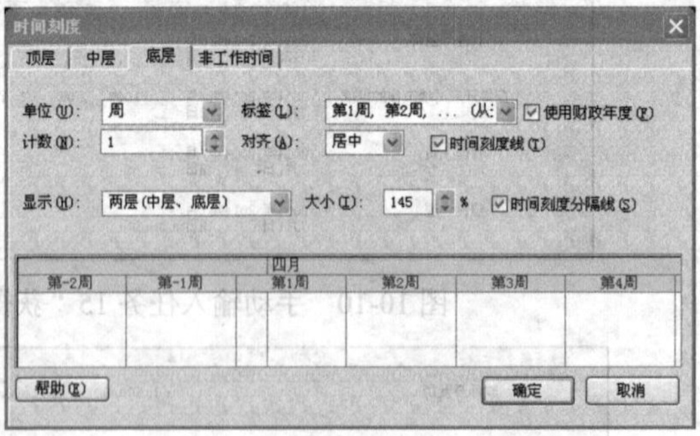

图 10-15　“底层”选项卡设置

任务名称	固定成本	固定成本累算	总成本	详细信息	七月 6-22	6-29	7-6	7-13	7-20
软件开发师			¥18,000.00	工时		2.5h	212.5h	212.5h	212.5h
				实际成本		¥52.94	¥4,500.00	¥4,500.00	¥1,747.06
				成本		¥52.94	¥4,500.00	¥4,500.00	¥4,500.00
刻录机			¥400.00	工时（台）		0	0.17	0.17	0.29
				实际成本		¥0.78	¥66.67	¥66.67	¥25.88
				成本		¥0.78	¥66.67	¥66.67	¥117.65
刻录盘			¥200.00	工时（张）		0.04	3.33	3.33	5.88

图 10-16　调整项目任务显示时间刻度

全部设置完毕后，用户可手动输入项目实际成本，并单击“保存”按钮进行保存和退出。

10.2.4 对比项目实际成本与项目预算

在更新了项目任务的实际成本后，常需要对比实际成本与比较基准之间的差异，以及早发现成本超支问题，具体可通过 Project 提供的视图和报表技术来实现。

1. 使用视图对比项目实际成本与项目预算

在 Project 中，可使用任务类视图和资源类视图查看任务和资源的超支情况，操作步骤为：切换到相应视图，单击“视图”选项卡下“数据”组中的“表格”按钮，在下拉列表中勾选“成本”，便可查看项目的成本状况。

2. 使用报表对比项目实际成本与项目预算

Project 提供了“超过预算的任务”报表和“超过预算的资源”报表供用户查看项目超支情况，具体可在“成本报表”对话框中选择。

例 10-3 使用视图和报表查看项目超支情况。

将例 10-2 中的“10-02.mpp”另存为“10-03.mpp”，然后使用视图和报表查看项目任务和资源超支情况。

操作步骤如下：

首先，将“10-02.mpp”另存为“10-03.mpp”并打开。切换到“甘特图”视图，单击“视图”选项卡下“数据”组中的“表格”按钮，在下拉列表中勾选“成本”，结果如图 10-17 所示。拖动左右分隔线，以调整窗格宽度。视图左侧窗格数据显示区中有“总成本”域和“比较基准”域，若“总成本”域的数据大于“比较基准”域的数据，说明该任务超支；反之，说明任务节支。另外，也可通过“差异”域（其值等于“总成本”减去“比较基准”）得出超支或节支信息，若“差异”域的值大于 0，表明任务超支；等于 0，表明实际成本与预算平衡；小于 0，表明比预算节支[77]。图 10-17 中，任务“编写与调试软件代码”的“差异”域的值为为-9 000，表明该任务的实际成本比预算节支了 9 000 元。

务名称	固定成本	固定成本累算	总成本	比较基准	差异	实际	剩余
1.2.4 获得开展后续工作的批准	¥0.00	按比例	¥1,200.00	¥1,200.00	¥0.00	¥1,200.00	¥0.00
1.2.5 完成软件需求分析	¥0.00	按比例	¥0.00	¥0.00	¥0.00	¥0.00	¥0.00
⊟1.3 软件设计	**¥0.00**	**按比例**	**¥9,592.00**	**¥9,575.00**	**¥17.00**	**¥9,592.00**	**¥0.00**
1.3.1 制定、审阅并修订软件功能	¥0.00	按比例	¥6,200.00	¥6,200.00	¥0.00	¥6,200.00	¥0.00
1.3.2 开发软件原型	¥0.00	按比例	¥2,925.00	¥2,925.00	¥0.00	¥2,925.00	¥0.00
1.3.3 获得开展后续工作的批准	¥0.00	按比例	¥467.00	¥450.00	¥17.00	¥467.00	¥0.00
1.3.4 完成软件设计	¥0.00	按比例	¥0.00	¥0.00	¥0.00	¥0.00	¥0.00
⊟1.4 软件开发	**¥0.00**	**按比例**	**¥19,320.00**	**¥28,320.00**	**-¥9,000.00**	**¥11,040.00**	**¥8,280.00**
1.4.1 确定软件模块化设计参数	¥0.00	按比例	¥720.00	¥720.00	¥0.00	¥0.00	¥720.00
1.4.2 编写与调试软件代码	¥0.00	按比例	¥18,600.00	¥27,600.00	-¥9,000.00	¥11,040.00	¥7,560.00

图 10-17 使用 Project 视图查看项目任务超支情况

其次，使用 Project 视图查看项目资源的超支情况。切换到“资源使用状况”视图，单击“视图”选项卡下“数据”组中的“表格”按钮，在下拉列表中勾选“成本”，结果如图 10-18 所示。拖动左右分隔线动以调整窗格宽度。视图左侧窗格数据显示区有“成本”域和“比较基准成本”域，如果“成本”域的数据大于“比较基准成本”域的数据，说明该资源超支；反之，则说明资源节支。同样，也可以通过“差异”域来分析资源的超支或节支情况。若“差异”域的值大于 0，表明资源超支；等于 0，表明与预算平衡；小于 0，表明资源节支[77]。图 10-18 中，资源“管理人员”的“差异”域为 9，表明该资源超支 9 元；进一步分析，可发现该资源的超支来源于任务“获得开展后续工作的批准”。

资源名称	成本	比较基准成本	差异	实际成本	剩余成本	详细信息
完成软件试运行	￥0.00	￥0.00	￥0.00	￥0.00	￥0.00	工时 成本
完成软件部署	￥0.00	￥0.00	￥0.00	￥0.00	￥0.00	工时 成本
⊟管理人员	￥3,009.00	￥3,000.00	￥9.00	￥3,009.00	￥0.00	工时 成本
确定项目范围	￥300.00	￥300.00	￥0.00	￥300.00	￥0.00	工时 成本
获得项目所需资金及资源	￥450.00	￥450.00	￥0.00	￥450.00	￥0.00	工时 成本
获得开展后续工作的批准及所需资源	￥600.00	￥600.00	￥0.00	￥600.00	￥0.00	工时 成本
制定、审阅并修订软件功能规范	￥1,500.00	￥1,500.00	￥0.00	￥1,500.00	￥0.00	工时 成本
获得开展后续工作的批准	￥159.00	￥150.00	￥9.00	￥159.00	￥0.00	工时

图 10-18　使用 Project 视图查看项目资源超支情况

再次，使用 Project 报表查看项目的超支情况。单击“项目”选项卡下“报表”组中的“报表”按钮，打开“报表”对话框，如图 10-19 所示。选择“成本”选项，并单击“选定”按钮，打开“成本报表”对话框，如图 10-20 所示。选择“超过预算的任务”选项，并单击“选定”按钮，即可显示项目中超支的任务列表，如图 10-21 所示。如在图 10-20 中选择“超过预算的资源”图标并单击“选定”按钮，则可显示项目中超支的资源列表，如图 10-22 所示。

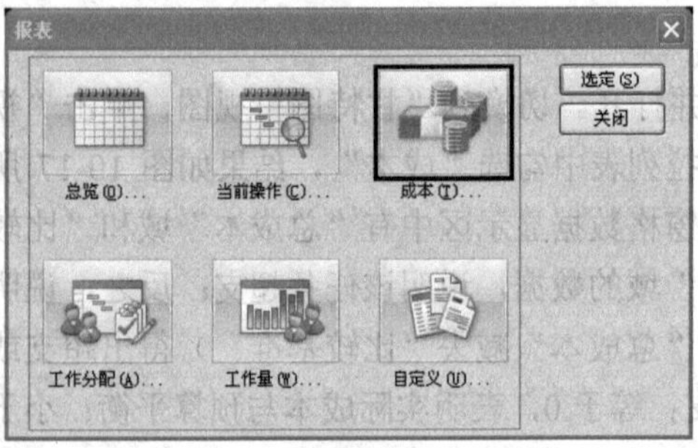

图 10-19　“报表”对话框

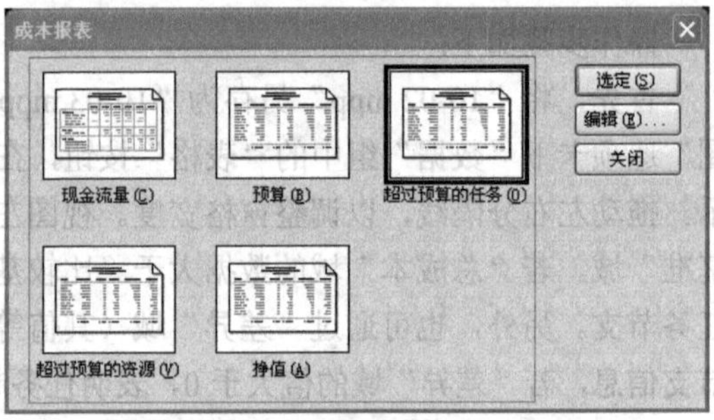

图 10-20　“成本报表”对话框

超过预算的任务 打印于 2011年3月26日
04-08

标识号	任务名称	固定成本	固定成本累算	总成本
22	制定软件测试计划	￥0.00	按比例	￥8,000.00
15	获得开展后续工作的批准	￥0.00	按比例	￥467.00
		￥0.00		￥8,467.00

图 10-21　“超过预算的任务”报表

超过预算的资源 打印于 2011年3月26日
04-08

标识号	资源名称	成本	比较基准成本	差异
1	管理人员	￥3,009.00	￥3,000.00	
2	项目经理	￥7,808.00	￥7,800.00	
		￥10,817.00	￥10,800.00	

图 10-22　“超过预算的资源”报表

由图 10-22 可以看出，项目中共有两个详细任务（摘要任务不在此显示）和两项资源超支。双横线下方的数据为整个项目的汇总数据[53]。需要说明的是，在 Project 中，项目任务实际成本的更新与任务所分配资源实际成本的更新是同步的，当更新项目任务的实际成本时，Project 会自动按照设定的比例将成本分配到对应资源上；当按时段更新项目资源成本时，Project 会自动汇总相关成本，形成项目任务的实际成本[77]。

最后，单击“项目”选项卡下的“保存”按钮保存项目文件即可。

10.2.5 将项目成本控制在预算之内

项目管理者通过对比项目的实际成本与项目预算，可大致了解项目实际成本及两者之间的差异状况，接下来需采取措施将项目成本控制在预算之内，常用方法包括减少固定成本、减少任务工时、降低资源费率、降低资源用量、减少加班时间、替换资源、删除任务等，详细内容可参见本书第 7 章的 7.6 节。

调整项目预算后，最好为成本做出调整的任务或资源添加备注信息，并重新审阅项目成本信息，检验调整后的项目预算结果，必要时可将调整过后的项目文件设置为中期计划。

10.2.6 报告项目成本状态

项目成本状态报告旨在方便项目管理人员及时了解项目的财务状况，可通过 Project 的项目成本报表实现，涉及到的报表主要有“预算”报表、“现金流量”报表、“超过预算的任务”报表、“超过预算的资源”报表和“挣值”报表等。

查看项目成本状态报表的操作步骤是：单击“项目”选项卡下“报表”组中的“报表”按钮，打开“报表”对话框（如图 10-19 所示），选择“成本”选项，再单击“选定”按钮，打开“成本报表”对话框（如图 10-20 所示），从中选择相应按钮，再单击“选定”按钮即可查看相应的报表。

10.2.7 设置和使用中期计划

随着项目的实施，可在不同时期将项目实际成本设置为中期计划，同时查看、更新中期计划，以比较项目实施中不同阶段的成本状况，具体操作参见本书第 8 章的 8.4 节。

10.2.8 控制项目成本变更

项目成本变更须严格遵循变更程序，提交申请给变更控制委员会，由其借助 Project 及专业成本分析工具评估变更请求可行性及影响，进而调整项目预算，并将变更后的项目成本计划尽快通知相关人员，确保项目在预算范围内顺利实施。在审核项目成本变更时，需注意不可预见成本只用于由于预算阶段失误或疏忽所造成的成本增加，且未超出项目任务范围，若是项目计划、设计或进度重大变更等导致的成本增加，则需重新估算，追加项目投资[83]。

10.3 项目盈余分析

盈余分析又称为挣值分析，是衡量项目业绩的常用方法。它将当前已完成的任务按比较基准中的工作分配和资源费率标准计算，评价项目执行情况，如实际进度是提前还是落后于原计划，实际成本比预算是超支还是节支等[53]。其实质是综合考虑项目成本和进度，使用项目预算和实际成本来衡量项目进度状况，为项目控制提供依据，确保项目顺利高效完成。

所谓挣值，是对到状态日期或当前日期为止已完成任务成本的度量，其使用与比较基准一起保存的原始成本估计值及到当前日期为止的实际工时，以显示实际成本是否在预算范围内。挣值分析可针对单个、多个项目任务甚至整个项目进行[77]。

10.3.1 盈余分析原理

项目盈余分析基本可概括为 4 个关键参数、4 个业绩指数和 3 个差异。注意，盈余分析总是与特定的项目状态日期相对应，即反映某一时刻的项目进度状况[53,105]。多数情况下，Project 会将状态日期设置为上次更新项目进度时的日期。所谓状态日期，是指用来报告项目的时间、成本或业绩条件的设定日期，而不是当前日期[64]。

1．4 个关键参数

（1）计划任务的预算成本

计划任务的预算成本（Budgeted Cost for Work Scheduled，BCWS），是指到项目状态日期为止，比较基准中应该完成的项目任务的预算成本，即比较基准成本。它用于反映项目进度计划应当完成的工作量[53,105]，计算公式为：BCWS=计划任务×预算定额。

（2）已完成任务的实际成本

已完成任务的实际成本（Actual Cost for Work Performed，ACWP），是指到项目状态日期为止，实际完成任务花费的实际成本。它用于反映项目执行的实际成本状况[53,105]。通常，Project 会根据资源费率自动建立资源消耗量和实际成本之间的联系，故只要不直接更新任务和资源的实际成本或更改资源费率，实际成本与计划成本是一致的[77]。只有在输入了与实际工时无关的实际成本或更改了资源费率时，实际成本才会与计划成本不一致[105]。

（3）已完成任务的预算成本

已完成任务的预算成本（Budgeted Cost for Work Performed，BCWP），是指到项目状态日期为止，已完成的任务按预算费率和其他标准计算出的成本值[53]，用于反映已完成任务本应花费的预算。该值就是已完成任务的盈余值，计算公式为：BCWP=已完任务×预算定额。

（4）比较基准成本

比较基准成本（Budget At Completion，BAC）表示项目完成时的预算，是项目任务的计划总成本，也称为预算完成成本[53]，其计算公式为：BAC=工时×标准费率+加班工时×加班费率+每次使用成本。

2．4 个业绩指数

（1）成本业绩指数

成本业绩指数（Cost Performed Index，CPI），是指项目已完成任务的预算成本与实际成本间的比值（CPI=BCWP/ACWP）。该值小于 100%，表示项目任务的实际成本超支；该值大于 100%，表示项目任务的实际成本比预算成本节约；该值等于 100%，表示项目任务的实际成本与预算成本吻合[53]。因此，该值越大，说明项目成本越节约。此外，累计 CPI 是指所有项目任务的 BCWP 总和除以所有任务的 ACWP 总和，通常用于预测项目是否超出预算[105]。

（2）进度业绩指数

进度业绩指数（Schedule Performed Index，SPI），是指实际完成的任务预算成本与计划完成的任务预算成本的比值（SPI=BCWP/BCWS），常用于估算项目的完成日期[105]。该值小于 100%，表示项目的实际进度比计划进度落后；该值大于 100%，表示项目的实际进度比计划进度提前；该值等于 100%，表示项目的实际进度等于项目计划进度。该值越大，说明项目的实际进度越快[77]。

（3）未完成的业绩指数

未完成的业绩指数（TCPI）是指自状态日期起的剩余工作量和剩余资金的比值（TCPI=[BAC−BCWP]/[BAC−ACWP]）。TCPI 大于 1，表示需提高项目剩余任务业绩，以使项目保持在预算范围内，因此可能需牺牲部分项目质量；TCPI 小于 1，表示剩余工时有很好的计划业绩，可降低业绩以使项目保持在预算范围内，可创造机会以提高项目质量或利润[53]。

（4）估计完成成本

估计完成成本（Estimated Actual at Completion，EAC）也称为预计完成成本，是根据到项目状态日期为止的业绩估算出来的任务（或项目）的预计总成本，是任务（或项目）的期望总成本[105]。计算公式为：EAC=ACWP+(BAC−BCWP)/CPI。

3．3 个差异

（1）成本差异

成本差异（Cost Variance，CV），是指已完成任务的预算成本与实际成本间的差值，其计算公式为：CV=BCWP−ACWP。CV 大于 0，表示已完成任务的实际开支比预算节省，执行效果良好；CV 小于 0，则表示已完成任务的实际成本超出项目预算，执行效果不佳[77]。

（2）进度差异

进度差异（Schedule Variance，SV）用于反映项目当前的进度是提前于计划进度还是滞后于计划进度，其计算公式为：SV=BCWP−BCWS[105]。SV 大于 0，表示项目当前的进度快于计划进度；SV 小于 0，表示项目的当前进度慢于计划进度，项目存在延误的情形。

（3）完成差异

完成差异（Variance at Completion，VAC）表示 BAC 与 EAC 之间的差值，用于对项目成本管理的效果进行估算。在 Project 中，EAC 为“总成本”域，BAC 为比较基准中的“比较基准成本”域。VAC 大于 0，表示项目实际成本低于项目预算；VAC 小于 0，表示项目实际成本高于项目预算，项目成本管理的业绩不佳[105]。

10.3.2 理解盈余分析结果

盈余分析结果可帮助项目管理者弄清楚预算中是否有足够的剩余资金以及项目能否按时完成[105]，体现为差异和业绩指数，用于判断项目进度、成本管理现状和推算后续项目任务预算，为后期进度和成本控制提供依据。具体而言，差异可是正值或负值，当差异为正值时，意味着项目进度和成本管理良好，即项目实际进度比计划进度提前，实际成本低于项目预算，反之亦然；业绩指数可大于、小于和等于 1，大于 1 时说明项目进度提前或低于预算，小于 1 时说明项目进度落后或超出预算。唯一例外的是 TCPI，其大于 1 时，表示项目管理不善，需提高项目业绩以使项目保持在预算范围内；其小于 1 时，表示项目成本管理良好，可降低业绩以使项目保持在预算范围内，或可增加部分项目内容。

例 10-4 盈余分析中的参数计算。

某项目计划需生产某产品 1 000 件，计划每天完成 100 件，每件产品预算成本为 400 元。项目经理第 7 天刚上班时检查项目实施情况，发现已完成产品 540 件，实际成本支出为 30 万元。试计算 CV、SV、CPI、SPI，并分析项目进度和成本控制状况；计算 VAC，提出项目控制策略。

操作步骤如下：

首先需要计算出 3 个关键参数。由于项目经理是第 7 天刚上班时检查项目的实施情况，即项目实际做了 6 天，因此，计划任务的预算成本 BCWS=100×6×400=24 万元，已完成任务的实际成本 ACWP=30 万元，已完任务的预算成本 BCWP=540×400=21.6 万元。

然后需要计算出 4 个业绩指标。成本差异（CV）等于已完任务的预算成本减去实际成本，即 BCWP−ACWP=21.6−30=−8.4 万元，说明实际超支。进度差异（SV）等于已完成任务的预算成本减去计划任务的预算成本，即 BCWP−BCWS=21.6−24=−2.4 万元，说明进度拖延。成本业绩指数 CPI 等于已经完成任务的预算成本与实际成本之比，即 BCWP/ACWP=21.6/30=0.72。进度业绩指数（SPI）等于已完成任务的预算成本与计划完成任务的预算成本之比，即 BCWP/BCWS= 21.6/24=0.9。可以看出，该项目的进度延期，成本超支。

最后，根据项目实际执行状况推断项目后期的状况。比较基准成本（BAC）等于项目完成时的预算，即 1 000×400=40 万元。然后计算估计项目完成成本(EAC)，等于 ACWP+(BAC−BCWP)/CPI=30+(40−21.6)/0.72=55.56 万元，即按目前项目实施效率，预计做完项目剩余任务总共要花费 55.56 万元。接下来，计算完成差异 VAC，其等于预算完成成本（BAC）与估计完成成本（EAC）的差，即 40−55.56=−15.56 万元，说明项目后期实施需加快项目进度，严格控制项目成本。

10.3.3 应用盈余分析管理项目

当输入任务、资源等基本信息，并更新项目的实际进度和成本信息后，Project 会自动进行盈余分析，计算相关参数，为项目管理决策提供参考[77]。用户可应用“挣值”表、“挣值成本标记”表和“挣值日程标记”表，在任何工作表视图中查看项目的盈余分析信息。

例 10-5 Project 的盈余分析功能。

将例 10-3 中的“10-03.mpp”另存为“10-05.mpp”，然后应用盈余分析管理项目。

操作步骤如下：

首先，将“10-03.mpp”另存为“10-05.mpp”并打开，然后为其指定盈余分析计算方式。操作步骤为：切换到“甘特图”视图，并调用“项”表，然后单击“文件”选项卡下的“选项”项，弹出“Project 选项”对话框，再单击左侧的“高级”项，如图 10-23 所示。

其中，“默认的任务挣值方法”列表框中包括“完成百分比”和“实际完成百分比”两个选项。“完成百分比”选项表示工作量可由 Project 自动计算或由用户直接输入；“实际完成百分比”选项则表示工作量始终需由用户输入，适用于“完成百分比”不能精确衡量已完成任务或剩余任务的情形[53]。例如，一个砌石墙项目，每层砌 10 块石头，高度为 5 块石头，砌第一层石头花费 10 分钟，砌第二层花费 15 分钟，砌第三层花费 20 分钟，砌第四层花费 25 分钟，砌第五层花费 30 分钟（层次越高，石头就必须举得越高，花费时间也就越多），这样，总共需要 100 分钟。在完成前 3 层后，项目已实际完成了 60%（砌完了 100 块中的 60 块），但却只用了 45 分钟，如果用工期表示任务的完成率则是只完成了 45%。在这种情况下，就必须选择盈余分析的计算方式为“实际完成百分比”[105]。

本例选择“完成百分比”选项。接下来确定项目的状态日期。单击“项目”选项卡下“属性”组中的“项目信息”按钮，打开“项目信息”对话框，在“状态日期”中输入“2014 年 7 月 14 日”，如图 10-24 所示。单击“确定”按钮，弹出“规划向导”对话框，选择“继续，允许日程排定的冲突”单选项，如图 10-25 所示，然后单击“确定”按钮。

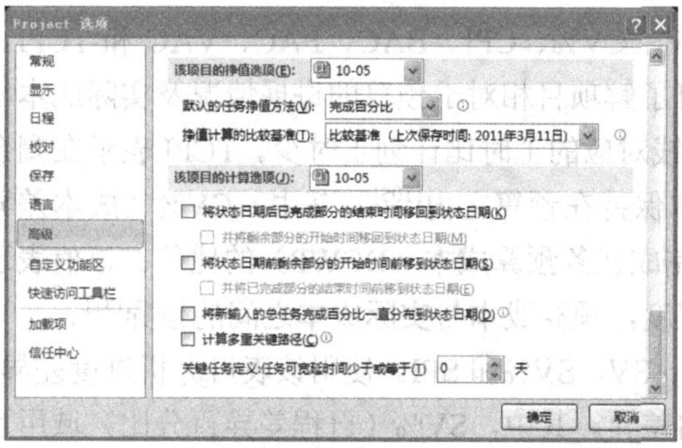

图 10-23 “Project 选项”对话框

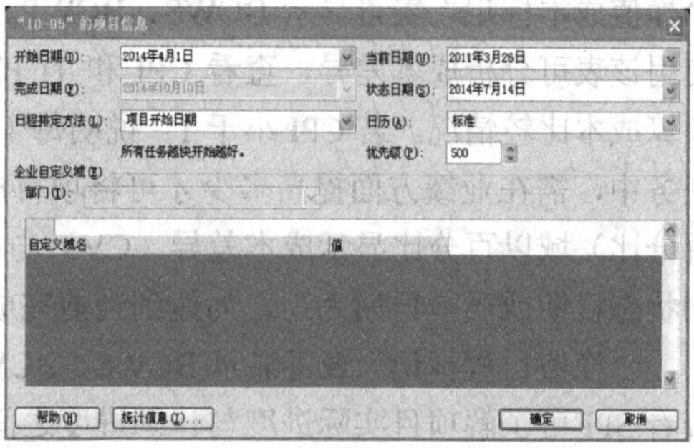

图 10-24 “项目信息”对话框

其次，查看项目的盈余分析。单击“视图”选项卡下“任务视图”组中的“其他视图”按钮，在下拉列表中选择“任务工作表”命令，切换到“任务工作表”视图。然后在“数据”组中单击“表格”按钮，在下拉列表中选择“更多表格”命令，打开“其他表”对话框。选择“挣值”选项（如图 10-26 所示）并单击“应用”按钮，即可打开“挣值”表，如图 10-27 所示。

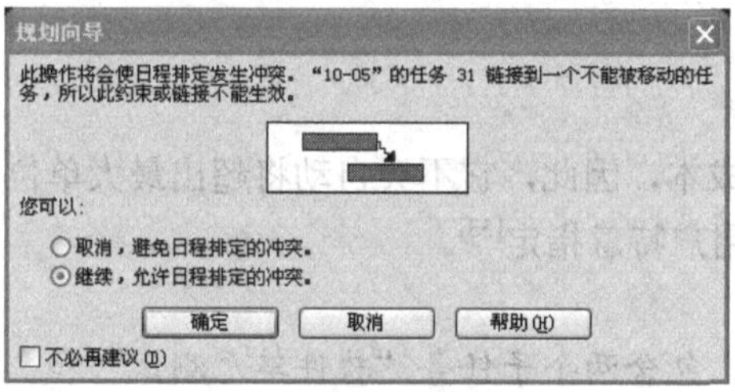

图 10-25 “规划向导”对话框

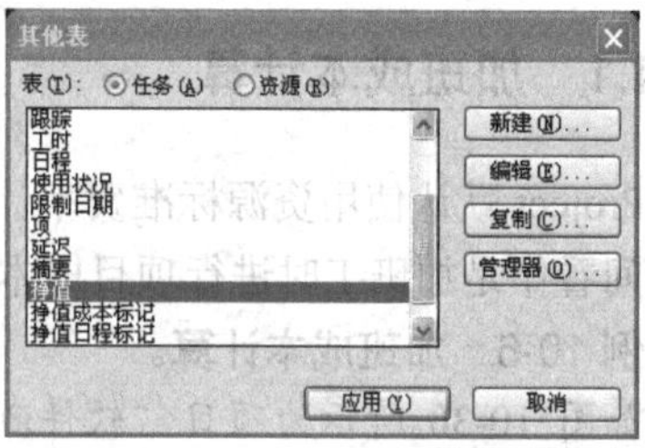

图 10-26 “其他表”对话框

务名称	计划分析 - PV (BCWS)	挣值 - EV (BCWP)	AC (ACWP)	SV	CV	EAC	BAC	VAC
软件开发项目	**¥67,775.88**	**¥44,230.00**	**¥41,927.00**	**-¥23,545.88**	**¥2,303.00**	**¥189,150.21**	**¥199,540.00**	**¥10,**
⊟ **项目范围规划**	**¥2,490.00**	**¥2,490.00**	**¥2,490.00**	**¥0.00**	**¥0.00**	**¥2,490.00**	**¥2,490.00**	
确定项目范围	¥1,140.00	¥1,140.00	¥1,140.00	¥0.00	¥0.00	¥1,140.00	¥1,140.00	
获得项目所需资金及资源	¥1,350.00	¥1,350.00	¥1,350.00	¥0.00	¥0.00	¥1,350.00	¥1,350.00	

图 10-27 “挣值”表

此外，还可在图 10-26 中选择“挣值成本标记”或“挣值日程标记”选项，打开“挣值成本标记”表（如图 10-28 所示）或“挣值日程标记”表（如图 10-29 所示）。

任务名称	计划分析 - PV (BCWS)	挣值 - EV (BCWP)	CV	CV%	CPI	BAC	EAC	VAC	TCPI
软件开发项目	**¥67,775.88**	**¥44,230.00**	**¥2,303.00**	**5%**	**1.05**	**¥199,540.00**	**¥189,150.21**	**¥10,389.79**	
⊟ **项目范围规划**	**¥2,490.00**	**¥2,490.00**	**¥0.00**	**0%**	**1**	**¥2,490.00**	**¥2,490.00**	**¥0.00**	
确定项目范围	¥1,140.00	¥1,140.00	¥0.00	0%	1	¥1,140.00	¥1,140.00	¥0.00	
获得项目所需资金及资源	¥1,350.00	¥1,350.00	¥0.00	0%	1	¥1,350.00	¥1,350.00	¥0.00	

图 10-28 “挣值成本标记”表

任务名称	计划分析 - PV (BCWS)	挣值 - EV (BCWP)	SV	SV%	SPI
⊟ **软件开发项目**	**¥67,775.88**	**¥44,230.00**	**-¥23,545.88**	**-35%**	**0.65**
⊟ **项目范围规划**	**¥2,490.00**	**¥2,490.00**	**¥0.00**	**0%**	**1**
确定项目范围	¥1,140.00	¥1,140.00	¥0.00	0%	1
获得项目所需资金及资源	¥1,350.00	¥1,350.00	¥0.00	0%	1

图 10-29 “挣值日程标记”表

从图 10-27～图 10-29 中可以看出，“挣值”表可显示 BCWS、BCWP、ACWP、SV、CV、EAC、BAC 和 VAC。使用该表可查看综合盈余分析信息，包括主要差异域。使用 EAC、BAC 和 VAC 可评估项目估计完成成本与预算成本之间的差异，为项目后期成本控制提供依据[105]；

"挣值成本标记"表可显示 BCWS、BCWP、CV、CV%、CPI、BAC、EAC、VAC 和 TCPI。使用该表可分析成本差异，查看 CPI 和 TCPI 可了解项目相对于预算的进展情况及实际成本与预算成本比较情况。若 CPI 小于 1，说明每 1 元钱对应的工时比计划工时少。TCPI 表示在剩余任务中，需在业绩方面提高多少才可将项目成本保持在预算之内[105]。其中，CV%（成本差异百分比）域以百分比显示成本差异（CV）与已完成任务预算成本（BCWP）的比值。该值表示到状态日期或当前日期为止，为达到当前完成程度，预算成本与实际成本之间的差异[81]。

"挣值日程标记"表可显示 BCWS、BCWP、SV、SV%和 SPI。使用该表可分析进度差异，查看 SPI 可了解项目实际进度与计划进度之间的差异。其中，SV%（日程差异百分比）域用百分比显示日程差异（SV）与计划任务的预算成本（BCWS）之间的比值[81]。

10.4　专题讨论

本小节主要探讨加班成本计算和项目成本状态报表。

10.4.1　加班成本计算

Project 默认使用资源标准费率计算项目任务成本，因此，它不会自动将超出最大单位的工作时间看作是加班工时进行项目成本计算，除非用户特意指定[53]。

例 10-6　加班成本计算。

如图 10-30 所示为项目"软件测试"甘特图，包含两个子任务"软件单元测试"和"软件整体测试"，工时都是 24 小时，工期都是 3 工作日。如图 10-31 所示为项目"软件测试"的"资源工作表"视图，资源"孙雨生"和"朱文荣"的标准费率都是 50 元/工时，加班费率都是 80 元/工时，资源最大单位都是 100%。如图 10-32 所示为项目"软件测试"的"任务分配状况"视图，显示项目总成本和每天发生的成本情况。请修改任务"软件单元测试"的资源为"孙雨生（125%）"，即每天工作 10 小时；任务"软件整体测试"需"朱文荣"每天加班 2 工时。处理后查看并分析任务工期和成本的变化情况，最后将项目文件保存为"10-06.mpp"。

任务模式	任务名称	工期	开始时间	完成时间
	⊟**软件测试**	**6 days**	**2014年4月1日**	**2014年4月9日**
	软件单元测试	3 days	2014年4月1日	2014年4月4日
	软件整体测试	3 days	2014年4月4日	2014年4月9日

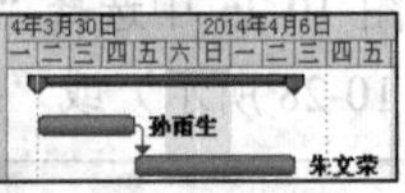

图 10-30　"软件测试"项目的"甘特图"视图

资源名称	类型	材料标签	缩写	组	最大单位	标准费率	加班费率	每次使用成本	成本累算	基准日历
孙雨生	工时		孙		100%	¥50.00/h	¥80.00/h	¥0.00	按比例	标准
朱文荣	工时		朱		100%	¥50.00/h	¥80.00/h	¥0.00	按比例	标准

图 10-31　"软件测试"项目的"资源工作表"视图

任务名称	工时	工期	开始时间	完成时间	详细信	二	三	四	五	六	日（2014年4月6日）	一	二	三
⊟**软件测试**	**48 h**	**6 days**	**014年4月1日**	**2014年4月9日**	工时	7h	8h	8h	8h			8h	8h	1h
					成本	¥350.00	¥400.00	¥400.00	¥400.00			¥400.00	¥400.00	¥50.00
⊟软件单元测讠	24 h	3 days	2014年4月1日	2014年4月4日	工时	7h	8h	8h	1h					
					成本	¥350.00	¥400.00	¥400.00	¥50.00					
孙雨生	24 h		2014年4月1日	2014年4月4日	工时	7h	8h	8h	1h					
					成本	¥350.00	¥400.00	¥400.00	¥50.00					
⊟软件整体测讠	24 h	3 days	2014年4月4日	2014年4月9日	工时				7h			8h	8h	1h
					成本				¥350.00			¥400.00	¥400.00	¥50.00
朱文荣	24 h		2014年4月4日	2014年4月9日	工时				7h			8h	8h	1h
					成本				¥350.00			¥400.00	¥400.00	¥50.00

图 10-32　"软件测试"项目的"任务分配状况"视图

操作步骤如下：

首先，修改任务“软件单元测试”的资源为“孙雨生（125%）”。切换到“任务分配状况”视图，选定任务“软件单元测试”，单击鼠标右键，在弹出下拉菜单中选择“分配资源”命令，打开“分配资源”对话框。将资源“孙雨生”单位改为“125%”，如图 10-33 所示，然后单击“关闭”按钮返回“任务分配状况”视图。此时可发现发现资源“孙雨生”出现过度分配状况。

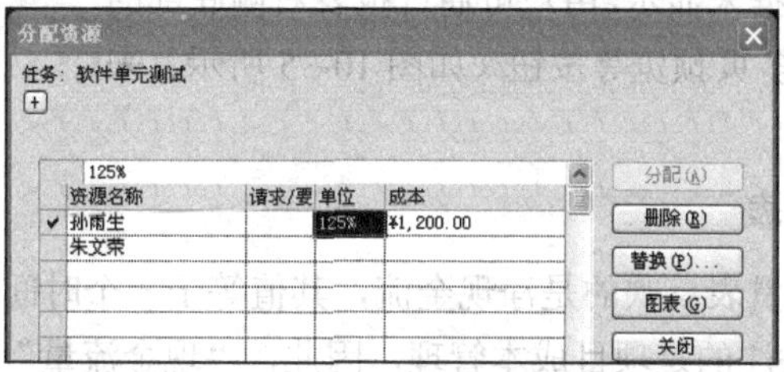

图 10-33　“分配资源”对话框

其次，为任务“软件整体测试”添加加班工时。选中“工期”域，单击鼠标右键，在弹出的下拉菜单中选择“插入列”命令，可在“工期”域前插入一个新列。单击该列右侧的下拉箭头，选择“加班工时”选项，即可看到“工时”域后面出现了“加班工时”列。然后，在任务“软件整体测试”下资源“朱文荣”一行的“加班工时”列中输入“6 工时”，系统会自动将该工时均匀分布到各天，即每天加班 2 工时。最终结果如图 10-34 所示。

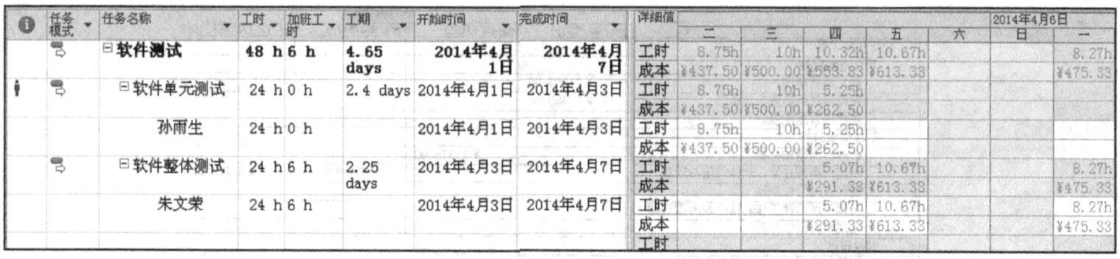

任务名称	工时	加班工时	工期	开始时间	完成时间	详细信息	二	三	四	五	六	日	一
软件测试	**48 h**	**6 h**	**4.65 days**	**2014年4月1日**	**2014年4月7日**	工时	8.75h	10h	10.32h	10.67h			8.27h
						成本	¥437.50	¥500.00	¥553.83	¥613.33			¥475.33
软件单元测试	24 h	0 h	2.4 days	2014年4月1日	2014年4月3日	工时	8.75h	10h	5.25h				
						成本	¥437.50	¥500.00	¥262.50				
孙雨生	24 h	0 h		2014年4月1日	2014年4月3日	工时	8.75h	10h	5.25h				
						成本	¥437.50	¥500.00	¥262.50				
软件整体测试	24 h	6 h	2.25 days	2014年4月3日	2014年4月7日	工时			5.07h	10.67h			8.27h
						成本			¥291.33	¥613.33			¥475.33
朱文荣	24 h	6 h		2014年4月3日	2014年4月7日	工时			5.07h	10.67h			8.27h
						成本			¥291.33	¥613.33			¥475.33
						工时							

图 10-34　为任务“软件整体测试”添加加班工时

再次，分析任务“软件单元测试”的成本。其每天成本为 500 元（50 元/工时×(8 工时/天×125%×1 天)=500 元），工期为 2.4 工作日（24 工时/(8 工时/天×125%)=2.4 工作日），总成本为 1200 元（437.5+500+262.5=1200），实际成本为 500×2.4=1 200 元。可见，虽然资源“孙雨生”的工作强度（125%）超过了最大资源单位（100%），但成本不是按照加班费率计算的，而是按照标准费率计算的。即当任务的资源超过最大单位时，Project 不会自动将超出部分按照加班处理，而会让资源处于过度分配状态，此时，项目工期会缩短，但总工时量、总成本不会发生变化[53]。

最后，分析任务“软件整体测试”的成本。其每天成本为 560 元（50 元/工时×(8 工时/天×1 天)+80 元/工时×2 工时=560 元），工期为 2.25 工作日（加班 6 工时，正常工时为 24−6=18 工时，工期=18 工时/[8 工时/天]=2.25 天）。因此，任务“软件整体测试”的总成本为 1 380 元（291.33+613.33+475.33=1 380），其实际成本构成为 400×2.25+6×80=1 380 元。由此可见，为任务指定加班工时量，并不会增加任务总工时量，只会减少正常工时量，缩短项目任务工期，此时，加班工时部分按照加班费率计算，最终会导致任务总成本增加[77]。

10.4.2 项目成本状态报表

项目成本状态报表主要包括“现金流量”报表、“预算”报表、“超过预算的任务”报表、“超过预算的资源”报表和“挣值”报表5种，只需在“成本报表”对话框中选择相应报表，单击“选定”按钮即可显示该报表。多数报表右部还有部分数据未显示，用户可通过报表右侧底部的方向箭头、“放大镜”和多页预览等按钮（如图10-35所示）来调整显示比例。

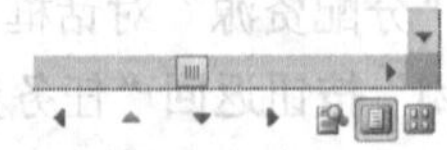

图10-35　报表调整按钮

1. “现金流量”报表

财务管理中，现金流量表反映的是净现金流，其值等于一个时间段内的现金流入减去现金流。在Project中，用户关注的是项目成本管理，因此，“现金流量”报表反映的是项目过程中每个时间段内现金的流出量[77]。

“现金流量”报表的横栏标题为日期（从项目开始到结束），纵栏标题为任务，中间则是任务在这一时间段内现金流出的总量。报表的最后一列为“总和”列，对应任务在整个项目过程中现金流出量的总和；报表的最后一行是“总和”列，对应时间段所有任务现金流出量的总和[53]。如图10-36所示是“10-05.mpp”的现金流量报表。

现金流量 打印于 2011年3月27日
04-08

	2014年3月30日	2014年4月6日	2014年4月13日	2014年4月20日
软件开发项目				
项目范围规划				
确定项目范围	￥1,140.00			
获得项目所需资金及资源	￥1,350.00			
完成项目范围规划				
软件需求分析				
软件行为需求分析		￥3,375.00		
制定、审阅并修订软件规范与预算			￥4,975.00	￥4,975.0
制定软件交付期限				
获得开展后续工作的批准及所需资源				
完成软件需求分析				
软件设计				
制定、审阅并修订软件功能规范				
开发软件原型				
获得开展后续工作的批准				
完成软件设计				
软件开发				
确定软件模块化设计参数				
编写与调试软件代码				
完成软件开发				
软件测试				
制定软件测试计划				
单元测试				
审阅、测试并修订组件模块代码				
完成单元测试				
整体测试				
审阅、测试并修订模块集成代码				
完成整体测试				
软件培训				
制定软件培训规范、机制与方法				
编写软件培训材料				
完成软件培训				
软件文档				

图10-36　“现金流量”报表

注意，在项目管理中，将初始项目计划设置为比较基准后，项目中就开始存在实际成本和预算成本两套成本。若项目任务尚未开始，则“现金流量”报表显示任务预算成本；若任务处于进行中，则已完成部分显示任务实际成本，尚未完成部分显示任务预算成本，并将两者求和以计算出该任务总成本；若项目任务全部完成，则“现金流量”报表显示项目的实际成本[77]。

2. “预算”报表

“预算”报表按任务总成本由大到小（而非任务标号）排列显示项目的成本信息，包括任务标识号、任务名称、固定成本、固定成本累算、总成本、比较基准和差异等，最后一行是所有任务的合计信息。“预算”报表只显示详细任务的成本信息，不显示摘要任务的成本信息[53]。如图 10-37 所示是“10-05.mpp”的预算报表。

预算报告 打印于 2011年3月27日
04-08

标识号	任务名称	固定成本	固定成本累算	总成本
49	完成项目收尾	¥0.00	按比例	¥40,000.00
35	编写、审阅并修订用户手册	¥0.00	按比例	¥29,500.00
19	编写与调试软件代码	¥0.00	按比例	¥18,600.00
31	编写软件培训材料	¥0.00	按比例	¥15,100.00
8	制定、审阅并修订软件规范与预算	¥0.00	按比例	¥11,450.00
34	制定、开发并修订“帮助”系统	¥0.00	按比例	¥10,800.00
24	审阅、测试并修订组件模块代码	¥0.00	按比例	¥9,000.00
22	制定软件测试计划	¥0.00	按比例	¥8,000.00
27	审阅、测试并修订模块集成代码	¥0.00	按比例	¥7,650.00
13	制定、审阅并修订软件功能规范	¥0.00	按比例	¥6,200.00
30	制定软件培训规范、机制与方法	¥0.00	按比例	¥5,400.00
44	部署软件	¥0.00	按比例	¥3,600.00
7	软件行为需求分析	¥0.00	按比例	¥3,375.00
14	开发软件原型	¥0.00	按比例	¥2,925.00
39	获得并评估用户反馈	¥0.00	按比例	¥2,700.00
4	获得项目所需资金及资源	¥0.00	按比例	¥1,350.00
10	获得开展后续工作的批准及所需资源	¥0.00	按比例	¥1,200.00
3	确定项目范围	¥0.00	按比例	¥1,140.00
18	确定软件模块化设计参数	¥0.00	按比例	¥720.00
42	确定软件部署策略与方法	¥0.00	按比例	¥720.00
47	软件开发经验教训总结	¥0.00	按比例	¥600.00
38	安装 / 部署软件	¥0.00	按比例	¥540.00
15	获得开展后续工作的批准	¥0.00	按比例	¥467.00
43	获得软件部署所需资源	¥0.00	按比例	¥360.00
9	制定软件交付期限	¥0.00	按比例	¥300.00
48	建立软件维护小组	¥0.00	按比例	¥300.00
5	完成项目范围规划	¥0.00	按比例	¥0.00
11	完成软件需求分析	¥0.00	按比例	¥0.00
16	完成软件设计	¥0.00	按比例	¥0.00
20	完成软件开发	¥0.00	按比例	¥0.00
25	完成单元测试	¥0.00	按比例	¥0.00
28	完成整体测试	¥0.00	按比例	¥0.00
32	完成软件培训	¥0.00	按比例	¥0.00
36	完成软件文档	¥0.00	按比例	¥0.00
40	完成软件试运行	¥0.00	按比例	¥0.00
45	完成软件部署	¥0.00	按比例	¥0.00
		¥0.00		¥181,997.00

图 10-37 “预算”报表

3. “超过预算的任务”报表

“超过预算的任务”报表按照任务总成本由大到小（而非任务标号）排列显示项目超支任务的成本信息，包括任务标识号、任务名称、固定成本、固定成本累算、总成本、比较基准和差异等信息，最后一行是所有超过预算任务的合计信息。如图 10-38 所示是“10-05.mpp”的“超过预算的任务”报表。

超过预算的任务 打印于 2011年3月28日
04-08

标识号	任务名称	固定成本	固定成本累算	总成本
22	制定软件测试计划	¥0.00	按比例	¥8,000.00
15	获得开展后续工作的批准	¥0.00	按比例	¥467.00
		¥0.00		¥8,467.00

图 10-38 “超过预算的任务”报表

4. “超过预算的资源”报表

“超过预算的资源”报表按照资源总成本由小到大（而非任务标号）排列显示项目超支资源的成本信息，包括标识号、资源名称、成本、比较基准成本、差异、实际成本、剩余成本等信息，最后一行是所有资源的合计信息。如图 10-39 所示是“10-05.mpp”的“超过预算的资源”报表。

超过预算的资源 打印于 2011年3月28日
04-08

标识号	资源名称	成本	比较基准成本	差异
1	管理人员	¥3,009.00	¥3,000.00	
2	项目经理	¥7,808.00	¥7,800.00	
		¥10,817.00	¥10,800.00	

图 10-39 “超过预算的资源”报表

5.“挣值”报表

“挣值”报表显示项目的综合盈余分析信息，为项目后期的成本控制提供依据。包括标识号、任务名称、BCWS、BCWP、ACWP、SV、CV、EAC、BAC 和 VAC 等信息，最后一行是项目所有任务的合计信息。如图 10-40 所示是“10-05.mpp”的“挣值”报表。

挣值 打印于 2011年3月27日
04-08

标识号	任务名称	计划分析 - PV (BCWS)	挣值 - EV (BCWP)
3	确定项目范围	¥1,140.00	¥1,140.00
4	获得项目所需资金及资源	¥1,350.00	¥1,350.00
5	完成项目范围规划	¥0.00	¥0.00
7	软件行为需求分析	¥3,375.00	¥3,375.00
8	制定、审阅并修订软件规范与预算	¥11,450.00	¥11,450.00
9	制定软件交付期限	¥300.00	¥300.00
10	获得开展后续工作的批准及所需资源	¥1,200.00	¥1,200.00
11	完成软件需求分析	¥0.00	¥0.00
13	制定、审阅并修订软件功能规范	¥6,200.00	¥6,200.00
14	开发软件原型	¥2,925.00	¥2,925.00
15	获得开展后续工作的批准	¥450.00	¥450.00
16	完成软件设计	¥0.00	¥0.00
18	确定软件模块化设计参数	¥720.00	¥0.00
19	编写与调试软件代码	¥25,705.88	¥8,280.00
20	完成软件开发	¥0.00	¥0.00
22	制定软件测试计划	¥7,560.00	¥7,560.00
24	审阅、测试并修订组件模块代码	¥0.00	¥0.00
25	完成单元测试	¥0.00	¥0.00
27	审阅、测试并修订模块集成代码	¥0.00	¥0.00
28	完成整体测试	¥0.00	¥0.00
30	制定软件培训规范、机制与方法	¥5,400.00	¥0.00
31	编写软件培训材料	¥0.00	¥0.00
32	完成软件培训	¥0.00	¥0.00
34	制定、开发并修订“帮助”系统	¥0.00	¥0.00
35	编写、审阅并修订用户手册	¥0.00	¥0.00
36	完成软件文档	¥0.00	¥0.00
38	安装 / 部署软件	¥0.00	¥0.00
39	获得并评估用户反馈	¥0.00	¥0.00
40	完成软件试运行	¥0.00	¥0.00
42	确定软件部署策略与方法	¥0.00	¥0.00
43	获得软件部署所需资源	¥0.00	¥0.00
44	部署软件	¥0.00	¥0.00
45	完成软件部署	¥0.00	¥0.00
47	软件开发经验教训总结	¥0.00	¥0.00
48	建立软件维护小组	¥0.00	¥0.00
49	完成项目收尾	¥0.00	¥0.00
		¥67,775.88	¥44,230.00

图 10-40 “挣值”报表

10.5 项目成本监控综合案例

本案例全面介绍项目成本监控流程，核心是设置项目成本比较基准、更新项目实际成本信息、对比项目实际成本与项目预算、设置项目成本中期计划、查看项目“挣值”表、报告项目成本状态等。

10.5.1 案例简介

本案例以第 9 章的“软件开发项目”计划“09-04.mpp”为基础，为项目成本设置比较基准，更新项目实际成本信息，对比项目实际成本与项目预算，设置项目成本中期计划，查看项目“挣值”表，提供项目成本状态报表，最后将项目计划保存为“10-07.mpp”。

10.5.2 操作流程

在监控项目成本前，需要先完成项目成本计划的制订和完善工作，还需要完成项目进度计划、资源计划的制订和完善，具体参见第 4～6 章的内容。本案例中，将直接以制订好的“软件开发项目”项目文件“09-04.mpp”为基础讲解项目成本的监控操作。

1. 设置项目成本比较基准

在优化完项目成本计划后，将其设置为比较基准，作为项目成本监控的判断标准。操作步骤为：将“09-04.mpp”另存为“10-07.mpp”并打开，然后单击“项目”选项卡下“日程”组中的“设置比较基准”按钮，在下拉列表中选择“设置比较基准”命令，打开“设置比较基准”对话框。由于之前已保存过 3 个比较基准，因此，在“设置比较基准”下拉列表中选择“比较基准 3”，如图 10-41 所示，然后单击“确定”按钮。

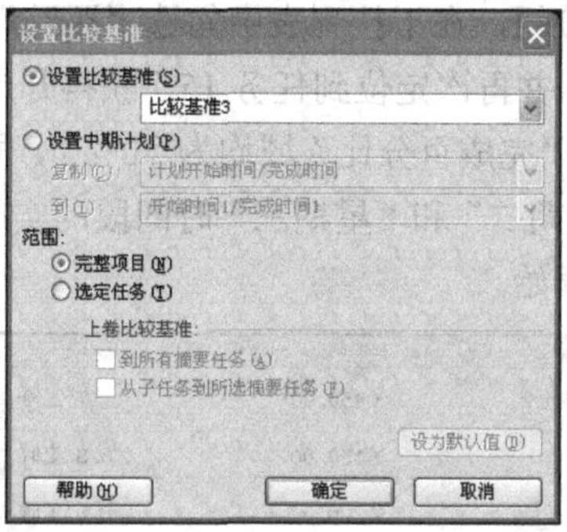

图 10-41　“设置比较基准”对话框

2. 更新项目的实际成本信息

更新项目的实际成本信息主要是根据项目实施情况动态更新项目的实际成本，记录项目实际发生的成本状况，以观察和控制整个项目进程，从而在项目预算范围内完成项目任务。具体可采用自动和手动更新两种方式。

（1）使用 Project 自动计算更新项目实际成本

Project 默认会随着项目任务实际进展，按用户设置的成本累算方法和费率[53]、完成工时或资源使用量自动更新项目实际成本。由于在“09-04.mpp”中已经更新了项目实际进度信息，因此，此时 Project 已自动计算并更新了“10-07.mpp”项目实际成本，即用户可直接查看项目实际成本信息。操作步骤为：单击“视图”选项卡下“任务视图”组中的“任务分配状况”按钮，切换到“任务分配状况”视图。然后，选中“格式”选项卡下“详细信息”组中的“实际支出”复选框，取消选中“成本”复选框，此时，视图右侧窗格显示“工时”和“实际成本”详细信息，如图 10-42 所示。可看出 Project 已自动更新了项目实际成本。

i	任务模式	任务名称	成本	详细信息	二	三	四	五
		⊟软件开发项目	**￥181,540.00**	工时	51h	17h	17h	17h
				实际成本	￥1,140.00	￥450.00	￥450.00	￥450.00
✓		⊟项目范围规划	**￥2,490.00**	工时	51h	17h	17h	17h
				实际成本	￥1,140.00	￥450.00	￥450.00	￥450.00
✓		⊟确定项目范围	￥1,140.00	工时	51h			
				实际成本	￥1,140.00			
		管理人员	￥300.00	工时	17h			
				实际成本	￥300.00			
		项目经理	￥300.00	工时	8.5h			
				实际成本	￥300.00			
		市场调研师	￥540.00	工时	25.5h			
				实际成本	￥540.00			
✓		⊟获得项目所需资金及资源	￥1,350.00	工时		17h	17h	17h
				实际成本		￥450.00	￥450.00	￥450.00
		管理人员	￥450.00	工时		8.5h	8.5h	8.5h
				实际成本		￥150.00	￥150.00	￥150.00

图 10-42　查看项目实际成本

（2）采用手动输入方式更新项目实际成本

手动输入项目实际成本有两种方式：更新任务某个时段的实际成本和更新任务所涉及资源的实际成本[53]。注意：Project 会在用户更新项目进度信息后会自动计算项目实际成本信息并保存在数据库中，这些数据不会随着更新项目实际成本方式的转变而变化[77]。

在手动输入项目实际成本前，须关闭 Project 自动计算项目实际成本的功能。操作步骤参见例 10-2。

接下来，手动输入实际成本。操作步骤是：切换到“任务分配状况”视图，移动窗格右侧底部滑动条，定位到任务 15“获得开展后续工作的批准”实际发生日期，如图 10-43 所示，然后单击“数据”组中“表格”按钮，在下拉列表中勾选“跟踪”选项，切换到“跟踪”表，调整各域宽度，左右窗格的位置，并再次定位到任务 15“获得开展后续工作的批准”的实际发生日期，如图 10-44 所示。此时，“完成百分比”域均为“0%”，同时右侧详细信息框中对应“管理人员”和“项目经理”在“星期二”和“星期三”时间段的实际成本均为 0。说明任务 15“获得开展后续工作的批准”并未开始。

		任务模式	任务名称	成本	工时	详细信息	二	三	四
15			⊟获得开展后续工作的批准	¥450.00	17 工时	工时	1h	16h	
						实际成本			
			管理人员	¥150.00	8.5 工时	工时	0.5h	8h	
						实际成本			
			项目经理	¥300.00	8.5 工时	工时	0.5h	8h	
						实际成本			
16			完成软件设计	¥0.00	0 工时	工时			
						实际成本			

图 10-43　定位到任务 15“获得开展后续工作的批准”

	任务名称	实际开始时间	实际完成时间	完成百分比	实际完成百分比	实际工期	剩余工期	实际成本	详细信息	二	三	四
15	⊟获得开展后续工作的批准	NA	NA	0%	0%	0 个工作日	1 个工作日	¥0.00	工时	1h	16h	
									实际成本			
	管理人员	NA	NA					¥0.00	工时	0.5h	8h	
									实际成本			
	项目经理	NA	NA					¥0.00	工时	0.5h	8h	
									实际成本			
16	完成软件设计	NA	NA	0%	0%	0 个工作日	0 个工作日	¥0.00	工时			
									实际成本			

图 10-44　“跟踪”表

设置任务 15 的“完成百分比”为“100%”，系统弹出“规划向导”对话框（如图 10-45 所示），选中“继续，允许日程排定的冲突”单选按钮并单击“确定”按钮退出。在“管理人员”周二的“实际成本”域中输入 9，周三的“实际成本”域中输入 150，在“项目经理”周二的“实际成本”域中输入 18，周三的“实际成本”域中输入 290，如图 10-46 所示。单击“视图”选项卡下“数据”组中的“表格”按钮，在下拉列表中选择“成本”，调出“成本”表，如图 10-47 所示。此时，可看到“剩余”域为零，表明手动更新项目的实际成本成功。

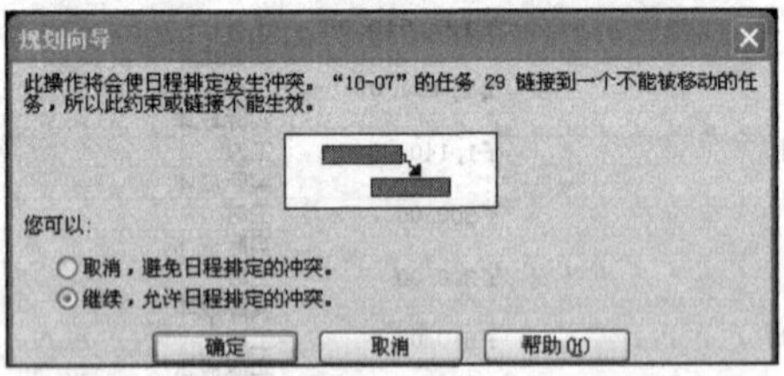

图 10-45　“规划向导”对话框

	任务名称	实际开始时间	实际完成时间	完成百分比	实际完成百分比	实际工期	剩余工期	实际成本	详细信息	二	三
15	⊟获得开展后续工作的批准	2014年7月1日	2014年7月2日	100%	0%	1 个工作日	0 个工作日	¥467.00	工时	1h	16h
									实际成本	¥27.00	¥440.00
	管理人员	2014年7月1日	2014年7月2日					¥159.00	工时	0.5h	8h
									实际成本	¥9.00	¥150.00
	项目经理	2014年7月1日	2014年7月2日					¥308.00	工时	0.5h	8h
									实际成本	¥18.00	¥290.00
16	完成软件设计	NA	NA	0%	0%	0 个工作日	0 个工作日	¥0.00	工时		
									实际成本		

图 10-46　输入任务 15“获得开展后续工作的批准”的实际成本

	任务名称	固定成本	固定成本累算	总成本	比较基准	差异	实际	剩余	添加新列	详细信息	二	三
15	⊟获得开展后续工作的批准	¥0.00	按比例	¥467.00	¥450.00	¥17.00	¥467.00	¥0.00		工时	1h	16h
										实际成本	¥27.00	¥440.00
	管理人员			¥159.00	¥150.00	¥9.00	¥159.00	¥0.00		工时	0.5h	8h
										实际成本	¥9.00	¥150.00
	项目经理			¥308.00	¥300.00	¥8.00	¥308.00	¥0.00		工时	0.5h	8h
										实际成本	¥18.00	¥290.00
16	完成软件设计	¥0.00	按比例	¥0.00	¥0.00	¥0.00	¥0.00	¥0.00		工时		

图 10-47 “成本”表

最后，手动设置任务 22“制定软件测试计划”的实际成本。单击“视图”选项卡下“数据”组中的“表格”按钮，在下拉列表中选择“跟踪”，调出“跟踪”表。然后，定位到任务 22“制定软件测试计划”，在“完成百分比”域中输入“100%”，在“实际成本”域中输入“8 000”，结果如图 10-48 所示，最后单击“保存”按钮。

	任务名称	实际开始时间	实际完成时间	完成百分比	实际完成百分比	实际工期	剩余工期	实际成本	详细信息	三	四	五
22	⊟制定软件测试计划	2014年7月2日	2014年7月14日	100%	0%	8 个工作日	0 个工作日	¥8,000.00	工时	2.5h	42.5h	42.5h
									实际成本	¥58.82	¥1,000.00	¥1,000.00
	系统分析师	2014年7月2日	2014年7月14日					¥1,600.00	工时	0.5h	8.5h	8.5h
									实际成本	¥11.76	¥200.00	¥200.00
	软件测试师	2014年7月2日	2014年7月14日					¥6,400.00	工时	2h	34h	34h
									实际成本	¥47.06	¥800.00	¥800.00
23	**⊟单元测试**	**NA**	**NA**	**0%**	**0%**	**0 个工作日**	**0 个工作日**	**¥0.00**	工时			
									实际成本			

图 10-48 手动设置任务 22“制定软件测试计划”实际成本

3. 使用视图对比项目实际成本与项目预算

在 Project 中，可使用任务类和资源类视图查看任务和资源的超支情况。

首先查看项目任务的超支情况。切换到“甘特图”视图，单击“视图”选项卡下“数据”组中的“表格”按钮，在下拉列表中勾选“成本”，调整左右窗格位置、域宽度，结果如图 10-49 所示。通过“差异”域，用户可以得知任务“获得开展后期工作的批准”超支了 17 元。

	任务名称	固定成本	固定成本累算	总成本	比较基准	差异	实际	剩余
2	**⊟1.1 项目范围规划**	**¥0.00**	**按比例**	**¥2,490.00**	**¥2,490.00**	**¥0.00**	**¥2,490.00**	
3	1.1.1 确定项目范围	¥0.00	按比例	¥1,140.00	¥1,140.00	¥0.00	¥1,140.00	
4	1.1.2 获得项目所需资金及资源	¥0.00	按比例	¥1,350.00	¥1,350.00	¥0.00	¥1,350.00	
5	1.1.3 完成项目范围规划	¥0.00	按比例	¥0.00	¥0.00	¥0.00	¥0.00	
6	**⊟1.2 软件需求分析**	**¥0.00**	**按比例**	**¥16,325.00**	**¥16,325.00**	**¥0.00**	**¥16,325.00**	
7	1.2.1 软件行为需求分析	¥0.00	按比例	¥3,375.00	¥3,375.00	¥0.00	¥3,375.00	
8	1.2.2 制定、审阅并修订软件规范与预算	¥0.00	按比例	¥11,450.00	¥11,450.00	¥0.00	¥11,450.00	
9	1.2.3 制定软件交付期限	¥0.00	按比例	¥300.00	¥300.00	¥0.00	¥300.00	
10	1.2.4 获得开展后续工作的批准及所需资源	¥0.00	按比例	¥1,200.00	¥1,200.00	¥0.00	¥1,200.00	
11	1.2.5 完成软件需求分析	¥0.00	按比例	¥0.00	¥0.00	¥0.00	¥0.00	
12	**⊟1.3 软件设计**	**¥0.00**	**按比例**	**¥9,592.00**	**¥9,575.00**	**¥17.00**	**¥9,592.00**	
13	1.3.1 制定、审阅并修订软件功能规范	¥0.00	按比例	¥6,200.00	¥6,200.00	¥0.00	¥6,200.00	
14	1.3.2 开发软件原型	¥0.00	按比例	¥2,925.00	¥2,925.00	¥0.00	¥2,925.00	
15	1.3.3 获得开展后续工作的批准	¥0.00	按比例	¥467.00	¥450.00	¥17.00	¥467.00	

图 10-49 使用 Project 视图查看项目任务超支情况

其次，查看项目资源的超支情况。切换到“资源使用状况”视图，单击“视图”选项卡下“数据”组中的“表格”按钮，在下拉列表中勾选“成本”，结果如图 10-50 所示。通过“差异”域，用户可以得知：资源“管理人员”的“差异”域为 9，表明该资源超支 9 元，同时还可以看到该资源的超支来源于任务“获得开展后续工作的批准”。

4. 设置中期计划

随着项目推进，会不断更新项目的实际成本信息，必要时可将当前项目的进展状况设置为中期计划，用以比较整个项目过程中不同阶段的实施情况。操作步骤为：单击“项目”选项卡下“日程”组中“设置比较基准”按钮，在下拉列表中选择“设置比较基准”命令，弹出“设置比较基准”对话框，选中“设置中期计划”单选按钮。由于在第 9 章已保存过一个中期计划，因此，此时可在“设置中期计划”下拉列表中选择“开始时间 2/完成时间 2”选项，如图 10-51 所示，然后单击“确定”按钮完成中期计划的设置。

	资源名称	成本	比较基准成本	差异	实际成本	剩余成本
1	⊟管理人员	￥3,009.00	￥3,000.00	￥9.00	￥3,009.00	￥0.00
	确定项目范围	￥300.00	￥300.00	￥0.00	￥300.00	￥0.00
	获得项目所需资金及资源	￥450.00	￥450.00	￥0.00	￥450.00	￥0.00
	获得开展后续工作的批准及所需资源	￥600.00	￥600.00	￥0.00	￥600.00	￥0.00
	制定、审阅并修订软件功能规范	￥1,500.00	￥1,500.00	￥0.00	￥1,500.00	￥0.00
	获得开展后续工作的批准	￥159.00	￥150.00	￥9.00	￥159.00	￥0.00
2	⊟项目经理	￥7,808.00	￥7,800.00	￥8.00	￥6,908.00	￥900.00
	确定项目范围	￥300.00	￥300.00	￥0.00	￥300.00	￥0.00
	获得项目所需资金及资源	￥900.00	￥900.00	￥0.00	￥900.00	￥0.00
	制定、审阅并修订软件规范与预算	￥4,500.00	￥4,500.00	￥0.00	￥4,500.00	￥0.00
	制定软件交付期限	￥300.00	￥300.00	￥0.00	￥300.00	￥0.00
	获得开展后续工作的批准及所需资源	￥600.00	￥600.00	￥0.00	￥600.00	￥0.00
	获得开展后续工作的批准	￥308.00	￥300.00	￥8.00	￥308.00	￥0.00

图 10-50　使用 Project 视图查看项目资源超支情况

5．使用“挣值”表查看项目成本的差异状况

在项目成本监控过程中，用户可通过应用“挣值”表（查看综合挣值分析信息）、“挣值成本标记”表（查看成本挣值分析信息）或“挣值日程标记”表（查看日程挣值分析信息），在任何工作表视图中查看盈余分析信息，为后期项目决策制定提供信息。

应用盈余分析管理项目前，应先指定盈余分析的计算方式。操作步骤为：单击“文件”选项卡下的“选项”按钮，弹出“Project 选项”对话框，单击左侧“高级”选项，结果如图 10-52 所示。此处选择“默认的任务挣值方法”为“完成百分比”。

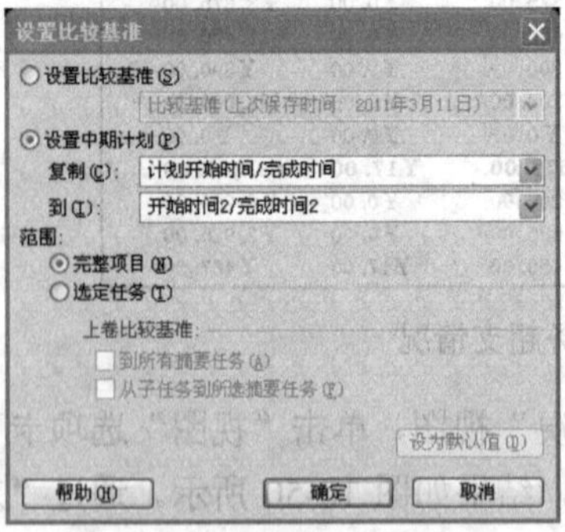

图 10-51　设置中期计划

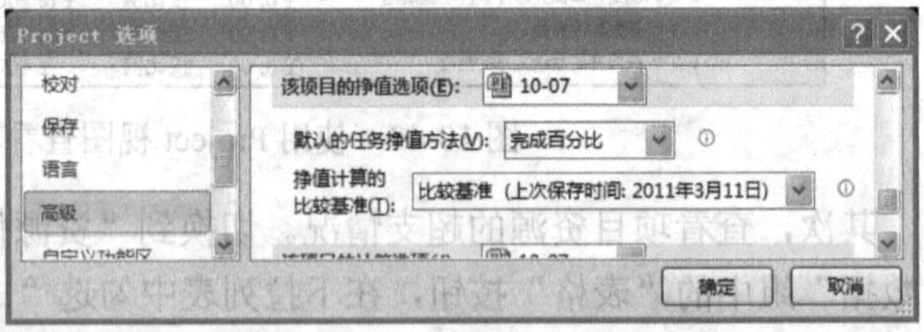

图 10-52　“Project 选项”对话框

其次，设定项目的状态日期。操作步骤为：单击“项目”选项卡下“属性”组中的“项目信息”按钮，弹出“项目信息”对话框，在“状态日期”中输入“2014 年 7 月 14 日”，如图 10-53 所示，单击“确定”按钮，弹出“规划向导”对话框，选中“继续，允许日程排定的冲突”单选按钮，如图 10-54 所示，单击“确定”按钮。

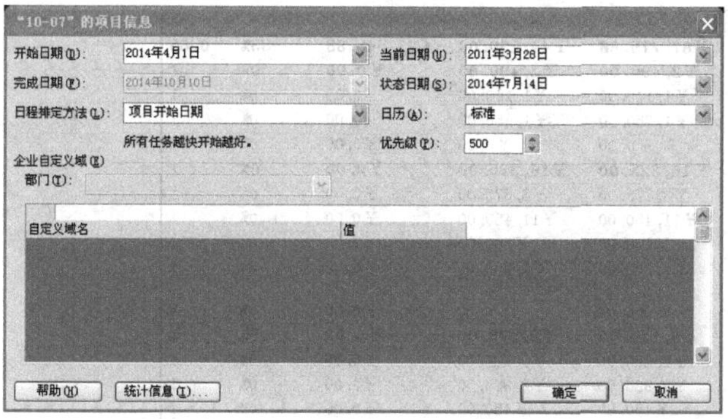

图 10-53 “项目信息”对话框

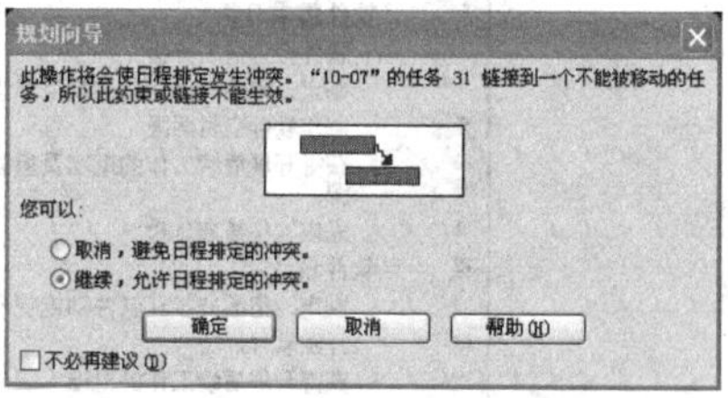

图 10-54 “规划向导”对话框

其次，查看项目的盈余分析信息。单击“视图”选项卡下“任务视图”组中的“其他视图”按钮，在下拉列表中选择“任务工作表”命令，切换到“任务工作表”视图。再在“数据”组中单击“表格”按钮，在下拉列表中选择“更多表格”命令，弹出“其他表”对话框，在其中选择“挣值成本标记”选项（如图 10-55 所示）并单击“应用”按钮，打开“挣值成本标记”表，如图 10-56 所示。在其中可通过查看 CV、CPI 和 TCPI 分析项目任务成本差异和成本业绩指数。例如，任务“编写与调试软件代码”的 CPI 大于 1，TCPI 小于 1，说明该任务的实际成本低于项目预算，可降低剩余任务的业绩以增加项目利润或内容；反之亦然。同时，也可以在“其他表”对话框中选择“挣值日程标记”选项，单击“应用”按钮，打开“挣值日程标记”表（如图 10-57 所示），查看 SV 和 SPI 以分析项目进度差异。例如，任务“编写与调试软件代码”的 SPI 小于 1，SV 小于 0，说明该任务的实际进度落后于计划进度，执行效果不佳。

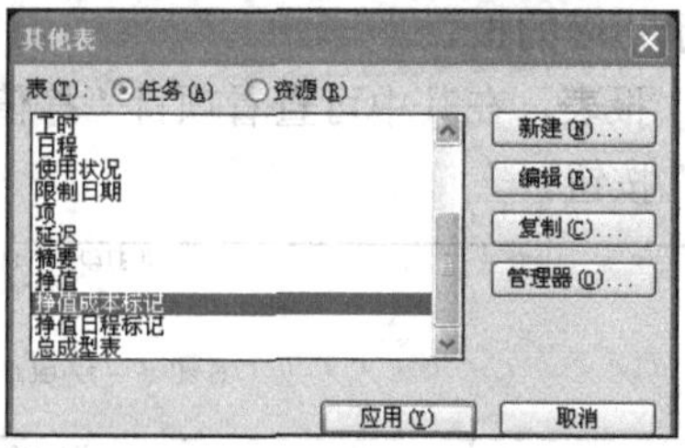

图 10-55 “其他表”对话框

	任务名称	计划分析 - PV (BCWS)	挣值 - EV (BCWP)	CV	CV%	CPI	BAC	EAC	VAC	TCPI
1	⊟ **软件开发项目**	**¥67,775.88**	**¥44,230.00**	**¥2,303.00**	**5%**	**1.05**	**¥199,540.00**	**¥189,150.21**	**¥10,389.79**	**0.99**
2	⊟ **项目范围规划**	**¥2,490.00**	**¥2,490.00**	**¥0.00**	**0%**	**1**	**¥2,490.00**	**¥2,490.00**	**¥0.00**	**1**
3	确定项目范围	¥1,140.00	¥1,140.00	¥0.00	0%	1	¥1,140.00	¥1,140.00	¥0.00	1
4	获得项目所需资金及资源	¥1,350.00	¥1,350.00	¥0.00	0%	1	¥1,350.00	¥1,350.00	¥0.00	1
5	完成项目范围规划	¥0.00	¥0.00	¥0.00	0%	0	¥0.00	¥0.00	¥0.00	0
6	⊟ **软件需求分析**	**¥16,325.00**	**¥16,325.00**	**¥0.00**	**0%**	**1**	**¥16,325.00**	**¥16,325.00**	**¥0.00**	**1**
7	软件行为需求分析	¥3,375.00	¥3,375.00	¥0.00	0%	1	¥3,375.00	¥3,375.00	¥0.00	1
8	制定、审阅并修订软件规范与预算	¥11,450.00	¥11,450.00	¥0.00	0%	1	¥11,450.00	¥11,450.00	¥0.00	1
9	制定软件交付期限	¥300.00	¥300.00	¥0.00	0%	1	¥300.00	¥300.00	¥0.00	4294967295
10	获得开展后续工作的批准及所需资源	¥1,200.00	¥1,200.00	¥0.00	0%	1	¥1,200.00	¥1,200.00	¥0.00	4294967295
11	完成软件需求分析	¥0.00	¥0.00	¥0.00	0%	0	¥0.00	¥0.00	¥0.00	0
12	⊟ **软件设计**	**¥9,575.00**	**¥9,575.00**	**-¥17.00**	**0%**	**1**	**¥9,575.00**	**¥9,592.00**	**-¥17.00**	**-0**
13	制定、审阅并修订软件功能规范	¥6,200.00	¥6,200.00	¥0.00	0%	1	¥6,200.00	¥6,200.00	¥0.00	1
14	开发软件原型	¥2,925.00	¥2,925.00	¥0.00	0%	1	¥2,925.00	¥2,925.00	¥0.00	1
15	获得开展后续工作的批准	¥450.00	¥450.00	-¥17.00	-4%	0.96	¥450.00	¥467.00	-¥17.00	-0
16	完成软件设计	¥0.00	¥0.00	¥0.00	0%	0	¥0.00	¥0.00	¥0.00	0
17	⊟ **软件开发**	**¥26,425.88**	**¥8,280.00**	**¥2,760.00**	**33%**	**1.5**	**¥28,320.00**	**¥18,880.00**	**¥9,440.00**	**0.88**
18	确定软件模块化设计参数	¥720.00	¥0.00	¥0.00	0%	0	¥720.00	¥720.00	¥0.00	1
19	编写与调试软件代码	¥25,705.88	¥8,280.00	¥2,760.00	33%	1.5	¥27,600.00	¥18,400.00	¥9,200.00	0.88
20	完成软件开发	¥0.00	¥0.00	¥0.00	0%	0	¥0.00	¥0.00	¥0.00	0

图 10-56 “挣值成本标记”表

	任务名称	计划分析 - PV	挣值 - EV (BCWP)	SV	SV%	SPI
1	⊟软件开发项目	¥67,775.88	¥44,230.00	-¥23,545.88	-35%	0.65
2	⊟项目范围规划	¥2,490.00	¥2,490.00	¥0.00	0%	1
3	确定项目范围	¥1,140.00	¥1,140.00	¥0.00	0%	1
4	获得项目所需资金及资源	¥1,350.00	¥1,350.00	¥0.00	0%	1
5	完成项目范围规划	¥0.00	¥0.00	¥0.00	0%	0
6	⊟软件需求分析	¥16,325.00	¥16,325.00	¥0.00	0%	1
7	软件行为需求分析	¥3,375.00	¥3,375.00	¥0.00	0%	1
8	制定、审阅并修订软件规范与预算	¥11,450.00	¥11,450.00	¥0.00	0%	1
9	制定软件交付期限	¥300.00	¥300.00	¥0.00	0%	1
10	获得开展后续工作的批准及所需资源	¥1,200.00	¥1,200.00	¥0.00	0%	1
11	完成软件需求分析	¥0.00	¥0.00	¥0.00	0%	0
12	⊟软件设计	¥9,575.00	¥9,575.00	¥0.00	0%	1
13	制定、审阅并修订软件功能规范	¥6,200.00	¥6,200.00	¥0.00	0%	1
14	开发软件原型	¥2,925.00	¥2,925.00	¥0.00	0%	1
15	获得开展后续工作的批准	¥450.00	¥450.00	¥0.00	0%	1
16	完成软件设计	¥0.00	¥0.00	¥0.00	0%	0
17	⊟软件开发	¥26,425.88	¥8,280.00	-¥18,145.88	-69%	0.31
18	确定软件模块化设计参数	¥720.00	¥0.00	-¥720.00	-100%	0
19	编写与调试软件代码	¥25,705.88	¥8,280.00	-¥17,425.88	-68%	0.32
20	完成软件开发	¥0.00	¥0.00	¥0.00	0%	0

图 10-57 “挣值日程标记”表

综合“挣值成本标记”表和“挣值日程标记”表，即可确定项目任务的进度和成本差异，为后期项目成本控制提供依据。

6. 提供项目成本状态报告

在项目成本监控过程中，需将项目进展状况、成本状况及时报告给相关人员，以便其了解项目的进展和成本状况。操作步骤为：单击“项目”选项卡下“报表”组中“报表”按钮，打开“报表”对话框，选择“成本”并单击“选定”按钮，打开“成本报表”对话框，选择“现金流量”、“预算”、“超过预算的任务”、“超过预算的资源”和“挣值”之中的某个选项，并单击“选定”按钮，即可显示相应的报表。

如图 10-58 所示为“挣值”报表，在其中可查看项目“挣值分析”信息，为项目成本控制提供依据。最后，单击“保存”按钮。

挣值 打印于 2011年3月28日
04-08

标识号	任务名称	计划分析 - PV (BCWS)	挣值 - EV (BCWP)
3	确定项目范围	¥1,140.00	¥1,140.00
4	获得项目所需资金及资源	¥1,350.00	¥1,350.00
5	完成项目范围规划	¥0.00	¥0.00
7	软件行为需求分析	¥3,375.00	¥3,375.00
8	制定、审阅并修订软件规范与预算	¥11,450.00	¥11,450.00
9	制定软件交付期限	¥300.00	¥300.00
10	获得开展后续工作的批准及所需资源	¥1,200.00	¥1,200.00
11	完成软件需求分析	¥0.00	¥0.00
13	制定、审阅并修订软件功能规范	¥6,200.00	¥6,200.00
14	开发软件原型	¥2,925.00	¥2,925.00
15	获得开展后续工作的批准	¥450.00	¥450.00
16	完成软件设计	¥0.00	¥0.00
18	确定软件模块化设计参数	¥720.00	¥0.00
19	编写与调试软件代码	¥25,705.88	¥8,280.00
20	完成软件开发	¥0.00	¥0.00
22	制定软件测试计划	¥7,560.00	¥7,560.00
24	审阅、测试并修订組件模块代码	¥0.00	¥0.00
25	完成单元测试	¥0.00	¥0.00
27	审阅、测试并修订模块集成代码	¥0.00	¥0.00
28	完成整体测试	¥0.00	¥0.00
30	制定软件培训规范、机制与方法	¥5,400.00	¥0.00
31	编写软件培训材料	¥0.00	¥0.00
32	完成软件培训	¥0.00	¥0.00
34	制定、开发并修订“帮助”系统	¥0.00	¥0.00
35	编写、审阅并修订用户手册	¥0.00	¥0.00
36	完成软件文档	¥0.00	¥0.00
38	安装 / 部署软件	¥0.00	¥0.00
39	获得并评估用户反馈	¥0.00	¥0.00
40	完成软件试运行	¥0.00	¥0.00
42	确定软件部署策略与方法	¥0.00	¥0.00
43	获得软件部署所需资源	¥0.00	¥0.00
44	部署软件	¥0.00	¥0.00
45	完成软件部署	¥0.00	¥0.00
47	软件开发经验教训总结	¥0.00	¥0.00
48	建立软件維护小组	¥0.00	¥0.00
49	完成项目收尾	¥0.00	¥0.00
		¥67,775.88	¥44,230.00

图 10-58 “挣值”报表

10.6 本章小结

本章首先介绍了 Project 2010 中的项目成本监控原理、流程与操作，以及更新项目成本信息、对比项目实际成本与项目基准计划、报告项目成本状态的操作方法；然后重点讲解了项目成本管理中的项目盈余分析和加班成本计算技术，并探讨了项目成本状态报告及与项目成本相关的视图；最后以“软件开发项目”为例讲解了一个完整的项目成本监控流程。

第 4 篇

基于 Project 2010 的 IT 项目信息提取、沟通与协作管理

沟通对于一个项目来说，是必不可少且非常重要的。只有具备良好的沟通，才能获得足够的项目信息，发现潜在的项目问题，控制好项目运作过程中的各种因素[53]，最终实现项目目标。项目沟通管理往往对项目管理者、项目成员及业主之间的协作起着决定性的作用，也是项目经理的重要职责之一。一个项目经理，其花在项目沟通管理上的精力，通常会占到全部工作的一半以上[77]。

在进行项目沟通管理时，用户首先需要获取用于沟通交流的项目信息。通常情况下，项目文件包含的信息非常繁多，为此，Project 提供了项目信息提取技术，以辅助用户从纷繁复杂的项目信息中找到符合自己需要的信息，并按照自己喜好的方式进行组织、显示和打印[53]。为便于项目之间进行沟通与协作，Project 提供了多种沟通方式，如与其他软件的数据交换机制、多项目集成管理机制等，并可使用 Project Server 实现网络环境下的项目协作管理[77]。

本篇包括第 11～12 章，主要介绍如何利用 Project 2010 进行 IT 项目的信息提取、沟通与协作管理。其中，第 11 章主要介绍 Project 2010 中的项目信息提取技术，包括视图与报表的类型、构成组件、处理与自定义等，同时通过在视图和报表中更改表、筛选器、组、详细信息、突出显示等组件来更改视图或报表内容，以及打印之前进行报表和视图页面设置和打印预览；第 12 章主要介绍 IT 项目沟通管理体系、关键原则，大型项目的沟通方式与协作机制，Project 2010 中的项目沟通机制与方式，Project 2010 与其他软件的数据交换，以及多项目集成管理。

第11章 Microsoft Project 2010与IT项目信息提取

本章内容提要：

- Project 2010 中的项目信息提取技术。
- 使用视图；使用报表。
- 筛选、分组、排序、突出显示、查找与替换项目信息。
- 打印视图或报表。

11.1 本章导读

项目文件包含的信息通常非常多，不可能一次显示和打印出全部项目信息[64]。为此，Project 提供了项目信息提取技术以辅助用户从纷繁复杂的项目信息中找到符合自己需求的信息，并按照自己喜好的方式进行组织、显示和打印[53]。

本章介绍 Project 2010 中的项目信息提取技术与工具的构成、使用、自定义和打印设置，核心是视图和报表；同时，介绍视图和报表中的信息筛选、分组、排序、突出显示、替换与查找等组件的操作，以按照用户需求调整视图和报表显示内容，实现项目信息共享。

11.2 Project 2010 中的项目信息提取技术

Project 2010 中的项目信息提取技术主要包括视图与报表。Project 提供表、筛选、分组、排序、突出显示、查找与替换等组件，以方便用户调整视图显示内容和迅速定位到自己所需的信息；同时，Project 提供自定义机制以方便用户设置所需视图和报表，并提供打印设置机制以方便用户自定义所需报表和视图打印格式，使其符合相关标准，增强报表和视图的实用性[83]。

11.3 使用视图

视图是 Project 与用户沟通的主要方式，常用于快速输入、查阅和理解项目特定状态信息。

Project 可通过视图以逻辑和易读格式向用户显示项目信息，用户也可以通过视图向 Project 输入项目信息，这些信息存储在 Project 数据库中，并可显示在调用该信息的视图中[77]。例如，在“甘特图”视图中输入的任务工期信息，也可显示在“任务工作表”视图中。

Project 视图分为独立视图和复合视图，在视图中可应用表、筛选器、组、突出显示或详细信息等组件分类、突出显示和查看项目部分信息。注意，在视图中更改表、筛选器、组、突出显示或详细信息时，既不会向 Project 中添加信息，也不会删除其中存储的信息，只是以不同的方式显示项目信息。若用户经常以某种方式查看项目信息，也可进行自定义，将视图与表、筛选器、组、突出显示和详细信息的各种默认设置一起保存[106]。最后，Project 还提供了排序、查找、替换等功能以辅助用户调整项目信息的排列顺序、迅速定位和批量替换项目信息。

11.3.1 视图概述

Project 提供了多种视图以供用户查看特定的项目信息，这些视图使用不同的格式和组件来呈现项目信息，其中，格式包括图表、工作表、窗体和使用状况等，组件包括表、筛选器、组、突出显示及详细信息[107]。

1. 视图类型

Project 提供任务、资源和工作分配 3 类视图。任务类视图显示项目任务信息，资源类视图显示项目资源信息，工作分配类视图显示分配到每项任务的资源及每项任务分配的总计、时间分段工时和成本信息[107]。

2. 视图格式

视图有图表、工作表、窗体和使用状况 4 种基本格式，在此基础上，可进行整合以形成复合视图，如甘特图由图表和工作表视图组合而成。

（1）图表视图以图形形式显示项目信息，提供项目日程和进度的插图[107]。有的视图既包含表又包括图形，如“甘特图”视图；有的视图则只包括图形，如“网络图”视图。

（2）工作表视图以表格形式显示项目信息，类似于电子表格。行是一系列显示常用信息类别的水平并排排列的域，包含任务、资源或工作分配的相关信息，或是工时和成本等详细信息；列用来显示有关任务或资源的特定域信息[53]。

（3）窗体视图以结构化格式（类似纸质表单[79]）一次显示有关任务或资源的详细信息，每次只呈现一个任务或资源。窗体视图以已命名的框或列中的某个位置来显示域，以方便用户输入特定任务和资源的信息[107]，如图 11-1 所示为“任务”窗体视图。调出窗体视图的操作步骤是：单击某项资源或任务，在“视图”选项卡下的“拆分视图”组中选中“详细信息”复选框即可。

图 11-1 “任务”窗体视图

（4）使用状况视图常用于显示项目即时信息，其在视图左侧以行和列形式列出任务或资源数据，在视图右侧跨行和列按时间分段显示项目详细信息[107]，如图 11-2 所示。

资源名称	成本	详细信息	一	二	三	四	五
⊟ 打印机	￥16，800.00	工时（台）	0.87	0.87	0.87	0.87	0.87
		成本	￥693.33	￥693.33	￥693.33	￥693.33	￥693.33
编写软件培训材料	￥800.00	工时（台）	0.07	0.07	0.07	0.07	0.07
		成本	￥53.33	￥53.33	￥53.33	￥53.33	￥53.33
编写、审阅并修订用户手册	￥16，000.00	工时（台）	0.8	0.8	0.8	0.8	0.8
		成本	￥640.00	￥640.00	￥640.00	￥640.00	￥640.00

图 11-2　使用状况视图

项目管理中比较常用的视图是甘特图和网络图。为此，Project 以甘特图和网络图为基础提供了许多相关视图，每个视图都显示特定的项目信息。因此，也可将“甘特图”和“网络图”作为视图格式。

3．视图组件

使用视图组件，可以使当前视图根据用户需求仅显示项目的部分信息。在 Project 中，每个视图均由多个组件组成[107]，如表、筛选器、组、突出显示及详细信息等。用户可通过调用不同的表、更改筛选器、突出显示或分组依据来确定视图中显示的任务、资源或工作分配信息类型、排列顺序等，具体在“视图”选项卡下的“数据”组中设置；可通过“详细信息”来显示特定任务、资源的各方面信息，具体在“视图”选项卡下的“拆分视图”组中设置，如图 11-3 所示。

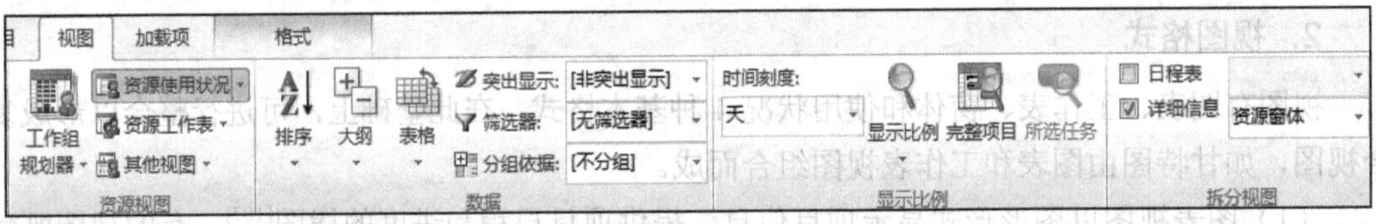

图 11-3　“视图”选项卡

（1）表是在视图工作表部分以列和行形式显示的一组域[106]，不同视图默认显示的表不同。

（2）筛选器是一组用于显示特定任务、资源或工作分配的条件[106]。默认不使用筛选器。

（3）组用于显示特定类别的项目信息。用户可通过分组来以多种方式分类和查看总成型任务、资源或工作分配信息[106]，默认不使用分组。

（4）突出显示可用区别于默认设置的方式来显示项目特定信息，常与筛选器配合使用。默认不使用突出显示。

（5）详细信息由紧密相关的域组成，可显示在列中，如窗体视图，也可显示在用于显示即时信息的表中，如使用状况视图[106]。

4．视图选用

用户在 Project 中使用视图时，首先需确定所要查看的信息类型，看其属于任务、资源还是工作分配，然后再确定所希望使用的格式，最后确定所要选用的视图，并可根据需要调整视图中的组件构成[107]，Project 提供的视图及其说明如表 11-1 所示。

表 11-1 选择适合的项目视图[53,59,64,79,107,108]

类型	格式	候选视图	作用和说明
任务类视图	甘特图	包含日程表的甘特图	由"时间表"和"甘特图"视图组成
		条形图总成	查看具有所有子任务标签的摘要任务。在"条形图总成"视图中可用"Rollup_Formatting"宏查看摘要甘特条形图上简要标记出的所有任务
		详细甘特图	用于检查项目中的时差（可用可宽延时间、可宽延的总时间）和进度落后情况。可在工作表中查看任务和关联信息，在基于时间刻度的条形图中按时间查看任务的可宽延时间和进度落后情况
		甘特图	第一次启动 Project 时的默认视图，可在工作表中输入任务并安排其日程、查看任务和关联信息，在基于时间刻度的条形图中按时间查看任务和工期。使用该视图可打印任务和任务工期的列表，也可显示任务、任务工期、任务相关性和已分配资源的条形图。可更改表或任务筛选器以更改显示内容，也可通过分组来组织内容
		调配甘特图	可检查由调配引起的任务延迟值，在工作表中查看任务、任务延迟和可宽延时间，以及 Project 调配功能的前后对比效果
		里程碑日期总成	查看具有所有子任务标签的摘要任务。可用"Rollup_Formatting"宏查看摘要甘特条形图上使用里程碑标记和日期简要标记出的所有任务
		里程碑总成	查看具有所有子任务标签的摘要任务。可用"Rollup_Formatting"宏查看摘要甘特条形图上使用里程碑标记简要标记出的所有任务
		多比较基准甘特图	在视图的图表部分使用不同颜色来对比显示摘要任务和子任务的前三个比较基准，用于审阅和比较项目中设置的前三个比较基准
		跟踪甘特图	用于对比较基准日程和实际日程，其在工作表中查看任务及其信息，在甘特条形图中显示每项任务的比较基准和实际日程。使用该视图可打印任务列表，显示任务和摘要任务的进度及完成情况条形图。注意，进度和完成情况参照比较基准计划度量
	网络图	描述性网络图	使用该视图可按照网络图（或流程图）形式查看、创建或编辑项目任务和任务相关性。类似于"网络图"视图，但节点更大，提供内容更详细
		网络图	按照网络图（或流程图）形式查看、创建或编辑项目任务和任务相关性。使用该视图可打印流程图或"网络图"，其中显示所有任务和任务相关性，及项目关键路径。可应用任务筛选器或分组，也可在该视图中使用图形化标记，以提醒用户对重要任务信息加以重视
		关系图	集中显示那些与特定任务相链接的任务，即前置任务和后续任务
	图表	日历	查看某一特定日、周或月所排定的任务，或以月历格式查看周的范围。使用该视图可按日历格式创建、编辑或查看项目任务，可按日历格式打印计划任务。可应用任务筛选器更改显示的内容
		工作组规划器	查看和控制资源及其所分配到的任务。左侧显示资源名称，右侧显示资源所分配到的全部任务，没有分配资源的任务显示在底部[59]
		时间表	显示项目日程
	工作表	任务工作表	以表格格式输入、编辑和审阅任务信息。使用该视图可打印显示开始日期、完成日期和已分配资源的任务列表。可更改表或任务筛选器以更改显示的内容，也可通过分组来组织内容

续表

类型	格式	候选视图	作用和说明
任务类视图	窗体	任务详细信息窗体	可输入、查看和编辑任务和资源的详细日程排定信息和跟踪信息，每次显示一项任务。该窗体是可有效提供给定任务特征的单独视图
		任务窗体	输入、编辑和审阅特定任务的信息，每次一个任务。网格区域可显示有关任务的已分配资源、前置任务和后续任务信息
		任务名称窗体	输入、查看和编辑基本任务和资源的日程信息，每次显示一项任务的信息
		任务数据编辑	输入、编辑和审阅特定任务的已分配资源、前置任务和后续任务。使用该视图可打印"甘特图"和"任务窗体视图"的组合
资源类视图	图表	资源图表	以图形方式按时间分布显示资源的分配、工时或成本信息，每次一个或一组资源。信息以列图表格式显示，常用于分析是否存在资源过度分配。使用该视图可打印按时间显示分配给每个资源的工时量的图表。可更改资源筛选器以更改显示内容
	工作表	资源工作表	以电子表格格式输入、编辑和审阅资源信息。使用该视图可打印显示每个资源详细项信息的列表。可更改表或资源筛选器以更改显示的内容，也可按分组来组织内容
	窗体	资源窗体	输入、编辑和审阅特定资源的所有资源、任务和日程信息，每次一个资源。网格区域可显示有关已分配任务上资源的日程、成本或工时的信息。在作为复合视图的一部分使用时最为有用
		资源名称窗体	可有效输入和编辑分配给资源的任务的信息，每次一个资源。网格区域可显示有关已分配任务上资源的日程、成本或工时的信息
	使用状况	资源分配	由"资源使用状况"和"调配甘特图"视图组成，用于资源调配
工作分配类视图	使用状况	任务分配状况	按照任务审阅、输入和编辑工作分配，常用于查看分配给每项任务的资源及每项资源在各个时间段内完成的工时。在其工作表部分，每个任务下面都以缩进方式列出已分配资源；在其时间表部分，按照时间刻度（如天或周）列出任务和工作分配的工时或成本等信息。使用该视图可打印项目任务列表，可更改表或任务筛选器以更改显示的内容，也可更改时间分段域或通过分组来组织内容
		资源使用状况	按照资源审阅、输入和编辑工作分配。在其工作表部分，每个资源下面都以缩进方式列出所有关联的任务分配；在其时间表部分，按照时间刻度列出资源和工作分配的工时或成本等信息。使用该视图可打印显示项目资源列表，可更改表或资源筛选器以更改显示的内容，也可更改时间分段域或通过分组组织内容

使用视图的操作步骤是：单击"视图"选项卡，查看"任务视图"和"资源视图"组中是否存在该视图，若存在，则只需单击相应按钮即可打开该视图；若没有，则单击"其他视图"按钮，弹出"其他视图"对话框（如图 11-4 所示），从中选择所需视图，单击"应用"按钮即可打开相应视图。

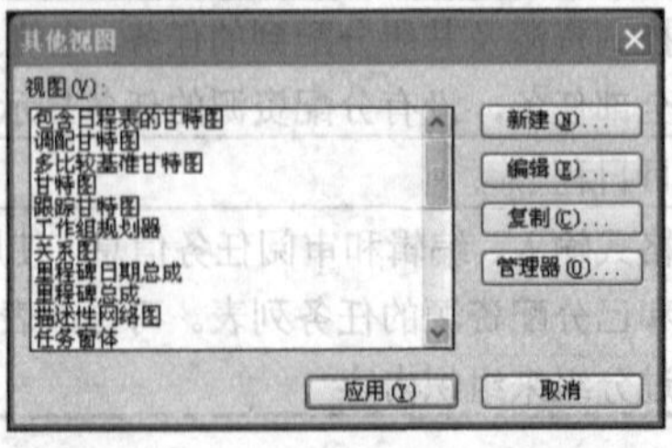

图 11-4 "其他视图"对话框

11.3.2 复合视图

当单个视图提供的信息无法满足需求时，用户就需使用复合视图。复合视图将屏幕分为上、下两个窗格以同时显示两个视图。当选择复合视图顶部窗格中的任务或资源时，底部窗格中的视图将显示有关所选任务或资源的详细信息[107]。

1. 使用常用复合视图

“任务窗体”视图和“资源窗体”视图是最常用的复合视图[77]。打开“任务窗体”视图的操作步骤是：切换到“甘特图”视图，选中“拆分视图”组中的“详细信息”复选框，即可打开“任务窗体”视图，如图 11-5 所示。打开“资源窗体”视图的操作步骤是：切换到“资源工作表”视图，选中“拆分视图”组中的“详细信息”复选框，即可打开“资源窗体”视图，如图 11-6 所示。若要重新切换为只显示一个视图，只需在“拆分视图”组中取消选中“详细信息”复选框即可[107]。

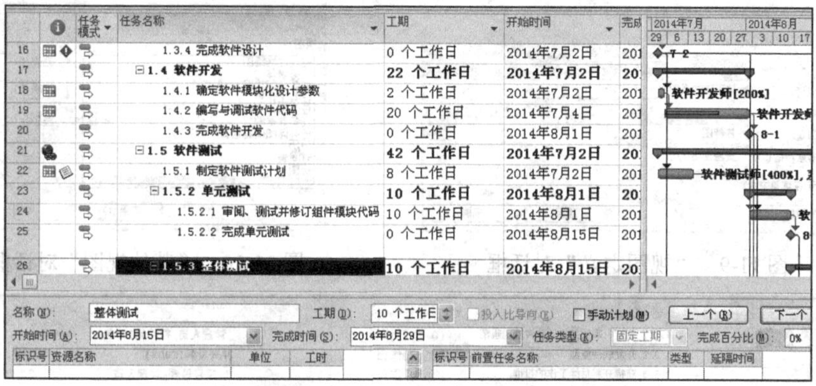

图 11-5　包含“任务窗体”视图的复合视图

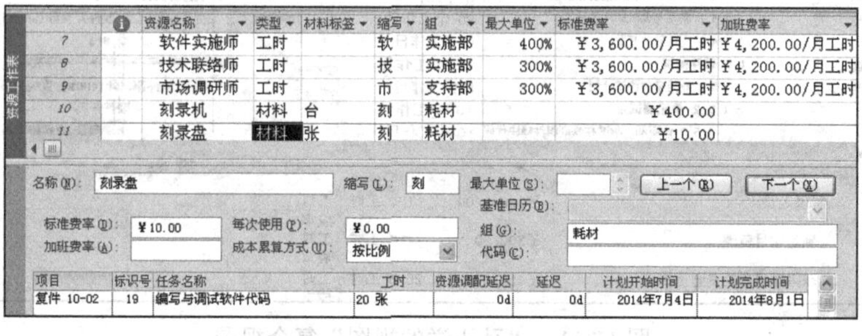

图 11-6　包含“资源窗体”视图的复合视图

2. 使用其他复合视图

除了常用复合视图外，用户还可以自定义复合视图并在需要时调用，相关操作参见例 11-1。

例 11-1　自定义复合视图。

将例 10-2 中的“10-02.mpp”另存为“11-01.mpp”，然后自定义由“甘特图”和“资源使用状况”视图构成的复合视图，将其保存为“孙正洋的视图”并进行显示。

操作步骤如下：

切换到“甘特图”视图，单击“视图”选项卡下“任务视图”组中的“其他视图”下拉列表，选择“其他视图”命令，弹出“其他视图”对话框，如图 11-7 所示。单击“新建”按钮，弹出

"定义新视图"对话框，选中"复合视图"单选按钮，如图 11-8 所示。单击"确定"按钮，弹出"视图定义"对话框，在"名称"文本框中输入"孙正洋的视图"，在"主视图"下拉列表框中选择"甘特图"，在"详细信息窗格"下拉列表框中选择"资源使用状况"，如图 11-9 所示。单击"确定"按钮返回"其他视图"对话框，可发现"视图"列表框中已出现了"孙正洋的视图"选项，如图 11-10 所示。单击"应用"按钮即可显示该复合视图，如图 11-11 所示。

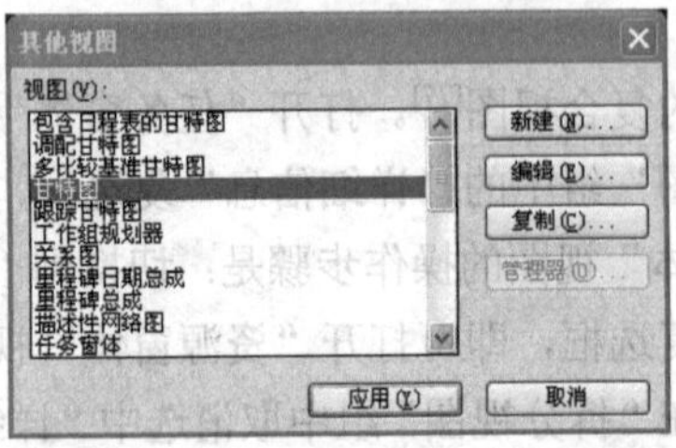

图 11-7 "其他视图"对话框

图 11-8 "定义新视图"对话框

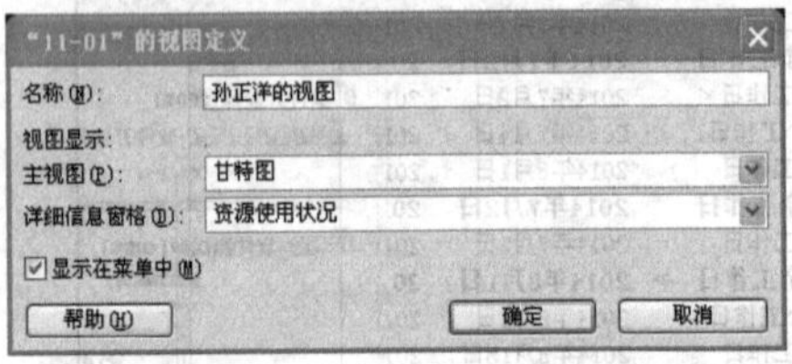

图 11-9 "视图定义"对话框

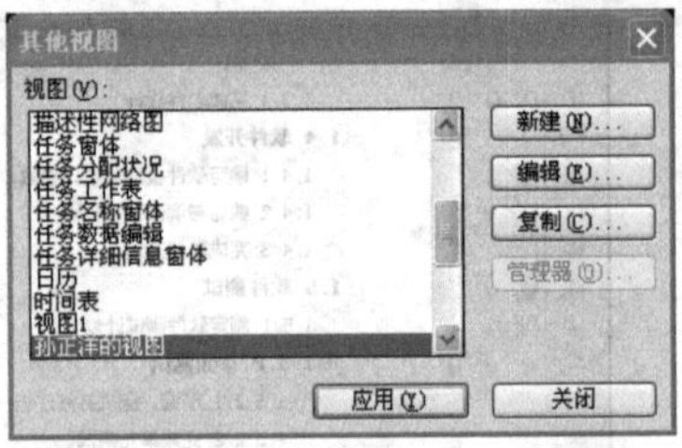

图 11-10 "其他视图"对话框

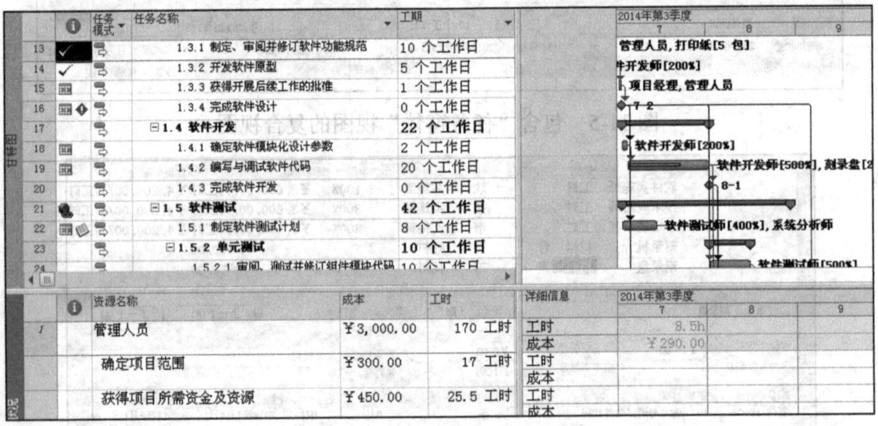

图 11-11 "孙正洋的视图"复合视图

11.3.3 在视图中使用"表"组件

Project 提供了多种包含表的视图，这些候选表格及其说明如表 11-2 所示。Project 视图默认显示的是"项"表[53]，用户选择其他表的操作步骤是：单击"视图"选项卡下"数据"组中"表格"按钮，在下拉列表中选择相应表，如"差异"表和"成本"表等。如图 11-12 所示分别显示了"资源工作表"（左侧）和"甘特图"视图（右侧）的默认候选表。若用户希望使用当前视图默认表以外的表，则可在"表格"下拉列表中选择"更多表格"，弹出"其他表"对话框，如图 11-13 所示，然后选中"任务"或"资源"单选按钮，进而选择所需表，最后单击"应用"按钮。

表 11-2　Project 提供的候选表及说明[53,109]

类别	表名	作用和说明	适用的视图
关于任务的表	比较基准	显示任务日期、工期、工时和成本估计信息，包括标识号，任务名称，比较基准的工期、开始和完成时间、工时、成本。该表用于设置或查看任务日期、工期、工时和成本的最初估算值（比较基准）	任何任务工作表视图
	差异	强调任务的实际开始日期、完成日期与计划日期之间的差异，包括标识号、任务名称、开始时间、完成时间、比较基准开始和完成时间、开始时间差异、完成时间差异	任何任务工作表视图
	超链接	显示任务的超链接信息，包括标识号、标记、任务名称、超链接、地址、子地址	任何任务工作表视图
	成本	显示项目任务成本信息，包括标识号、任务名称、固定成本、固定成本累算、总成本、比较基准、差异、实际和剩余	各类甘特图、任务工作表、任务分配状况视图
	导出	显示大量与任务相关的域，将信息从项目文件导出为其他文件格式。涵盖项目任务的所有域数据	各种甘特图等
	跟踪	显示有关项目的实际日程信息，包括标识号、任务名称、实际开始和实际完成时间、完成百分比、实际完成百分比、实际工期、剩余工期、实际成本、实际工时	任何任务工作表视图
	工时	显示任务工时信息，包括标识号、任务名称、工时、比较基准、差异、实际、剩余、工时完成百分比	任何任务工作表视图
	日程	显示项目任务的日程排定信息，包括标识号、任务名称、开始和完成时间、最晚开始和最晚完成时间、可用可宽延时间、可宽延的总时间等	任何任务工作表视图
	使用状况	显示项目任务的成本、工期、工时等信息，包括标识号、标记、任务名称、成本、工时、工期、开始时间、完成时间	各类甘特图、任务工作表、任务分配状况视图
	限制日期	显示项目任务的限制类型和日期，包括标识号、任务名称、工期、限制类型、限制日期	任何任务工作表视图
	项	显示任务基本数据，包括标识号、标记、任务名称、工期、开始时间、完成时间、前置任务、资源名称。该表可帮助用户了解任务的日程安排、任务相关性，分配资源给任务	任何任务工作表视图
	延迟	帮助用户了解资源调配信息，包括标识号、标记、任务名称、资源调配延迟、工期、开始时间、完成时间、后续任务、资源名称	各类甘特图、任务工作表、任务分配状况视图
	摘要	提供任务基本信息的总览，包括标识号、任务名称、工期、开始时间、完成时间、完成百分比、成本和工时	任何任务工作表视图
	挣值	使用挣值分析法比较任务的工时和成本之间的关系。包括标识号、任务名称、BCWP、BCWS、ACWP、SV、CV、EAC、BAC、VAC	任何任务工作表视图
	挣值成本标记	显示项目挣值成本信息，包括识号、任务名称、BCWS、BCWP、CV、CV%、CPI、BAC、EAC、VAC、TCPI	各种甘特图等
	挣值日程标记	显示项目挣值日程信息，包括识号、任务名称、BCWS、BCWP、SV、SV%、SPI	各种甘特图等
	总成型表	与“条形图总成”视图、“里程碑日期总成”视图和“里程碑总成”视图一起使用，用于优化总成型任务显示。包括标识号、标记、任务名称、工期、上方文本、开始时间、完成时间、前置任务和资源名称	任何任务工作表视图

续表

类别	表名	作用和说明	适用的视图
	超链接	显示任务的超链接信息，包括标识号、标记、资源名称、超链接、地址、子地址	任何资源工作表视图
	成本	显示资源成本信息，包括资源名称、成本、比较基准成本、差异、实际成本和剩余成本	资源工作表、资源使用状况和资源分配视图
	导出	显示大量与资源相关的域，用于将信息从项目文件导出为其他文件格式，涵盖项目资源的所有域数据	任何资源工作表视图
	工时	显示资源工时信息，包括标识号、资源名称、完成百分比、工时、加班、比较基准、差异、实际工时、剩余工时	任何资源工作表视图
	使用状况	显示项目资源和每项资源所分配的工时信息，包括标号、资源名称、成本、工时	任何资源工作表视图
关于资源的表	项	显示资源基本信息，用于输入或查看资源，包括标识号、标记、资源名称、类型、材料标签、缩写、组、最大单位、标准费率、加班费率、每次使用成本、成本累算、基准日历和代码	任何资源工作表视图
	项-材料资源	只显示材料类资源的基本信息，包括标记、资源名称、材料标签、缩写、组、标准费率、每次使用成本、成本累算和代码	“资源工作表”、“资源使用状况”和“资源分配”视图
	项-工时资源	只显示工时类资源的基本信息，包括标记、资源名称、类型、缩写、组、最大单位、标准费率、加班费率、每次使用成本、成本累算、基准日历和代码	“资源工作表”、“资源使用状况”和“资源分配”视图
	摘要	提供资源基本信息的总览，包括标识号、资源名称、组、最大单位、最大使用量、标准费率、加班费率、成本、工时	任何资源工作表视图
	挣值	使用传统项目管理分类比较工时和成本之间的关系。包括标识号、资源名称、BCWP、BCWS、ACWP、SV、CV、EAC、BAC 和 VAC	任何资源工作表视图

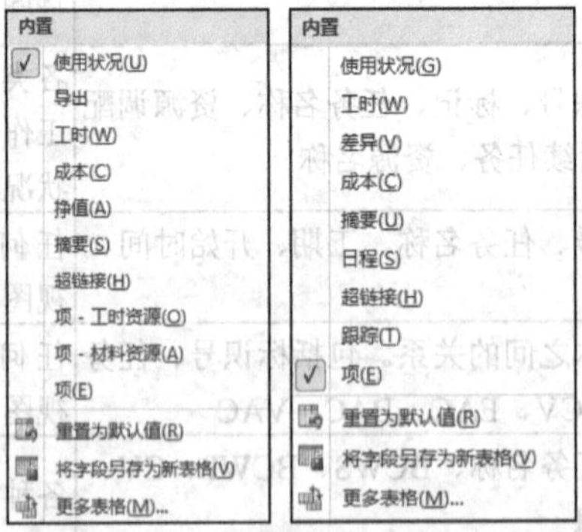

图 11-12 “资源工作表”视图和“甘特图”视图的默认候选表

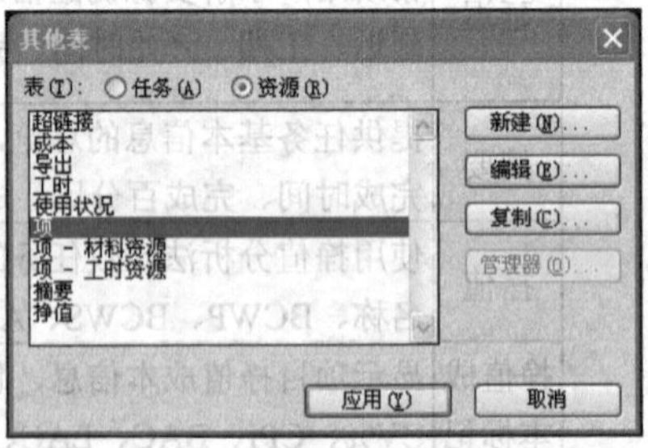

图 11-13 “其他表”对话框

此外，用户还可在包含表的视图中修改表的行高和列宽，插入或隐藏列，在“其他表”对话框中创建和编辑表[79]，限于篇幅，此处不再赘述，有兴趣的读者可参阅相关书籍。

11.3.4 在视图中使用“筛选器”组件

浏览项目信息时，常需显示某些符合特定要求的任务或资源信息，如只显示项目关键任务，此时需用“筛选器”来限制用户看到的信息，使其注意力集中到具体问题上[79]。用户可在视图中直接使用 Project 内置筛选器、自动筛选功能，也可根据特定目的自定义筛选器[53]，具体在“视图”选项卡下“数据”组中的“筛选器”下拉列表中设置。

1. 筛选器类型

Project 提供的筛选器分为任务类筛选器和资源类筛选器两类，其作用和说明分别如表 11-3 和表 11-4 所示。

表 11-3 Project 提供的任务类筛选器及说明[79,110]

名　称	作用和说明
所有任务	显示所有任务
包含附件的任务	筛选器显示与对象相关联或在“备注”框中有备注的任务
包含固定日程的任务	显示那些没有应用“越早越好”限制或有实际开始日期的所有任务
包含加班的任务/工作分配	显示那些指定作为加班工时的任务或工作分配
成本超过预算	显示实际成本大于比较基准成本的所有资源或任务
成本大于	显示那些工作分配的成本超过指定值的任务和资源
工时超过预算	计算筛选器，显示所有计划工时超过比较基准工时的任务或资源
关键	显示位于关键路径上的所有任务
活动任务	显示处于活动状态的任务
进度落后	显示落后于在比较基准计划中排定的完成日期或没有按日程进度开展工作的任务，用于识别可能延迟项目完成时间的任务
进度落后的任务	显示所有落后于比较基准计划进度且尚未完成的任务
进行中的任务	显示所有已经开始但尚未完成的任务
具有估计工期的任务	显示所有具有估计工期的任务以及相应的摘要任务
具有期限的任务	显示所有有指定期限的任务
具有任务日历的任务	显示指定了日历的任务
里程碑	显示那些作为里程碑的任务
链接域	只显示与其他应用程序中的信息相链接的那些任务或资源
落后/超过预算的任务，该任务分配给	显示分配给指定资源、超出了分配的预算或在比较基准计划中的完成日期之后才完成的任务。使用该筛选器可查看分配给某个特定资源的哪些任务由于超出成本，或由于不能按日程完成任务而处于“危险”的状态
没有日期的任务	显示没有指定开始日期的任务
任务范围	在任务视图中进行工作的交互式筛选器。该筛选器会提示输入两个标识号，然后显示在这两个标识号之间（包括这两个标识号）的所有任务
日期范围	交互式筛选器，该筛选器会提示用户输入两个日期，然后显示工作分配在第一个日期之后开始、在第二个日期之前完成的所有任务和资源
使用资源	交互式筛选器，提示用户输入要查看其任务的资源
手动计划任务	显示“手动计划”模式的任务
未开始任务	显示尚未开始的任务
未完成的任务	显示所有尚未完成的任务和工作分配，无论它是否已经开始

续表

名　　称	作用和说明
延迟的任务	显示存在延误的任务
已完成的任务	只显示已完成的任务
应该开始/完成于	交互式筛选器，显示在用户指定日期范围内尚未开始和完成的任务或工作分配。该筛选器提示输入两个日期：任务或工作分配应该开始的日期和任务或工作分配应该完成的日期。用于任务视图和“资源使用状况”视图
应该开始于	交互式筛选器，会提示用户输入一个日期，然后显示工作分配应该在该日期开始、但目前尚未开始的所有任务和资源
在此日期后创建	显示在指定日期或其后在项目中创建的任务
在日期范围内使用资源	交互式筛选器，提示用户输入三个不同信息：某个资源的名称和两个日期。该筛选器显示分配给指定资源的、在一个指定日期之后开始而在另一个指定日期之前完成的任务
摘要任务	显示所有属于摘要任务的任务，可用于查看项目中主要任务的总览
资源组	交互式筛选器，该筛选器会提示用户输入资源组的名称，然后显示属于该组的资源正在执行的那些任务
最高级任务	只显示级别最高的摘要任务

表 11-4　Project 提供的资源类筛选器及说明[110]

名　　称	作用和说明
所有资源	显示所有资源
包含附件的资源	显示与对象相关联或在“备注”框中有备注的资源
包含加班的资源/工作分配	显示指定为加班工作的资源或工作分配
成本超过预算	计算筛选器，显示实际成本超过预算的资源或任务
成本大于	显示工作分配成本超过指定值的任务和资源
非预算资源	显示项目实施过程中临时添加的资源
工时超过预算	计算筛选器，显示计划工时超过比较基准工时的所有任务或资源
过度分配的资源	显示被安排的工作量超过了指定时间内的工作能力的所有资源
进度落后	显示落后于比较基准计划中计划完成日期或未按日程进度开展工作的任务
进度落后的工作分配	显示所有落后于比较基准计划进度且尚未完成的工作分配
进行中的工作分配	只应用于“资源使用状况”视图，显示已开始但还没有完成的工作分配
链接域	只显示与其他应用程序中的信息相链接的那些任务或资源
日期范围	交互式筛选器，该筛选器会提示用户输入两个日期，然后显示工作分配在第一个日期之后开始、在第二个日期之前完成的所有任务和资源
未开始的工作分配	显示尚未开始的工作分配
未完成工作	计算筛选器，显示计划工时量少于比较基准工时量的所有资源
已完成工作	显示所有已完成的工作分配，及分配给他们的任务都已完成的资源
应该开始/完成于	交互式筛选器，显示在用户指定日期范围内尚未开始和完成的任务或工作分配。其提示用户输入两个日期：任务或工作分配应该开始和应该完成的日期。可用于任务视图和“资源使用状况”视图
应该开始于	交互式筛选器，它会提示用户输入一个日期，然后显示工作分配应该在该日期开始、但目前尚未开始的所有任务和资源
预算资源	显示在项目预算时确定的资源
在此日期后创建	显示在指定日期后创建的资源

续表

名　称	作用和说明
资源-材料	显示材料资源
资源-成本	显示成本资源
资源-工时	显示工时资源
资源范围	交互式筛选器，显示所有标识号在指定范围内的资源
组	显示属于指定组的所有资源

2. 使用内置筛选器

操作步骤是：切换到任务类或资源类视图，单击“视图”选项卡下“数据”组中的“筛选器”按钮，在下拉列表中选择相应筛选器。如图 11-14 所示分别显示了任务类（左图）和资源类视图（右图）默认筛选器。当默认筛选器无法满足需要时，用户可在“筛选器”下拉列表中选择“其他筛选器”命令，弹出“其他筛选器”对话框[79]（如图 11-15 所示），选中“资源”或“任务”单选按钮，然后在下方的列表框中选择所需的资源类或任务类筛选器即可。

图 11-14　任务类视图和资源类视图中的默认筛选器

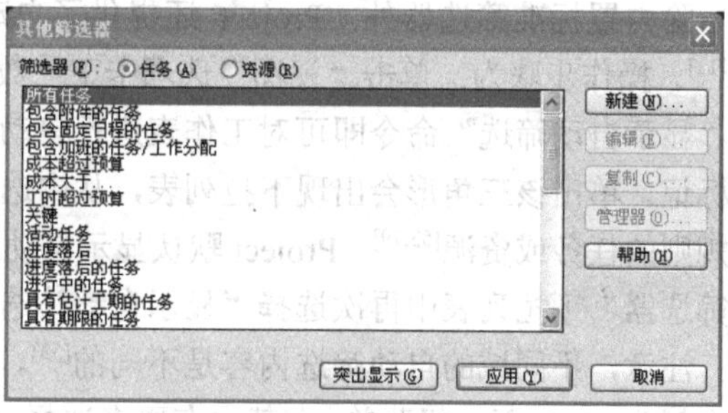

图 11-15　“其他筛选器”对话框

例 11-2　在视图中使用筛选器。

将例 11-1 中的“11-01.mpp”另存为“11-02.mpp”，在“甘特图”视图下完成两个筛选任务：筛选出标识号在 1～8 之间的任务；筛选出日期范围是 2014 年 5 月的任务。

操作步骤如下：

首先，筛选标识号在 1～8 之间的任务。将“11-01.mpp”另存为“11-02.mpp”并打开，切换到“甘特图”视图，单击“视图”选项卡下“数据”组中的“筛选器”按钮，在下拉列表中选择“任务范围”选项，弹出“任务范围”对话框，在“任务范围开始标识号”框中输入“1”，在“包含标识号”框中输入“8”，如图 11-16 所示，单击“确定”按钮，结果如图 11-17 所示。

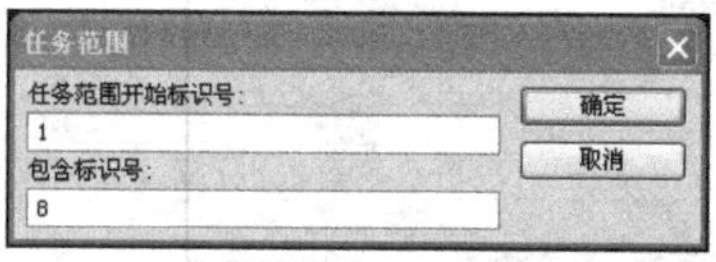

图 11-16　“任务范围”对话框

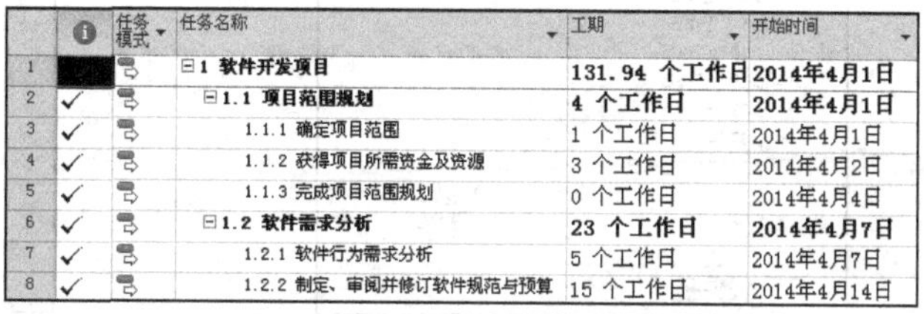

		任务模式	任务名称	工期	开始时间
1			1 软件开发项目	131.94 个工作日	2014年4月1日
2	✓		1.1 项目范围规划	4 个工作日	2014年4月1日
3	✓		1.1.1 确定项目范围	1 个工作日	2014年4月1日
4	✓		1.1.2 获得项目所需资金及资源	3 个工作日	2014年4月2日
5	✓		1.1.3 完成项目范围规划	0 个工作日	2014年4月4日
6	✓		1.2 软件需求分析	23 个工作日	2014年4月7日
7	✓		1.2.1 软件行为需求分析	5 个工作日	2014年4月7日
8	✓		1.2.2 制定、审阅并修订软件规范与预算	15 个工作日	2014年4月14日

图 11-17　标识号在 1～8 之间的任务

其次，筛选日期范围在2014年5月的任务。单击“视图”选项卡下“数据”组中的“筛选器”按钮，在下拉列表中选择“日期范围”选项，弹出“日期范围”对话框，在“显示在此日期后开始或完成的任务”文本框中输入“2014-5-1”（如图11-18所示）。单击“确定”按钮，再次弹出“日期范围”对话框，在“并且在此之前”框中输入“2014-5-31”（如图11-19所示），单击“确定”按钮，结果如图11-20所示。最后单击“保存”按钮。

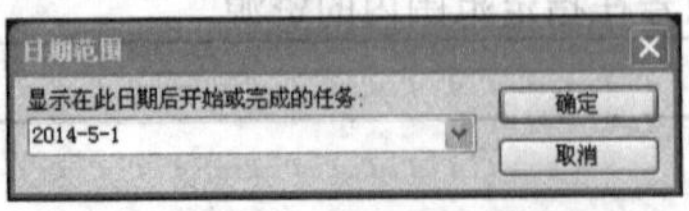

图11-18　“日期范围”对话框（1）

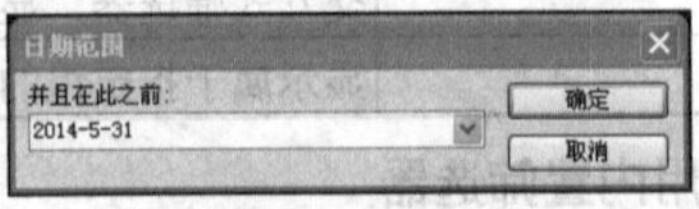

图11-19　“日期范围”对话框（2）

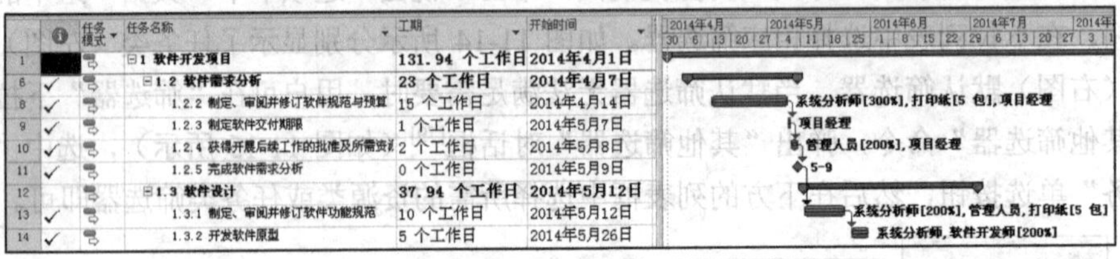

图11-20　日期范围在2014年5月的任务

3．使用“自动筛选”

除内置标准筛选器外，Project还提供了自动筛选功能，在多数工作表中都能使用该功能[77,111]。操作步骤为：单击“视图”选项卡下“数据”组中的“筛选器”按钮，在下拉列表中选择“显示自动筛选”命令即可对工作表进行自动筛选，此时可发现所有域名称右部都出现三角形标记。单击该三角形会出现下拉列表，从中选择要筛选的内容，Project便只显示符合所选筛选规则的任务或资源[53,79]。Project默认显示自动筛选功能[111]，若要取消自动筛选功能，只需在“筛选器”下拉列表中再次选择“显示自动筛选”命令即可。

注意，不同域的自动筛选内容是不同的[53]。同时，在“自动筛选”下拉列表中单击筛选器向右箭头，弹出下一级菜单，在其中有更多选择，如图11-21和图11-22所示分别是“11-02.mpp”中“工期”域和“开始日期”域的自动筛选列表及下级菜单。

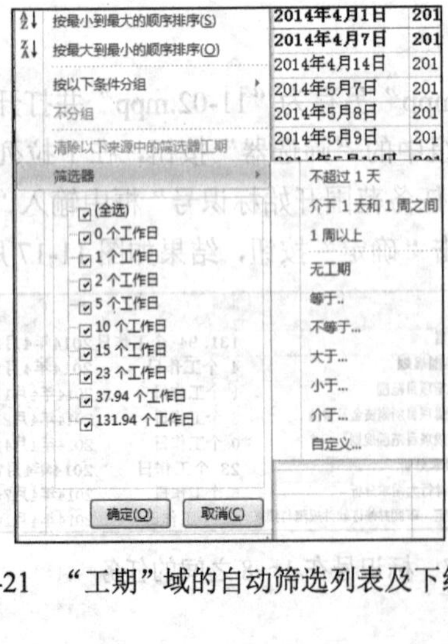

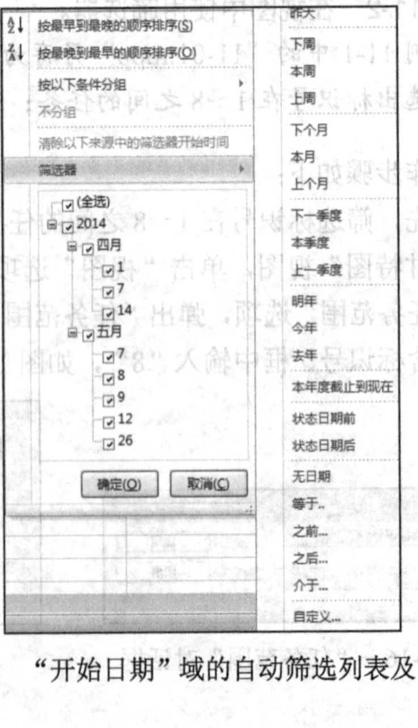

图11-21　“工期”域的自动筛选列表及下级菜单　图11-22　“开始日期”域的自动筛选列表及下级菜单

例 11-3　自定义多个域的自动筛选。

将例 11-2 中的“11-02.mpp”另存为“11-03.mpp”，采用自定义自动筛选的方法筛选出符合如下条件的任务：工期超过 5 个工作日，开始时间介于在“2014-5-1”和“2014-6-15”之间。

操作步骤如下：

首先，将“11-02.mpp”另存为“11-03.mpp”并打开，切换到“甘特图”视图，打开自动筛选功能。然后在工作表中单击“工期”域的三角形标记，在下拉列表中单击“筛选器”的下级菜单，选择“自定义”命令，弹出“自定义自动筛选”对话框，在第一行左侧下拉列表中选择“大于”，右侧下拉列表中选择“5 个工作日”，如图 11-23 所示。单击“确定”按钮，Project 马上将符合该条件的任务选出，可发现任务数目比没有筛选前减少了。

其次，筛选开始时间介于“2014-5-1”和“2014-6-15”之间的任务。在工作表中单击“开始时间”域的三角形标记，在下拉列表中单击“筛选器”下级菜单，选择“自定义”命令，弹出“自定义自动筛选”对话框，在第一行左侧下拉列表中选择“大于或等于”，在右侧下拉列表中选择“14-5-2 8:00”，然后将其改为“14-5-1”，在第二行左侧下拉列表中选择“小于或等于”，在右侧下拉列表中选择“14-5-2　8:00”，然后将其改为“14-6-15”，如图 11-24 所示。单击“确定”按钮，可发现工作表中符合条件的任务进一步减少了，如图 11-25 所示。细心的用户可以发现，此时自定义自动筛选的域的三角形标记变成了向下的漏斗标记。最后，单击“保存”按钮退出。

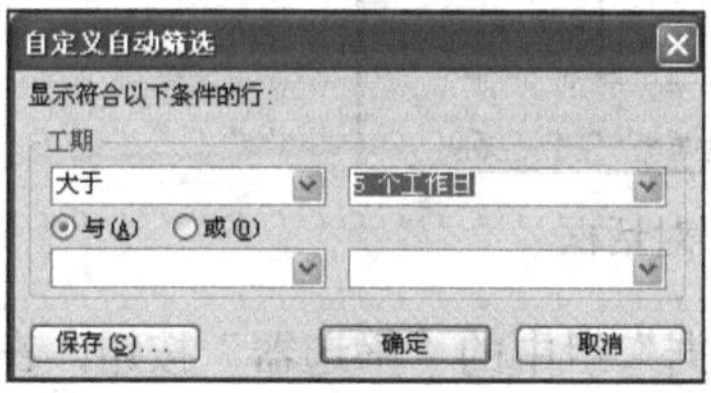

图 11-23　“自定义自动筛选”对话框

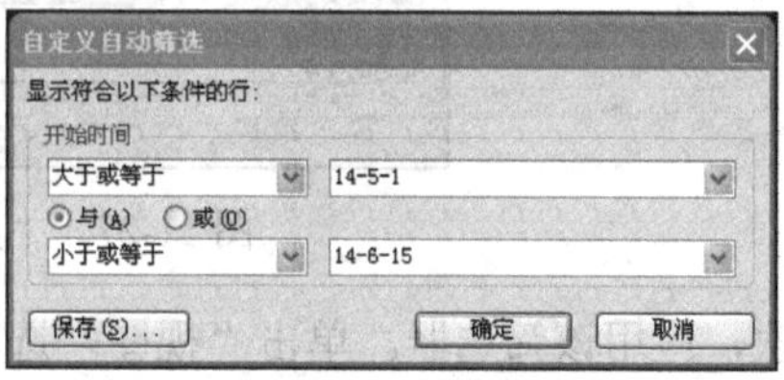

图 11-24　“自定义自动筛选”对话框

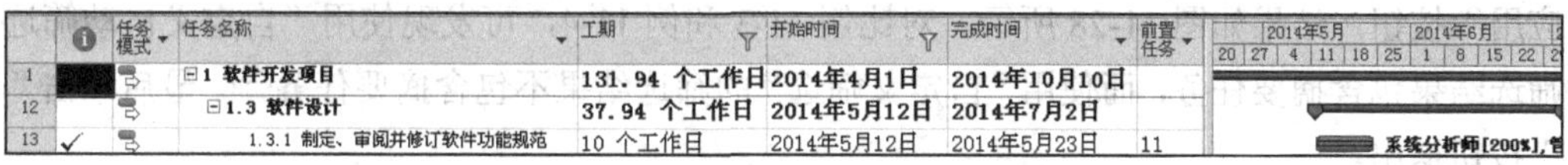

图 11-25　使用“自定义自动筛选”后的“11-03.mpp”

4．自定义筛选器

除 Project 提供的内置标准筛选器和自动筛选功能外，还可自定义筛选器[77,79]，具体在“筛选器定义”对话框中设置。

例 11-4　自定义筛选器。

将例 11-3 中的“11-03.mpp”另存为“11-04.mpp”，根据例 11-3 要求创建自定义筛选器，命名为“孙正洋的筛选器”，保存该筛选器并进行应用。

操作步骤如下：

首先，将“11-03.mpp”另存为“11-04.mpp”并打开，切换到“甘特图”视图。单击“视图”选项卡下“数据”组中的“筛选器”按钮，在下拉列表中选择“新建筛选”命令，弹出“筛选器定义”对话框，然后在“名称”框中输入“孙正洋的筛选器”，在第一行中的“与/或”列中单击，在下拉列表中选择“与”，在“域名”列中单击并在下拉列表中选择“工期”，在“条件”列中单击并在下拉列表中选择“大于”，单击“值”列并在编辑框中输入“5 个工作日”，其他设置基本类似，设置好后如图 11-26 所示。然后单击“保存”按钮。此时，“孙正洋的筛选器”出现在“其他筛选器”对话框中，如图 11-27 所示。

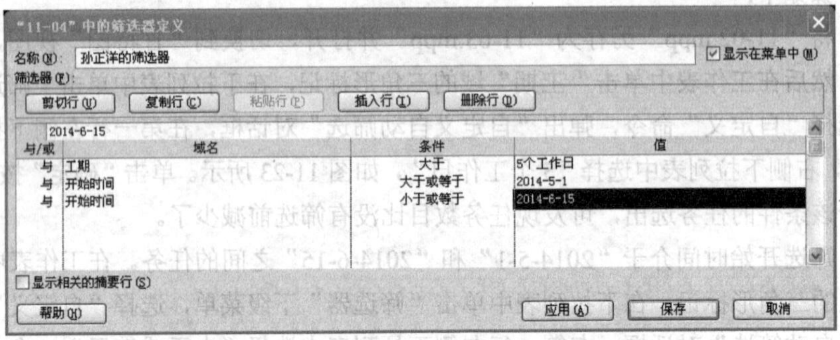

图 11-26 “筛选器定义”对话框

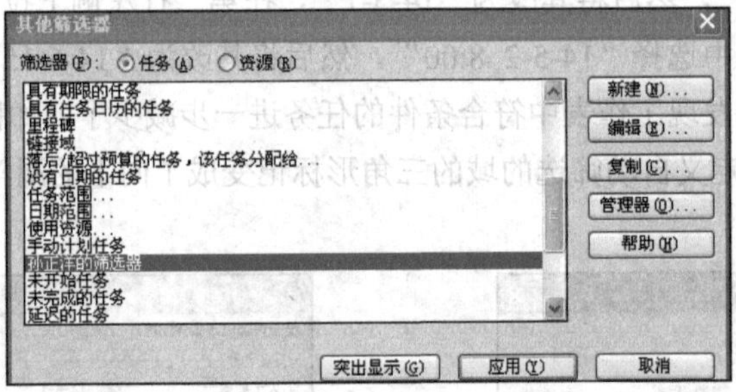

图 11-27 “其他筛选器”对话框

其次，应用该筛选器。单击“视图”选项卡下“数据”组中的“筛选器”按钮，在下拉列表中选择“其他筛选器”命令，弹出“其他筛选器”对话框，选择“孙正洋的筛选器”，单击“应用”按钮，结果如图 11-28 所示。对比例 11-3 和例 11-4，可发现使用“自定义自动筛选”的筛选结果包含摘要任务，而使用“自定义筛选”的筛选结果不包含摘要任务[53]。最后单击“保存”按钮退出。

图 11-28 使用“孙正洋的筛选器”后的“11-04.mpp”

11.3.5 在视图中使用“组”组件

分组是项目信息提取过程中的常用功能，直接关系到项目数据的显示顺序[77]。所谓分组，是根据指定条件组合或重排项目任务或资源。其区别于“组”域，后者是资源域。Project 2010 提供内置任务或资源组，以便用户以各种方式分类和查看总成型任务、资源或工作分配信息[112]，详细信息如表 11-5 所示。

表 11-5 Project 提供的组及其说明[112]

类 型	名 称	作用和说明
任务类	工期	根据完成项目任务所需的工作天数对项目任务进行分类和显示
	关键性	根据任务是否为关键任务来显示项目的任务
	活动与非活动	根据任务是否处于活动状态来显示项目的任务
	里程碑	根据任务是否为里程碑来显示项目任务
	任务完成情况	按 0、1～99 和 100 三种“工时完成百分比”组分类和显示项目任务
	先按工期再按优先级	先根据完成项目任务所需的工作日数、再根据每个工期组中任务的优先级（以 100 为间隔）对项目任务进行分类和显示
	限制类型	将项目任务按限制方式进行分类和显示，包括“越晚越好”、“越早越好”、“不得早于...完成”、“不得晚于...完成”、“必须完成于”、“必须开始于”、“不得早于...开始”和“不得晚于...开始”等限制类型
	优先级	按照优先级对项目任务进行分类和显示（间隔为 100）
	优先级保持大纲结构	先按任务大纲数字，再按大纲中任务优先级分类和显示项目任务
	状态	按任务当前状态分类和显示项目任务，分为“完成”、“按时”、“延迟”和“将来任务”4 种状态
	资源	根据资源名称进行项目任务分类和显示
	自动计划与手动计划	根据任务模式进行项目任务分类和显示
资源类	标准费率	根据项目资源标准费率对项目资源进行分类和显示
	工时与材料资源	根据每个项目资源是材料资源还是工时资源对项目资源进行分类
	工作分配保留大纲结构	先按名称，再按资源所承担任务的大纲数字分类和显示项目资源
	资源的工作完成情况	按 0、1～99 和 100 三种“工时完成百分比”组分类和显示项目资源
	资源类型	按照资源类型对资源进行分类和显示
	资源组	按照资源的资源“组”域对资源进行分类和显示

具体在“项目”选项卡下“数据”组中的“分组依据”下拉列表中设置，如图 11-29 所示，左图为任务类组，右图为资源类组。若下拉列表提供的默认组无法满足用户需求，还可在“其他组”对话框中选择。操作步骤为：在“分组依据”下拉列表选择“其他组”命令，弹出“其他组”对话框，如图 11-30 所示。此外，也可自定义分组依据[111]，操作步骤为：在“分组依据”下拉列表选择“新建分组依据”命令，弹出“分组定义”对话框，如图 11-31 所示，在其中可设置组名、分组依据、字体、分组间隔等[79]，最后单击“保存”或“应用”按钮。若需取消分组功能，只需在“分组依据”下拉列表中选择“不分组”或“清除组”命令。

图 11-29 任务类组和资源类组

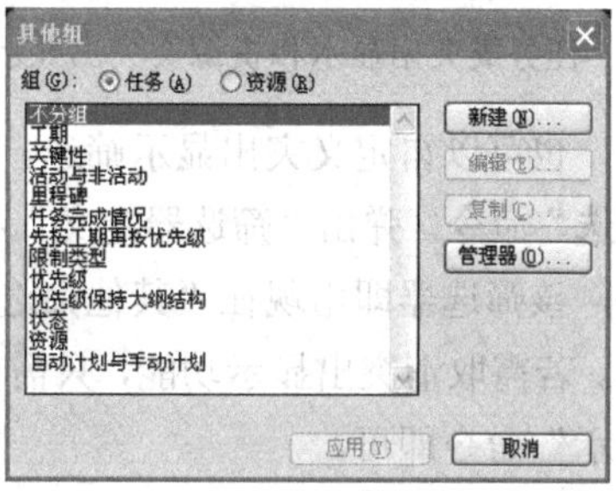

图 11-30 “其他组”对话框

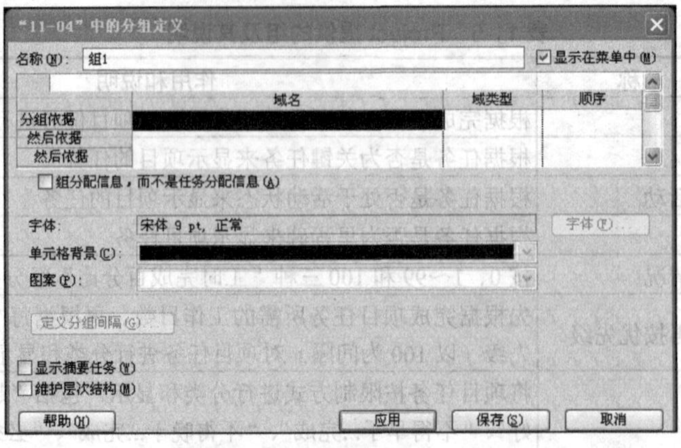

图 11-31 “分组定义”对话框

11.3.6 在视图中使用“突出显示”组件

视图中有时需突出显示部分项目信息，此时需要用到 Project 2010 的“突出显示”功能。如图 11-32 所示，左侧为任务类突出显示菜单命令，右侧资源类突出显示菜单命令，具体在“视图”选项卡下“数据”组中的“突出显示”下拉列表中设置。

在实际操作中，突出显示往往和筛选器结合使用[111]。用户可在视图中直接使用 Project 内置的突出显示命令，操作步骤为：在“视图”选项卡下“数据”组中单击“突出显示”按钮，在其下拉列表中选择要突出显示的信息。若这些默认的突出显示命令无法满足需求，还可以在“其他筛选器”对话框中选择筛选器进行突出显示。操作步骤为：在“突出显示”下拉列表选择“更多突出显示筛选”命令[111]，弹出“其他筛选器”对话框，如图 11-33 所示。在其中可选择筛选器，然后单击“突出显示”按钮即可。

图 11-32 任务类突出显示和资源类突出显示

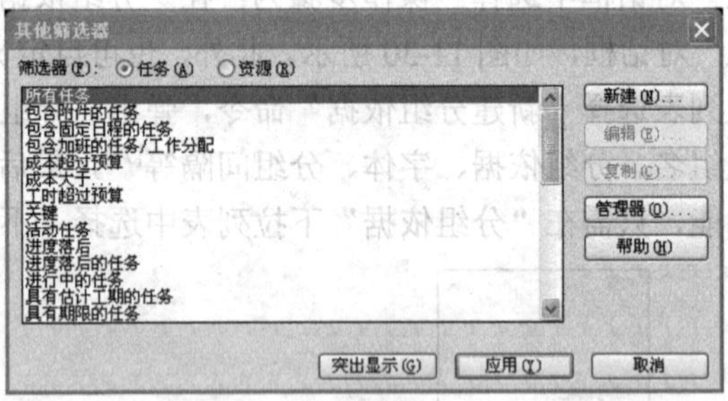

图 11-33 “其他筛选器”对话框

此外，也可以自定义突出显示筛选。操作步骤为：在“突出显示”下拉列表选择“新建突出显示筛选”命令，弹出“筛选器定义”对话框，如图 11-34 所示，自定义筛选器后，单击“保存”按钮，该筛选器即出现在“其他筛选器”对话框中，然后单击“应用”按钮即可突出显示项目信息。若需取消突出显示功能，只需在“突出显示”下拉列表中选择“非突出显示”或“清除突出显示”命令即可。

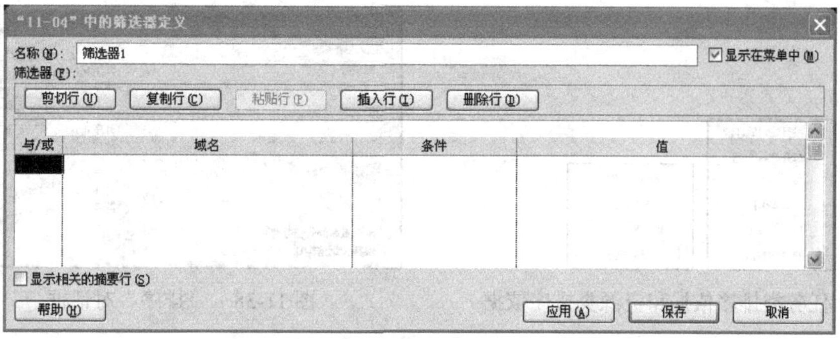

图 11-34 “筛选器定义”对话框

11.3.7 在视图中使用“详细信息”组件

在 Project 中，可向包含“详细信息”组件的视图的“详细信息”部分添加或删除“域”数据，包括“任务分配状况”和“资源使用状况”视图[79]，以调整视图显示的详细信息。此处以“资源使用状况”视图为例说明。操作步骤为：切换到“资源使用状况”视图，单击“格式”选项卡，在“详细信息”组中选中欲添加详细信息的复选框，取消选中准备删除详细信息的复选框，如图 11-35 所示。若默认“域”数据无法满足需求，可单击“添加详细信息”按钮，弹出“详细样式”对话框，如图 11-36 所示，在其中单击“使用状况细节”选项卡，在“可用域”列表框中选择需显示的“域”数据，单击“显示”按钮，该“域”数据即可显示在“显示这些域”列表框中，然后单击“确定”按钮，所选“域”数据即可显示在视图的“详细信息”部分。

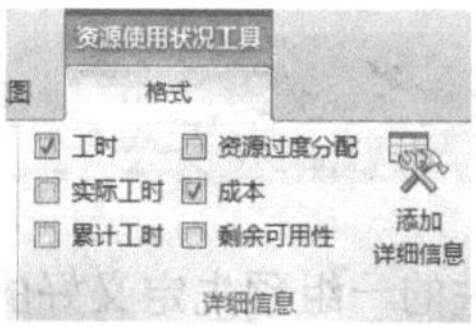

图11-35 “格式”选项卡

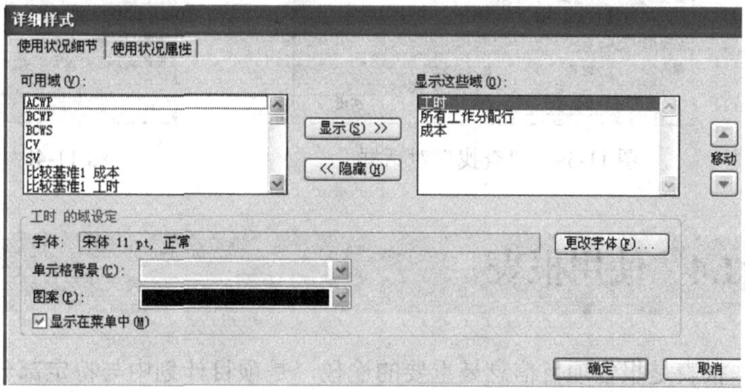

图 11-36 “详细样式”对话框

11.3.8 在视图中使用排序

排序是提取项目信息时常用的功能，关系到项目显示数据的顺序[77,79]。Project 2010 提供了一些内置的任务或资源排序依据，使用它们用户可以非常方便地排序和查看总成型任务、资源或工作分配信息。具体在“项目”选项卡下“数据”组中的“排序”下拉列表中设置，如图 11-37 所示，左图为任务类排序依据，右图为资源类排序依据。还可自定义排序依据[53]，操作步骤为：在“排序”下拉列表选择“排序依据”命令，弹出“排序”对话框，如图 11-38 所示，设置好后单击“排序”按钮即可。

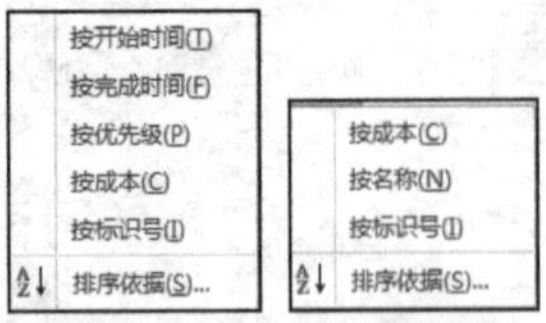

图 11-37 任务类排序依据和资源类排序依据

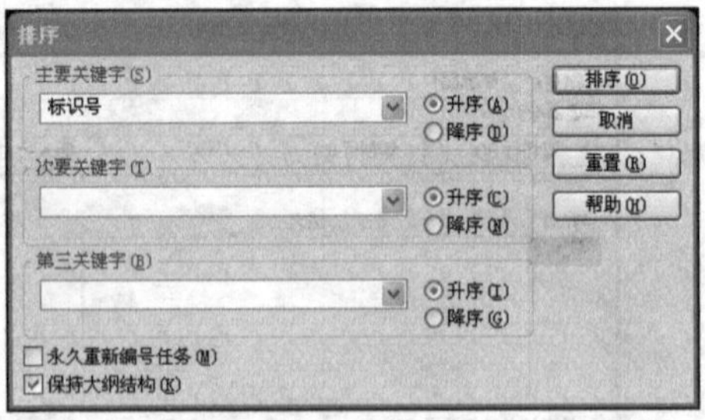

图 11-38 “排序”对话框

11.3.9 在视图中使用查找与替换

为方便用户快速定位到所需信息、批量替换信息，Project 提供了“查找与替换”功能。操作步骤为：单击“任务”选项卡下“编辑”组中的“查找”按钮，弹出“查找”对话框，如图 11-39 所示，在其中可设定查找的内容、范围、条件和搜索方向等。同样，单击“替换”按钮，可弹出“替换”对话框，如图 11-40 所示，在其中可设定替换的内容、范围和条件等，设置完毕后单击“查找下一个”按钮，可找到一个符合条件的域，审视一下是否要将它替换为新内容，若是可单击“替换”按钮进行替换，否则继续查找下一个。若用户需要将所有内容一次替换掉，可单击“全部替换”按钮（注意，进行该操作时要慎重）[53]。

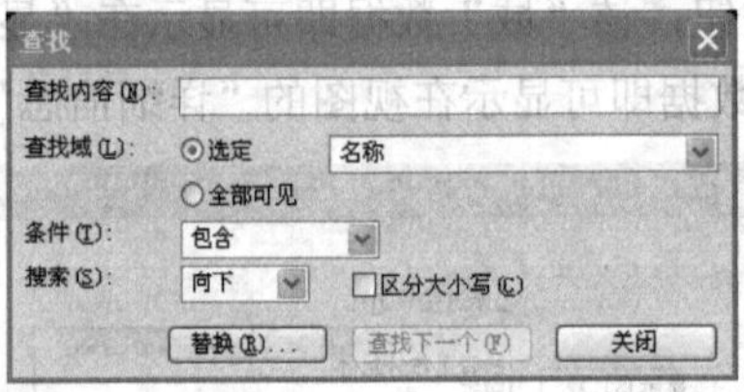

图 11-39 “查找”对话框

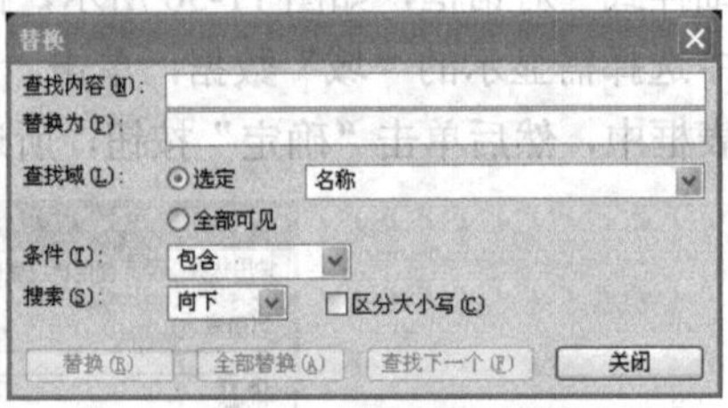

图 11-40 “替换”对话框

11.4 使用报表

报表是报告项目信息最重要的途径，是项目计划中与特定部分相关的一组预先定义好的细节信息和汇总数据。与一般视图不同，其将项目信息以一种更为精密的方式输出，可产生具有汇总性、更详细、合理组织的项目信息。报表的基本构成要素包括使用何种报表、按什么条件筛选和以多长周期间隔汇总信息[64]。

生成报表的操作步骤为：单击“项目”选项卡下“报表”组中的“报表”按钮，弹出“报表”对话框，如图 11-41 所示，选择一类报表，如“总览”类，单击“选定”按钮，弹出“总览报表”对话框，如图 11-42 所示，选择具体报表，如“最高级任务”，单击“选定”按钮即可显示该报表。此外，可在报表中使用表、筛选器、突出显示、详细信息等组件，操作步骤为：在某一类报表对话框中选择某个报表，单击“编辑”按钮，弹出“任务报表”对话框，如图 11-43 所示，在其中可设置报表中的组件。注意，在某一类报表对话框中，选择不同报表，单击“编辑”按钮后会弹出不同的对话框，有的弹出“报表文本”对话框（如图 11-44 所示），有的弹出“任务报表”对话框，读者可自己逐个尝试一下。

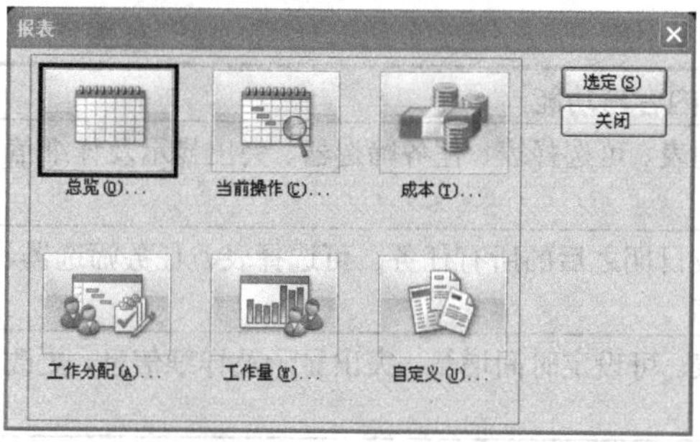

图 11-41 “报表”对话框

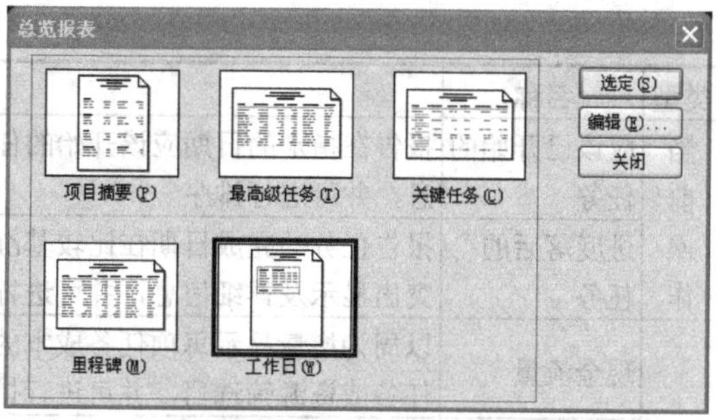

图 11-42 “总览报表”对话框

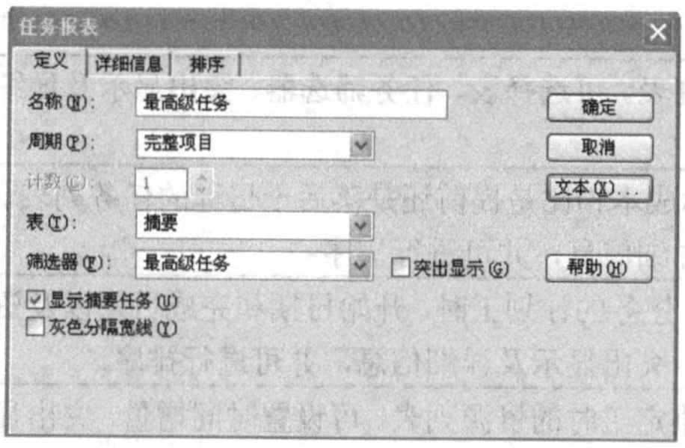

图 11-43 “任务报表”对话框

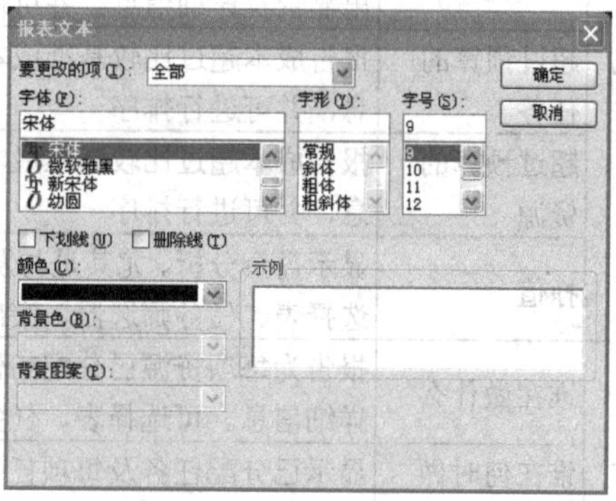

图 11-44 “报表文本”对话框

11.4.1 报表功能

Project 提供了 6 大类 29 种报表，各种报表的功能如表 11-6 所示。

表 11-6 Project 报表[53,64,113]

类型	名称	内容与功能
总览	项目摘要	报告任务和资源的数量、项目成本、开始和完成日期及总工时量的摘要
	最高级任务	显示项目计划的开始和完成日期、工期、完成百分比、成本和工时的最高级任务及摘要任务的列表。可选择表、任务筛选器、突出显示及详细信息（包括备注和对象），可进行排序
	关键任务	显示每项任务的计划开始日期和完成日期、前置任务和后续任务的关键任务列表。可选择表、任务筛选器、突出显示及详细信息，并可进行排序
	里程碑	显示按照开始日期排序的所有里程碑任务，可选择表、任务筛选器、突出显示及详细信息，并可进行排序
	工作日	又称“基准日历”报表，显示基准日历中工作日、工时及非工作时间表
当前操作	未开始任务	报告尚未开始的任务，按开始日期顺序显示任务工期、前置任务、开始和完成日期、资源和工作分配信息。可选择表、任务筛选器、突出显示及详细信息，可进行排序
	即将开始的任务	报告在指定时间段内开始的任务列表。可选择表、任务筛选器、突出显示及详细信息，并可进行排序
	进行中的任务	报告目前正在进行中的任务列表，可选择表、任务筛选器、突出显示及详细信息，并可进行排序
	已完成的任务	显示已经完成的任务列表，显示任务发生的月份。可选择表、任务筛选器、突出显示及详细信息，并可进行排序

续表

类型	名称	内容与功能
当前操作	应该已开始的任务	报告在指定的日期应该开始的任务列表。可选择表、任务筛选器、突出显示及详细信息，并可进行排序
	进度落后的任务	报告任务的完成日期在比较基准完成日期之后的所有任务。可选择表、任务筛选器、突出显示及详细信息，并可进行排序
成本	现金流量	以周为增量显示每项任务成本的报表。可设定时间增量、突出显示及详细信息，更改任务或资源筛选器，并可进行排序
	预算	显示每项任务的预算成本及预算成本与当前成本的差异。可选择表、任务筛选器、突出显示及详细信息，并可进行排序
	超过预算的任务	报告成本超过比较基准成本的任务列表。可选择表、任务筛选器、突出显示及详细信息，并可进行排序
	超过预算的资源	报告成本超过比较基准成本的资源列表。可选择表、任务筛选器、突出显示及详细信息，并可进行排序
	挣值	显示盈余分析、尤其是与发生的实际成本相比是提前还是落后于日程的任务列表。可选择表、任务筛选器、突出显示及详细信息，并可进行排序
工作分配	谁在做什么	报告为每项资源已分配的任务、每项任务的计划工时、开始日期和完成日期以及资源详细信息。可选择表、任务筛选器、突出显示及详细信息，并可进行排序
	谁在何时做什么	显示已分配任务及每项任务的每天排定工时的资源列表。可设置时间增量、突出显示及详细信息，更改任务或资源表、筛选器，并可进行排序
	待办事项	以周为单位显示对资源分配的任务，包括每项任务的工期、开始日期和完成日期以及前置任务。可选择表、任务筛选器、突出显示及详细信息，并可进行排序
	过度分配的资源	显示过度分配的资源及其分配任务的列表。可选择表、任务筛选器、突出显示及详细信息，并可进行排序
工作量	任务分配状况	以周为增量报告为每条任务分配的资源以及每个时间段内完成的计划工时。可定义时间段长短、选择筛选器、突出显示及详细信息，并可进行排序
	资源使用状况	以周为增量报告为每项资源已分配的任务以及每个时间段内完成的计划工时。可编辑时间段长短、选择筛选器、突出显示及详细信息，并可进行排序
其他报表	资源（材料）	显示材料类资源信息的自定义报表。可选择表、任务筛选器、突出显示及详细信息，并可进行排序
	资源（工时）	显示工时类资源信息的自定义报表。可选择表、任务筛选器、突出显示及详细信息，并可进行排序
	资源使用状况（材料）	与“资源使用状况”报表类似，只显示材料类资源的信息。显示每个资源所分配任务以及以周为增量排定的工时量的资源列表。可选择表、任务筛选器、突出显示及详细信息，并可进行排序
	资源使用状况（工时）	与“资源使用状况”报表类似，只显示工时类资源的信息。显示每个资源所分配任务以及以周为增量排定的工时量的资源列表。可选择表、任务筛选器、突出显示及详细信息，并可进行排序。
	资源	显示资源信息的自定义报表。可选择表、任务筛选器、突出显示及详细信息，并可进行排序。可分别显示材料类、工时类、成本类或所有资源的相关信息
	任务	显示任务信息的自定义报表。可选择表、任务筛选器、突出显示及详细信息，并可进行排序
	交叉分析	可自定义列表外观报表，其中行是任务或资源，列是时间段单位。可使用筛选器、突出显示及详细信息，并可进行排序。也可使用“任务分配状况”和“资源使用状况”视图查看这种类型的信息

这些报表可进一步归纳为任务、资源和交叉分析报表 3 大类。任务报表是关于项目任务的书面信息；资源报表是关于项目资源的打印信息；交叉分析报表是关于任务和资源在指定时间内的书面信息。具体来说，则分为“现金流量”、“交叉分析”、“资源使用状况”、“任务分配状况”和“谁在何时做什么”[64]5 种报表。

11.4.2 使用内置报表

使用 Project 内置报表的操作参见例 11-5。

例 11-5 使用内置报表。

将例 11-4 中的“11-04.mpp”另存为“11-05.mpp”，并显示“基准日历”、“进度落后的任务”、“预算报告”、“任务分配状况”以及“谁在何时做什么”报表。

操作步骤如下：

将“11-04.mpp”另存为“11-05.mpp”并打开，选择“项目”选项卡下“报表”组中的“报表”按钮，弹出“报表”对话框。下面来依次查看各个报表。

查看“工作日”报表操作步骤是：在“报表”对话框选择“总览”类报表并单击“选定”按钮，弹出“总览报表”对话框，选择“工作日”报表并单击“选定”按钮，弹出“基准日历”报表，如图 11-45 所示。

查看“进度落后的任务”报表操作步骤是：在“报表”对话框选择“当前操作”类报表并单击“选定”按钮，弹出“当前操作报表”对话框，如图 11-46 所示，选择“进度落后的任务”报表，单击“选定”按钮，弹出“进度落后的任务”报表，如图 11-47 所示。

基准日历 打印于 2011年3月23日
04-08

基准日历:	标准
星期	工作时间
星期日	非工作日
星期一	8:00 - 12:00, 13:00 - 17:30
星期二	8:00 - 12:00, 13:00 - 17:30
星期三	8:00 - 12:00, 13:00 - 17:30
星期四	8:00 - 12:00, 13:00 - 17:30
星期五	8:00 - 12:00, 13:00 - 17:30
星期六	非工作日
例外日期:	
日期	小时
2014年5月1日 - 2014年5月3日	非工作日
2014年10月1日 - 2014年10月7日	非工作日

图 11-45 “基准日历”报表

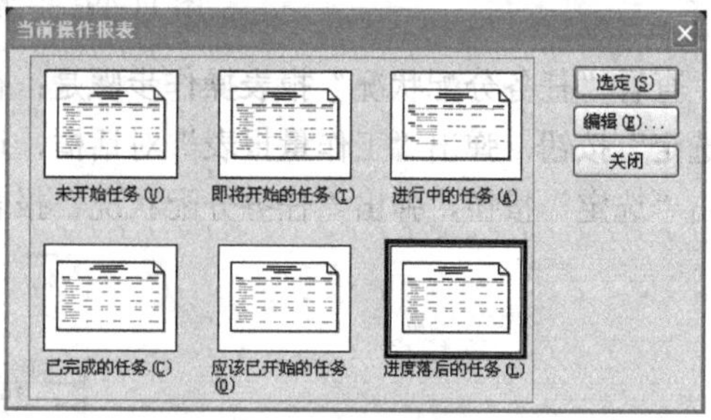

图 11-46 “当前操作报表”对话框

进度落后的任务 打印于 2011年3月23日
04-08

标识号	任务模式	任务名称	开始时间
1	自动计划	软件开发项目	2014年4月1日
12	自动计划	软件设计	2014年5月12日
15	自动计划	获得开展后续工作的批准	2014年7月1日

标识号	后续任务名称	类型	延隔时间
16	完成软件设计	FS	0 个工作日

标识号	任务模式	任务名称	开始时间
16	自动计划	完成软件设计	2014年7月2日

标识号	后续任务名称	类型	延隔时间
18	确定软件模块化设计参数	FS	0 个工作日
22	制定软件测试计划	FS	0 个工作日
30	制定软件培训规范、机制与方法	FS	0 个工作日
34	制定、开发并修订“帮助”系统	FS	0 个工作日
35	编写、审阅并修订用户手册	FS	0 个工作日

标识号	任务模式	任务名称	开始时间
17	自动计划	软件开发	2014年7月2日
18	自动计划	确定软件模块化设计参数	2014年7月2日

标识号	后续任务名称	类型	延隔时间
19	编写与调试软件代码	FS	0 个工作日

标识号	任务模式	任务名称	开始时间
21	自动计划	软件测试	2014年7月2日
22	自动计划	制定软件测试计划	2014年7月2日

图 11-47 “进度落后的任务”报表

查看“预算”报表操作步骤是：在“报表”对话框选择成本”类报表并单击“选定”按钮，

弹出“成本报表”对话框，选择“预算”报表，如图 11-48 所示，单击“选定”按钮，弹出“预算报告”报表，如图 11-49 所示。

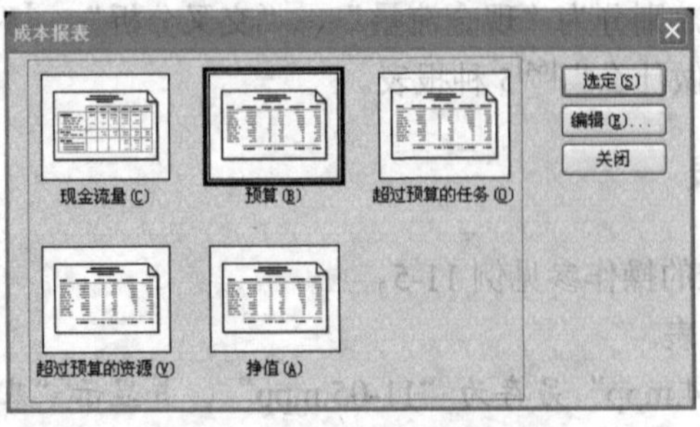

图 11-48　“成本报表”对话框

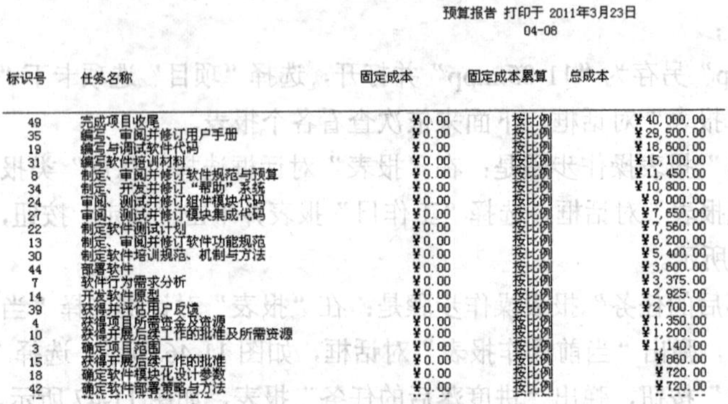

预算报告 打印于 2011年3月23日
04-08

标识号	任务名称	固定成本	固定成本累算	总成本
49	完成项目收尾	¥0.00	按比例	¥40,000.00
35	编写、审阅并修订用户手册	¥0.00	按比例	¥29,500.00
19	编写与调试软件代码	¥0.00	按比例	¥18,600.00
31	编写软件培训材料	¥0.00	按比例	¥15,100.00
8	制定、审阅并修订软件规范与预算	¥0.00	按比例	¥11,450.00
34	制定、开发并修订“帮助”系统	¥0.00	按比例	¥10,800.00
24	审阅、测试并修订组件模块代码	¥0.00	按比例	¥9,000.00
27	审阅、测试并修订模块集成代码	¥0.00	按比例	¥7,650.00
22	制定软件测试计划	¥0.00	按比例	¥7,560.00
13	制定、审阅并修订软件功能规范	¥0.00	按比例	¥6,200.00
30	制定软件培训规范、机制与方法	¥0.00	按比例	¥5,400.00
44	部署软件	¥0.00	按比例	¥3,600.00
7	软件行为需求分析	¥0.00	按比例	¥3,375.00
14	开发软件原型	¥0.00	按比例	¥2,925.00
39	获得并评估用户反馈	¥0.00	按比例	¥2,700.00
4	获得项目所需资金及资源	¥0.00	按比例	¥1,350.00
10	获得开展后续工作的批准及所需资源	¥0.00	按比例	¥1,200.00
3	确定项目范围	¥0.00	按比例	¥1,140.00
15	获得开展后续工作的批准	¥0.00	按比例	¥860.00
18	确定软件模块化设计参数	¥0.00	按比例	¥720.00
42	确定软件部署策略与方法	¥0.00	按比例	¥720.00

图 11-49　“预算报告”报表

查看“任务分配状况”报表操作步骤是：在“报表”对话框选择“工作量”类报表并单击“选定”按钮，弹出“工作量报表”对话框，选择“任务分配状况”报表，如图 11-50 所示，单击“选定”按钮，弹出“任务分配状况”报表，如图 11-51 所示。

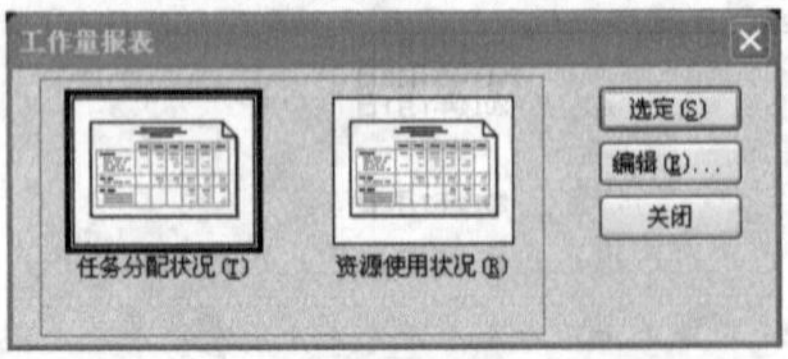

图 11-50　“工作量报表”对话框

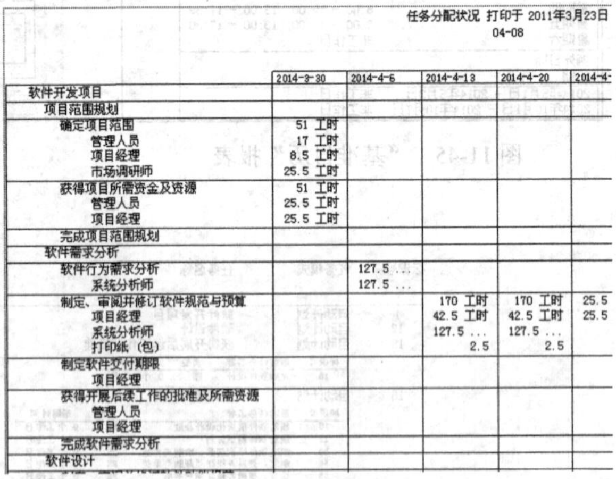

任务分配状况 打印于 2011年3月23日
04-08

	2014-3-30	2014-4-6	2014-4-13	2014-4-20	2014-4-
软件开发项目					
项目范围规划					
确定项目范围	51 工时				
管理人员	17 工时				
项目经理	8.5 工时				
市场调研师	25.5 工时				
获得项目所需资金及资源	51 工时				
管理人员	25.5 工时				
项目经理	25.5 工时				
完成项目范围规划					
软件需求分析					
软件行为需求分析		127.5 ...			
系统分析师		127.5 ...			
制定、审阅并修订软件规范与预算			170 工时	170 工时	25.5
项目经理			42.5 工时	42.5 工时	25.5
系统分析师			127.5 ...	127.5 ...	
打印纸（包）			2.5	2.5	
制定软件交付期限					
项目经理					
获得开展后续工作的批准及所需资源					
管理人员					
项目经理					
完成软件需求分析					
软件设计					

图 11-51　“任务分配状况”报表

查看“谁在何时做什么”报表操作步骤是：在“报表”对话框选择“工作分配”类报表并单击“选定”按钮，弹出“工作分配报表”对话框，选择“谁在何时做什么”报表，如图 11-52 所示，单击“选定”按钮，弹出“谁在何时做什么”报表，如图 11-53 所示。

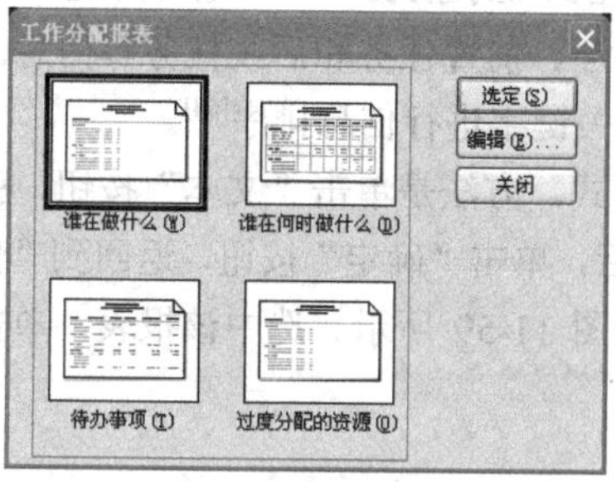

图 11-52 “工作分配报表”对话框

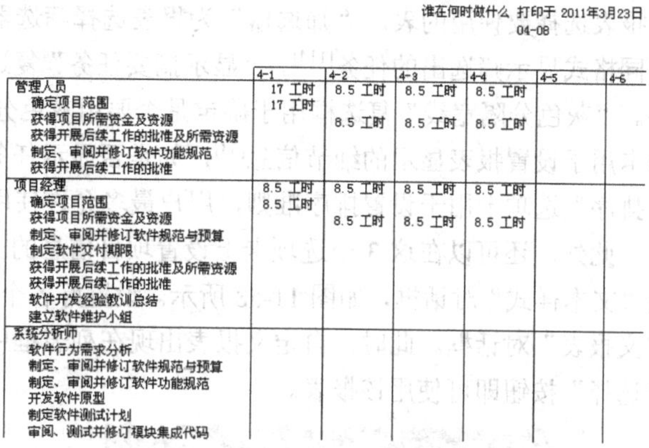
谁在何时做什么 打印于 2011年3月23日
04-08
4-1
4-2
4-3
4-4
4-5
4-6
管理人员
确定项目范围
获得项目所需资金及资源
获得开展后续工作的批准及所需资源
制定、审阅并修订软件功能规范
获得开展后续工作的批准
17 工时
17 工时
8.5 工时
项目经理
确定项目范围
获得项目所需资金及资源
制定、审阅并修订软件规范与预算
制定软件交付期限
获得开展后续工作的批准及所需资源
获得开展后续工作的批准
软件开发经验教训总结
建立软件维护小组
8.5 工时
系统分析师
软件行为需求分析
制定、审阅并修订软件规范与预算
制定、审阅并修订软件功能规范
开发软件原型
制定软件测试计划
审阅、测试并修订模块集成代码

图 11-53 “谁在何时做什么”报表

11.4.3 使用自定义报表

除使用 Project 预定义报表外，也可自定义报表[64]。操作步骤为是：选择“项目”选项卡下“报表”组中的“报表”按钮，弹出“报表”对话框，选择“自定义”类报表并单击“选定”按钮，弹出“自定义报表”对话框，如图 11-54 所示。对话框中列出了所有预定义报表，用户可根据已有报表进行自定义[53]。例如，选择“进度落后的任务”报表作为“底版”，单击“复制”按钮，弹出“任务报表”对话框，如图 11-55 所示，包括“定义”、“详细信息”和“排序”3 个选项卡，分别如图 11-55、图 11-56 和图 11-57 所示。

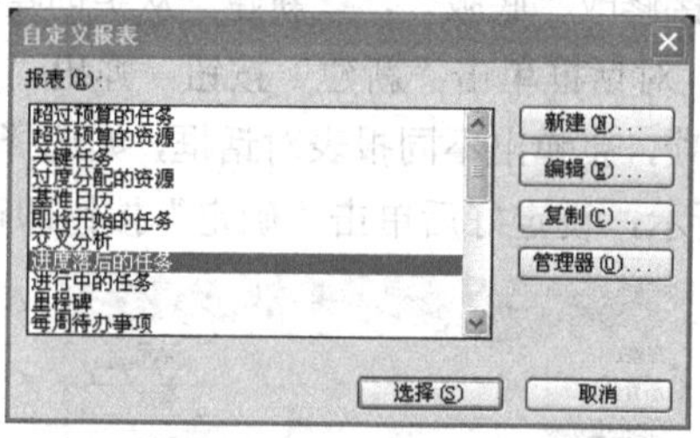

图 11-54 “自定义报表”对话框

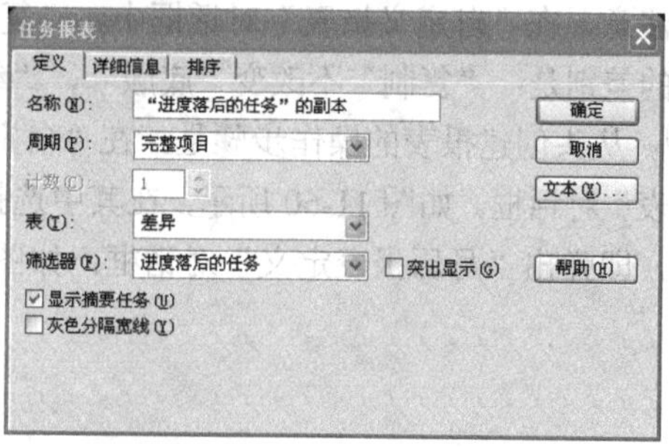

图 11-55 “定义”选项卡

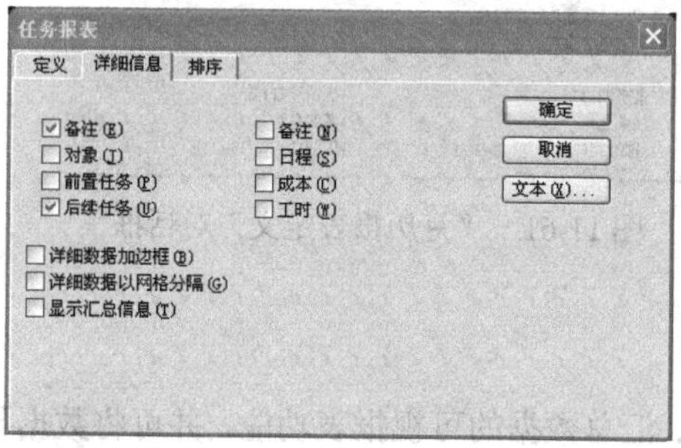

图 11-56 “详细信息”选项卡

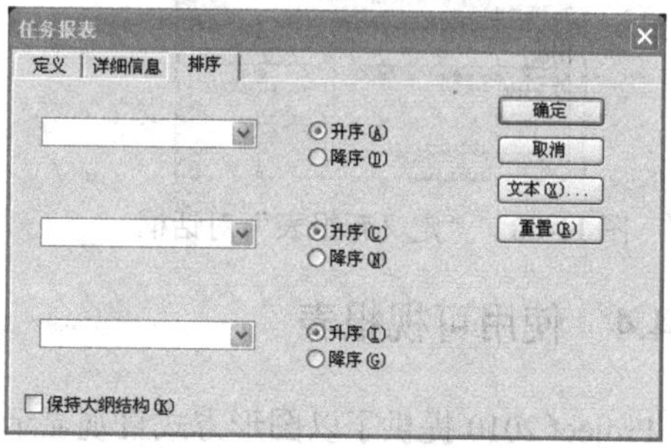

图 11-57 “排序”选项卡

“定义”选项卡用于设置报表的主体内容，包括名称、周期、表和筛选器。“周期”显示任务的范围，可以是完整项目、年、半年、季度、月、旬、周和天。除完整项目外，其他时间单位均需设定“计数”选项，如显示 3 个月内的信息，则周期设为“月”，计数为 3。“表”

为报表选择要使用的表。“筛选器”为报表选择筛选器。“突出显示”复选框用于确定是否用不同格式显示筛选出的任务[114]。“显示摘要任务”复选框用于确定报表中是否需要包含摘要任务。“灰色分隔宽线”复选框用于确定是否要用灰色分隔线格式显示报表[114]。“详细信息”选项卡用于设置报表显示的细节信息[53]，如是否显示任务的备注、前置任务和后续任务等信息。“排序”选项卡用于设置排序准则，用户最多允许使用 3 个关键字进行信息排序[64]。

此外，还可以在这 3 个选项卡上设置项目信息的文本样式，方法是单击“文本”按钮，弹出“文本样式”对话框，如图 11-58 所示。设置好各个参数后，单击“确定”按钮，返回到“自定义报表”对话框。此时，自定义报表出现在列表框中，如图 11-59 所示。选中该报表，单击“选择”按钮即可使用该报表。

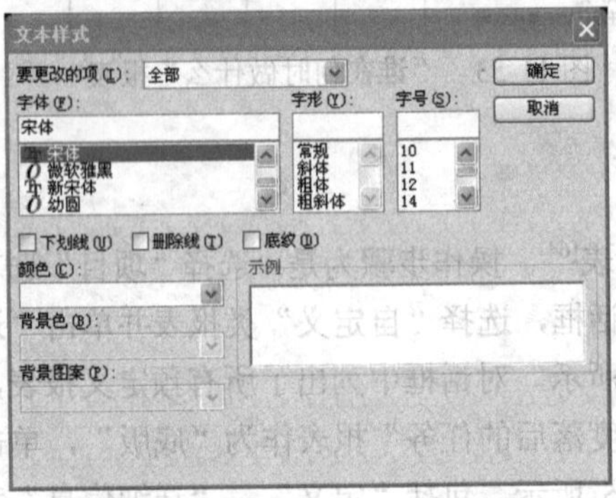

图 11-58　“文本样式”对话框

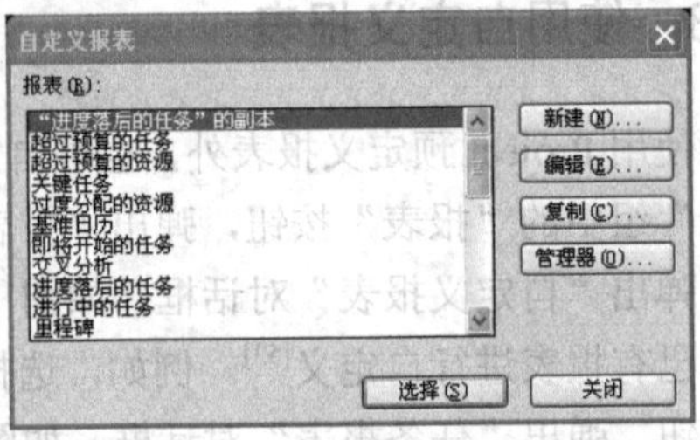

图 11-59　“自定义报表”对话框

注意，在“自定义报表”对话框中，“复制”、“编辑”和“新建”按钮均可自定义报表，三者的差别是：“复制”不改变“底版”，“编辑”直接修改“底版”，“新建”从头创建报表[53,114]。从头创建报表的操作步骤是：在“自定义报表”对话框单击“新建”按钮，弹出“定义新报表”对话框。如图 11-60 所示，在其中选择不同选项，会弹出不同报表对话框，如选择“月历”，即弹出“月历报表定义”对话框，如图 11-61 所示，设定好后单击“确定”按钮即可。

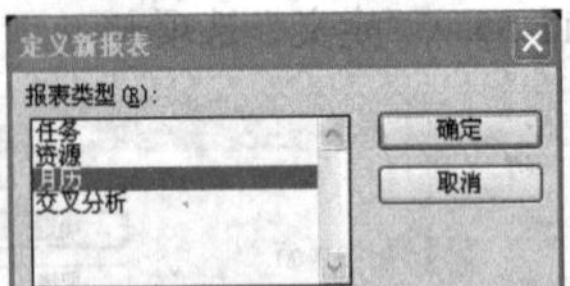

图 11-60　“定义新报表”对话框

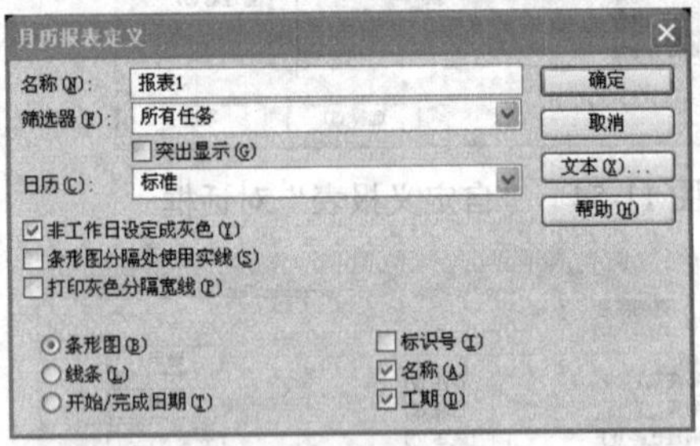

图 11-61　“月历报表定义”对话框

11.4.4　使用可视报表

Project 2010 提供了以图形方式直观显示统计、汇总数据的可视报表功能，并可将数据导出到 Excel、Visio 中，利用其强大的图表处理能力灵活处理 Project 报表[83]。例如，可在 Excel 中查看数据透视表报表中的项目数据，在 Visio 中查看“数据透视关系图”视图中的项目数据。可通过这些视图选择在查看报表时报表显示的域，修改报表显示方式等，而无需从 Project 2010 中生成报表。凭借这种灵活性，可视报表提供比基本报表更加灵敏的报表解决方案[115]。

1．可视报表概述

Project 2010 可视报表提供 6 类报表模板，每类报表模板中包括多个可视报表，具体包括“任务分配状况”、“资源使用状况”、“工作分配使用状况”、“任务摘要”、“资源摘要”和“工作分配摘要”6 类[115]，各类报表模板及其说明如表 11-7 所示。

表 11-7　可视报表及其说明[116]

类别	名称	类型	说明
任务分配状况	现金流报表	Excel	查看按时间显示成本和累计成本金额的条形图
资源使用状况	资源成本摘要报表	Excel	查看饼图，显示三种资源类型（成本、材料和工时）之间的资源成本划分
	资源工时可用性报表	Excel	查看按时间显示总工时量、工时及剩余工时资源可用性的条形图
	资源工时摘要报表	Excel	查看按工时单位显示总工时量、工时、剩余工时资源可用性及实际工时的条形图
	现金流量报表	Visio	查看按时间显示项目计划成本和实际成本的图表。成本按资源类型（工时、材料和成本）划分。当计划成本超过比较基准成本时会有标记显示
	资源可用性报表	Visio	查看按资源类型（工时、材料和成本）显示项目资源的工时和剩余可用性的图表。每个过度分配的资源旁边将显示一个红色标志
工作分配使用状况	比较基准成本报表	Excel	查看跨任务显示项目的比较基准成本、计划成本以及实际成本的条形图
	比较基准工时报表	Excel	查看跨任务显示项目的比较基准工时、计划工时以及实际工时的条形图
	随时间变化的盈余分析报表	Excel	查看按时间绘制 AC（已完成工时的实际成本）、计划值（计划工时的预算成本）和盈余值（已完成工时的预算成本）的图表
	预算成本报表	Excel	查看按时间显示预算成本、比较基准成本、计划成本以及实际成本的条形图
	预算工时报表	Excel	查看按时间显示预算工时、比较基准工时、计划工时以及实际工时的条形图
	基准报表	Visio	查看按季度、然后按任务划分的项目图表。此报表将计划工时和成本与基准工时和成本进行比较。当计划工时超过比较基准工时、或计划成本超过比较基准成本时，会有标记显示
资源摘要	资源剩余工时报表	Excel	查看按工时单位显示每个工时资源的剩余工时和实际工时的条形图
任务摘要	关键任务状态报表	Visio	查看显示关键及非关键任务的工时与剩余工时的图表。数据栏表明工时完成的百分比
工作分配摘要	资源状态报表	Visio	查看显示每个项目工时和成本值的图表。图表上每个框中的阴影表示工时完成百分比。随着资源中分配的工时趋于完成，阴影会越来越暗
	任务状态报表	Visio	查看显示每个项目工时和成本值的图表。图表上每个框中的阴影表示工时完成百分比。随着任务中分配的工时趋于完成，阴影会越来越暗

其中，“任务分配状况”、“资源使用状况”和“工作分配使用状况”类可视报表以按时间分段的数据为基础，“任务摘要”、“资源摘要”和“工作分配摘要”类可视报表不含按时间分段的数据[83,116]。

2. 可视报表处理

可视报表处理主要是利用 Project 提供的方法完成报表信息的转换和显示[83]，方法包括使用模板创建可视报表、编辑现有可视报表模板、创建新的可视报表模板、管理可视报表模板和导出可视报表数据[116]5 种。

（1）使用模板创建可视报表

单击“项目”选项卡下“报表”组中的“可视报表”按钮，弹出“可视报表-创建报表”对话框，如图 11-62 所示。注意，只有安装了 Excel 和 Visio 后，相应报表才会出现在各选项卡的候选列表中；如未安装 Visio 软件，则所有导出到 Visio 的报表不会出现“全部”选项卡的候选列表中。然后在“全部”选项卡上单击要创建的报表。若要创建的报表未列出，请选中“包括来自此应用程序的报表模板”复选框，并单击“修改”以浏览到包含所需报表的位置[116]。若需要更改报表所含使用数据的级别，可从“选择要在报表中包含的使用数据级别”下拉列表中选择“年”、“季度”、“月”、“周”或“天”。若只需列出用 Excel 打开的列表，则需选中“Microsoft Excel”复选框，取消选中“Microsoft Visio”复选框。设置好后，单击“视图”按钮，稍等片刻便生成可视报表，并用 Excel 打开[116]。

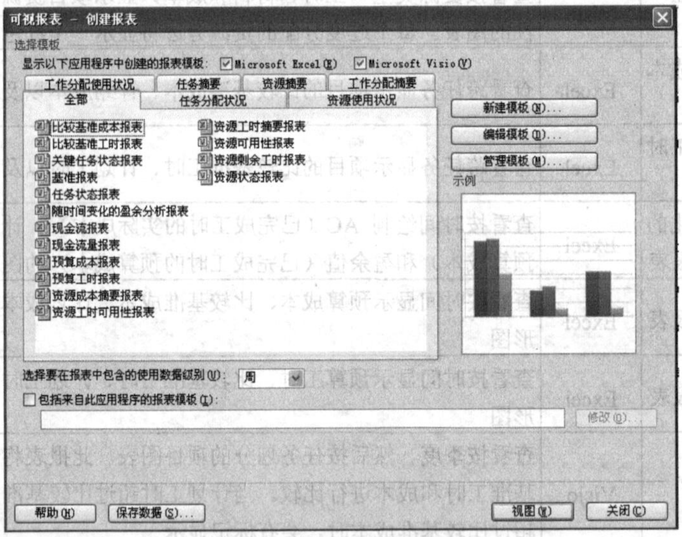

图 11-62 “可视报表-创建报表”对话框

（2）编辑现有可视报表模板

打开“可视报表-创建报表”对话框，在“全部”选项卡上选中要编辑的报表，单击“编辑模板”按钮，系统弹出“可视报表-域选取器”对话框，如图 11-63 所示。然后单击要在报表中添加或删除的域，单击“添加”、“删除”或“全部删除”按钮实现域在“可用域”和“选择的域”列表框之间或“可用自定义域”和“选择的自定义域”列表框之间移动。注意，“选择的域”和“选择的自定义域”列表框中的域将包含在报表中[116]。设置好后，单击“编辑模板”便可创建带有修改过的域列表的可视报表。

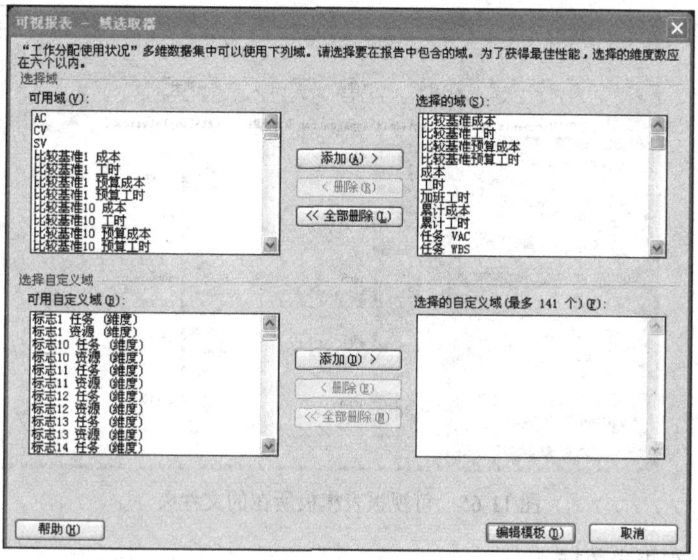

图 11-63　“可视报表-域选取器”对话框

（3）新建可视报表模板

打开“可视报表-创建报表”对话框，单击“新建模板”按钮，弹出“可视报表-新建模板”对话框，如图 11-64 所示。在“选择要用于此报表模板的应用程序”部分中，选中“Excel”单选按钮可创建 Excel 模板，或选中“Visio（公制）”单选按钮可创建 Visio 模板。在“选择要报告的数据”部分选择要在报表中使用的数据类型。单击“域选取器”按钮，弹出“可视报表-域选取器”对话框，在“可用域”和“可选自定义域”列表框中分别单击要添加到报表中的默认 Project 域和自定义域，单击“添加”按钮将这些域移至“选择的域”和“选择的自定义域”列表框中[116]。单击“确定”按钮返回到“可视报表-新建模板”对话框，单击“确定”按钮新建可视报表模板。处理完可将报表保存到默认模板位置或计算机/网络上的其他位置[83,116]，保存在默认位置的模板会自动显示在“可视报表-创建报表”对话框中。

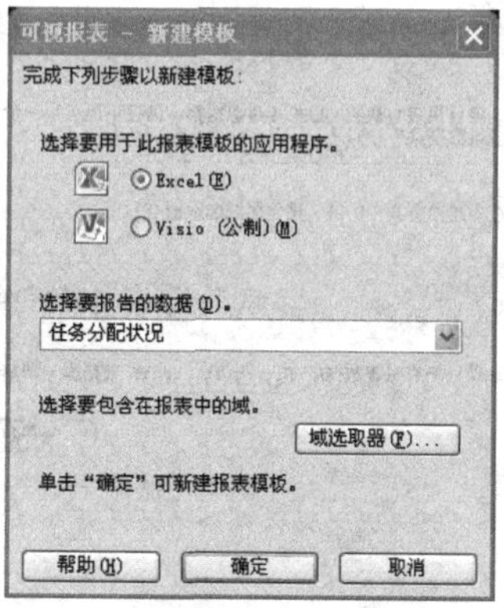

图 11-64　“可视报表-新建模板”对话框

（4）管理可视报表模板

打开“可视报表-创建报表”对话框，单击“管理模板”按钮，跳转到可视报表模板所在的文件夹（如图 11-65 所示），即可进行可视报表模板的删除、重命名等操作[83]。

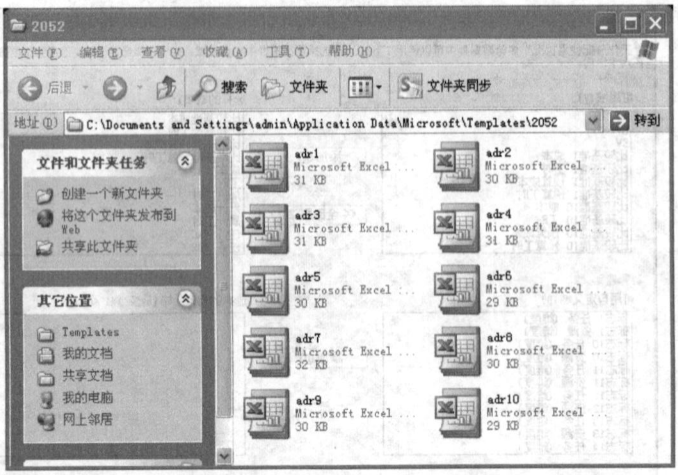

图 11-65　可视报表模板所在的文件夹

（5）导出可视报表数据

在 Project 中，可在“可视报表-保存报表数据”对话框中选择特定的数据并保存为多维数据集，并可将活动项目中的所有报表作为报表数据库导出[83,116]。操作步骤为：打开“可视报表-创建报表”对话框，单击“保存”按钮，弹出“可视报表-保存报表数据”对话框，如图 11-66 所示。若要将数据导出为 OLAP 多维数据集，则在“保存报表多维数据集”部分选择含有要保存的数据类别，然后单击“域选取器”按钮修改包含在要导出的数据列表中的域，具体在“可视报表-域选取器”对话框中设置。设置好后单击“确定”按钮，返回“可视报表-保存报表数据”对话框，单击“保存多维数据集”按钮，弹出“另存为”对话框，定位到存储位置，单击“保存”按钮，即可将多维数据集数据保存为.cub 文件[83,116]。若要将数据作为报表数据库导出，则需要在“可视报表-保存报表数据”对话框单击“保存数据库”按钮，弹出“另存为”对话框，定位到存储位置并单击“保存”按钮，可视报表数据就保存为 Access 数据库（.mdb）文件[83,116]。最后，单击“关闭”按钮关闭“可视报表-保存报表数据”对话框。

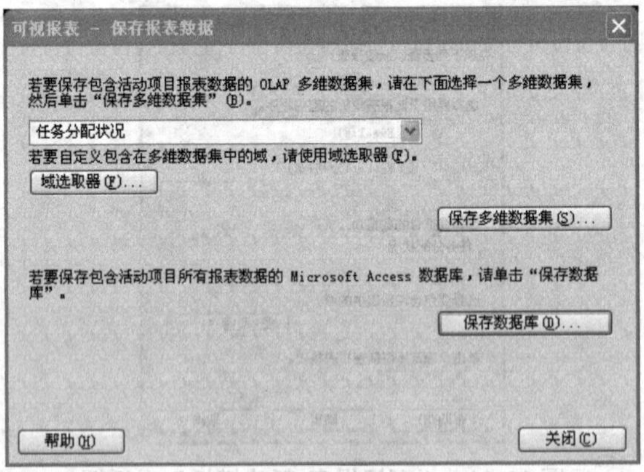

图 11-66　“可视报表-保存报表数据”对话框

例 11-6　使用可视报表。

将例 11-5 中的“11-05.mpp”另存为“11-06.mpp”，并显示“现金流报表”可视报表。同时将该报表保存为 Access 数据库，命名为“11-07”。

操作步骤如下：

将“11-05.mpp”另存为“11-06.mpp”并打开。选择“项目”选项卡下“报表”组中的“可视报表”按钮，弹出“可视报表-创建报表”对话框，在“全部”选项卡上选择“现金流报表”选项，如图 11-67 所示，单击“视图”按钮，稍等片刻即可生成可视报表“现金流报表”并用 Excel 打开，如图 11-68 所示。该可视报表包括“图表”Sheet 和“任务分配状况”Sheet，默认显示“图表”Sheet，单击“任务分配状况”Sheet 可显示“任务分配状况”Sheet，如图 11-69 所示。

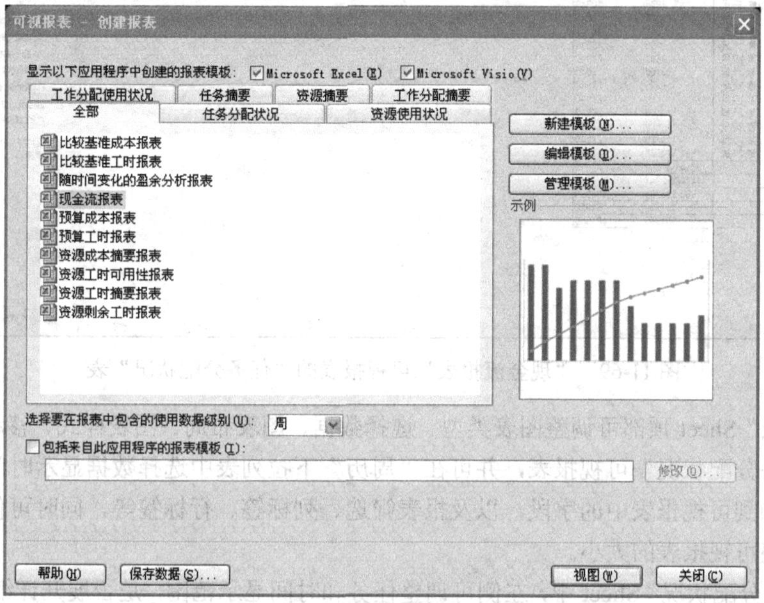

图 11-67　“可视报表-创建报表”对话框

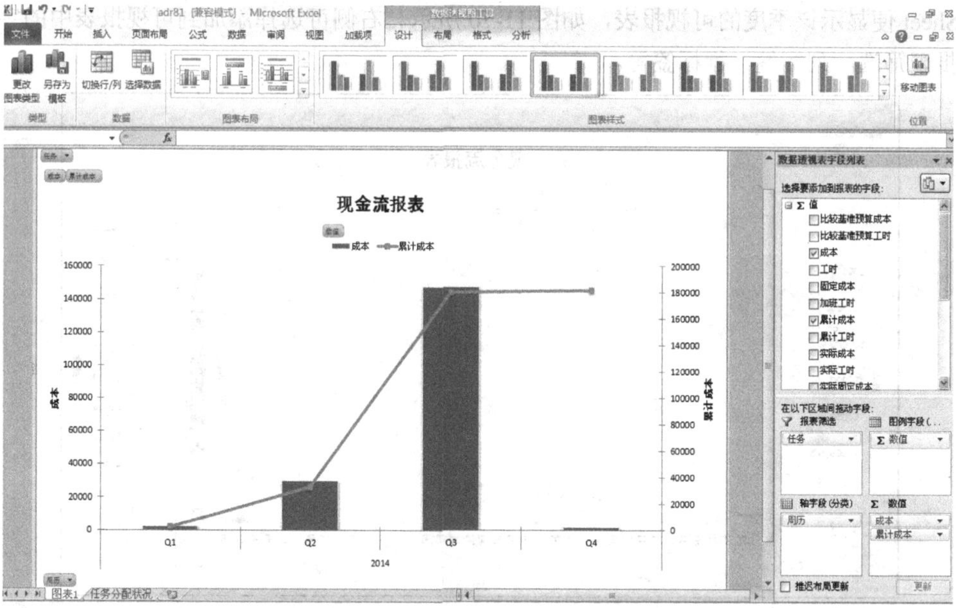

图 11-68　“现金流报表”可视报表

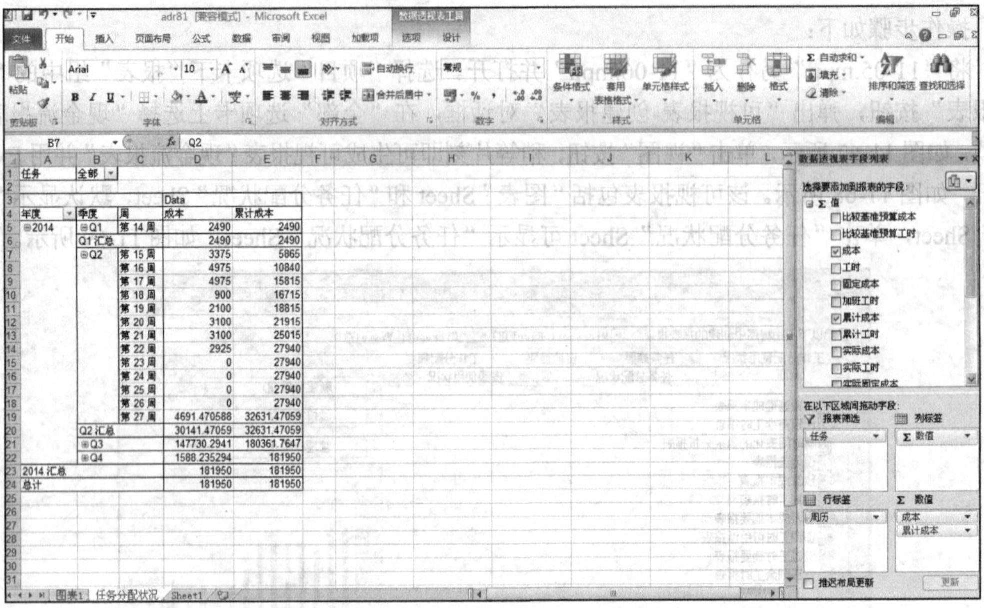

图 11-69 “现金流报表”可视报表的“任务分配状况”表

在“图表”Sheet 顶部可调整图表类型、选择数据、图表布局、图表样式、移动图表等；左侧显示“任务分配状况”可视报表，并可在“周历”下拉列表中选择数据显示时间间隔；在右侧可选择添加到可视报表中的字段，以及报表筛选、列标签、行标签等，同时可使用右下侧的缩放滑块调整可视报表的大小。

在“任务分配状况”Sheet 中，左侧可调整任务和时间显示范围，是否展开详细信息。注意，当查看详细信息时，“图表”Sheet 显示的信息会同步变化，如查看第二季度详细信息，此时“图表”Sheet 便显示该季度的可视报表，如图 11-70 所示。右侧可选择添加到可视报表中的字段，以及报表筛选、列标签、行标签等。

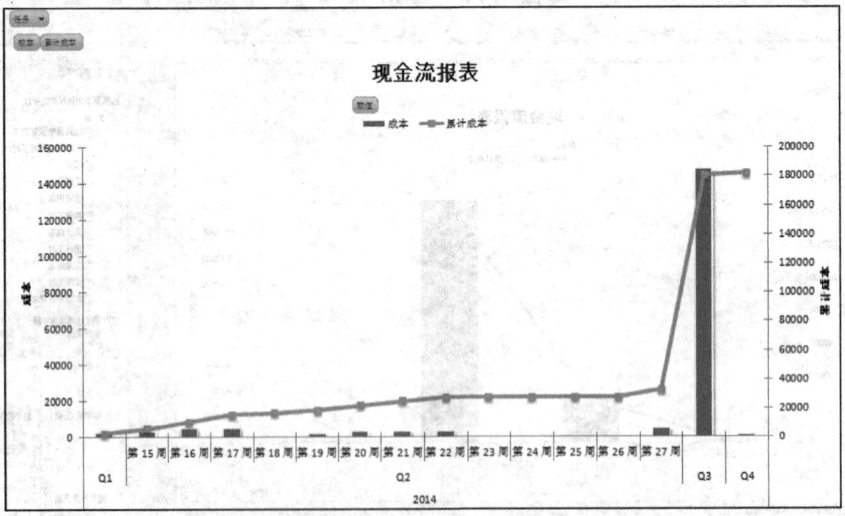

图 11-70 可视报表“现金流报表”的第二季度详细信息

返回“可视报表-创建报表”对话框，单击“保存数据”按钮，弹出“可视报表-保存报表数据”对话框，如图 11-71 所示，单击“保存数据库”按钮，弹出“另存为”对话框，在“文件名”文本框中输入“11-07”并选中文件保存位置，在“保存类型”框中选择“Microsoft Access数据库”，单击“保存”按钮，稍候片刻便返回“可视报表-保存报表数据”对话框并提示“已成功完成保存”，如图 11-72 所示，单击“关闭”按钮，返回“可视报表-创建报表”对话框。

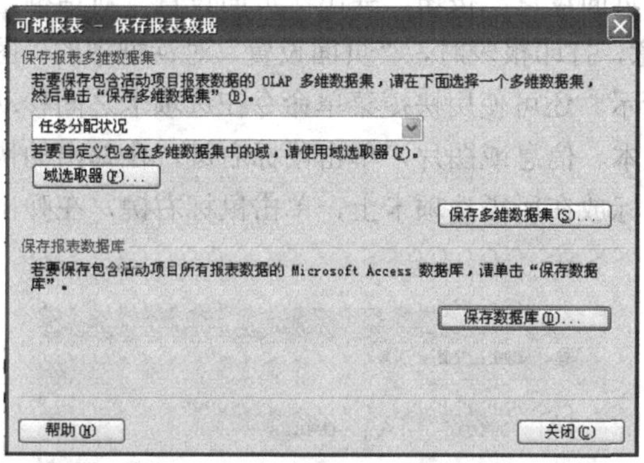

图 11-71 “可视报表-保存报表数据”对话框

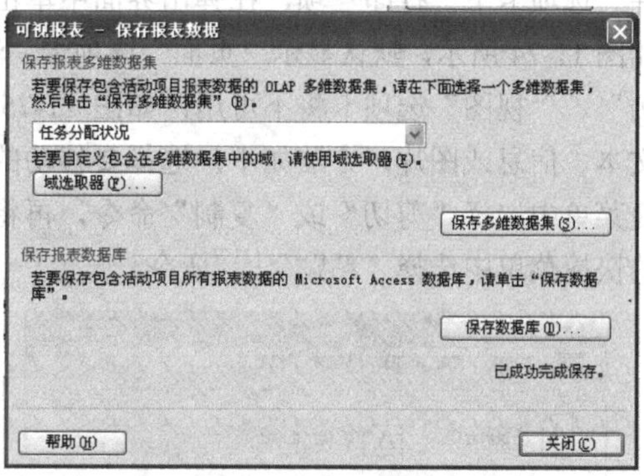

图 11-72 提示“已成功完成保存”

11.5 打印视图或报表

在形成了所需视图和报表后，可将其打印出来。两者的操作步骤类似，均是先选择视图或报表，通过根据需要修改表、应用不同筛选器、添加详细信息或更改排序顺序等措施更改视图或报表内容，打印之前要进行页面设置和打印预览，以确定打印内容、增强报表或视图实用性，最后进行打印[64,83]。此处假设视图或报表内容已确定，主要介绍打印前的页面设置、打印预览和打印机等设置，并以例 11-6 项目文件“11-06.mpp”的“甘特图”和“现金流量”报表为例讲解相关操作。此外，由于可视报表是在 Excel 或 Visio 中创建的，因此，关于可视报表的页面设置、打印预览将使用这两个程序进行[83]。

首先，选择所需视图或报表，即打开“11-06.mpp”，切换到“甘特图”视图下并清除筛选器，选择“文件”选项卡中的“打印”项，系统弹出打印设置和预览界面[117]，如图 11-73 所示。左侧部分用于打印设置，右侧用于视图或报表预览。

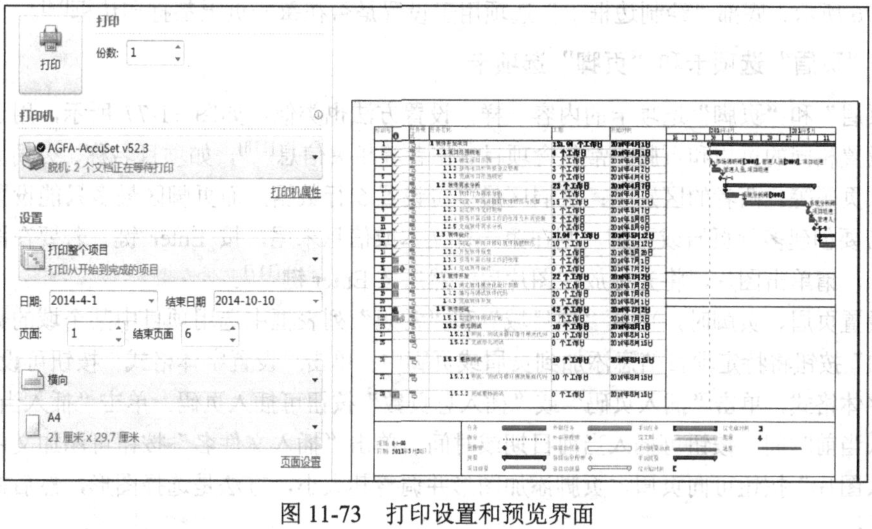

图 11-73 打印设置和预览界面

11.5.1 页面设置

页面设置主要用于设置页面、页边距、页眉、页脚、图例和视图。操作步骤为：选择“文件”选项卡下“打印”项，在弹出界面中单击“页面设置”按钮，弹出“页面设置”对话框，如图 11-74 所示，默认显示“页面”选项卡。注意，打印报表时，“页面设置”对话框中的“图例”、“视图”选项卡将不可用，如图 11-75 所示。还可使用快捷菜单命令在选项卡之间移动文本、信息或图片，方法如下：选择要移动的文本、信息或图片，单击鼠标右键，在弹出的快捷菜单中选择“剪切”或“复制”命令，再将光标放在所需选项卡上，单击鼠标右键，在弹出的快捷菜单中选择“粘贴”[117]命令。

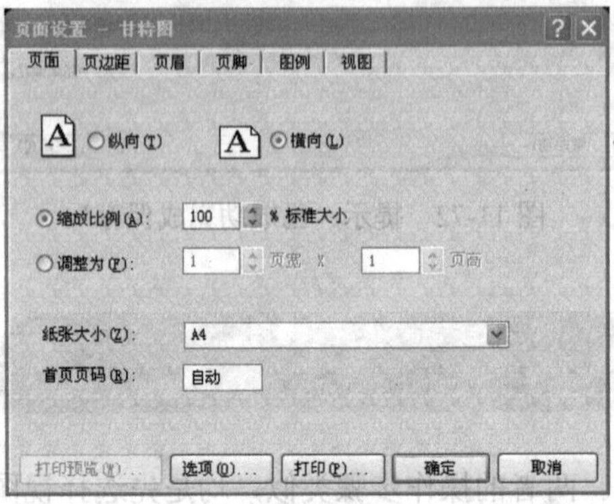

图 11-74　打印视图时的“页面设置”对话框

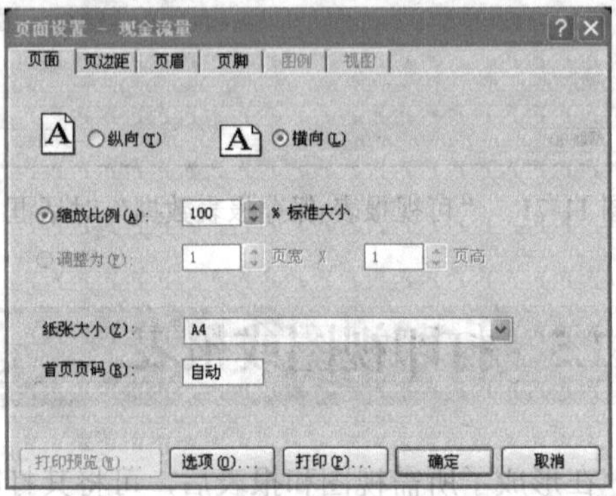

图 11-75　打印报表时的“页面设置”对话框

1. “页面”选项卡

该选项卡用于设置打印方向、缩放比例、纸张大小和首页页码。“打印方向”包括横向或纵向；“缩放比例”将对打印尺寸按百分比进行缩放[64]，如按照 50%大小打印，则文字、图片尺寸均缩小 50%；“纸张大小”用于设置打印纸张的大小；“首页页码”为打印的项目输入首页页码，默认为自动，即从第 1 页开始编号。

2. “页边距”选项卡

该选项卡用于设置打印内容距离页面边缘的上、下、左、右的边距（默认为 1.27 厘米），如图 11-76 所示。底部“绘制边框于”选项用于设置是否在每一页上都打印边框[83]。

3. “页眉”选项卡和“页脚”选项卡

“页眉”和“页脚”选项卡的内容一样，设置方法也类似，如图 11-77 所示，用于为项目打印稿设置相同的页眉和页脚，常包含项目、作者等相关信息[118]，如项目名称、公司名称、打印日期、页码等。两者的区别是：页眉区最多可设置 5 行数据，而页脚区最多只能设置 3 行数据[83]。若要创建多行页眉或页脚，则在第一行文本或信息末尾，按 Enter 键。若要在图片后添加信息行，请单击图片，将光标放在图片后，然后按 Enter 键[117]。

在设置页眉、页脚时，可从“项目域”和“常规”列表框中选用项目中某个域的数据并单击“添加”按钮将特定项目信息添加到页眉或页脚中；单击“设置字体格式”按钮可设置页眉、页脚的字体格式，单击“插入页码”或“插入总页数”按钮可插入页码，单击“插入当前日期”或“插入当前时间”按钮可插入当前日期或时间，单击“插入文件名”按钮可添加文件名，单击“插入图片”按钮可向页眉、页脚添加图形并调整其大小，方法是选择图形，然后拖动其边框；可在“对齐”栏内选择“左”、“居中”或“右”以设置其对齐格式；最后，可在预览窗口中预览设置后的效果[83,117]。

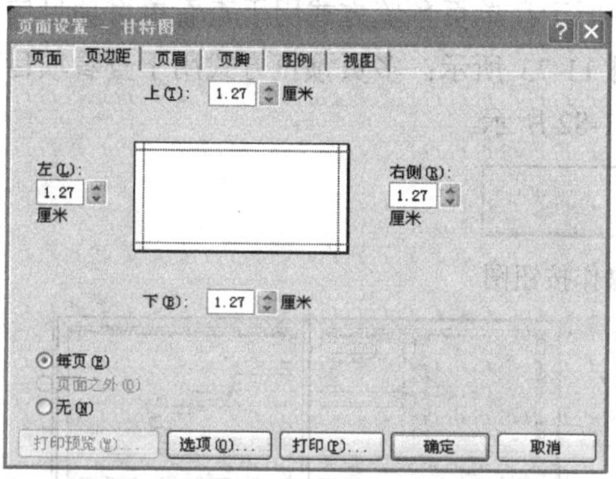

图 11-76 “页边距”选项卡

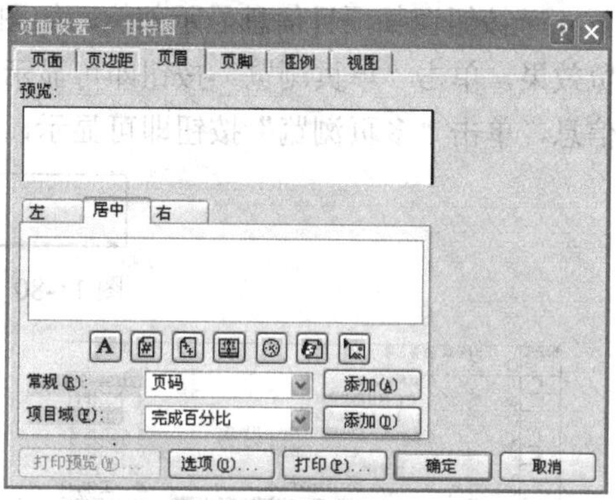

图 11-77 “页眉”选项卡

4. “图例”选项卡

打印项目信息时，一般应包括适当图例说明，让项目信息清晰易懂，具体在“图例”选项卡中设置。如图 11-78 所示，左侧是文字说明，右侧是图例符号说明，最多可有 3 行信息[83]。

在图例左侧添加文字说明的方法与设置页眉、页脚方法相似，“图例位置”有“每页”（每页都打印）、“图例页”（专门打印在一页上）和“无”（不打印图例）3 个选项，可自行选择。同时可单击“图例标签”按钮来设置标签的字体、字形和颜色等信息[118]，并可通过“宽度”按钮调整图例文本框的宽度。注意，该选项卡不适用于报表打印。

5. “视图”选项卡

“视图”选项卡如图 11-79 所示，其内容随着所打印视图的不同而不同，主要设置打印视图的其他选项。如包含表格的视图可选择要在每页重复打印左侧的几列信息；包含时间刻度的视图可设定是否适配时间刻度打印等[83]；对于“日历”视图，此选项卡差异比较大。注意，该选项卡不适用于报表打印。

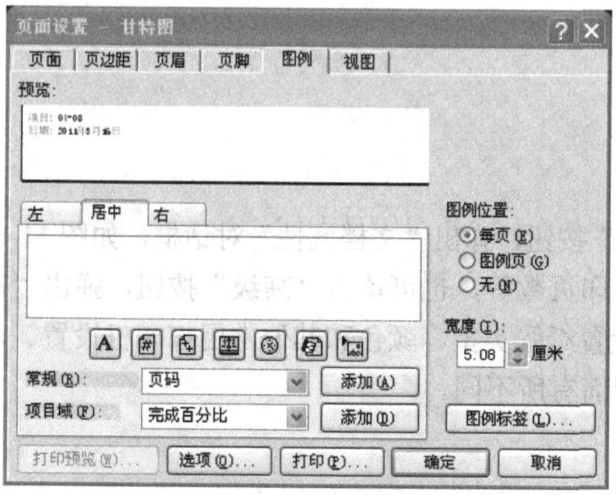

图 11-78 “图例”选项卡

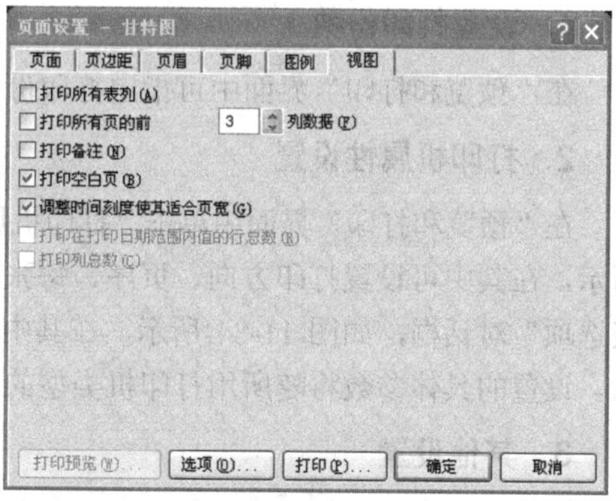

图 11-79 “视图”选项卡

11.5.2 打印预览

设置好后，便可预览打印效果，包括使用实际尺寸、单页预览和多页预览 3 种方式，可通过预览窗口底部操作按钮组进行选择，如图 11-80 所示。实际尺寸方式用于查看项目细节信息，可单击预览按钮组中的“放大镜”按钮来调整项目信息显示比例，并采用向左、向右、向上、向下 4 个按钮调整项目信息显示部位，如图 11-81 所示；单页预览方式用于查看单页项目信息预览效果，单击“单页浏览”按钮即可显示，如图 11-73 所示；多页预览方式用于查看项目整体信息，单击“多页浏览”按钮即可显示，如图 11-82 所示。

图 11-80 预览操作按钮图

图 11-81 “实际尺寸”方式

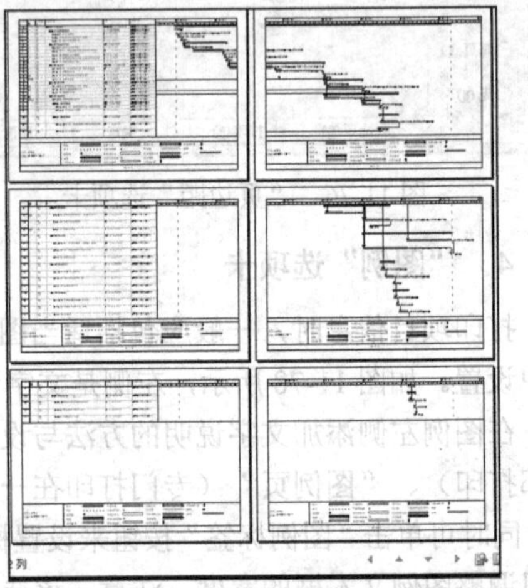

图 11-82 “多页预览”方式

11.5.3 其他属性设置

当页面设置达到满意效果后，便可进行打印，但若要使打印尽可能高效，还需要设置其他属性[118,119]，如选择打印范围、打印多个副本等。操作步骤是：单击“文件”选项卡下“打印”项，在出现的界面中进行设置。

1. 设置打印份数

在“预览和打印”界面中可指定打印份数。

2. 打印机属性设置

在“预览和打印”界面中单击“打印机属性”按钮，弹出“文档属性”对话框，如图 11-83 所示，在其中可设置打印方向、页序、每张纸打印页数等，也可单击“高级”按钮，弹出“高级选项”对话框，如图 11-84 所示，在其中可设置纸张类型、颜色和其他常用打印机设置。注意，设置的具体参数将随所用打印机类型的不同而有所不同。

3. 其他设置

在“设置”部分可指定要打印项目的范围，并调整打印内容的详细程度。具体可分为以下 3 种方式：第一种是设置时间和页面范围，如图 11-85 所示；第二种是设置每张纸打印的页数，如图 11-83 所示；第三种是选择内容范围，方法是单击“打印整个项目”列表项，如图 11-86 所示，然后在下拉列表中进行选择。此外还可调整纸张类型，具体在纸张列表框中选择，如图 11-87 所示。

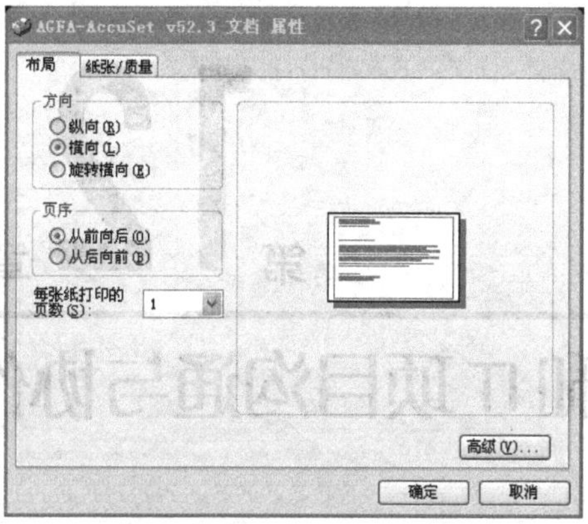

图 11-83　“文档属性”对话框

图 11-84　“高级选项”对话框

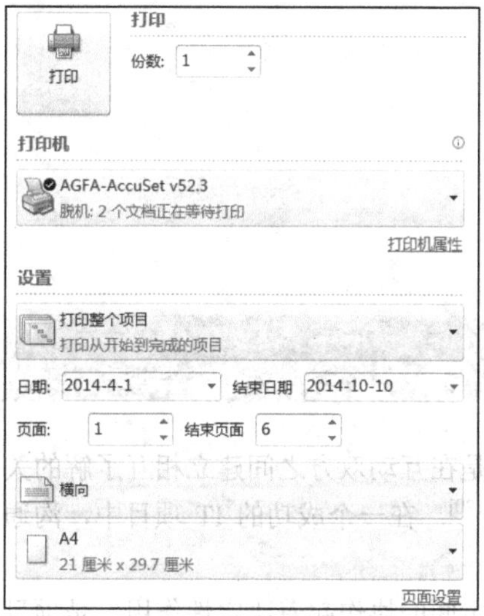

图 11-85　“设置”部分

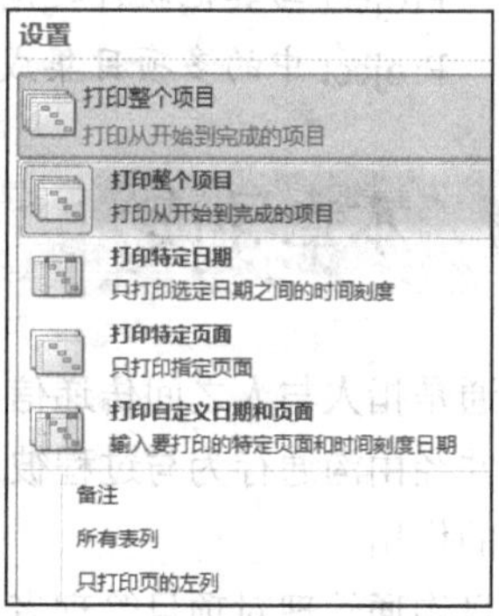

图 11-86　设置项目范围

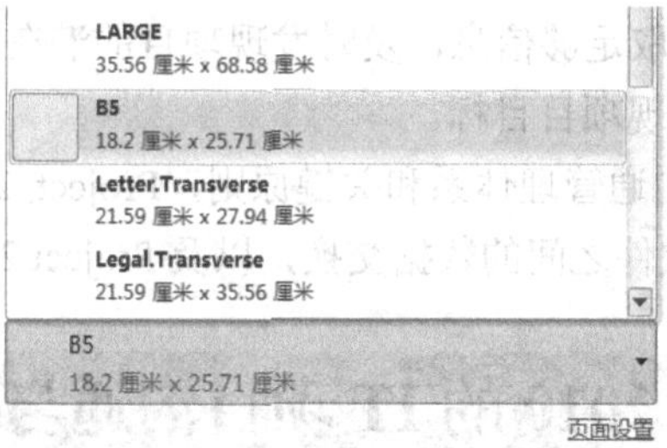

图 11-87　选择纸张类型

11.6　本章小结

本章主要讲解了 Project 2010 中的项目信息提取技术，主要包括视图与报表的功能、类型、构成组件、处理与自定义等，同时通过在视图和报表中更改表、筛选器、组、详细信息、突出显示等组件来更改视图或报表内容，此外还重点讲解了创建和管理可视报表，最后讲解了打印之前的报表和视图页面设置和打印预览，以确定打印内容、增强报表或视图实用性。

第12章 Microsoft Project 2010和IT项目沟通与协作

本章内容提要：

- IT项目的沟通管理体系和关键原则。
- Project 2010中的项目沟通与协作。
- Project与其他软件之间的数据交换。
- Project中的多项目集成管理。

12.1 本章导读

沟通是指人与人之间传递信息的过程，其目的是在互动双方之间建立相互了解的关系，相互回应并经由沟通行为与过程彼此接纳和达成共识[120]。在一个成功的IT项目中，沟通起着非常重要的作用。

项目沟通管理对项目管理者、项目成员以及业主间的协作起着决定性作用，是项目经理的重要职责之一。通常而言，项目经理花在沟通管理上的精力会占到其全部工作的一半以上。这是因为只有良好的沟通才能获取足够信息，及时发现项目的潜在问题，从而控制好项目运作过程中的各种因素[53]，并最终实现项目目标。

本章主要介绍IT项目的沟通管理体系和关键原则，Project 2010中的项目沟通、协作机制与方式，Project 2010与其他软件之间的数据交换，以及Project 2010中的多项目集成管理。

12.2 基于Project 2010的IT项目沟通与协作

IT项目管理属于复杂系统工程，其特点通常是不断返工、一再延长项目工期、不断加大项目成本和客户不断提出新的需求[9,28]。究其原因，主要是项目沟通管理存在问题。因此，要科学地组织、指挥、协调和控制IT项目的实施过程，就必须进行良好的项目沟通管理[121]。

12.2.1 IT项目沟通管理体系

1. 项目沟通计划编制

项目沟通计划编制，主要是指确定项目干系人的信息需求、沟通需求和提供方法，其核心模块包括分发给项目干系人的信息，信息分发的动机、频率和时间表，信息编排与传输方法，以及项目成员的沟通职责等[121]。不同组织结构的项目沟通，其所需要的信息和发布方法往往差别甚远，因此，编制项目沟通计划时应以组织结构为基础[121]，利用既往类似的项目沟通管理计划，并结合新项目组织结构的特点进行修订，最终形成新的沟通管理计划。此外，从便于管理和节约角度考虑，组织应在各个项目间采取格式基本统一的沟通管理模版。

2. 项目沟通信息分发

项目沟通信息分发，指的是及时向项目干系人提供所需信息和相关技术，包括沟通技能（分为书面与口头、内部与外部、正式与非正式、纵向与横向等）、信息查询体系（包括人工存档查阅体系、数据库、项目管理软件及技术文档系统）和信息发送方法（包括项目会议、书面文挡复印件、共享的网络数据库、传真、电子邮件、语音邮件、视频会议和项目内部网）3 部分[121]。

3. 项目绩效报告沟通

项目绩效报告沟通，指的是向所有项目干系人提供项目的绩效信息，为项目管理者进行偏差分析、趋势分析及挣值分析等提供有效数据[121]。一般使用项目日报、项目月报、召开阶段性会议、汇报等方式提供有关范围、进度、成本、质量等信息。

4. 项目沟通管理收尾

项目沟通管理收尾，指的是项目结果文档的形成和归档，以及分析项目的成功之处、效果以及可供借鉴的教训等工作[121]。

12.2.2 IT 项目沟通管理关键原则

在 IT 项目中，要实现有效沟通必须掌握一些要点和原则，其中，最核心原则是尽早沟通、主动沟通和保持畅通的沟通渠道[53]。尽早沟通要求项目经理具有前瞻性，能定期和项目成员沟通，以及时发现当前存在问题和潜在问题[122]，降低由此带来的损失。主动沟通指的是一种沟通态度，当沟通是项目经理面对用户或上级、团队成员面对项目经理时，主动沟通不仅能建立紧密联系，更能表明对项目的重视和参与，会使沟通另一方的满意度大大提高[122]，对整个 IT 项目非常有利。从理论上讲，要想最大程度地保障沟通顺畅，就需尽力避免信息在传播过程中遇到干扰，使信息在传递中保持原始状态；信息发送出去并接收到之后，双方必须对理解情况做检查和反馈[122]，以确保沟通的正确性。项目经理在编制沟通管理计划时，应根据实际情况明确双方认可的沟通渠道（如与用户沟通时通过正式报告沟通，与项目成员沟通时通过电子邮件沟通），并建立沟通反馈机制，定期检查项目沟通情况，不断加以调整[122]。

12.2.3 Project 2010 中的项目沟通与协作

Project 2010 可辅助项目管理者生成、收集、发布、保存和报告项目信息，可通过多种方式进行项目沟通与协作管理。

1. 使用报表和视图进行项目信息沟通

Project 2010 提供了多种报表和视图，可帮助项目管理人员及时了解项目的进展情况、成本情况和资源利用情况等，并可将这些信息打印输出，实现项目信息的及时沟通。

2. 使用超级链接进行项目信息沟通

Project 2010 使用超级链接可将任务、资源和相关资料进行链接，以便项目管理者查看任务和资源时获取相关信息。操作步骤如下：选中要添加链接的资源或任务，单击鼠标右键，在弹出的下拉菜单中选择“超链接”命令，打开“插入超链接”对话框，如图 12-1 所示。进行相应设置后，单击“确定”按钮即可。

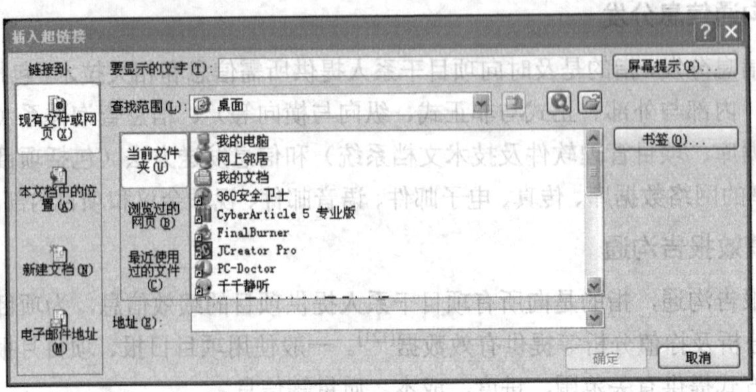

图 12-1 “插入超链接”对话框

3. 通过项目文件传递进行项目信息沟通

Project 将所有项目信息都保存在项目文件（格式为*.mpp）内，包含项目计划信息和实施信息，项目干系人之间的信息沟通主要通过即时同步与传递项目文件来实现[53]，可采用移动存储设备复制文件、邮件附件等方式。

在 Project 中使用邮件附件传递项目文件的操作步骤是：打开要发送的项目文件，单击“文件”选项卡下的“保存并发送”按钮，再单击“作为附件发送”按钮，弹出“发送邮件”对话框，设置好收件人和邮件主题后，单击“发送”按钮即可将项目文件传递给收件人。注意，收件人收到邮件后，其计算机上必须安装了 Project 才能查看该项目文件[53]。

Project 默认使用 Outlook 作为客户端进行邮件收发，因此，为保证收发邮件顺利，必须提前安装 Outlook 2010 软件并添加和配置好电子邮件账户[123]。安装 Outlook 2010 的操作和安装其他软件类似，这里不再详述，下面重点讲一下添加和配置电子邮件账户的方法。若用户之前使用过 Outlook，则 Outlook 2010 会自动将其信息导入账户设置；若用户是首次使用 Outlook，则需要进行邮件账户设置[123]。

启动 Outlook 2010，系统弹出 Outlook 2010 启动向导，单击“下一步”按钮进行电子邮件升级选项设置，选中“升级自”单选按钮，如图 12-2 所示。单击“下一步”按钮进行发件人姓名设置，在“显示名”文本框中输入用于显示的发件人名称，如图 12-3 所示。再次单击“下一步”按钮进行电子邮件地址设置。在“电子邮件地址”文本框中输入发件人的电子邮件地址，如图 12-4 所示。单击“下一步”按钮，进行电子邮件服务器设置。在“我的邮件服务器是”下拉列表中选择服务器类型，在“接收邮件服务器”和“发送邮件服务器”文本框中输入电子邮件的接收和发送服务器名称，如图 12-5 所示。

再次单击“下一步”按钮，进行 Internet Mail 登录设置，在“账户名”和“密码”文本框中输入发件人账户的名称和密码，如图 12-6 所示。单击“下一步”按钮，进行 Internet 链接方式的设置，如图 12-7 所示。设置完成后单击“下一步”按钮，系统将显示账户设置成功的祝贺信息，单击“完成”按钮，系统会打开 Microsoft Outlook 的操作界面，如图 12-8 所示，并弹出“Microsoft Outlook”对话框，如图 12-9 所示。单击“是”按钮，Outlook 随即导入电子邮件和地址。

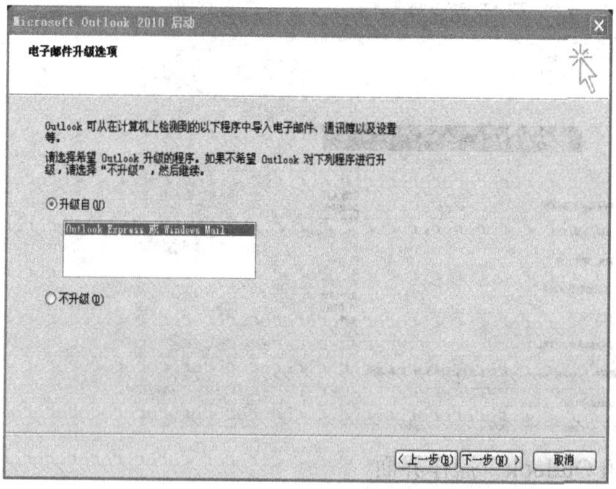

图 12-2　“Microsoft Outlook 2010 启动”对话框

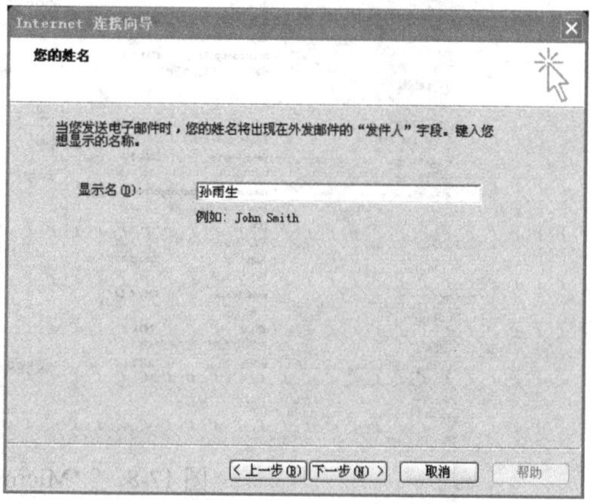

图 12-3　输入发件人的“显示名”

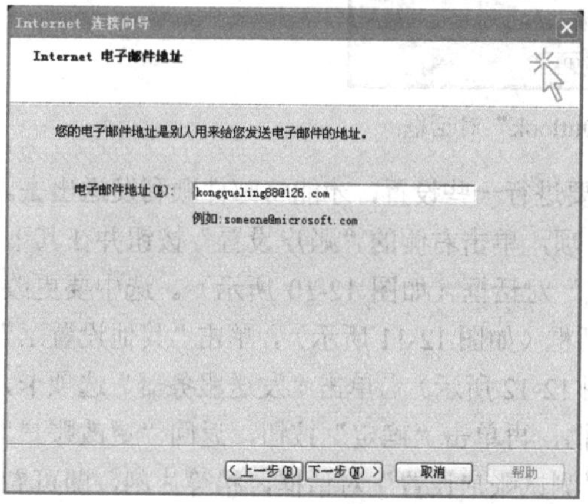

图 12-4　输入发件人的“电子邮件地址”

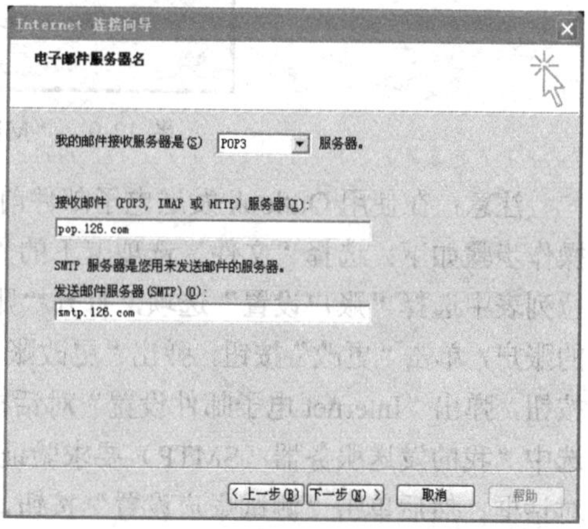

图 12-5　输入电子邮件服务器名称

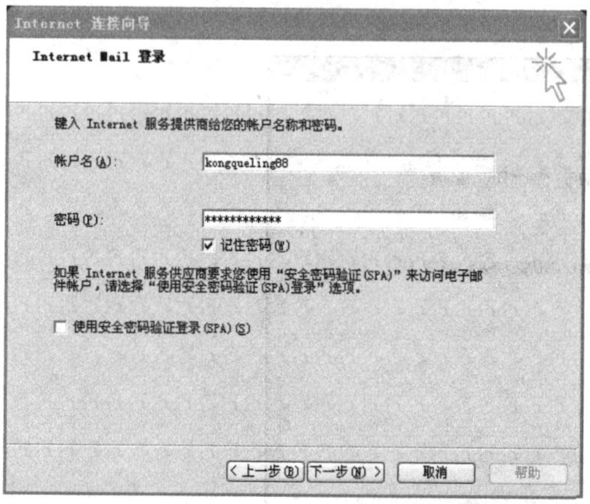

图 12-6　输入发件人账户的名称和密码

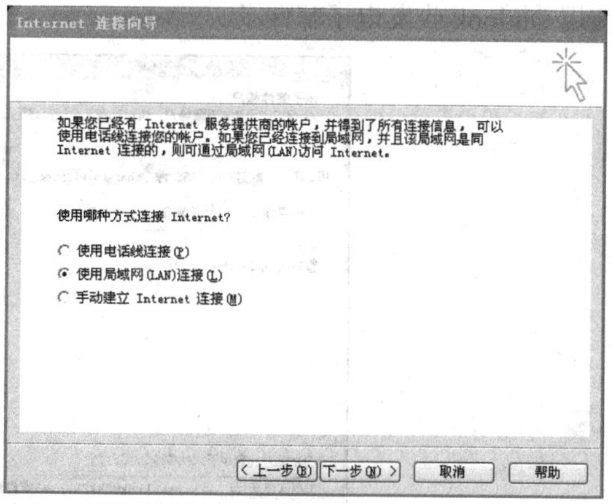

图 12-7　选择接入 Internet 方式

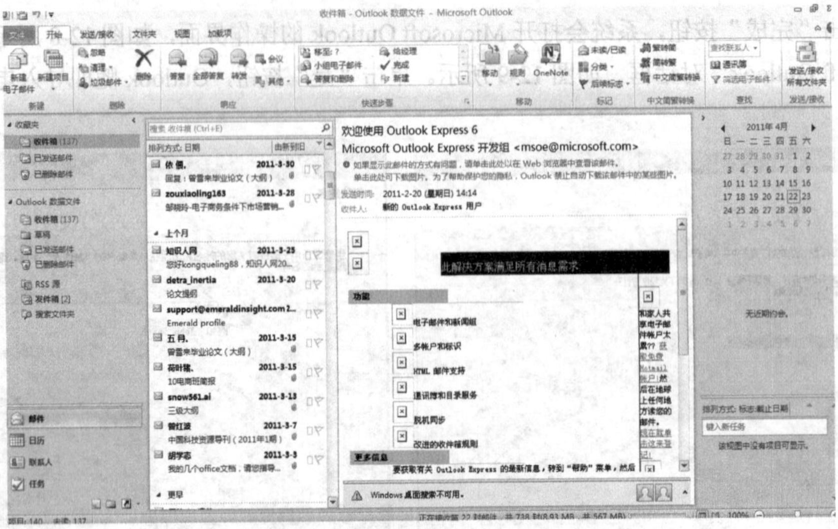

图 12-8　“Microsoft Outlook”操作界面

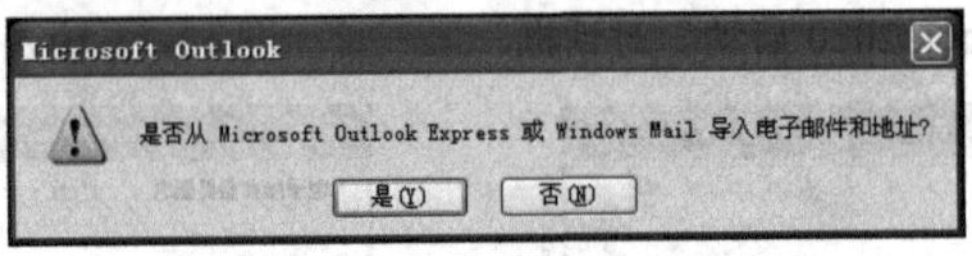

图 12-9　“Microsoft Outlook”对话框

注意：在使用 Outlook 发送电子邮件前，还需要进行一些设置，才能将邮件顺利发送出去。操作步骤如下：选择“文件”选项卡下的“信息”项，单击右侧的“账户设置”按钮并在其下拉列表中选择“账户设置”选项，打开“账户设置”对话框（如图 12-10 所示）。选中要更改的账户，单击“更改”按钮，弹出“更改账户”对话框（如图 12-11 所示），单击“其他设置...”按钮，弹出“Internet 电子邮件设置”对话框（如图 12-12 所示）。单击“发送服务器”选项卡，选中“我的发送服务器（SMTP）要求验证”复选框，再单击“确定”按钮，返回“更改账户”对话框。然后单击“测试账户设置”按钮，弹出“测试账户设置”对话框，稍等片刻，即可看到测试邮件发送成功的提示，如图 12-13 所示。依次单击“关闭”按钮和“完成”按钮，即可使用 Outlook 收发电子邮件了。

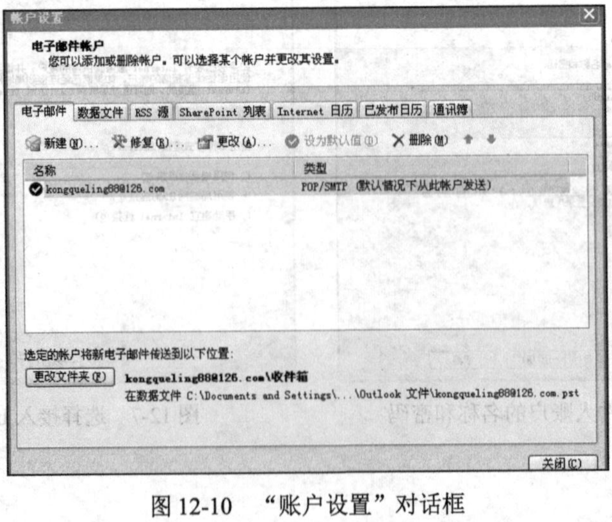

图 12-10　“账户设置”对话框

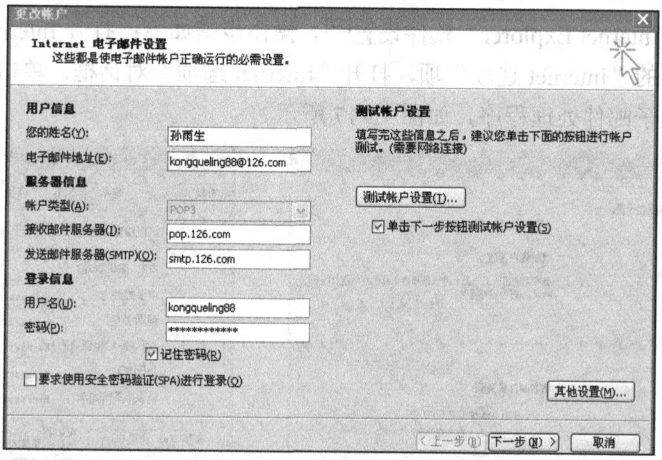

图 12-11　“更改账户”对话框

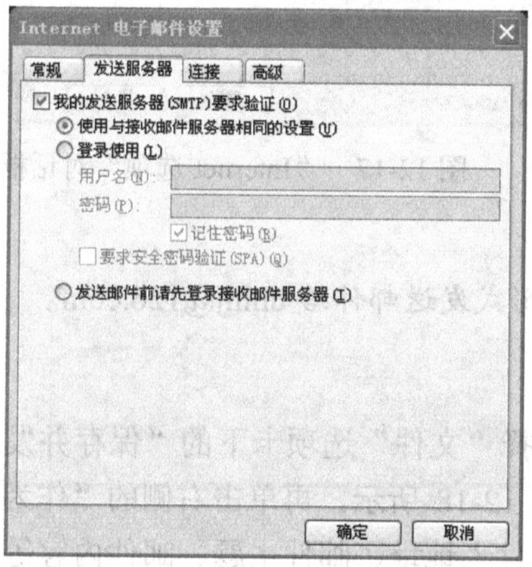

图 12-12　“Internet 电子邮件设置”对话框

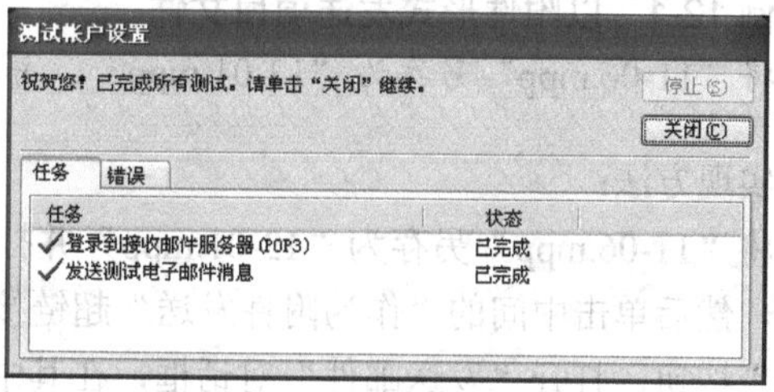

图 12-13　“测试账户设置”对话框

设置多个电子邮件账户的操作步骤如下：选择“文件”选项卡下的“信息”选项，单击右侧的“添加账户”按钮，弹出“添加新账户”对话框。首先进行自动账户设置，选中“手动配置服务器设置或其他服务器类型”单选按钮，如图 12-14 所示。单击“下一步”按钮，进行连接服务设置，如图 12-15 所示。单击“下一步”按钮，进行 Internet 电子邮件设置，如图 12-16 所示。设置好后再进行发送服务器设置和账户设置测试（如图 12-12 和图 12-13 所示），最后单击“完成”按钮结束账户设置。

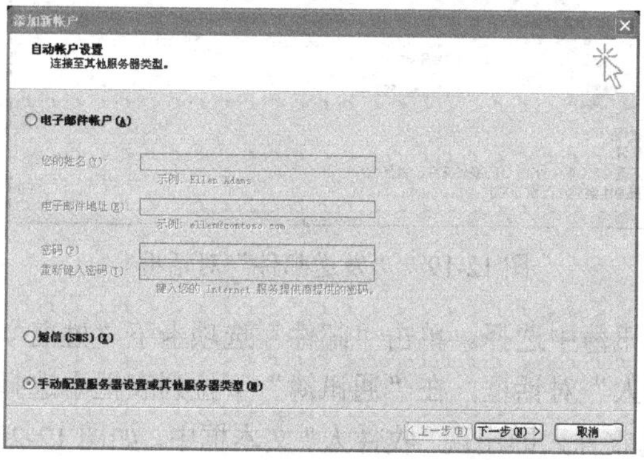

图 12-14　“添加新账户”对话框

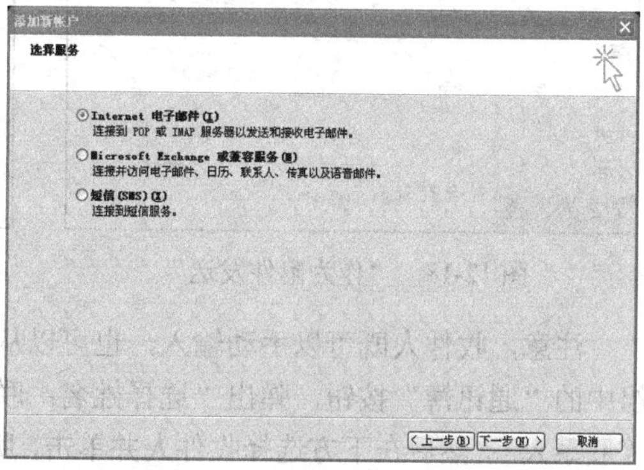

图 12-15　选择服务

最后，检查“Internet Explorer”软件设置[77]。操作步骤如下：打开 Internet Explorer，选择“工具”选项卡下的“Internet 选项”项，打开“Internet 选项”对话框。单击“程序”选项卡，检查已设置好的电子邮件处理程序，如图 12-17 所示。

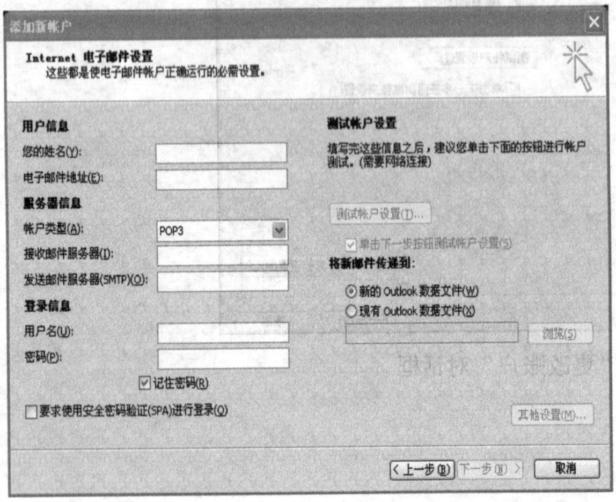

图 12-16　设置 Internet 电子邮件

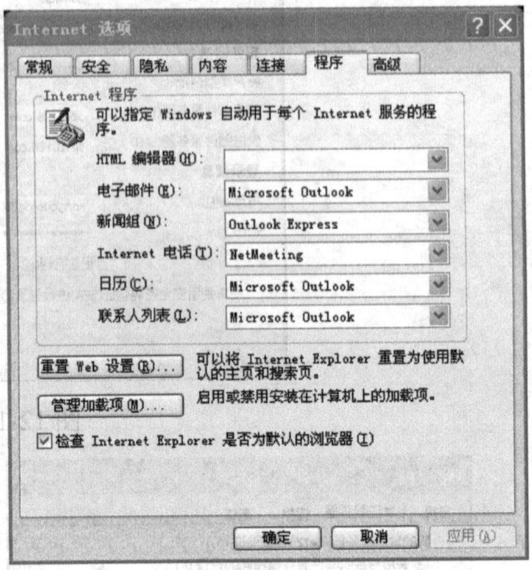

图 12-17　“Internet 选项”对话框

例 12-1　以附件形式发送项目文件。

将“11-06.mpp”另存为“12-01.mpp”，并以附件形式发送邮件给 dhlhj@126.com。

实现方法：

将“11-06.mpp”另存为“12-01.mpp”并打开，选择“文件”选项卡下的“保存并发送”选项，然后单击中间的“作为附件发送”超链接，如图 12-18 所示。再单击右侧的“作为附件发送”按钮，打开“发送邮件”对话框，在其中设置收件人地址、邮件主题、邮件内容等信息（如图 12-19 所示），设置完毕后单击“发送”按钮即可将项目文件以邮件附件方式发送给 dhlhj@126.com。

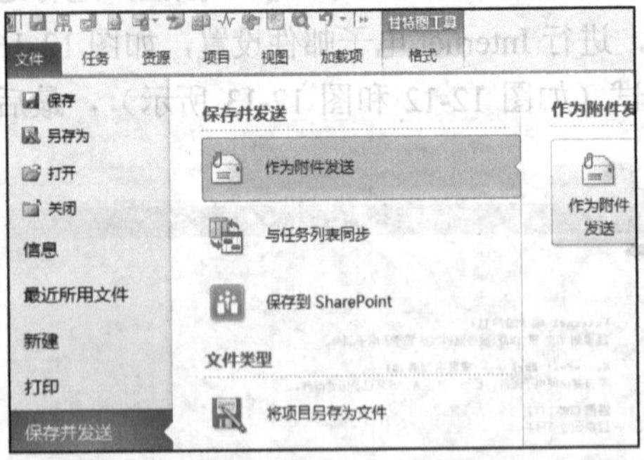

图 12-18　“作为附件发送”

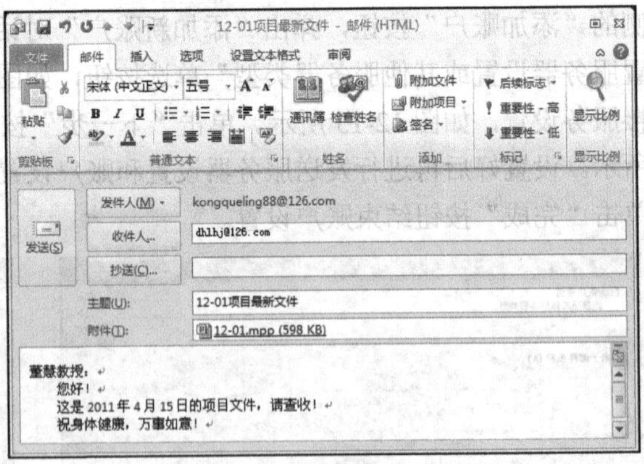

图 12-19　“发送邮件”对话框

注意，收件人既可以手动输入，也可以从通讯簿中选择。单击“邮件”选项卡下“姓名”组中的“通讯簿”按钮，弹出“选择姓名：联系人”对话框，在“通讯簿”下拉列表框中选择“联系人”，然后在下方选择收件人并单击，所选收件人即出现“收件人”文本框中，如图 12-20 所示。单击“确定”按钮，收件人即出现在邮件的收件人地址栏中。

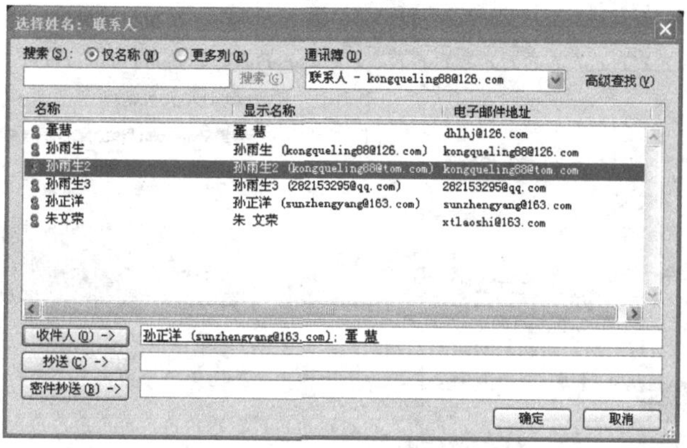

图 12-20 “选择姓名：联系人”对话框

4．通过 Project 与其他软件的数据交换进行项目信息沟通与协作

为充分发挥 Project 的项目管理功能，满足用户的特定需求，常需在 Project 与其他软件（如 Excel、Visio 等）之间进行数据交换。在 12.3 节中将详细讲解这个问题。

5．通过多项目集成管理进行项目沟通与协作

项目之间通常有着一定的紧密联系，因此，项目管理者需要从更广的范围内和更高的层面上把握项目的整体状况，这就需要进行多项目集成管理[53]。在 12.4 节中将详细讲解这个问题。

6．通过 Project Server 与 Standard 或 Professional 版的协调使用进行项目沟通与协作

Project Server 允许工作组成员、项目经理和其他项目干系人交换和使用服务器上的项目信息，从而达到协同工作计划和状态报告的目的[77]。限于篇幅和复杂性原因，本书未对 Project Server 的安装与使用进行讲解，感兴趣的读者可参阅相关书籍。

7．通过 SharePoint 进行项目沟通与协作

SharePoint 是一个或多个 SharePoint 产品和技术的简称。SharePoint 2010 包括 SharePoint Foundation、SharePoint Server、SharePoint Online、SharePoint Designer 和 SharePoint Workspace 2010。SharePoint Foundation 是所有 SharePoint 网站的基础技术，用户可免费使用它快速创建多种网站，并可在这些网站中的网页、文档、列表、日历和数据上进行协作。SharePoint Server 是服务器产品，依靠 SharePoint Foundation 技术为列表和库、网站管理及网站自定义提供熟悉的一致框架，用户可使用 SharePoint Server 进行企业内部署或者提供基于云的服务。SharePoint Online 是由微软托管的基于云的服务，适用于各种规模企业，企业只需订阅它即可向企业员工提供企业级解决方案，帮助其创建网站，而无需在企业内安装和部署 SharePoint Server。SharePoint Designer 是免费程序，用于设计、构建和自定义在 SharePoint Foundation 和 SharePoint Server 上运行的网站。SharePoint Workspace 是桌面程序，辅助用户将 SharePoint 网站内容脱机，并可在网络断开时与他人协作创建内容，并最终同步回 SharePoint 网站[124]。

在 Project 2010 中，可通过 SharePoint 进行项目沟通与协作。操作步骤如下：选择“文件”选项卡下的“保存并发送”选项，再单击“保存到 SharePoint”超链接，如图 12-21 所示，然后再进行相应设置。限于篇幅，此处不做详述，感兴趣的读者可参阅 Microsoft online 的帮助文档。

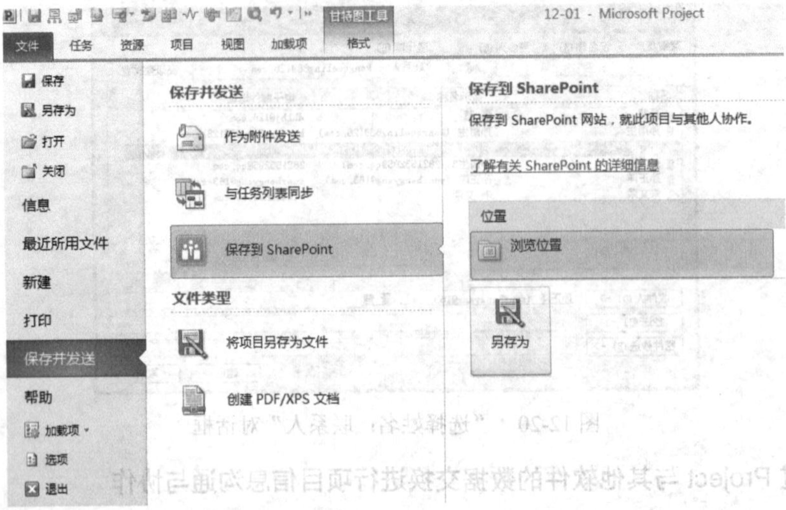

图 12-21　通过 SharePoint 进行项目沟通与协作

12.3　Project 与其他软件的数据交换

用户沟通项目信息时，难免会遇到与其他软件交换数据的情况[53]，Project 2010 可通过定义或编辑导出或导入向导中的导出或导入映射来实现 Project 与其他软件的数据交换[79]。

12.3.1　从 Project 中导出项目信息

Project 2010 可导出的文件格式包括 Excel、纯文本（由制表符分隔）、逗号分隔值（CSV）、可扩展标记语言（XML）、PDF、XPS 等[125]。操作步骤为：单击“文件”选项卡下“另存为”项，弹出“另存为”对话框，在“保存类型”框中选择所需文件格式，单击“保存”按钮，然后按导出向导中的说明将所要数据导出到目标文件中的正确域内即可[126]。此外，可将 Project 项目报表信息导出到 OLAP 多维数据集或 Access 数据库，详细信息参见本书第 11 章的 11.4.4 节。最后，还可将 Project 项目信息导出为图形图像[79]。

1. 将 Project 信息导出为 Excel 文件

例 12-2　将 Project 信息导出为 Excel 文件。

将例 12-1 中的项目文件“12-01.mpp”导出为 Excel 文件，并命名为 12-02.xls。要求采用自定义映射方式导出任务“项”表信息，并将自定义映射保存为“孙正洋的映射”。

操作步骤如下：

打开“12-01.mpp”，选择“文件”→“另存为”命令，弹出“另存为”对话框，在“保存类型”下拉列表框中选择“Excel 工作簿（*.xlsx）”选项，然后单击“保存”按钮。打开“导出向导”对话框，单击“下一步”按钮，进行导出数据格式的设置，如图 12-22 所示，然后单击“完成”按钮。单击“下一步”按钮，弹出“导出向导-映射”对话框，如图 12-23 所示。其中，“新建映射”单选项用以创建一个新的导出映射，“使用现有映射”单选项用以使用默认映射或以前定义并保存过的映射[126]。这里选中“新建映射”单选按钮，然后单击“下一步”按钮，打开“导出向导-映射选项”对话框，选中“任务”复选框，如图 12-24 所示。再次单击“下一步”按钮，打开“导出向导-任务映射”对话框，如图 12-25 所示。

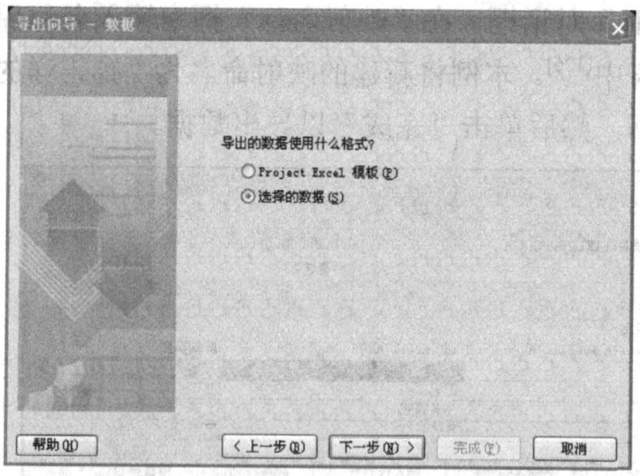

图 12-22 “导出向导-数据”对话框

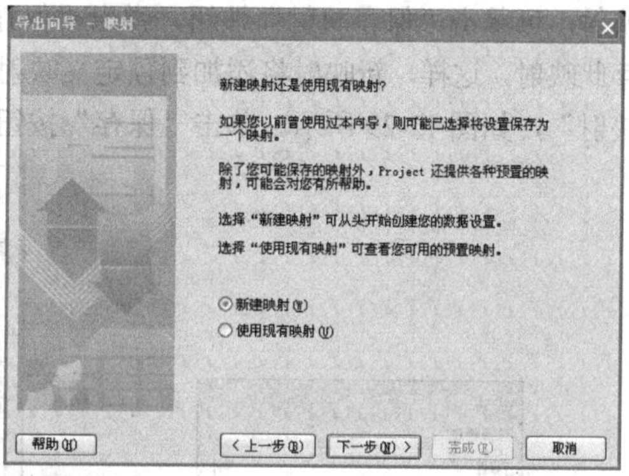

图 12-23 “导出向导-映射”对话框

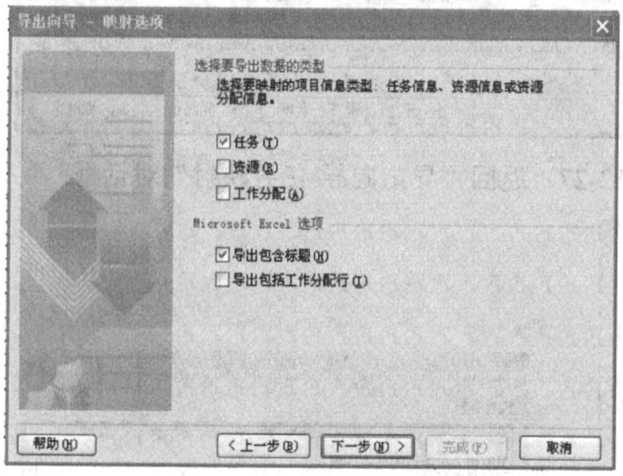

图 12-24 “导出向导-映射选项”对话框

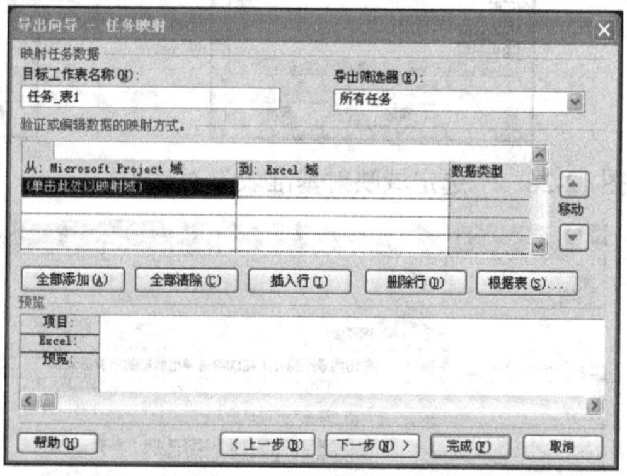

图 12-25 “导出向导-任务映射”对话框

这里，可对任务数据进行如下操作：

- 若要导出特定项目信息，可在“从”列中输入或选择所要导出域，然后按 Enter 键。
- 若要将项目中所有任务域、资源或工作分配域添加到导出映射，可单击“全部添加”按钮。
- 若要将特定表的所有任务或资源域添加到导出映射，可单击“根据表...”按钮，打开“选定域映射基准表”对话框，在其中单击所需表，然后单击“确定”按钮。
- 若要从导出映射中删除所有任务域，可单击“全部清除”按钮。
- 若要在一个域上方插入新域，可在“从”列中单击该域，然后单击“插入行”按钮。
- 若要删除某个域，可在“从”列中单击它，然后单击“删除行”按钮。
- 若要更改目标文件中的域名称，可在“到”列中单击该域，然后输入新的名称。
- 若只需导出某些任务，可在“导出筛选器”框中单击所需筛选器。
- 若需更改目标文件中的域顺序，可在“到”列中单击该域，然后单击“移动”按钮将其移动到合适位置。
- 可在“目标工作表名称”框中重命名表名。

任务映射设置完毕后，可在“预览”栏查看导出映射的格式。

本例中，使用“项”表。在“导出向导-任务映射”对话框中单击“根据表”按钮，打开“选定域映射基准表”对话框，选择“项”选项，如图 12-26 所示，然后单击“确定”按钮返回。

此时，“导出向导-任务映射”对话框如图 12-27 所示。确定无误后，单击“下一步”按钮，打开“导出向导-结束映射定义”对话框，如图 12-28 所示。若想再次使用新的或经过编辑的导出映射，可单击“保存映射”按钮，弹出“保存映射”对话框，在“映射名称”框中输入名称保存此映射，这样，新映射将添加到预定义映射列表中[126]。本例将新建的映射命名为“孙正洋的映射”，如图 12-29 所示。单击“保存”按钮返回，然后单击“完成”以导出数据。

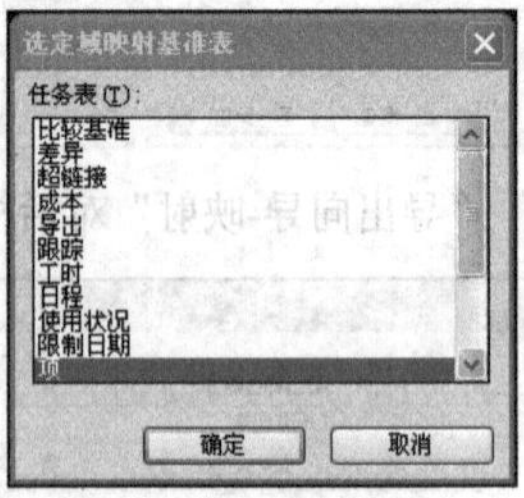

图 12-26 “选定域映射基准表”对话框

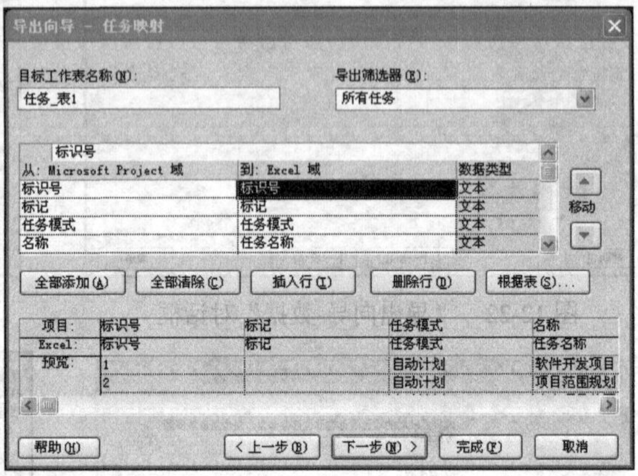

图 12-27 返回“导出向导-任务映射”对话框

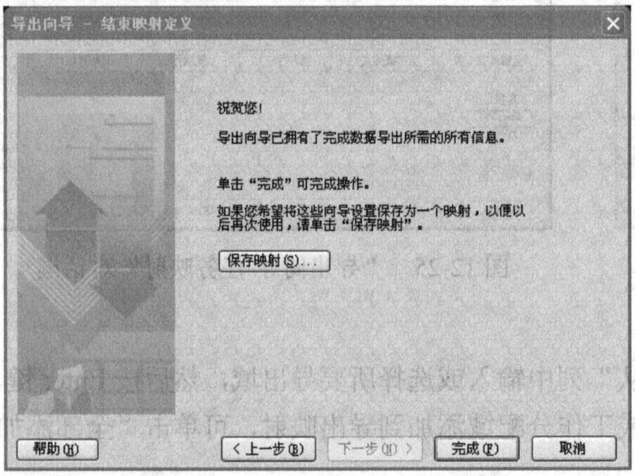

图 12-28 “导出向导-结束映射定义”对话框

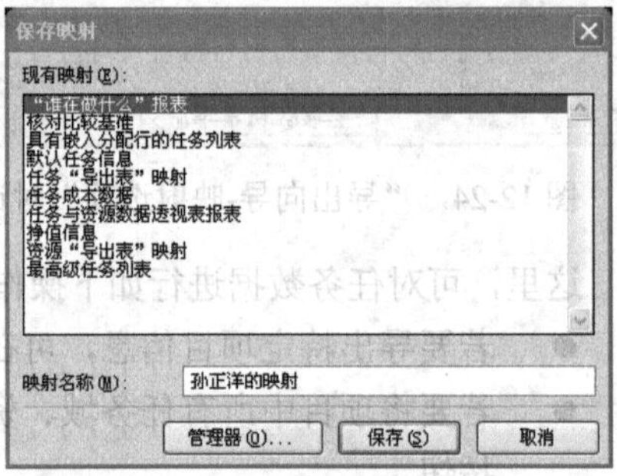

图 12-29 “保存映射”对话框

2．将 Project 信息导出为 PDF 或 XPS 文件

PDF（Portable Document Format）和 XPS（XML Paper Specification）均是平台独立的电子文件格式，可保留文档格式并允许文件共享。联机查看或打印 PDF、XPS 文件时，该文件可保留预期格式且他人无法轻易更改文件中的数据[127]。两者的区别在于：PDF 由 Adobe 公司开发，XPS 由微软公司开发。

将 Project 信息导出为 PDF 或 XPS 文件的操作步骤为：打开项目文件，选择“文件”选项卡下“另存为”项，弹出“另存为”对话框，设置“保存类型”为“PDF 文件（*.pdf）”或“XPS（*.xps）文件”，然后单击“保存”按钮，打开“文档导出选项”对话框，如图 12-30 所示。选择“全部”或设定“开始时间”和“结束时间”，单击“确定”按钮即可导出数据。读者可尝试将“12-01.mpp”保存为 PDF/XPS 文件，并命名为“12-01.PDF”和“12-01.XPS”。

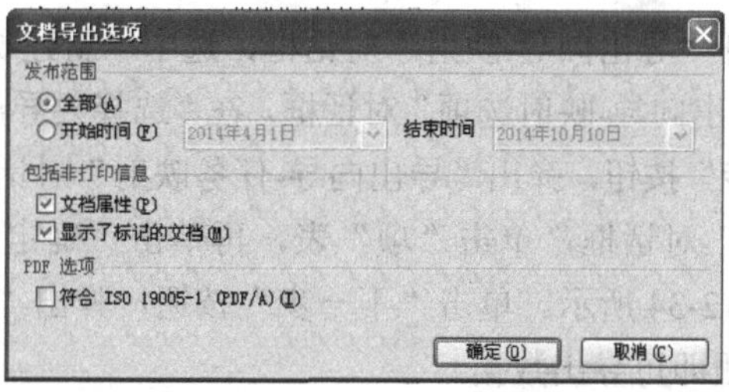

图 12-30　“文档导出选项”对话框

3．将 Project 信息导出为文本文件

将 Project 信息导出为文本文件的操作步骤为：打开项目文件，选择“文件”选项卡下的“另存为”项，打开“另存为”对话框，设置“保存类型”为“文本（以 Tab 分隔）（*.txt）”，然后单击“保存”按钮，打开“导出向导”对话框，根据向导依次设置即可。

注意，首次将 Project 信息导出为文本文件时，单击“保存”按钮后会弹出“Microsoft Project”对话框，提示使用“信任中心”来允许保存旧文件（如图 12-31 所示）。操作步骤为：单击“确定”按钮，然后单击“文件”选项卡下的“选项”项，弹出“Project 选项”对话框，单击左侧的“信任中心”选项（如图 12-32 所示），然后单击右侧的“信任中心设置”按钮，打开“信任中心”对话框。在左侧选择“旧式格式”选项，在右侧选中“允许加载使用旧式文件格式或非默认文件格式的文件”单选按钮[126]，如图 12-33 所示，最后单击“确定”按钮，返回“Project 选项”对话框，再单击“确定”按钮即可。

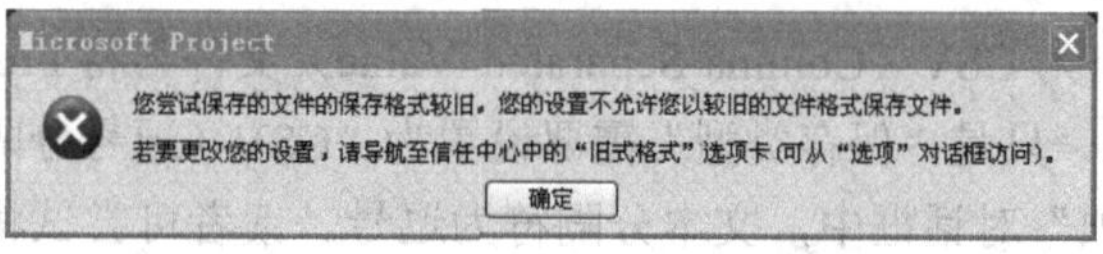

图 12-31　“Microsoft Project”对话框

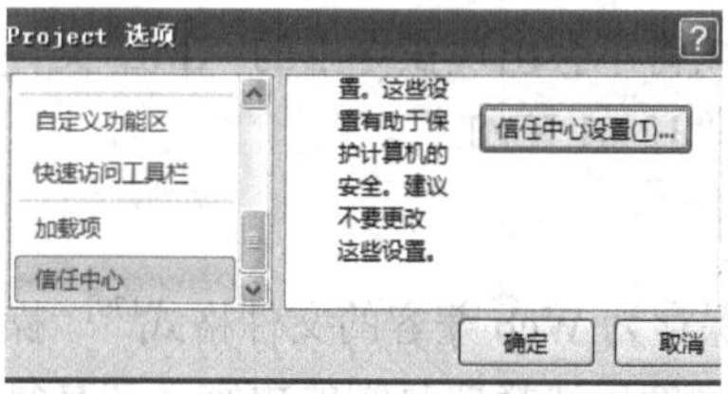

图 12-32　“Project 选项”对话框

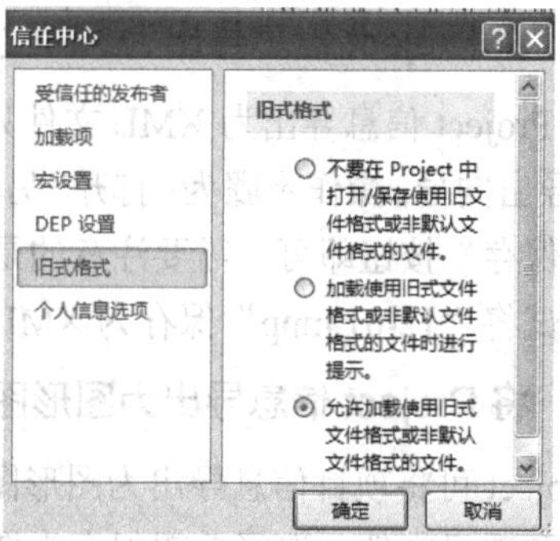

图 12-33　“信任中心”对话框

例 12-3　将 Project 信息导出为文本文件。

将“12-01.mpp”导出为文本文件并命名为“12-03.txt”，要求采用自定义映射方式导出任务“项”表信息。

操作步骤如下：

打开“12-01.mpp”，然后打开“另存为”对话框，设置“保存类型”为“文本（以 Tab 分隔）（*.txt）”，“文件名”为“12-03”，然后单击“保存”按钮，打开“导出向导”对话框。

单击“下一步”按钮，打开“导出向导-映射”对话框，选中“新建映射”单选按钮。再次单击“下一步”按钮，弹出“导出向导-映射选项”对话框。在“选择要导出数据的类型”栏选择“任务”单选项，单击“下一步”按钮，弹出“导出向导-任务映射”对话框。单击“根据表”按钮，弹出“选定域映射基准表”对话框，单击“项”表，再单击“确定”按钮，返回“导出向导-任务映射”对话框，如图 12-34 所示。单击“下一步”按钮，弹出“导出向导-结束映射定义”对话框，单击“完成”按钮即可导出数据。

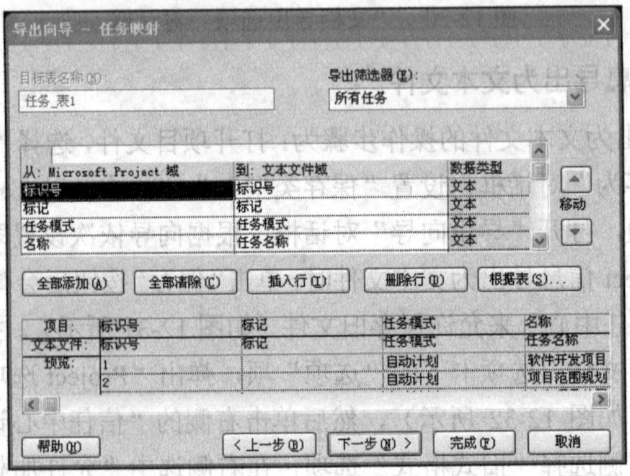

图 12-34 “导出向导-任务映射”对话框

4. 将 Project 信息导出为 CSV 文件

将 Project 信息导出为 CSV（Comma-Separated Value）文件与将 Project 信息导出为文本文件的操作步骤基本类似，只是“保存类型”需要设置为“CSV（逗号分隔）（*.csv）”。另外，在“导出向导-映射选项”对话框中，文本分隔符为逗号。读者可尝试将“12-01.mpp”保存为 CSV 文件并命名为“12-01.csv”。

5. 将 Project 信息导出为 XML 文件

将 Project 信息导出为 XML 文件只能将整个项目导出为 XML 格式，Project 会自动映射数据，无导出向导。操作步骤为：打开“另存为”对话框，设置“保存类型”为“XML 文件（*.xml）”，单击“保存”按钮即可。需要注意的是，包含空值的域将不会出现在导出的 XML 文件中。读者可尝试将“12-01.mpp”保存为 XML 文件并命名为“12-01.XML”。

6. 将 Project 信息导出为图形图像

Project 可将项目信息导出为图形图像，或将图片保存为 Web 兼容的文件格式[79]。操作步骤为：打开项目文件，选择希望保存为图片的项目视图，然后选择要复制的内容（若是复制项目计划中所有可视部分，则不做任何选择），后单击“任务”选项卡下“剪切板”组中的“复制”按钮，在下拉列表中选择“复制图片”，弹出“复制图片”对话框，如图 12-35 所示。其中，“表现图像”栏用于选择复制图片方式。若复制计算机屏幕显示的信息，则选择“按屏幕显示”；若复制打印机使用的信息，则选择“按打印格式”；若将信息保存为图像，可在 Web 页面或其他程序中使用，则选择“到 GIF 图像文件”。此外，还需要在该选项下方的文本框中指定图像保存路径和文件名。

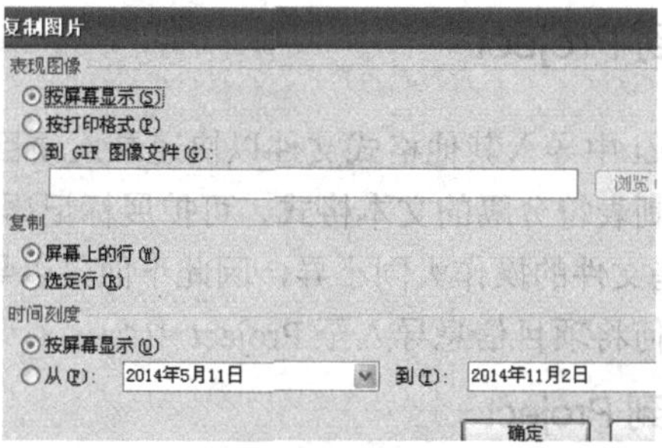

图 12-35 “复制图片”对话框

注意，若用户仅需复制屏幕可视部分的内容，同时需要选定“复制”栏的“选定行”单选按钮；若仅复制某个时间范围内的信息而非当前显示信息，则同时需要设置“时间刻度”栏的“从”和“到”日期选项 [79]。

例 12-4 将 Project 信息导出为图形图像。

将“12-01.mpp”中的甘特图屏幕可视部分导出为图形图像文件并命名为“12-04.gif”。

操作步骤如下：

打开“12-01.mpp”并切换到“甘特图”视图，单击“任务”选项卡下“剪切板”组中的“复制”按钮，在下拉列表中选择“复制图片”命令，打开“复制图片”对话框。选中“到 GIF 图像文件”单选按钮，在下方的文本框中修改文件名为“12-04.gif”，如图 12-36 所示。然后单击“确定”按钮即可。使用 ACDSee 打开的“12-04.gif”如图 12-37 所示。

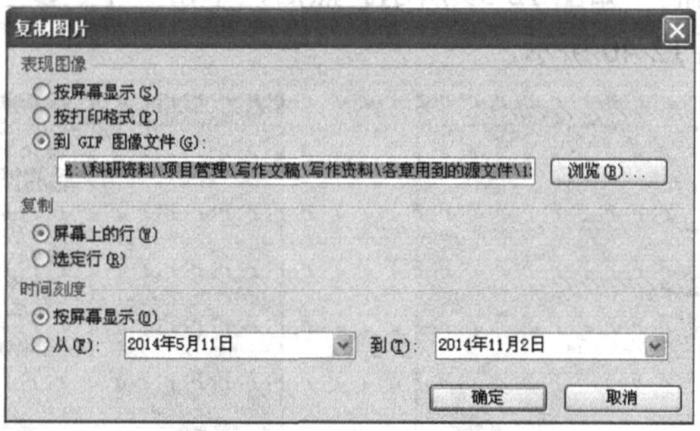

图 12-36 “复制图片”对话框

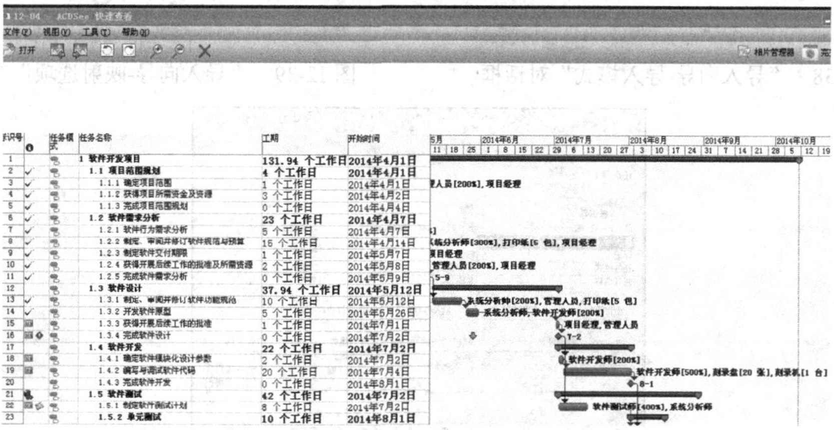

图 12-37 使用 ACDSee 打开的“12-04.gif”

12.3.2 导入项目信息到 Project

项目管理中，可在 Project 中导入其他格式文件以快速录入项目信息，如 Excel、Outlook 任务、逗号分隔值（CSV）或制表符分隔的文本格式、可扩展标记语言（XML）、Access[79,126]、MPX 格式文件等。导入这些文件的操作大同小异，因此下面仅以导入 Excel 文件、Outlook 文件和文本文件为例，介绍如何将项目信息导入至 Project 中。

1．将 Excel 文件导入到 Project

例 12-5　将 Excel 文件导入到 Project。

将例 12-2 中的“12-02.xlsx”导入 Project 并命名为“12-05.mpp”，要求采用自定义映射方式导入任务信息。

操作步骤如下：

打开 Project，单击“文件”选项卡下“打开”项，弹出“打开”对话框，在“文件类型”下拉列表框中选择“Excel 工作簿（*.xlsx）”选项，然后定位到“12-02.xlsx”所在文件夹并选中“12-02.xlsx”，单击“打开”按钮。在打开的“导入向导”对话框中，单击“下一步”按钮，进入“导入向导-映射”对话框，选中“新建映射”单选按钮。

然后单击“下一步”按钮，打开“导入向导-导入模式”对话框，设置导入文件的方式。包含“作为新项目”、“将数据追加到活动项目”、“将数据并入活动项目”3 个选项。选中“作为新项目”单选按钮，如图 12-38 所示。单击“下一步”按钮，弹出“导入向导-映射选项”对话框，选中“任务”复选框，如图 12-39 所示。然后，单击“下一步”按钮，弹出“导入向导-任务映射”对话框，如图 12-40 所示。

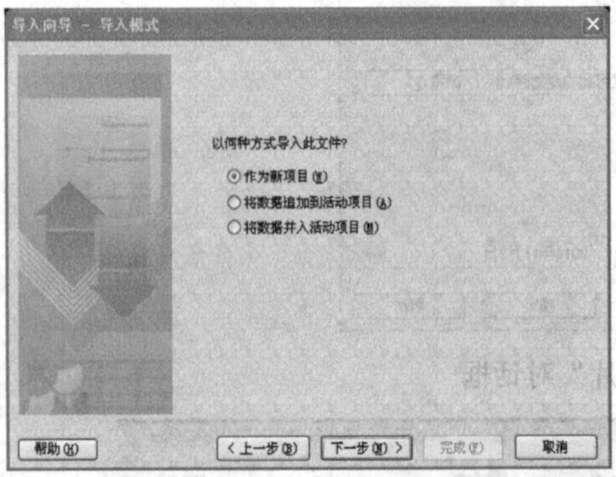

图 12-38　“导入向导-导入模式”对话框

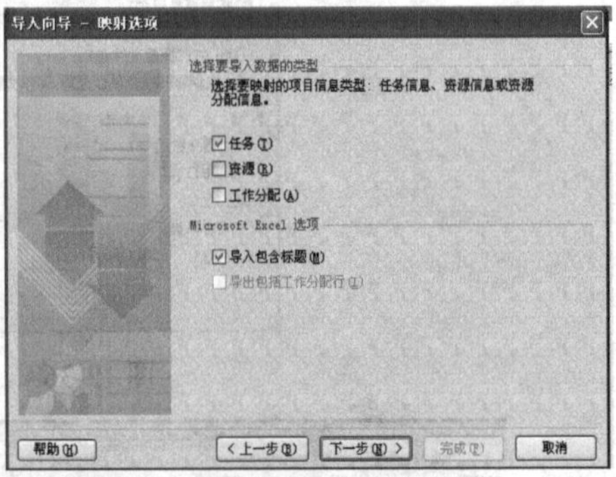

图 12-39　“导入向导-映射选项”对话框

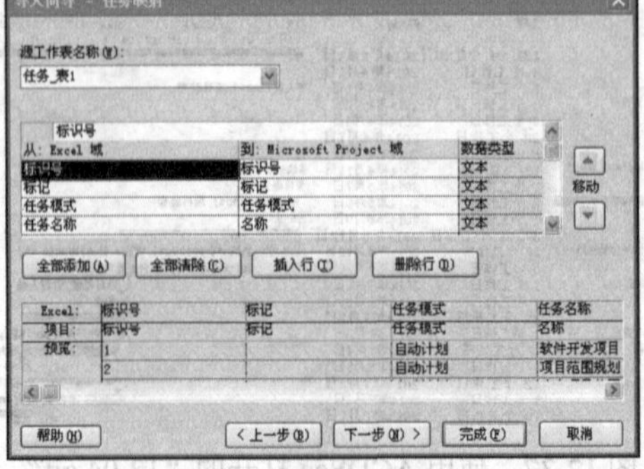

图 12-40　“导入向导-任务映射”对话框

“导入向导-任务映射”对话框中，可进行如下操作：

- 若要将数据从源文件中的一个域导入到另一个 Project 域，则需要在“到”列中单击该域，选择新域并按 Enter 键。
- 若要更改目标文件中的域名称，可在“到”列中单击域并输入新名称。
- 若要删除某个域，可在“从”列中单击该域，单击“删除行”按钮。
- 若要在一个域上方插入新域，可在“从”列中单击域，然后单击“插入行”按钮。
- 若要从导入映射中删除所有任务、资源或工作分配域，可单击“全部清除”按钮。
- 若要将目标文件的所有任务、资源或工作分配域添加到导入映射中，可单击“全部添加”按钮。
- 若要更改目标文件中的域顺序，可在“到”列中单击域，然后单击“移动”按钮将该域移到合适位置。

设置完毕后，在“预览”栏可预览导入映射的版式。然后单击“下一步”按钮，打开“导入向导-结束映射定义”对话框，如图 12-41 所示。单击“完成”按钮，即可导入数据。如想再次使用刚才编辑过的导入映射，可保存此映射。操作方法为：在图 12-41 中单击“保存映射”按钮，打开“保存映射”对话框，如图 12-42 所示。在“映射名称”文本框中输入名称，则新建映射将添加到预定义映射的列表中。

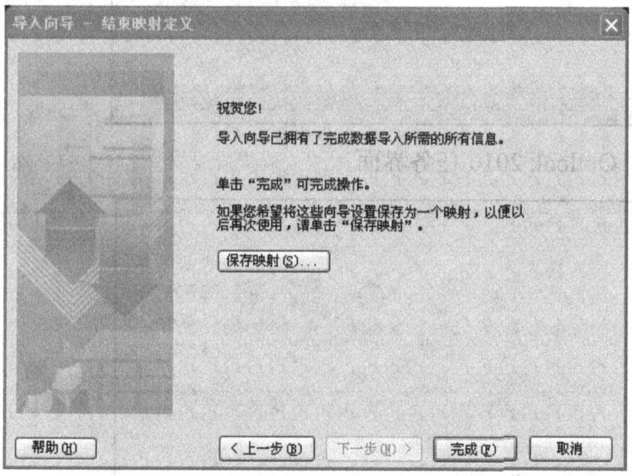

图 12-41 “导入向导-结束映射定义”对话框

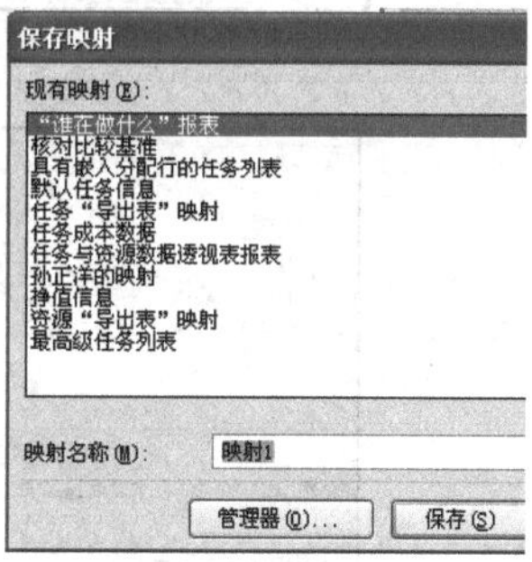

图 12-42 “保存映射”对话框

在本例中，单击“完成”按钮后，会弹出“Microsoft Project”对话框，如图 12-43 所示，提示发生导入错误。用户可返回前面进行修正。这里直接单击“是”按钮退出，然后将项目文件另存为“12-05.mpp”。

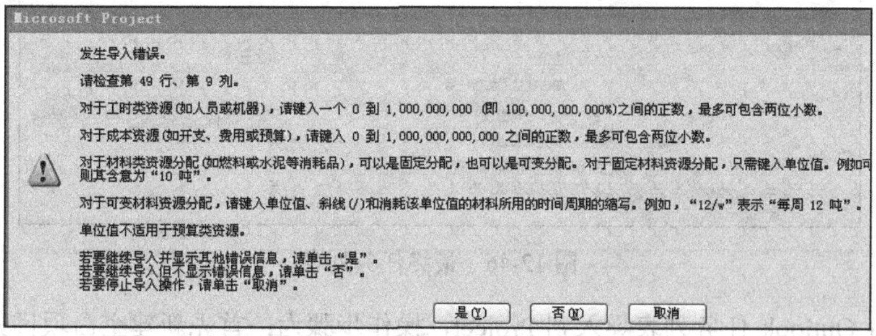

图 12-43 “Microsoft Project”对话框

2. 将 Outlook 文件导入到 Project

Outlook 中的“任务列表”实为一个项目，需在 Project 中安排日程并计算成本[79]。

例 12-6 将 Outlook 文件导入到 Project。

在 Outlook 2010 中创建一个任务列表，并将其导入一个空项目文件，最后将项目文件命名为“12-06.mpp”。

首先，在 Outlook 2010 中创建任务列表操作步骤为：打开 Outlook 2010，单击左下角的“任务”按钮，弹出 Outlook 2010 任务界面，如图 12-44 所示，然后单击“开始”选项卡下“新建”组中“新建任务”按钮，弹出“任务”对话框，并在其中输入任务信息，如图 12-45 所示，最终建好的任务列表如图 12-46 所示。

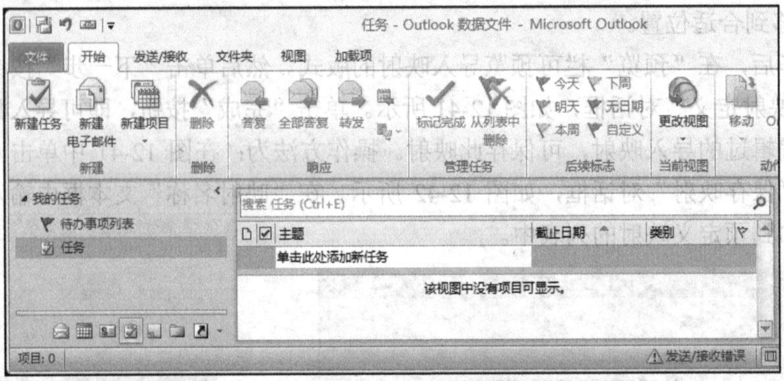

图 12-44 Outlook 2010 任务界面

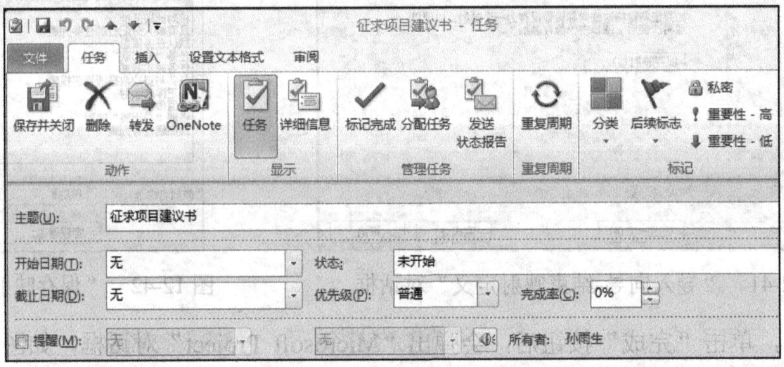

图 12-45 输入任务信息

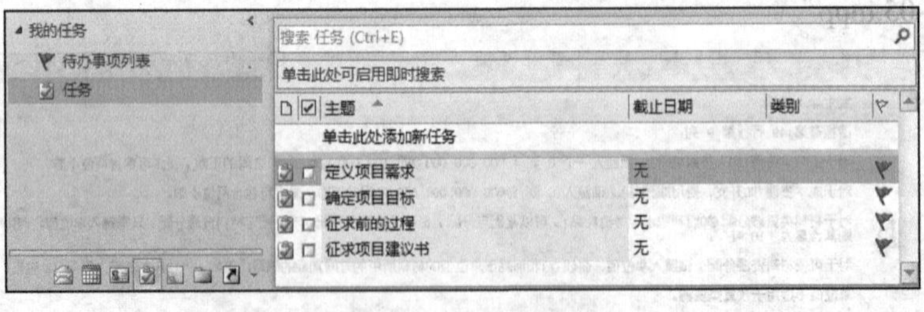

图 12-46 最终任务列表

其次，将 Outlook 任务列表导入到 Project，操作步骤为：首先新建空白项目文件，命名为 12-06.mpp 并打开。单击“任务”选项卡下“插入”组中的“任务”按钮，在下拉列表中选择

"导入 Outlook 任务"，弹出"导入 Outlook 任务"对话框，单击"全部选定"按钮，如图 12-47 所示，此时"确定"按钮变为可用，单击"确定"按钮，结果如图 12-48 所示。最后单击"保存"按钮。

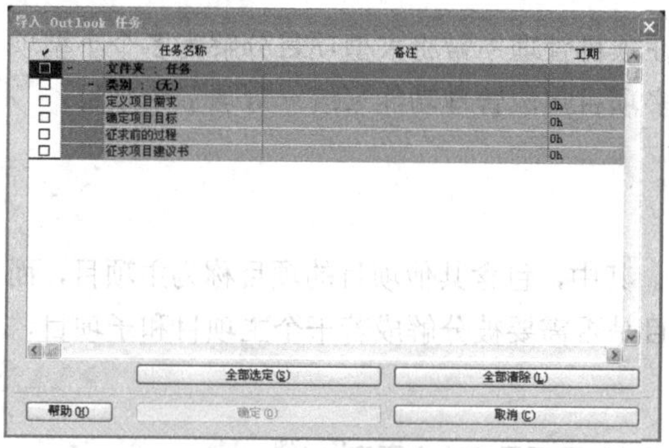

图 12-47 "导入 Outlook 任务"对话框

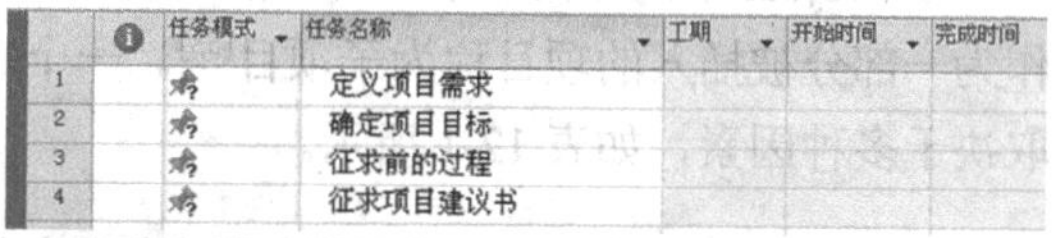

图 12-48 导入 Outlook 任务到 Project

3. 将文本文件导入到 Project

例 12-7 将文本文件导入到 Project

将例 12-3 中导出的"12-03.txt"文件导入到 Project 中，并另存为"12-07.mpp"。

操作步骤如下：

打开"打开"对话框，设置"文件类型"为"文本（以 Tab 分隔）(*.txt)"，定位到"12-03.txt"文件并单击"打开"按钮，弹出"导入向导"对话框。单击"下一步"按钮，打开"导入向导-映射"对话框，选中"新建映射"单选按钮，然后单击"下一步"按钮，打开"导入向导-导入模式"对话框。选中"作为新项目"单选按钮，单击"下一步"按钮，弹出"导入向导-映射选项"对话框，如图 12-49 所示。此处，需注意文本分隔符的选择。选择"制表符"，然后单击"下一步"按钮，弹出"导入向导-任务映射"对话框，如图 12-50 所示。在其中可进行修改，但一般不作修改。单击"下一步"按钮，弹出"导入向导-结束映射定义"对话框，直接单击"完成"按钮，弹出"Microsoft Project"对话框提示发生导入错误。单击"是"按钮退出该提示框，即可导入数据。最后，将项目文件另存为"12-07.mpp"。

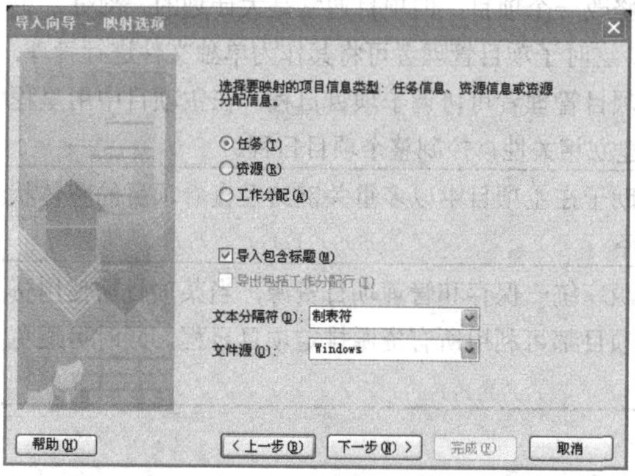

图 12-49 "导入向导-映射选项"对话框

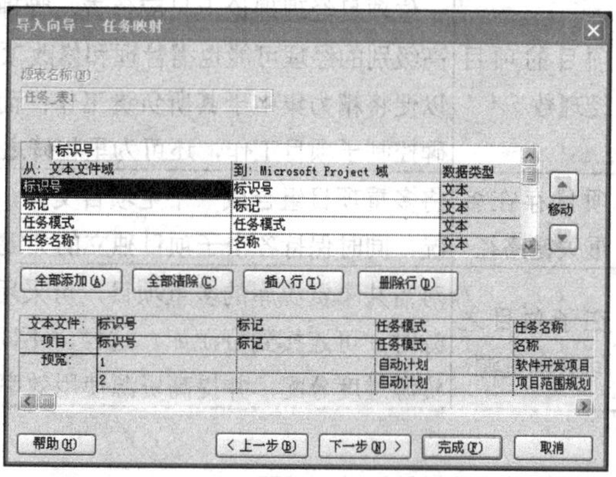

图 12-50 "导入向导-任务映射"对话框

文本文件包括 CSV 和 txt 两种格式，将 CSV 格式文本文件导入到 Project 的操作流程与将 txt 文件导入到 Project 的操作流程类似，区别仅是两者分隔符不一样，故不再赘述。

12.4 Project 中的多项目集成管理

项目越大，管理难度通常也会越大。因此，在项目管理中常将大型项目分解为多个小型项目，以便于对其进行操作和管理。Project 提供了多项目集成管理功能来统一管理多个项目。

12.4.1 主项目和子项目的概念

在 Project 中，可在一个项目中插入另一项目。其中，包含其他项目的项目称为主项目，而作为一部分被插入的项目称为子项目[53]。一个项目是否需要被分解成若干个主项目和子项目，取决于多种因素，如表 12-1 所示。

表 12-1 将项目分解成若干个主项目和子项目的决定因素[77,128]

决定因素	说明
项目规模和复杂度	对于包含几百个甚至更多任务的项目，将其分解成多个子项目比作为单一项目更便于浏览和操作。若需将项目某些部分的任务分解得比其他任务更详细，则可将这部分任务看作子项目，以便于用户只查看子项目内容的汇总说明或详细信息
企业环境	分布式或网络环境下，主项目和子项目比集中式项目更易管理，也便于管理人员控制自己的项目工作
项目计划制定方式	制定项目计划时，若采用自上而下或由下至上法，则需将项目分解成主项目和子项目，若采用前者，可将总计划分解为若干子项目，以便分配给项目经理或小组负责；若采用后者，低级别管理人员可针对其职责范围制定项目计划，并将其纳入到主项目中
项目经理同时负责项目数量	若项目经理同时负责多个项目，则最好将这些项目关联起来管理。这样，当主项目打开时，所有子项目也同时被打开，这在快速生成多重项目的报告时非常有用。若项目之间相关联，则项目经理可在不同项目的任务之间建立任务相关性，便于每个项目成员查看其他项目的工作对自己项目的影响
项目之间的关系	对于存在从属关系的多重项目，可通过插入项目的方法来精确反映多重项目的层次关系
项目的项目经理数	一位项目经理理论上只应负责、管理和修改一个项目，但项目通常是大计划的一部分，更高级别的经理可能也需管理和修改项目。这时子项目管理者可将其作为单独文件进行管理，以便将精力集中于其所负责工作；而主项目管理者可协调子项目日程，在主项目中用里程碑控制子项目工作，还可为里程碑之间建立相关性，控制整个项目日程
项目存在多重关键路径	将多重项目组合成一个主项目文件，有助于在主项目中以多重关键路径查看项目的整体状况，同时保持各个子项目独立的关键路径
在子项目之间共享资源	对需共享资源库的多重项目，可采用资源库统一保存和管理项目资源，当某项目需使用资源时，可连接到资源库。这样，不同的项目都可利用所有资源排定项目日程，同时可避免资源过度分配，并提高资源使用效率

12.4.2 合并多个项目

合并多个项目主要包括插入子项目和使用快捷方式快速合并打开的所有项目两种方式。

1. 插入子项目

Project 2010 可在任何大纲级别上插入项目，具体只需选择希望显示在插入项目下的任务，Project 就会在选中的任务之前插入项目[79]。通常情况下，插入的项目与选中的任务的级别相同。

例 12-8　在主项目中插入子项目。

将例 12-1 中的“12-01.mpp”另存为“12-08.mpp”并作为主项目，再将项目“征求项目建议书.mpp”作为子项目插入到该主项目中，作为主项目“软件开发项目”的子任务，位置放在任务“项目范围规划”之前。

操作步骤如下：

首先，将“12-01.mpp”另存为“12-08.mpp”并打开，然后选中任务“项目范围规划”，单击“项目”选项卡下“插入”组中的“子项目”按钮，弹出“插入项目”对话框，定位到项目“征求项目建议书.mpp”所在文件夹并选中该文件，如图 12-51 所示。若用户在插入子项目后，不希望保留主项目和子项目同步，则需要取消选中“链接到项目”复选框。本例保留两者的链接。然后单击“插入”按钮，可看到项目“征求项目建议书.mpp”以摘要任务形式插入[79]，名称为“征求项目建议书 1”。单击该任务名称前的标记，弹出“规划向导”对话框，选中“继续，允许日程排定的冲突”单选按钮，单击“确定”按钮即可展开并查看详细内容，如图 12-52 所示。可看出插入的项目“征求项目建议书.mpp”显示为摘要任务，其子任务拥有自己编号，与主项目任务编号无关。任务“征求项目建议书 1”标记域多了一个标记，鼠标光标停留其上时会出现“此插入项目从‘E:\科研资料\项目管理\写作文稿\写作资料\各章用到的源文件\12\征求项目建议书.mpp’中嵌入”标记，用于指明插入项目的文件名称和路径。注意，随着源文件存储位置的不同，“标记”域显示的路径信息会不同。

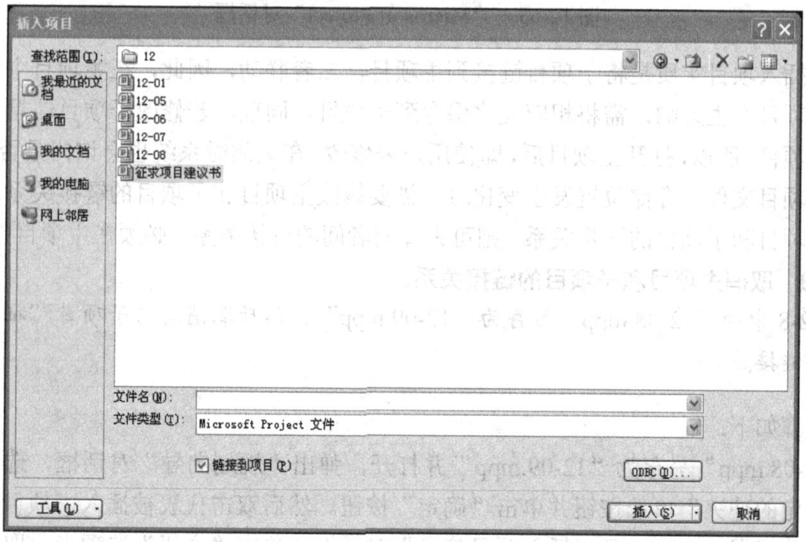

图 12-51　“插入项目”对话框

最后，单击“保存”按钮，弹出“Microsoft Project”提示对话框，如图 12-53 所示。该提示对话框中除了“是”、“否”和“取消”3 个常见按钮外，还包含“全部”和“全否”两个特殊按钮。若主项目中有多个被插入的子项目，且在编辑主项目时修改了这些子项目内容，则可单击“全部”按钮用以保存所有对子项目的修改到子项目源文件中[53,64]。若单击“全否”按钮，则表示不修改子项目源文件。此处，单击“是”按钮退出，然后关闭项目文件“12-08.mpp”。

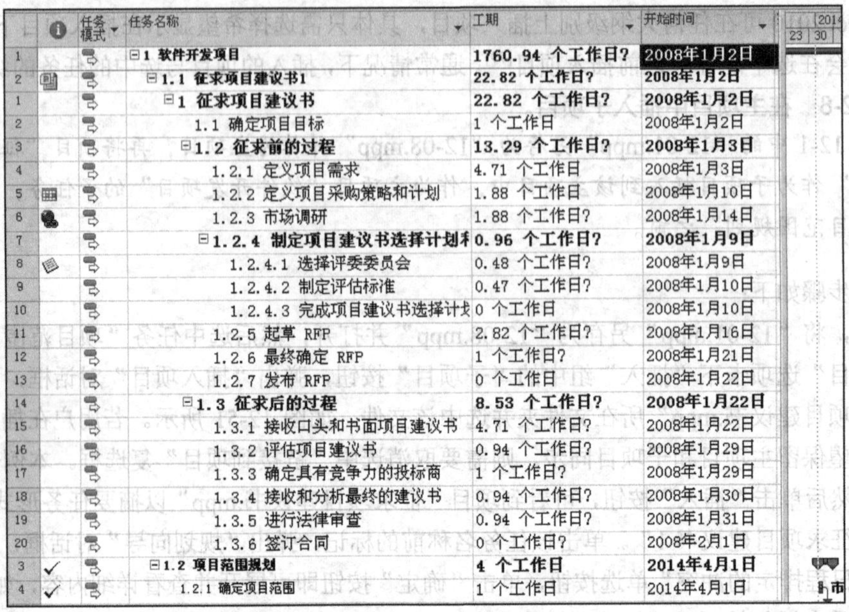
任务模式
任务名称
工期
开始时间
1 软件开发项目 | 1760.94 个工作日? | 2008年1月2日
1.1 征求项目建议书1 | 22.82 个工作日? | 2008年1月2日
1 征求项目建议书 | 22.82 个工作日? | 2008年1月2日
1.1 确定项目目标 | 1 个工作日 | 2008年1月2日
1.2 征求前的过程 | 13.29 个工作日? | 2008年1月3日
1.2.1 定义项目需求 | 4.71 个工作日 | 2008年1月3日
1.2.2 定义项目采购策略和计划 | 1.88 个工作日 | 2008年1月10日
1.2.3 市场调研 | 1.88 个工作日? | 2008年1月14日
1.2.4 制定项目建议书选择计划和 | 0.96 个工作日? | 2008年1月9日
1.2.4.1 选择评委委员会 | 0.48 个工作日? | 2008年1月9日
1.2.4.2 制定评估标准 | 0.47 个工作日? | 2008年1月10日
1.2.4.3 完成项目建议书选择计划 | 0 个工作日 | 2008年1月10日
1.2.5 起草 RFP | 2.82 个工作日? | 2008年1月16日
1.2.6 最终确定 RFP | 1 个工作日? | 2008年1月21日
1.2.7 发布 RFP | 0 个工作日 | 2008年1月22日
1.3 征求后的过程 | 8.53 个工作日? | 2008年1月22日
1.3.1 接收口头和书面项目建议书 | 4.71 个工作日? | 2008年1月22日
1.3.2 评估项目建议书 | 0.94 个工作日? | 2008年1月29日
1.3.3 确定具有竞争力的投标商 | 1 个工作日? | 2008年1月29日
1.3.4 接收和分析最终的建议书 | 0.94 个工作日? | 2008年1月30日
1.3.5 进行法律审查 | 0.94 个工作日? | 2008年1月31日
1.3.6 签订合同 | 0 个工作日? | 2008年2月1日
1.2 项目范围规划 | 4 个工作日 | 2014年4月1日
1.2.1 确定项目范围 | 1 个工作日 | 2014年4月1日

图 12-52　插入项目“征求项目建议书.mpp”的“12-08.mpp”

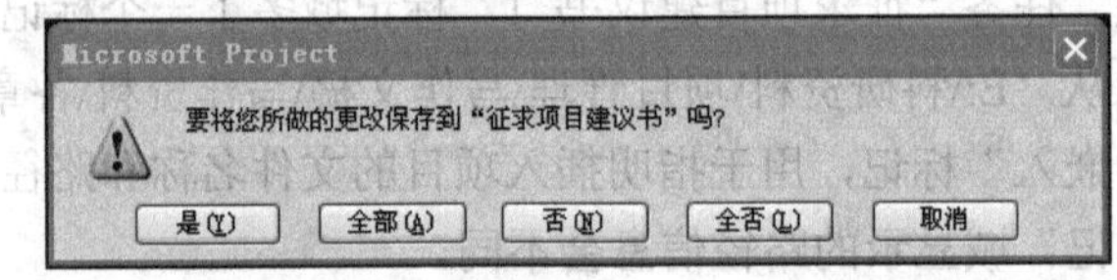

图 12-53　“Microsoft Project”对话框

注意，插入项目实质是将子项目链接到主项目，二者联动，因此，在主项目中修改子项目任务会对子项目产生影响，需将相应变化保存到子项目。同理，若修改子项目信息，其结果也会反映到主项目。所以，打开主项目后，即使用户未修改，在关闭时系统也会询问是否保存[77,128]。另外，当子项目文件的存储位置发生变化时，需要修改主项目和子项目的链接关系。若用户不需再保持主项目和子项目的同步关系，则可去掉两者间的链接关系（必须在主项目中进行[53]）。

例 12-9　取消主项目和子项目的链接关系。

将例 12-8 中的“12-08.mpp”另存为“12-09.mpp”，然后取消其与子项目“征求项目建议书.mpp”的链接。

操作步骤如下：

将“12-08.mpp”另存为“12-09.mpp”并打开，弹出“规划向导”对话框，选中“继续，允许日程排定的冲突”单选按钮并单击“确定”按钮。然后双击代表被插入子项目的摘要任务“征求项目建议书 1”，打开“插入项目信息”对话框。单击“高级”选项卡，取消选中“链接到项目”复选框，如图 12-54 所示。单击“确定”按钮，弹出如图 12-55 所示的提示对话框，单击“是”按钮，将相关修改保存到“征求项目建议书.mpp”中。

此时，“12-09.mpp”如图 12-56 所示。对比图 12-52 和图 12-56，可发现，取消链接关系后，子项目完全变成主项目的任务，其任务编号和日程排定和主项目的普通任务一样，进行统一编号和排定；同时，标记域中插入项目的标记也消失了。

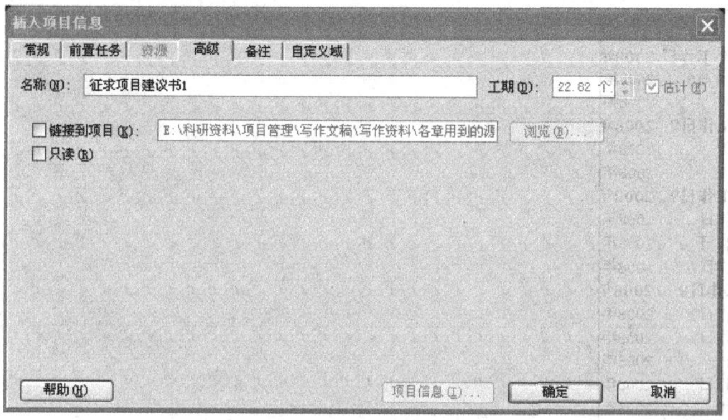

图 12-54 “插入项目信息”对话框

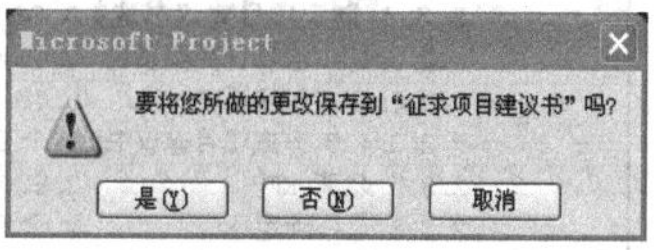

图 12-55 “Microsoft Project”对话框

图 12-56 取消主项目和子项目链接关系后的“12-09.mpp”

例 12-10 修改主项目和子项目对相关文件的影响。

将例 12-8 中的“12-08.mpp”另存为“12-10.mpp”，在子项目“征求项目建议书.mpp”的最前面添加一项任务“项目启动”并保存，然后查看子项目“征求项目建议书.mpp”和项目“12-09.mpp”中的任务变化。

操作步骤如下：

首先，将项目“12-08.mpp”另存为“12-10.mpp”并打开，弹出“规划向导”对话框。选中“继续，允许日程排定的冲突”单选按钮，单击“确定”按钮，然后单击任务“征求项目建议书”，单击“任务”选项卡下“插入”组中的“任务”按钮，并在其在下拉列表中选择“任务”命令，子项目中出现“新任务”任务，双击“新任务”，弹出“任务信息”对话框，修改任务名为“项目启动”，单击“确定”按钮。此时，“12-10.mpp”如图 12-57 所示。然后，单击“保存”按钮，弹出“Microsoft Project”对话框，如图 12-58 所示。可看出提示保存的是子项目而非主项目，原因在于修改的是子项目内容而非主项目内容（虽然是在主项目中进行编辑的）。单击“是”按钮退出，然后保存“12-10.mpp”。

任务名称
工期
开始时间
1 软件开发项目
1760.94 个工作日
2008年
1.1 征求项目建议书1
22.82 个工作日?
1 项目启动
1 个工作日?
2 征求项目建议书
22.82 个工作日?
2.1 项目启动
1 个工作日?
2.2 确定项目目标
1 个工作日
2.3 征求前的过程
13.29 个工作日?
2.3.1 定义项目需求
4.71 个工作日
2.3.2 定义项目采购策略和计
1.88 个工作日
2.3.3 市场调研
1.88 个工作日?
2.3.4 制定项目建议书选扌
0.96 个工作日?
2.3.4.1 选择评委委员会
0.48 个工作日?
2.3.4.2 制定评估标准
0.47 个工作日?
2.3.4.3 完成项目建议书这
0 个工作日
2.3.5 起草 RFP
2.82 个工作日?
2.3.6 最终确定 RFP
1 个工作日?
2.3.7 发布 RFP
0 个工作日
2.4 征求后的过程
8.53 个工作日?
2.4.1 接收口头和书面项目建
4.71 个工作日?
2.4.2 评估项目建议书
0.94 个工作日?
2.4.3 确定具有竞争力的投标
1 个工作日?
2.4.4 接收和分析最终的建议
0.94 个工作日?
2.4.5 进行法律审查
0.94 个工作日?
2.4.6 签订合同
0 个工作日?
1.2 项目范围规划
4 个工作日
2014年
1.2.1 确定项目范围
1 个工作日

图 12-57 添加了“项目启动”的“12-09.mpp”

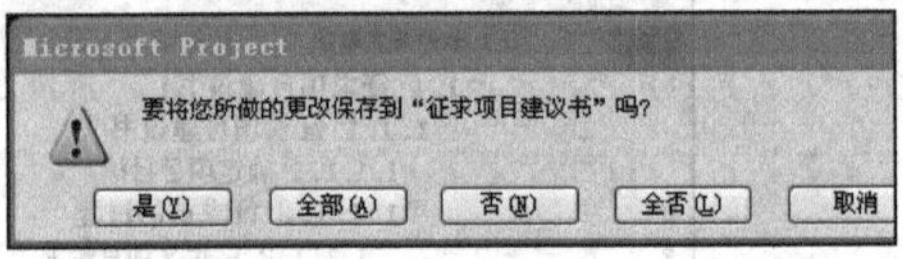

图 12-58 “Microsoft Project”对话框

此时打开“征求项目建议书.mpp”和“12-09.mpp”，会发现“项目启动”已添加到“征求项目建议书.mpp”中，如图 12-59 所示；而“12-09.mpp”中的任务并未发生变化，如图 12-60 所示，原因是“12-09.mpp”取消了与“征求项目建议书.mpp”的链接关系。

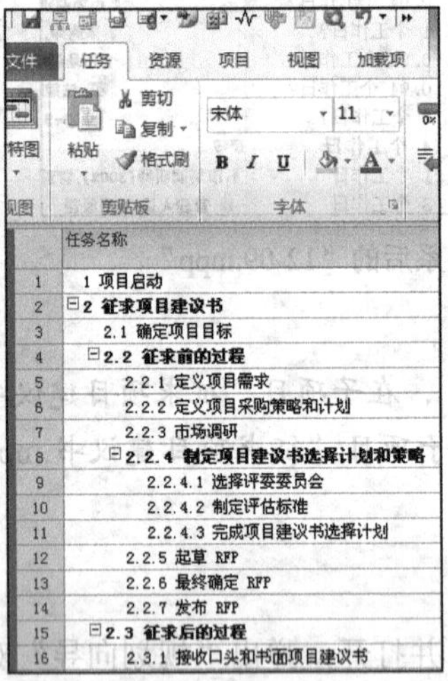
文件
任务
资源
项目
视图
加载项
剪切
复制
格式刷
粘贴
宋体
11
剪贴板
字体
任务名称
1 项目启动
2 征求项目建议书
2.1 确定项目目标
2.2 征求前的过程
2.2.1 定义项目需求
2.2.2 定义项目采购策略和计划
2.2.3 市场调研
2.2.4 制定项目建议书选择计划和策略
2.2.4.1 选择评委委员会
2.2.4.2 制定评估标准
2.2.4.3 完成项目建议书选择计划
2.2.5 起草 RFP
2.2.6 最终确定 RFP
2.2.7 发布 RFP
2.3 征求后的过程
2.3.1 接收口头和书面项目建议书

图 12-59 添加了“项目启动”的“征求项目建议书.mpp”

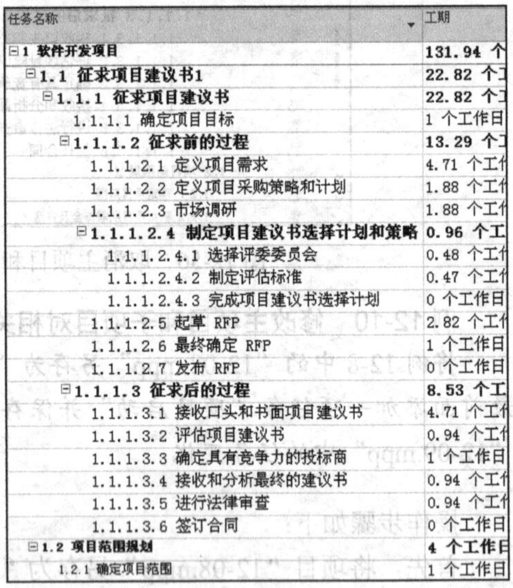
任务名称
工期
1 软件开发项目
131.94
1.1 征求项目建议书1
22.82
1.1.1 征求项目建议书
22.82
1.1.1.1 确定项目目标
1 个工作日
1.1.1.2 征求前的过程
13.29
1.1.1.2.1 定义项目需求
4.71
1.1.1.2.2 定义项目采购策略和计划
1.88
1.1.1.2.3 市场调研
1.88
1.1.1.2.4 制定项目建议书选择计划和策略
0.96
1.1.1.2.4.1 选择评委委员会
0.48
1.1.1.2.4.2 制定评估标准
0.47
1.1.1.2.4.3 完成项目建议书选择计划
0 个工作日
1.1.1.2.5 起草 RFP
2.82
1.1.1.2.6 最终确定 RFP
1 个工作日
1.1.1.2.7 发布 RFP
0 个工作日
1.1.1.3 征求后的过程
8.53
1.1.1.3.1 接收口头和书面项目建议书
4.71
1.1.1.3.2 评估项目建议书
0.94
1.1.1.3.3 确定具有竞争力的投标商
1 个工作日
1.1.1.3.4 接收和分析最终的建议书
0.94
1.1.1.3.5 进行法律审查
0.94
1.1.1.3.6 签订合同
0 个工作日
1.2 项目范围规划
4 个工作日
1.2.1 确定项目范围
1 个工作日

图 12-59 添加了“项目启动”的“征求项目建议书.mpp” 图 12-60 “12-09.mpp”中的任务未发生变化

2. 使用快捷方式快速合并打开的所有项目

例 12-11 使用快捷方式快速合并打开的所有项目。

用快捷方式快速合并打开的项目“12-01.mpp”和“征求项目建议书.mpp”，并将合并结果保存为“12-11.mpp”。

操作步骤如下：

打开要合并的子项目“征求项目建议书.mpp”和“12-01.mpp”，单击“视图”选项卡下“窗口”组中的“新建窗口”按钮，弹出“新建窗口”对话框，按住 Ctrl 键并单击要合并的项目，如图 12-61 所示，单击“确定”按钮，弹出“规划向导”对话框，选中“继续，允许日程排定的冲突”单选按钮，如图 12-62 所示。单击“确定”按钮，Project 会创建新的合并项目，其中包含“新建窗口”对话框中打开的所有项目，并按照子项目在“新建窗口”对话框中出现的顺序排列子项目[79]。为方便查看，此处仅显示三级大纲，方法是：单击“视图”选项卡下“数据”组中的“大纲”按钮，在下拉列表中选择“大纲级别 3（3）”，结果如图 12-63 所示。单击“保存”按钮，弹出“另存为”对话框，在文件名中输入“12-11”，单击“保存”按钮。系统弹出“Microsoft Project”对话框，如图 12-64 所示，依次提示是否将修改保存到“12-01”和“征求项目建议书”，本例依次单击“否”按钮。最后，单击“关闭”按钮依次关闭“12-11.mpp”、“12-01.mpp”和“征求项目建议书.mpp”，系统再次提示是否将修改保存到“12-01”和“征求项目建议书”，依次单击“否”按钮。

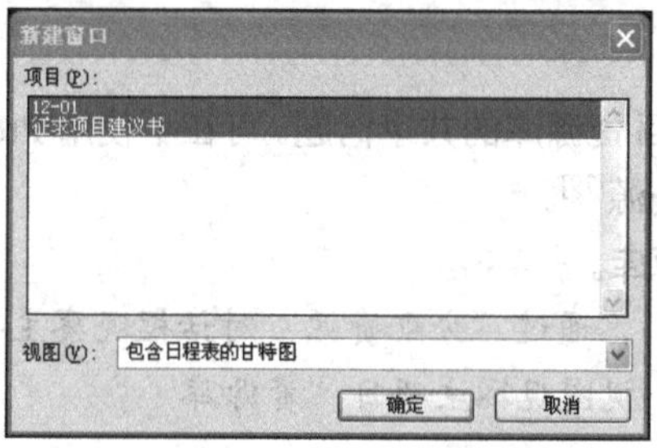

图 12-61 “新建窗口”对话框

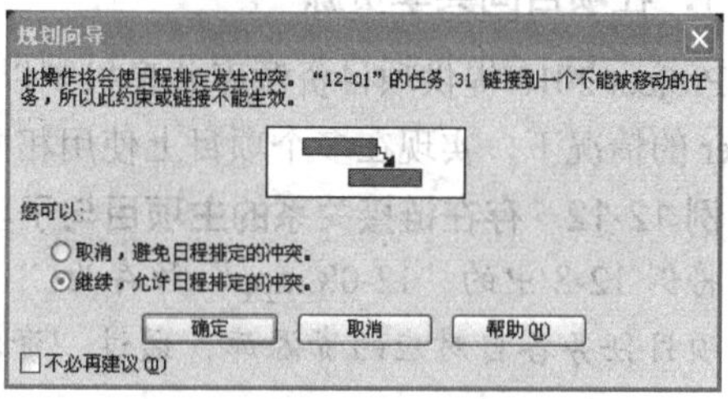

图 12-62 “规划向导”对话框

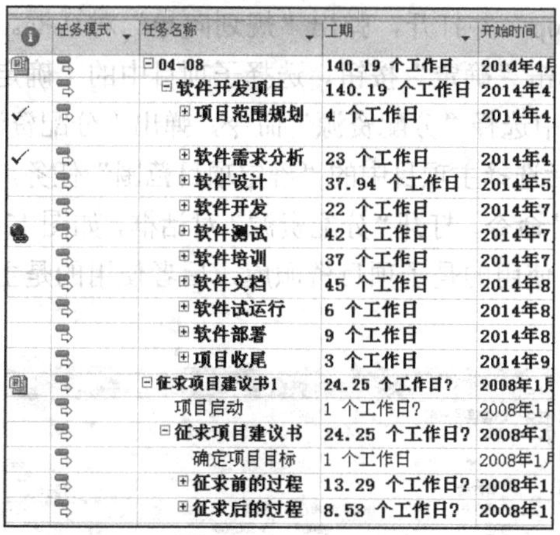

图 12-63 合并项目

图 12-64 “Microsoft Project”对话框

12.4.3 查看多个项目

在合并的项目中查看子项目及项目中的子任务和在普通项目中查看任务信息类似，只需单击任务左侧的大纲标记来展开或折叠详细任务，即可查看其子项目或任务。

在合并项目中，可查看每个子项目的关键路径[64]。操作步骤为：单击“文件”选项卡下的“选项”项，弹出“Project 选项”对话框，单击左侧的“高级”项，选中“计算多重关键路径”复选框，如图 12-65 所示。单击“确定”按钮，然后即可查看各个子项目关键路径，相关操作可参见本书 7.3.1 节。

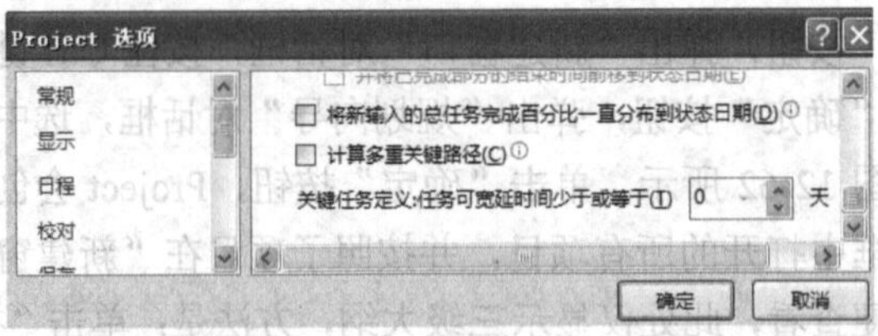

图 12-65 “Project 选项”对话框

12.4.4 在多个项目间共享资源

采用插入方式合并的项目中，主项目和子项目资源库相互独立，各自任务只能使用自己资源库，这些资源库有时存在重名[53,64,79]，给多项目资源管理带来不便。Project 2010 提供共享项目资源机制，以查看项目间的资源冲突和过度分配、资源使用状况和成本信息[64,129]。

1. 在项目间共享资源

Project 2010 提供项目资源库共享机制以解决多项目资源库的共享问题。可在不使用 Project Server 的情况下，实现在多个项目上使用相同的项目资源[79]。

例 12-12 存在链接关系的主项目与子项目的资源库。

将例 12-8 中的“12-08.mpp”另存为“12-12.mpp”，通过“分配资源”对话框观察主项目和子项目任务各自对应的资源库，通过“资源工作表”视图观察主项目“资源库”。

操作步骤如下：

首先，将项目“12-08.mpp”另存为“12-12.mpp”并打开，弹出“规划向导”对话框。选中“继续，允许日程排定的冲突”单选按钮，并单击“确定”按钮。选择子项目中的“确定项目目标”任务，单击鼠标右键，在弹出的下拉菜单中选择“分配资源”命令，弹出“分配资源”对话框，如图 12-66 所示。单击“关闭”按钮，然后选择主项目中的“确定项目范围”任务，单击鼠标右键，在弹出的下拉菜单中选择“分配资源”命令，打开“分配资源”对话框，如图 12-67 所示。可发现，两者的资源库来源并不一样，前者使用的是子项目资源库，后者使用的是主项目资源库[77]。单击“关闭”按钮退出。

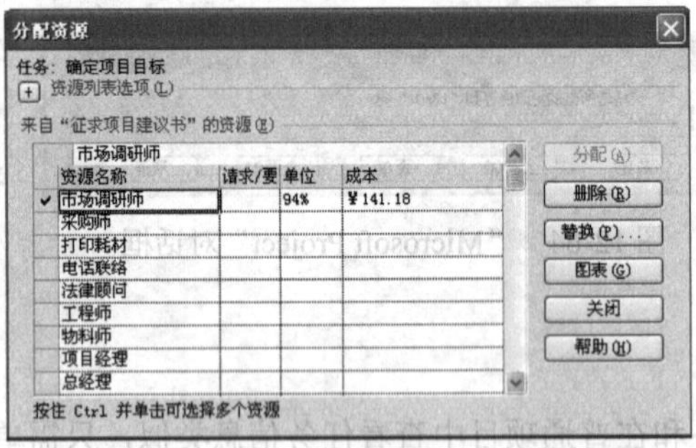

图 12-66 “分配资源”对话框

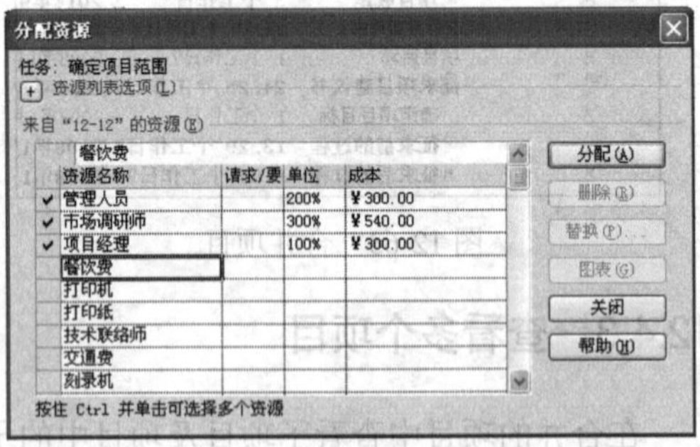

图 12-67 “分配资源”对话框

其次，通过“资源工作表”视图观察主项目“资源库”。单击“视图”选项卡下“资源视图”组中的“资源工作表”按钮，切换到“资源工作表”视图，如图 12-68 所示。其中，前面 1-9 号是子项目资源，后面 1-15 号是主项目资源，共计 24 条资源。另外，资源编号有重复，主项目和子项目各有一条“项目经理”和“市场调研师”资源，最后依次关闭项目文件。

	ℹ	资源名称	类型	材料标签	缩写	组	最大单位	标准费率	加班费率
1		市场调研师	工时		市	市场部	400%	¥3,000.00/月工时	¥6,000.00/月工时
2		总经理	工时		总	领导小组	100%	¥9,000.00/月工时	¥0.00/工时
3		项目经理	工时		项	领导小组	100%	¥4,000.00/月工时	¥0.00/工时
4		工程师	工时		工	工程部	400%	¥2,000.00/月工时	¥4,000.00/月工时
5		物料师	工时		物	物料部	200%	¥2,000.00/月工时	¥4,000.00/月工时
6		采购师	工时		采	采购部	200%	¥3,000.00/月工时	¥4,000.00/月工时
7		法律顾问	工时		法	专家顾问	100%	¥4,000.00/月工时	¥0.00/工时
8		电话联络	材料	次	电	办公费		¥10.00	
9		打印耗材	材料	包	打	办公费		¥30.00	
1		管理人员	工时		管	管理部	200%	¥3,000.00/月工时	¥3,600.00/月工时
2		项目经理	工时		项	管理部	100%	¥6,000.00/月工时	¥7,500.00/月工时
3		系统分析师	工时		系	技术部	300%	¥4,500.00/月工时	¥5,400.00/月工时
4		软件开发师	工时		软	技术部	500%	¥3,600.00/月工时	¥4,200.00/月工时
5		软件测试师	工时		软	技术部	500%	¥3,600.00/月工时	¥4,200.00/月工时
6		软件培训师	工时		软	实施部	500%	¥3,600.00/月工时	¥4,200.00/月工时
7		软件实施师	工时		软	实施部	400%	¥3,600.00/月工时	¥4,200.00/月工时
8		技术联络师	工时		技	实施部	300%	¥3,600.00/月工时	¥4,200.00/月工时
9		市场调研师	工时		市	支持部	300%	¥3,600.00/月工时	¥4,200.00/月工时
10		刻录机	材料	台	刻	耗材		¥400.00	
11		刻录盘	材料	张	刻	耗材		¥10.00	
12		打印机	材料	台	打	耗材		¥800.00	
13		打印纸	材料	包	打	耗材		¥40.00	
14		餐饮费	成本		餐	补助			
15		交通费	成本		交	补助			

图 12-68　主项目的“资源工作表”视图

例 12-13　取消链接关系的主项目与子项目的资源库。

打开例 12-9 中的“12-09.mpp”，对比保留了与子项目链接关系的主项目资源库与未保留与子项目链接关系的主项目资源库间的差异。

操作步骤如下：

打开“12-09.mpp”，单击“视图”选项卡下“资源视图”组中的“资源工作表”按钮，结果如图 12-69 所示。对比图 12-68 和图 12-69，可以发现，取消主项目和子项目的链接关系后，主项目资源库实际上是主项目和子项目资源库的合并，并进行了资源重新编号和剔重。

	ℹ	资源名称	类型	材料标签	缩写	组	最大单位	标准费率	加班费率
1		管理人员	工时		管	管理部	200%	¥3,000.00/月工时	¥3,600.00/月工时
2	◈	项目经理	工时		项	管理部	100%	¥6,000.00/月工时	7,500.00/月工时
3		系统分析师	工时		系	技术部	300%	¥4,500.00/月工时	¥5,400.00/月工时
4		软件开发师	工时		软	技术部	500%	¥3,600.00/月工时	¥4,200.00/月工时
5		软件测试师	工时		软	技术部	500%	¥3,600.00/月工时	¥4,200.00/月工时
6		软件培训师	工时		软	实施部	500%	¥3,600.00/月工时	¥4,200.00/月工时
7		软件实施师	工时		软	实施部	400%	¥3,600.00/月工时	¥4,200.00/月工时
8		技术联络师	工时		技	实施部	300%	¥3,600.00/月工时	¥4,200.00/月工时
9	◈	市场调研师	工时		市	支持部	300%	¥3,600.00/月工时	4,200.00/月工时
10		刻录机	材料	台	刻	耗材		¥400.00	
11		刻录盘	材料	张	刻	耗材		¥10.00	
12		打印机	材料	台	打	耗材		¥800.00	
13		打印纸	材料	包	打	耗材		¥40.00	
14		餐饮费	成本		餐	补助			
15		交通费	成本		交	补助			
16		总经理	工时		总	领导小组	100%	¥9,000.00/月工时	¥0.00/工时
17		工程师	工时		工	工程部	400%	¥2,000.00/月工时	¥4,000.00/月工时
18		物料师	工时		物	物料部	200%	¥2,000.00/月工时	¥4,000.00/月工时
19		采购师	工时		采	采购部	200%	¥3,000.00/月工时	¥4,000.00/月工时
20		法律顾问	工时		法	专家顾问	100%	¥4,000.00/月工时	¥0.00/工时
21		电话联络	材料	次	电	办公费		¥10.00	
22		打印耗材	材料	包	打	办公费		¥30.00	

图 12-69　“12-09.mpp”的“资源工作表”视图

例 12-14　在项目之间共享资源实现关联项目资源的统一管理。

将例 12-1 中的“12-01.mpp”和“征求项目建议书.mpp”分别另存为“12-011.mpp”和“征求项目建议书 1.mpp”，然后将两者资源库集成到一起，保存在项目文件“12-14.mpp”中。

操作步骤如下：

首先，将要共享项目资源的项目“12-011.mpp”和“征求项目建议书 1.mpp”全部打开，然后新建一个用来保存资源库的空项目文件，并命名为“12-14.mpp”。此时，“12-14.mpp”的资源工作表为空。

保持“12-14.mpp”为打开状态，切换到“征求项目建议书 1.mpp”中，单击“资源”选项卡下“工作分配”组中的“资源库”按钮，在其下拉列表中选择“共享资源”命令，打开“共享资源”对话框。选中“使用资源（需要至少一个开放的资源库）”单选按钮，并在“来自”下拉列表中选择要导出到的资源库文件“12-14”，如图 12-70 所示。在“如果日历或资源信息发生冲突”栏下，有两个选项可供用户选择：若以当前活动项目的资源信息、日历为准，则选中“本项目优先”单选按钮；若以资源库中的资源信息、日历为准，则选中“共享资源文件优先”单选按钮。最后，单击“确定”按钮。此时“12-14.mpp”的资源工作表如图 12-71 所示，可看到“征求项目建议书 1.mpp”的资源已被导入。

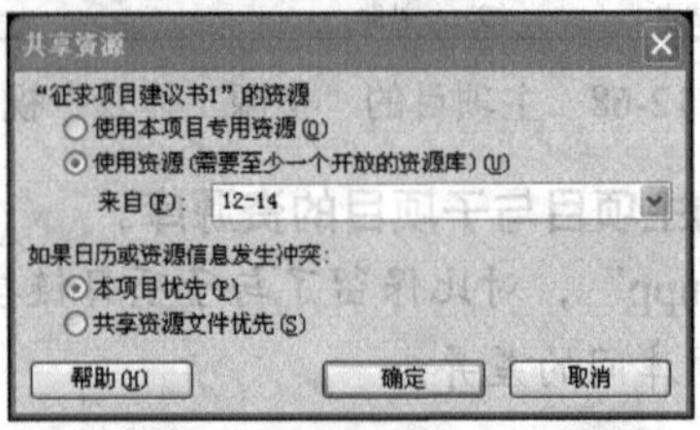

图 12-70 “共享资源”对话框

	资源名称	类型	材料标签	缩写	组	最大单位	标准费率
1	市场调研师	工时		市	市场部	400%	23.53/mo
2	总经理	工时		总	领导小组	100%	70.59/mo
3	项目经理	工时		项	领导小组	100%	64.71/mo
4	工程师	工时		工	工程部	400%	82.35/mo
5	物料师	工时		物	物料部	200%	82.35/mo
6	采购师	工时		采	采购部	200%	23.53/mo
7	法律顾问	工时		法	专家顾问团	100%	64.71/mo
8	电话联络	材料	次	电	办公费		¥10.00
9	打印耗材	材料	包	打	办公费		¥30.00

图 12-71 共享“征求项目建议书 1.mpp”资源库的“12-14.mpp”资源库

其次，切换到“12-011.mpp”项目，单击“资源”选项卡下“工作分配”组中的“资源库”按钮，在其下拉列表中选择“共享资源”命令，打开“共享资源”对话框。选中“使用资源（需要至少一个开放的资源库）”单选按钮，并在“来自”下拉列表中选择“12-14”选项，如图 12-72 所示。然后单击“确定”按钮，打开“规划向导”对话框，选中“继续，允许日程排定的冲突”单选按钮（如图 12-73 所示），并单击“确定”按钮退出。

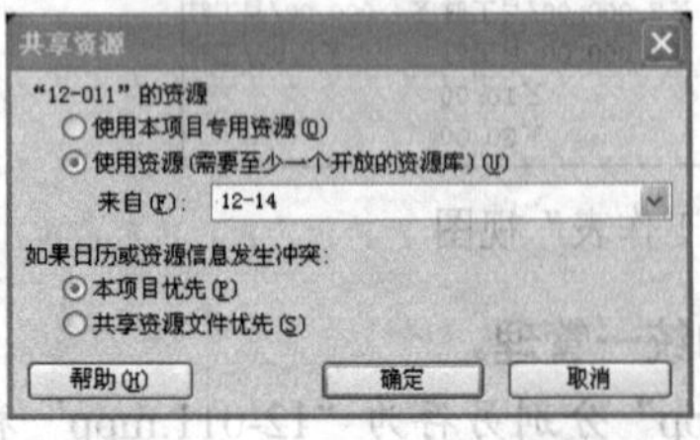

图 12-72 “共享资源”对话框

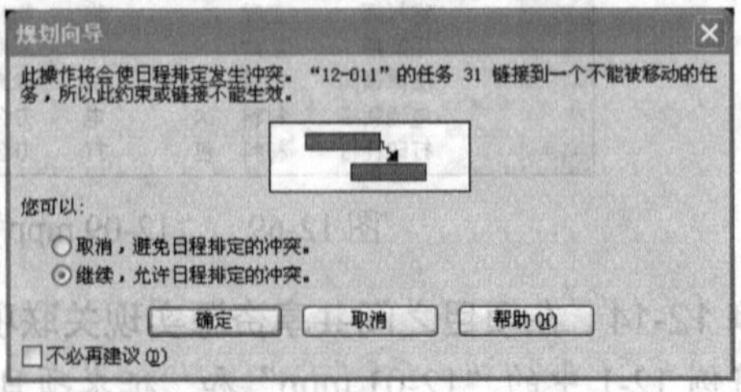

图 12-73 “规划向导”对话框

此时，“12-14.mpp”的资源工作表如图 12-74 所示。可以发现，项目“12-01.mpp”和“征求项目建议书.mpp”的资源都被包含在了“12-14.mpp”的资源库中。该资源库共包含 22 项资源，其中，重复资源“项目经理”和“市场调研师”在新资源库中只出现了一次。

		资源名称	类型	材料标签	缩写	组	最大单位	标准费率	加班费率
1		市场调研师	工时		市	市场部	400%	23.53/mo	47.06/mo
2		总经理	工时		总	领导小组	100%	70.59/mo	¥0.00/h
3		项目经理	工时		项	领导小组	100%	64.71/mo	¥0.00/h
4		工程师	工时		工	工程部	400%	82.35/mo	64.71/mo
5		物料师	工时		物	物料部	200%	82.35/mo	64.71/mo
6		采购师	工时		采	采购部	200%	23.53/mo	64.71/mo
7		法律顾问	工时		法	专家顾问团	100%	64.71/mo	¥0.00/h
8		电话联络	材料	次	电	办公费		¥10.00	
9		打印耗材	材料	包	打	办公费		¥30.00	
10		管理人员	工时		管	管理部	200%	23.53/mo	88.24/mo
11		系统分析师	工时		系	技术部	300%	35.29/mo	82.35/mo
12		软件开发师	工时		软	技术部	500%	88.24/mo	52.94/mo
13		软件测试师	工时		软	技术部	500%	88.24/mo	52.94/mo
14		软件培训师	工时		软	实施部	500%	88.24/mo	52.94/mo
15		软件实施师	工时		软	实施部	400%	88.24/mo	52.94/mo
16		技术联络师	工时		技	实施部	300%	8.24/mo	2.94/mo
17		刻录机	材料	台	刻	耗材		¥400.00	
18		刻录盘	材料	张	刻	耗材		¥10.00	
19		打印机	材料	台	打	耗材		¥800.00	
20		打印纸	材料	包	打	耗材		¥40.00	
21		餐饮费	成本		餐	补助			
22		交通费	成本		交	补助			

图 12-74　共享“征求项目建议书.mpp”资源库的“12-14.mpp”资源库

最后，保存并关闭“12-14.mpp”、“12-011.mpp”和“征求项目建议书 1.mpp”，系统弹出“Microsoft Project”对话框提示保存所做的修改。在本例中，并未对“12-011.mpp”和“征求项目建议书 1.mpp”进行任何修改，但系统仍会提示保存文件，这是由于 Project 建立了当前活动项目与资源库文件的链接。若希望保留该链接关系，则选择保存文件[77]。本例选择“是”按钮，这样，当再次打开“12-011.mpp”和“征求项目建议书 1.mpp”时，两者的资源库将会与共享资源库实现同步。

读者可以对比一下“12-01.mpp”和“12-011.mpp”，“征求项目建议书.mpp”和“征求项目建议书 1.mpp”,“12-011.mpp”、“征求项目建议书 1.mpp”和“12-14.mpp”,可发现“12-011.mpp”、“征求项目建议书 1.mpp”和“12-14.mpp”的资源信息是一样的。

2. 在项目中使用共享资源库

当打开设置了共享资源的项目文件时，系统会弹出“打开资源库信息”对话框，其包含了两个选项：若选中“打开资源库以查看所有共享资源文件的工作分配”单选按钮，则 Project 在打开要处理项目的同时以只读方式打开共享资源库，这样，便可在不影响资源库文件的情况下修改自己的项目，同时多个用户可共享资源库；若选中“不打开其他文件”单选按钮，则 Project 不会把用户在项目文件中对资源所做的任何修改同步传递给共享资源库。

3. 更新共享资源库信息

在处理设置了共享资源的项目时，若修改了资源信息，Project 会同步更新共享资源库，以便于其他使用共享资源库的人同时得到最新资源信息。注意，在更新共享资源库信息时，必须确保共享资源库文件已经打开。

例 12-15　更新共享资源库中的信息。

打开“征求项目建议书 1.mpp”，将资源“项目经理”的标准费率改为“4000 元/mo”，然后查看“12-14.mpp”中的“项目经理”标准费率。

操作步骤如下：

打开“征求项目建议书 1.mpp”，弹出“打开资源库信息”对话框，如图 12-75 所示，单击“确定”按钮，资源库文件“12-14.mpp”同步以“只读”方式打开。然后单击“视图”选项卡下“资源视图”组中的“资源工作表”按钮，切换到“资源工作表”视图，选定“项目经理”的“标准费率”域，将其修改为“4000 元/mo”，如图 12-76 所示。然后切换到“12-14.mpp”，可看到“项目经理”的标准费率已同步修改为“4000 元/mo”，如图 12-77 所示。关闭“征求项目建议书 1.mpp”，在如图 12-78 所示的提示框中单击“是”按钮，系统将弹出是否更新资源库的提示，如图 12-79 所示。单击“确定”按钮，以同步更新资源库。最后，保存并关闭“12-14.mpp”

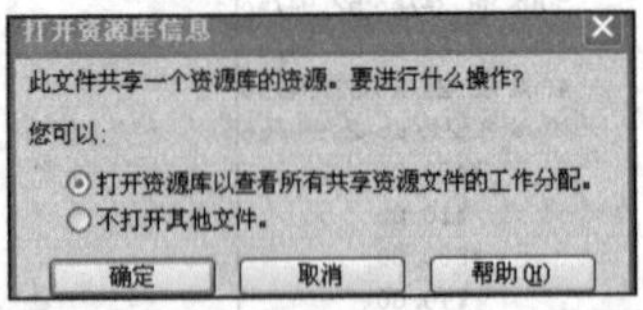

图 12-75 “打开资源库信息”对话框

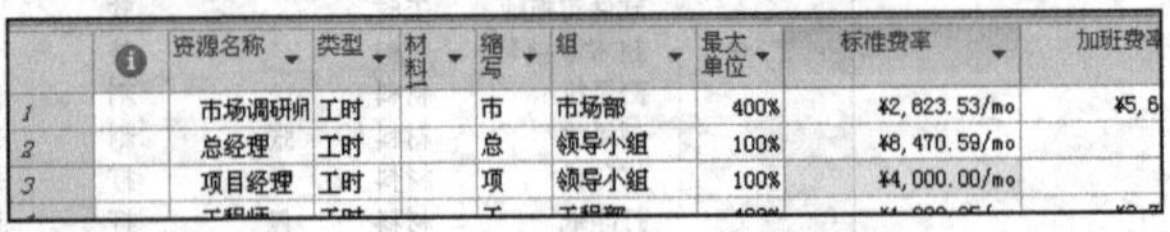

图 12-76 更新“项目经理”标准费率

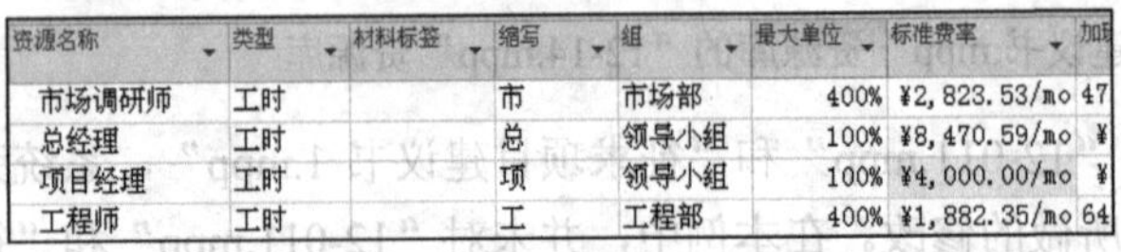

图 12-77 “12-14.mpp”同步实现“项目经理”费率更新

图 12-78 “Microsoft Project”对话框

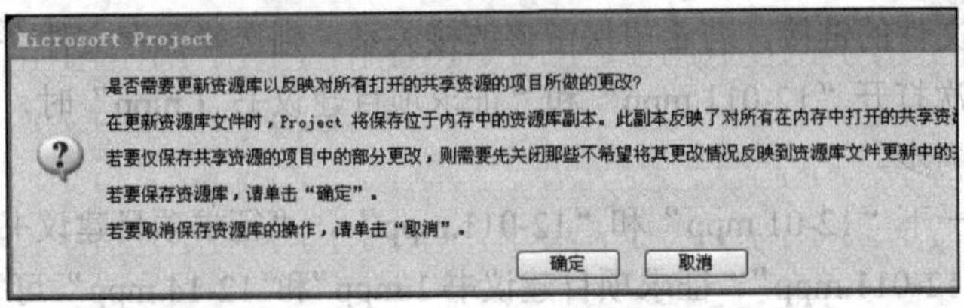

图 12-79 “Microsoft Project”对话框

4. 禁用共享资源库信息

在项目文件决定不再使用共享资源库时，可禁用共享资源库。

例 12-16 禁用共享资源库信息。

将例 12-1 中的“12-01.mpp”和“征求项目建议书.mpp”另存为“12-012.mpp”和“征求项目建议书 2.mpp”，将“12-012.mpp”和“征求项目建议书 2.mpp”资源库集成并保存到项目文件“12-16.mpp”。然后设置项目文件“12-012.mpp”禁用资源库文件“12-16.mpp”。

操作步骤如下：

将项目“12-01.mpp”和“征求项目建议书.mpp”分别另存为“12-012.mpp”和“征求项目建议书 2.mpp”，将“12-012.mpp”和“征求项目建议书 2.mpp”资源库集成并保存到“12-16.mpp”，相关操作参见例 12-14。然后再次打开“12-16.mpp”，系统弹出“打开资源库”对话框，如图 12-80 所示，选择“以读写方式打开资源库，让您可更改资源信息（例如费率等），但这样会锁定其他用户，使他们无法更新此资源库的信息”，单击“确定”按钮打开“12-16.mpp”。接下来，单击“资源”选项卡下“工作分配”组中的“资源库”按钮，在下拉列表中选择“共享资源”，弹出“共享资源”对话框，如图 12-81 所示，选中要禁用的“12-012.mpp”，单击“断开链接”按钮，然后保存并关闭“12-16.mpp”。

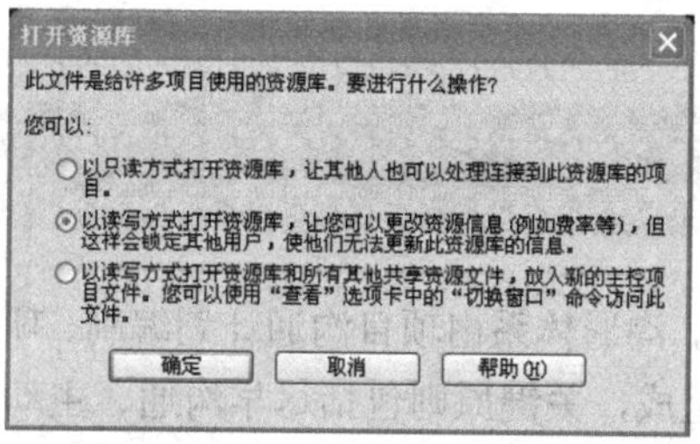

图 12-80　“打开资源库”对话框

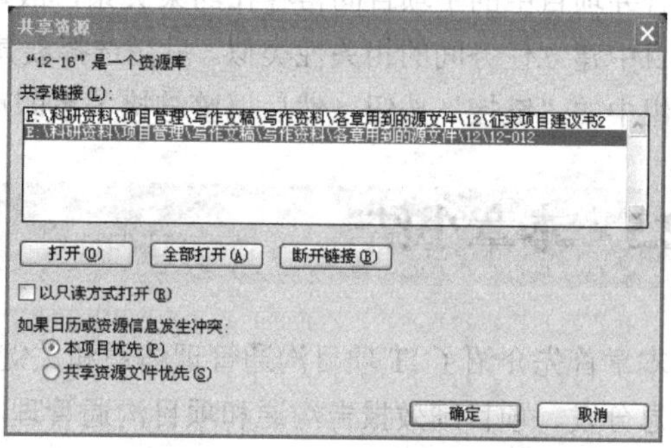

图 12-81　“共享资源”对话框

接下来，再次打开“12-16.mpp”及“共享资源”对话框，如图 12-82 所示，可发现共享链接中已没有“12-012.mpp”。关闭“12-16.mpp”，再次打开“12-012.mpp”，弹出“打开资源库信息”对话框，如图 12-83 所示。单击“确定”按钮，弹出“规划向导”对话框，选择“继续，允许日程排定的冲突”单选项，单击“确定”按钮。然后单击“资源”选项卡下“工作分配”组中的“资源库”按钮，在其下拉列表中选择“共享资源”命令，弹出“共享资源”对话框。选中“使用本项目专用资源”[129]单选按钮，如图 12-84 所示，并单击“确定”按钮退出。然后，依次保存并关闭“12-012.mpp”和“12-16.mpp[只读]”。

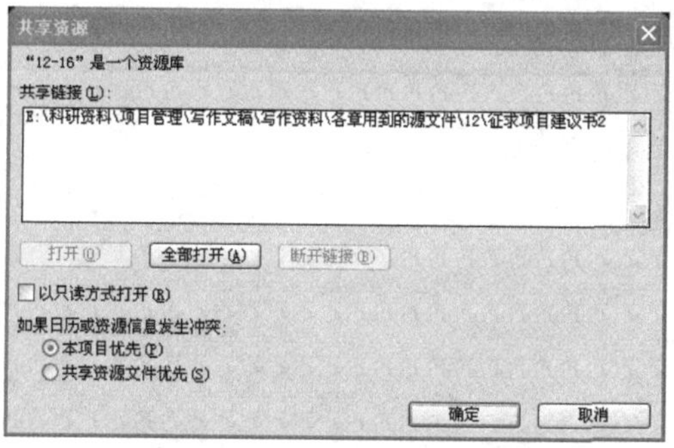

图 12-82　“共享资源”对话框

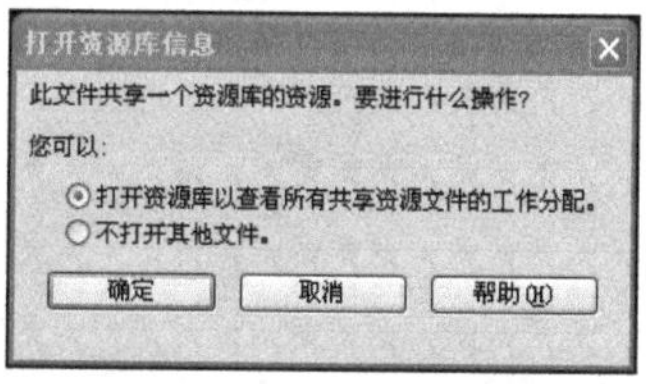

图 12-83　“打开资源库信息”对话框

再次打开“12-012.mpp”，弹出“共享资源”对话框，如图 12-85 所示。此时，可发现“使用资源（需要至少一个开放的资源库）”单选按钮不可选，证明已禁止了“12-012.mpp”使用共享资源库信息。

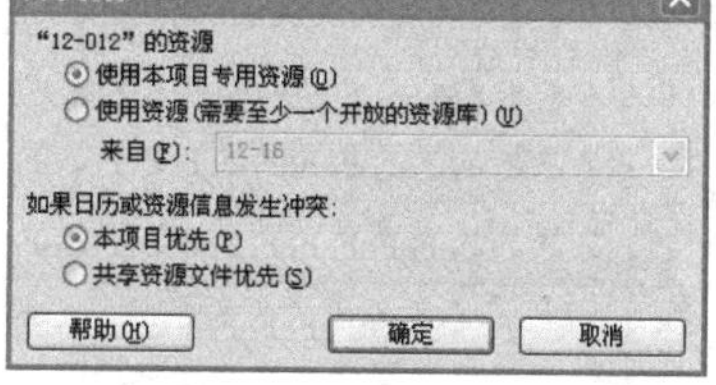

图 12-84　“共享资源”对话框

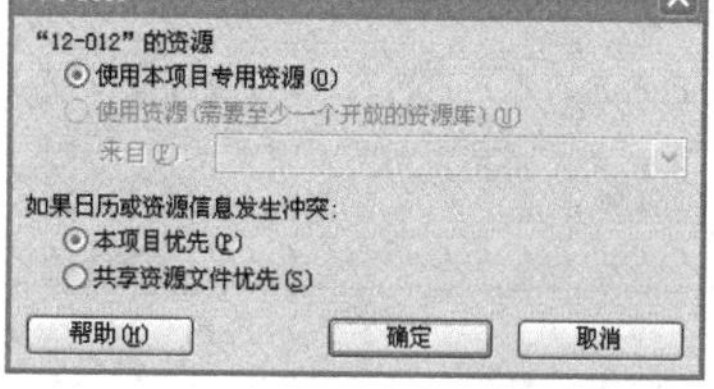

图 12-85　“共享资源”对话框

12.4.5 在多个项目间建立相关性

合并项目中的子项目间常存在约束关系，故可在子项目间建立相关性[64]。操作步骤与在普通项目中建立任务间的相关性类似。只需选择要建立相关性的任务，单击“任务”选项卡下“日程”组中的“链接”按钮，然后调整链接关系即可。

12.5 本章小结

本章首先介绍了 IT 项目沟通管理体系和关键原则，沟通体系由项目沟通计划编制、项目沟通信息分发、项目绩效报告沟通和项目沟通管理收尾组成，关键原则包括尽早沟通、主动沟通和保持畅通的沟通渠道；接着介绍了 Project 2010 中项目沟通与协作的机制与方式（报表和视图、传递项目文件、与其他软件的数据交换、多项目集成管理、Project Server 与 Standard 或 Professional 版的协调使用、SharePoint 等）以及 Project 与其他软件的数据交换（从 Project 中导出项目信息，导入项目信息到 Project）；最后介绍了 Project 中的多项目集成管理（合并、查看多个项目，在多个项目间共享资源、建立相关性）。

参考文献

[1] 徐继业，刘昕子．PM:21 世纪最热门的管理专业[EB/OL]．[2010-10-10]. http://joshuadhf.blog.163.com/blog/static/61349086200811211141261O2/.

[2] 项目管理者联盟．二十一世纪的黄金职业，项目经理薪资调查报告[EB/OL]．[2010-10-10]. http://www.mypm.net/news/show_news_content.asp?newsID=5247.

[3] 佚名．未来 5 年项目管理人才紧缺[EB/OL]．[2010-10-11]. http://www.eol.cn/hang_ye_fen_xi_4371/20070903/t20070903_251867.shtml.

[4] 腾讯财经．未来五年中国每年对项目管理人才需求 70 万[EB/OL]．[2010-10-12]. http://finance.qq.com/a/20101028/002768.htm.

[5] 佚名．武汉项目管理人才需求大热，需求位居全国前列[EB/OL]．[2010-10-12]. http://www.dayoo.com/roll/201007/11/10000307_102775776.htm.

[6] 佚名．上海市场紧缺项目管理人才[EB/OL]．[2010-10-12]. http://www.labournet.com.cn/ xunli/renshi/renshi406.htm.

[7] 佚名．学历教育[EB/OL]．[2010-10-14].http://baike.baidu.com/view/1368308.html?tp=0_11.

[8] 傲姿时代项目管理教材开发项目组．项目管理基础[M]．北京：清华大学出版社，2001：8.

[9] 蒋国瑞．IT 项目管理[M]．北京：电子工业出版社，2006：10.

[10] 佚名．项目管理教材[EB/OL]．[2010-10-14]. http://wenku.baidu.com/view/7549ae2f0066f5335a812194.html.

[11] 栾跃．软件开发项目管理[M]．上海：上海交通大学出版社，2005：8.

[12] 佚名．项目及项目管理的概念和特点[EB/OL]．[2010-10-14]. http://www.hv999.com/ show.asp?id=3559.

[13] 佚名．项目及项目管理[EB/OL]．[2010-10-14]. http://www.yuloo.com/news/2008-10-08/ 131050.html.

[14] 陈远．项目管理[M]．武汉：武汉大学出版社，2002：12.

[15] 佚名．项目管理的发展、特点及其在我国的应用研究[EB/OL]．[2010-10-16]. http://www.chinatat.com/new/201012/su57823145511821010279l3.shtml.

[16] 佚名．PMBOK[EB/OL]．[2010-10-17]. http://baike.baidu.com/view/295693.htm.

[17] （美）项目管理协会．项目管理知识体系指南[M]．第 4 版．王勇，张斌译．北京：电子工业出版社，2009．4.

[18] 佚名．Prince2 项目管理体系[EB/OL]．[2010-10-19]. http://bbs.21manager.com/dispbbs- 156945-1.html.

[19] 佚名．C-PMBOK[EB/OL]．[2010-10-19].http://baike.baidu.com/view/3956624.htm.

[20] 佚名．项目管理知识体系五大过程组简介[EB/OL]．[2010-10-20]. http://blog.csai.cn/user1/ 12337/archives/2010/41955.html.
[21] 佚名．中国项目管理研究委员会[EB/OL]．[2010-10-20]. http://baike.baidu.com/view/ 3936092.htm.
[22] 佚名．中国项目管理师[EB/OL]．[2010-10-20].http://baike.baidu.com/view/115991.htm.
[23] 马君.什么是 IT 项目管理[EB/OL]．[2010-10-23]. http://www.mypm.net/articles/show_article_ content.asp?articleID=18849&pageNO=1.
[24] 佚名．第 01 章 IT 项目管理的基本概念[EB/OL]．[2010-10-23]. http://wenku.baidu.com/view/ 569c8b8371fe910ef12df8f3.html.
[25] 曹汉平，王强，贾素玲.信息系统开发与 IT 项目管理[M]．北京：清华大学出版社，2006：4.
[26] 佚名．项目成功的关键原则[EB/OL]．[2010-10-16]. http://wenku.baidu.com/view/71c35f05cc17552707220839.html.
[27] 佚名．常见项目管理模式简介[EB/OL]．[2010-10-26]. http://wenku.baidu.com/view/ 1d2fadda50e2524de5187e34.html.
[28] 唐晓波．IT 项目管理[M]．北京：科学出版社，2008：1.
[29] 佚名．项目质量计划[EB/OL]．[2010-10-28].http://baike.baidu.com/view/1296795.htm.
[30] 佚名．项目人力资源计划[EB/OL]．[2010-10-28].http://baike.baidu.com/view/4342703.htm.
[31] 佚名．项目沟通计划[EB/OL]．[2010-10-28].http://baike.baidu.com/view/1296799.htm.
[32] 佚名．项目风险管理计划[EB/OL]．[2010-10-29].http://baike.baidu.com/view/4274005.htm.
[33] 佚名．项目采购计划[EB/OL]．[2010-10-30].http://baike.baidu.com/view/4342692.htm.
[34] 佚名．项目组织[EB/OL]．[2010-10-31].http://baike.baidu.com/view/635574.htm.
[35] 佚名．项目沟通管理[EB/OL]．[2010-10-31].http://baike.baidu.com/view/4098031.html.
[36] 佚名．项目进度控制[EB/OL]．[2010-11-3].http://baike.baidu.com/view/4344343.htm.
[37] 佚名．项目采购计划[EB/OL]．[2010-11-3].http://baike.baidu.com/view/4342692.htm.
[38] 佚名．项目采购管理[EB/OL]．[2010-11-5].http://baike.baidu.com/view/2061952.htm.
[39] 佚名．项目质量控制[EB/OL]．[2010-11-5].http://baike.baidu.com/view/1296797.htm.
[40] 佚名．风险控制[EB/OL]．[2010-11-5].http://baike.baidu.com/view/1129854.htm.
[41] 佚名．IT 项目监理[EB/OL]．[2010-12-13].http://vondon.javaeye.com/blog/416130.
[42] 佚名．信息化 IT 项目监理[EB/OL]．[2010-11-5]. http://www.hefei.gov.cn/n1070/n304559/ n311446/n316863/n319390/928666.html.
[43] 佚名．工程项目监理[EB/OL]．[2010-11-15].http://baike.baidu.com/view/4682006.html.
[44] 佟芳芳．IT 监理在信息系统工程质量控制中的应用研究[D]．东北财经大学，2004.
[45] 佚名．项目收尾[EB/OL]．[2010-11-5].http://baike.baidu.com/view/2193305.htm
[46] 佚名．项目审计[EB/OL]．[2010-11-6].http://baike.baidu.com/view/2295064.htm
[47] 佚名．COBIT 标准[EB/OL]．[2010-11-6]. http://wiki.mbalib.com/wiki/COBIT%E6%A0%87%E5%87%86.
[48] 佚名．项目后评价[EB/OL]．[2010-11-6].http://baike.baidu.com/view/1581201.htm.
[49] 佚名．投资项目后评价[EB/OL]．[2010-11-6]. http://wenku.baidu.com/view/0040cd31b90d6c85ec3ac657.html.
[50] 萧萧.微软宣布 Project 2010 版本信息及功能改进[EB/OL]．[2010-11-6].

http://tech.sina.com.cn/s/2009-09-17/14293446576.shtml.
[51] 佚名．Microsoft Project 2010 的新增功能[EB/OL]．[2010-11-6].
http://office.microsoft.com/ zh-cn/project-help/HA010354195.aspx.
[52] 佚名．Project 2010 中废止和修改的功能[EB/OL]．[2010-11-10].
http://office.microsoft.com/ zh-cn/project-help/HA101812904.aspx.
[53] 葛娟，王邦军．Microsoft Project 2003 项目管理与应用[M]．北京：清华大学出版社，北京交通大学出版社，2006：10.
[54] 佚名．项目管理软件 Project 发展回顾[EB/OL]．[2010-11-10].
http://www.mypm.net/bbs/ Article.asp?ntypeid=3&titleid=61285&page=1.
[55] 胡铭娅.基于 Office Project 2010 软件项目新体验[EB/OL]．[2010-11-10].
http://tech.it168.com/a2010/0225/853/000000853306.shtml.
[56] Web site of Project[EB/OL]．[2010-11-10].
http://www.microsoft.com/project/en/us/solutions.aspx.
[57] 佚名．微软企业项目管理（EPM）解决方案[EB/OL]．[2010-11-10].
http://lb1.www.ms.akadns.net/China/smb/local/c2b/solution/bpio/bpios7/default.aspx.
[58] 佚名．了解 Project 2010 功能区[EB/OL]．[2010-11-11].
http://office.microsoft.com/zh-cn/ project-help/HA010359476.aspx.
[59] 佚名．使用工作组规划器查看工作组的工作[EB/OL]．[2010-11-11].
http://office.microsoft.com/zh-cn/project-help/HA010373239.aspx.
[60] 佚名．关于 project 2003 中几个视图的认识[EB/OL]．[2010-11-12].
http://space.itpub.net/?uid-178883-action-viewspace-itemid-16212.
[61] 王长峰，李英辉．IT 项目管理案例与分析[M]．北京：机械工业出版社，2008：3.
[62] 佚名．项目计划[EB/OL]．[2010-11-12].http://baike.baidu.com/view/551046.htm#4.
[63] leadge.项目计划十步法[EB/OL]．[2010-11-14].
http://www.jdzj.com/gongcheng/article/2006-7-21/2552-1.htm.
[64] 杨志波．基于 Project 2003 的项目管理[M]．北京：电子工业出版社，2006：12.
[65] 佚名．概述：使用 Project 中的日历[EB/OL]．[2010-11-15].
http://office.microsoft.com/zh-cn/project-help/HA010157840.aspx?CTT=1.
[66] 佚名．“更改工作时间”对话框[EB/OL]．[2010-11-15].
http://office.microsoft.com/zh-cn/project-help/HA001225849.aspx.
[67] 佚名．为项目设置工作时间、休假和假日[EB/OL]．[2010-11-15].
http://office.microsoft.com/zh-cn/project-help/HA010351554.aspx?CTT=1#BMholiday.
[68] 佚名．任务分解结构[EB/OL]．[2010-11-15].
http://baike.baidu.com/view/4382793.htm.
[69] 佚名．创建单个任务和周期性任务[EB/OL]．[2010-11-15].
http://office.microsoft.com/zh-cn/project-help/HA010352366.aspx.
[70] 佚名．创建里程碑[EB/OL]．[2010-11-15].
http://office.microsoft.com/zh-cn/project-help/HP010359474.aspx.
[71] 佚名．更改任务工期[EB/OL]．[2010-11-15].
http://office.microsoft.com/zh-cn/project-help/HA010355882.aspx.

[72] 佚名．将任务分级显示为子任务和摘要任务[EB/OL]．[2010-11-15].
http://office.microsoft.com/zh-cn/project-help/HA010351689.aspx.
[73] 佚名．使用自上而下的规划方法创建摘要任务（或阶段）[EB/OL]．[2010-11-15].
http://office.microsoft.com/zh-cn/project-help/HA010376809.aspx.
[74] 佚名．链接项目中的任务[EB/OL]．[2010-11-16].
http://office.microsoft.com/zh-cn/project-help/HA010364282.aspx.
[75] 佚名．“自定义域”对话框[EB/OL]．[2010-11-16].
http://office.microsoft.com/zh-cn/project-help/HA001225862.aspx.
[76] 佚名．设置任务的开始日期或完成日期（限制）[EB/OL]．[2010-11-17].
http://office.microsoft.com/zh-cn/project-help/HA010113073.aspx.
[77] 佚名．Microsoft+Project+2003 项目管理与应用[EB/OL]．[2010-11-22].
http://wenku.baidu.com/view/9d8b280e52ea551810a68790.html.
[78] 佚名．关于任务类型[EB/OL]．[2010-11-18].
http://office.microsoft.com/zh-cn/project-help/HP001038014.aspx.
[79] （美）马默著，安晓梅．PROJECT 2007 宝典[M]．范书义译．北京：人民邮电出版社，2008：1.
[80] 佚名．Project 2007 简体中文教程[EB/OL]．[2010-11-20].
http://wenku.baidu.com/view/c56b79fc700abb68a982fb6f.html.
[81] 佚名．可用域[EB/OL]．[2010-11-20].
http://office.microsoft.com/zh-cn/project-help/HA010370279.aspx?CTT=1.
[82] 佚名．项目成本信息概述[EB/OL]．[2010-11-20].
http://office.microsoft.com/zh-cn/project-help/HA001223194.aspx?CTT=3.
[83] 黄斐．MS Project 项目管理与应用[M]．第 2 版．北京：科学出版社，2009：3.
[84] 佚名．创建项目预算[EB/OL]．[2010-11-20].
http://office.microsoft.com/zh-cn/project-help/HA010163295.aspx?CTT=3.
[85] 佚名．输入资源的成本[EB/OL]．[2010-11-20].
http://office.microsoft.com/zh-cn/project-help/HA010192128.aspx?CTT=3.
[86] 佚名．定义成本累算的方式[EB/OL]．[2010-11-20].
http://office.microsoft.com/zh-cn/project-help/HA101824678.aspx?CTT=1.
[87] 佚名．目标：为管理成本做准备[EB/OL]．[2010-11-20].
http://office.microsoft.com/zh-cn/project-help/HA010225459.aspx?CTT=1.
[88] 佚名．自定义功能区[EB/OL]．[2010-12-10].
http://office.microsoft.com/zh-cn/project-help/HA010355697.aspx?CTT=1.
[89] 佚名．自定义快速访问工具栏[EB/OL]．[2010-12-10].
http://office.microsoft.com/zh-cn/project-help/HA010362102.aspx?CTT=1.
[90] 佚名．“条形图样式”对话框（用于“甘特图”视图）[EB/OL]．[2010-12-10].
http://office.microsoft.com/zh-cn/project-help/HA001225840.aspx.
[91] 佚名．“方框样式”对话框[EB/OL]．[2010-12-14].
http://office.microsoft.com/zh-cn/project-help/HA001225846.aspx.
[92] 佚名．利用进度线查看任务的进度[EB/OL]．[2010-12-14].

http://office.microsoft.com/zh-cn/project-help/HP045295053.aspx.
[93] 佚名．关于进度线[EB/OL]．[2010-12-14].
http://office.microsoft.com/zh-cn/project-help/HP001045770.aspx?CTT=3.
[94] 佚名．保存项目[EB/OL]．[2010-12-14].
http://office.microsoft.com/zh-cn/project-help/HA010352311.aspx?CTT=1.
[95] 佚名．发布最新计划与工作组工作分配[EB/OL]．[2010-12-14].
http://office.microsoft.com/zh-cn/project-help/HA010352343.aspx?CTT=3.
[96] 佚名．项目跟踪[EB/OL]．[2010-12-20].
http://kjwy.5any.com/dljsxmglx/content/04/dljsxmglx-kcjj-0401.htm.
[97] 佚名．项目变更控制[EB/OL]．[2010-12-20].
http://baike.baidu.com/view/1811958.html?tp=1_11.
[98] 佚名．项目范围变更控制[EB/OL]．[2010-12-20].http://baike.baidu.com/view/4207371.htm.
[99] 佚名．创建或更新比较基准或中期计划[EB/OL]．[2010-12-20].
http://office.microsoft.com/zh-cn/help/HA010377767.aspx?CTT=1.
[100] 佚名．甘特图[EB/OL]．[2010-12-20].http://baike.baidu.com/view/1653.html?tp=0_11.
[101] 佚名．网络图[EB/OL]．[2010-12-20].http://baike.baidu.com/view/1519405.htm.
[102] 佚名．CPM[EB/OL]．[2010-12-22].http://baike.baidu.com/view/132272.htm.
[103] 佚名．GERT 技术[EB/OL]．[2010-12-23].http://baike.baidu.com/view/4085593.html?tp=0_01.
[104] 佚名．PERT 网络分析法[EB/OL]．[2010-12-25].
http://wiki.mbalib.com/wiki/PERT%E7%BD%91%E7%BB%9C%E5%88%86%E6%9E%90%E6%B3%95.
[105] 佚名．对项目应用盈余分析[EB/OL]．[2010-12-30].
http://office.microsoft.com/zh-cn/project-help/HA001021179.aspx.
[106] 佚名．使用视图显示项目信息[EB/OL]．[2011-8-10].
http://office.microsoft.com/zh-cn/project-help/HA001021174.aspx?pid=CH010688832052.
[107] 佚名．Project 视图概述[EB/OL]．[2011-1-6].
http://office.microsoft.com/zh-cn/project-help/HA010156797.aspx.
[108] 佚名．可用视图[EB/OL]．[2011-1-6].
http://office.microsoft.com/zh-cn/project-help/HP010210179.aspx?CTT=3.
[109] 佚名．可用表[EB/OL]．[2011-1-16].
http://office.microsoft.com/zh-cn/project-help/HP001032666.aspx.
[110] 佚名．可用筛选器[EB/OL]．[2011-1-16].
http://office.microsoft.com/zh-cn/project-help/HP001027353.aspx?CTT=3.
[111] 佚名．向视图应用筛选器[EB/OL]．[2011-8-16].
http://office.microsoft.com/zh-cn/project-help/HA010211796.aspx?CTT=1.
[112] 佚名．可用组[EB/OL]．[2011-1-16].
http://office.microsoft.com/zh-cn/project-help/HA010211798.aspx?CTT=1.
[113] 佚名．创建和打印基本报表[EB/OL]．[2011-8-18].
http://office.microsoft.com/zh-cn/project-help/HA010163818.aspx?CTT=1.
[114] 佚名．创建自定义的基本报表[EB/OL]．[2011-8-18].

http://office.microsoft.com/zh-cn/project-help/HP001226060.aspx?CTT=1.
[115] 佚名．创建可视报表[EB/OL]．[2011-1-24].
http://office.microsoft.com/zh-cn/project-help/HA010163709.aspx.
[116] 佚名．在 Excel 或 Visio 中创建 Project 数据的可视报表[EB/OL]．[2011-8-18].
http://office.microsoft.com/zh-cn/project-help/HA101811060.aspx?CTT=1.
[117] 佚名．打印视图或报表[EB/OL]．[2011-8-18].
http://office.microsoft.com/zh-cn/project-help/HA010359460.aspx?CTT=1.
[118] 佚名．在打印时添加页眉、页脚或图例[EB/OL]．[2011-8-18].
http://office.microsoft.com/zh-cn/project-help/HA010213043.aspx?CTT=1.
[119] 佚名．更改打印选项[EB/OL]．[2011-8-18].
http://office.microsoft.com/zh-cn/project-help/HA010220223.aspx?CTT=5&origin=HA010227598.
[120] 佚名．项目管理：软件项目沟通管理的几点建议[EB/OL]．[2011-2-25].
http://www.examda.com/pm/Know/Comm/20081029/101635636.html.
[121] 庄欠满．IT 软件项目中的沟通管理[EB/OL]．[2011-2-25].
http://www.mypm.net/articles/show_article_content.asp?articleID=20120&pageNO=1.
[122] 佚名．项目沟通管理[EB/OL]．[2011-2-25].
http://wiki.mbalib.com/wiki/%E9%A1%B9%E7%9B%AE%E6%B2%9F%E9%80%9A%E7%AE%A1%E7%90%86.
[123] 佚名．添加或删除电子邮件帐户[EB/OL]．[2011-8-25].
http://office.microsoft.com/zh-cn/outlook-help/HA010354414.aspx?CTT=1.
[124] 佚名．什么是 SharePoint？[EB/OL]．[2011-3-25].
http://office.microsoft.com/zh-cn/sharepoint-server-help/HA010378184.aspx?CTT=1.
[125] 佚名．Project 2010 支持的文件格式[EB/OL]．[2011-3-25].
http://office.microsoft.com/zh-cn/project-help/HA010373155.aspx?CTT=1.
[126] 佚名．将数据导出或导入为其他文件格式[EB/OL]．[2011-3-25].
http://office.microsoft.com/zh-cn/project-help/HA010352531.aspx?CTT=1.
[127] 佚名．将计划保存为 PDF 或 XPS 格式[EB/OL]．[2011-3-25].
http://office.microsoft.com/zh-cn/project-help/HA010359464.aspx?CTT=3.
[128] 佚名．计划中的计划：主项目与子项目[EB/OL]．[2011-3-25].
http://office.microsoft.com/zh-cn/project-help/HA010379395.aspx?CTT=1.
[129] 佚名．使用资源库共享资源[EB/OL]．[2011-3-25].
http://office.microsoft.com/zh-cn/project-help/HA010214871.aspx?CTT=5&origin=HA010221214.